DROIT DES COLLECTIVITÉS TERRITORIALES

Michel Verpeaux
Professeur émérite
de l'université Panthéon-Sorbonne (Paris 1)

Lætitia Janicot
Professeur
à CY Cergy Paris Université

DROIT DES COLLECTIVITÉS TERRITORIALES

2e édition

LGDJ
un savoir-faire de Lextenso

Les articles cités sans mention d'un code sont ceux du Code général des collectivités territoriales (CGCT).

1, Parvis de La Défense • 92044 Paris La Défense Cedex
www.lgdj-editions.fr
ISBN : 978-2-275-09088-7 • ISSN 0990-3909

Sommaire

QUATRIÈME PARTIE – LES COLLECTIVITÉS TERRITORIALES DANS LA RÉPUBLIQUE

CINQUIÈME PARTIE – LES ACTEURS DES COLLECTIVITÉS TERRITORIALES

SEPTIÈME PARTIE – LA COOPÉRATION ENTRE COLLECTIVITÉS TERRITORIALES

PREMIÈRE PARTIE

LES COLLECTIVITÉS TERRITORIALES ET LEUR DROIT

1. Présenter le droit des collectivités territoriales conduit nécessairement à se demander ce que sont les collectivités territoriales et quelle réalité elles recouvrent, d'autant que le langage juridique mais aussi la langue profane utilisent également l'expression de « collectivités locales » et qu'il faut se demander si les deux dénominations sont ou non parfaitement identiques. Il existe donc une incertitude quant à la désignation de ce qui constitue le sujet même de la discipline. Cette imprécision n'est d'ailleurs pas que terminologique, car elle affecte la définition des institutions étudiées.

En France tout au moins, les collectivités territoriales sont associées à un mode d'organisation administrative du territoire qui correspond au terme de « décentralisation ». Les collectivités territoriales sont des institutions décentralisées, au même titre que le sont aussi d'autres personnes morales de droit public telles que les établissements publics ou, désormais, les groupements d'intérêt public et certaines autorités publiques indépendantes dotées de la personnalité morale. Le développement des « lois de décentralisation » à partir de 1982 et la promulgation de la loi constitutionnelle n° 2003-276 du 28 mars 2003 relative à l'organisation décentralisée de la République amènent néanmoins à percevoir la décentralisation dans une logique différente, qui ne peut se limiter à la seule gestion d'affaires administratives et elle conduit à distinguer, d'une part, une véritable décentralisation territoriale et, d'autre part, des formes amoindries de décentralisation qui n'auraient qu'une utilité technique et non pas « politique ».

Le droit des collectivités territoriales suppose ensuite que cette discipline existe de manière autonome par rapport aux autres branches, du droit public principalement, mais aussi du droit privé. Ce phénomène récent s'est développé en même temps que les collectivités territoriales elles-mêmes, et ses limites doivent être tracées. La présentation des sources formelles de ce droit est alors nécessaire pour identifier la matière elle-même et ses caractéristiques.

CHAPITRE 1

Les collectivités territoriales et les collectivités locales : questions de terminologie et de définition

2. La matière pose, de prime abord, une question de terminologie. Doit-on parler de collectivités territoriales ou de collectivités locales ? Les deux expressions sont utilisées couramment, sans que puisse toujours être perçue une distinction entre les deux dénominations. Dans ce débat terminologique, ce n'est pas le mot « collectivité » qui est remis en cause, alors qu'il est néanmoins lourd de sens et pourrait renvoyer à une forme de communauté. Le langage juridique envisage les « élus locaux », comme le montre la première loi consacrée à ces derniers, précisément intitulée loi n° 92-108 du 3 février 1992 relative aux conditions d'exercice des mandats locaux (JO du 5 février 1992), mais aussi les « fonctionnaires territoriaux » (voir la loi n° 84-53 du 26 janvier 1984 portant dispositions statutaires relatives à la fonction publique territoriale), alors que les uns et les autres agissent au sein des mêmes collectivités. Il existe, depuis 1960, une Direction générale des collectivités locales, longtemps rattachée au ministère de l'Intérieur, mais qui est partagée avec le ministère de la Cohésion des territoires depuis octobre 2018 (décret n° 2018-913 du 24 octobre 2018 relatif aux attributions du ministre de la Cohésion des territoires et des Relations avec les collectivités territoriales, JO du 25 octobre 2018, art. 3). C'est un Code général des collectivités territoriales qui a été promulgué par la loi n° 96-142 du 21 février 1996 relative à la partie législative du Code général des collectivités territoriales (JO du 24 février 1996) et l'association, créée en 1995, regroupant les juristes s'intéressant à cette discipline porte le nom d'Association française de droit des collectivités locales. Si la plupart des ouvrages consacrés à la matière sont intitulés « Droit des collectivités territoriales », un recensement de l'intitulé des différents enseignements dispensés dans les facultés de droit et instituts pourrait montrer que c'est aussi le nom majoritairement donné à ces cours.

Les arguments en faveur d'une distinction de sens entre les deux expressions sont à la fois divers et ne manquent pas de pertinence, au moins selon une première analyse. Certains ont été dépassés par l'évolution des textes, d'autres connaissent encore une grande actualité.

Le constituant a paru lui-même hésiter, au moins depuis 1946, date de naissance de ces expressions parallèles. Le projet de loi constitutionnelle du 19 avril 1946 comprenait un titre VIII intitulé « Des collectivités locales », dont l'article 114 disposait que « La République française, une et indivisible, reconnaît l'existence de collectivités territoriales ». On pouvait ainsi estimer que l'emploi des deux notions dans le même texte était une inadvertance rédactionnelle. Dans le texte de la Constitution promulguée le 27 octobre 1946, le titre X était intitulé « Des collectivités territoriales » dans lequel l'article 85 proclamait que « La République française, une et indivisible, reconnaît l'existence de collectivités territoriales », paraissant mettre fin aux hésitations. Cette incertitude terminologique traduisait, au plus, une imprécision des notions ou, au moins, des hésitations rédactionnelles. Les textes de 1946 ont eu au moins le mérite de faire entrer dans le droit et dans le vocabulaire l'expression très moderne de collectivités, qu'elles soient « territoriales » ou « locales ». La Constitution promulguée le 4 octobre 1958 a néanmoins continué d'entretenir la confusion, confirmée par les documents préparatoires à sa rédaction : un titre consacré aux « collectivités locales » précisait que « les collectivités territoriales sont les villes, les communes, les départements ». Dans le texte promulgué, alors que le titre XI, à l'époque, et plus spécialement l'article 72, traitaient des collectivités territoriales, l'article 34, relatif aux compétences du législateur, précisait que la loi détermine les principes fondamentaux de la libre administration des « collectivités locales ».

Afin de remédier à ce qui pouvait être compris comme une incohérence rédactionnelle, la loi constitutionnelle n° 2003-276 du 28 mars 2003 relative à l'organisation décentralisée de la République a remplacé, à l'article 34 (al. 13 actuel) de la Constitution, l'expression « collectivités locales » par celle de « collectivités territoriales » et a ainsi fait le choix de cette dernière expression qui qualifie de manière plus récente et jugée plus adéquate les collectivités décentralisées françaises (Loi constitutionnelle n° 2003-276 du 28 mars 2003 relative à l'organisation décentralisée de la République JO du 29 mars 2003).

Ces différences rédactionnelles opérées en 1958 par la Constitution ont été néanmoins considérées comme n'étant pas le fait du hasard par certains auteurs qui ont estimé que les notions de collectivités territoriales et de collectivités locales n'étaient pas superposables. Ils ont considéré que la première notion était plus large que la seconde car le titre XII traitait des collectivités territoriales dans leur ensemble, c'est-à-dire des collectivités locales qui étaient pendant longtemps les seuls communes et départements, mais aussi des territoires d'outre-mer (ou TOM) qui ne pouvaient pas être considérés comme des collectivités locales. La compétence du législateur résultait alors, selon cette conception, de l'article 34 pour les collectivités locales et de l'article 74 pour les TOM, consacrés alors par la Constitution de 1958. La réunion des deux catégories de collectivités donnait naissance à la catégorie des collectivités territoriales. D'autres collectivités territoriales pouvaient être néanmoins créées par la loi sur le fondement de l'article 72, comme les régions, mais il ne pouvait y avoir d'autres collectivités locales que celles qui existaient traditionnellement et qui étaient donc, selon cette conception, les communes et les départements.

Il est vrai que le qualificatif « local », semble-t-il plus ancien, distingue ce qui est national et ce qui ne l'est pas, qui ne peut être que local, permettant de distinguer le centre et la périphérie, c'est-à-dire, de manière imagée, le grand et le petit. C'est en ce sens que les Britanniques parlent de local government pour désigner les administrations locales. C'est ainsi qu'il faut comprendre la référence aux « intérêts nationaux » dont est en charge le représentant de l'État à l'alinéa 6 de l'article 72 de la Constitution, par opposition, même si ce n'est pas expressément mentionné, aux intérêts locaux. Dans cette logique, les premiers doivent nécessairement primer sur les seconds au même titre que le respect des lois, lui aussi conçu comme étant d'intérêt national. L'accent mis sur le local se retrouve aussi dans l'expression souvent employée de « libertés locales », reconnues à ces collectivités du même nom, comme si ces libertés étaient différentes de celles consacrées au niveau national. Cette conception s'accompagne de la critique, en miroir, de l'expression « territoriale » qui pourrait désigner aussi l'État, défini en droit constitutionnel et en droit international par des éléments dont l'un est précisément le territoire.

Il est cependant évident, au rebours des opinions en faveur de l'adjectif « local », que l'adjectif « territorial » met l'accent sur l'un des éléments essentiels des collectivités en ce qu'elles reposent sur un territoire, la gestion de celui-ci nécessitant qu'il y ait des personnes publiques qui doivent en être chargées. Les intérêts spécifiques, justifiant précisément la création de ces personnes morales distinctes de l'État, sont fondés sur la prise en compte d'un territoire considéré, sur lequel vit une population permanente et qui nécessite une gestion différenciée par rapport aux autres personnes publiques, sauf dans les Terres australes et antarctiques françaises, qui sont dépourvues d'une population fixée de manière permanente et créées par la loi n° 55-1052 du 6 août 1955 conférant l'autonomie administrative et financière (JO du 9 août 1955).

La dimension territoriale des collectivités distingue profondément les collectivités territoriales et les établissements publics, autre catégorie de personnes publiques, y compris ceux désignés sous le nom d'établissements publics locaux, c'est-à-dire ceux qui sont chargés localement d'un service public d'intérêt national comme, par exemple, les collèges et les lycées. C'est ainsi que l'article L. 211-1 du Code de l'éducation prévoit que « l'éducation est un service public national, dont l'organisation et le fonctionnement sont assurés par l'État, sous réserve des compétences attribuées par le présent code aux collectivités territoriales pour les associer au développement de ce service public ». Cette prise en compte des territoires dans l'expression « collectivités territoriales » explique aussi l'existence des établissements publics territoriaux qui, bien que constitués sous la forme d'établissements publics pour des raisons contingentes ou politiques, ont pour justification première la gestion d'un territoire, ce qui peut permettre de comprendre l'oxymore de leur qualification. S'il s'agit bien d'établissements publics, ceux-ci connaissent une forte dimension territoriale. Tel fut le cas des régions régies par la loi n° 72-619 du 5 juillet 1972 portant création et organisation des régions (JO du 9 juillet 1972 p. 7176). Tel est encore le cas des nombreux établissements publics de coopération locale comme le précise l'article L. 5111-1 : « Forment la catégorie des groupements de collectivités territoriales les établissements publics de coopération intercommunale et les syndicats mixtes, les pôles métropolitains, les pôles d'équilibre territoriaux et ruraux, les agences départementales, les institutions ou organismes interdépartementaux et les ententes interrégionales ».

L'emploi récurrent et récent de l'expression « collectivités territoriales » souligne la volonté de privilégier la dimension territoriale sur celle de « locale ». Il semble donc, outre l'identité actuelle de sens des deux expressions, que les collectivités territoriales qualifient de manière plus récente et plus adéquate les collectivités décentralisées françaises.

CHAPITRE 2

La recherche d'une définition des collectivités territoriales

3. En droit français, les collectivités territoriales sont conçues et présentées comme des collectivités décentralisées. Les collectivités territoriales décentralisées sont distinctes des États fédérés qui existent au sein des États fédéraux, voire des régions ou des communautés autonomes qui existent dans les États régionaux ou autonomiques. Elles ne se confondent pas non plus, en France, avec les établissements publics ni avec les circonscriptions administratives de l'État, même s'il arrive que leurs limites territoriales et, parfois, leurs institutions, soient identiques.

Section 1
Les différents types d'États

4. Les États peuvent être classés du point de vue de leur organisation territoriale sous l'angle de ce qui est fréquemment désigné sous le nom de « séparation verticale des pouvoirs », c'est-à-dire en fonction de la manière dont les pouvoirs sont organisés verticalement, sur l'ensemble du territoire, ce qui revient à poser la question des « pouvoirs locaux ». Sont ainsi distingués l'État fédéral, l'État autonomique ou régional (ou État à autonomie régionale) et l'État « unitaire décentralisé ». Ces catégories d'État ne sont ni rigides, ni figées, et un même État peut connaître des évolutions allant dans un sens d'une plus grande autonomie ou, au contraire, d'une centralisation renforcée.

§1. L'État fédéral

5. L'État fédéral se caractérise traditionnellement par trois principes, synthétisés entre autres par le juriste français Georges Scelle (1878-1961), qui ne peuvent se rencontrer, du moins à ce degré, dans le cas des collectivités territoriales décentralisées. Ces principes permettent de distinguer les États fédérés et les collectivités territoriales.

A. Le principe de superposition

6. Le premier principe est celui de la superposition des ordres juridiques. Est consacrée la coexistence de deux niveaux de collectivités distinctes détenant chacune la personnalité morale, et qui se traduit ici par la superposition de deux ordres juridiques : celui des États fédérés et celui de l'État fédéral qui englobe l'ensemble du territoire.

Pour ces deux niveaux, subsistent aussi les éléments de définition de l'État. Il existe ainsi deux territoires (le territoire fédéral qui est la somme des territoires des États fédérés et celui de chacun de ces États) et deux citoyennetés (celle de l'État et celle de la fédération). C'est ainsi que chaque État membre d'une fédération possède une Constitution, ainsi que les symboles d'un État comme un drapeau et un hymne et les attributs distinctifs d'un État. Chaque entité composant l'État fédéral dispose d'un ordre juridique qui lui est propre avec un pouvoir législatif, un pouvoir exécutif et un pouvoir judiciaire. Ces États fédérés portent des noms divers, parfois trompeurs dans leur traduction française (cantons suisses, provinces canadiennes, Länder allemands ou autrichiens), mais on parle des États américains, indiens ou australiens. Le mot « State » est réservé, aux États-Unis, au niveau fédéré, tandis que l'on parle de la « fédération » pour désigner le niveau central. Cette distinction terminologique se retrouve en Allemagne fédérale, où le mot « Bund », qui signifie aussi « lien », désigne la Fédération.

La répartition des compétences entre l'État fédéral et les États fédérés emprunte à plusieurs techniques : la Constitution peut prévoir soit des compétences exclusives, exercées seulement par l'un ou l'autre des niveaux étatiques, soit des compétences concurrentes, exercées par l'État fédéral et l'État fédéré, ou encore des compétences complémentaires qui sont exercées par les États fédérés en application de la loi fédérale. Mais des conflits de répartition des compétences peuvent surgir et sont réglés le plus souvent par une Cour constitutionnelle dont le rôle premier est de garantir l'équilibre entre le pouvoir fédéral et les pouvoirs fédérés, quand bien même ces juridictions exercent d'autres fonctions. Tel a été le cas, historiquement, de la Cour suprême des États-Unis d'Amérique.

B. Le principe d'autonomie

7. L'autonomie dont dispose l'État fédéré est celle d'un État et elle est constitutionnelle, législative, juridictionnelle et administrative. Elle est, de ce fait, de nature différente de celle dont dispose la collectivité territoriale d'un État unitaire.

Les États fédérés peuvent édicter leur propre Constitution, hormis en Belgique pour les entités fédérées que sont les régions et les communautés. De même, le pouvoir d'édicter des lois est reconnu aux membres des États fédérés comme le précise l'article 3 de la Constitution fédérale de la Confédération suisse du 18 avril 1999 : « Les cantons sont souverains en tant que leur souveraineté n'est pas limitée par la Constitution fédérale et exercent tous les droits qui ne sont pas délégués à la Confédération ». Il existe aussi un pouvoir exécutif au niveau fédéré, exercé, par exemple, par les gouverneurs américains qui sont l'équivalent local du président aux États-Unis, ou les ministres-présidents qui dirigent un véritable gouvernement composé de ministres dans les Länder allemands ou autrichiens.

De la même manière, chaque État membre peut disposer d'un ordre de juridictions spécifique comme le montre l'article 92 de la Loi fondamentale allemande : « Le pouvoir de rendre la justice est exercé par la Cour constitutionnelle, par les cours fédérales... et par les tribunaux des Länder ».

Des contrôles peuvent toutefois être exercés sur les États fédérés. Le contrôle juridictionnel garantit le respect de la répartition des compétences et le respect de la primauté de la Constitution fédérale. Il conduit à l'invalidation des lois adoptées en violation de cette dernière. Des contrôles politiques peuvent également exister. En Autriche, par exemple, le gouvernement fédéral dispose d'un veto suspensif s'appliquant aux lois adoptées par les parlements des Länder, jusqu'à la confirmation de ces lois par lesdits parlements.

Chaque État fédéré est, sauf exception, un État unitaire avec ses collectivités plus ou moins décentralisées que sont les collectivités de base, communes et collectivités intermédiaires, sur lesquelles il exerce un contrôle ou une tutelle. Cela n'empêche pas, par exemple, la Constitution fédérale de l'Allemagne de prévoir des principes généraux, de niveau fédéral et s'appliquant aux collectivités territoriales des États fédérés, comme les communes (Gemeinde) et les arrondissements (Kreise). C'est ainsi que l'article 28 § 2 de la Loi fondamentale allemande dispose que : « Aux communes doit être garanti le droit de régler, sous leur propre responsabilité, toutes les affaires de la communauté locale, dans le cadre des lois », ce qui revient à leur reconnaître une autonomie au niveau constitutionnel. De la même manière, l'article 50 de la Constitution fédérale helvétique prévoit que « L'autonomie communale est garantie dans les limites fixées par le droit cantonal ».

C. Le principe de participation

8. Les États membres de la fédération participent, en tant que tels, à un ou plusieurs organes fédéraux, afin de manifester leur accord aux décisions prises au niveau fédéral.

Dans un État fédéral, les collectivités fédérées participent à l'édiction des normes fédérales, par l'intermédiaire, au minimum, d'une assemblée législative, ce qui n'est pas le cas dans un État unitaire. La participation se manifeste ainsi par l'une des assemblées fédérales, chargée de représenter chacune des composantes de la fédération, l'autre assemblée assurant la représentation de la population. Le fédéralisme implique donc un bicaméralisme. C'est le sens de l'article 50 de la Loi fondamentale allemande : « Par l'intermédiaire du Conseil fédéral (le Bundesrat), les pays participent à la législation et à l'administration fédérales ».

La représentation des États membres au sein de cette assemblée des États n'est pas obligatoirement égalitaire et elle peut tenir compte du poids démographique de chacun d'eux. C'est ainsi que la Confédération helvétique, dans laquelle chaque canton désigne deux sénateurs au Conseil des États sauf les six anciens demi-cantons qui n'en élisent qu'un seul (art. 150), et les États-Unis d'Amérique, où le Sénat fédéral est composé de deux sénateurs désignés par chaque État fédéré, quelle que soit l'importance de cet État (Section 3 de l'article premier), ont mis en place une représentation égale de chacun des États. En Allemagne fédérale, en revanche, la Constitution prévoit que chaque Land désigne pour le Bundesrat (Conseil des pays) des représentants dont le nombre varie selon l'importance de sa population. Chaque État fédéré, même les plus petits comme la Sarre ou Brême, est néanmoins représenté en tant que tel au sein du Bundesrat (art. 51 de la Loi fondamentale).

La participation des États peut également se rencontrer au moment de la désignation de l'exécutif fédéral, comme l'illustrent les mécanismes de l'élection indirecte du président des États-Unis par des délégués de chacun des États. C'est ainsi que la majorité des votes au niveau fédéral ne rejoint pas nécessairement la majorité des délégués des États fédérés, comme en 2016, où Donald Trump, pourtant devancé de près de trois millions de voix, a obtenu 304 délégués contre 227 à Hillary Clinton. En outre, les entités fédérées peuvent parfois participer à l'exercice du pouvoir exécutif fédéral. C'est le cas, de façon remarquable, en Suisse ou en Allemagne. Ainsi, dans ce dernier pays, les Länder ont le quasi-monopole de l'administration, c'est-à-dire de l'exécution des lois, qu'elles soient fédérales ou fédérées.

Le principe de participation signifie également que les compétences des États membres ne peuvent être modifiées qu'avec leur consentement, puisque celles-ci sont garanties par la Constitution de la fédération et protégées par un juge constitutionnel qui veille à la répartition des compétences de chacun des niveaux. En conséquence, la modification de la Constitution exige une participation des États au processus de révision, comme le prévoit la Constitution helvétique (art. 123-1) : « La Constitution fédérale révisée [...] entre en vigueur lorsqu'elle a été acceptée par la majorité des citoyens suisses [...] et par la majorité des États ». Aux États-Unis, la Constitution est révisée avec l'accord de la majorité des chambres du Congrès, dont le Sénat dans lequel siègent des représentants des États, et avec la ratification par au moins les trois quarts des législatures ou Congrès des États fédérés, c'est-à-dire, à l'heure actuelle, au moins 38 États (art. V).

§2. L'État dit « autonomique » ou « régional »

9. L'opposition traditionnelle entre l'État fédéral et l'État unitaire est parfois plus complexe et il existe une extrême diversité des situations concrètes. Dans certains États qui s'affirment encore comme unitaires, des collectivités territoriales peuvent bénéficier d'une assez grande autonomie. Ces États se situent à mi-chemin de l'État fédéral et de l'État unitaire et sont parfois qualifiés d'autonomiques (l'Espagne) ou de régionaux (l'Italie ou la Belgique avant que celle-ci ne devienne un État fédéral en 1993).

Ces collectivités - communautés espagnoles ou régions italiennes - se voient reconnaître une certaine autonomie par la Constitution elle-même : la Constitution espagnole « reconnaît et garantit le droit à l'autonomie des nationalités et des régions » (art. 2) et le processus de constitution de ces communautés autonomes (au nombre de dix-sept aujourd'hui). L'article 5 de la Constitution italienne dispose que « la République une et indivisible reconnaît et favorise les autonomies locales » ; les articles 116 et 117 consacrent une autonomie renforcée pour les régions italiennes qui disposent notamment d'un pouvoir législatif pour toutes les matières « qui ne sont pas expressément réservées à la législation de l'État » (art. 117-4).

Régions et communautés peuvent ainsi posséder des compétences législatives importantes dont la liste est fixée par la Constitution (art. 117 de la Constitution italienne et art. 148 de la Constitution espagnole). En Espagne, cette liste est définitivement arrêtée par le statut de chaque communauté.

Malgré cette très large autonomie, l'État régional reste indivisible. L'autonomie est relative puisqu'elle n'implique pas l'exercice d'un pouvoir constituant : il n'existe qu'une seule Constitution. En outre, un contrôle de légalité est exercé sur les entités autonomes et le juge peut se montrer favorable à la centralisation. Ce fut le cas en Espagne au nom de l'unité de l'État. Dans une décision importante du 28 juin 2010 à propos de la loi organique réformant le statut d'autonomie de la Catalogne, le Tribunal constitutionnel espagnol a jugé que la référence à la Catalogne comme nation était dépourvue d'effet juridique : « Les statuts d'autonomie sont des normes subordonnées à la Constitution ».

En outre, la participation à l'exercice du pouvoir constituant ou législatif reste limitée : les sénateurs désignés en Espagne par les communautés autonomes sont largement minoritaires au Sénat et celui-ci ne peut donc être considéré comme le représentant des communautés. De la même façon, le Sénat italien n'a pas vocation à représenter les régions. Le projet de réforme visant à créer un Sénat italien de type fédéral a été rejeté par référendum en 2006. Les régions italiennes disposent toutefois d'un droit d'initiative en matière législative.

Le Royaume-Uni connaît une situation particulière car l'autonomie reconnue pour certaines parties du territoire n'est pas identique de l'une à l'autre. La dévolution du pouvoir, en reprenant le terme anglais traduit en français, au Royaume-Uni, initiée en 1998, fait référence au statut accordant des pouvoirs du Parlement du Royaume-Uni au Parlement écossais (Scottish Parliament), à l'Assemblée nationale de Galles (National Assembly for Wales), à l'Assemblée nord-irlandaise (Northern Ireland Assembly) et à leurs branches exécutives respectives, le Gouvernement écossais (Scottish Government), le Gouvernement gallois (Welsh Government) et l'exécutif nord-irlandais (Northern Ireland Executive). Par voie de conséquence, l'Angleterre est la seule nation du Royaume-Uni à ne pas avoir de Parlement ou d'Assemblée qui lui soit dévolu. Elle continue d'être gouvernée par le Gouvernement du Royaume-Uni et ses lois sont votées par le Parlement du Royaume-Uni, celui de Westminster.

Les États régionaux ou autonomiques ne garantissent pas nécessairement l'égalité entre les entités autonomes, de sorte que leur statut et leurs compétences respectives peuvent varier. C'est ainsi qu'il existe en Italie cinq régions à statut spécial qui bénéficient de conditions particulières d'autonomie : ce sont la Sicile, la Sardaigne, le Trentin-Haut-Adige, le Frioul-Vénétie Julienne et la Vallée d'Aoste (art. 116 de la Constitution italienne). L'État régional répond aux demandes d'autonomie locale et les réponses ne sont pas nécessairement uniformes. Cette perspective conduit à relativiser la distinction entre État fédéral et État régional du point de vue du processus de décentralisation. Il est donc concevable que l'autonomie des régions soit plus poussée que celle de certaines entités fédérées. La comparaison entre les communautés autonomes espagnoles et les Länder autrichiens va dans ce sens. Certains États régionaux, à l'image des États fédéraux (à l'exception de la Belgique) peuvent en outre avoir des difficultés à contenir les poussées centrifuges de certaines régions, comme en Catalogne et en Écosse. Les électeurs catalans ont été aussi appelés dans un premier temps à voter sur l'indépendance de la Catalogne le 9 novembre 2014, à l'initiative des partis nationalistes de la région, alors que le référendum avait été déclaré illégal par le Tribunal constitutionnel le 25 mars 2014, saisi par le gouvernement espagnol. Il est devenu dès lors une simple « consultation » articulée autour de la question de savoir si la Catalogne devait devenir un État et si cet État devait être indépendant. Si le « oui » l'a largement emporté, le taux d'abstention a été très élevé. Un nouveau référendum a été organisé le 1er octobre 2017, alors qu'il avait été déclaré illégal par le Tribunal constitutionnel espagnol le 12 septembre 2017. Avec un taux de participation de 42,4 %, le « oui » l'a emporté à 90 %. Le 10 octobre 2017, le président de la Généralité Carles Puigdemont a annoncé l'indépendance et a indiqué « suspendre » celle-ci dans l'attente d'un dialogue avec le gouvernement espagnol. Le Parlement de la Généralité de Catalogne a proclamé l'indépendance sous forme de République le 27 octobre 2017, mais le gouvernement espagnol a répondu instantanément en mettant la Catalogne sous tutelle, sur le fondement de l'article 155 de la Constitution, en destituant le Parlement et son président, en lançant des poursuites pénales contre un certain nombre de dirigeants catalans et en organisant des élections régionales pour le 21 décembre 2017, au cours desquelles les partis indépendantistes ont obtenu une nouvelle majorité absolue au Parlement de Catalogne. En octobre 2019, neuf des douze dirigeants catalans jugés en

Espagne ont été condamnés pour sédition et malversation de fonds à des peines allant de neuf à treize ans de prison ferme.

En Écosse, le référendum sur l'indépendance organisé par le Parlement britannique et avec l'accord du gouvernement central, le 18 septembre 2014, sur la question : « L'Écosse doit-elle être un pays indépendant ? », s'est conclu par la victoire du « non » (plus de 55 %, avec un très fort taux de participation). À la suite de ce référendum, la Commission Smith a publié des recommandations visant à approfondir la dévolution écossaise. Elles se sont traduites par l'adoption du Scotland Act 2016, qui accroît les compétences des autorités écossaises tout en réformant l'équilibre entre compétences dévolues à l'Écosse et compétences réservées à Westminster. La sortie programmée, puis réalisée, du Royaume-Uni de l'Union européenne (ou « Brexit ») a toutefois relancé, en Écosse, le souhait d'organiser un nouveau référendum en faveur de l'indépendance, cette dernière étant associée à la volonté de rester au sein de l'Union européenne. L'organisation d'un tel référendum nécessite cependant l'approbation du Parlement du Royaume-Uni, ce qui ne semble pas acquis en 2021.

§3. L'État unitaire décentralisé

10. Dans les États unitaires, il n'existe qu'un seul pouvoir politique, correspondant à un État unique. Il n'y a ainsi, dans cet État, qu'une seule Constitution, un seul pouvoir législatif et un seul Gouvernement. Sur le plan juridique, les États unitaires ne connaissent qu'une seule catégorie de lois, adoptées par le Parlement de l'État et qui ont vocation à s'appliquer sur l'ensemble du territoire. L'État unitaire se caractérise par un principe d'unité de structure, de population et de territoire.

L'autonomie des collectivités territoriales, lorsque celle-ci est consacrée, n'est pas celle d'un État fédéré, car elle n'est ni constitutionnelle, ni législative, ni juridictionnelle. Elle est au mieux administrative dans le sens où il existe une « libre administration » ou une autonomie de la gestion administrative. Il ne peut y avoir d'autre autonomie puisqu'il n'existe qu'un seul ordre juridique, celui de l'État unitaire ; l'autonomie administrative est donc, en principe, le seul point commun entre la décentralisation et le fédéralisme. Parmi les grands pays, la Chine et le Japon sont des États unitaires et cette catégorie d'États est très largement majoritaire dans l'Union européenne qui ne connaît que trois États fédéraux (Allemagne, Autriche, Belgique), mais aussi des États régionaux ou autonomiques.

En France, État unitaire décentralisé, certaines collectivités d'outre-mer (COM) régies par l'article 74 de la Constitution peuvent néanmoins disposer d'une assez grande autonomie administrative et possèdent parfois les signes distinctifs d'un État. C'est surtout vrai, à l'heure actuelle, de la Polynésie française, visée implicitement par l'alinéa 7 de l'article 74, relatif aux « collectivités d'outre-mer qui sont dotées de l'autonomie » et pour lesquelles sont prévues des dispositions spécifiques, y compris par rapport aux autres COM. La reconnaissance d'un véritable pouvoir législatif, même limité, nécessite cependant une révision de la Constitution, parfois taillée sur mesure, comme le montre la loi constitutionnelle n° 98-610 du 20 juillet 1998 relative à la Nouvelle-Calédonie et introduisant les articles 76 et 77. Cette entité locale, dont le statut est en voie d'évolution, bénéficie de ce fait du pouvoir d'édicter des « lois du pays » dans des domaines qui lui sont réservés.

Enfin, les collectivités territoriales d'un État unitaire ne participent pas à l'exercice des compétences de l'État. Elles ne sont pas représentées par un organe central. Même si l'article 24 de la Constitution française affirme que le Sénat français « assure la représentation des collectivités territoriales de la République » (art. 24, al. 4), cette disposition consacre seulement l'exigence selon laquelle les sénateurs doivent être élus « par un corps électoral qui est lui-même l'émanation de ces collectivités ; que, par suite, ce corps électoral doit être essentiellement composé de membres des assemblées délibérantes des collectivités territoriales ; que toutes les catégories de collectivités territoriales doivent y être représentées » (décision n° 2000-431 DC du 6 juillet 2000, Loi relative à l'élection des sénateurs, cons. 5). Cette représentation n'implique pas que le Sénat, à la différence de son homonyme américain, soit composé de représentants de chaque collectivité territoriale française. Si tel devait être le cas, le Sénat serait composé de plus de 35 000 membres, soit un sénateur au minimum pour chaque collectivité territoriale.

L'autonomie des collectivités territoriales d'un État unitaire, quel que soit celui-ci, n'est donc pas de même nature que celle dont bénéficient les États fédérés.

Section 2
Les collectivités territoriales françaises, collectivités décentralisées

11. Les collectivités territoriales ne sont pas désignées directement sous cette qualité par les textes en vigueur, ni par la Constitution, ni par la loi, ni par le Code général des collectivités territoriales (ci-après CGCT). Seuls des éléments figurant dans ces textes, ou élaborés par la jurisprudence et interprétés par la doctrine, conduisent à penser que ces collectivités relèvent du principe d'organisation d'un État unitaire qu'est la décentralisation. Ce dernier concept a fait une entrée solennelle dans la Constitution en 2003. Pour autant, toutes les collectivités décentralisées ne sont pas des collectivités territoriales, car la décentralisation peut connaître plusieurs formes.

§1. Le principe de décentralisation

12. Le caractère unitaire de l'État est proclamé, pour la France, à l'article 1er de la Constitution, selon lequel « La France est une République indivisible ». L'indivisibilité renvoie ainsi à l'unité. L'organisation administrative du territoire, qui se distingue de l'organisation du pouvoir politique, peut connaître diverses formes, en ce qu'elle peut être plus ou moins centralisée. La France est ainsi un État unitaire, c'est-à-dire indivisible, tout en étant décentralisé.

La décentralisation peut être définie comme la reconnaissance, à côté de l'État, de personnes publiques chargées de compétences administratives, c'est-à-dire qui n'expriment pas la souveraineté. Elles ne sont donc pas directement concernées par l'article 3 de la Constitution qui fait référence à la souveraineté nationale.

La personnalité juridique est la condition juridique première de la décentralisation. Cette reconnaissance permet d'envisager les collectivités décentralisées comme des titulaires de droits et d'obligations et des bénéficiaires d'une autonomie financière grâce à la possession d'un patrimoine propre et à l'adoption d'un budget distinct. Une personne juridique doit représenter, en outre, des intérêts propres, différents de ceux des autres personnes, qu'elle doit défendre et protéger, car ces intérêts constituent sa raison d'être.

La notion de personnalité juridique ne suffit cependant pas à définir la décentralisation. Il faut que des attributions ou des transferts effectifs de compétences soient opérés au profit des personnes décentralisées. La décentralisation n'est jugée réelle que si ces autorités agissent en leur nom et sont suffisamment indépendantes de l'État dans leur désignation et leur action. La décentralisation présuppose ainsi des autorités distinctes de celles de l'État, mais aussi des moyens de toutes natures – personnels, financiers et matériels – suffisants et qui ne dépendent pas totalement de l'État, comme l'affirment respectivement les articles 72, alinéa 3 et 72-2, alinéa 1er de la Constitution.

Mais la décentralisation implique aussi nécessairement le contrôle de l'État sur les personnes publiques décentralisées. À la différence du contrôle hiérarchique, ce contrôle, longtemps désigné sous le nom de tutelle, est exercé sur le fondement d'un texte et dans les limites posées par ce dernier, conformément au principe général du droit selon lequel il n'y a pas de tutelle sans texte. Il se traduit souvent par les pouvoirs d'annulation, d'autorisation et d'approbation des décisions des personnes décentralisées. S'agissant des collectivités territoriales, l'article 72, alinéa 6 dispose que « Dans les collectivités territoriales de la République, le représentant de l'État représentant de chacun des membres du Gouvernement a la charge des intérêts nationaux, du contrôle administratif et du respect des lois ». Même si des compétences leur sont reconnues, les collectivités territoriales doivent alors agir dans le cadre des lois de la République, au nom du principe de légalité. Les lois de 1982 ont limité la tutelle générale sur les actes des collectivités, leurs décisions n'étant annulées que pour illégalité et par le seul juge administratif saisi par le préfet. A toutefois été maintenu en matière de police administrative et de finances, un pouvoir de substitution d'office du préfet en cas de défaillance des autorités décentralisées.

La loi constitutionnelle n° 2003-276 du 28 mars 2003, relative à l'organisation décentralisée de la République, a voulu préciser, à l'article 1er de la Constitution, que l'organisation de la République française était « décentralisée ». Cette notion fait ainsi son entrée dans le texte constitutionnel, après l'avoir fait dans la loi n° 88-13 du 5 janvier 1988 d'amélioration de la décentralisation (JO du 6 janvier 1988 p. 208), mais celle-ci, en dehors de son intitulé, s'était bien gardée de donner une définition de la décentralisation, comme si cette notion était une évidence. C'est ainsi, également, que le livre Ier de la Première partie du Code général des collectivités territoriales consacré aux « Principes généraux de la décentralisation » ne contient qu'un Titre unique intitulé « Libre administration des collectivités territoriales » paraissant assimiler décentralisation et libre administration. La première implique un mouvement qui partirait nécessairement du sommet – l'État – au profit du « bas » – principalement les collectivités territoriales – et elle exprime l'idée d'une réaction contre la centralisation. Cet article 1er signifie que la France s'affirme comme un État décentralisateur, c'est-à-dire qu'elle entend donner plus d'autonomie à des entités autres que l'État, mais au profit des seules collectivités territoriales. Cette disposition, dont on ne sait si elle exprime un souhait ou un constat, nuance néanmoins la première phrase de ce même article 1er selon laquelle la France est une « République indivisible ». Il est possible ainsi de penser que l'affirmation du caractère « décentralisé » de la République est une façon de déclarer que la France n'appartient pas à d'autres catégories d'États, comme les États fédéraux ou les États autonomiques.

§2. Les collectivités territoriales et les établissements publics

13. Il est nécessaire de distinguer deux formes traditionnelles de décentralisation. La décentralisation territoriale vise à consacrer l'autonomie des collectivités territoriales, c'est-à-dire des personnes morales de droit public, chargées de gérer une partie plus ou moins grande du territoire français, sur laquelle vit une population considérée comme permanente. La décentralisation fonctionnelle, ou encore par services, consiste à créer des établissements publics, eux-mêmes personnes morales de droit public chargées, en principe, de gérer un ou plusieurs services publics. Ces deux formes de décentralisation ont en commun de reconnaître l'existence de personnes morales distinctes de l'État.

L'autonomie des collectivités territoriales est cependant beaucoup plus étendue que celle des établissements publics, entre autres raisons parce que beaucoup d'entre eux apparaissent souvent comme des démembrements, parfois provisoires, de l'État et parce que les organes de la plupart de ces établissements publics ne sont pas issus de l'élection et qu'aucun établissement public, jusqu'à une époque récente, ne connaissait une désignation au suffrage universel, ce qui est en revanche le cas des collectivités territoriales, pour lesquelles l'article 72, alinéa 3 de la Constitution impose l'élection de conseils au suffrage universel. De plus, les établissements publics ne possèdent que des compétences d'attribution, résumées par un « principe de spécialité », à la différence des collectivités territoriales qui peuvent disposer d'une compétence générale exprimée sous la forme d'une clause générale de compétence, quand bien même l'existence de cette dernière a pu faire l'objet de nombreux débats et a été supprimée pour les départements et les régions par la loi n° 2015-991 du 7 août 2015 portant nouvelle organisation territoriale de la République.

Ces deux formes de décentralisation ne sont pas, pour autant, antinomiques car il existe des établissements publics qui bénéficient d'une très large autonomie : il s'agit des établissements publics territoriaux, qui sont des regroupements de collectivités territoriales. Parmi eux, figurent essentiellement les établissements publics de coopération intercommunale ou EPCI. De ce fait, ces établissements publics disposent de compétences étendues, connaissent le même régime de contrôle que les collectivités territoriales et recrutent du personnel qui relève de la même fonction publique territoriale. En outre, depuis la loi n° 2010-1563 du 16 décembre 2010 de réforme des collectivités territoriales, complétée par la loi n° 2013-403 du 17 mai 2013 relative à l'élection des conseillers départementaux, des conseillers municipaux et des conseillers communautaires, et modifiant le calendrier électoral, les EPCI à fiscalité propre, c'est-à-dire les métropoles, les communautés urbaines, les communautés d'agglomération et les communautés de communes, sont administrés par un organe délibérant composé de conseillers communautaires élus dans le cadre de l'élection municipale au suffrage universel direct pour toutes les communes de 1 000 habitants et plus. Sans forcer le trait, on peut considérer que les établissements publics territoriaux se situent à mi-chemin entre les collectivités territoriales et les établissements publics proprement dits, l'adjectif « territorial » renforçant la comparabilité entre les deux. L'histoire de la régionalisation montre d'ailleurs qu'il n'a pas été impossible, pour les régions, de quitter la catégorie d'établissement public territorial, telle qu'elle était reconnue par la loi n° 72-619 du 5 juillet 1972 portant création et organisation des régions, pour rejoindre celle de collectivité territoriale, créée par la loi n° 82-213 du 2 mars 1982 relative aux droits et libertés des communes, des départements et des régions (art. 59). Une évolution similaire pourrait être envisagée à terme pour les EPCI les plus intégrés, comme les métropoles. La loi n° 2014-58 du 27 janvier 2014 de modernisation de l'action publique territoriale et d'affirmation des métropoles illustre la frontière de plus en plus délicate entre les deux catégories, en créant la métropole du Grand Paris et celle de Lyon. Pour la première, la loi insère un article L. 5219-1-I qui dispose qu'« Il est créé au 1er janvier 2016 un établissement public de coopération intercommunale à fiscalité propre à statut particulier dénommé "la métropole du Grand Paris" », tandis que l'article L. 3611-1 nouveau prévoit qu'« Il est créé une collectivité à statut particulier, au sens de l'article 72 de la Constitution, dénommée "métropole de Lyon", en lieu et place de la communauté urbaine de Lyon et, dans les limites territoriales précédemment reconnues à celle-ci, du département du Rhône ». La distinction entre les établissements publics et les collectivités territoriales devient ainsi très perméable pour les établissements qui ont pour fondement la gestion d'un territoire et pas seulement celle d'un ou plusieurs services publics.

Section 3
Les collectivités territoriales et les circonscriptions administratives de l'État

14. L'histoire française a longtemps confondu les deux modes d'organisation d'un État unitaire que sont la déconcentration et la décentralisation et, chronologiquement, la première a précédé la seconde au point que les limites territoriales des circonscriptions de l'État et celles des collectivités territoriales se sont superposées. Dans certains cas, la fusion a parfois même été, et reste, organique. L'exemple du maire est, sur ce point, emblématique.

§1. La définition et les caractéristiques de la déconcentration

15. La décentralisation territoriale est souvent opposée à la déconcentration, tout en étant parfois confondue avec elle, les deux termes pouvant signifier, en dehors du langage juridique, le même phénomène de séparation avec le centre, entre des administrations locales et des administrations centrales. Alors que la décentralisation reconnaît l'existence de collectivités autonomes, la déconcentration ne connaît que des autorités implantées territorialement dans des circonscriptions administratives, c'est-à-dire, des espaces délimités, plus petits que le territoire national. Cet autre mode d'organisation administrative peut être défini comme un transfert du pouvoir de décision de l'État à des autorités déconcentrées.

Les administrations centrales agissent au nom de l'État avec un titre de compétence valable sur l'ensemble du territoire national mais situées géographiquement pour l'essentiel à Paris, tandis que les autorités déconcentrées agissent au nom de l'État avec un titre de compétence limité à la circonscription administrative ou territoriale qui leur est affectée. La déconcentration est bien une simple modalité de la centralisation car elle permet d'alléger les missions du pouvoir central. Elle facilite également la proximité des administrations avec les administrés en ce qu'elle rapproche le pouvoir de décision administrative des administrés.

La déconcentration ne doit pas être confondue avec la délocalisation qui est le fait de transférer géographiquement des services centraux et non déconcentrés, comme le service central d'état civil destiné aux Français nés hors de France, qui dépend du ministère des Affaires étrangères et qui est situé à Nantes. Un service central peut donc être implanté géographiquement en dehors de Paris sans qu'il y ait de transfert de compétence et il s'agit d'une simple mesure d'aménagement du territoire. Cette politique de délocalisation peut concerner des administrations centrales, mais aussi des services centraux d'établissements publics ou de sociétés nationaux. Ce fut le cas de l'École nationale d'administration transférée à Strasbourg par le décret nº 93-1351 du 28 décembre 1993 décidant et organisant le transfert de l'ENA.

Par la déconcentration, l'État attribue un pouvoir de décision à des autorités qu'il choisit et nomme et qui le représentent. Selon une formule célèbre d'Odilon Barrot, en 1848, la déconcentration « c'est toujours le même marteau qui frappe mais on en a raccourci le manche ». L'administration se situe dans le cadre d'une seule et même personne publique qui est l'État.

Puisque la déconcentration consiste à placer sur le territoire des agents qui agissent au nom de l'État, il faut que les administrations centrales conservent un pouvoir de contrôle sur les administrations déconcentrées. Les autorités déconcentrées sont ainsi placées sous la dépendance des autorités centrales, qui décident de leur nomination, de leur affectation et de leur carrière. Ce pouvoir de contrôle, qualifié de pouvoir hiérarchique est exercé de plein droit. Aucun texte n'est nécessaire à l'intervention de l'autorité supérieure (CE, sect., 30 juin 1950, Quéralt, Lebon, p. 41). Ce pouvoir de contrôle implique les pouvoirs d'instruction, c'est-à-dire celui de donner des ordres, de réformation et d'annulation des actes des autorités subordonnées. Ces pouvoirs peuvent être exercés afin d'assurer le respect de la légalité mais aussi pour des motifs d'opportunité.

Sur le plan politique, la déconcentration paraît moins proche des citoyens ou des administrés que la décentralisation, du fait de la nomination par l'État de la quasi-totalité des autorités déconcentrées, comme, par exemple, les préfets et les recteurs. En ce sens, la déconcentration apparaît moins « démocratique » que la décentralisation. Seuls les maires constituent un exemple d'autorités déconcentrées élues, mais parce qu'ils sont aussi des autorités décentralisées qui doivent, de ce fait, être désignées au suffrage universel, même indirect.

§2. L'organisation de la déconcentration

16. Les autorités déconcentrées exercent leurs attributions dans des circonscriptions administratives de l'État qui sont des découpages du territoire de l'État : à l'heure actuelle, et s'agissant des circonscriptions généralistes, c'est-à-dire non limitées à une seule administration ministérielle, ce sont les régions, les départements, les arrondissements infra-départementaux et les communes. Les cantons restent principalement le cadre des élections départementales servant à élire des conseillers généraux devenus départementaux, mais ils ne sont pas le siège d'autorités administratives représentant l'État.

Ces circonscriptions administratives déconcentrées ne bénéficient pas de la personnalité morale et n'ont donc pas d'existence juridique, puisque c'est toujours l'État qui agit. Elles ont cependant, à l'exception des arrondissements, un territoire qui se confond avec celui des collectivités territoriales correspondantes que sont les régions, les départements et les communes. Cette confusion des territoires est née de l'histoire puisque c'est dans le cadre territorial de ces circonscriptions de l'État qu'ont été ensuite reconnues de véritables collectivités territoriales. Elle peut être, en même temps, la cause d'une confusion possible entre deux administrations qui agissent de manière séparée mais sur un territoire identique. Le cas du maire, autorité communale élue mais aussi représentant de l'État dans la plus petite circonscription administrative de l'État, est très significatif de l'imbrication possible de la déconcentration et de la décentralisation. Le maire est une autorité déconcentrée qui n'est pas nommée : en tant qu'autorité déconcentrée, le maire est chargé de la publication des lois et règlements, il est officier d'état civil, il détient des compétences en matière électorale (tenue des listes électorales, organisation des élections), il exerce des pouvoirs de police spéciale (publicité des enseignes, police des étrangers : visa ou certificat d'hébergement). Le CGCT distingue ainsi ce qui illustre un dédoublement fonctionnel, au sein des attributions du maire et des adjoints, les attributions exercées au nom de la commune (art. L. 2122-21 à L. 2122-26) et les attributions exercées au nom de l'État (art. L. 2122-27 à L. 2122-34).

La confusion des territoires déconcentrés et décentralisés constitue, malgré tout, une simplification de l'organisation administrative, car, à l'inverse, un enchevêtrement des circonscriptions administratives et des collectivités territoriales serait une source de difficultés pour les administrés.

La déconcentration a parfois précédé la décentralisation, au point de se confondre avec elle, comme le montre le décret du 25 mars 1852 dit de « décentralisation administrative » qui était, en réalité, un texte de déconcentration. Elle a parfois accompagné la décentralisation, ainsi que l'illustre la publication des décrets du 10 mai 1982, n° 82-389 relatif aux pouvoirs des commissaires de la République et à l'action des services et organismes publics de l'État dans les départements et n° 82-390 relatif aux pouvoirs des commissaires de la République de région, quelques semaines après la loi n° 82-213 du 2 mars 1982 relative aux droits et libertés des communes, des départements et des régions.

La déconcentration a connu un nouvel élan avec la loi d'orientation sur l'administration territoriale de la République (dite loi ATR) n° 92-125 du 6 février 1992 qui a considéré que « L'administration territoriale de la République est assurée par les collectivités territoriales et par les services déconcentrés de l'État » (art. 1er) établissant ainsi un parallèle entre les deux modalités d'organisation administrative. Le titre Ier de cette loi traitait spécifiquement de l'organisation territoriale de l'État et avait été complété par le décret n° 92-604 du 1er juillet 1992 portant charte de la déconcentration, afin d'accompagner le mouvement de décentralisation inauguré en 1982. Ces textes affirmaient une forme de principe de subsidiarité au sein de l'État, qui signifie que l'échelon supérieur ne doit traiter que des missions présentant un caractère national, tandis que l'échelon départemental est le niveau de droit commun ou « l'unité administrative de droit commun ». L'article 2 de la loi affirmait que « Sont confiées aux administrations centrales les seules missions qui présentent un caractère national ou dont l'exécution, en vertu de la loi, ne peut être déléguée à un échelon territorial » (al. 3).

Par la suite, le décret n° 2015-510 du 7 mai 2015 portant charte de la déconcentration se présente comme un nouveau code de la déconcentration, précisant les attributions et les missions des administrations de l'État, qu'elles soient centrales, régionales, départementales et d'arrondissement, ces trois derniers échelons étant consacrés par ce décret, comme elles l'avaient été par celui de 1992 (art. 5 à 7). Il crée aussi, auprès du Premier ministre, une conférence nationale de l'administration territoriale de l'État chargée de veiller à la bonne articulation des relations entre les administrations centrales et les services déconcentrés.

Parallèlement, le décret n° 2004-374 du 29 avril 2004 relatif aux pouvoirs des préfets, à l'organisation et à l'action des services de l'État dans les régions et départements, modifié par le décret n° 2010-146 du 16 février 2010, qui s'inscrivait dans le cadre plus général de la réforme de l'État, a renforcé le rôle des préfets de région en matière de coordination et d'animation de l'action des préfets de département. Le préfet de région a désormais « autorité sur les préfets de département » et peut leur adresser des instructions et évoquer, par arrêté, et pour une durée limitée, tout ou partie d'une compétence des préfets de département à des fins de coordination régionale, sauf dans certains cas, comme, par exemple, pour le contrôle de légalité des actes. Il prend alors des décisions en lieu et place des préfets de département. Le préfet de région a autorité sur le secrétariat général pour les affaires régionales (SGAR) et assure aussi la direction des services déconcentrés régionaux qui sont chargés du pilotage de l'ensemble des politiques publiques de l'État. Depuis le décret du 16 février 2010, modifié par des décrets adoptés en décembre 2020, les directions régionales ne sont plus qu'au nombre de cinq : les directions régionales de l'économie, de l'emploi, du travail et des solidarités (DREETS), créées à compter du 1er avril 2021 (par un décret n° 2020-1545 du 10 décembre 2020) qui regroupe les missions exercées autrefois par la direction régionale des entreprises, de la concurrence, de la consommation, du travail et de l'emploi (DIRECCTE) et par les services déconcentrés chargés de la cohésion sociale ; les directions régionales de l'environnement, de l'aménagement et du logement (DREAL) ; les directions régionales de l'alimentation, de l'agriculture et de la forêt (DRAAF) ; les directions régionales des affaires culturelles (DRAC) auxquelles s'ajoute la Direction interrégionale de la mer « Manche Est-Mer du Nord » (DIRM) dont le siège est au Havre. À côté de ces directions, d'autres administrations, qui ne sont pas placées directement sous l'autorité du préfet, travaillent en coordination avec la préfecture de région. Il s'agit de la direction régionale des finances publiques ; dans le domaine de la santé, des agences régionales de santé et, dans le domaine de l'éducation, des 26 académies métropolitaines (rectorats) qui ne correspondaient pas toutes aux anciennes régions ou encore les délégations régionales académiques à la jeunesse, à l'engagement et aux sports (DRAJES) placées dans les rectorats de région académique créées à compter du 1er janvier 2021.

L'articulation du niveau départemental avec le niveau régional repose désormais sur un principe qui illustre le rôle grandissant de l'échelon régional : le pilotage des politiques publiques est régional et sa mise en œuvre se fait à l'échelon départemental. Les services départementaux ont été récemment réorganisés en fonction des besoins des citoyens et non selon le périmètre des ministères. Les nouvelles directions départementales sont interministérielles et elles sont placées sous l'autorité directe des préfets de département. Parmi celles-ci on compte les directions départementales de l'emploi, du travail et des solidarités, les directions départementales de l'emploi, du travail, des solidarités et de la protection des populations (décret n° 2020-1545 du 9 décembre 2020), et la direction départementale des territoires et de la mer. Les politiques relatives à la jeunesse, à l'éducation populaire, à la vie associative, aux sports et à l'engagement sont, elles, rattachées depuis 1er janvier 2021 au ministère de l'Éducation nationale, de la jeunesse et des sports. Depuis le décret n° 2020-1050 du 14 août 2020, ces directions départementales interministérielles (DDI) sont rattachées au ministre de l'Intérieur.

Malgré son insertion dans le cadre régional, le niveau départemental reste un échelon important de l'administration de l'État au niveau local. Le décret n° 97-34 du 15 janvier 1997 relatif à la déconcentration des décisions administratives individuelles pose le principe de la compétence du préfet du département pour prendre toutes les décisions administratives individuelles, chaque fois que cette compétence n'est pas attribuée à une autre autorité de l'État. En outre, le préfet de département exerce des pouvoirs importants en matière de police administrative et de contrôle des actes des collectivités territoriales et de leurs établissements publics. La crise sanitaire née de l'épidémie de covid-19 a renforcé le rôle des préfets de département pour les décisions liées à la police sanitaire et plus globalement à l'ordre public.

La loi n° 2015-29 du 16 janvier 2015 relative à la délimitation des régions, qui redéfinit le périmètre des régions et crée, par fusion, sept nouvelles régions, a nécessairement donné lieu à une nouvelle réforme de l'administration territoriale de l'État. C'est ainsi que le décret n° 2016-1689 du 8 décembre 2016 fixant le nom, la composition et le chef-lieu des circonscriptions administratives régionales, qui a abrogé le décret du 2 juin 1960 portant harmonisation des circonscriptions administratives, a consacré l'existence de treize circonscriptions administratives régionales en métropole, dont la Corse, et de quatre dans les anciennes régions d'outre-mer (Guadeloupe, Guyane, Martinique et La Réunion).

CHAPITRE 3

Un droit des collectivités territoriales

17. L'existence de règles de droit applicables aux collectivités territoriales permet d'identifier un corps de règles qui se distinguent d'autres normes et donc d'autres branches du droit. La reconnaissance d'un droit des collectivités territoriales ne peut être que récente. La multiplication des textes à partir de 1982, qualifiés souvent de « lois de décentralisation » depuis cette période, la relative cohérence qui les anime, la publication du CGCT, l'émergence d'un véritable droit constitutionnel des collectivités territoriales, toutes ces manifestations étant associées à l'existence de cours de droit des collectivités territoriales et de diplômes consacrés à ces collectivités dans les facultés de droit et les instituts d'études politiques, ont en effet contribué à ce qu'un droit, relativement autonome, des collectivités territoriales, apparaisse et à ce que ce droit soit commun à l'ensemble (ou presque) des collectivités.

Comme pour toute discipline juridique, l'identification des sources est nécessaire avant de présenter les caractéristiques du droit des collectivités territoriales.

Section 1
Les différentes sources du droit des collectivités territoriales

18. Les sources formelles de ce droit, c'est-à-dire l'identification des règles applicables aux collectivités territoriales, sont nombreuses. Pour l'essentiel, ces règles sont d'origine étatique, depuis la Constitution jusqu'aux décrets et aux arrêtés. Les collectivités territoriales, sauf cas particuliers, ne peuvent édicter que des actes juridiques qui sont soumis aux normes étatiques. Domine ainsi l'idée d'une unité du pouvoir normatif, caractéristique d'un État unitaire.

La question des sources se présente sous un jour tout à fait différent de ce qui se constatait avant 1982, car ces sources sont de plus en plus diverses.

Lorsque les collectivités territoriales n'étaient que des entités administratives secondaires, les sources du droit qui leur étaient applicables ne se distinguaient guère du droit administratif général. Quelques lois régissaient néanmoins ces collectivités, pour la plupart issues des grandes réformes de la fin du XIXe siècle, qui était aussi l'époque de la naissance et du développement du droit administratif. C'est ainsi que la loi du 5 avril 1884 relative à l'organisation municipale s'est appliquée sous cette forme jusqu'au milieu du XXe siècle, de la même manière que la loi du 10 août 1871 relative aux conseils généraux constituait l'essentiel du droit départemental.

Les nombreuses lois relatives aux collectivités territoriales et le développement de la jurisprudence du Conseil constitutionnel ont conduit à un changement de perspective.

Si les sources internes constituent l'essentiel du droit des collectivités territoriales, les sources externes, qui étaient assez marginales, ont tendance à devenir plus importantes.

§1. Les sources internes du droit des collectivités territoriales

19. La plupart des Constitutions des pays d'Europe contiennent des dispositions relatives aux collectivités territoriales, de façon plus ou moins développée. La France fait partie des pays dont la Constitution a été, pendant longtemps, assez peu prolixe en la matière. Elle contenait, en 1958, quelques principes rédigés en termes généraux, qui n'étaient d'ailleurs pas d'une grande nouveauté par rapport aux textes constitutionnels antérieurs. Ce caractère lacunaire était parfois critiqué. La loi constitutionnelle du 28 mars 2003 relative à l'organisation décentralisée de la République a adopté une autre démarche et a, de manière assez considérable, renforcé le texte constitutionnel, à tel point qu'il a été parfois reproché à la révision d'être trop détaillée et de contenir des dispositions qui auraient pu être intégrées dans des lois organiques ou des lois ordinaires.

La Constitution précise aussi les modalités de la répartition des compétences entre le législateur et le pouvoir réglementaire, mais dans des termes très généraux (dans un alinéa de l'article 34 et désormais, depuis 2003, dans plusieurs dispositions du titre XII, au moins pour la métropole) et abstraits qui ont nécessité l'intervention des juridictions constitutionnelle et administrative. La loi constitutionnelle de 2003 a ainsi donné une place nouvelle en la matière aux lois organiques et a renforcé la compétence du législateur qui, même si ce n'est pas une nouveauté, dépasse largement le cadre de l'article 34. Parmi les sources de droit interne, il faut enfin mentionner le pouvoir réglementaire local.

A. La Constitution, source du droit des collectivités territoriales

20. La présence d'un titre spécifique à l'administration locale n'est pas nouvelle dans notre histoire constitutionnelle, alors même que la dénomination de cette administration locale a beaucoup évolué au fil des textes. La Constitution du 4 octobre 1958 n'est, sur ce point, pas très originale en consacrant un titre spécifique aux collectivités territoriales. Elle ne se limite pas, cependant, aux dispositions contenues dans l'actuel titre XII, et le texte constitutionnel recèle des sources plus nombreuses qu'il n'y paraît de prime abord. La loi constitutionnelle du 28 mars 2003, mais aussi la rédaction nouvelle du titre XIII, spécifiquement consacré à la Nouvelle-Calédonie, n'ont fait que renforcer cette diversité des sources constitutionnelles du droit des collectivités territoriales.

1. Le titre XII de la Constitution

21. Le titre XII actuel, intitulé « Des collectivités territoriales », s'est longtemps caractérisé à la fois par sa brièveté et par la reprise de dispositions anciennes contenues dans le texte de 1946.

Depuis la promulgation de la Constitution en 1958, peu de modifications avaient affecté ces articles, en dehors de la loi constitutionnelle n° 92-554 du 25 juin 1992 dont l'objet principal était d'ajouter à la Constitution un titre consacré « aux Communautés européennes et à l'Union européenne », mais qui a aussi modifié l'article 74. On peut ajouter, pour mémoire, la loi constitutionnelle n° 76-880 du 4 août 1995 qui a supprimé l'article 76 relatif aux choix statutaires donnés aux territoires d'outre-mer pendant la période de quatre mois de mise en place des institutions de la Ve République. La loi constitutionnelle du 28 mars 2003 a, quant à elle, bouleversé la conception originelle du titre XII. Cette loi a ajouté cinq articles nouveaux (art. 72-1, 72-2, 72-3 et 72-4, ainsi que l'article 74-1) et a complètement réécrit les articles 72, 73 et 74. Si les articles 72 à 72-2 intéressent, en principe, l'ensemble des collectivités territoriales, les articles 72-3 à 74-1 sont spécialement consacrés aux différentes collectivités situées outre-mer. Elle constitue, à ce jour, la seule révision constitutionnelle d'envergure du titre XII et, par-delà, du droit constitutionnel des collectivités territoriales.

Le titre XII a été l'objet de quelques modifications rédactionnelles assez mineures et de précisions aux articles 72-3, 73 et 74-1 par la loi constitutionnelle n° 2008-724 du 23 juillet 2008 relative à la modernisation des institutions de la Ve République dont la plupart des dispositions n'intéressaient pas les collectivités territoriales. Un nouvel article 75-1 a été cependant inséré afin d'affirmer que « Les langues régionales appartiennent au patrimoine de la France ». Le projet de loi constitutionnelle déposé le 29 août 2019 *Pour un renouveau de la vie démocratique* a prévu de modifier plusieurs dispositions du titre XII. Le sort de ce texte est néanmoins incertain car il doit recueillir l'accord des deux assemblées parlementaires.

L'analyse de ces dispositions constitutionnelles sera faite au fil de cet ouvrage.

2. Les autres dispositions constitutionnelles relatives aux collectivités territoriales

22. Le titre XII ne contient pas à lui seul toutes les dispositions consacrées aux collectivités territoriales dans la Constitution de 1958. Il y a, dans celle-ci, un certain nombre d'articles, parfois dispersés dans le texte, qui concernent, d'une façon ou d'une autre, ces dernières. Certaines d'entre elles ont été modifiées ou ajoutées par la loi constitutionnelle de 2003, dans les articles 1er, 34, 39 et 60.

Ces dispositions intéressent essentiellement la souveraineté et sont ainsi inscrites dans les premiers articles de la Constitution. L'article 1er proclame que la France est une République indivisible, ce qui a pour effet d'affirmer, à la suite d'une longue tradition constitutionnelle, qu'elle est un État unitaire. La deuxième phrase de cet article 1er consacre, de même, l'égalité devant la loi « sans distinction d'origine ». Cette dernière peut être géographique ou territoriale tout autant que sociale. La révision constitutionnelle de 2003 a ajouté que « L'organisation (de la République française) est décentralisée ». L'article 2 a proclamé dans son alinéa 1er issu de la loi constitutionnelle précitée du 25 juin 1992 que « La langue de la République est le français », symbolisant le rôle de la langue dans la construction de l'unité de l'État et de la République.

L'article 3 affirme, quant à lui, que le suffrage doit toujours être « universel, égal et secret » mais aussi que sont électeurs les nationaux français majeurs des deux sexes. Cette disposition ayant vocation à s'appliquer aussi aux élections locales, elle a été indirectement complétée par l'article 88-3, introduit par la loi constitutionnelle du 25 juin 1992, qui prévoit le droit de vote et d'éligibilité des citoyens de l'Union européenne résidant en France pour les élections municipales.

Ces diverses dispositions ne visent donc pas spécialement les collectivités territoriales, mais elles peuvent s'appliquer en matière locale, parfois sous réserve d'une interprétation par le juge constitutionnel. L'article 24, alinéa 4 concerne plus directement les collectivités territoriales en confiant au Sénat le soin d'assurer leur représentation au sein du Parlement. De même, l'article 53, alinéa 3 prévoit l'obligation d'une consultation des populations intéressées, par un référendum, en cas de cession, d'échange ou d'adjonction de territoire.

Sur un plan plus procédural, l'article 39 a été modifié en 2003 afin de consacrer le rôle particulier du Sénat dans l'examen des projets de loi relatifs à l'organisation des collectivités territoriales, pour lesquels il doit être saisi en premier.

Il faut mettre à part le titre XIII, consacré aux « Dispositions transitoires relatives à la Nouvelle-Calédonie », dans sa rédaction issue de la loi constitutionnelle n° 98-610 du 20 juillet 1998 et qui renvoie à la loi organique le soin d'organiser le statut de la collectivité. Parce que ce statut déroge sur plusieurs points aux dispositions constitutionnelles applicables dans les autres parties du territoire français, seule une révision pouvait juridiquement contredire d'autres règles constitutionnelles, même pour une partie limitée du territoire français.

Il est cependant impossible d'énumérer toutes les dispositions constitutionnelles susceptibles d'intéresser, d'une manière ou d'une autre, les collectivités territoriales. Le Préambule de la Constitution de 1958 et les textes auxquels il se réfère contiennent des principes généraux qui ont vocation à s'appliquer aussi à ces collectivités : l'article 6 de la Déclaration des droits proclame ainsi l'égal accès aux emplois publics, dont font partie évidemment les emplois des collectivités territoriales.

Depuis que le contrôle de constitutionnalité des lois précédant leur entrée en vigueur (art. 61, al. 2) a été complété par le contrôle a posteriori des lois (art. 61-1 en vigueur depuis le 1er mars 2010), les collectivités territoriales peuvent, à l'occasion d'un litige, invoquer le non-respect de droits et libertés que la Constitution garantit, dont font partie les « libertés locales ». Sur demande d'une collectivité, ou de toute autre personne ayant un intérêt, le Conseil d'État ou la Cour de cassation peuvent renvoyer au Conseil constitutionnel une question prioritaire de constitutionnalité (QPC) et il appartient à ce dernier, éventuellement, d'abroger la disposition législative litigieuse. L'introduction de la QPC participe ainsi à la juridictionnalisation croissante des rapports entre l'État et les collectivités territoriales et marque la reconnaissance progressive de droits et de libertés invocables par les collectivités, en dehors de la seule défense de leur « libre administration ». Ainsi, le Conseil constitutionnel a reconnu au profit des collectivités territoriales le droit à un recours effectif posé à l'article 16 DDHC (décision n° 2013-350 QPC du 25 octobre 2013, Commune du Pré-Saint-Gervais, abrogeant l'article 48 de la loi du 29 juillet 1881 sur la presse privant les collectivités territoriales du droit d'exercer une action pénale pour diffamation). La protection de ces droits et libertés constitutionnels propres aux collectivités territoriales peut rencontrer d'autres principes constitutionnels susceptibles de les limiter (voir *infra* pour la libre administration ou pour la compensation financière des transferts de compétences).

B. Les sources infraconstitutionnelles

23. Le pouvoir législatif constitue sans doute ce qui symbolise le mieux l'unité d'un État et ce qui contribue à distinguer l'État fédéral de l'État unitaire.

Il ne suffit cependant pas de proclamer que la loi ne peut être l'œuvre, en France, que du Parlement, sous réserve des lois référendaires nécessairement peu nombreuses, et qu'il ne peut pas exister de « lois locales », sauf quelques exceptions ou dans des conditions très strictes. Tout d'abord, il faut souligner que la place des lois organiques est plus importante depuis 2003. Ensuite, il faut déterminer ce que cette loi nationale peut et doit faire, dans le domaine des collectivités territoriales. À ce titre, se pose la question de la répartition des compétences entre la loi et le règlement national. Enfin, il faut constater l'existence d'un pouvoir réglementaire des collectivités territoriales, qui est toujours un pouvoir réglementaire d'application des lois.

1. La multiplication des lois organiques intéressant le droit des collectivités territoriales

24. Pour la première fois en matière de droit des collectivités territoriales, sauf en ce qui concernait les règles statutaires relatives aux TOM depuis la loi constitutionnelle n° 92-554 du 25 juin 1992 précitée modifiant notamment l'article 74, et créant un article 88-3, et depuis la révision du 20 juillet 1998 relative à la Nouvelle-Calédonie (art. 77 nouveau), qui prévoyaient toutes deux l'intervention d'une loi organique, la Constitution prévoit depuis 2003 l'intervention de plusieurs lois organiques, ce qui implique, évidemment, des règles de procédure particulières mais aussi un contrôle obligatoire du Conseil constitutionnel (art. 46 et 61, al. 1er). Elles sont relatives à l'expérimentation (art. 72, al. 4), au référendum décisionnel (art. 72-1, al. 2), à la part déterminante des recettes fiscales et des recettes propres au sein des ressources des collectivités territoriales (art. 72-2, al. 3), aux conditions dans lesquelles des habilitations peuvent être attribuées aux départements et régions d'outre-mer pour adapter les règles nationales sur leur territoire (art. 73, al. 6) et à la liste des compétences qui ne pourront pas faire l'objet d'un pouvoir d'adaptation par les départements et les régions d'outre-mer (art. 73, al. 4). À ces lois organiques nécessaires pour que les dispositions constitutionnelles puissent recevoir application, il faut ajouter d'autres cas d'intervention de la loi organique, dans des hypothèses prévues par la Constitution mais qui ne sont pas nécessaires à l'entrée en vigueur des dispositions du texte constitutionnel. Il s'agit des changements de statut qui ne peuvent être décidés que par la loi organique en ce qui concerne le changement de l'un vers l'autre des régimes constitutionnels prévus par les articles 73 pour les départements et régions d'outre-mer, d'une part, celui des collectivités d'outre-mer régies par l'article 74, d'autre part.

De même, l'article 74, modifié en 2003, continue de prévoir des lois organiques pour définir le statut de chaque collectivité d'outre-mer. Le contenu de ces lois organiques statutaires relatives aux COM est variable, selon que les collectivités sont « dotées de l'autonomie » ou non selon l'alinéa 7 de l'article 74, ou selon leur volonté de se rapprocher ou de s'éloigner du droit commun (al. 3 à 6).

Les lois organiques « en matière locale » ont désormais pour but de protéger les autonomies locales (art. 74 tel que modifié en 1992 et en 2003) ou les droits des élus locaux, mais aussi la souveraineté nationale (art. 88-3 introduit en 1992).

Sur le fondement de ces multiples renvois à une « loi organique », de nombreuses lois de ce type ont été adoptées. La loi constitutionnelle du 20 juillet 1998 a ainsi donné naissance à la loi organique n° 99-209 du 19 mars 1999 relative à la Nouvelle-Calédonie qui constitue le texte statutaire applicable à cette entité locale. Depuis la publication de la loi constitutionnelle du 28 mars

2003, plusieurs lois organiques ont été promulguées : les lois organiques du 1er août 2003 n° 2003-704 relative à l'expérimentation par les collectivités territoriales et n° 2003-705 relative au référendum local, ainsi que la loi organique n° 2004-192 du 27 février 2004 portant statut d'autonomie de la Polynésie française et la loi organique n° 2004-758 du 29 juillet 2004 prise en application de l'article 72-2 de la Constitution relative à l'autonomie financière des collectivités territoriales. Se sont ajoutées, peu après, la loi organique n° 2007-223 du 21 février 2007 portant dispositions statutaires et institutionnelles relatives à l'outre-mer, la loi organique n° 2007-1719 du 7 décembre 2007 tendant à renforcer la stabilité des institutions et la transparence de la vie politique en Polynésie française, la loi organique n° 2009-969 du 3 août 2009 relative à l'évolution institutionnelle de la Nouvelle-Calédonie et à la départementalisation de Mayotte, la loi organique n° 2011-883 du 27 juillet 2011 relative aux collectivités régies par l'article 73 de la Constitution, la loi organique n° 2013-402 du 17 mai 2013 relative à l'élection des conseillers municipaux, des conseillers communautaires et des conseillers départementaux, la loi organique n° 2014-125 du 14 février 2014 interdisant le cumul des fonctions exécutives locales avec le mandat de député ou de sénateur, la loi organique n° 2019-706 du 5 juillet 2019 portant modification du statut d'autonomie de la Polynésie française et la loi organique n° 2021-467 du 19 avril 2021 relative à la simplification des expérimentations mises en œuvre sur le fondement du quatrième alinéa de l'article 72 de la Constitution.

2. Les lois et les règlements nationaux relatifs aux collectivités territoriales

25. Les dispositions constitutionnelles relatives à la répartition des compétences entre la loi et le règlement sont d'une particulière brièveté et sont inscrites logiquement à l'article 34. Celui-ci prévoit que la loi détermine les « principes fondamentaux de la libre administration des collectivités territoriales, de leurs compétences et de leurs ressources » (al. 13 modifié en 2003). Au titre des règles, la loi est également compétente pour fixer le régime électoral des assemblées locales, au même titre que celui des assemblées parlementaires (al. 7). L'article 72 ne fait que reprendre la première disposition en précisant que la loi prévoit les conditions dans lesquelles s'exerce la libre administration des collectivités territoriales. Ce même article prévoit cependant une compétence supplémentaire au profit du législateur qui peut créer « toute autre collectivité territoriale » (al. 1er). L'article 74 étendait cette compétence du législateur ordinaire à propos des TOM, en plus de la compétence fixée par l'article 34. Désormais, la compétence du législateur ordinaire, s'agissant des COM régies par l'article 74, est limitée aux « autres modalités de l'organisation particulière de ces collectivités d'outre-mer » (al. 11) que celles réservées à la loi organique par les alinéas 2 et suivants.

La révision de 2003 a étendu les possibilités d'intervention du législateur ordinaire, en faisant, à plusieurs reprises, référence à la loi : c'est la loi qui doit autoriser une collectivité à assurer le rôle dit de « chef de file » (art. 72, al. 5), c'est elle également qui est chargée de définir les conditions d'exercice du droit de pétition (art. 72-1, al. 1), qui autorise les collectivités à fixer l'assiette et le taux des impositions de toutes natures dans des limites qu'elle détermine (art. 72-2, al. 2), qui prévoit les mécanismes de péréquation entre collectivités territoriales (*ibid.*, al. 5) et qui fixe les ressources qui doivent accompagner toute création ou extension de compétences (*ibid.*, al. 4). C'est encore la loi, et non pas la Constitution ni une éventuelle loi organique, qui détermine le statut des Terres australes et antarctiques françaises (art. 72-3, al. 4). Outre-mer, c'est la loi qui peut habiliter les départements et régions à adapter, dans leur domaine de compétence, les lois et règlements nationaux, pour tenir compte des caractéristiques et contraintes particulières (art. 73, al. 2). C'est de même la loi ordinaire qui peut créer une collectivité unique ou une assemblée unique pour un département et une région d'outre-mer (art. 73, al. 7).

Au titre des innovations normatives, l'article 74-1 crée, depuis 2003, une nouvelle catégorie d'ordonnances pour étendre, dans les COM visées à l'article 74 et la Nouvelle-Calédonie, les dispositions législatives en vigueur en métropole, sans avoir recours, pour chaque extension, à une loi d'habilitation. Ces ordonnances sont alors distinctes des ordonnances prévues à l'article 38. Elles ont été introduites afin de soulager l'ordre du jour du Parlement qui n'est plus obligé d'intervenir pour étendre dans ces collectivités des dispositions législatives applicables au reste du territoire français. Vingt-huit ordonnances ont été publiées sur le fondement de l'article 74-1 entre 2005 et 2013, mais l'article 38 continue de servir majoritairement de fondement juridique aux ordonnances publiées et applicables dans les collectivités d'outre-mer et en Nouvelle-Calédonie. Dans une décision du 15 juillet 2020, Polynésie française, le Conseil d'État a admis qu'une même ordonnance pouvait comporter des dispositions fondées aussi bien sur l'article 38 que sur l'article 74-1 lorsque ce dernier est applicable.

La compétence du législateur a été entendue de façon extensive parce qu'elle est apparue plus protectrice du principe de libre administration que le pouvoir réglementaire, soupçonné à tort ou à raison d'être plus « étatiste » que le législateur, de la même manière que la loi apparaît plus protectrice des droits fondamentaux, ce que suppose l'alinéa 2 de l'article 34, à propos des droits civiques et des libertés publiques. Ce n'est donc pas par hasard si l'article 72, mais aussi l'article 34, réservent à la loi le soin de déterminer les conditions dans lesquelles les collectivités territoriales s'administrent librement : leur autonomie apparaît ainsi mieux garantie. L'extension de ce domaine en 2003 et l'insertion de lois organiques renforcent cette volonté.

Du fait de ce rôle premier de la loi, le règlement national n'occupe qu'une place seconde, mais ce dernier n'est pas privé de tout pouvoir d'intervention. La jurisprudence constante et ancienne du Conseil constitutionnel considère, en effet, que dans les matières que la Constitution a placées dans le domaine de la loi, le pouvoir réglementaire national peut toujours mettre en œuvre les principes posés par la loi, c'est-à-dire fixer les modalités d'application de ces principes. Aucune compétence n'appartient en totalité à la loi. C'est ainsi qu'il appartient au règlement de déterminer les autorités de l'État habilitées à exercer le pouvoir de tutelle ou à prendre un certain nombre de décisions qui intéressent les collectivités territoriales (décisions n° 67-49 L. du 12 décembre 1967 ; n° 70-59 L. du 23 février 1970 ; n° 70-63 L. du 9 juillet 1970 ; n° 71-69 L. du 1er avril 1971 ; n° 72-71 L. du 29 février 1972 et n° 77-98 L. du 27 avril 1977). Il en est de même lorsqu'il faut préciser les obligations d'une collectivité territoriale à l'égard de l'État ou d'une autre collectivité territoriale (décisions n° 75-84 L. du 19 novembre 1975 relative à l'appréciation des compétences normatives à propos du Code de l'administration communale ; n° 76-89 L. du 2 juin 1976 et n° 82-149 DC du 28 décembre 1982, Loi Paris-Marseille-Lyon, cons. 12).

La jurisprudence du Conseil constitutionnel a également introduit une compétence concurrente entre la loi et le règlement, au rebours de l'interprétation classique de la Constitution selon laquelle une matière ne pouvait être que du domaine de la loi ou du domaine du règlement. Une loi adoptée dans le domaine du règlement n'est plus, depuis la décision n° 82-143 DC du 30 juillet 1982, Blocage des prix et des revenus, pour autant inconstitutionnelle, ce qu'a confirmé la décision n° 2012-649 DC du 15 mars 2012, Loi relative à la simplification du droit et à l'allégement des démarches administratives (cons. 10). Une loi relative aux collectivités territoriales peut donc pénétrer dans le domaine du règlement et, soit poser des règles qui ne sont pas de la compétence de la loi, soit fixer des détails que le Gouvernement pourra, s'il le souhaite et par la suite, « récupérer » en modifiant la loi par décret en respectant la procédure prévue à l'alinéa 2 de l'article 37. On peut penser qu'il en est ainsi des dispositions relatives à la déconcentration, qui constitue bien une matière « réglementaire » au sens de l'article 37, mais qui peuvent être introduites dans des lois, afin de leur donner un plus grand retentissement. C'est le cas des mesures introduites dans le titre Ier de la loi d'orientation n° 92-125 du 6 février 1992 relative à l'administration territoriale de la République et intitulé « De l'organisation territoriale de l'État ». Cette compétence réglementaire a été confirmée, implicitement, par le décret n° 92-604 du 1er juillet 1992 portant charte de la déconcentration et le décret n° 2015-510 du 7 mai 2015 portant charte de la déconcentration. Le législateur a récidivé avec la loi n° 2004-808 du 13 août 2004 relative aux libertés et responsabilités locales qui comprend un titre VIII consacré notamment à l'organisation de l'État dont certaines dispositions n'ont pas nécessairement une valeur législative.

En revanche, par le biais de sa jurisprudence relative à « l'incompétence négative », inaugurée par la décision n° 67-31 DC du 26 janvier 1967, le Conseil interdit à la loi d'abandonner au règlement des compétences qui sont les siennes.

3. Le règlement local

26. La libre administration ne signifie pas non plus libre réglementation qui permettrait aux collectivités territoriales de posséder un pouvoir réglementaire autonome, en dehors du pouvoir législatif national ou du pouvoir réglementaire national. L'article 72 n'habilite pas, en effet, directement les collectivités à intervenir à la place de la loi ou du pouvoir réglementaire détenu, à titre principal, par le Premier ministre en application de l'article 21 et, de manière subsidiaire, par le président de la République au titre de l'article 13.

Dans la décision n° 2001-454 DC du 17 janvier 2002, Loi relative à la Corse, le Conseil a clairement rappelé que la compétence des autorités titulaires du pouvoir réglementaire national d'exécution des lois, fondée sur les articles 21 et 13, ne pouvait être méconnue par l'existence d'un pouvoir réglementaire reconnu aux collectivités territoriales. Ces dispositions permettent au législateur de confier à une catégorie de collectivités territoriales le soin de définir, dans la limite des compétences qui lui sont dévolues, certaines modalités d'application d'une loi (cons. 12). Il a fallu attendre 2003 pour que ce pouvoir réglementaire local soit expressément inscrit dans la Constitution, ce qu'a confirmé l'avis du Conseil d'État du 15 novembre 2012, n° 387095.

Le pouvoir réglementaire des collectivités territoriales ne peut toutefois être exercé lorsque l'exercice d'une liberté fondamentale est en cause. Dans sa décision n° 84-185 DC du 18 janvier 1985, Loi modifiant et complétant la loi n° 83-663 du 22 juillet 1983 et portant dispositions diverses relatives aux rapports entre l'État et les collectivités territoriales, cons. 18, confirmée par la décision n° 96-373 du 9 avril 1996, Loi organique portant statut d'autonomie de la Polynésie française, cons. 25 et celle précitée du 17 janvier 2002, cons. 12, le Conseil constitutionnel a considéré que le principe de libre administration « ne saurait conduire à ce que les conditions essentielles d'application d'une loi organisant une liberté publique dépendent des décisions des collectivités territoriales, et ainsi, puissent ne pas être les mêmes sur l'ensemble du territoire ». Ni le principe de libre administration, ni, pour les COM (ou anciennement les TOM), l'organisation particulière dont doit bénéficier une COM (ou anciennement un TOM) ne peuvent justifier qu'une liberté publique ait un régime différent selon les parties du territoire, même outre-mer.

Mais il n'y a pas qu'en matière de libertés que le principe d'égalité impose des contraintes au pouvoir réglementaire des collectivités territoriales. En matière de droits sociaux, il appartient, selon le Conseil constitutionnel, au législateur de « prévenir par des dispositions appropriées la survenance de ruptures caractérisées d'égalité dans l'attribution » de ceux-ci au nom d'une exigence de solidarité nationale (décision n° 96-387 DC du 21 janvier 1997, à propos de la prestation spécifique dépendance).

En dehors du domaine des droits et des libertés, le pouvoir réglementaire local ne peut s'exercer que dans le cadre des lois et des règlements nationaux. L'article L. 2122-2 renvoie, par exemple, aux conseils municipaux le soin de déterminer le nombre des adjoints au maire, mais en fixant une limite supérieure de 30 % de l'effectif légal du conseil municipal.

Les collectivités territoriales peuvent également adopter, spontanément, des règlements pour compléter la loi imprécise ou incomplète, en l'absence de renvoi exprès à un décret (CE, 13 février 1985, n° 40756, Syndicat communautaire d'aménagement de l'agglomération nouvelle de Cergy-Pontoise, s'agissant des principales règles d'organisation de leur comité d'hygiène et de sécurité ; CE, 10 juin 1988, n° 90306, Département de l'Orne c/ Gandon, établissant la compétence des services départementaux d'incendie et de secours pour fixer dans le silence du décret d'exécution les modalités d'élection à leur commission administrative). De même, les collectivités territoriales peuvent prendre tout règlement répondant aux besoins de la population ou à l'intérêt public local sur le fondement de la clause générale de compétence, lorsque cette dernière leur est reconnue.

En revanche, la compétence réglementaire des autorités locales est tenue en échec lorsque la loi renvoie au pouvoir réglementaire national (CE, avis, 20 mars 1992, n° 131852, Préfet du Calvados). Cette solution s'applique y compris lorsque la loi renvoie en même temps à la compétence réglementaire des collectivités locales. Ainsi, dans un arrêt du 1er avril 1996, Département de la Loire, à propos de la fixation des règles d'organisation des services de la protection maternelle et infantile, le Conseil d'État a jugé que « si le législateur a donné compétence aux départements pour organiser et gérer les services de la protection maternelle et infantile dont il a défini les principales missions, il doit être regardé comme ayant réservé à l'État, en vertu des dispositions de l'article 72 de la Constitution, le soin de fixer les normes minimales d'activité de ces services » (publié au Recueil Lebon, p. 110).

Lorsque le législateur n'a prévu ni directement, ni indirectement, ni au plan national, ni au plan local, des mesures réglementaires d'application, le Conseil d'État peut juger que l'entrée en vigueur effective de la loi suppose nécessairement que certaines modalités soient fixées au niveau national ; seul peut être exercé le pouvoir réglementaire d'application des lois de droit commun, c'est-à-dire celui du Premier ministre, pour fixer ces modalités (CE, 2 décembre 1994, n° 148121, Commune de Cuers et CE, avis, 15 novembre 2012, point 4e, dernier al., précité). Ce n'est que lorsque le décret n'est pas jugé nécessaire que les collectivités territoriales peuvent adopter des mesures réglementaires. Le pouvoir réglementaire des collectivités territoriales est donc un pouvoir résiduel, comme l'implique l'alinéa 3 de l'article 72 : « Dans les conditions prévues par la loi, ces collectivités... disposent d'un pouvoir réglementaire pour l'exercice de leurs compétences ». Rien n'interdit en outre au pouvoir réglementaire national d'intervenir pour compléter les dispositions législatives, réduisant d'autant le pouvoir réglementaire des collectivités territoriales.

Doit cependant être mentionnée la faculté pour les collectivités territoriales de prendre des règlements qui dérogent, à titre expérimental, aux lois ou aux règlements nationaux dans les conditions strictes définies à l'article 72, alinéa 4 de la Constitution, complété par la loi organique du 1er août 2003. Le régime des expérimentations a été assoupli par la loi relative à la simplification des expérimentations mises en œuvre sur le fondement du quatrième alinéa de l'article 72. Mais ce pouvoir réglementaire dérogatoire doit être expressément prévu par la loi ou le pouvoir réglementaire national. Il ne peut s'exercer que pour un objet et une date limités et il ne saurait remettre en cause les conditions essentielles d'exercice d'une liberté publique ou d'un droit constitutionnellement garanti (voir *infra*, Quatrième partie, « Les collectivités territoriales dans la République »).

Ne peuvent être cités dans ce cadre l'ensemble des lois et règlements adoptés qui régissent le droit des collectivités territoriales. La codification est venue faciliter néanmoins la connaissance de ce droit.

4. La codification du droit des collectivités territoriales

27. Pendant longtemps, quelques lois ont régi les collectivités territoriales, pour la plupart issues des grandes réformes de la fin du XIXe siècle. C'est ainsi que la loi du 10 août 1871 relative aux conseils généraux et la loi du 5 avril 1884 relative à l'organisation municipale ont constitué l'essentiel du droit applicable, même si elles ont été complétées par des lois ponctuelles et par de nombreux textes d'application. La loi de 1884 avait d'ailleurs, déjà en son temps, voulu rassembler les textes relatifs aux communes qui étaient dispersés et elle avait donc une dimension codificatrice. La volonté de codifier le droit applicable aux communes et départements remonte à un décret du 24 mai 1938 confiant au Conseil d'État le soin de préparer un projet de codification des dispositions relatives à l'administration départementale et communale. La guerre n'ayant pas permis la réalisation de ce projet, c'est l'ordonnance n° 45-2660 du 2 novembre sur la codification des textes législatifs et réglementaires concernant l'administration départementale et communale qui a prévu que des décrets devaient procéder à cette codification. Jusqu'à la loi du 2 mars 1982, seules les communes ont pu faire l'objet d'une codification.

La volonté de codifier n'a cependant pas épargné le droit des collectivités territoriales, et elle a d'abord concerné les communes avant d'englober la quasi-totalité des collectivités territoriales.

a. Les anciennes codifications communales

28. La codification est une préoccupation ancienne mais qui n'a concerné que les communes, d'abord sous la forme du Code d'administration communale (ou CAC), institué par le décret n° 57-657 du 22 mai 1957 portant codification des textes législatifs concernant l'administration communale. Sur le fond, le CAC, qui comprenait 630 articles, reprenait les dispositions de la loi municipale du 5 avril 1884, mais intégrait aussi l'ordonnance n° 45-2604 du 2 novembre 1945 sur les changements de circonscriptions territoriales, celle du même jour n° 45-2602 relative aux sections de communes, les lois n° 52-432 du 28 avril 1952 portant statut général du personnel des communes et des établissements communaux et n° 57-361 du 22 mars 1957 modifiant la précédente, et les textes relatifs aux finances communales et ceux intéressant les services publics communaux. Le dernier article du décret de codification précisait que ce dernier se substituait aux dispositions législatives dont la liste était donnée dans cet article. Les textes n'étaient pas abrogés – ce qu'un simple décret n'aurait pu faire – et ils subsistaient en tant que lois. En ne prévoyant qu'une « substitution » aux lois antérieures et non pas une « abrogation », le décret du 22 mai 1957 créait une situation juridique originale et complexe qui a suscité des contentieux quant aux textes applicables en cas de divergence de rédaction entre le texte ayant fait l'objet de codification et celui codifié (CE, 3 janvier 1962, Ville d'Aix-en-provence, sieurs Mouret et al., Lebon, p. 2 et CE, 1er octobre 1971, Consorts Vitrin, Lebon, p. 574). Dans tous les cas, le Conseil d'État avait jugé que le CAC n'avait pas pu ni abroger ni modifier au fond aucune des dispositions législatives en vigueur au moment de son intervention.

Une nouvelle codification communale était devenue doublement nécessaire, du fait des difficultés juridiques d'application de la première codification, d'une part, et du fait du nouveau partage des compétences normatives entraîné par les articles 34 et 37 de la Constitution de 1958, d'autre part. Une codification faisant apparaître clairement l'origine normative des règles s'imposait, en matière de collectivités territoriales comme dans d'autres domaines. Le Code des communes a alors été édicté par trois décrets des 27 janvier, 7 mars et 28 mars 1977.

La première originalité du Code des communes consistait à distinguer une partie législative et une partie réglementaire. La structure interne du Code était très proche de celle du CAC, dans ce sens où les articles étaient agencés dans un ordre qui n'était pas différent de celui adopté par l'ancien Code, mais sa présentation obéissait à une logique d'efficacité et de clarté.

De la même manière que le CAC, et sans doute pour les mêmes raisons, le Code des communes, comme son nom l'indiquait suffisamment, ne contenait aucun texte relatif aux départements. La codification de 1977 a en outre suscité les mêmes interrogations que les précédentes s'agissant de l'absence d'abrogation, car le Code des communes a été aussi publié sous forme de décrets, comme l'a jugé le Conseil d'État dans son arrêt du 3 janvier 1983, n° 31680, Mme Vincent.

b. La codification législative de l'ensemble du droit des collectivités territoriales

29. La décentralisation des années 1982 et suivantes ne pouvait que modifier la codification intéressant les collectivités territoriales. Celle-ci a profité d'une relance générale de la codification du droit.

La loi n° 82-213 du 2 mars 1982 avait annoncé formellement la disparition du Code des communes. L'intervention du Parlement devenait nécessaire pour l'adoption de la partie législative afin de remédier aux problèmes de validité rencontrés par les anciennes codifications administratives. L'approbation du Parlement est surtout formelle, tant les travaux de rédaction des textes lui échappent. Son intervention permet seulement de lever les incertitudes relatives à la valeur juridique des dispositions contenues dans les codes.

La codification a été réalisée par la loi n° 96-142 du 21 février 1996 relative à la partie législative du Code général des collectivités territoriales. Elle a abrogé les textes antérieurs à ce code et a mis fin ainsi aux difficultés juridiques rencontrées quant à la valeur juridique des dispositions codifiées. L'intervention du législateur ne se borne pas seulement à classer ou ordonner, elle consiste aussi à créer la nouvelle norme qu'est le code, de valeur équivalente aux textes qu'elle abroge et qu'elle a vocation à remplacer.

L'un des principes fondamentaux de la codification est la volonté du codificateur de procéder « à droit constant ». Ce principe général revient à conserver le droit existant, en retenant la présentation des textes dans leur rédaction en vigueur au moment de la codification, sans mêler à cet effort une réforme du fond du droit.

Il s'agit de ne pas aller au-delà des corrections rédactionnelles nécessaires, à la fois pour des raisons de forme et de cohérence. Pour autant, le droit constant ne se veut pas simple recopiage des textes existants, car la codification doit être l'occasion de modifier des textes rédigés de façon archaïque ou défectueuse. Il s'apparente alors à une entreprise de toilettage des textes.

L'opération de codification conduit alors à une organisation nouvelle, qui se veut plus rationnelle, du droit existant. En outre, la réforme au fond du droit est une décision politique qui ne peut être laissée aux mains des seuls experts. La codification à droit constant n'épuise donc pas les difficultés et peut, au mieux, faire apparaître les insuffisances ou les lacunes du droit applicable et suggérer ou susciter des modifications de fond.

L'annexe de la loi du 21 février 1996 constituait, en réalité, le Code général des collectivités territoriales. C'était un ensemble, en 1996, de 1 710 articles répartis en cinq parties : « Dispositions générales » (1), « La commune » (2), « Le département » (3), « La région » (4) et « La coopération locale » (5).

Cette partie législative a été complétée par une partie réglementaire publiée sous forme du décret n° 2000-318 du 7 avril 2000 qui adopte la même présentation formelle et la même structure que la partie législative.

Depuis sa publication en 1996, le CGCT s'est beaucoup développé, tant par le nombre d'articles qui y ont été insérés que par l'ajout de deux nouvelles parties : « Les collectivités d'outre-mer régies par l'article 74 de la Constitution » (6) et « Autres collectivités régies par l'article 73 de la Constitution » (7). N'y figurent cependant et toujours pas, les statuts des COM de Wallis-et-Futuna et de la Polynésie française.

Malgré son intitulé, le CGCT n'embrasse pas la totalité de la matière, car des dispositions qui intéressent les collectivités sont maintenues dans des codes spécifiques tels que le Code de l'urbanisme, le Code rural ou le Code électoral. Il ne contient aucune disposition non plus sur la fonction publique territoriale. Pour l'essentiel, les textes relatifs aux compétences ne figurent pas dans ce Code qui traite surtout des institutions, de l'organisation des collectivités et de la coopération entre les collectivités.

Il est à noter, enfin, que le droit des collectivités territoriales n'est plus seulement déterminé par des règles législatives ou réglementaires d'effet général, codifiées ou non. La loi renvoie en effet de plus en plus souvent, pour son application, à des schémas (de coopération, de mutualisation), des plans, des pactes, des conventions, des projets ou des délégations de compétence, dont l'initiative relève des collectivités territoriales. C'est ainsi qu'en droit des collectivités territoriales, jouent un rôle de plus en plus important des règles localement négociées, dont les effets normatifs sont souvent incertains. Comme il l'avait déjà jugé à propos des contrats de plan État-région dans son arrêt du 25 octobre 1996, n° 169557, Association Estuaire-Écologie, le Conseil d'État a néanmoins considéré que les schémas départementaux de coopération intercommunale ne produisent pas « par eux-mêmes » des effets de droit susceptibles d'être contestés devant le juge administratif qui ne peut connaître que du contentieux de leur exécution (CE, 21 septembre 2012, n° 361632, Commune de Couvrot et Commune de Poligny). L'admission des délégations de compétences traduit bien aussi ce passage de la règle générale à la règle particulière puisqu'elle conduit à distinguer les règles légales de répartition des compétences et l'exercice effectif de celles-ci (voir *infra*, « Les compétences des collectivités territoriales »).

§2. Les sources externes du droit des collectivités territoriales

30. Le droit des collectivités territoriales, droit essentiellement d'origine française, est de plus en plus influencé par le droit externe. Le cadre européen et issu du droit de l'Union européenne fournit des sources non dénuées d'importance. Il existe cependant deux constructions juridiques européennes différentes, tant sur le plan géographique que politique, et donc deux sources de règles de droit.

A. Le Conseil de l'Europe et les collectivités territoriales

31. Le Conseil de l'Europe s'est préoccupé assez tôt des questions locales au travers d'institutions consultatives. Il a créé en son sein un organe consultatif qui représente les collectivités locales et régionales, dénommé le Congrès des pouvoirs locaux et régionaux, anciennement désigné sous le nom de Conférence. Il est composé, sur le même modèle que l'Assemblée parlementaire du Conseil de l'Europe, de 324 membres et de 324 suppléants, représentants élus des pouvoirs locaux et régionaux. Ceux-ci doivent correspondre aux différents types d'autorités locales des 47 membres du Conseil de l'Europe et aux différents groupes politiques. Le Conseil de l'Europe a élaboré une charte spécialement consacrée à l'autonomie locale, mais la Convention européenne des droits de l'homme est aussi susceptible de concerner les collectivités territoriales.

1. La Charte européenne de l'autonomie locale

32. Le Conseil de l'Europe a adopté la Charte européenne de l'autonomie locale, signée le 15 octobre 1985 et qui contient un certain nombre de principes communs aux États signataires, comme celui de l'autonomie locale ou celui du contrôle administratif des actes des collectivités locales. L'article 2 proclame ainsi que : « Le principe de l'autonomie locale doit être reconnu dans la législation interne et, autant que possible, dans la

Constitution », tandis que l'article 8 précise les contours du contrôle administratif des actes des collectivités locales : « Tout contrôle administratif des actes des collectivités locales ne doit normalement viser qu'à assurer le respect de la légalité et des principes constitutionnels. Le contrôle administratif peut, toutefois, comprendre un contrôle de l'opportunité exercé par des autorités de niveau supérieur en ce qui concerne les tâches dont l'exécution est déléguée aux collectivités locales ».

La Charte contient aussi un principe qui se rapproche du concept de subsidiarité. L'article 4-3 dispose ainsi que : « L'exercice des responsabilités doit, de façon générale, incomber, de préférence, aux autorités les plus proches des citoyens. L'attribution d'une responsabilité à une autre autorité doit tenir compte de l'ampleur et de la nature de la tâche et des exigences d'efficacité et d'économie ».

Cette Charte, signée par la France dès 1985, n'a pas été, pendant longtemps, ratifiée par elle, car il était estimé qu'elle contenait des principes susceptibles d'entrer en contradiction avec le droit français – notamment quant à la portée ou au contenu de l'autonomie locale – et d'aller au-delà de ce qui est reconnu en droit français. Pourtant, dans un avis, non communicable, du 5 avril 1991, si le Conseil d'État avait dressé quelques obstacles à la ratification, parmi lesquels figuraient des dispositions ambiguës de la Charte et l'affirmation du principe de subsidiarité, il n'avait pas relevé une contradiction flagrante entre la Charte et le droit français.

Des obstacles historiques et d'ordre quasi psychologique, tenant notamment à la peur de l'Europe, expliquent néanmoins cette position. Des réticences politiques plus que juridiques, telles que la volonté de maintenir un monopole en matière de détermination des compétences des collectivités, sans subir l'influence d'engagements internationaux et une certaine défiance des parlementaires à l'égard du terme d'autonomie, peuvent faire comprendre cette attitude. La position de la France faisait figure d'exception et était l'objet de nombreuses critiques.

Cette Charte a finalement été ratifiée par la France le 17 janvier 2007 et publiée par le décret n° 2007-679 du 3 mai 2007. La loi n° 2006-823 du 10 juillet 2006 autorisant sa ratification a émis toutefois trois déclarations interprétatives portant sur le fond de la convention qui sont autant d'éléments de précision. La première déclaration interprétative a pour objet de déterminer le champ d'application du texte, qui ne concerne que les collectivités territoriales des articles 72, 73, et 74, en excluant les établissements publics de coopération intercommunale. Selon la deuxième déclaration, l'article 3-2 de la Charte « doit être interprété comme réservant aux États la faculté d'instituer la responsabilité devant l'organe délibérant d'une collectivité territoriale de l'organe exécutif », ce qui ne peut constituer alors une obligation de prévoir une telle responsabilité. La troisième déclaration intéresse les mesures de péréquation des ressources fiscales inégalement réparties entre les collectivités territoriales qui ne peuvent pas avoir pour effet de restreindre leurs ressources fiscales au point d'entraver leur libre administration.

Au 1er janvier 2014, tous les États membres du Conseil de l'Europe l'ont ratifiée, les derniers étant Monaco et Saint-Marin.

La Charte n'a cependant pas mis en place un mécanisme de sanction supranationale, à l'image de ce qui existe pour la Convention européenne des droits de l'homme. Mais ce texte a inspiré de nombreux États de l'Europe occidentale et de l'Europe centrale et orientale, comme la Pologne, pour mener à bien leur réforme en matière de décentralisation. Afin de souligner l'importance de la Charte, le Conseil de l'Europe avait obligé les nouveaux États souhaitant y adhérer à ratifier la Convention européenne des droits de l'homme mais aussi la Charte européenne de l'autonomie locale, ce qui contribue à créer un espace européen d'autonomie locale.

2. La Convention européenne des droits de l'homme et les collectivités territoriales

33. Si la Convention européenne des droits de l'homme (Conv. EDH) ne contient pas de stipulations intéressant directement les collectivités, elle constitue une source du droit non négligeable pour celles-ci.

Certes, les collectivités territoriales, qualifiées d'organisations gouvernementales, ne disposent pas devant la Cour européenne des droits de l'homme du droit au recours individuel réservé à « toute personne physique, toute organisation non gouvernementale ou tout groupe de particuliers » (art. 34 Conv. EDH ; Cour EDH, 3 février 2004, n° 29134/03, Gouvernement de la Communauté autonome du Pays basque c/ Espagne). Mais elles peuvent invoquer à leur profit les stipulations de cette Convention devant le juge français, notamment dans leurs relations avec des personnes privées. En ce sens, une décision du Conseil d'État se fonde sur l'article 6 § 1er pour écarter l'application d'une loi de validation dans un litige opposant une commune et son cocontractant (CE, sect., 10 novembre 2010, n° 314449, Commune de Palavas-les-Flots). Sur ce fondement, le Conseil d'État juge que les dispositions de la loi « portent au droit de ces communes à un procès équitable une atteinte qui ne pourrait être justifiée que par d'impérieux motifs d'intérêt général ».

Les collectivités territoriales ne peuvent pas, en revanche, se prévaloir de la Convention européenne des droits de l'homme dans les contentieux les opposant à d'autres personnes publiques et spécialement à l'État. Le Conseil d'État a certes contrôlé qu'un décret portant déclassement et transfert de propriété au profit de l'État de dépendances du domaine public d'une commune « n'a pas porté au droit de propriété garanti à l'article 1er du Premier protocole une atteinte disproportionnée au regard du but d'intérêt général qu'il poursuit » (CE, 29 juin 2005, n° 264714, Commune de Puteaux). Mais il a aussi limité très fortement l'invocabilité de la Convention par les collectivités territoriales en affirmant que « les stipulations de l'article 1er [du Premier protocole additionnel à la Convention européenne des droits de l'homme] visent à maintenir un juste équilibre entre les exigences de l'intérêt général et les impératifs de la sauvegarde de l'intérêt individuel et ne s'appliquent pas aux rapports entre l'État et les collectivités territoriales dans l'exercice de leurs pouvoirs de puissance publique, auxquels se rattache la gestion de leur domaine public » (CE, avis, 19 avril 2005, n° 371.615, EDCE, n° 57, 2006, p. 197) ou encore la répartition des ressources financières publiques entre personnes publiques (CE, 29 janvier 2003, n° 247909, Commune d'Annecy ; CE, 29 janvier 2003, n° 248894, Commune de Champagne-sur-Seine).

À l'inverse, les collectivités territoriales peuvent se voir opposer certains droits garantis par la Convention européenne des droits de l'homme. Ainsi, le juge européen a-t-il déclaré contraire à la liberté d'expression, inscrite à l'article 10 de la Conv. EDH, la condamnation pénale d'un élu local pour des propos non diffamatoires et non injurieux, tenus dans le cadre de réunions de l'assemblée locale « comparable » à un Parlement national (Cour EDH, 12 avril 2012, n° 54216/09, M. de Lesquen du Plessis-Casso c/ France).

B. Les collectivités territoriales et le droit de l'Union européenne

34. Le droit de l'Union européenne ne s'intéresse pas, a priori, à l'organisation interne des pays et il respecte l'autonomie institutionnelle de chacun d'eux. Pour la mise en œuvre des règles issues du droit de l'Union, les États peuvent librement la confier à des autorités internes : « Chaque État membre est libre de répartir comme il le juge opportun les compétences sur le plan interne et de mettre en œuvre une directive au moyen de mesures prises par les autorités régionales ou locales » (CJCE, 25 mai 1982, Commission c/ Pays-Bas, aff. 96/81). En contrepartie, les États ne peuvent s'abriter derrière ces autorités locales en cas de manquement national, car ce sont eux qui sont responsables (CJCE, 10 mars 1987, Commission c/ Italie, aff. 199/85).

Néanmoins, le droit de l'Union européenne peut être d'importance décisive pour la décentralisation française. L'Union européenne ne s'est, en effet, pas désintéressée des régions et autres collectivités d'Europe, par l'intermédiaire de politiques adaptées et de fonds structurels, mais sans que cela fasse l'objet d'un droit spécifique.

L'Europe reconnaît ainsi l'existence de neuf régions ultrapériphériques – ou RUP – dont sept sont françaises (les quatre anciens départements français d'outre-mer que sont la Guadeloupe, la Guyane, la Martinique et La Réunion et, depuis 2014, Mayotte et Saint-Martin), deux sont portugaises (les Açores et Madère) et une est espagnole (les Canaries) comme le prévoit l'article 355 du traité sur le fonctionnement de l'Union européenne (TFUE) issu du traité de Lisbonne du 13 décembre 2007. Ces régions ultrapériphériques sont définies par leur « situation économique et sociale, aggravée par leur éloignement, l'insularité, leur faible superficie, le relief et le climat difficiles, leur dépendance vis-à-vis d'un petit nombre de produits » (art. 349 du TFUE).

Ces régions ultrapériphériques sont distinctes des vingt et un pays et territoires d'outre-mer (ou PTOM) définis à l'Annexe II de l'article 355 TFUE. Les PTOM intéressent le Danemark, les Pays-Bas, le Royaume-Uni et la France. Dans cette liste, figurent notamment le Groenland, les Antilles néerlandaises,

Sainte-Hélène et ses dépendances, les îles Falkland et les îles Bermudes et, pour la France, les collectivités d'outre-mer de l'article 74, la Nouvelle-Calédonie et ses dépendances mais aussi les Terres australes et antarctiques françaises. Pour la France, ces PTOM représentent environ 500 000 habitants.

Ces PTOM font l'objet d'un régime spécial d'association prévu aux articles 198 et suivants du TFUE. Alors que les régions ultrapériphériques sont assimilées au territoire de l'Union européenne et ont, par exemple, pour monnaie l'euro, les PTOM n'en font pas partie mais entretiennent avec elle des relations privilégiées et ont pour monnaie le franc pacifique (franc CFP), sauf à Saint-Pierre-et-Miquelon qui utilise l'euro comme la métropole, les DOM et les collectivités uniques de l'article 73. Ces relations privilégiées comprennent notamment la liberté d'établissement et de circulation de leurs ressortissants sur le territoire de l'Union, ainsi que l'accès libre aux marchés des pays membres sans droit de douane, ni conditions de réciprocité. Les électeurs français de ces PTOM votent aussi aux élections européennes pour élire les représentants au Parlement européen, ce qu'avait contesté à tort M. Nicolo dans la célèbre décision du Conseil d'État connue pour d'autres raisons car les départements et les territoires d'outre-mer de l'époque « sont nécessairement inclus dans la circonscription unique à l'intérieur de laquelle il est procédé à l'élection des représentants au Parlement européen » (CE, ass., 20 octobre 1989).

L'influence du droit de l'Union européenne sur les collectivités territoriales est souvent indirecte mais elle est présente, même si aucun texte n'impose aux États membres de développer la décentralisation. Le droit de l'Union européenne a une incidence matérielle et une incidence institutionnelle qui est plus récente.

D'un point de vue matériel, le droit de l'Union européenne est d'abord source d'obligations pour les collectivités territoriales et de responsabilités (art. L. 1611-10, notamment) (voir *infra*, sur ces obligations et la responsabilité encourue par les collectivités territoriales, « Les partenaires des collectivités territoriales »). Ainsi, les aides accordées par les collectivités territoriales tombent sous le coup de la réglementation des aides d'État (art. 107 à 109 du TFUE) ; les contrats conclus par les collectivités territoriales relevant de la commande publique sont soumis aux règles de mise en concurrence et de publicité fixées en dernier lieu par les directives n° 2014/24/UE et n° 2014/23/UE du 26 février 2014 sur la passation des marchés publics et sur l'attribution des contrats de concession. Ces directives ont été transposées par l'ordonnance n° 2015-899 du 23 juillet 2015 relative aux marchés publics et l'ordonnance n° 2016-65 du 29 janvier 2016 relative aux contrats de concession, aujourd'hui codifiées dans le Code de la commande publique. Ils sont également soumis au principe de transparence posé par l'arrêt de la Cour de justice des communautés européennes du 7 décembre 2000, Telaustria (C. 324/98), sauf dans certaines hypothèses prévues par la Cour de justice de l'Union européenne telles que l'exception in house posée par l'arrêt du 18 novembre 1999, Teckal (C-107/98) ou la coopération entre personnes publiques posée par l'arrêt du 9 juin 2009, Commission c/Rép. fédérale d'Allemagne (C-480-06).

L'Union européenne a tendance à valoriser la décentralisation parce que les collectivités territoriales paraissent, pour les institutions européennes, de bons moyens d'assurer l'action européenne et d'équilibrer le système politique européen. On peut y voir l'influence du fédéralisme sur la construction européenne.

De cette manière, ces institutions européennes considèrent les collectivités territoriales comme des partenaires à côté des États : tel est le rôle de la politique régionale de l'Union européenne, de la mise en œuvre des fonds structurels et de la politique commune d'aménagement du territoire. La loi nº 2004-809 du 13 août 2004 relative aux libertés et responsabilités locales avait prévu l'expérimentation de la gestion par les régions ou autres collectivités locales ou groupements, en cas de refus des premières, des aides européennes, après une première expérimentation en Alsace. Depuis la loi nº 2014-58 du 27 janvier 2014 de modernisation de l'action publique territoriale et d'affirmation des métropoles, les régions ou toute autre collectivité peuvent demander à devenir « autorités de gestion des programmes européens » pour la période 2014-2020 et supporter dans ce cas la charge des corrections et sanctions financières éventuelles infligées par les institutions européennes (art. 78 de la loi).

Le traité sur l'Union européenne du 7 février 1992 comprenait aussi quelques stipulations intéressant les institutions des collectivités territoriales. Outre l'institution du Comité des régions (voir *infra*, « La représentation des collectivités territoriales »), il a également institué une citoyenneté de l'Union qui permet à tout citoyen d'un État membre de l'Union de bénéficier du droit de vote et d'éligibilité aux élections municipales dans l'État où il réside dans les mêmes conditions que les ressortissants de cet État. Ces dispositions sont inscrites à l'article 9 du traité sur l'Union européenne. L'introduction de ce droit a nécessité, en France, une révision constitutionnelle (voir *infra*, « Les élus locaux »).

Section 2
Les caractéristiques du droit des collectivités territoriales

35. La diversité des sources formelles et leur identification facilitée par la codification ont fait naître une nouvelle branche du droit qui, si elle emprunte à de nombreux droits, se veut autonome, tout en étant essentiellement de droit public. Mais ce droit est devenu commun en ce qu'il a vocation à s'appliquer à l'ensemble des collectivités territoriales et même, dans certaines conditions et limites, aux autres institutions locales.

§1. Un droit autonome

36. Pendant longtemps, les collectivités territoriales n'étaient que des entités administratives secondaires, conçues comme des « sous-ensembles » de l'État, au même titre que de simples établissements publics. La situation a commencé de changer avec la jurisprudence du Conseil constitutionnel qui a reconnu la valeur constitutionnelle du principe de libre administration des collectivités territoriales par la décision n° 79-104 DC du 23 mai 1979, Territoire de Nouvelle-Calédonie, qui a fait prendre conscience que les collectivités territoriales avaient aussi une dimension constitutionnelle. Le phénomène de « décentralisation » des années 1980 a également contribué à changer la perspective dans laquelle s'inscrivent les collectivités car les nombreuses lois intervenues depuis 1982 ont doté les collectivités d'un corps de règles applicables aux seules collectivités (droit du contrôle administratif, répartition des compétences, statut de l'élu local, règles relatives à la démocratie locale...). Comme l'écrivait F.-P. Bénoit, les lois de 1982 marquent la fin de la décentralisation et le début de la libre administration. Ce constat peut être nuancé avec l'inscription dans la Constitution de l'organisation décentralisée de la République par la loi constitutionnelle du 28 mars 2003, même si cette insertion n'a pas, jusqu'à présent, beaucoup modifié l'état du droit. Le droit des collectivités territoriales se diversifie par ses sources, comme cela a été montré, mais aussi par ses juges, qui ne se résument plus au seul juge administratif : le juge constitutionnel, le juge financier, le juge pénal mais aussi le juge civil ou commercial exercent leur contrôle sur les collectivités territoriales, leurs compétences et leurs actes. En outre, le droit des collectivités territoriales nécessite, pour sa mise en œuvre, une forte dimension politique, et le droit se heurte parfois à des contingences qui ne correspondent pas seulement à des exigences juridiques. La science politique et la science administrative permettent ainsi d'appréhender les collectivités territoriales sous un autre angle.

Ce droit se diversifie par ses sources, par ses acteurs, et devient un droit qui emprunte des techniques aux diverses branches du droit. Le phénomène n'est pas nouveau, comme le montre la gestion privée des services publics locaux comme celui, par exemple, de l'eau et de l'assainissement, mais la gestion des collectivités territoriales subit aussi l'influence du droit de l'Union européenne et du droit de la concurrence. De façon plus classique, il emprunte au droit constitutionnel, aux finances publiques, au droit administratif. Cet objet particulier fait d'ailleurs évoluer les disciplines traditionnelles : le droit de la fonction publique territoriale n'est plus tout à fait le même que le droit de la fonction publique de l'État ; la multiplication du recours à la technique contractuelle dans les rapports entre collectivités publiques influence la notion de contrat ; de même, celle de services publics locaux donne une autre dimension à la notion de service public. Enfin, la révision constitutionnelle de 2003 et la loi organique n° 2003-704 du 1er août 2003 relative à l'expérimentation par les collectivités territoriales ont fait évoluer la notion d'expérimentation législative.

La prolifération des normes a aussi contribué à rendre le droit des collectivités territoriales plus complexe. S'inscrivant dans le cadre d'un mouvement de simplification et d'amélioration de la qualité du droit (initié notamment par la loi n° 2011-525 du 17 mai 2011 dite Loi Warsmann), la loi n° 2013-921 du 17 octobre 2013 a institué le Conseil national d'évaluation des normes, composé de représentants du Parlement, des administrations de l'État et des collectivités territoriales (art. L. 1212-1 et s.). Celui-ci est chargé d'évaluer, par des avis, l'impact technique et financier des projets de réformes des collectivités territoriales et de proposer toute adaptation, simplification ou abrogation des normes existantes. À compter du 1er janvier 2015, toute charge financière pour les collectivités territoriales liée à une loi ou à une réglementation nouvelle doit être compensée par une simplification ou un allégement du montant équivalent, de sorte que l'impact financier des normes nouvelles sur les collectivités soit nul, à l'exception des mesures en matière de fonction publique territoriale ou des mesures à caractère financier.

La perception des collectivités territoriales a aussi évolué du fait du droit comparé et du statut – généralement plus développé et plus autonome – des collectivités territoriales dans beaucoup de pays d'Europe, fédéraux ou régionaux. Cette dimension comparatiste, apparue elle aussi dans les années 1980, a fait prendre conscience d'une autre dimension possible des collectivités en France. Le droit des collectivités est devenu autonome, il s'est affranchi des limites du seul droit administratif.

§2. Un droit partiellement commun

37. La prise de conscience de l'existence d'une catégorie homogène de règles applicables à une catégorie de sujets de droit est venue aussi du fait que les textes relatifs aux différentes catégories de collectivités territoriales ont cherché, toujours à partir des années 1980, à harmoniser le droit applicable à ces catégories, sur un modèle le plus souvent municipal, parce qu'il est le plus ancien et parce qu'il a été pendant longtemps le plus décentralisateur.

La Constitution montre d'ailleurs la voie, en traitant de manière globale les collectivités territoriales, dans ses articles 24, 34 et dans son titre XII, aux articles 72 et suivants, ce qui implique un régime essentiellement commun, quels que soient leur mode de création et leur taille.

Beaucoup de règles unifient aussi les collectivités territoriales, comme, notamment, la création d'une fonction publique territoriale unique, qui a remplacé les statuts particuliers, la reconnaissance d'un statut de l'élu fondé sur des bases identiques, ou celle de droits des élus au sein des assemblées délibérantes. Des institutions communes contribuent à fédérer les collectivités territoriales, comme la Direction générale des collectivités locales au ministère de l'Intérieur ou le Centre national de la fonction publique territoriale, compétent pour la formation des agents territoriaux.

Alors que, traditionnellement, des lois propres à chaque catégorie de collectivités étaient adoptées, en 1871, 1884 ou même en 1972, les grandes lois promulguées à partir de 1982 ont eu une vocation générale et une approche globalisante, qu'il s'agisse de la loi du 2 mars 1982, des lois de répartition des compétences des 7 janvier et 22 juillet 1983 ou de la loi d'orientation relative à l'administration territoriale de la République du 6 février 1992. La loi constitutionnelle du 28 mars 2003 et les lois qui l'ont suivie ne distinguent pas selon les niveaux de collectivités territoriales et renforcent cette impression de droit commun. En témoigne aussi la loi du 16 décembre 2010 de réforme des collectivités territoriales dans leur ensemble.

La création d'un Code général des collectivités territoriales, en 1996, contribue aussi à cet effort, caractérisé par la première partie consacrée aux « Dispositions générales » qui sont en fait des dispositions communes.

Des particularismes subsistent cependant ou renaissent. Des règles sont tout d'abord adaptées à la taille de certaines collectivités, qu'il s'agisse des modes de scrutin applicables aux communes, par exemple, ou des règles de fonctionnement adaptées à la taille, principalement, des communes. Des spécificités sont également consacrées dans la Constitution ou dans la loi, au profit de la Corse ou des collectivités situées outre-mer. Le modèle uniforme est combattu, au nom de la diversité, au point de remettre en cause certains principes bien établis. C'est ainsi que, en dehors du droit de l'outre-mer, les régions, mais plus généralement certaines collectivités territoriales, comme la métropole de Lyon, sont partiellement à la recherche d'un particularisme aussi bien institutionnel que du point de vue des compétences. C'est dans ce sens aussi que pourrait s'orienter le nouvel alinéa 2 de l'article 72 du projet de loi constitutionnelle déposé le 29 août 2019, sous réserve de son adoption.

L'unité du droit des collectivités territoriales justifie néanmoins que l'étude des collectivités territoriales se fasse par thèmes, en n'oubliant jamais les spécificités qui peuvent apparaître et dont certaines sont le fait de l'histoire, de la géographie ou de la volonté politique.

DEUXIÈME PARTIE

L'ÉVOLUTION HISTORIQUE DES COLLECTIVITÉS TERRITORIALES

38. Il n'est pas aisé d'entreprendre une histoire des collectivités territoriales. Celles-ci n'ont été en effet consacrées sous cette dénomination juridique que par la Constitution du 27 octobre 1946. Les collectivités territoriales ont cependant une réalité beaucoup plus ancienne si l'on considère les seuls départements et communes. Leur histoire se confond alors avec celle de la décentralisation, c'est-à-dire le lent mouvement de reconnaissance d'une autonomie juridique au profit d'entités locales, de taille plus réduite que l'État, et distinctes de celui-ci sur le plan juridique.

Sous l'Ancien Régime, en effet, existait une administration locale d'intérêts collectifs plus ou moins bien définis. L'émancipation urbaine, à partir du XIIe siècle, avait conduit les seigneurs à concéder à des « communes » des droits exprimés dans une charte, en général assortie d'une contrepartie financière. Ce mouvement se développe de façon inégale sur l'ensemble du territoire et une diversité des statuts en résulte. À un autre niveau, subsistent les « provinces » dont certaines, plus ou moins tardivement rattachées à la Couronne, ont gardé des privilèges, des institutions telles que les parlements ou les États particuliers. D'autres provinces ont au contraire perdu toute autonomie et sont administrées par des agents du roi. Les provinces, villes et communautés sont soumises à la tutelle d'une administration royale qui se modernise au fil des siècles : les intendants, qui représentent le roi, sont nommés par lui et lui sont totalement soumis ; ils symbolisent bien cette nouvelle administration en place à partir du début du XVIIe siècle.

La fin de l'Ancien Régime est marquée par de nombreux projets de réforme dont beaucoup proposent, au nom de la recherche d'une administration plus rationnelle et plus efficace, d'harmoniser les circonscriptions administratives, et dont certains souhaitent remplacer les anciennes provinces par des « départements » plus petits. Sous l'autorité de Necker, des expériences d'assemblées provinciales sont tentées mais échouent du fait de l'hostilité combinée des parlements et des intendants. Enfin, en 1787, Loménie de Brienne organise des assemblées provinciales et municipales qui se heurtent à un nouvel échec.

Même si l'administration locale a un très long passé, c'est à partir de la Révolution de 1789 que débute réellement l'histoire des collectivités territoriales, d'abord parce que les cadres territoriaux mis en place n'ont pratiquement pas évolué jusqu'à nos jours, ensuite parce que les réformes esquissées sous l'Ancien Régime vont être réalisées dès 1789, la Révolution permettant de briser les obstacles politiques et d'instaurer un cadre juridique nouveau et uniforme. La démocratie locale connaîtra un difficile et lent épanouissement entre 1830 et la Seconde guerre mondiale. Les lendemains de celle-ci sont marqués par des incertitudes et des hésitations ; la période qui commence en 1981 consacre la libre administration des collectivités territoriales.

CHAPITRE 1

Décentralisation et centralisation entre 1789 et 1830

39. Cette période se caractérise par la recherche d'un équilibre entre la volonté d'accorder une relative autonomie aux collectivités de base que constituaient les bourgs, paroisses et villes et celle de créer une administration rationnelle avec des cadres uniformes dans lesquels l'exécution des lois pourrait être assurée et surveillée. Si les premières années de la Révolution ont paru privilégier une certaine volonté décentralisatrice, les nécessités révolutionnaires y ont mis fin, Napoléon Bonaparte parachevant cette évolution.

Section 1
La Révolution décentralisatrice ?

40. La doctrine a longtemps débattu sur la nature exacte des découpages territoriaux des premières années de l'époque révolutionnaire. Suivant les critères retenus, comme l'élection ou l'étendue des compétences, certains n'ont pas hésité à parler de décentralisation, d'autres préférant n'y voir qu'une forme de « déconcentration » du pouvoir national, mis à part le cas des communes qui ont toujours été considérées comme étant aussi des communautés d'habitants. Les débats de 1789 furent vifs et les lois de décembre 1789 ambiguës.

§1. Les débats de l'automne 1789

41. Des cahiers de doléances émane le souhait d'une refonte du système administratif, défendant souvent l'idée provinciale tout en voulant rapprocher l'administration des administrés (la journée de cheval pour se rendre au chef-lieu !) mais aussi la volonté d'unifier l'administration du royaume en supprimant les anciennes circonscriptions qualifiées de « féodales ».

La nuit du 4 août 1789 a mis fin aux privilèges des provinces, principautés, villes et communautés d'habitants désormais confondus dans le « droit commun des Français » : cette décision consacre l'unité administrative du royaume et supprime tous les obstacles sur lesquels avaient buté les réformateurs de la fin de l'Ancien Régime. La quête de l'unité nationale plaidait pour une réforme d'ensemble et pour une nouvelle division du royaume. Cette dernière pouvait cependant être radicale ou respecter les cadres traditionnels.

Au nom du Comité de constitution, et s'inspirant des idées de Sieyès, Thouret exposa un plan purement géométrique de division du territoire en 80 départements, hormis Paris, de 18 lieues de côté, composés de 9 districts de communes divisés eux-mêmes en 9 cantons. Il y aurait eu ainsi 6 500 communes. Dans chacune de ces circonscriptions aurait été instituée une assemblée élue.

Mirabeau s'opposa à ce projet dont le caractère automatique et l'abstraction choquaient, et proposa de diviser la France en 120 départements, sans autre subdivision que la structure communale de base, ville ou village, afin de « rapprocher l'administration des hommes et des choses ».

§2. Les lois de décembre 1789

42. L'Assemblée constituante adopta un compromis et décida que la France compterait 83 départements par crainte de départements trop petits, divisés en districts, au nombre de 6 à 9 par département, puis en cantons et enfin en villes et villages. Si les principes de ce découpage furent posés dans les lois du 14 décembre et du 22 décembre 1789, c'est la loi des 26 février-4 mars 1790 qui opéra le découpage du territoire métropolitain.

La première loi, relative à la constitution des municipalités, établit 44 000 communes, entités juridiques distinctes, organisées sur un modèle unique, quelle que soit la taille. Il en résulte un morcellement extrême et des unités aux dimensions souvent réduites. En ce qui concerne les organes, la loi distingue le conseil général de la commune du « corps municipal » appelé aussi « conseil municipal », qui forme l'élément actif et permanent. À la tête de la commune, se trouve le maire, organe exécutif élu directement par les citoyens. Un procureur, chargé de défendre les intérêts du roi et les affaires de la commune, est également institué, mais il est élu par les citoyens dans les mêmes conditions que le maire.

La loi du 22 décembre 1789, relative à la constitution des assemblées primaires et des assemblées administratives, a pour objet de diviser le territoire afin de permettre l'élection des députés au Corps législatif et d'organiser les assemblées administratives chargées de gérer les départements et les districts. Le département, à la différence des communes, apparaît plus comme un échelon de l'administration de l'État que comme une communauté d'habitants. Le découpage des départements a été établi à partir des anciennes provinces, abandonnant ainsi toute division géométrique. Le terme de département, du latin « partager », a été choisi pour exprimer la neutralité de la nouvelle division qui voulait couper les liens avec le passé.

Le découpage des districts et des cantons, termes empruntés au projet de Thouret, a également suivi les mêmes principes : mais si les premiers sont le siège d'une administration, il n'en est pas de même des seconds qui ne sont qu'un découpage électoral dans le cadre duquel se réunissent les assemblées primaires de citoyens chargées d'élire les électeurs du second degré qui désigneront les députés.

La loi du 22 décembre 1789 institue, au sein des départements et des districts, un conseil général, instance délibérante qui désigne parmi ses membres un directoire, organe collégial, permanent et chargé de l'exécution des décisions. Un procureur général-syndic pour le département, et un procureur-syndic pour le district, eux aussi élus, ont pour mission de veiller à l'application des lois et de donner une cohérence à l'ensemble des administrations.

Les compétences des communes et des départements ne font pas apparaître nettement qu'il s'agit de « collectivités décentralisées » : les départements sont chargés d'administrer au nom du roi et non de gérer des intérêts spécifiques et locaux. Au niveau communal, la réalité est plus ambiguë, et la gestion des affaires communales correspondant au « pouvoir municipal », selon la loi du 14 décembre, se superpose à l'administration générale du royaume déléguée à la commune. L'Assemblée constituante posait ainsi les fondements des notions de déconcentration et de décentralisation.

Les attributions de ces administrations expliquent les rapports qu'elles entretiennent entre elles et avec l'échelon central. Malgré la présence d'autorités élues, il existe une relation directe depuis l'Assemblée nationale chargée de voter la loi jusqu'aux autorités locales. Chacune des administrations locales est sous le contrôle de l'administration supérieure et cela jusqu'au roi, « chef suprême de l'administration générale du royaume ».

La commune peut être considérée comme le seul échelon naturel parce que traditionnel, et ayant des intérêts distincts de ceux de l'État, comme l'exprime l'article 8 du titre II de la Constitution de 1791 : « Les citoyens français considérés sous le rapport des relations locales qui naissent de leurs réunions dans les villes et dans certains arrondissements du territoire des campagnes forment les communes ». Les autres niveaux d'administration, considérés par la Constitution de 1791 comme faisant partie de l'« administration intérieure », n'ont aucun caractère de représentation et relèvent d'une sorte de déconcentration tempérée par l'élection des organes. La décentralisation révolutionnaire est donc très relative.

Section 2
Le centralisme révolutionnaire

43. Le centralisme est favorisé par le découpage rationnel du territoire et l'uniformité de l'organisation de l'administration. Contrairement à une opinion fréquemment répandue, la recentralisation de l'administration n'a pas commencé sous Napoléon Bonaparte, mais dès la période de la Convention (1792-1795), pour des raisons essentiellement politiques tenant aux nécessités de faire exécuter les lois au cours d'une période troublée, du fait des invasions étrangères et des guerres civiles, comme celle de Vendée. À partir de cette époque, les adjectifs « jacobin » ou « girondin » vont désigner les adversaires et les partisans de la décentralisation, même après que la connotation politique de ces termes aura disparu.

§1. Le centralisme jacobin

44. La Convention a été conduite à envoyer des représentants en mission dans les départements, dotés d'attributions importantes (législatives, administratives et judiciaires), les commissaires extraordinaires. La Convention se méfiait des assemblées locales, principalement des départements soupçonnés de « fédéralisme » et de « monarchisme », c'est-à-dire en réalité d'être hostiles à la politique de la Convention. Par le décret du 14 frimaire an II (4 décembre 1793), relatif au gouvernement révolutionnaire, la Convention supprima les conseils de département et transféra leurs compétences aux administrations de district, jugées plus favorables aux idées de la Terreur, et soumises directement au contrôle du Comité de salut public.

§2. Les innovations du Directoire

45. Le régime du Directoire, institué par la Constitution du 5 fructidor an III (22 août 1795), rétablit les administrations départementales et supprima les districts. La liste nominative des départements figurait même dans la Constitution, pour garantir leur existence et éviter leur éventuelle suppression. Les départements furent divisés en cantons et ceux-ci en communes. Deux innovations majeures caractérisent le régime du Directoire en ce qui concerne l'administration locale. Ces municipalités de canton regroupaient dans cette circonscription toutes les communes d'une population inférieure à 5 000 habitants, représentées chacune par un agent municipal dont la réunion formait la municipalité. Seules les communes supérieures à 5 000 habitants avaient une administration autonome. Dans les communes de plus de 10 0000 habitants en revanche, l'administration était divisée en arrondissements, afin de casser l'influence révolutionnaire des grandes villes, jugée trop importante sous la Convention.

La Constitution de l'an III a créé les commissaires du Directoire, établis auprès des corps administratifs locaux, départements et municipalités. Ce sont des agents du pouvoir exécutif, nommés par lui et révocables à tout moment, chargés de « surveiller et requérir l'exécution des lois ». Ces agents ne sont plus élus mais sont étroitement dépendants du pouvoir central. Successeurs indirects des intendants d'Ancien Régime, ils sont les ancêtres directs des préfets.

Section 3
La centralisation napoléonienne

46. Le régime napoléonien, né en l'an VIII, va renforcer et systématiser les tendances centralisatrices qui existaient à l'époque révolutionnaire. À l'idéal d'égalité révolutionnaire s'ajoute la nécessité de l'autorité propre au régime napoléonien. Certaines tendances constatées sous la Révolution sont consacrées. Les cadres et les principes définis en l'an VIII s'appliqueront tout au long du XIXe siècle et d'une grande partie du XXe siècle, à tel point que l'on a pu parler de véritable constitution administrative de la France qui aurait survécu à la diversité des « constitutions politiques ».

§1. Les principes de l'an VIII

47. Ils sont consacrés par la Constitution du 22 frimaire an VIII (13 décembre 1799) et par la loi du 28 pluviôse an VIII (17 février 1800) concernant la division du territoire français et l'administration.

L'article 1er de la Constitution affirme que la République française est une et indivisible et que son territoire européen, du fait des conquêtes et annexions, est divisé en départements et arrondissements. Ces derniers sont la reprise des districts créés dans la loi du 22 décembre 1789 : 402 arrondissements groupant 5 105 cantons furent découpés en l'an VIII.

Le canton est une simple unité judiciaire – le siège d'une justice de paix – et électorale : le sénatus-consulte du 16 thermidor an X (4 août 1802) établit à ce niveau les assemblées primaires composées de tous les citoyens du canton. La loi du 28 pluviôse an VIII restitue à chaque commune son administration municipale. Le nombre des communes est cependant un peu réduit, le Gouvernement voulant supprimer les communes dont la population est trop faible et concentrer les revenus entre les communes pauvres. Le nombre de communes s'établit dès cette époque aux alentours de 38 000.

§2. L'institution préfectorale

48. La disposition principale de la loi du 28 pluviôse an VIII réside dans l'institution des préfets, agents uniques représentant directement le Gouvernement. Les préfets ont vocation à représenter à eux seuls l'administration, conformément au principe selon lequel « administrer est le fait d'un seul ». Le préfet est entouré de deux organes collégiaux, toujours en vertu du même principe selon lequel « délibérer est le fait de plusieurs », le conseil général avec des fonctions essentiellement en matière fiscale et le conseil de préfecture, chargé d'une partie du contentieux administratif local. Ces assemblées, composées de notables désignés par le pouvoir central, n'ont qu'un rôle de conseil et ne disposent d'aucun pouvoir de décision ; elles doivent se contenter d'éclairer l'autorité administrative de leurs avis notamment sur « l'état et les besoins du département ».

Au niveau de l'arrondissement, un schéma identique est reproduit, avec un sous-préfet et un conseil d'arrondissement. Dans les communes, un maire, nommé par le préfet dans les communes de moins de 5 000 habitants et par le pouvoir central dans les autres, est chargé de l'administration active. Il est entouré d'un conseil municipal, désigné par le préfet pour les communes de plus de 5 000 habitants, et par les assemblées cantonales pour les autres à partir de l'an X, et dépourvu de tout pouvoir de décision.

Toutes ces autorités – préfet, sous-préfet et maire – sont hiérarchisées entre elles et avec le pouvoir central, formant une « chaîne d'exécution » garantissant de cette façon une centralisation de l'administration.

Si les préfets furent dans l'ensemble des administrateurs efficaces, baptisés par Napoléon les « empereurs au petit pied », ils restent des fonctionnaires politiques. Les conseils généraux auront à cœur, malgré la faiblesse de leur rôle, de défendre les intérêts de leur département auprès des préfets. Le cadre de l'arrondissement perd assez vite de sa vitalité, posant le problème de l'administration intermédiaire en France. Restauré en l'an VIII, l'échelon municipal illustre le rôle important de la cellule de base de l'organisation territoriale.

La Restauration, à partir de 1814, a maintenu le système hérité de l'Empire, malgré des projets en faveur d'une plus grande décentralisation. Des critiques sont dirigées contre le mode de désignation par le pouvoir central de tous les administrateurs locaux. Tous les projets en ce sens échoueront avant la révolution de 1830.

CHAPITRE 2

L'épanouissement de la démocratie locale (1830-1944)

49. Cette longue période est celle du développement de la décentralisation et des idées libérales, au moins en ce qui concerne l'organisation administrative. Les deux phénomènes ne sont pas sans lien, tant en France les régimes autoritaires ont été centralisateurs : en réaction, les libéraux se sont souvent présentés comme des partisans des libertés locales.

Les progrès de la décentralisation ne se font pas de façon linéaire et cette période est marquée par des retours en arrière dus souvent aux changements de régime politique que la France a pu connaître. Deux grandes étapes peuvent cependant être distinguées, la monarchie de Juillet et la IIIe République, même si les régimes qui les séparent ont pu contribuer à augmenter les libertés locales.

Section 1 La monarchie de Juillet

50. Les réformes de la monarchie de Juillet sont concrétisées par deux séries de lois qui intéressent les communes, les arrondissements et les départements et qui rompent avec le centralisme napoléonien.

§1. Les lois d'organisation

51. La loi du 21 mars 1831 prévoit l'élection des conseils municipaux pour six ans, avec renouvellement par moitié tous les trois ans, par un collège électoral restreint. Les maires restent nommés par le roi pour les communes de plus de 3 000 habitants et par le préfet pour les autres : ils sont cependant choisis, désormais, parmi les élus et non plus en dehors du conseil municipal, ce qui était le cas depuis l'an VIII.

La loi du 22 juin 1833 organise de la même manière l'élection des conseillers généraux dans le cadre des cantons. Le renouvellement se fait par tiers tous les trois ans, le mandat de conseiller général étant de neuf ans. Un système identique est institué au niveau des arrondissements, mais avec un mandat de six ans pour les conseillers.

§2. Les lois d'attribution

52. Elles sont adoptées avec plus de réticence et sont aussi au nombre de deux. La loi municipale du 18 juillet 1837 reconnaît la personnalité civile de la commune, ce qui lui permet de posséder un patrimoine propre. La loi élargit les compétences de la commune en l'autorisant à « régler par ses délibérations » la gestion des biens communaux mais, sur d'autres matières comme l'emploi des revenus communaux, la commune ne peut que « délibérer », c'est-à-dire formuler des avis ou émettre des vœux. La tutelle du préfet reste encore très forte sur les actes des communes. La double nature du maire est bien consacrée, puisqu'il agit à la fois comme représentant de l'État et en tant qu'exécutif du conseil municipal.

La loi du 10 mai 1838 est relative aux attributions des conseils généraux et des conseils d'arrondissement. Elle reconnaît implicitement la personnalité civile aux départements qui peuvent disposer de la propriété de leurs biens. Le conseil général voit la liste de ses attributions augmenter, avec des compétences pour lesquelles il peut décider et d'autres pour lesquelles il ne peut qu'émettre des avis.

La Seconde République (1848-1851) n'a pas changé sensiblement l'administration locale : la décision principale est l'instauration du suffrage universel, certes masculin, par la loi du 3 juillet 1848 pour la désignation de l'ensemble des conseils. Mais les maires et les adjoints des communes de plus de 6 000 habitants continuent d'être nommés par le Gouvernement car la crainte de grandes villes hostiles au pouvoir central n'a pas disparu. Le Second Empire connaît une évolution politique vers un libéralisme qui se retrouve aussi en matière d'administration locale. Les débuts du régime sont marqués par un certain autoritarisme qui rétablit la nomination des maires susceptibles d'être choisis en dehors des conseils municipaux (art. 57 de la Constitution du 14 janvier 1852). Le décret du 25 mars 1852 dit de « décentralisation administrative » est en réalité un texte de déconcentration transférant des compétences des ministres vers les préfets, au nom du principe selon lequel si on ne gouverne que de loin, « on n'administre bien que de près ».

Alors que la décentralisation devient un thème du combat politique des libéraux et des républicains contre le régime, inspirés notamment par Tocqueville, la fin du Second Empire est marquée par plusieurs lois libéralisant les institutions locales : la loi du 18 juillet 1866, relative aux départements, autorise les conseils généraux à statuer définitivement sur des matières exclusivement départementales, avec un contrôle *a posteriori* du préfet, tandis que la loi du 24 juillet 1867 procède de même pour les communes. Enfin, la loi du 23 juillet 1870 rétablit l'élection des présidents de conseil général et l'obligation de choisir les maires au sein du conseil municipal. Les avancées réalisées par les lois de la monarchie de Juillet sont ainsi restaurées et, pour certaines d'entre elles, approfondies.

Section 2
La IIIe République

53. Les débuts de la IIIe République sont marqués par des réformes essentielles dont les effets sont parfois encore présents. La défaite militaire et le siège de Paris provoquent le mouvement insurrectionnel de la « Commune de Paris » (mars 1871-mai 1871), qui vise à gérer l'État sur le modèle de la commune. Devant la menace, le Gouvernement rétablit l'élection des conseillers généraux et municipaux et engage un vaste programme législatif, par l'intermédiaire d'une commission de décentralisation créée au sein de l'Assemblée. Deux grandes lois, véritables chartes de l'organisation locale, marquent cette époque. La naissance du régionalisme constitue l'autre phénomène important de la IIIe République.

§1. La loi relative aux conseils généraux du 10 août 1871

54. Cette loi a été adoptée après la proclamation de la République le 4 septembre 1870, par une assemblée dominée par les monarchistes et elle avait été préparée à la fin du Second Empire.

Selon Waddington, rapporteur de la loi du 10 août 1871, relative aux conseils généraux, il s'agissait de « séparer autant que possible la gestion des affaires départementales de celle des affaires de l'État, tout en ménageant les intérêts et les habitudes des populations ».

Mais, sans doute par crainte des excès de la décentralisation, le préfet reste à la fois le représentant de l'État et l'organe exécutif du conseil général, compétent pour instruire les affaires et exécuter les décisions : l'administration préfectorale, sous ses ordres, est chargée de gérer les affaires du département. La décentralisation départementale est donc inachevée.

Le conseil général, assemblée délibérante, est désigné sur la base d'un conseiller général par canton, élu pour six ans, mais il est renouvelé par moitié tous les trois ans. Le mode de scrutin est majoritaire, à deux tours. Le conseil général peut prendre des décisions sans approbation préalable du préfet, mais ne dispose pas d'un pouvoir de décision sur l'ensemble des affaires départementales. Il peut seulement émettre des vœux sur toutes les questions économiques et d'administration générale. Sous la forme d'un compromis entre les décentralisateurs et les partisans du centralisme, la loi de 1871 prévoit la création d'une « commission départementale », élue au sein du conseil général et composée de quatre à sept membres. Organe qui pouvait se réunir chaque mois, alors que le conseil général ne pouvait tenir que deux sessions par an, la commission départementale assure un contrôle de l'exécution par le préfet des décisions du conseil, peut faire un rapport sur les affaires soumises par le préfet, répartit entre les communes les subventions votées et peut formuler des avis. Un décret du 5 novembre 1926 augmente encore l'autonomie de décision des conseils généraux en leur accordant un pouvoir de décision sur tout objet d'intérêt départemental, mais sans avoir recours à la formule qui sera utilisée dans la loi municipale du 5 avril 1884. La loi Tréveneuc du 15 février 1872 prévoit enfin qu'en cas de défaillance de l'Assemblée nationale, la réunion des conseils généraux assumera « le pouvoir national ». Ce souvenir du siège de Paris n'a pas été appliqué, même lors d'autres périodes d'occupation, mais n'a jamais été abrogé.

§2. La loi sur l'organisation municipale du 5 avril 1884

55. La démocratie communale est plus lente à établir, peut-être en souvenir de la Commune. La loi de 1884 s'inscrit dans le contexte de l'installation définitive de la République, car les délégués des conseils municipaux constituent les électeurs principaux des sénateurs. L'élection de tous les maires par les conseils municipaux n'est acquise définitivement, après la loi du 12 août 1876 posant le principe de l'élection des maires pour les petites communes, que par la loi du 28 mars 1882 tendant à attribuer aux conseils municipaux dans les chefs-lieux de département, d'arrondissement et de canton, la nomination des maires et des adjoints, sauf à Paris. Le principe est inscrit dans la loi générale sur l'organisation municipale du 5 avril 1884 qui vise à regrouper en un seul texte l'essentiel de la législation relative aux communes. Elle refuse de traiter différemment les grandes et les petites communes en prévoyant un régime uniforme pour toutes les communes. Celles-ci connaissent une structure à deux organes, le conseil municipal, chargé de prendre des délibérations, et un maire, chargé de les appliquer. Celui-ci reste aussi un représentant de l'État investi de certaines compétences : état civil, police judiciaire et exécution des lois.

Le conseil municipal est élu pour six ans et renouvelé intégralement, à la différence du conseil général. La loi de 1884 consacre une véritable clause générale de compétence au profit du conseil municipal : le conseil règle désormais « par ses délibérations les affaires de la commune », au lieu de n'avoir qu'une compétence d'attribution définie limitativement par des textes. Ce principe, certes imprécis, ouvre un champ très large de compétences, seulement défini par la notion d'affaires de la commune.

Cette clause générale de compétence s'accompagne d'une évolution de la tutelle : la loi réduit les cas d'approbation préalable par le préfet, là où « un intérêt général supérieur peut se trouver engagé » selon le rapporteur (budget, voirie, emprunts... c'est-à-dire les plus importants). Les autres actes sont soumis à une simple surveillance, le préfet disposant du droit d'annuler l'acte, seulement si celui-ci est entaché d'illégalité (gestion des propriétés communales, direction des travaux communaux, police municipale).

Les deux lois de 1871 et 1884 ne vont subir, sous la IIIe République, que des aménagements de détail. Il faut signaler cependant la loi du 22 mars 1890 qui ajoute un titre à la loi de 1884, consacré aux syndicats de communes, dotés de la personnalité civile et dirigés par des comités où toutes les communes sont représentées. Cette première forme de coopération intercommunale ne permet cependant la gestion que d'un seul service public. Le succès de cette formule sera pendant longtemps assez mitigé.

Le régime de Vichy, méfiant à l'égard des autonomies locales, décidera de nommer tous les responsables territoriaux afin de mieux les contrôler.

§3. Les débuts du régionalisme

56. Même si l'idée régionale n'a pas disparu au XIXe siècle, notamment dans les milieux conservateurs, un cadre administratif supra-départemental n'a été maintenu qu'au sein de certaines administrations de l'État, créées sous le Premier Empire, comme les rectorats ou les cours d'appel.

La Première guerre mondiale, favorable à l'interventionnisme de l'État, va permettre au projet du ministre du Commerce, Clémentel, de voir le jour en 1917. Ce texte institue dix-sept groupements économiques régionaux au sein desquels les chambres de commerce sont invitées à se regrouper en unions régionales. Ce projet ne donna guère de résultats probants.

En 1940, le régime de Vichy affirme son intention de construire un État autoritaire fondé sur le retour aux anciennes provinces substituées aux départements. Au-delà de ces velléités, et par souci de pragmatisme, des préfets régionaux sont créés (au nombre de 18) par une loi du 19 avril 1941, à qui sont confiés des pouvoirs spéciaux de police et en matière économique (répartition et distribution des produits alimentaires et fixation de leurs prix). Ces préfets régionaux furent sans cesse en conflit avec les préfets de département qui n'acceptaient pas un supérieur hiérarchique direct. L'échec relatif de ces préfets et de la régionalisation sous Vichy marqua longtemps l'idée régionale d'une « tare originelle », du fait de sa création par Vichy.

CHAPITRE 3

Les hésitations et les incertitudes entre 1944 et 1981

57. Les lendemains de la Seconde guerre mondiale sont l'occasion de consacrer une nouvelle approche des collectivités territoriales. À la Libération, les conseils municipaux et généraux élus avant la guerre furent remis en fonction en attendant les élections qui eurent lieu respectivement au printemps et à l'automne 1945. Les élections municipales des 29 avril et 13 mai 1945 furent ainsi les premières auxquelles les citoyennes françaises purent participer, en vertu de l'ordonnance du 21 avril 1944. Le cadre départemental, jugé trop petit, était également critiqué par certains.

Section 1 La consécration constitutionnelle des collectivités territoriales

58. Elle est surtout l'œuvre de la Constitution de 1946, éclairée elle-même par le premier projet de Constitution d'avril 1946. Celle de 1958 ne sera qu'une pâle répétition.

§1. La Constitution du 27 octobre 1946

59. Le projet constitutionnel du 19 avril 1946 contenait un titre X consacré aux « collectivités locales », innovation constitutionnelle majeure qui faisait sortir les communes, les départements mais aussi les territoires d'outre-mer, de la simple catégorie d'entités administratives pour les consacrer comme sujets du droit constitutionnel, dont la République, néanmoins proclamée indivisible, reconnaissait l'existence. Ce même texte proclamait le principe de la libre administration de ces collectivités, dans le cadre de la loi nationale. Si les collectivités n'étaient pas conçues comme des éléments d'un quelconque fédéralisme, elles devaient cependant bénéficier d'une liberté de gestion inconnue jusqu'alors : c'est ainsi que le principe de l'exécution des décisions des conseils locaux par le maire ou un président était également proclamé.

Le titre X intitulé « Collectivités territoriales » de la Constitution du 27 octobre 1946 ne contient pas d'innovations par rapport au projet d'avril. De façon plus originale, la Constitution de 1946 contient un titre consacré à l'Union française dans lequel une Section 3 distingue nettement le régime des départements d'outre-mer et celui des territoires d'outre-mer. Les principes novateurs contenus dans la Constitution de 1946 ne seront pas tous appliqués. Le projet de loi du 21 mai 1947, qui prévoyait le transfert des attributions du préfet à un élu fut repoussé, devant les pouvoirs trop importants qui auraient ainsi été confiés à celui que certains appelaient un « maire départemental ».

§2. La Constitution du 4 octobre 1958

60. Elle apparaît en retrait par rapport au texte de 1946. Les collectivités territoriales sont également reconnues dans un titre spécifique (en 1958, le titre XI) qui comprend cinq articles, dont quatre sont consacrés à l'outre-mer, ce qui illustre la place de cette question lors de l'élaboration du texte constitutionnel. Ces dispositions ne prévoient plus du tout le principe du transfert au profit d'un élu départemental.

L'article 72 traite des collectivités territoriales dans leur ensemble et réaffirme le principe de libre administration par des conseils élus pour les communes, les départements et les territoires d'outre-mer, ainsi que pour toute autre collectivité territoriale que la loi pourra créer. Les articles 73 et 74 sont relatifs au régime distinct des départements d'outre-mer et des territoires d'outre-mer, tandis que les articles 75 et 76 sont consacrés aux spécificités des TOM.

La consécration du principe de libre administration dans la Constitution va prendre tout son sens, à partir des années 1970, lorsque se développera un contrôle de constitutionnalité des lois : le Conseil constitutionnel pourra veiller à ce que les lois n'empiètent pas sur ce principe qui a acquis de cette manière une très grande valeur juridique.

Section 2
La nécessaire coopération intercommunale

61. Après la Seconde guerre mondiale, le nombre et la taille des communes françaises, fixés sous la Révolution, apparaissent comme des handicaps. Il y a encore plus de 36 000 communes et, du fait de l'exode rural, beaucoup se dépeuplent et sont incapables d'assurer à leurs habitants le minimum de services publics nécessaires. Parallèlement, le phénomène d'agglomération se développe autour des villes, faisant disparaître les limites précises entre les communes.

Les débuts de la Ve République sont marqués par des textes importants en matière de coopération.

§1. Les formules de coopération

62. La formule du syndicat à vocation unique créée par la loi du 22 mars 1890 ne correspondait plus aux besoins d'une coopération efficace entre les communes. Trois nouvelles formules sont ainsi proposées par des textes de 1959 et de 1966.

Une ordonnance du 5 janvier 1959, n° 59-29 remplaçant les articles 141, 142, 143, 145, 147, 149 et 150 du Code de l'administration communale relatifs aux syndicats de communes, permet tout d'abord la constitution de syndicats intercommunaux à vocation multiple (ou SIVOM) qui peuvent ainsi gérer plusieurs services d'intérêt intercommunal. Ce texte introduit également une innovation importante en prévoyant d'intégrer dans un syndicat des communes qui ne souhaitaient pas en faire partie. Le préfet peut en effet arrêter une liste de communes dans un périmètre donné et créer un syndicat, si deux tiers des communes représentant la moitié de la population totale (ou l'inverse) se prononcent en faveur de cette création. Cette règle de la « moitié-deux tiers », appliquée depuis 1959 pour toutes les formes de coopération, va contribuer au développement de l'intercommunalité.

Une autre ordonnance du 5 janvier 1959, celle n° 59-30 tendant à instituer des districts initialement urbains et pour les grandes agglomérations a permis la création de districts. Les règles de création et de fonctionnement sont très proches de celles des SIVOM, mais, à la différence de ces derniers, la loi leur donne des compétences obligatoires, en matière de services d'incendie et de secours et de service du logement.

Les communautés urbaines sont le résultat de l'échec relatif des districts, mais cette formule de coopération, la plus intégrée, était destinée aux agglomérations de plus de 50 000 habitants. La loi imposait aux communautés une liste de douze compétences obligatoires. En échange, elles devaient disposer de ressources financières importantes. La loi n° 66-1069 du 31 décembre 1966 relative aux « communautés urbaines » a, en outre, créé autoritairement quatre communautés urbaines à Bordeaux, Lille, Lyon et Strasbourg. Cinq autres ont été créées volontairement par les communes, entre 1969 et 1971 : Dunkerque, Le Creusot – Montceau-les-Mines, Cherbourg, Le Mans et Brest. Le succès de la loi de 1966 a été, là encore, relatif.

§2. La difficile fusion de communes

63. À la différence d'autres pays européens à la même époque (Allemagne, Belgique, Royaume-Uni), la France ne s'est pas résolue à une refonte autoritaire du tissu communal mais a préféré une politique d'incitations financières pour obtenir l'accord des élus et des populations, sous la forme d'une majoration des subventions d'équipement, car la fusion ne pouvait être que volontaire. La loi du 16 juillet 1971 distinguait la fusion simple (en réalité totale) entre les communes, et la fusion-association dans laquelle les communes gardent un maire délégué et un sectionnement électoral. Le bilan des fusions fut décevant, car seulement 897 fusions concernant environ 2 217 communes ont été opérées entre 1972 et 1978, sans compter les défusions qui se sont produites ensuite, des communes préférant retrouver leur autonomie, même dans le cas de très petites communes.

Section 3
Le développement du régionalisme

64. L'idée régionale ne disparaît pas avec le retour à la normale, en 1946. Les nécessités économiques ont contraint les pouvoirs publics à instituer des circonscriptions plus grandes que les départements, mais à partir de ceux-ci. Ce cadre régional est apparu bien adapté pour l'implantation d'autorités déconcentrées puis d'organes bénéficiant d'une certaine légitimité démocratique, sans aller jusqu'à la création d'une nouvelle collectivité territoriale.

§1. La région, cadre du développement économique

65. La politique de planification et celle d'aménagement du territoire apparaissent à la même époque. Le décret du 30 juin 1955 prescrit l'établissement de programmes d'action régionale dans le cadre du 3e plan, véritables tranches régionales du Plan découpées, à partir des départements. Sont ainsi créées, par un simple arrêté ministériel du 28 octobre 1956, 22 régions de programme, ramenées à 21 par la création de la région Rhône-Alpes. Ce tracé, pourtant technocratique au départ, ne sera jamais remis en cause.

§2. L'État dans la région : la déconcentration régionale

66. L'État va profiter de ces « circonscriptions d'action régionale » pour tenter d'harmoniser les circonscriptions administratives de ses services extérieurs dans ce cadre régional.

Après une expérience d'aménagement des services de l'État en 1963 dans deux régions, la Haute-Normandie et la Bourgogne, le décret du 14 mars 1964 crée le préfet de région, préfet de département où se trouve le chef-lieu de la région. Il a pour mission de mettre en œuvre la politique du Gouvernement concernant le développement économique et l'aménagement du territoire de sa circonscription, en animant l'action des préfets des autres départements. Afin de ménager les élus locaux, le même décret prévoit la création, dans chaque région, d'une commission de développement économique régional (CODER). Cette commission est composée d'élus locaux et de représentants des intérêts socioprofessionnels et ne dispose que d'un rôle consultatif.

§3. L'échec de la régionalisation en 1969

67. Le général de Gaulle soumet en 1969 au référendum un texte associant la réforme régionale, puisque les régions deviennent de véritables collectivités territoriales, et la réforme du Sénat, qui n'est plus qu'une sorte d'assemblée des conseils régionaux. Le conseil régional était composé à la fois de conseillers territoriaux élus au suffrage universel indirect et de représentants des activités économiques, sociales et culturelles. Ses décisions devaient être préparées et exécutées par le préfet de région, sur le modèle du département. Le « non » l'ayant emporté, la réforme régionale était handicapée par le refus exprimé par le vote des Français (12 007 102 « non » et 10 901 753 « oui »).

§4. La réforme régionale de 1972 : la création de « simples » établissements publics

68. L'objet de la loi du 5 juillet 1972, créant les régions sous la forme d'établissements publics, était de faire des régions de simples regroupements de départements : deux assemblées coexistaient, le conseil régional composé d'élus des agglomérations et des départements et des parlementaires de la région et un comité économique et social représentant les activités socioprofessionnelles avec un rôle consultatif. Les délibérations du conseil régional étaient exécutées par le préfet de région. Les compétences des régions sont limitées à l'aide aux investissements, mais ont permis de définir peu à peu des priorités de développement. Leurs ressources fiscales restent plafonnées. Pour autant, une vie régionale commence à exister au cours de cette période.

Section 4
Les projets de réforme giscardienne

69. Le rapport Guichard « Vivre ensemble » contenait en 1976 des propositions novatrices en matière de coopération intercommunale qui inquiétèrent les élus locaux. Ce n'est qu'en 1978 que le projet de loi « pour le développement des responsabilités locales », qui s'inspirait partiellement de ce rapport, fut déposé au Sénat. Ce texte très long, qui envisageait tous les aspects de la vie locale, se heurta à certaines réticences, y compris au sein de la majorité, et ne fut adopté que par le Sénat en 1980. Seul un changement politique majeur, réalisé en 1981, allait permettre de surmonter les craintes et les obstacles d'une grande réforme des collectivités territoriales.

CHAPITRE 4

Le renouveau de la décentralisation depuis 1982

70. L'élection d'un président de la République et d'une nouvelle majorité parlementaire en 1981 a provoqué un élan législatif et une rupture rapide et brutale avec la législation antérieure. La loi du 2 mars 1982, qui marque le début de ce qui fut désigné sous le nom de « lois de décentralisation », énonçait elle-même qu'elle serait suivie d'autres lois qui viendraient la compléter et approfondir la décentralisation. Ces lois ont été adoptées entre 1982 et 1986, pour la plupart d'entre elles. Les élections législatives de 1986 et la réélection de François Mitterrand en 1988, ont montré que la décentralisation pouvait être soumise aux alternances politiques, même si les principes posés en 1982 n'ont jamais été remis en cause. Les changements politiques introduits en 1993, 1995 et 1997 n'ont pas apporté de bouleversements majeurs, mais plutôt des innovations à la marge.

Il a fallu l'alternance complète de 2002 pour que la première révision constitutionnelle de grande ampleur, s'agissant des collectivités territoriales, puisse être adoptée. C'est parce que les gouvernants de cette époque ont voulu inaugurer une nouvelle phase que la période antérieure fut qualifiée d'acte I, marquant ainsi la continuité, c'est-à-dire le mouvement dit de décentralisation, mais aussi une rupture, avec un nouveau cadre constitutionnel et législatif. Cet acte II de la décentralisation aurait pu inaugurer un nouveau cycle de grande ampleur de textes législatifs, mais il ne produisit qu'une seule loi d'importance en 2004.

L'élection de Nicolas Sarkozy a coïncidé avec la crise économique et financière qui a accéléré la prise de conscience de la nécessité d'économiser l'argent public au sens de ce qui était présenté comme un acte III. La réforme des collectivités territoriales, qui a vu le jour par la loi du 16 décembre 2010, n'a pu produire tous les effets qui en étaient escomptés car l'alternance politique issue des élections du printemps 2012 a changé certaines orientations et modifié le sens de certaines évolutions. Le quinquennat de François Hollande est marqué par des réformes d'envergure s'agissant des départements et des régions mais s'inscrit dans la continuité en ce qui concerne le développement de l'intercommunalité. Les contraintes restent cependant identiques en vue d'une certaine rationalisation.

Section 1
Les droits et libertés des collectivités territoriales entre 1982 et 1986

71. Plutôt que de déposer un projet de loi englobant l'ensemble des questions liées à la décentralisation, comme en 1978, le nouveau Gouvernement présenta un projet de loi qui fut promulgué le 2 mars 1982. Le gouvernement de Pierre Mauroy, nommé au printemps 1981, était résolu à procéder par étapes pour réaliser les réformes. La décentralisation aurait pu connaître le même sort que d'autres réformes initiées, elles aussi, en 1981 et qui furent remises en question ensuite. Il n'en a rien été car elle correspondait, sans aucun doute, à une réelle nécessité, et la France en avait besoin « pour ne pas se défaire », selon les mots de François Mitterrand prononcés à Lyon à l'été 1981. Pour des raisons constitutionnelles et politiques, qui exigeaient notamment l'accord du Sénat, il fut néanmoins décidé de réaliser cette réforme dans le cadre constitutionnel existant. Le Gouvernement choisit aussi de ne pas remettre en cause le découpage territorial de la France, malgré le nombre important de communes. Il préféra également faire passer en second une nouvelle définition et délimitation des compétences. La loi n° 82-213 du 2 mars 1982 a servi de point de départ à un ensemble de textes complémentaires.

§1. La loi du 2 mars 1982 relative aux droits et libertés des communes, des départements et des régions

72. Elle a apporté trois bouleversements majeurs. Le recul permet plus facilement de les classer dans un ordre d'importance décroissante.

A. La région, collectivité territoriale

73. La transformation de la région en collectivité territoriale de plein exercice, en 1982, est sans doute, avec le recul, la modification législative la plus importante. Bousculant toutes les réticences des gouvernements antérieurs, qui avaient reculé devant la nouveauté régionale, le législateur de 1982 prévoit que la région est une collectivité territoriale.

En affirmant que les communes, les départements et les régions s'administrent librement par des conseils élus, l'article 1er de la loi met l'accent sur ce qui constitue un des éléments principaux d'une collectivité territoriale, la présence d'une assemblée délibérante élue au suffrage universel. La même loi précise d'ailleurs que les régions ne deviendront des collectivités territoriales que lorsqu'elles disposeront d'un conseil élu, liant ainsi la transformation de la région au mode de désignation des conseillers. Il a fallu attendre la loi n° 85-692 du 10 juillet 1985 pour que le mode de scrutin soit fixé. La loi n° 86-16 du 6 janvier 1986, adoptée en prévision des premières élections régionales, qui ont eu lieu le 16 mars 1986, en même temps que des élections législatives, fixe le mode de fonctionnement des instances régionales. Celui-ci est très fortement inspiré de celui applicable aux institutions départementales. Toutefois, les régions ont conservé un bicamérisme original avec le maintien d'un comité économique et social, placé désormais « auprès du conseil régional et de son président ».

Les élections régionales, dès 1986, ont été des enjeux politiques importants, ce qui illustre le rôle grandissant de la région depuis 1982 jusqu'à nos jours.

B. Le transfert de la fonction exécutive départementale et régionale

74. Il s'agit, plus exactement, du transfert de la fonction d'organe exécutif. Celui-ci se fait au profit d'un élu : le président du conseil général au niveau du département et le président du conseil régional au niveau de la région. Pour ce dernier, le transfert fut réalisé immédiatement par la loi du 2 mars 1982, sans attendre que la région devienne une collectivité territoriale. Le département était déjà une collectivité territoriale, mais la décentralisation départementale était imparfaite, car le préfet assurait l'exécution des décisions du conseil général.

Le département devient ainsi, par cette loi, une collectivité totalement distincte de l'État, par son administration qui ne dépend plus du préfet. La loi ne crée pas le président du conseil général, qui existait depuis la loi précitée du 22 juin 1833, mais son rôle, qui n'était souvent qu'honorifique et de représentation, devient essentiel. Désormais, il préside l'assemblée départementale, prépare et exécute les budgets et les délibérations du conseil général et devient le chef de l'administration départementale. Les services du département sont, depuis 1982, nettement séparés de ceux de l'État et des administrations devenues départementales sont placées sous les ordres du président du conseil général. Il est ainsi mis fin au dédoublement fonctionnel qui affectait les préfets de département et de région.

C. La suppression de la tutelle administrative

75. Elle a été réalisée en deux temps, du fait de l'inconstitutionnalité de certaines dispositions initialement adoptées.

La loi initiale, telle qu'elle avait été adoptée par le Parlement, prévoyait que les délibérations et actes des autorités locales étaient exécutoires de plein droit, avec l'obligation toutefois de les transmettre au préfet dans un délai de quinze jours après leur adoption. Le Conseil constitutionnel a cependant estimé, dans sa décision n° 82-137 DC du 25 février 1982, que le préfet devait avoir connaissance de l'acte avant que celui-ci ne devienne exécutoire, afin d'être en mesure de saisir le juge en cas d'illégalité. La loi fut néanmoins promulguée en étant amputée des dispositions jugées inconstitutionnelles.

La loi du 22 juillet 1982 a eu pour objet de compléter celle du 2 mars en précisant les nouvelles conditions d'exercice du contrôle administratif sur les actes : ceux-ci ne deviennent exécutoires qu'à la double condition d'avoir été publiés et transmis au représentant de l'État. Afin d'éviter l'inflation des textes à adresser aux préfectures, la loi dresse cependant la liste des actes dont la transmission est une condition du caractère exécutoire : cette liste comprend les actes les plus importants des collectivités territoriales (actes réglementaires, décisions de police, actes intéressant le personnel, etc., les différentes catégories évoquées pouvant se recouper entre elles).

Le délai de quinze jours prévu initialement fut supprimé et la seule sanction de la non-transmission est que l'acte n'est pas exécutoire.

Le préfet ne dispose, pour les actes qu'il reçoit, que de la possibilité de saisir le tribunal administratif. Par ailleurs, la loi du 22 juillet a inséré une disposition, qui n'existait pas dans la loi initiale, et qui prévoit que le représentant de l'État est obligé d'informer sans délai l'autorité locale de son intention de saisir la juridiction et de lui communiquer toutes précisions utiles sur les illégalités qu'il a constatées. Le but de cette procédure était bien de limiter les recours au juge et de favoriser le dialogue entre la collectivité et le préfet.

§2. Les lois d'approfondissement de la décentralisation entre 1982 et 1986

76. La loi du 2 mars 1982 annonçait dans son article 1er qu'elle serait suivie d'autres lois, consacrées aux compétences, au mode d'élection et au statut des élus, au statut du personnel des collectivités territoriales, aux modalités de la coopération entre les collectivités : un véritable programme législatif avait été ainsi tracé. Dans tout ce programme, seules les lois relatives à la fiscalité locale, au statut des élus et à la participation des citoyens à la vie locale n'ont pas été adoptées avant la fin de la législature qui s'est terminée en mars 1986. Au total, ce sont quelque quarante lois importantes et trois cents décrets qui ont été adoptés jusqu'en 1986. Ce fut, sans doute, selon le mot de Pierre Mauroy, la grande affaire du premier septennat de François Mitterrand.

Il serait fastidieux d'énumérer tous ces textes : outre les deux lois de 1985 et 1986 relatives aux conseils régionaux déjà citées, deux lois ont donné un statut de collectivité régionale à la Corse (loi n° 82-214 du 2 mars 1982 portant statut particulier de la Corse – organisation administrative – et loi n° 82-659 du 30 juillet 1982 portant statut particulier de la Corse – compétences), d'autres lois sont venues réformer profondément le régime des régions d'outre-mer (loi n° 82-1171 du 31 décembre 1982 portant organisation des régions de Guadeloupe, Guyane, Martinique et de La Réunion et loi n° 84-747 du 2 août 1984 relative aux compétences des régions de Guadeloupe, Guyane, Martinique et de La Réunion) ; deux lois du 10 juillet 1982 (loi n° 82-594 relative aux chambres régionales des comptes et modifiant la loi n° 67-483 du 22 juin 1967 relative à la Cour des comptes, qui fixe les compétences des chambres et loi n° 82-595 relative aux présidents des chambres régionales des comptes et au statut des membres des chambres régionales des comptes) ont créé les chambres régionales des comptes, compétentes en matière de contrôle budgétaire des collectivités territoriales ; la loi n° 82-974 du 19 novembre 1982 modifiant le Code électoral a introduit, pour les communes de 3 500 habitants et plus un mode de scrutin original, mêlant le scrutin majoritaire et la représentation proportionnelle ; les deux lois n° 82-1169 du 31 décembre 1982, relatives à l'organisation administrative de Paris, Marseille, Lyon et des établissements publics de coopération intercommunale et n° 82-1170 du 31 décembre 1982 portant modification de certaines dispositions du Code électoral relatives à l'élection des membres du Conseil de Paris et des conseils municipaux de Lyon et de Marseille, ont modifié le régime administratif de ces trois grandes villes, créant des conseils et des maires d'arrondissements. Ces différents textes seront présentés en tant que de besoin au fil des développements.

Cette liste n'est pas complète et il faudrait y ajouter de nombreux textes sur les collectivités situées outre-mer, notamment sur la Nouvelle-Calédonie.

Deux thèmes peuvent retenir spécialement l'attention : la répartition des compétences et le statut des acteurs de la décentralisation, tant fonctionnaires qu'élus.

A. La répartition des compétences

77. Le transfert des compétences a été la deuxième étape importante de la réforme de la décentralisation. Il s'est réalisé par deux lois n° 83-8 du 7 janvier 1983 et n° 83-663 du 22 juillet 1983, toutes deux relatives à la répartition des compétences entre les communes, les départements, les régions et l'État, la seconde complétant la première, et ne formant donc qu'un seul ensemble, auxquelles se sont ajoutées la loi n° 85-97 du 25 janvier 1985 modifiant et complétant la loi n° 83-663 du 22 juillet 1983 et portant dispositions diverses relatives aux rapports entre l'État et les collectivités territoriales, essentiellement consacrée aux compétences en matière d'enseignement et la loi n° 86-17 du 6 janvier 1986 adaptant la législation sanitaire et sociale aux transferts de compétences en matière d'aide sociale et de santé. Après avoir posé les principes du transfert des compétences, les lois répartissent, matière par matière, les compétences.

Le législateur souhaitait transférer des blocs de compétences, si possible à un seul échelon territorial, afin qu'il n'y ait pas de compétences partagées. En réalité, il n'est pas parvenu à respecter ce principe posé dans la loi du 7 janvier 1983, car il existe trop de matières pour lesquelles les collectivités territoriales ont gardé ou reçu des compétences complémentaires.

La loi proclame que les transferts de compétences ne peuvent autoriser une des collectivités locales à établir ou exercer une tutelle sous quelque forme que ce soit sur une autre collectivité.

Enfin, les lois de 1983 ont prévu que les transferts de compétences devaient s'accompagner d'une compensation financière. Celle-ci s'est traduite par le transfert de ressources fiscales (le produit des vignettes automobiles affecté aux départements par exemple) et par le versement par l'État d'une dotation générale de décentralisation. La compensation a également pris la forme de transferts de services de l'État aux collectivités territoriales (essentiellement une partie des directions départementales de l'équipement, la plus grande part des directions départementales des affaires sanitaires et sociales) et par la mise à disposition des services de l'État nécessaires à l'exercice des compétences transférées aux collectivités.

Ces principes ayant été posés, il restait au législateur le soin d'énumérer les matières transférées. Plus qu'une répartition des compétences entre quatre niveaux égaux d'administration, les lois de 1983 ont surtout procédé à des transferts de compétences de l'État vers les collectivités territoriales.

B. Les acteurs locaux

78. Il ne suffit pas d'avoir des compétences, encore faut-il avoir les moyens de les exercer. Tel est l'objet des textes sur la fonction publique territoriale. Même si la loi sur le statut des élus locaux n'a pas été immédiatement adoptée, la loi visant à limiter le cumul des mandats intéresse directement les élus locaux. Aucun texte n'a été en revanche adopté concernant les citoyens ou les administrés.

La création d'une fonction publique territoriale constitue sans doute la troisième étape des lois de décentralisation après la loi du 2 mars 1982 et les lois relatives à la répartition des compétences. Il fallait mettre sur pied une fonction publique locale de niveau comparable à celle de l'État. L'occasion a été fournie par une réforme d'ensemble de la fonction publique, divisée en quatre parties, dont celle créant la fonction publique territoriale. C'est pourquoi la loi n° 83-634 du 13 juillet 1983, portant droits et obligations des fonctionnaires, quels qu'ils soient, a été suivie par la loi n° 84-53 du 26 janvier 1984 portant dispositions statutaires relatives à la fonction publique territoriale.

Cette loi est applicable aux communes, départements et régions, ainsi qu'à leurs établissements publics dont, principalement, les organismes de coopération locale. Elle visait à substituer l'unité à la variété des statuts tout en essayant de sauvegarder ce qui caractérise la spécificité de cette fonction publique, c'est-à-dire la pluralité des employeurs, consacrant une différence notable avec la fonction publique d'État.

S'agissant des élus locaux, le Gouvernement a longtemps différé l'adoption d'un véritable statut des élus locaux, tant le sujet paraissait explosif. Afin de limiter des situations de cumul excessif de mandats, tant nationaux que locaux, deux lois du 30 décembre 1985 ont été adoptées. L'une est la loi organique n° 85-1405 tendant à limiter le cumul des mandats électoraux et des fonctions électives par les parlementaires, l'autre est la loi ordinaire n° 85-1406 tendant à limiter le cumul des mandats électoraux et des fonctions électives, et fixant une liste de mandats (député, sénateur, député européen, maire d'une commune de 20 000 habitants, conseiller général et régional, conseiller de Paris, etc.). Les élus ne pouvaient cumuler plus de deux fonctions ou mandats figurant dans cette liste. La fonction élective communale n'est pas véritablement touchée par cette réforme.

L'énorme chantier législatif que représente l'ensemble des lois adoptées entre 1982 et 1986 a pu être mené à bien grâce au soutien sans faille d'une majorité politique au Parlement et à l'absence de censure du Conseil constitutionnel sur les questions les plus importantes, mis à part le cas de l'outre-mer. Les élections législatives de 1986 et présidentielle de 1988 n'ont pas remis en question les aspects les plus essentiels des réformes entreprises depuis 1982.

Section 2
La décentralisation au gré des alternances politiques de 1986-2002

79. Les élections législatives et présidentielles qui se sont succédé entre 1986 et 1997 ont provoqué différentes alternances politiques. Ces phénomènes eurent une incidence relativement mineure sur le droit des collectivités territoriales adopté entre 1986 et 1988.

§1. La « pause » de 1986 à 1988

80. La nomination d'un gouvernement dirigé par Jacques Chirac a conduit celui-ci, à peine entré en fonction, à décréter une « pause », selon ses propres termes, dans la décentralisation. Il s'agissait de faire le point sur les réformes adoptées dans les années précédentes afin, éventuellement, de revenir en arrière sur certaines lois considérées comme ayant été trop décentralisatrices. Les acquis principaux des réformes de 1982 n'ont cependant pas été remis en cause. La pause s'est essentiellement orientée dans deux directions, par deux lois de 1987 et de 1988.

A. La fonction publique territoriale

81. Estimant que la loi du 26 janvier 1984 avait été trop favorable aux fonctionnaires territoriaux, au détriment de la libre administration des collectivités et des droits des élus, la loi nº 87-529 du 13 juillet 1987 modifiant les dispositions relatives à la fonction publique territoriale amenda assez profondément celle de 1984. Elle renforça notamment le pouvoir de nomination des exécutifs territoriaux, au nom de la spécificité de la fonction publique territoriale par rapport à celle de l'État. Les employeurs locaux souhaitaient conserver une certaine autonomie de gestion en pouvant nommer plus librement leurs collaborateurs. Sur ce point, la loi du 13 juillet 1987 marque les différences insurmontables qui existent entre les fonctions publiques, s'agissant de la fonction publique d'État et de la fonction publique territoriale.

B. La loi du 5 janvier 1988 d'amélioration de la décentralisation

82. L'autre direction choisie par la nouvelle majorité concernait principalement les possibilités d'intervention économique des collectivités territoriales et la coopération intercommunale.

La loi nº 88-13 du 5 janvier 1988 d'amélioration de la décentralisation limite la liberté des collectivités à accorder à des personnes privées, en pratique des entreprises, une garantie d'emprunt ou un cautionnement. Les communes se voient ainsi protégées contre les tentations, qui sont grandes, d'accorder leur garantie à des entreprises en difficulté situées sur leur territoire. Ces dispositions s'inscrivent dans une logique libérale, revendiquée par le Gouvernement à cette époque, selon laquelle les collectivités publiques, notamment territoriales, ne doivent pas intervenir excessivement dans le jeu du marché.

La loi d'amélioration de la décentralisation a assoupli aussi les conditions d'entrée et de sortie des communes dans les syndicats intercommunaux, avec pour objectif avoué d'inciter les communes à adhérer à des formules plus souples de coopération. La loi autorise ainsi, sous certaines conditions, les communes à se retirer plus facilement des syndicats auxquels elles adhéraient. La loi prévoit également le « syndicalisme à la carte », ou à géométrie variable, les communes pouvant n'adhérer qu'à quelques compétences d'un syndicat sans être tenues d'adopter les autres.

§2. Le « second souffle » de 1988 à 1993

83. Une fois revenue au pouvoir, la gauche parlementaire a souhaité donner un « second souffle » à la décentralisation, en développant certains des thèmes déjà abordés en 1982. C'est ainsi que furent adoptées une loi relative au statut des mandats locaux et une loi d'orientation ayant pour ambition de traiter différents aspects de l'administration locale.

A. L'exercice des mandats locaux

84. La loi n° 92-108 du 3 février 1992 relative aux conditions d'exercice des mandats locaux a voulu démocratiser l'exercice de ces mandats et instaurer une plus grande transparence. Elle accorde, tout d'abord, des garanties aux titulaires de mandats locaux, sous forme essentiellement de crédits d'heures, c'est-à-dire d'un certain nombre d'heures que l'employeur est tenu d'accorder à ses subordonnés pour exercer leurs mandats, mais sans être obligé de les rémunérer ; elle reconnaît ensuite un droit à la formation des élus, ce qui répond au constat que les élus ne sont pas naturellement compétents pour exercer leurs mandats ; elle essaie, enfin, de moraliser le système indemnitaire, d'une part, en revalorisant le barème des indemnités versées aux élus municipaux qui existait avant 1992, et, d'autre part, en rationalisant le régime des indemnités des élus départementaux et régionaux.

B. La loi d'orientation relative à l'administration territoriale de la République

85. À la différence de la loi du 2 mars 1982, la loi n° 92-125 du 6 février 1992 d'orientation relative à l'administration territoriale de la République a mis beaucoup de temps à être élaborée, puis à être adoptée. Cette lente maturation a rejailli sur la qualité du texte qui est un ensemble de dispositions parfois hétéroclites. Mais il était difficile au législateur d'adopter, dix ans après, des réformes aussi radicales que celles de 1982. Il s'agit donc plus, dans la loi de 1992, de prolonger et de développer des idées déjà débattues que de totalement innover. Mais la loi de 1992 a été enrichie de nouveaux thèmes qui avaient été négligés jusque-là.

En effet, ce texte est articulé autour de trois grandes directions. Le premier, et peut-être le plus novateur sur le plan des idées, est consacré à la déconcentration de l'État. Le rôle des administrations de l'État dans l'administration de la République explique le titre de la loi, qui n'est pas consacrée aux seules collectivités territoriales. La loi du 6 février 1992 affirme, dans son article 1er, que « l'administration territoriale de la République est assurée par les collectivités territoriales et par les services déconcentrés de l'État » : ce sont les administrations locales qui doivent constituer l'ossature de la République, et non plus les administrations centrales. L'échelon central ne doit conserver que les missions de conception, de coordination et de réglementation, comme le précise le décret du 1er juillet 1992, portant charte de la déconcentration. En ce qui concerne l'administration d'État, la loi affirme enfin, pour la première fois dans l'histoire administrative, une certaine primauté de l'échelon régional sur l'échelon départemental, dans les rapports entre le préfet de région et les préfets des départements de la région.

La loi du 6 février 1992 consacre un second volet à la démocratie locale, considérée du point de vue des habitants et des élus. Les électeurs peuvent ainsi être consultés sur toute décision concernant les affaires de la commune. La loi consacre et encadre ainsi une pratique assez bien ancrée même si ces consultations n'ont que la valeur d'avis et non de décisions, par crainte d'une démocratie directe et du dessaisissement des attributions des conseils municipaux. Des droits ont également été reconnus aux élus, notamment à la minorité par rapport à la majorité composant les conseils et par rapport aux autorités exécutives : les délais de convocation aux réunions ont été allongés, un droit d'expression a été reconnu sous forme de questions orales et les commissions permanentes (les anciens bureaux) des conseils généraux et des conseils régionaux doivent refléter la composition politique de l'assemblée et ne plus être élues au scrutin majoritaire.

La loi d'orientation consacre enfin de nombreux articles à la coopération locale, interrégionale, interdépartementale et intercommunale. La loi crée deux nouvelles formes de coopération intercommunale, les communautés de communes et les communautés de villes, à côté des trois formules déjà existantes.

Ces communautés ont parfois été présentées comme une forme d'intégration forcée pour les communes d'une agglomération. Ces communautés auraient préparé, aux yeux de certains, la disparition de certaines communes. Mais la loi de 1992, fidèle à la tradition française de l'incitation plutôt que de la contrainte, n'a pas opté pour une démarche autoritaire visant à diminuer le nombre des communes françaises. Souvent critiquée lors de son élaboration, la loi de 1992 a néanmoins donné des résultats positifs en matière d'intercommunalité, bien que le bilan des communautés de villes ait été très mitigé.

§3. Les aménagements ponctuels de la décentralisation de 1993 à 2002

86. La période 1993-2002 a été marquée par une relative instabilité politique puisque différentes majorités se sont succédé, tant lors de l'élection présidentielle de 1995 que des élections législatives de 1997. Ces élections n'ont pas eu pour enjeu principal la décentralisation ou les collectivités territoriales mais elles n'ont pas favorisé une politique suivie dans ce domaine. Ces alternances n'ont toutefois pas empêché, au-delà de la multitude de lois plus ponctuelles ou moins directement consacrées aux collectivités territoriales et malgré l'absence d'une volonté politique unique, l'adoption de quelques textes importants dont certains ont marqué durablement le paysage de la décentralisation. C'est ainsi que l'année 1996 a vu la publication de la partie législative du Code général des collectivités territoriales, qui est l'aboutissement d'un travail de longue haleine entrepris à partir de 1982 et qui a subi, depuis sa publication, un certain nombre de modifications (voir *supra*).

A. L'évolution du droit de l'outre-mer

87. Elle concerne aussi bien les territoires d'outre-mer que les départements d'outre-mer. La fin du XXe siècle est en effet marquée par la recherche d'une évolution différenciée, non seulement entre les TOM et les DOM mais au sein de chacune des catégories, mettant fin au principe d'uniformisation qui caractérisait le droit ultra-marin.

1. La Polynésie française

88. La loi organique n° 96-312 du 12 avril 1996 portant statut de la Polynésie française, accompagnée de la loi ordinaire n° 96-313 du 12 avril 1996, a été adoptée afin d'organiser le développement futur des archipels polynésiens après l'arrêt des essais nucléaires dans le Pacifique. L'idée générale de la réforme était de consacrer la notion d'« autonomie évolutive », à la demande notamment du président du Gouvernement polynésien en exercice. La loi précise que la République française garantit l'autonomie de la Polynésie française et qu'elle favorise l'évolution de cette autonomie de manière à conduire ce territoire au développement économique, social et culturel dans le respect de ses intérêts propres, de ses spécificités et de son identité. Mais le statut ne parvient pas à modifier substantiellement le caractère administratif des institutions de ce territoire d'outre-mer et entretient sans doute l'ambiguïté de la notion d'autonomie en droit français. L'identité polynésienne est réaffirmée : la « Polynésie française » succède ainsi au « territoire de la Polynésie française », et elle peut déterminer librement les signes distinctifs permettant de marquer sa personnalité aux côtés de l'emblème national et des signes de la République. La loi organique affirme la diversité linguistique de la Polynésie, le territoire se voit reconnaître en propre l'exercice des compétences nécessaires à son développement par une technique de répartition des compétences avec l'État qui n'est pas sans rappeler celle appliquée entre les États fédéraux et les États fédérés. De même, la Polynésie française est associée plus étroitement à l'activité normative la concernant, en imposant, d'une part, la consultation du Conseil des ministres du territoire non seulement sur toute transposition en Polynésie de dispositions législatives applicables en métropole, mais aussi sur les projets de décrets et, d'autre part, en rendant obligatoire la consultation de l'assemblée du territoire sur les projets de loi autorisant la ratification de conventions internationales traitant des matières ressortissant à la compétence territoriale.

2. La Nouvelle-Calédonie

89. La situation en Nouvelle-Calédonie a suscité l'importante révision constitutionnelle du 20 juillet 1998, du moins sur le plan des principes et des symboles, qui a consisté à faire sortir le territoire d'outre-mer de Nouvelle-Calédonie de la catégorie des TOM et à créer des dispositions constitutionnelles spécifiques pour ce territoire, sans que l'on puisse clairement qualifier son statut juridique, tant en 1998 que par la suite. Elle fait suite à l'accord de Nouméa signé le 5 mai 1998 entre le Gouvernement français et des partis politiques néocalédoniens et elle a pour objet d'intégrer cet accord dans le texte de la Constitution.

La loi constitutionnelle n° 98-610 du 20 juillet 1998, relative à la Nouvelle-Calédonie, qui a inséré les articles 76 et 77 au sein d'un nouveau titre XIII, l'ancien ayant été supprimé par la révision du 4 août 1995, et intitulé « Dispositions transitoires relatives à la Nouvelle-Calédonie », a eu pour objet de prendre acte, sans se prononcer sur sa valeur, de l'accord signé à Nouméa le 5 mai 1998 entre les différents représentants de la population de Nouvelle-Calédonie. Elle a organisé aussi l'avenir de ce territoire en renvoyant à la loi organique n° 99-209 du 19 mars 1999 relative à la Nouvelle-Calédonie, le soin de compléter les dispositions constitutionnelles, en légitimant d'importantes dérogations aux principes constitutionnels de citoyenneté et d'égal accès à l'emploi. Elle a enfin prévu qu'une consultation de la population néo-calédonienne serait organisée avant l'adoption de ladite loi organique : celle-ci a eu lieu le 8 novembre 1998 et a largement entériné à la fois l'accord et les perspectives d'avenir tracées dans la Constitution nouvellement révisée. L'article 77 fait clairement référence à l'accession à la pleine souveraineté de la Nouvelle-Calédonie, sans précision de date, et au transfert définitif de compétences de l'État aux institutions de Nouvelle-Calédonie. Par cette révision constitutionnelle, il paraît évident que la Nouvelle-Calédonie a cessé d'être un TOM sans qu'il soit certain qu'elle soit encore une collectivité territoriale, même spécifique. Les autorités de Polynésie française avaient manifesté la volonté de bénéficier d'un statut proche de la Nouvelle-Calédonie. Celui-ci n'a pu voir le jour avant l'alternance de 2002, pour des raisons de politique intérieure française.

3. Les départements et les régions d'outre-mer

90. La loi n° 2000-1207 du 13 décembre 2000 d'orientation pour l'outre-mer intervient cinquante-quatre ans après la loi de départementalisation de 1946 et elle est certainement moins novatrice que ne l'était le projet de loi. Elle contient cependant l'affirmation nouvelle selon laquelle les départements d'outre-mer peuvent connaître une évolution différenciée et elle autorise la consultation des populations locales sur des questions intéressant l'organisation institutionnelle et sur la répartition des compétences entre l'État et les collectivités. La loi comporte aussi de nombreuses dispositions économiques et sociales destinées à compenser les difficultés que connaissent les départements d'outre-mer en matière d'emplois.

4. Le cas de Mayotte

91. L'accord sur l'avenir de Mayotte du 27 janvier 2000, signé par le Gouvernement de la République, le président du conseil général de Mayotte et des représentants de trois partis politiques mahorais, illustre une pratique, inaugurée pour la Nouvelle-Calédonie en 1988 et renouvelée en 1998, de l'accord politique sanctionné ensuite par un texte et une consultation des populations concernées, mais marque aussi la volonté de faire sortir la collectivité de Mayotte de son statut provisoire qui datait de 1976. Sur la base de cette consultation a été promulguée la loi n° 2001-616 du 11 juillet 2001 relative à Mayotte qui fait de l'archipel une « collectivité départementale » et qui consacre un retour progressif au droit commun.

B. L'aménagement du territoire et l'intercommunalité : l'absence de choix entre deux politiques concurrentes

92. La première de ces politiques domine incontestablement la loi n° 95-115 du 4 février 1995 d'orientation pour l'aménagement et le développement du territoire, appelée souvent « loi Pasqua », du nom du ministre de l'Intérieur et de l'Aménagement du territoire. Au-delà de son caractère prospectif et parfois incantatoire, cette loi contient des instruments nouveaux d'intervention au service d'une politique de péréquation. La loi crée ainsi un schéma national d'aménagement, des schémas régionaux et des schémas sectoriels. Il s'agit bien d'un retour de l'État et d'une réaffirmation du service public. La loi consacre aussi le rôle de l'État au niveau local, à travers la concrétisation de la notion de « pays », en vue de permettre une meilleure organisation de la vie locale, parfois en passant par-dessus les structures administratives classiques. Dans la continuité de cette démarche et malgré le changement de majorité, la loi n° 99-533 du 25 juin 1999, d'orientation pour l'aménagement et le développement durable du territoire, dite « loi Voynet », cette fois du nom de la ministre de l'Aménagement du territoire et de l'Environnement, n'intéresse que très indirectement les collectivités territoriales. Elle cherche cependant à redéfinir et à préciser la notion de pays, sans que soit résolue la question de l'architecture de l'organisation du territoire. Mais il est vrai que les pays ne sont pas des structures destinées à administrer, à la différence de l'intercommunalité.

Parallèlement, la loi n° 99-586 du 12 juillet 1999 sur le renforcement et la simplification de la coopération intercommunale, dite « Chevènement », du nom du ministre de l'Intérieur du même Gouvernement, opère, pour toute une série de dispositions relatives à la création, à la définition du périmètre des établissements publics de coopération intercommunale, aux organes et au fonctionnement de ceux-ci, une unification des règles et choisit d'édicter des règles communes plutôt que de reprendre des règles partiellement identiques à propos de chacune des modalités de coopération. Sur le fond, elle supprime la catégorie des districts et celle des communautés de villes en réorganisant la pyramide des EPCI : après les communautés de communes, qui retrouvent leur vocation première de formule adaptée aux zones rurales et aux petites communes, la loi crée les communautés d'agglomération destinées aux zones urbaines d'au moins 50 000 habitants. Les communautés urbaines sont alors réservées aux très grandes agglomérations d'au moins 500 000 habitants. Des compétences, dont le nombre et la définition se veulent adaptés à chacun de ces niveaux, sont inscrites dans la loi du 12 juillet 1999. La loi comprend également un volet financier qui impose la taxe professionnelle aux communautés d'agglomération et aux communautés urbaines qui se créeront après la date de promulgation de la loi, ainsi qu'aux communautés de communes qui en feront le choix. Afin d'inciter les communes à se regrouper et à harmoniser leur fiscalité, des dotations globales de fonctionnement plus importantes seront versées par l'État, du moins pendant une certaine période, sur le modèle bien connu en France de la « carotte financière ».

C. Les élections régionales, le fonctionnement des conseils régionaux et la question de la Corse

93. Voulant prévenir l'impossibilité prévisible du fonctionnement de certaines assemblées régionales, le Gouvernement avait fait voter la loi nº 98-135 du 7 mars 1998 relative au fonctionnement des conseils régionaux avant les élections régionales de 1998. La loi prévoit essentiellement le principe de la déclaration écrite présentée par chaque candidat à la présidence d'un conseil régional, dans le but de faire élire le président dans la clarté des alliances politiques nécessitées par la représentation proportionnelle. Le deuxième apport de la loi de 1998 a été d'instituer un mécanisme, très vite qualifié par tous les observateurs de « 49-3 régional » puisqu'il permettait à un président de conseil régional de faire adopter le budget qu'il propose, sauf si une motion de renvoi accompagnée d'un nouveau projet de budget est adoptée par une majorité absolue des membres du conseil régional.

La loi nº 99-36 du 19 janvier 1999 relative au mode d'élection des conseillers régionaux et des conseillers à l'Assemblée de Corse et au fonctionnement des conseils régionaux, a profondément remanié le droit applicable à la désignation des conseils régionaux, après les élections régionales de 1998. Elle a en effet modifié la durée des mandats de ces conseillers régionaux, la ramenant à cinq ans. Elle a changé le mode de scrutin en adoptant celui applicable à la désignation des conseillers municipaux des communes de 3 500 habitants et plus. De façon également symbolique, elle a choisi le cadre régional pour faire élire les conseillers régionaux, au lieu du cadre départemental.

Cette loi a été en partie remise en cause par l'adoption de la loi nº 2003-327 du 11 avril 2003 relative à l'élection des conseillers régionaux et des représentants au Parlement européen ainsi qu'à l'aide publique aux partis politiques. Cette loi, qui n'est pas liée à l'acte II de la décentralisation, a cependant été voulue par la majorité élue au printemps 2002, et elle a restauré le mandat de six ans et a réintroduit des « sections départementales » au sein des listes régionales dans le but de rapprocher les électeurs des élus. Elle n'a cependant pas modifié le mode de scrutin qui, par le jeu de la prime majoritaire, amplifie les écarts de sièges entre la liste arrivée en tête et les autres. La gauche parlementaire a profité de cet effet et a remporté, lors des élections régionales de mars 2004 qui ont été les premières à faire application des lois de 1999 et 2003, vingt régions métropolitaines sur vingt-deux et les quatre régions d'outre-mer.

La Corse a connu une nouvelle évolution de son régime, après la loi n° 91-428 du 13 mai 1991 portant statut de la collectivité territoriale de Corse qui a donné un statut original à la Corse. À la suite de « pourparlers » juridiquement informels entre le gouvernement de Lionel Jospin et les élus de l'Assemblée de Corse qui ont abouti à des « accords de Matignon », la loi n° 2002-92 du 22 janvier 2002 relative à la Corse, adoptée non sans difficulté institutionnelle en période de « cohabitation », a donné à la collectivité territoriale de Corse des compétences nouvelles, mais les avancées les plus symboliques, qui intéressaient l'octroi d'un pouvoir législatif d'adaptation des lois françaises, et le caractère obligatoire de l'enseignement de la langue corse dans le cadre de l'horaire normal des écoles maternelles et élémentaires de Corse, ont été censurées par la décision n° 2001-454 DC du 17 janvier 2002 du Conseil constitutionnel relative à cette loi.

D. Les citoyens et les élus

94. Les citoyens avaient été considérés comme les grands absents des lois de décentralisation des années 1980. La loi du 6 février 1992 leur a reconnu un certain nombre de droits nouveaux. La décennie courant de 1993 à 2002 a surtout consacré, dans ce domaine, le droit de vote aux élections municipales des citoyens de l'Union européenne, a rendu plus contraignant le régime législatif relatif au cumul des mandats et a, juste avant l'élection présidentielle de 2002, voulu renforcer la démocratie de proximité.

Six ans après le traité sur l'Union européenne de 1992, le droit de vote et d'éligibilité est accordé aux citoyens européens, pour les seules élections municipales par la loi organique n° 98-404 du 25 mai 1998, relative à l'exercice par les citoyens de l'Union européenne du droit de vote et d'éligibilité aux élections municipales, en application de l'article 88-3 de la Constitution et portant transposition d'une directive européenne du 19 décembre 1994. Cette loi organique est, en définitive, peu originale et ne fait que reprendre à la fois les termes de la directive européenne et les dispositions techniques déjà inscrites dans la loi n° 94-104 du 5 février 1994 relative à l'exercice par les citoyens de l'Union européenne résidant en France du droit de vote et d'éligibilité aux élections au Parlement européen. C'est ainsi qu'elle prévoit, d'une part, que les citoyens de l'Union, autres que les Français, peuvent participer à l'élection des conseillers municipaux dans les mêmes conditions que les électeurs français, s'ils ont leur domicile réel ou une résidence de caractère continu dans une commune française, et que ces citoyens sont éligibles dans les mêmes conditions que les nationaux français. Cette loi a permis à un certain nombre de citoyens de l'Union européenne de participer pour la première fois aux élections municipales de mars 2001.

De la même manière, voulant concrétiser des dispositions inscrites dans la Constitution par la loi constitutionnelle n° 99-569 du 8 juillet 1999 relative à l'égalité entre les femmes et les hommes et introduisant la « parité », la loi n° 2000-493 du 6 juin 2000 tendant à favoriser l'égal accès des femmes et des hommes aux mandats électoraux et fonctions électives, complétée par la loi précitée du 11 avril 2003, porte application du principe de parité inscrit dans la Constitution depuis la révision du 8 juillet 1999 et a bouleversé la constitution des listes de candidats pour les élections municipales en 2001 et pour les élections régionales en 2004.

Les lois organiques n° 2000-294 du 5 avril 2000 relative aux incompatibilités entre mandats électoraux, et ordinaire n° 2000-295 du 5 avril 2000 relative à la limitation du cumul des mandats électoraux et des fonctions et à leurs conditions d'exercice, s'intéressent quant à elles aux élus et à la limitation du cumul des mandats électoraux et des fonctions électives, et sont intervenues après deux ans de débats. Ces deux lois autorisent le cumul d'un mandat parlementaire national avec les mandats de conseiller régional, de conseiller général, de conseiller de Paris et de conseiller municipal de communes de 3 500 habitants et plus. Ce dernier mandat a été introduit dans la liste par rapport à la législation de 1985, mais le régime ignore les 34 000 communes de moins de 3 500 habitants que compte la France en 2000. Le cumul toujours possible entre un mandat parlementaire et une fonction exécutive locale n'est pas non plus concerné par le nouveau régime et reste donc possible, malgré de nombreuses demandes réclamant la fin de tout cumul des mandats. L'opposition du Sénat a fait prévaloir le lien, jugé nécessaire, entre un mandat local et un mandat national, ce qui peut se concevoir dans la tradition historique française.

Dernière réforme avant les élections de 2002, la loi n° 2002-276 du 27 février 2002 relative à la démocratie de proximité s'inspirait partiellement des conclusions de la Commission pour l'avenir de la décentralisation, présidée par l'ancien Premier ministre Pierre Mauroy. La loi relative à la démocratie de proximité a été le dernier texte relatif à la décentralisation proposé par le gouvernement de Lionel Jospin.

Deux aspects de cette loi concernent spécifiquement la démocratie locale, pourtant thème principal de cette loi qui vise également, entre autres objets, à assurer la participation du public à l'élaboration des grands projets : il s'agit, d'une part, de la création de conseils de quartier dans les communes de plus de 80 000 habitants et, d'autre part, de nouveaux droits des élus au sein des assemblées locales, comme la possibilité de demander la création de missions d'information et d'évaluation chargées de recueillir des éléments d'information sur une question d'intérêt communal, dans les communes de 50 000 habitants et plus, dans les départements et dans les régions, ce qui présente quelques ressemblances avec les commissions d'enquête parlementaires.

Le statut de l'élu a également été amélioré par la loi du 27 février 2002 qui prévoit différents moyens, financiers ou électoraux, tels que le « congé préélectoral » ou le relèvement du barème des crédits d'heures.

Ces deux innovations correspondent aux deux formes classiques de démocratie : la démocratie de participation et la démocratie de représentation.

Section 3
L'acte II de la décentralisation

95. 2002 marque sans doute la fin d'une époque, en matière de décentralisation. Mais, beaucoup plus qu'une rupture sur le fond, c'est à une discontinuité dans la méthode suivie que l'on assiste. Pour autant, ce nouveau mouvement de décentralisation, vite baptisé de l'expression « acte II de la décentralisation », en référence aux lois de décentralisation des années 1982 et suivantes, a été lui aussi rendu possible, sur le plan politique et parlementaire, grâce au soutien actif d'une majorité au Parlement, tant à l'Assemblée nationale qu'au Sénat. Cette situation, assez inédite depuis 1981, a permis une révision constitutionnelle d'ampleur, s'agissant du droit de la décentralisation.

Promulguée le 28 mars 2003, la loi constitutionnelle n° 2003-276 relative à l'organisation décentralisée de la République a été suivie de plusieurs lois organiques nécessaires à son application. Elle a précédé aussi l'adoption d'un important transfert de compétences nouvelles au profit des collectivités territoriales.

§1. La révision constitutionnelle du 28 mars 2003

96. Si un approfondissement de la décentralisation devait être réalisé, il était nécessaire pour le mener à bien d'utiliser la voie constitutionnelle, afin de poser de nouveaux principes, le cadre juridique hérité du texte de 1958 étant arrivé à bout de souffle. La révision s'est inscrite, sur le plan politique, dans le contexte qui a suivi la réélection de Jacques Chirac en mai 2002 et la nomination du gouvernement dirigé par Jean-Pierre Raffarin, favorable à une plus grande décentralisation, tant en ce qui concerne la métropole que l'outre-mer. Réalisée au Parlement dans des conditions de relative rapidité, qui n'ont pas toujours permis un débat approfondi ni une rédaction complètement satisfaisante, c'est par le Congrès du Parlement, et non par référendum, que la réforme fut adoptée. La discussion devant les assemblées s'est accompagnée, en parallèle, d'un débat dans l'opinion, réalisé par la tenue d'assises pour les libertés locales dans chacune des régions françaises. Ces assises ont surtout permis de recenser les demandes de compétences nouvelles venant des différents échelons de collectivités.

Le Gouvernement a dû, à plusieurs reprises, faire prévaloir son point de vue sur celui des assemblées, notamment celui du Sénat, qui pensait trouver, dans cette révision, l'occasion de jouer un rôle primordial en matière de représentation des collectivités territoriales. La loi constitutionnelle du 28 mars 2003 relative à l'organisation décentralisée de la République a modifié profondément le titre XII consacré aux collectivités, ajouté cinq articles nouveaux (art. 72-1, 72-2, 72-3 et 72-4, ainsi que l'art. 74-1), et complètement réécrit les articles 72, 73 et 74 de la Constitution de 1958. En dehors du titre XII, elle a ajouté un article 37-1 et modifié, parfois de manière purement rédactionnelle, les articles 1, 7, 13, 34, 39 et 60.

§2. Les réformes législatives de l'acte II

97. La loi constitutionnelle a prévu qu'elle devait être suivie de plusieurs lois organiques pour permettre l'entrée en vigueur des nouvelles dispositions constitutionnelles, mais aussi, de manière plus originale, de lois ordinaires. Toutes n'ont pas été adoptées.

Plusieurs lois organiques ont été publiées, celle n° 2003-704 du 1er août 2003 relative à l'expérimentation par les collectivités territoriales et celle n° 2003-705 du même jour relative au référendum local, prévues respectivement à l'alinéa 4 de l'article 72 et à l'alinéa 2 de l'article 72-1. Ces deux lois concernaient deux avancées d'inégale ampleur. Le texte relatif à l'expérimentation voulait permettre une politique différenciée de décentralisation, tandis que le second correspond à la nécessité d'affirmer de nouvelles formes de démocratie participative. Il s'agit de lois organiques qui ont été, en tant que telles, soumises au Conseil constitutionnel, dont les décisions rendues à leur propos (déc. n° 2003-478 DC et n° 2003-482 DC du 30 juillet 2003) ont toutes deux conclu à leur conformité à la Constitution.

La loi organique du 29 juillet 2004 prise en application de l'article 72-2 de la Constitution, relative à l'autonomie financière des collectivités territoriales, était destinée à définir la notion de « ressources propres » qui doivent constituer une « part déterminante » parmi les ressources des collectivités. Cette définition, bien imprécise, a été, en outre, jugée redondante par rapport à ce que la Constitution prévoyait déjà, dans la décision n° 2004-500 DC du 29 juillet 2004 du Conseil constitutionnel.

À ces trois lois organiques nécessaires à la mise en application de la révision constitutionnelle, il faut ajouter la loi organique n° 2004-192 du 27 février 2004 portant statut d'autonomie de la Polynésie française, complétée par la loi n° 193 du même jour, et qui correspondait à une volonté politique de satisfaire les revendications en faveur d'une autonomie renforcée de la Polynésie. Cette loi a été complétée par la loi organique n° 2007-1719 du 7 décembre 2007 et par la loi ordinaire n° 2007-1720 du même jour, l'une et l'autre tendant à renforcer la stabilité des institutions et la transparence de la vie politique en Polynésie française.

S'agissant du transfert des compétences et sans que ce soit une conséquence juridiquement nécessaire de la révision constitutionnelle, un vaste projet de loi relatif aux « responsabilités locales » fut discuté pendant plusieurs mois au Parlement avant de devenir la loi n° 2004-809 du 13 août 2004 relative aux libertés et responsabilités locales. Elle est l'une des suites des assises des libertés locales tenues entre 2003 et 2004. Déférée au Conseil constitutionnel, cette loi ne fut pas, pour l'essentiel, déclarée contraire à la Constitution : ce long texte attribue des compétences nouvelles en matière de développement économique, de tourisme, de formation professionnelle, ou concernant certaines infrastructures comme les routes, les aérodromes, les ports, en matière de logement social et de construction, d'enseignement ou de patrimoine. Certaines de ses dispositions ont un caractère expérimental, pour une durée qui n'excède pas cinq ans. Elle comporte aussi un mouvement non négligeable de transfert de personnels de l'État vers les collectivités, notamment les agents, techniciens et ouvriers de service (les TOS) employés dans les collèges et les lycées, et des agents de l'Équipement. Elle prévoit enfin des dispositions nouvelles en matière d'intercommunalité. Tous les textes qui devaient être adoptés pour appliquer la Constitution ne l'ont pas été dans les années qui ont suivi la publication de la loi.

§3. Les suites de l'acte II de la décentralisation

98. Le mouvement de décentralisation s'est poursuivi dans différentes directions. La mise en place du régime d'outre-mer prévu par les nouveaux articles 73 et 74 issus de la révision constitutionnelle de 2003 a été effectuée par le biais de l'adoption de la loi organique n° 2007-223 et de la loi ordinaire n° 2007-224 du 21 février 2007 portant dispositions statutaires et institutionnelles relatives à l'outre-mer. Ces deux lois ont notamment créé une sixième partie au sein du CGCT consacrée aux « Collectivités d'outre-mer régies par l'article 74 ». Elles ont érigé deux nouvelles COM et rédigé leur statut complet, celui de Saint-Barthélemy et celui de Saint-Martin, deux îles dissociées du département et de la région d'outre-mer de la Guadeloupe. La loi organique et la loi ordinaire du 21 février 2007 permettent l'entrée en vigueur effective des nouvelles dispositions de l'article 73 de la Constitution, en autorisant les assemblées délibérantes des départements et régions d'outre-mer, lorsqu'elles y ont été habilitées par la loi, à adapter localement les lois et décrets, ou à fixer des règles dans un nombre limité de matières pouvant relever du domaine de la loi.

Toujours outre-mer, des évolutions notables ont pu être conduites : par la loi organique n° 2009-969 du 3 août 2009 relative à l'évolution institutionnelle de la Nouvelle-Calédonie et à la départementalisation de Mayotte puis par les lois organiques n° 2010-1486 du 7 décembre 2010 relative au Département de Mayotte et ordinaire n° 2010-1487 du 7 décembre 2010 relative au Département de Mayotte, cette île de l'océan Indien a pu acquérir le statut départemental auquel elle aspirait. Enfin, la procédure prévue à l'article 73, alinéa 7 a permis la création des collectivités uniques de Guyane et de Martinique par la loi n° 2011-884 du 27 juillet 2011 relative aux collectivités territoriales de Guyane et de Martinique. Cette dernière loi a été insérée au sein d'une septième partie du CGCT, intitulée « Autres collectivités régies par l'article 73 de la Constitution ».

La loi n° 2007-148 du 2 février 2007 de modernisation de la fonction publique, qui n'est pas spécifiquement consacrée à la fonction publique territoriale, proclame notamment un droit individuel à la formation professionnelle des agents publics tout au long de la vie.

Sur le terrain institutionnel, la loi n° 2007-128 du 31 janvier 2007 tendant à promouvoir l'égal accès des femmes et des hommes aux mandats électoraux et fonctions électives introduit une parité dans la liste des adjoints pour les communes de 3 500 habitants et plus et elle instaure un mécanisme de suppléance pour les candidatures aux fonctions de conseiller général en prévoyant que les deux candidats sur un même « ticket » doivent être de sexe différent. Elle a été très légèrement modifiée par la loi n° 2008-175 du 26 février 2008 facilitant l'égal accès des femmes et des hommes au mandat de conseiller général.

La simplification (très partielle) du fonctionnement des collectivités territoriales a été intégrée dans la loi n° 2007-1787 du 20 décembre 2007 relative à la simplification du droit.

Vingt-et-un ans après sa signature, la Charte européenne de l'autonomie locale a pu être ratifiée par la France par la loi n° 2006-823 du 10 juillet 2006 autorisant l'approbation de la Charte européenne de l'autonomie locale, adoptée à Strasbourg le 15 octobre 1985. Cette ratification a pu être opérée le 17 janvier 2007 sur le fondement de cette autorisation donnée par le législateur.

Section 4
Le nouveau contexte des réformes des collectivités territoriales

99. Ces réformes sont plurielles car elles ont subi le contrecoup des échéances électorales nationales à partir de 2002. Le quinquennat présidentiel a accéléré le calendrier des réformes parfois au détriment d'une cohérence ou de lignes directrices clairement identifiables. Le principe d'un acte III de la décentralisation n'était pas à exclure, du fait des nombreux projets et propositions visant à réduire le nombre d'échelons administratifs et à opérer une clarification des compétences entre les différents niveaux de collectivités territoriales. En réalité, cet acte III n'a pas vraiment vu le jour. Ce constat n'a pas empêché l'édiction de nombreux textes sur les sujets les plus variés. Certaines de ces lois ont, parfois, voulu corriger des dispositions ou des réformes adoptées par des textes antérieurs. La crise économique et financière a pu accélérer le processus, comme dans d'autres pays européens, comme en Italie, en Espagne ou en Grèce. À tout le moins, les réformes entreprises à partir de 2007 manquent d'une volonté commune et d'une véritable cohérence. Il est difficile de considérer qu'elles forment une réforme d'ensemble, du fait des trois quinquennats successifs.

§1. Les réformes du quinquennat de Nicolas Sarkozy

100. Lors du quinquennat de M. Nicolas Sarkozy, la volonté de réforme du droit des collectivités territoriales a été présentée, selon les uns comme un acte III de la décentralisation ou, selon les autres, comme un acte I de la recentralisation. Elle s'est inscrite dans le contexte de la crise financière mondiale de 2008, alors que les réformes précédentes avaient été motivées par la recherche d'une plus grande décentralisation. Elle a été entreprise afin de permettre de réaliser des économies substantielles de gestion et de réduire le « mille-feuille » territorial caractérisant la France parce que celle-ci comprendrait trop de niveaux d'administrations locales et trop de collectivités territoriales.

Cette réforme a été précédée par la nomination d'un comité présidé par l'ancien Premier ministre Édouard Balladur et chargé de faire des propositions de réforme pour que soient « mises à l'étude la modification des structures en vue de leur simplification, la répartition des compétences en vue de leur clarification, l'allocation des moyens financiers en vue de leur emploi le plus économe possible » (lettre du président de la République annexée au décret n° 2008-1078 du 22 octobre 2008 portant création du Comité pour la réforme des collectivités locales, JO du 24 octobre 2008). Le Comité a rendu son rapport en mars 2009 (*Il est urgent de décider*, Fayard-La Documentation française, 2009) et c'est sur cette base qu'ont été préparés quatre projets de loi. Seul le premier a pu être adopté et est devenu la loi n° 2010-1563 du 16 décembre 2010, dénommée de « réforme des collectivités territoriales » (JO du 17 décembre 2010). Les autres textes, de caractère électoral, n'ont pu voir le jour, du fait de la proximité de l'élection présidentielle des élections législatives du printemps 2012 qui ont remis en cause certaines des innovations voulues par la loi de 2010. La loi de 2010 a été précédée de la loi n° 2009-1673 du 30 décembre 2009 de finances pour 2010 qui a supprimé la taxe professionnelle pour la remplacer par la contribution économique territoriale. Cette suppression avait été validée par le Conseil constitutionnel dans sa décision n° 2009-599 DC du 29 décembre 2009 au motif, notamment, « qu'il ne résulte ni de l'article 72-2 de la Constitution ni d'aucune autre disposition constitutionnelle que les collectivités territoriales bénéficient d'une autonomie fiscale ; que, dès lors, le grief tiré de ce que les régions perdraient le pouvoir de fixer le taux d'une de leurs ressources fiscales est inopérant » (cons. 64).

Le Conseil constitutionnel y avait néanmoins rappelé le principe de l'autonomie financière des collectivités territoriales fondé, depuis 2003, sur l'article 72-2 de la Constitution (notamment cons. 46).

En grande partie fondée sur les préconisations du rapport Balladur, la loi du 16 décembre 2010 a modifié tout d'abord les rapports entre les communes et les intercommunalités en facilitant l'achèvement et la rationalisation de la carte intercommunale. Elle a voulu obliger chaque commune à adhérer à un établissement public de coopération intercommunale qui soit crédible et elle a créé des nouvelles structures de coopération intercommunale que sont les métropoles et les pôles métropolitains. Elle prévoyait qu'en 2014, date initialement prévue pour l'organisation de l'ensemble des élections locales, les délégués des communes au sein des conseils des différentes communautés (de communes, d'agglomération ou urbaines) et des métropoles que la loi de 2010 avait également instituées seraient élus au suffrage universel direct en même temps que les conseillers municipaux.

La loi voulait, par ailleurs, rationaliser les rapports entre les départements et les régions en créant un élu commun, le conseiller territorial, élu à partir de 2014 dans des cantons redessinés mais devant siéger à la fois dans les conseils généraux et dans les conseils régionaux. Elle a entendu également limiter les compétences des départements et des régions à celles que la loi devait leur attribuer, en supprimant, pour ces deux niveaux d'administration, la clause de compétence générale. Cette compétence qui signifie que ces collectivités disposent d'une capacité d'intervention qui n'est pas limitée par une énumération de compétences, mais leur reconnaît une capacité générale d'intervention. La loi permettait cependant de mutualiser les services des départements et des régions et de déléguer la gestion de ces compétences d'un niveau à l'autre.

Cette loi est partiellement entrée en vigueur en ce qui concerne l'achèvement et la rationalisation de la carte intercommunale. D'autres dispositions étaient soumises à l'adoption de nouveaux textes, qui n'ont pu être adoptés.

Cette loi avait été soumise au Conseil constitutionnel qui l'a validée pour l'essentiel (déc. n° 2010-618 DC du 9 décembre 2010) et qui a jugé conforme la suppression de la clause de compétence générale pour les départements et les régions, car les conseils généraux et régionaux gardaient la possibilité « par délibération spécialement motivée, de se saisir respectivement de tout objet d'intérêt départemental ou régional pour lequel la loi n'a donné compétence à aucune autre personne publique » (cons. 55). Il a aussi considéré que l'institution d'un élu commun à deux collectivités territoriales différentes n'était pas contraire à la Constitution à partir du moment où chaque collectivité disposait bien d'un conseil élu, satisfaisant ainsi aux exigences de l'article 72 : « si le principe selon lequel les collectivités territoriales s'administrent librement par des conseils élus implique que toute collectivité dispose d'une assemblée délibérante élue dotée d'attributions effectives, il n'interdit pas que les élus désignés lors d'un unique scrutin siègent dans deux assemblées territoriales » (cons. 23).

Sans lien avec cette loi, mais à la suite de la révision de 2003 permettant les changements de statut des collectivités situées outre-mer, a été publiée, au cours de ce quinquennat, la loi organique n° 2009-969 du 3 août 2009 relative à l'évolution institutionnelle de la Nouvelle-Calédonie et à la départementalisation de Mayotte dont le dernier article a ajouté un chapitre au sein de la troisième partie du Code général intitulé « Département de Mayotte » et comprenant un seul article LO 3446-1 ainsi rédigé : « À compter de la première réunion suivant le renouvellement de son assemblée délibérante en 2011, la collectivité départementale de Mayotte est érigée en une collectivité régie par l'article 73 de la Constitution, qui prend le nom de "Département de Mayotte" et exerce les compétences dévolues aux départements d'outre-mer et aux régions d'outre-mer » (JO du 6 août 2009). Cette loi a été complétée par deux lois, organique n° 2010-1486 et ordinaire n° 2010-1487 du 7 décembre 2010 relatives au Département de Mayotte qui ont donné à cette île un statut départemental tout en exerçant les compétences régionales. La même procédure prévue à l'article 72-4 et à laquelle renvoie l'article 73 (consultation des électeurs concernés et adoption d'une loi ordinaire) a donné lieu à la création des collectivités uniques de Guyane et de Martinique inscrites dans une nouvelle et septième partie du Code général intitulée « Autres collectivités régies par l'article 73 de la Constitution » (JO du 28 juillet 2011).

De manière incidente, la révision opérée par la loi constitutionnelle n° 2008-724 du 23 juillet 2008 de modernisation des institutions de la Ve République a introduit quelques modifications rédactionnelles relatives à l'outremer (art. 72-3, 73 et 74-1) et a inséré un article 75-1 consacrant les langues régionales dans le patrimoine de la France. Elle n'a pas entendu revenir sur les innovations introduites par la révision de 2003.

§2. Continuité et rupture sous François Hollande

101. Le nouveau président de la République élu en 2012 a voulu marquer sa différence par rapport à son prédécesseur. Il s'est aussi inscrit dans une relative continuité, du fait de diverses contraintes et de la nécessité de poursuivre des réformes jugées nécessaires.

A. Une nouvelle méthode affichée et une volonté de rupture

102. François Hollande, candidat à l'élection présidentielle de 2012, avait promis une « véritable » réforme des collectivités territoriales élaborée en concertation avec les élus nationaux et locaux, manifestant une différence de volonté avec la méthode adoptée sous le quinquennat précédent. Dans cet objectif et après les élections présidentielle et législatives du printemps 2012, les lois organique et ordinaire n° 2013-402 et 2013-403 du 17 mai 2013, relatives à l'élection des conseillers départementaux, des conseillers municipaux et des conseillers communautaires, et modifiant le calendrier électoral ont supprimé le conseiller territorial et remis en vigueur la distinction entre les conseillers régionaux, dont le mode de scrutin n'a pas été modifié par rapport aux lois de 1999 et 2003, et les conseillers départementaux, nouveau nom donné aux conseillers généraux (JO du 18 mai 2013). Ces derniers sont désormais élus selon un mode de scrutin majoritaire, binominal et paritaire dans le cadre de cantons élargis et dont le nombre a été divisé environ par deux par rapport au droit antérieur. Les élections départementales nouvelles ont eu lieu en mars 2015.

La loi ordinaire de 2013 a aussi organisé les modalités de l'extension au suffrage universel direct des conseillers communautaires et métropolitains dans les communes de 1 000 habitants et plus, qui connaissent un scrutin de liste. De ce fait, le seuil d'application de ce mode de scrutin a été abaissé de 3 500 habitants fixé par la loi du 19 novembre 1982 à 1 000 habitants. Les premières élections municipales et communautaires se sont déroulées en mars 2014.

B. L'approfondissement des métropoles

103. Plutôt que de vouloir un nouvel acte III (ou IV ?), la majorité présidentielle et gouvernementale issue des élections de 2012 a rétabli la clause générale de compétence pour les départements et régions, conformément aux promesses faites par le candidat devenu président de la République (loi n° 2014-58 du 27 janvier 2014 de modernisation de l'action publique territoriale et d'affirmation des métropoles, JO du 28 janvier 2014). Cette loi, qui était initialement le premier volet d'un ensemble de trois lois, a également consacré la notion de collectivités « chefs de file » et, comme son intitulé le prévoit, a amplifié le phénomène de métropolisation avec la création par la loi de trois grandes métropoles (Paris, Lyon, Aix-Marseille-Provence) aux statuts différents. Alors que la métropole de Lyon est devenue une collectivité territoriale au sens de l'article 72, les métropoles du Grand Paris et d'Aix-Marseille-Provence sont restées des établissements publics de coopération intercommunale. Pour les autres métropoles, dites de droit commun, la loi de 2014 a complété leur statut par plus d'intégration des communes au sein de ces EPCI. Au 1er janvier 2015, dix métropoles ont été créées en plus de celle de Nice créée précédemment sous le régime de la loi de 2010 (décret du 17 octobre 2011 portant création de la métropole dénommée « Métropole Nice Côte d'Azur », JO du 18 octobre 2011). Ces dix métropoles étaient Bordeaux, Brest, Grenoble, Lille, Montpellier, Nantes, Rennes, Rouen, Strasbourg et Toulouse. Ces agglomérations de plus de 400 000 habitants dans une aire urbaine de plus de 650 000 habitants ont été transformées en métropoles par des décrets du 23 décembre 2014 (JO du 26 décembre 2014). Ces métropoles de droit commun doivent exercer des compétences renforcées, de plein droit, en lieu et place des communes membres, dans plusieurs domaines : développement et aménagement économique, social et culturel ; aménagement de l'espace métropolitain ; politique locale de l'habitat ; politique de la ville ; gestion des services d'intérêt collectif ; protection et mise en valeur de l'environnement et de la politique du cadre de vie.

La loi du 27 janvier 2014 a attribué, en outre, le statut d'« eurométropole » à la métropole de Strasbourg, siège d'institutions européennes, et celle de « métropole européenne » à la métropole de Lille, du fait des liens de cette métropole avec des collectivités voisines d'autres pays.

Cette loi, malgré le changement politique intervenu en 2012, s'est inscrite dans la continuité de celle de 2010, s'agissant au moins des questions liées aux diverses formes d'intercommunalité, à la différence de la loi du 17 mai 2013 précitée.

C. La fin du cumul des mandats élu national-exécutif local

104. Les lois, organique n° 2014-125 du 14 février 2014 interdisant le cumul de fonctions exécutives locales avec le mandat de député ou de sénateur et ordinaire n° 2014-126 du 14 février 2014 interdisant le cumul de fonctions exécutives locales avec le mandat de représentant au Parlement européen, parachèvent le mouvement en faveur de l'interdiction du cumul des mandats nationaux et locaux, au moins s'agissant des exécutifs locaux (JO du 16 février 2014). Ces deux lois sont entrées en vigueur à l'occasion du renouvellement des assemblées parlementaires intervenu au cours de l'année 2017 pour les parlementaires nationaux, et lors du renouvellement du Parlement européen du printemps 2019 pour les autres. Ces deux lois ont conduit à des choix, parfois délicats, pour des grands élus habitués à exercer en parallèle un mandat national et à gérer en même temps une collectivité territoriale. La prudence, augmentée après les résultats des élections législatives de juin 2017, a conduit certains d'entre eux à préférer la sécurité offerte par l'ancrage d'un mandat local souvent synonyme de moyens d'action non négligeables, à un mandat national souvent dépourvu d'influence directe.

D. Les nouvelles grandes régions

105. De manière surprenante et sans véritable concertation, cette période de refondation du droit des collectivités territoriales s'est poursuivie par l'adoption de la loi n° 2015-29 du 16 janvier 2015 relative à la délimitation des régions (JO du 17 janvier 2015). Celle-ci a décidé de réduire à douze le nombre des régions françaises, en fusionnant certaines d'entre elles par deux (la Bourgogne et la Franche-Comté, la Haute et la Basse-Normandie) ou par trois (l'Aquitaine, le Limousin et le Poitou-Charentes pour former la région Nouvelle-Aquitaine, ou la région Grand-Est). Seules cinq régions (l'Île-de-France, la Bretagne, le Centre, les Pays de la Loire et Provence-Alpes-Côte d'Azur) sont restées dans leurs limites antérieures, parfois pour des raisons politiques. Cette réforme, annoncée dans un contexte de crise économique et de crise des finances publiques, visait à rendre ces régions à la fois moins coûteuses et plus efficaces. C'est au sein de ces nouvelles régions que se sont déroulées les élections régionales de décembre 2015.

E. Une nouvelle répartition des compétences

106. La loi n° 2015-991 du 7 août 2015 portant nouvelle organisation territoriale de la République (dite loi NOTRe) a souhaité opérer une nouvelle et importante redistribution des compétences entre les intercommunalités, les départements et les régions. Cette répartition est, dans le texte publié, moins ambitieuse que celle envisagée par le projet de loi. La loi a, de nouveau après la loi de 2010 précitée, supprimé la clause générale de compétence pour les départements et les régions, par un curieux retour en arrière, elle qui avait été rétablie par la loi MAPTAM du 27 janvier 2014.

La loi a confié de nouvelles compétences aux régions, en renforçant leur rôle en matière de développement économique, du fait de leur responsabilité dans la politique de soutien aux petites et moyennes entreprises et celles de taille intermédiaire. Elles sont ainsi chargées de présenter un schéma régional de développement économique, d'innovation et d'intercommunalité, d'innovation et d'internationalisation (SRDEII) afin de fixer les orientations régionales pour une durée de cinq ans. Elles ont également la charge de l'aménagement durable du territoire en rédigeant un schéma régional d'aménagement durable du territoire (SRADDT) dans lequel doivent figurer les orientations stratégiques en matière d'aménagement du territoire, de mobilité, de lutte contre la pollution de l'air, de maîtrise et valorisation de l'énergie, de logement, et de gestion des déchets. Dans le projet initial, la gestion des collèges, relevant jusque-là de la compétence des départements devait être transférée aux régions, ce que n'a pas retenu la loi promulguée.

La loi a également prévu que les compétences des départements en matière de transports routiers départementaux et scolaires soient transférées à la région dix-huit mois après la promulgation de la loi. Les régions peuvent néanmoins déléguer leur compétence en matière de transport scolaire aux départements, selon un mouvement descendant assez paradoxal. La voirie départementale, initialement transférée aux régions dans le projet gouvernemental, est demeurée de la compétence des départements dans le texte promulgué.

Par ailleurs, la loi a visé à renforcer les intercommunalités. Ces dernières doivent atteindre un seuil de 15 000 habitants, au lieu des 5 000 habitants dans le droit antérieur et être organisées autour de bassins de vie. Des dérogations pour les zones de montagne et les territoires peu denses sont rendues possibles.

La loi avait prévu enfin qu'à compter du 1er janvier 2018, la collectivité de Corse devait devenir une nouvelle collectivité à statut particulier absorbant en outre les collectivités départementales de Corse-du-Sud et de Haute-Corse. L'ordonnance n° 2016-1562 du 21 novembre 2016 portant diverses mesures institutionnelles relatives à la collectivité de Corse a permis cette transformation (JO du 22 novembre 2016). C'est dans ce cadre que se sont déroulées les élections territoriales de l'Assemblée de Corse les 3 et 10 décembre 2017.

F. La relance des communes nouvelles

107. La fin du quinquennat de François Hollande a permis la promulgation de la loi n° 2015-292 du 16 mars 2015 relative à l'amélioration du régime de la commune nouvelle, pour des communes fortes et vivantes, afin de favoriser la création de ces communes dont le principe était inscrit dans la loi de 2010 (JO du 17 mars 2015). Elle a été complétée par la loi n° 2016-1500 du 8 novembre 2016 tendant à permettre le maintien des communes associées, sous forme de communes déléguées, en cas de création d'une commune nouvelle (JO du 8 novembre 2016). Ces deux lois présentaient la particularité d'être issues de propositions de loi portées par des élus de la majorité et de l'opposition parlementaires, avec le soutien de l'Association des maires de France et des présidents d'intercommunalités (AMF). Du fait de l'entrée en vigueur de ces lois, le nombre de communes a, pour la première fois, diminué à compter de 2017, passant sous le seuil des 35 000 communes pour atteindre, au 1er janvier 2021, le chiffre de 34 968 communes dont 129 dans les DOM et assimilés.

La dernière loi adoptée au cours de cette période a été la loi du 28 février 2017 relative au statut de Paris et à l'aménagement métropolitain qui a simplifié le statut de Paris et son organisation (JO du 1er mars 2017). À la place de la commune et du département de Paris, la loi a créé, à partir du 1er janvier 2019, une collectivité unique à statut particulier, dénommée Ville de Paris, exerçant à la fois les compétences de la commune et du département. Plus largement, la loi a modifié les conditions de constitution d'une métropole, permettant ainsi à sept nouvelles agglomérations (Saint-Étienne, Toulon, Dijon, Orléans, Tours, Clermont-Ferrand et Metz) d'accéder à ce statut. Elle a aussi voulu organiser les rapports entre les communes nouvelles et les EPCI dont elles peuvent être membres.

§3. Les difficultés d'une nouvelle réforme ambitieuse lors du quinquennat d'Emmanuel Macron

108. L'élection d'un nouveau président de la République et d'une majorité gouvernementale fortement renouvelée au printemps 2017 a été marquée par la volonté de rationaliser davantage l'administration décentralisée, tant du point de vue institutionnel que financier. Le 9 mai 2018, le Premier ministre et la garde des Sceaux ont déposé, devant l'Assemblée nationale, un projet de loi constitutionnelle « Pour une démocratie plus représentative, plus responsable et plus efficace » qui comportait plusieurs dispositions relatives aux collectivités territoriales. Mais ce projet de loi constitutionnelle a été laissé en suspens, à la suite de l'affaire Benalla et du mouvement dit des « gilets jaunes ». Il a été toutefois repris, dans son contenu, à l'identique en ce qui concerne les collectivités territoriales, par le projet de loi constitutionnelle n° 2203, *Pour un renouveau de la vie démocratique*, enregistré à l'Assemblée nationale le 29 août 2019. Ce projet de loi prévoit notamment, s'agissant des collectivités territoriales de droit commun, un droit à la différenciation entre collectivités territoriales. Ces collectivités pourront, en outre, sous certaines conditions, déroger pour un objet limité aux dispositions qui régissent leurs compétences. Il est également prévu que les départements et régions d'outre-mer pourront fixer eux-mêmes plus simplement les règles applicables sur leur territoire dans certaines matières, sous le contrôle final du Parlement. Le projet de loi constitutionnelle inscrit enfin la collectivité de Corse dans la Constitution (article 72-5). L'adoption de ce projet est cependant tributaire de la recherche d'une nécessaire majorité au Parlement, notamment au Sénat et les perspectives d'une promulgation avant la fin du quinquennat sont très faibles.

Dans l'attente de cette réforme constitutionnelle, la loi organique n° 2021-467 du 19 avril 2021 relative à la simplification des expérimentations mises en œuvre sur le fondement du quatrième alinéa de l'article 72 de la Constitution a modifié la loi organique n° 2003-704 du 1er août 2003 dans le but de faciliter le recours et la mise en œuvre des expérimentations menées par les collectivités territoriales. Un projet de loi dite « 4D » pour « différenciation, décentralisation, déconcentration et décomplexification » a été transmis pour avis au Conseil d'État le 18 février 2021 et prévoit de nouveaux transferts de compétences.

Dans le cadre de la déconcentration, l'expérimentation d'un droit de dérogation reconnu aux préfets, lancée en décembre 2017 (décret n° 2017-1845 du 29 décembre 2017) a été généralisée. Tous les préfets de région ou de département ont désormais le droit de déroger à des normes arrêtées par l'administration de l'État afin de prendre des décisions non réglementaires relevant de leur compétence (décret n° 2020-412 du 8 avril 2020). Sept domaines sont identifiés : y figurent notamment les subventions, les concours financiers et les dispositifs de soutien en faveur des acteurs économiques, des associations et des collectivités territoriales (art. 1, 1°). Ces dérogations doivent être justifiées par un motif d'intérêt général et l'existence de circonstances locales ou avoir pour effet d'alléger les démarches administratives, de réduire les délais de procédure ou de favoriser l'accès aux aides publiques (art. 2, 1° et 2°).

Cette période a vu aussi l'adoption de plusieurs textes. La loi n° 2019-816 du 2 août 2019 est relative aux compétences de la Collectivité européenne d'Alsace (JO n° 0179 du 3 août 2019), résultat de la réunion des deux départements du Bas-Rhin et du Haut-Rhin. Malgré cette dénomination originale, la nouvelle collectivité reste un département disposant de quelques compétences nouvelles et dérogatoires par rapport aux autres départements. Quant à la loi n° 2019-809 du 1er août 2019 visant à adapter l'organisation des communes nouvelles à la diversité des territoires (JO n° 0178 du 2 août 2019), elle vise, une nouvelle fois, à renforcer la place des communes déléguées au sein des communes nouvelles et à faciliter les relations entre ces dernières et les EPCI.

La loi n° 2019-1461 relative à l'engagement dans la vie locale et à la proximité de l'action publique du 27 décembre 2019 ambitionne de corriger ce qui est appelé pudiquement « les irritants de la loi NOTRe », c'est-à-dire, principalement, à redonner des attributions des maires au sein des intercommunalités, à améliorer le statut des maires et à renforcer ses pouvoirs de police et de sanction administrative. La loi introduit également un nouveau mécanisme permettant aux collectivités territoriales, à leurs groupements ou à leurs établissements publics de saisir le représentant de l'État chargé du contrôle de légalité, d'une demande de prise de position formelle relative à la mise en œuvre d'une disposition législative ou réglementaire régissant l'exercice de leurs compétences ou les prérogatives dévolues à leur exécutif.

Cette période est surtout marquée par la crise du COVID-19 qui a conduit à l'adoption de très nombreux textes relatifs à l'état d'urgence sanitaire. Certaines de ces dispositions ont été prises dans le but d'assurer la continuité du fonctionnement des institutions locales et de l'exercice de leurs compétences (notamment, ordonnances n° 2020-391 du 1er avril 2020 et n° 2020-413 du 8 avril 2020), la continuité budgétaire, financière et fiscale des collectivités territoriales (notamment, ordonnances n° 2020-330 du 25 mars 2020 et n° 2020-460 du 22 avril 2020). D'autres textes ont introduit des dérogations aux règles de la commande publique (ord. n° 2020-319 du 25 mars 2020 et n° 2020-460 du 22 avril 2020) ou des règles spécifiques relatives aux délais applicables aux autorisations d'urbanisme (ordonnance n° 2020-306 du 25 mars 2020 modifiée par une ordonnance n° 2020-560 du 13 mai 2020). Enfin, l'attribution au Premier ministre de nouveaux pouvoirs de police sanitaire a suscité des interrogations renouvelées quant à son articulation avec les pouvoirs de police des maires, réglées en grande partie par le juge administratif.

TROISIÈME PARTIE

LES COLLECTIVITÉS TERRITORIALES DE LA RÉPUBLIQUE

109. Il n'existe pas, dans un texte de droit français, pas plus dans la Constitution de 1958 que dans les lois, une définition des collectivités territoriales ni un critère permettant de les déterminer à coup sûr. Il faut alors procéder par une énumération, et la loi constitutionnelle du 28 mars 2003 a apporté à celle-ci des modifications importantes. Dans sa rédaction promulguée le 4 octobre 1958, l'article 72, alinéa 1er affirmait que « Les collectivités territoriales de la République sont les communes, les départements, les territoires d'outre-mer. Toute autre collectivité territoriale est créée par la loi ». L'alinéa 1er de l'article 72 prévoit désormais que : « Les collectivités territoriales de la République sont les communes, les départements, les régions, les collectivités à statut particulier et les collectivités d'outre-mer régies par l'article 74 ».

L'article 72, alinéa 1er a donc ajouté, par rapport au texte rédigé en 1958, outre les régions, la catégorie des collectivités à statut particulier, dont l'existence est ainsi constitutionnalisée. La révision de 2003 a également fait disparaître, au moins constitutionnellement, la catégorie des TOM, qui existait depuis 1946 (art. 85) et 1958 mais elle a créé une catégorie nouvelle, celle des collectivités d'outre-mer (ou COM).

Cette même disposition constitutionnelle précise que « toute autre collectivité territoriale est créée par la loi, le cas échéant en lieu et place d'une ou de plusieurs collectivités mentionnées au présent alinéa », possibilité qui n'est pas nouvelle dans le texte constitutionnel, car elle figurait dans le texte adopté en 1958, s'agissant au moins de la compétence du législateur pour créer « toute autre collectivité territoriale », mais qui est complétée et assouplie en 2003 et rappelée à l'alinéa 3 de l'article 72-1. Outre-mer, l'alinéa 7 de l'article 73 prévoit également la possibilité de créer une collectivité, dite unique, se substituant à un département et à une région d'outre-mer. L'article 72-4, créé en 2003, permet des passages d'une catégorie constitutionnelle à une autre, celles qui sont prévues aux articles 73 et 74.

La loi constitutionnelle du 28 mars 2003 ne s'est cependant pas contentée d'abstraction. Elle a voulu, dans un but politique et sous couvert de garantir l'ancrage de ces collectivités au sein de la République, concrétiser les collectivités non métropolitaines, en dressant une liste nominative de celles-ci. L'article 72-3, alinéa 2 énumère en effet, après les ajouts opérés par la loi constitutionnelle du 23 juillet 2008, l'ensemble des collectivités qui ne sont pas situées en métropole, sans y faire rentrer la Corse : « La Guadeloupe, la Guyane, la Martinique, La Réunion, Mayotte, Saint-Barthélemy, Saint-Martin, Saint-Pierre-et-Miquelon, les îles Wallis-et-Futuna et la Polynésie française sont régis par l'article 73 pour les départements et les régions d'outre-mer, et pour les collectivités territoriales créées en application du dernier alinéa de l'article 73, et par l'article 74 pour les autres collectivités ». Cette liste regroupe les collectivités régies par l'article 73 (régime des départements et des régions d'outre-mer mais aussi celui de certaines collectivités uniques), de la Guadeloupe à Mayotte et celles qui le sont par l'article 74 relatif aux collectivités d'outre-mer pour la suite de l'énumération. Il faut, dans cette liste, considérer que celles qui furent pendant longtemps des départements et des régions d'outre-mer, qui étaient les quatre premières collectivités énumérées en 2003 et auxquelles il a fallu ajouter Mayotte depuis la départementalisation de cette collectivité sont des collectivités régies par l'article 73 (voir *infra*). Les autres doivent être envisagées comme des COM ou collectivités d'outre-mer régies par l'article 74. En énumérant les seules collectivités situées géographiquement outre-mer, cette liste les protège mais les isole en même temps des autres collectivités.

Cette liste avait cependant doublement vieilli après 2003, ce qui pose la question de l'utilité d'une énumération constitutionnelle des collectivités territoriales qui, pour correspondre à la réalité, nécessite d'être actualisée. D'une part, pour que le texte de la Constitution « colle » au plus près des réalités, la loi constitutionnelle n° 2008-724 du 23 juillet 2008 a voulu ajouter les deux nouvelles collectivités d'outre-mer qui avaient été créées entre 2003 et 2008, et que sont Saint-Barthélemy et Saint-Martin (loi organique n° 2007-223 du 21 février 2007 portant dispositions statutaires et institutionnelles relatives à l'outre-mer). Cependant, l'évolution du statut de Mayotte en 2009 (loi organique n° 2009-969 du 3 août 2009 relative à l'évolution institutionnelle de la Nouvelle-Calédonie et à la départementalisation de Mayotte), puis en 2010 (lois organiques n° 2010-1486 du 7 décembre 2010 relative au Département de Mayotte et n° 2010-1487 du 7 décembre 2010 relative au Département de Mayotte) vers le statut de département d'outre-mer fait que la liste de l'article 72-3 n'est plus adaptée, le constituant n'ayant pas été mobilisé, après 2008, pour adapter le texte constitutionnel à la nouvelle réalité juridique mahoraise, ce qui n'aurait nécessité que de déplacer Mayotte dans l'ordre alphabétique des collectivités régies par l'article 73.

En dehors de l'outre-mer, le nombre des communes, des départements et des régions n'est pas inscrit dans la Constitution, laissant ainsi toute latitude aux pouvoirs publics pour créer ou pour supprimer des unités dans ces catégories constitutionnellement fixées.

Les lois relatives aux collectivités territoriales n'apportent pas une moisson plus fournie. Il existe, certes, un Code général des collectivités territoriales depuis 1996, dont le premier article dispose que « les communes, les départements et les régions s'administrent librement par des conseils élus », ce qui n'est que la reprise partielle de l'article 1er de la loi du 2 mars 1982 (art. L. 1111-1), mais qui n'ajoute rien par rapport au texte constitutionnel de l'alinéa 1er de l'article 72.

L'énumération constitutionnelle n'empêche donc pas le législateur de vouloir créer des collectivités nouvelles. La loi n° 88-1028 du 9 novembre 1988 portant dispositions statutaires et préparatoires à l'autodétermination de la Nouvelle-Calédonie en 1998 a ainsi créé les trois provinces du territoire d'outre-mer de Nouvelle-Calédonie, qualifiées expressément de « collectivités territoriales de la République qui s'administrent librement par des assemblées élues au suffrage universel direct ». Alors que le statut de la Nouvelle-Calédonie a évolué du fait de la loi organique n° 99-209 du 19 mars 1999 relative à la Nouvelle-Calédonie, celle-ci a maintenu l'existence des trois provinces toujours considérées comme des collectivités territoriales de la République :

« Les provinces et les communes de la Nouvelle-Calédonie sont des collectivités territoriales de la République » (art. 3 de la loi). Cette créativité ne se limite pas à l'outre-mer comme le montrent les lois n° 2014-58 du 27 janvier 2014 de modernisation de l'action publique territoriale et d'affirmation des métropoles créant aux articles L. 3611-1 et suivants la métropole de Lyon sous la forme d'une collectivité territoriale à statut particulier (JO du 28 janvier 2014) et n° 2017-257 du 28 février 2017 relative au statut de Paris et à l'aménagement métropolitain instituant sous la même forme la « Ville de Paris », en lieu et place de la commune de Paris et du département de Paris (JO du 1er mars 2017).

Le territoire français comprend enfin d'autres éléments territoriaux qui ne sont pas des collectivités territoriales. Pendant longtemps, en faisaient partie les îles éparses, qui représentent 52 km^2 et sont situées dans l'océan Indien, et qui sont les îles Tromelin, Glorieuses, Juan de Nova, Europa et Bassas de India et qui ne comportent pas de population permanente. Elles sont d'ailleurs toujours revendiquées par trois États voisins, Madagascar, Maurice et les Comores. Depuis la loi n° 2007-224 du 21 février 2007 portant dispositions statutaires et institutionnelles relatives à l'outre-mer, ces territoires sont rattachés au territoire d'outre-mer que sont les Terres australes et antarctiques françaises régi par la loi n° 55-1052 du 6 août 1955. Ces « territoires », même petits et non habités de manière permanente, sont importants sur le plan stratégique ou économique, car ils permettent d'étendre de manière non négligeable la zone économique exclusive. Grâce à ces possessions maritimes présentes sur quatre continents et sur tous les océans du globe, la France est la deuxième puissance maritime mondiale par la zone économique exclusive, derrière les États-Unis d'Amérique.

Ne reste plus alors, en tant que territoire français non intégré dans celui d'une collectivité territoriale, que le minuscule îlot désertique de Clipperton (7 km^2) au large des côtes mexicaines, administré par le ministre chargé de l'outre-mer. La loi ordinaire précitée du 21 février 2007 place l'île de Clipperton sous l'autorité directe du Gouvernement. La révision du 23 juillet 2008 a souhaité préciser, dans un souci d'exhaustivité qui confine à l'entomologie, que « la loi détermine le régime législatif et l'organisation particulière de Clipperton » (art. 72-3 al. 4 modifié). Le recensement des collectivités territoriales ne peut donc avoir de signification qu'à un moment donné et il ne peut exister une liste immuable de collectivités territoriales. Les textes en vigueur procèdent, en outre, par affirmation, obligeant le juriste à faire de même et à prendre acte des réalités, sans pouvoir les définir à chaque fois.

Ces collectivités territoriales sont diverses par leur âge, leur taille, leur nombre et aussi par leurs compétences. Afin de les identifier, à défaut de pouvoir les définir, cette énumération doit être affinée pour tenir compte de leur diversité, et que soit présenté le mode de création ainsi que l'« état civil » de ces entités qui ont en commun d'être toutes des collectivités territoriales. La représentation des collectivités territoriales, au sein d'instances publiques ou privées, constitue aussi un autre moyen de les présenter.

CHAPITRE 1

La diversité des collectivités territoriales

110. La question du nombre de collectivités territoriales et des niveaux d'administration est souvent évoquée en France pour dénoncer leur prolifération, notamment par rapport aux autres États européens. Le tableau ci-dessous permet néanmoins de relativiser la critique et d'avoir une vue d'ensemble des collectivités territoriales dans l'Europe de l'Union européenne. On s'aperçoit que si le nombre de ces collectivités varie parfois beaucoup, par rapport à la situation française, la comparaison est plus facile en ce qui concerne les échelons administratifs à propos desquels la France n'est pas dans une situation totalement différente de ses voisins immédiats.

La structure des collectivités territoriales dans l'Union européenne

États	*Population (milliers)*	*Superficie (km²)*	*Niveau local*	*Niveau intermédiaire*	*Niveau régional*
Allemagne	80 780	357 340	11 313	295	16
Autriche	8 506	83 879	2 100		9
Belgique	11 204	30 528	589	10	3
Bulgarie	7 246	111 002	265		
Chypre[1]	858	9 251	380		
Croatie	4 247	56 594	555		21
Danemark	5 627	42 921	98		5
Espagne	46 508	505 970	8 176		19

Estonie	1 316	45 227	213		
Finlande	5 451	338 435	313		18
France[2]	65 857	632 834	36 658	101	16
Grèce	10 992	131 957	325		13
Hongrie	9 879	93 024	3 201	19	
Irlande	4 604	69 797	126		3
Italie	60 783	302 073	8 006	110	20
Lettonie	2 001	64 573	119		5
Lituanie	2 943	65 300	60		
Luxembourg	550	2 586	105		
Malte	425	316	68		
Pays-Bas	16 829	41 540	390		12
Pologne	38 495	312 679	2 479	380	16
Portugal	10 427	92 225	3 400		2
République tchèque	10 512	78 867	6 258		14
Roumanie	19 943	238 391	3 181		41
Royaume-Uni	64 308	248 528	419		4
Slovaquie	5 416	49 035	2 930		8
Slovénie	2 061	20 273	212		
Suède	9 645	438 574	290		20
Total UE 28	**507 413**		**92 229**	**915**	**265**

1. 9 communes et 135 communautés, tout en conservant leur statut juridique, sont dans la zone qui n'est pas sous le contrôle du gouvernement de la République de Chypre.
2. Avant la loi modifiant le nombre de régions.
Source : CCRE-CEMR, Gouvernements locaux et régionaux en Europe. Structures et compétences, édition 2016.

En France, la liste des collectivités territoriales peut donner lieu à plusieurs types de classement. Peuvent ainsi être opposées les collectivités prévues par la Constitution (communes, départements, régions et collectivités d'outre-mer, en y ajoutant la catégorie des collectivités à statut particulier) et celles créées par la loi (toutes les autres). Peuvent aussi être distinguées les collectivités métropolitaines et celles qui existent outre-mer. Cette distinction a été renforcée par l'article 72-3, alinéa 2 et elle peut être riche d'enseignements car l'outre-mer englobe 1,5 million d'habitants avec un taux de natalité plus élevé qu'en métropole.

Il est à noter que le Conseil constitutionnel a eu à se prononcer sur la notion de catégories pour apprécier le respect de l'article 72-2, alinéa 3 relatif à la « part déterminante » des recettes fiscales et autres ressources propres dans l'ensemble des ressources des collectivités territoriales. Cette part doit être envisagée « pour chaque catégorie de collectivités », selon les termes de l'article 72-2. Dans sa décision n° 2004-500 DC, Loi organique du 29 juillet 2004 prise en application de l'article 72-2, le Conseil a considéré que le législateur organique n'avait pas dénaturé l'article 72-2 en ne retenant que trois catégories, celles des communes, des départements (auxquels sont assimilées Mayotte et Saint-Pierre-et-Miquelon) et des régions (auxquelles sont assimilées la Corse, les COM autres que Mayotte et Saint-Pierre-et-Miquelon, et les éventuelles collectivités nées de la fusion d'un département et d'une région prévue notamment à l'article 73, alinéa 7). Mais cette typologie, qui aurait pu être plus fine, n'a de signification que pour l'application de cette disposition particulière et n'a pas de valeur générale.

Un autre classement consiste néanmoins à envisager, d'un point de vue juridique, les collectivités de droit commun, les collectivités à statut particulier, les collectivités d'outre-mer régies par l'article 74 et les collectivités incertaines. Ce classement repose, au moins en partie, sur les catégories de collectivités territoriales telles qu'elles sont mentionnées à l'article 72 alinéa 1er de la Constitution, mais n'y figurent pas les collectivités dont le statut est incertain. Celles-ci sont néanmoins mentionnées dans l'énumération nominative de l'article 72-3.

Section 1
Les collectivités territoriales de droit commun

111. Elles constituent des catégories dont les unités sont en nombre plus ou moins important selon la taille de ces collectivités. Les collectivités doivent, pour former une catégorie, être au moins au nombre de deux, ce qui les distingue des collectivités à statut particulier. Ces catégories ont vocation à se rencontrer sur l'ensemble du territoire français, outre-mer compris, mais elles doivent comprendre pour cela des caractéristiques identiques. Le régime juridique de chacune de ces catégories doit en principe être soumis à des règles communes et s'impose de façon uniforme pour les collectivités qui s'intègrent dans l'une de ces catégories.

Il n'y a que trois catégories de collectivités territoriales de droit commun qui sont situées aussi bien en métropole qu'outre-mer. Il s'agit des communes, des départements et des régions (§ 1). Ces collectivités de droit commun peuvent néanmoins connaître des dérogations, c'est-à-dire des collectivités qui, tout en relevant d'une catégorie, sont régies par des règles partiellement différentes. Sont concernés les communes de Marseille et de Lyon, les départements et les régions d'outre-mer et, la Collectivité européenne d'Alsace, créée au 1er janvier 2021 (§ 2).

Le projet de loi constitutionnelle n° 2203, Pour un renouveau de la vie démocratique, enregistré à l'Assemblée nationale le 29 août 2019 prévoit toutefois de consacrer à l'article 72 de la Constitution, au profit des collectivités territoriales de droit commun, le droit à la différenciation, entendu comme la possibilité pour celles-ci d'exercer des compétences, en nombre limité, dont ne disposent pas l'ensemble des collectivités appartenant à la même catégorie. Ce droit à la différenciation, qui sera exclu lorsque sont en cause les conditions essentielles d'exercice d'une liberté publique ou d'un droit constitutionnellement garanti, conduit nécessairement à s'interroger sur le maintien de cette exigence d'unité des catégories des collectivités de droit commun. La consécration de la différenciation des compétences des collectivités territoriales aurait en effet pour résultat que des collectivités appartenant à une même catégorie aient des compétences différentes. À ce titre, le Conseil d'État, dans son avis du 7 décembre 2017 relatif au projet de loi constitutionnelle du 9 mai 2018 (dont le contenu est repris dans le projet de loi constitutionnelle du 29 août 2019), appelait le Gouvernement à faire en sorte que les modifications de la Constitution envisagées « s'inscri[vent] dans la cohérence du titre XII de la Constitution ».

§1. Les catégories constitutionnelles de droit commun

112. La révision de 2003 ayant intégré désormais les régions dans la Constitution, ce sont les trois niveaux de collectivités qui correspondent à la définition de ce que sont des catégories, c'est-à-dire les communes, les départements et les régions. En métropole, elles sont encore très homogènes, ce qui est moins le cas outre-mer.

A. Les communes

113. La politique de création de communes nouvelles (voir *infra*) a entraîné une baisse assez significative du nombre de communes en France métropolitaine en le faisant passer en dessous du seuil des 35 000. Leur nombre, au 1er janvier 2021 en France métropolitaine et dans les départements d'outre-mer, est de 34 968 communes, dont 129 sont situées dans les DOM et les collectivités régies par l'article 73 de la Constitution. Parmi ces communes métropolitaines, il faut compter six communes dites « mortes pour la France », et ne comptant aucun habitant. Il s'agit de Beaumont-en-Verdunois, Bezonvaux, Cumières-le-Mort-Homme, Fleury-devant-Douaumont, Haumont-près-Samogneux et Louvemont-Côte-du-Poivre. Chacune est administrée par un conseil municipal de trois membres nommés par le préfet de la Meuse.

Il convient de leur ajouter quatre-vingt-trois autres communes, situées dans des collectivités d'outre-mer et en Nouvelle-Calédonie, à savoir : deux à Saint-Pierre-et-Miquelon, quarante-huit en Polynésie française et trente-trois en Nouvelle-Calédonie. En revanche, deux collectivités situées outre-mer ne sont pas divisées en communes : Wallis-et-Futuna et les Terres australes et antarctiques françaises (TAAF).

Leur grand nombre en France métropolitaine constitue un sujet de réflexion et parfois aussi de polémiques et il est devenu banal de constater que le nombre de communes françaises correspond à 40 % des communes de l'Union européenne. L'émiettement du territoire communal est l'une des caractéristiques du paysage institutionnel français. Elles ne sont, en revanche, que 129 dans les DOM et collectivités régies par l'article 73.

Alors que 44 000 communes avaient été constituées en 1789 et en dehors de la période du Consulat qui a supprimé un certain nombre de communes pour ramener ce chiffre à environ 38 000 communes, seules l'évolution naturelle et la politique de fusion de communes menée à partir de la loi n° 71-588 du 16 juillet 1971 sur les fusions et regroupements de communes avaient pu faire diminuer ce chiffre. Mais cette dernière politique n'avait pas produit les effets escomptés et c'est ainsi que le nombre de communes avait augmenté entre le recensement de 1982 (décret n° 82-1219 du 31 décembre 1982) et celui de 1990, du fait d'une certaine politique de défusion des communes. Les chiffres des populations résultent, en 2020, du décret n° 2020-1706 du 24 décembre 2020 authentifiant les chiffres des populations de métropole, des départements d'outre-mer de la Guadeloupe, de la Guyane, de la Martinique et de La Réunion, et des collectivités de Saint-Barthélemy, de Saint-Martin, et de Saint-Pierre-et-Miquelon (JO du 27 décembre 2020).

Le nombre de communes françaises est à la fois la cause d'un émiettement considérable du territoire et du pouvoir municipal, mais aussi la source d'une richesse démocratique certaine, car ces communes constituent un tissu difficilement remplaçable d'élus locaux et d'administrations de proximité. Les débats sont nombreux entre les partisans du maintien de cette « exception française » et les défenseurs de l'efficacité qui jugent qu'une réduction massive du nombre de communes, à l'instar de ce qui s'est produit dans plusieurs pays de l'Europe du Nord, serait fort utile pour une réelle gestion communale autonome. Il faut aussi constater le très (trop ?) faible taux de municipalisation outre-mer, notamment dans les DOM dans lesquels les communes couvrent un territoire très vaste : c'est ainsi que la Martinique ne comprend que 34 communes, la Guadeloupe 32, la Guyane 22 et La Réunion 24.

La réalité communale doit être aussi observée sous l'angle de la répartition des communes en France selon la taille : en 2018, 85 % des communes ont moins de 2 000 habitants (soit environ 30 000 communes) et plus de 3 350 communes ont moins de 100 habitants (dont aucune n'est située outremer). Quarante-huit communes ont plus de 100 000 habitants, dont deux dans les DOM (Saint-Denis et Saint-Paul à La Réunion) et qui représentent 15 % de la population, onze seulement ont une population supérieure à 200 000 habitants et cinq plus de 300 000 habitants. Paris est la commune la plus peuplée de France avec 2 187 256 habitants au recensement de 2017 devant Marseille, Lyon, Toulouse et Nice, tandis que la commune habitée la moins peuplée, Rochefourchat, située dans la Drôme, ne comprend qu'un seul habitant. La superficie de ces communes peut varier aussi considérablement. La taille moyenne d'une commune de France métropolitaine est de 14,88 km^2. La taille médiane des communes de France métropolitaine n'est que de 10,73 km^2, à cause du nombre élevé de communes de faible superficie. Là encore, la France fait figure d'exception en Europe : en Allemagne, la taille médiane des communes de la plupart des Länder est supérieure à 15 km^2, en Italie elle est de 22 km^2, en Espagne de 35 km^2, en Belgique de 40 km^2. Dans les départements d'outre-mer et les collectivités uniques régies par l'article 73, les communes sont généralement plus grandes qu'en France métropolitaine et peuvent regrouper des villages relativement distants.

Parmi les sources d'interrogations, plus encore que le nombre de communes, il faut aussi constater que toutes les communes doivent être gérées, en principe, de la même manière, c'est-à-dire avec les mêmes organes et posséder les mêmes compétences, quelle que soit la taille de ces communes, au nom d'une conception particulière de l'égalité qui s'est transformée en recherche de l'uniformité. Placer toutes les communes dans un même moule institutionnel est sans doute l'un des acquis fondamentaux de la conception révolutionnaire de l'organisation communale.

B. Les départements

114. Ils ont été « créés » par la Révolution française, pour rapprocher les administrés des administrations. Le découpage a été opéré afin de permettre aux premiers de se rendre en une journée de cheval au chef-lieu de leur département, d'où le choix de certaines communes situées au centre de ces départements. En conséquence, elles ont servi de siège de l'administration départementale, même si ces communes n'étaient pas, et ne sont toujours pas pour certains départements, les plus peuplées (Colmar au lieu de Mulhouse, Saint-Lô au lieu de Cherbourg...).

Les départements présentent au départ un caractère plus artificiel que les communes puisqu'ils ont été créés, à partir de 1789, sur la base du découpage des provinces de l'Ancien Régime. La plupart des départements datent de la période révolutionnaire, les autres sont la conséquence d'annexions (Savoie, Haute-Savoie, Alpes-Maritimes) ou de la perte de l'Alsace-Moselle en 1871 (Territoire de Belfort). Les nouveaux départements de la région parisienne ont été créés par la loi n° 64-707 du 10 juillet 1964 portant réorganisation de la région parisienne, à partir des départements de Seine-et-Oise et de la Seine et comprennent les départements des Hauts-de-Seine, de la Seine-Saint-Denis, du Val-de-Marne, de l'Essonne, des Yvelines, et du Val-d'Oise qui entourent le département de Paris réduit aux limites de la ville de Paris. Le deuxième département de Corse est né de la séparation en deux de l'ancien département de Corse, pour constituer le département de Haute-Corse et le département de Corse-du-Sud par la loi n° 75-356 du 15 mai 1975 portant réorganisation de la Corse. Il n'y a pas eu, malgré certaines revendications, de création depuis cette date. La tendance contemporaine est plutôt à la diminution du nombre de départements dans un souci de rationalisation de la gestion du territoire. Néanmoins, la création de la Métropole de Lyon, si elle a amputé le territoire du département du Rhône, n'a pas fait disparaître ce dernier.

Pendant longtemps, les départements en tant que collectivités territoriales étaient au nombre de 96 en métropole, auxquels il fallait ajouter les 5 départements d'outre-mer après la création du Département de Mayotte en 2011 (voir *infra*). Ces chiffres ont connu différentes évolutions et il faut, désormais, distinguer les départements en tant que circonscriptions déconcentrées et les départements considérés en tant que collectivités territoriales. C'est ainsi que si les deux collectivités départementales de Corse ont été absorbées par la nouvelle collectivité à statut particulier de Corse par la loi n° 2015-991 du 7 août 2015 portant nouvelle organisation territoriale de la République (JO du 8 août 2015), les administrations départementales déconcentrées de Corse-du-Sud et de Haute-Corse ont été maintenues. Il en est de même des deux départements alsaciens dont le décret n° 2019-142 du 27 février 2019 portant regroupement des départements du Bas-Rhin et du Haut-Rhin (JO du 28 février 2019) précise bien que, si les « départements du Bas-Rhin et du Haut-Rhin sont regroupés sous le nom de "Collectivité européenne d'Alsace" à compter du 1er janvier 2021 (art. 1er), l'organisation des services déconcentrés des administrations civiles de l'État dans le cadre des circonscriptions départementales et d'arrondissement n'est pas modifiée par le présent décret ». C'est ce que confirme l'article 1er de l'ordonnance n° 2020-1304 du 18 octobre 2020 portant diverses mesures institutionnelles relatives à la création de la Collectivité européenne d'Alsace : « Dans toutes les dispositions législatives en vigueur, les dénominations "Bas-Rhin" et "Haut-Rhin" sont maintenues pour les départements entendus comme circonscriptions administratives de l'État ».

Le « département de Paris » a été supprimé au profit de la collectivité à statut particulier de la ville de Paris par la loi n° 2017-257 du 28 février 2017 relative au statut de Paris et à l'aménagement métropolitain.

Le débat sur la suppression d'une collectivité territoriale qui serait devenue « inutile » se traduit régulièrement par la proposition de supprimer l'échelon départemental, y compris au nom de l'efficacité économique. Cette suppression se heurte cependant à l'inscription des départements dans la liste des collectivités territoriales à l'alinéa 1er de l'article 72, ce qui impliquerait une révision pour les supprimer. Afin de diminuer le rôle des départements, le législateur a eu recours à d'autres méthodes, moins radicales (voir *infra*).

C. Les régions

115. La dernière catégorie de collectivités territoriales de droit commun est apparue beaucoup plus récemment. Les régions ne sont en effet des collectivités territoriales que depuis la loi n° 82-213 du 2 mars 1982 relative aux droits et libertés des communes, des départements et des régions. Elles ont été au nombre de 25, parmi lesquelles 21 régions métropolitaines, dont le régime a été établi par la loi n° 86-16 du 6 janvier 1986, et 4 régions d'outre-mer (ou ROM) qui avaient la particularité d'avoir le même territoire que les DOM (loi n° 82-1171 du 31 décembre 1982 portant organisation des régions de Guadeloupe, de Guyane, de Martinique et de La Réunion). La Corse est partiellement sortie en 1991 du cadre institutionnel régional et elle constitue, depuis cette date, une collectivité à statut particulier (voir *infra*). Les dispositions relatives à la Corse sont néanmoins insérées au sein de la quatrième partie du Code général des collectivités territoriales (aux articles L. 4421-1 et suivants), consacrée aux régions, mais dans un Livre quatrième relatif aux « régions à statut particulier et collectivité territoriale de Corse ». Les régions à statut particulier ainsi prévues sont la région Île-de-France, du fait de quelques-unes de ses attributions (art. L. 4411-1 et suivants) et les régions d'outre-mer (art. L. 4431-1 et suivants).

Les 21 régions métropolitaines ont été créées à partir des départements et ne sont pas, à la différence des ROM, des régions monodépartementales. Mais la superposition des régions et des départements a posé périodiquement la question de la nécessité du maintien ou non du département dans l'organisation administrative et celle de l'empilement des niveaux d'administration en France.

La loi n° 2015-29 du 16 janvier 2015 relative à la délimitation des régions, aux élections régionales et départementales et modifiant le calendrier électoral a voulu réduire de manière assez radicale et dans une perspective de limitation des dépenses publiques le nombre de régions. En dehors de la Corse, la France compte, depuis le 1er janvier 2016, 12 régions métropolitaines : le Grand-Est (issue de la fusion de l'Alsace, de la Champagne-Ardenne et de la Lorraine) ; la Nouvelle-Aquitaine (issue de la fusion de l'Aquitaine, du Limousin et du Poitou-Charentes) ; l'Auvergne-Rhône-Alpes (issue de la fusion du Rhône-Alpes et de l'Auvergne) ; la Bourgogne-Franche-Comté (issue de la fusion de la Bourgogne et de la Franche-Comté) ; la Bretagne ; le Centre-Val de Loire ; l'Île-de-France ; l'Occitanie (issue de la fusion du Languedoc-Roussillon et du Midi-Pyrénées) ; les Hauts-de-France (issue de la fusion du Nord-Pas-de-Calais et de la Picardie) ; la Normandie (issue de la fusion de la Basse-Normandie et de la Haute-Normandie) ; le Pays de la Loire et la Provence-Alpes-Côte d'Azur. Ces régions ont été constituées à partir de la fusion, ou, au contraire, du maintien, des régions dans leurs limites antérieures.

Le nombre de conseillers par région est déterminé par la liste annexée à l'article L. 337 du Code électoral. À l'origine arrêté par la loi du 10 juillet 1985, il a été révisé une première fois par la loi du 19 janvier 1999 et il l'a été dans la loi précitée du 16 janvier 2015, pour tenir compte des nouvelles régions. Il existe, au 1er janvier 2019, 1 927 conseillers régionaux. La Guadeloupe possède le plus petit conseil régional (41 membres), tandis que l'Île-de-France compte 209 conseillers.

La loi n° 2015-991 du 7 août 2015 portant nouvelle organisation territoriale de la République confère à toutes les régions le pouvoir de présenter des propositions tendant à modifier ou à adapter des dispositions législatives ou réglementaires, en vigueur ou en cours d'élaboration, concernant les compétences, l'organisation et le fonctionnement d'une, de plusieurs ou de l'ensemble des régions (art. L. 4221-1, al. 4). Ce nouveau pouvoir, que les autres collectivités territoriales de droit commun, communes et départements, ne détiennent pas, est identique, sous réserve de certaines différences (notamment relatives aux suites que le Gouvernement entend donner aux propositions), à celui que la loi n° 2002-92 du 22 janvier 2002 a déjà reconnu pour la Corse (art. L. 4422-16) et à celui attribué, depuis les lois de décentralisation régionale aux ROM, et à Mayotte par l'article L. 4433-3 (pour la Guyane et la Martinique, cf. respectivement les articles L. 7152-1 et L. 7252-1).

§2. Les collectivités territoriales dérogatoires

116. Elles échappent au moule uniformisateur du droit commun, tout en restant dans la catégorie des collectivités de droit commun, pour des raisons fort diverses et elles concernent tant les communes que les départements ou les régions. L'outre-mer est, presque par nature et nécessité, dérogatoire au droit commun, le niveau de dérogation y étant plus grand que pour les collectivités métropolitaines.

A. Le cas des communes composées d'arrondissements : Marseille, Lyon et la ville de Paris

117. Les trois plus grandes villes françaises, Paris, Marseille et Lyon, étaient considérées comme des collectivités dérogatoires, régies par deux lois du 31 décembre 1982 qui instaurent essentiellement une double administration, centrale et déconcentrée, par le biais de conseils d'arrondissement et de maires d'arrondissement (loi n° 82-1169 du 31 décembre 1982 relative à l'organisation administrative de Paris, Marseille et Lyon et des établissements publics de coopération intercommunale, et loi n° 82-1170 du 31 décembre 1982 portant modification de certaines dispositions du Code électoral relatives à l'élection des membres du Conseil de Paris et des conseils municipaux de Lyon et Marseille). Cette législation qui faisait de Paris, Lyon et Marseille des communes à statut dérogatoire, créait respectivement pour Paris, Marseille et Lyon 20, 16 et 9 structures d'arrondissement dans ces communes.

Si la loi n° 2017-257 du 28 février 2017 relative au statut de Paris et à l'aménagement métropolitain fait de la ville de Paris une collectivité à statut particulier au sens de l'article 72 de la Constitution (voir *infra*), elle conserve toutefois son organisation sous forme d'arrondissements.

Dans les arrondissements parisiens et lyonnais, ont été créés par les lois de 1982 des conseils d'arrondissement (art. L. 2511-4). À Marseille, les seize arrondissements ont été regroupés deux par deux pour former des secteurs (donc au nombre de huit) dans lesquels ont été créées des institutions identiques (art. L. 2511-6). Les arrondissements ne sont cependant pas des formes nouvelles de collectivités territoriales, comme l'a précisé le Conseil constitutionnel dans sa décision n° 82-149 DC du 28 décembre 1982 relative à la loi n° 82-1169 précitée, car ils n'ont ni une personnalité morale propre, ni un patrimoine distinct. Cette affirmation est d'autant plus importante que les conseils d'arrondissement sont élus au suffrage universel direct, et que, par exemple, les maires d'arrondissement sont soumis aux mêmes restrictions en matière de cumul des mandats que les maires des communes (art. LO 141 du Code électoral issu de la loi organique n° 2014-125 du 14 février 2014 interdisant le cumul de fonctions exécutives locales avec le mandat de député ou de sénateur). Cette absence de reconnaissance de la qualité de collectivité territoriale signifie que l'élection au suffrage universel ne suffit pas à conférer à ces structures locales le statut de collectivités territoriales, alors qu'elle est, en sens inverse, une condition, nécessaire mais non suffisante, pour que ces collectivités existent. Ces dispositions législatives qui « dérogent pour les trois plus grandes villes de France, au droit commun de l'organisation communale, ne méconnaissent pas pour autant la Constitution » (déc. n° 82-149 DC, cons. 6). Le Conseil constitutionnel a en effet jugé « qu'aucun principe ou règle de valeur constitutionnelle n'interdit au législateur d'instituer des divisions administratives au sein des communes ni d'instituer des organes élus autres que le conseil municipal et le maire » (ibidem).

La représentation de chacun des arrondissements, au sein du conseil municipal de Marseille et de Lyon et au sein du Conseil de Paris, est déterminée en fonction de la population de chaque arrondissement. La loi n° 2013-713 du 5 août 2013 fixant le nombre et la répartition des sièges de conseiller de Paris a modifié, en vue des élections municipales de mars 2014, le nombre des élus et leur répartition par arrondissement. Alors que le 1er arrondissement ne désignait plus qu'un seul conseiller de Paris, le 15e arrondissement en élisait 18. Si le nombre de conseillers de Paris reste inchangé et est fixé à 163, le nombre de conseillers d'arrondissement est passé de 354 à 364. Indépendamment du changement de statut de Paris en collectivité à statut particulier par la loi précitée du 28 février 2017 (voir *infra*), cette même loi a opéré un regroupement des quatre premiers arrondissements de Paris, qui correspondent à l'hyper-centre de la capitale, en un seul secteur électoral, tandis que les autres arrondissements continuent d'avoir chacun un conseil et un maire d'arrondissement. Le nombre de sièges au Conseil de Paris attribué à ce nouveau secteur électoral continue d'être fixé à huit, chiffre identique à l'addition des conseillers de Paris élus dans les quatre anciens arrondissements. Afin de ne pas bouleverser excessivement la vie politique locale, la loi a prévu que cette modification ne devait intervenir que lors du renouvellement général des conseils municipaux de 2020.

Les chiffres pour Marseille et Lyon n'ont pas été modifiés depuis la loi no 82-974 du 19 novembre 1982 modifiant le Code électoral et le Code des communes relative à l'élection des conseillers municipaux et aux conditions d'inscription des Français établis hors de France sur les listes électorales.

B. La Collectivité européenne d'Alsace

118. Relève également de la catégorie des départements dérogatoires la « Collectivité européenne d'Alsace », issue du regroupement des deux départements du Bas-Rhin et du Haut-Rhin, opéré par un décret n° 2019-142 du 27 février 2019, en application de l'article L. 3114-1, et qui a été créée au 1er janvier 2021.

La loi du 2 août 2019 relative aux compétences de la Collectivité européenne d'Alsace, confère à ce département des compétences élargies, notamment étatiques, qui le distinguent des autres départements. La loi opère en effet le transfert de l'exploitation et de la gestion des routes nationales et des autoroutes non concédées au profit de la collectivité. La loi lui confère aussi la qualité de chef de file sur son territoire, en matière de coopération transfrontalière et l'autorise à élaborer et mettre en œuvre un schéma alsacien de coopération transfrontalière, dans le respect des compétences du conseil régional Grand-Est et de l'Eurométropole de Strasbourg. Elle peut également coordonner, sur son territoire, l'action des collectivités territoriales et de leurs établissements publics dans le domaine du tourisme, dans le cadre du schéma régional de développement du tourisme et des loisirs.

Malgré sa dénomination et ses compétences élargies, la « Collectivité européenne d'Alsace » est et reste un département, comme cela a été précisé par le Conseil d'État dans son avis n° 396789 du 21 février 2019 et dans l'exposé des motifs de la loi. En effet, la circonstance qu'un département se voit attribuer certaines compétences spécifiques ne suffit pas, par elle-même, à justifier que sa dénomination s'écarte de la catégorie dont il relève. Il résulte en effet de la jurisprudence constitutionnelle, relative au principe d'égalité, que la loi ne peut attribuer des compétences différentes à des collectivités territoriales d'une même catégorie, que pour des raisons d'intérêt général ou pour des motifs tirés d'une différence de situation, dans le cadre de transferts limités et précisément identifiés. Or, le Conseil d'État a relevé, dans son avis précité, qu'au vu des problématiques inhérentes au transport routier dans le sillon rhénan, le transfert des routes et autoroutes non concédées du domaine public routier national, ainsi que des compétences qui y sont associées, répond tant à des motifs d'intérêt général qu'à une situation propre au territoire alsacien. Un tel transfert de compétences ne méconnaît donc, selon le Conseil d'État, aucun principe constitutionnel, notamment pas le principe d'égalité.

C. Les départements et les régions de l'outre-mer

119. Il n'est pas prévu, dans l'article 72, alinéa 1er de la Constitution, s'agissant de l'outre-mer, d'autres catégories constitutionnelles que les collectivités d'outre-mer régies par l'article 74. Il n'y a donc pas, à proprement parler, de catégories de départements d'outre-mer (DOM) ni de régions d'outre-mer (ROM). Ceux-ci existent néanmoins en tant que tels, ne serait-ce que parce qu'ils sont énumérés nominalement à l'article 72-3, alinéa 2 mais sans être qualifiés de DOM ou de ROM, et parce qu'ils sont régis par une disposition spécifique, l'article 73. Cet article a d'ailleurs renforcé, lors de la révision de 2003, le caractère dérogatoire de ces collectivités, et il y a intégré les régions d'outre-mer qui n'existaient pas en 1958. Les ROM font ainsi leur entrée dans la Constitution, de manière presque incidente à l'article 72-3, alinéa 2 et à l'article 73 pour la définition de leur régime juridique. La Constitution ne fait cependant pas de différence entre les dérogations départementales et les dérogations régionales. L'histoire et la géographie nécessitent néanmoins de les distinguer.

1. Les départements d'outre-mer ou DOM

120. Aux départements métropolitains, il fallait ajouter, pendant longtemps, les quatre départements d'outre-mer qu'étaient la Guadeloupe, la Guyane, la Martinique et La Réunion, créés sous cette forme par la loi n° 46-451 du 19 mars 1946, tendant au classement comme départements français de la Guadeloupe, de la Martinique, de La Réunion et de la Guyane française.

Ces DOM sont de taille différente et si la Guyane a une superficie de 91 000 km^2 et est située au nord-est du continent sud-américain, les trois autres anciennes colonies sont des îles, dont l'une, La Réunion, est située dans l'hémisphère sud, dans l'océan Indien.

Cette politique de départementalisation ou d'assimilation des quatre « vieilles colonies », qui furent définitivement rattachées à la France entre 1764 et 1816, faisait des DOM des départements français comme les autres. Le principe de l'assimilation a été repris par l'article 73 de la Constitution du 27 octobre 1946 qui leur a donné leur appellation de DOM : « Le régime législatif des départements d'outre-mer est le même que celui des départements métropolitains sauf exceptions déterminées par la loi », ce qui impliquait que les dérogations ne se présumaient pas. L'article 73 de la Constitution de 1958 consacrait un principe d'assimilation moins fort que son homologue de la Constitution de 1946, car il affirmait la possibilité de mesures d'adaptation du régime législatif et de l'organisation administrative « nécessitées par la situation particulière » de ces départements sans faire référence à l'assimilation, alors que l'article 73 de 1946 partait de l'assimilation pour prévoir des exceptions. La logique rédactionnelle n'était ainsi pas la même et renforçait le caractère dérogatoire des DOM. Leur situation particulière peut provenir de leur éloignement géographique ou du fait d'être différents des départements de métropole, socialement, économiquement ou culturellement.

La question de l'assimilation des DOM aux départements métropolitains s'est posée en 1982, au moment de la création des ROM. Dans sa décision n° 82-147 DC du 2 décembre 1982, Loi portant adaptation de la loi n° 82-213 du 2 mars 1982 relative aux droits et libertés des communes, des départements et des régions à la Guadeloupe, à la Guyane, à la Martinique et à La Réunion, souvent appelée « décision assemblée unique », le Conseil constitutionnel a estimé que la situation particulière des DOM ne justifiait pas la création d'une assemblée unique pour gérer un département et une région d'outre-mer et il a clairement réaffirmé la distinction qui devait exister entre les

DOM et les TOM. Le Conseil a en effet rappelé que « le statut des départements d'outre-mer doit être le même que celui des départements métropolitains sous la seule réserve des mesures d'adaptation nécessitées par leur situation particulière » (cons. 4). Il en déduisait que ces adaptations ne sauraient avoir pour effet de doter les DOM d'une « organisation particulière » réservée aux seuls TOM régis par l'article 74 (cons. 9). Le principe d'assimilation des DOM aux autres départements interdisait donc que les élus départementaux, métropolitains et domiens, soient élus sur des bases différentes et avec un mode de scrutin différencié, ce qui avait été prévu par la loi censurée par le Conseil constitutionnel. Le régime de l'outre-mer était clairement divisé en deux catégories distinctes, ce qu'avait déjà clairement opéré la Constitution de 1946 dans la Section III du titre VIII (art. 73 et s.).

Cette position a été reprise dans la décision n° 84-174 DC du 25 juillet 1984, Loi relative aux compétences des régions de Guadeloupe, de Guyane, de Martinique et de La Réunion, qui a admis que pouvait exister, néanmoins, une adaptation des règles relatives aux compétences, qui se traduisent par un aménagement limité des compétences des régions et des départements d'outre-mer par rapport aux autres régions et départements (cons. 5). La décision n° 2000-435 DC du 7 décembre 2000, Loi d'orientation pour l'outre-mer, a réaffirmé cette jurisprudence assimilatrice, qui s'inscrit dans la logique de la loi de 1946 et des dispositions constitutionnelles, en rappelant qu'elle résultait des articles 1er, 72 et 73. De manière plus novatrice, le Conseil a censuré, par cette même décision, la disposition de la loi qui faisait référence au « pacte qui unit l'outre-mer à la République », car il a estimé avec raison que les DOM et la collectivité de Saint-Pierre-et-Miquelon étaient des collectivités qui font partie intégrante de la République et qu'elles ne pouvaient pas conclure un pacte avec la République (cons. 8). La loi n° 2000-1207 du 13 décembre 2000 d'orientation pour l'outre-mer reconnaissait cependant, pour la première fois, pour les quatre territoires de Guadeloupe, de Guyane, de Martinique et de La Réunion, qu'il s'agisse des « départements » ou des « régions » éponymes, la possibilité de disposer à l'avenir d'une organisation institutionnelle qui leur soit propre et elle distinguait entre l'attachement des Réunionnais au droit commun et la capacité des départements français d'Amérique à proposer des évolutions statutaires (art. 1er). Cette loi introduisait donc des éléments de différenciation dans ce qui était, jusqu'à présent, un ensemble totalement homogène, celui des DOM.

Des évolutions étaient sans doute nécessaires et la révision du 28 mars 2003 a accéléré ces processus de différenciation, facilités par l'insertion d'un nouvel article 72-4 dans la Constitution prévoyant l'obligation de recueillir le consentement des électeurs des collectivités concernées. Ces évolutions peuvent même ne concerner que des parties de ces collectivités, comme cela s'est produit pour les îles de Saint-Barthélemy et de Saint-Martin, situées en Guadeloupe (cf. *infra*). La loi constitutionnelle de 2003 tient compte aussi du particularisme réunionnais, puisque l'alinéa 5 de l'article 73 mentionne expressément « le département et la région de La Réunion ».

2. Les régions d'outre-mer ou ROM

121. Les ROM, pas plus que les DOM, ne constituent, à proprement parler, des collectivités relevant d'une catégorie spécifique et elles appartiennent à la catégorie des régions. Elles ont cependant un statut en partie dérogatoire par rapport aux régions de métropole, au même titre que les DOM par rapport aux départements métropolitains.

Le particularisme des régions d'outre-mer est institutionnel et il est aussi territorial.

Créées avant les régions métropolitaines par les deux lois précitées n° 82-1171 du 31 décembre 1982 portant organisation des régions de Guadeloupe, de Guyane, de Martinique et de La Réunion et n° 84-747 du 2 août 1984 relative aux compétences des régions de Guadeloupe, de Guyane, de Martinique et de La Réunion, elles ont été régies par un conseil régional élu au suffrage universel direct depuis les élections régionales du 20 février 1983 qui ne se sont déroulées que dans les ROM. Elles disposent d'une instance consultative particulière, le Conseil de la culture, de l'éducation et de l'environnement, qui émet des avis sur la préparation du plan et lors de l'élaboration du projet de budget. Mais la loi n° 86-16 du 6 janvier 1986 relative à l'organisation des régions s'appliquait aussi aux régions d'outre-mer qui étaient donc également soumises au droit commun et les ROM sont devenues des collectivités territoriales régionales presque comme les autres.

Pendant longtemps, seules les ROM pouvaient notamment faire des propositions de modification ou d'adaptation sur toutes les dispositions législatives et réglementaires qui les concernent (art. L. 4433-3) et elles étaient consultées sur les projets de loi, d'ordonnance ou de décret comportant des dispositions d'adaptation du régime législatif et de l'organisation administrative de ces régions. Comme cela a été rappelé, depuis la loi NOTRe, cette faculté a été étendue aux autres régions (voir *supra*, art. L. 4221-1). Les ROM peuvent aussi intervenir dans de nombreux secteurs, comme le développement économique, le tourisme, les transports et le logement.

Le particularisme des ROM est aussi territorial, parce qu'elles administrent par des institutions différentes, départementales et régionales, un territoire identique à celui des départements d'outre-mer et qu'il y a ainsi un dédoublement territorial. C'est pour éviter cette situation que le législateur a souhaité instituer, en 1982, une assemblée régionale gérant à la fois les compétences départementales et régionales. La tentative a été censurée par le Conseil constitutionnel dans la décision précitée n° 82-147 DC du 2 décembre 1982.

C'est avec l'objectif de mettre fin à la dualité des collectivités sur un même territoire que le constituant de 2003 a prévu des évolutions en faveur de collectivités uniques. La création par la loi d'une collectivité se substituant à un département et une région d'outre-mer ne peut cependant intervenir sans qu'ait été recueilli, selon les formes prévues au second alinéa de l'article 72-4, le consentement des électeurs inscrits dans le ressort de ces collectivités (art. 73, al. 7). Les départements et les régions d'outre-mer peuvent également décider, de manière moins radicale, de créer une assemblée unique pour ces deux collectivités (ibidem).

Sur le fondement de cette disposition et de la procédure décrite par l'article 72-4 lui aussi introduit en 2003, les électeurs de Guadeloupe et ceux de Martinique, lors de consultations qui ont eu lieu le 7 décembre 2003, avaient néanmoins répondu majoritairement mais négativement à la question de savoir s'ils consentaient, tout en restant dans le cadre de l'article 73, et donc en restant soumis au principe de l'identité législative, à la création d'une collectivité territoriale unique, se substituant au département et à la région d'outre-mer correspondants. La Guadeloupe et la Martinique sont donc restées, dans un premier temps et pour des raisons multiples qui tenaient peut-être à la crainte d'être abandonnées par la République et par l'Union européenne, des départements et des régions d'outre-mer. En revanche, cet échec n'a pas découragé les partisans d'une collectivité unique dans les départements et régions d'outre-mer, toujours sur le fondement de l'article 73, alinéa 7. Si la situation n'était pas mûre en Guadeloupe pour des raisons politiques et sociales à la fin des années 2000, les élus de Martinique et de Guyane ont souhaité mettre en œuvre une nouvelle procédure (cf. *infra*). Depuis les élections régionales de décembre 2015, ne subsistent donc plus, en tant que DOM et ROM, que la Guadeloupe et La Réunion.

3. Les départements et régions d'outre-mer

122. Les DOM et les ROM connaissent un régime commun car, si la loi constitutionnelle de 2003 a accentué la spécificité des DOM et des ROM, elle n'a pas fait de différence entre les deux catégories de collectivités sur ce plan. Cet article 73 a été totalement réécrit lors de cette révision et il pose désormais, en même temps, le principe de l'identité législative en affirmant que « Dans les départements et les régions d'outre-mer, les lois et les règlements sont applicables de plein droit » (al. 1er) et celui selon lequel ces collectivités « peuvent faire l'objet d'adaptations tenant aux caractéristiques et contraintes particulières de ces collectivités » (al. 1er). Cette rédaction a repris les stipulations de l'article 299 § 2 du traité révisé instituant la communauté européenne d'Amsterdam du 2 octobre 1997 applicable au moment de la promulgation de la loi constitutionnelle et concernant les régions ultrapériphériques de l'Union européenne. Depuis l'entrée en vigueur du traité de Lisbonne de 2007 et du traité sur le fonctionnement de l'Union européenne, cet article est devenu l'article 349 mais le contenu est resté identique. Cet article traite des régions ultra-ultrapériphériques qui sont des territoires qui appartiennent à l'Union européenne tout en se trouvant en dehors du continent européen et qui ont été reconnus pour la première fois dans une déclaration annexée au traité de Maastricht de 1992 : l'article 349 du TFUE fait référence à leur situation économique et sociale structurelle qui est « aggravée par leur éloignement, l'insularité, leur faible superficie, le relief et le climat difficiles, leur dépendance économique vis-à-vis d'un petit nombre de produits, facteurs dont la permanence et la combinaison nuisent gravement à leur développement ». Ces RUP intéressent, en France, les ROM de Guadeloupe et de La Réunion, la Guyane, la Martinique, auxquelles se sont ajoutées, en 2014, Mayotte, mais aussi Saint-Martin qui a été pendant longtemps une commune de Guadeloupe et qui n'a pas voulu perdre les avantages liés au statut de RUP lorsqu'elles sont devenues des COM en 2007 (voir *infra*). Sur le fondement de ces caractéristiques et de ces contraintes, l'article 73 admet des adaptations aux lois et règlements dans le cadre des compétences des DOM et des ROM ainsi qu'une habilitation à fixer les règles applicables sur leur territoire, dans un nombre limité de matières pouvant relever du domaine de la loi ou du règlement (alinéas 2 et 3, cf. quatrième partie, chapitre 1). Ce dernier pouvoir, défini à l'alinéa 3, ne s'applique pas à la région et au département de La Réunion par la volonté des élus de La Réunion eux-mêmes de ne pas se démarquer de manière excessive des départements et des régions métropolitains (art. 73, al. 5). Le projet de loi constitutionnelle n° 2203, Pour un renouveau de la vie démocratique, enregistré à l'Assemblée nationale le 29 août 2019 revient toutefois sur cette situation en autorisant le département et la région de La Réunion à fixer les règles applicables sur leur territoire, au terme d'une habilitation, mais uniquement dans les matières relevant de leurs compétences. En revanche, les collectivités uniques régies par l'article 73 peuvent bénéficier, dans les mêmes conditions et limites que les DOM ou ROM, de ces pouvoirs d'adaptation (art. 73, al. 3). À ce jour, il s'agit de la Guyane et de la Martinique.

4. La départementalisation de Mayotte

123. Mayotte a connu une évolution qui l'a conduite à une départementalisation afin de manifester son ancrage au sein de la République française. Cet ensemble d'îles, composé de l'île de la Petite-Terre et de l'île de la Grande-Terre, où se trouve Mamoudzou, le chef-lieu de la collectivité, appartient à l'archipel des Comores, colonie française depuis 1841 devenue ensuite un territoire d'outre-mer qui se situe dans l'océan Indien, au nord-ouest de Madagascar. La population de Mayotte est estimée à 251 000 habitants pour une superficie de 400 km^2, mais elle serait, en réalité, du double, du fait d'une très importante immigration clandestine. Environ 40 % de la population est de nationalité étrangère, essentiellement comorienne.

Au moment de l'accession à l'indépendance du TOM des Comores, Mayotte a choisi de rester française lors de la consultation du 22 décembre 1974, alors que les trois autres îles de l'archipel (Grande Comore, Mohéli et Anjouan) optaient pour l'indépendance. Celle-ci fut organisée par la loi n° 75-560 du 3 juillet 1975 qui n'évoque pas le sort de Mayotte. La loi n° 75-1337 du 31 décembre 1975 relative aux conséquences de l'autodétermination des Comores a pris acte de l'indépendance de ces trois îles et a organisé une nouvelle consultation à Mayotte dont les habitants ont confirmé à la quasi-unanimité leur maintien dans la République française par un référendum du 8 février 1976. Afin de tenir compte de ce vœu, qui souhaitait faire de Mayotte un nouveau DOM, mais pour ne pas bloquer toute perspective d'évolution, la loi n° 76-1212 du 24 décembre 1976 a doté Mayotte de la seule qualité de « collectivité territoriale », sans autre précision, la première du genre en droit français, après une nouvelle consultation sur le statut le 11 avril 1976. La population mahoraise a refusé le statut de TOM et souhaité celui de département. Ne pouvant l'accorder dans le contexte international et local de cette époque, la France a donné à Mayotte ce statut provisoire, conçu pour trois ans, qui a créé un conseil général élu dans dix-sept cantons et un représentant de l'État, à l'image de ce qui existait dans les départements. Devant l'impossibilité de doter Mayotte d'un statut plus permanent, que lui aurait reconnu un statut départemental, mais qui aurait suscité des complications internationales en intégrant encore plus ce territoire à la République, la situation provisoire a duré bien au-delà des délais fixés par la loi de 1976. Depuis cette date, l'Union des Comores revendique toujours Mayotte comme faisant partie intégralement de cet État.

À la suite d'un accord passé entre le Gouvernement français et certaines forces politiques mahoraises, et entériné par la consultation de la population mahoraise qui eut lieu le 2 juillet 2000, la loi n° 2001-616 du 11 juillet 2001 relative à Mayotte a fait de cet archipel, décrit géographiquement dans son article 1er, la « collectivité départementale de Mayotte », conformément au vœu de la population mahoraise. Cette loi avait prévu que l'exécutif de la collectivité départementale devait être transféré au président du conseil général au lendemain des élections cantonales de mars 2004, et que ce ne serait qu'à partir de 2007 que les actes de la collectivité territoriale devaient devenir exécutoires dans les conditions du droit commun. Sans être un DOM, Mayotte avait vocation, à terme, à rentrer un peu plus dans le droit commun.

Après la révision de 2003, la loi organique n° 2007-223 du 21 février 2007 portant dispositions statutaires et institutionnelles relatives à l'outre-mer et la loi ordinaire n° 2007-224 du même jour ont réécrit le statut de Mayotte, qui tendait vers plus de départementalisation mais au sein de la sixième partie du CGCT intitulée « Collectivités d'outre-mer régies par l'article 74 de la Constitution ». Sous couvert de codification, des changements importants ont été apportés. Le principe de l'identité législative fut ainsi proclamé pour Mayotte et la spécialité devint l'exception pour la première fois depuis son histoire (art. LO 6113-1 abrogé depuis). Un certain nombre de matières énumérées dans ce même article continuaient d'échapper au régime de l'identité législative et réglementaire comme la fiscalité, l'urbanisme et la construction, le droit social, le droit syndical et le droit du travail, l'emploi et la formation professionnelle, l'entrée et le séjour des étrangers.

À partir de son renouvellement intervenu en 2008, le conseil général de Mayotte pouvait adopter une résolution portant sur la modification de son statut et son accession au régime de département d'outre-mer, l'État restant libre des suites à lui donner (art. LO 6111-2). Une telle résolution a été adoptée le 18 avril 2008 par le conseil général. Selon la procédure décrite à l'article 72-4, le Gouvernement a alors proposé au président de la République l'organisation d'une consultation de la population en 2009. La procédure de l'article 72-4 de la Constitution exige en effet que la départementalisation soit précédée d'une « consultation » permettant de « recueilli[r] [...] le consentement des électeurs de la collectivité ».

C'est ainsi que les électeurs de Mayotte ont été consultés le 29 mars 2009 sur le fondement du décret du président de la République n° 2009-67 du 20 janvier 2009 décidant de consulter les électeurs de Mayotte en application des articles 72-4 et 73 de la Constitution sur la question suivante : « Voulez-vous la transformation de Mayotte en une collectivité unique appelée "Département" régie par l'article 73 de la Constitution, exerçant les compétences dévolues aux départements et régions d'outre-mer ? ». Les électeurs mahorais ont répondu « oui » à 95,24 % des suffrages exprimés, mais avec 38,63 % d'abstention.

Sur le fondement de cette consultation, la loi organique du 3 août 2009 relative à l'évolution institutionnelle de la Nouvelle-Calédonie et à la départementalisation de Mayotte a ajouté un article LO 3446-1 du CGCT qui était ainsi rédigé : « À compter de la première réunion suivant le renouvellement de son assemblée délibérante en 2011, la collectivité départementale de Mayotte est érigée en une collectivité régie par l'article 73 de la Constitution, qui prend le nom de "Département de Mayotte" et exerce les compétences dévolues aux départements d'outre-mer et aux régions d'outre-mer ». Cet article a été ensuite abrogé par la loi organique n° 2010-1486 du 7 décembre 2010 qui a créé un Livre cinquième au sein de la troisième partie du CGCT, intitulé « Dispositions applicables au Département de Mayotte ». Ces dispositions sont entrées en vigueur le 31 mars 2011, date de la première réunion suivant le renouvellement du conseil général de Mayotte. L'article L. 3511-1 prévoit que cette nouvelle collectivité est régie par l'article 73 de la Constitution et qu'elle exerce les compétences dévolues aux départements et aux régions d'outre-mer. L'article L. 3521-1 du CGCT, qui décrit géographiquement la collectivité de Mayotte, précise dans son alinéa 2 que le Département « fait partie de la République et ne peut cesser d'y appartenir sans le consentement de la population ». Là se trouve sans doute l'épilogue contemporain de cette évolution. Les compétences départementales et régionales de Mayotte rapprochent sans doute le Département de Mayotte, malgré son nom aux dimensions très symboliques, d'une collectivité à statut particulier.

Section 2
Les collectivités à statut particulier

124. Cette notion est apparue sur le tard avec des statuts créés sur mesure par le législateur pour répondre à des besoins spécifiques. Elle est née en 1976, pour Mayotte par la loi n° 76-1212 du 24 décembre 1976, s'est poursuivie pour Saint-Pierre-et-Miquelon par la loi n° 85-595 du 11 juin 1985 relative au statut de l'archipel de Saint-Pierre-et-Miquelon et a connu ses développements les plus critiqués à propos de la Corse en 1991. Elle a été constitutionnalisée par la révision de 2003 à l'article 72, alinéa 1er. Cette dernière a intégré Mayotte et Saint-Pierre-et-Miquelon dans la catégorie des collectivités d'outre-mer de l'article 74 (voir *infra*), puis Mayotte a évolué vers un statut de département d'outre-mer ayant des compétences régionales comme cela a été présenté. Depuis cette révision, d'autres collectivités à statut particulier ont pu être reconnues ou créées. La question se pose de savoir si l'ensemble de ces collectivités à statut particulier constitue une catégorie au même titre que les régions, les départements et les communes. À supposer qu'il existe une catégorie regroupant des collectivités à statut particulier, celle-ci serait nécessairement conçue comme l'addition de régimes correspondant à des collectivités territoriales différentes. Sa spécificité résulterait de l'impossibilité d'envisager une homogénéité entre toutes les collectivités la constituant.

Il est possible de les présenter dans l'ordre chronologique de leur consécration en tant que collectivité à statut particulier.

§1. La collectivité de Corse

125. Bien que la Corse soit une île relativement éloignée du continent, elle n'a jamais été considérée comme étant « outre-mer » et, depuis son rattachement à la France en 1768, elle a toujours été envisagée comme une partie intégrante de la métropole et, de ce fait, opposée à l'outre-mer.

La loi n° 75-356 du 15 mai 1975 portant réorganisation de la Corse a créé deux départements sur le territoire de la Corse, le département de la Corse-du-Sud et celui de Haute-Corse, ce qui supprimait le département de Corse, afin, notamment, de respecter la règle selon laquelle une région métropolitaine ne pouvait pas être monodépartementale.

Par la loi n° 82-214 du 2 mars 1982 portant statut particulier de la Corse (organisation administrative), la Corse devint une collectivité territoriale régionale métropolitaine avant les autres. Le Conseil constitutionnel, dans la décision n° 82-138 DC du 25 février 1982, a validé cette anticipation du statut régional au profit de la seule Corse, en admettant qu'une nouvelle catégorie de collectivités, les régions, pouvait être créée, mais ne comprendre qu'une seule unité. Mais la loi faisait bien référence à la spécificité en mentionnant un « statut particulier ». La loi n° 82-659 du 30 juillet 1982 portant statut particulier de la région de Corse compléta cette transformation de la Corse en une véritable région. La région de Corse a élu ainsi son Assemblée de Corse au suffrage universel direct, dès le 8 août 1982, bien avant les autres régions métropolitaines et avant même les régions d'outre-mer.

Ce statut régional ne satisfaisait cependant pas les partisans d'une plus large autonomie qui regardaient du côté des autres îles, méditerranéennes, espagnoles et italiennes notamment, ou les régions ultra-marines portugaises de Madère et des Açores qui bénéficiaient d'un statut encore plus favorable au respect des particularismes insulaires.

La revendication en faveur d'un statut spécifique aboutit à la promulgation de la loi n° 91-428 du 13 mai 1991 portant statut particulier de la Corse qui dispose que « La Corse constitue une collectivité territoriale de la République au sens de l'article 72 de la Constitution » (devenu l'article L. 4421-1). La Corse est ainsi devenue une collectivité territoriale, sans autre précision, c'est-à-dire sui generis. Même si le Conseil constitutionnel a, dans la décision n° 91-290 DC du 9 mai 1991, censuré la mention dans la loi du « peuple corse, composante du peuple français », il a, pour l'essentiel, reconnu que le législateur pouvait utiliser l'article 72, alinéa 1er de la Constitution, dans sa rédaction applicable à cette époque, pour créer, en France métropolitaine, une collectivité territoriale à statut particulier, et la détacher de la catégorie de droit commun, qui était ici la catégorie des régions, à laquelle elle appartenait. En tant que collectivité territoriale, la Corse n'était plus une région de droit commun, mais une collectivité qui n'appartenait à aucune catégorie existante, tout en restant une circonscription régionale déconcentrée.

Le statut de la Corse présente ainsi quelques spécificités : il existe un régime particulier de responsabilité politique de l'organe collégial exécutif par la voie d'une motion de défiance constructive (art L. 4422-30 et s.), des pouvoirs de consultation de l'assemblée pour tout projet de loi ou de décret spécifique à la collectivité et un pouvoir de proposition d'adaptation de la loi ou du règlement sont accordés à l'assemblée territoriale (art L. 4422-16 III et V). Mais, dans tous les cas où son statut ne déroge pas au droit commun, c'est le droit régional qui doit s'appliquer. C'est ainsi que les dispositions spécifiques à la Corse sont insérées dans la quatrième partie du CGCT consacrée à la région. L'article L. 4421-1 précise que la Corse s'administre « dans les conditions fixées par le présent titre ainsi que par les dispositions de la première partie, des livres Ier à III de la présente partie qui intéressent les régions dans leur ensemble ».

D'autres modifications ont été adoptées, dans le sens du renforcement de l'autonomie de l'île. Tel fut le sens de la loi n° 2002-92 du 22 janvier 2002 relative à la Corse, adoptée à la suite d'un processus original de concertation entre les élus de l'Assemblée territoriale de Corse et le Gouvernement au cours de l'année 2000 et dont certaines dispositions les plus avancées ont été censurées par le Conseil constitutionnel (déc. n° 2001-454 DC du 17 janvier 2002). Mais cette loi n'était pas, à proprement parler, une loi dotant la Corse d'un nouveau statut.

Tel n'était pas, en revanche, le cas de l'annexe institutionnelle contenue dans la loi n° 2003-486 du 10 juin 2003 organisant une consultation des électeurs de Corse, sur la modification de l'organisation institutionnelle de la Corse, et qui supprimait les deux départements de Corse au profit d'une collectivité territoriale unique. Cette consultation trouvait son fondement sur l'article 72-1, alinéa 3 qui dispose que « Lorsqu'il est envisagé de créer une collectivité territoriale dotée d'un statut particulier ou de modifier son organisation, il peut être décidé par la loi de consulter les électeurs inscrits dans les collectivités intéressées ». Le vote négatif des électeurs corses, en juillet 2003, sollicités en principe pour un simple avis, avait repoussé à une date ultérieure tout projet de nouveau statut. La loi n° 2015-991 du 7 août 2015 portant nouvelle organisation territoriale de la République a procédé finalement à ce changement de statut mais aussi de dénomination. Elle est devenue la *Collectivité de Corse* et constitue, depuis le 1er janvier 2018, une collectivité à statut particulier au sens de l'article 72 de la Constitution, en lieu et place de la collectivité territoriale de Corse et des départements de Corse-du-Sud et de

Haute-Corse (CGCT, art. L. 4421-1). La Corse était déjà une collectivité à statut particulier depuis la loi n° 91-428 du 13 mai 1991 ; elle le reste. Le changement opéré par la loi consiste à supprimer les départements de Corse-du-Sud et de Haute-Corse auxquels se substitue la nouvelle collectivité de Corse. La loi de 2015 a été complétée par les trois ordonnances n° 2016-1561 du 21 novembre 2016 complétant et précisant les règles budgétaires, financières, fiscales et comptables applicables à la collectivité de Corse, n° 2016-1562 du 21 novembre 2016 portant diverses mesures institutionnelles relatives à la collectivité de Corse et n° 2016-1563 du 21 novembre 2016 portant diverses mesures électorales applicables en Corse (JO du 22 novembre 2016). La collectivité territoriale étant nouvelle, des élections territoriales ont eu lieu en Corse les 3 et 10 décembre 2017 selon un mode de scrutin différent de celui applicable aux régions françaises, et qui ont vu la victoire de la liste nationaliste, deux ans après les élections régionales de décembre 2015.

Le projet de loi constitutionnelle n° 2203, Pour un renouveau de la vie démocratique, enregistré à l'Assemblée nationale le 29 août 2019 prévoit d'inscrire la Corse comme collectivité à statut particulier à l'article 72-5 de la Constitution. Le projet prévoit également d'ajouter que « les lois et règlements peuvent comporter des règles adaptées aux spécificités liées à son insularité ainsi qu'à ses caractéristiques géographiques, économiques ou sociales » et que « sauf lorsque sont en cause les conditions essentielles d'exercice d'une liberté publique ou d'un droit constitutionnellement garanti, ces adaptations peuvent être décidées par la collectivité de Corse dans les matières où s'exercent ses compétences et si elle y a été habilitée, selon le cas, par la loi ou le règlement ». Comme pour les autres dispositions de ce projet, celles relatives au statut de la Corse dépendent de l'accord des deux assemblées parlementaires, ce qui n'a pas encore été réalisé.

§2. Les collectivités uniques de Guyane et de Martinique

126. La transformation de la Guyane et de la Martinique en deux collectivités uniques à statut particulier s'est faite en deux temps, le premier ayant pu servir de prétexte pour convaincre les électeurs de voter en faveur de la collectivité unique. Une première consultation a été organisée le 10 janvier 2010 afin de savoir si les électeurs de Guyane et de Martinique étaient favorables ou non à une évolution vers le régime de plus large autonomie des collectivités d'outre-mer régies par l'article 74. En Guyane, avec un taux de participation s'élevant à 48,16 %, le « non » avait recueilli 22 146 voix, soit 69,8 % des suffrages exprimés. En Martinique, avec un taux de participation de 55,35 %, le « non » l'a emporté également, avec 78,9 % des suffrages exprimés. Une seconde consultation a été alors organisée dès le 24 janvier 2010 sur le principe d'une collectivité unique qui exercerait les compétences dévolues au département et à la région tout en demeurant régie par l'article 73.

Les électeurs ont alors approuvé cette création. En Martinique, le « oui » l'a emporté par 68,30 % des suffrages exprimés, avec un taux de participation de 35,81 %, en Guyane, le « oui » l'a emporté avec 57,48 %, avec un taux de participation de seulement 27,44 %. Le rapprochement dans le temps des deux consultations a pu donner à penser que les électeurs de Guyane et de Martinique ne voulant pas du statut de collectivité d'outre-mer de l'article 74 ont voté en faveur de la collectivité unique, un peu comme pour échapper « au pire ». Les collectivités uniques de Guyane et de Martinique ont été créées par la loi n° 2011-884 du 27 juillet 2011 relative aux collectivités territoriales de Guyane (art. L. 7111-1 et s.) et de Martinique (art. L. 7211-1 et s.).

L'organisation et le fonctionnement des deux nouvelles collectivités uniques se substituant respectivement au conseil régional et au conseil général ont été définis par la loi ordinaire précitée du 27 juillet 2011 qui a mis en œuvre l'évolution institutionnelle souhaitée par les électeurs guyanais et martiniquais, c'est-à-dire la création d'une collectivité unique qui exerce à la fois les compétences jusqu'alors dévolues au département et à la région. Les dispositions de la loi du 27 juillet 2011 ont été insérées dans la septième partie du CGCT, intitulée « Autres collectivités régies par l'article 73 de la Constitution ». Chacune de ces collectivités est dotée d'une assemblée unique de 51 membres. Les exécutifs de ces collectivités ont cependant chacun une structure différente. Pour la Guyane, il s'agit du président de l'Assemblée assisté d'une commission permanente. En Martinique, un conseil exécutif collégial est élu par l'Assemblée et est responsable devant elle. La première élection des membres des assemblées de Guyane et de Martinique a eu lieu en décembre 2015 en même temps que l'élection des conseillers régionaux en métropole. Un scrutin de liste proportionnel à deux tours à la plus forte moyenne, avec une prime majoritaire de 20 % des sièges à pourvoir, a été retenu pour ces élections.

§3. La métropole de Lyon

127. Elle constitue l'une des innovations de la loi n° 2014-58 du 27 janvier 2014 de modernisation de l'action publique territoriale et d'affirmation des métropoles qui a créé la métropole de Lyon en tant que collectivité territoriale à statut particulier (art. L. 3611-1 et suivants). Faire des métropoles des collectivités territoriales à statut particulier constituait l'une des préconisations du rapport de la Commission Balladur en 2009. Cette proposition s'était heurtée, néanmoins, à de nombreuses résistances, notamment quant au statut des communes membres des métropoles. La question de savoir pourquoi une seule métropole, celle de Lyon, accède au statut de collectivité territoriale, alors que toutes les autres sont dotées du statut d'EPCI, dépasse les limites du droit (art. L. 5217-1 issu de la même loi du 27 janvier 2014). Les singulières logiques de consensus politique entre l'exécutif municipal de Lyon et l'exécutif départemental du Rhône constituent une explication de ce qui a été pu être obtenu dans le cas lyonnais et ce qui a été refusé aux autres métropoles.

La métropole de Lyon est créée, à compter du 1er janvier 2015, en tant que collectivité territoriale à statut particulier par transformation de la communauté urbaine de Lyon et en intégrant dans ce périmètre une partie du département du Rhône, conformément à l'article 72, alinéa 1er de la Constitution qui prévoit que la loi peut créer toute « autre collectivité territoriale, le cas échéant en lieu et place d'une ou de plusieurs collectivités mentionnées au présent alinéa ».

La qualité de collectivité territoriale exige l'élection des conseillers métropolitains au suffrage universel direct, qui a eu lieu en 2020 lors du renouvellement des conseils municipaux suivant la création de la métropole au 1er janvier 2015. Pendant la période transitoire, les conseillers de la communauté urbaine de Lyon, élus au suffrage universel direct en mars 2014, représentaient la métropole de Lyon par application de la loi n° 2013-403 du 17 mai 2013 relative entre autres à l'élection des conseillers communautaires.

Certes, la métropole de Lyon se voit octroyer une compétence générale selon la formule traditionnelle selon laquelle « le conseil métropolitain règle par ses délibérations les affaires de la métropole de Lyon » (art. L. 3642-1). Mais elle se voit également confier de manière tout à fait singulière des compétences d'attribution.

La métropole en cause vise à former « un espace de solidarité pour élaborer et conduire un projet d'aménagement et de développement économique, écologique, éducatif, sportif, culturel et social de son territoire afin d'en améliorer la compétitivité et la cohésion. Elle assure les conditions de son développement économique, social et environnemental au moyen des infrastructures, réseaux et équipements structurants métropolitains » (art. L. 3611-2). Il s'agit bien là d'une définition en tous points comparable à celles des autres métropoles, qui sont des établissements publics de coopération intercommunale (art. L. 5217-1).

La métropole de Lyon exerce de plein droit, en lieu et place des communes, un ensemble de compétences directement comparables à celles des autres métropoles (art. L. 3642-2) : en matière de développement et d'aménagement économique, social et culturel ; d'aménagement de l'espace métropolitain ; de politique locale de l'habitat ; de politique de la ville ; de gestion des services d'intérêt collectif ; de protection et de mise en valeur de l'environnement et de politique du cadre de vie. La loi lui permet en outre de déléguer conventionnellement certaines de ses compétences à ces mêmes communes (art. L. 3641-3). Sa singularité est encore renforcée du fait qu'elle exerce en sus, de plein droit, l'ensemble des compétences que les lois confèrent au département, dans le périmètre de la métropole (art. L. 3641-2).

Elle peut également bénéficier sous certaines conditions de compétences déléguées par la région (art. L. 3641-4-1) ou par l'État (art. L. 3641-5).

§4. La Ville de Paris

128. Outre son nombre d'habitants qui en fait la plus grande ville française (2 140 526 habitants en 2019), Paris a toujours été soumise à des règles spécifiques du fait de son rôle de ville capitale ou de siège du pouvoir central depuis les rois capétiens. Le régime d'exception fixé par la loi du 14 avril 1871 promulguée par le gouvernement d'Adolphe Thiers au moment de la Commune de Paris et qui privait Paris d'un maire, fut maintenu sous la IIIe République, la loi municipale de 1884 ayant volontairement exclu Paris de son régime. Longtemps perçue comme une collectivité à statut dérogatoire, elle a été qualifiée par la loi du 28 février 2017 relative au statut de Paris et à l'aménagement métropolitain de collectivité à statut particulier au sens de l'article 72 de la Constitution.

La loi n° 64-707 du 10 juillet 1964 portant réorganisation de la région parisienne faisait déjà de Paris une collectivité « territoriale à statut particulier ayant des compétences de nature communale et départementale », c'est-à-dire une collectivité qui échappait au droit commun. L'ancien département de la Seine était alors ramené aux limites de la ville de Paris, les autres communes de ce département étant rattachées à l'un des départements nouveaux de la petite couronne. Mais la loi n° 75-1330 du 31 décembre 1975 portant réforme du régime administratif de la ville de Paris a voulu réintégrer partiellement Paris dans le droit commun, tout en posant le principe de la double nature de la capitale (art. L. 2512-1). Paris avait ainsi un caractère dérogatoire, en étant à la fois une commune et un département, ces deux collectivités administrant un même territoire, mais les affaires de ces collectivités étaient gérées par des organes communs qui étaient un Conseil de Paris élu dans les conditions identiques à celles d'un conseil municipal, et un véritable maire élu par ce même conseil : « Outre la commune de Paris, le territoire de la ville de Paris recouvre une seconde collectivité territoriale : le département de Paris » (art. L. 2512-1, al. 1er issu de la loi n° 82-1169 du 31 décembre 1982). Cependant, ce maire, élu pour la première fois de cette manière en 1977, ne possédait et ne possède toujours pas toutes les attributions des maires des autres communes françaises puisque le préfet de Police, représentant de l'État, exerçait et exerce encore des pouvoirs spécifiques, principalement en matière de police administrative.

La loi du 2 mars 1982 s'est appliquée à Paris, aussi bien en tant que commune que comme département, et le président du Conseil de Paris cumulait les fonctions de maire et d'exécutif départemental. La loi précitée du 31 décembre 1982 relative à l'organisation administrative de Paris, Marseille, Lyon et des établissements publics de coopération intercommunale, qui donne aux arrondissements de Paris, Lyon et Marseille un statut administratif (art. L. 2511-1), n'avait pas changé la double nature de Paris. Il existait donc deux collectivités de droit commun sur un même territoire, mais le nom de la collectivité « Ville de Paris », les institutions communes aux deux collectivités, le statut particulier des agents de la Ville de Paris qui ne relèvent pas du statut de la fonction publique territoriale, conféraient, si ce n'est un statut particulier tout au moins un statut dérogatoire à cette collectivité.

Certes, dans la décision n° 2009-588 DC du 6 août 2009, Loi réaffirmant le principe du repos dominical et visant à adapter les dérogations à ce principe dans les communes et zones touristiques et thermales ainsi que dans certaines grandes agglomérations pour les salariés volontaires, le Conseil constitutionnel a affirmé que « la Ville de Paris, soumise à un régime particulier en raison de sa qualité de siège des pouvoirs publics, constitu[ait] à elle seule une catégorie de collectivités territoriales » (cons. 23). Mais le Conseil constitutionnel a examiné immédiatement après, dans le même considérant, les dispositions de la loi contestée au regard du principe d'égalité, et notamment au regard des règles applicables aux autres communes de France (cons. 22 et 23). Si la Ville de Paris avait constitué une catégorie à elle seule, le Conseil constitutionnel n'aurait pas pris comme cadre d'analyse celui des autres communes. La décision de 2009 ne peut donc être interprétée comme un revirement de jurisprudence. Le Conseil constitutionnel a sans doute souhaité insister avant tout sur le statut particulier, d'un point de vue politique et économique, de la Ville de Paris, ainsi que sur son rang de capitale sans pour autant retenir la qualification pour la Ville de Paris de collectivité dotée d'un statut particulier au sens de l'article 72 de la Constitution.

C'est la loi n° 2017-257 du 28 février 2017 relative au statut de Paris et à l'aménagement métropolitain qui consacre expressément, à compter du 1er janvier 2019, la Ville de Paris comme une collectivité à statut particulier au sens de l'article 72 de la Constitution, en lieu et place du département de Paris et de la commune de Paris. Cette collectivité unique, qui exerce les compétences du département et de la commune, reste soumise aux règles applicables aux communes et, à titre subsidiaire, à celles applicables aux départements. Les affaires de la Ville de Paris sont réglées par les délibérations d'une assemblée dénommée « Conseil de Paris », dont le président, dénommé « maire de Paris », est l'organe exécutif de la Ville de Paris. D'autres adaptations ont été fixées par des ordonnances pour lesquelles le Gouvernement avait été habilité par la loi du 28 février 2017, et qui ont été adoptées le 8 février 2018 (ordonnance n° 2018-74 du 8 février 2018 portant diverses mesures institutionnelles relatives à la Ville de Paris, et ordonnance n° 2018-75 du 8 février 2018 complétant et précisant les règles budgétaires, financières, fiscales et comptables applicables à la Ville de Paris, JO du 9 février 2018).

Si le maire de Paris n'a toujours pas les pouvoirs de police de droit commun, ses compétences en la matière ont été étendues notamment à la police des immeubles menaçant ruine, aux bruits du voisinage, aux funérailles, et, sous certaines conditions et réserves, en matière de circulation et de stationnement.

Section 3
Les collectivités d'outre-mer ou COM de l'article 74

129. Les COM se distinguent des autres collectivités territoriales pour au moins deux séries de raisons. Elles sont toutes éloignées du territoire métropolitain et leur éloignement géographique peut ainsi justifier un traitement particulier. Néanmoins, la distance qui les sépare de la métropole n'est pas très différente, parfois, de celle qui sépare les départements d'outre-mer et les collectivités territoriales uniques de la métropole. Le caractère périphérique de ces collectivités provient aussi de la différence de statut juridique qui les rend « lointaines » par rapport au droit appliqué aux collectivités de droit commun.

Parmi ces collectivités, les TOM, dont la « reconnaissance » remonte à la Constitution de 1946, notamment aux articles 60 et 74, ont longtemps occupé une place particulière. L'article 74 proclamait que « Les territoires d'outre-mer sont dotés d'un statut particulier tenant compte de leurs intérêts propres dans l'ensemble des intérêts de la République ».

En 1958, au moment de la constitution de la Communauté française, seuls six TOM de la IVe République ont conservé leur statut, le territoire des Comores, le territoire de Nouvelle-Calédonie, le territoire de la Polynésie française, le territoire de Saint-Pierre-et-Miquelon, le territoire des Somalis (devenu le territoire français des Afars et des Issas par la loi n° 67-521 du 3 juillet 1967 relative à l'organisation du territoire français des Afars et des Issas, JO du 4 juillet 1967) et le territoire des Terres australes et antarctiques françaises. Sur le fondement de l'article 76 de la Constitution applicable à cette époque qui disposait que « S'ils en manifestent la volonté par délibération de leur assemblée territoriale prise dans le délai prévu au premier alinéa de l'article 91, ils deviennent soit départements d'outre-mer de la République, soit, groupés ou non entre eux, États membres de la Communauté », les autres TOM de la IVe République, notamment l'Afrique-Équatoriale française (Gabon, Moyen-Congo, Oubangui, et Tchad), l'Afrique-Occidentale française (Côte d'Ivoire, Dahomey, Guinée, Haute-Volta, Mauritanie, Niger, Sénégal et Soudan) et Madagascar, ont en effet choisi de devenir des États membres de la Communauté française qui devait regrouper la République française et ces États. Ceux-ci sont devenus des États indépendants à compter de 1960. Quant à la Guinée, elle a fait le choix de devenir indépendante et de rejeter la Communauté française en refusant d'adopter la Constitution de 1958 lors du référendum du 28 septembre 1958. Le refus d'adhérer à la Constitution entraînait la rupture des liens avec la France et avec la Communauté.

Dans la Constitution promulguée en 1958, les TOM ont bénéficié d'un régime constitutionnel inscrit à l'article 74 de la Constitution de 1958 qui protégeait leur « organisation particulière tenant compte de leurs intérêts propres dans l'ensemble des intérêts de la République », ce qui reprenait la disposition de la Constitution de 1946. L'évolution historique a été différente pour chacun de ces TOM, à la différence des départements d'outre-mer, conçus initialement comme relevant d'une catégorie homogène.

Depuis l'entrée en vigueur de la Constitution de 1958, un certain nombre de TOM ont acquis leur indépendance : ce fut le cas, tout d'abord, du territoire des Comores sous le nom de République fédérale islamique des Comores (RFIC), puis de l'Union des Comores, le 6 juillet 1975, sous réserve du cas de Mayotte (voir *supra*). Le territoire des Afars et Issas est devenu quant à lui indépendant le 27 juin 1977 sous le nom de République de Djibouti, après la loi n° 77-625 du 20 juin 1977 relative à l'indépendance du territoire français des Afars et des Issas. Quant à Saint-Pierre-et-Miquelon, il est devenu, provisoirement, un département d'outre-mer en 1976 (voir *infra*).

Jusqu'en 2003, le nombre de TOM était donc devenu assez réduit et il était de plus incertain, la qualification de TOM étant discutable pour certains de ces territoires. Les TOM ne regroupaient plus, avant cette date, que la Polynésie française, Wallis-et-Futuna, et les Terres australes et antarctiques françaises, la Nouvelle-Calédonie ayant connu une évolution constitutionnelle différente (voir *infra*).

Le régime juridique des TOM, entendus comme catégorie, c'est-à-dire en dehors des évolutions propres à chacun d'eux, n'a subi, depuis 1958 jusqu'à 2003, que peu de modifications. La loi constitutionnelle n° 92-554 du 25 juin 1992 a introduit cependant, à l'article 74, une distinction au sein de ce régime en prévoyant que « les statuts des TOM qui définissent, notamment, les compétences de leurs institutions propres » sont fixés par des lois organiques, tandis que les autres modalités de leur organisation particulière sont définies et modifiées par des lois ordinaires. Dans l'un et l'autre cas, l'adoption de ces lois devait être précédée de la consultation de l'assemblée territoriale intéressée.

La catégorie des TOM a été, dans la Constitution modifiée le 28 mars 2003, remplacée au sein de l'article 72, par celle des collectivités d'outre-mer (COM). Il n'y a pas eu, cependant, de superposition entre les deux catégories, car certains TOM ne sont pas devenus des COM (les Terres australes et antarctiques françaises) et des collectivités antérieurement considérées comme sui generis ont été transformées en COM, comme ce fut le cas, en 2003, pour Mayotte et Saint-Pierre-et-Miquelon.

Ces collectivités ne forment pas un ensemble homogène car elles n'appartiennent pas toutes à une véritable catégorie et leur régime est extrêmement diversifié. Il existe autant de statuts que de COM. Certaines d'entre elles ont connu des phases d'évolution profonde. Malgré tout, l'article 74, qui définit le régime juridique des COM, rappelle que toutes les COM ont « un statut qui tient compte des intérêts propres de chacune d'elles au sein de la République », ce qui reprend la rédaction antérieure de l'article 74 (al. 1er). Il est toujours prévu à l'alinéa 2 que ce statut est défini et modifié par une loi organique, ce qui implique un contrôle obligatoire du Conseil constitutionnel, après l'avis de l'assemblée territoriale intéressée. Il existe aussi des règles communes à toutes ces collectivités, fixées aux alinéas 3 à 6 de l'article 74.

Leur statut doit, en effet, déterminer dans quelles conditions les lois et les règlements y sont applicables (al. 3), et elles peuvent recevoir des compétences de l'État, sous réserve de celles, régaliennes, énumérées à l'alinéa 4 de l'article 73 auquel renvoie expressément l'alinéa 4 de l'article 74. De même, les règles autres que statutaires restent édictées par une loi ordinaire, après avis obligatoire de l'assemblée territoriale intéressée (art. 74, al. 12).

L'article 72-4 prévoit la possibilité de changement de statut constitutionnel au profit de celui de département ou de région d'outre-mer, ce que la loi organique n° 2007-223 du 21 février 2007 portant dispositions statutaires et institutionnelles relatives à l'outre-mer a pu consacrer pour Saint-Martin et pour Saint-Barthélemy qui sont devenues des COM. L'évolution en sens inverse est également envisagée par ce même article 72-4, comme cela s'est produit pour Mayotte (voir *supra*).

En outre, l'article 74 nouveau distingue, au sein des COM, les collectivités d'outre-mer proprement dites et celles qui disposent de l'autonomie (al. 7 et s.), ce que le constituant n'envisageait, implicitement en 2003, que pour la Polynésie française, mais à laquelle se sont ajoutées, en 2007 par la loi organique du 21 février 2007, les îles de Saint-Martin et de Saint-Barthélemy. Le Code général des collectivités territoriales n'adopte pas cette distinction dans sa présentation formelle de la nouvelle sixième partie législative intitulée « Collectivités d'outre-mer régies par l'article 74 de la Constitution », créée par la loi organique du 21 février 2007. Cette nouvelle partie est divisée en quatre livres respectivement consacrés à Mayotte, Saint-Barthélemy, Saint-Martin et Saint-Pierre-et-Miquelon, ce qui ne fait que respecter l'ordre alphabétique. Le premier livre consacré à Mayotte a été privé de contenu par la loi organique n° 2010-1486 du 7 décembre 2010 relative au Département de Mayotte (voir *supra*) et son intitulé était devenu, avant d'être abrogé, « Dispositions transitoires applicables au Département de Mayotte », compte tenu de la transformation statutaire de cette île de l'océan Indien. Il n'existe donc plus, dans cette sixième partie du CGCT que trois véritables COM, dont Saint-Pierre-et-Miquelon qui n'est pas dotée de l'autonomie.

§1. Les collectivités d'outre-mer non dotées de l'autonomie

130. La Constitution ne détermine pas à l'avance quelles sont les collectivités dotées de l'autonomie et celles qui ne le sont pas. C'est donc le législateur organique qui précise le statut de chacune des COM et qui décide souverainement de les doter ou non de l'autonomie, sans qu'il y ait de critères préétablis. S'agissant de celles qui ne disposent pas de cette caractéristique, la liste s'est réduite au fil des années. L'une de ces COM possède ce statut pour des raisons qui ont peu à voir avec le droit des collectivités territoriales, la seconde a conservé un statut marqué par un certain archaïsme.

A. Saint-Pierre-et-Miquelon

131. L'archipel de Saint-Pierre-et-Miquelon, situé à 25 km au sud de l'île canadienne de Terre-Neuve, comprend l'île de Saint-Pierre et les îles de Langlade et Miquelon, pour une superficie de moins de 250 km^2, et dont la population n'excède pas 6 500 habitants qui vivent essentiellement sur la première île. Ses habitants sont des descendants des colons basques, bretons et normands, comme le rappellent les armoiries de Saint-Pierre-et-Miquelon. Ces îles présentent un intérêt économique pour leurs pêcheries à la morue et constituent la plus ancienne possession française d'outre-mer puisqu'elles ont été découvertes par Jacques Cartier en 1536. Leur histoire a été dominée par des possessions anglaises et françaises successives.

Colonie française après le congrès de Vienne de 1815, qualifiée de TOM par la loi du 27 octobre 1946 relative à l'élection de l'Assemblée de l'Union française car elle était trop « petite » pour devenir un département d'outre-mer, la collectivité de Saint-Pierre-et-Miquelon a été transformée en département d'outre-mer par la loi n° 76-664 du 19 juillet 1976 relative à l'organisation des pouvoirs publics à Saint-Pierre-et-Miquelon, afin de manifester les liens sociologiques et culturels qui l'unissaient à la métropole. Ce statut avait cependant l'inconvénient de placer l'archipel au sein des Communautés européennes de l'époque et de rendre plus difficiles les relations économiques et douanières avec le Canada voisin. Saint-Pierre-et-Miquelon a dû ainsi être « sorti » du territoire fiscal et douanier de ces Communautés.

Pour mettre le droit français en accord avec le droit communautaire puis avec celui de l'Union européenne, l'archipel a été doté d'un statut de collectivité territoriale sui generis par la loi n° 85-595 du 11 juin 1985 relative au statut de l'archipel de Saint-Pierre-et-Miquelon. Ce dernier ne fait donc pas partie de l'Union européenne ni de l'espace Schengen, et son statut, par rapport à l'Union européenne, est celui d'un pays et territoire d'outre-mer (PTOM), ce qui n'empêche pas que la monnaie y soit l'euro, alors que ce n'est pas le cas en Polynésie française et à Wallis-et-Futuna. Les raisons qui prévalaient en 1985 pour créer une collectivité sui generis expliquent encore que l'archipel a été intégré dans la catégorie des collectivités territoriales d'outre-mer par la loi constitutionnelle du 28 mars 2003. Cette COM est sans doute la collectivité la plus proche du statut de droit commun, si ce n'est par sa taille et sa population réduites. C'est donc pour des raisons très particulières que Saint-Pierre-et-Miquelon échappe au droit commun des collectivités de droit commun. Son intégration dans la catégorie des COM sous le nom de « collectivité territoriale de Saint-Pierre-et-Miquelon » vient de l'impossibilité de la ranger dans une autre catégorie. L'archipel occupe le Livre IV de la sixième partie du CGCT (art. LO 6411-1 et suivants). Un « toilettage institutionnel » a été opéré par les lois du 21 février 2007 concernant les compétences de la collectivité territoriale : le principe d'identité législative est ainsi réaffirmé à l'article LO 6413-1, qui dispose que « Les dispositions législatives et réglementaires sont applicables de plein droit à Saint-Pierre-et-Miquelon, à l'exception de celles qui interviennent dans les matières relevant de la loi organique en application de l'article 74 », ce qui range cette collectivité dans la catégorie des « fausses COM ». La collectivité territoriale de Saint-Pierre-et-Miquelon dispose d'un conseil territorial de 19 membres qui a globalement les mêmes compétences dévolues à un conseil régional et à un conseil départemental. Il constitue l'assemblée délibérante de la collectivité territoriale. Le conseil territorial de la collectivité de Saint-Pierre-et Miquelon élit son président lors de la réunion de droit qui suit chaque renouvellement et ce président assure les fonctions d'un organe exécutif de la collectivité. Il élit aussi les membres du conseil exécutif qui est composé du président du conseil territorial, de cinq vice-présidents et de deux autres conseillers. Les membres du conseil exécutif exercent les attributions dévolues aux vice-présidents et membres des commissions permanentes du conseil départemental du département et du conseil régional.

B. Les îles Wallis-et-Futuna

132. Il s'agit du plus isolé et du plus petit des anciens territoires d'outre-mer à population permanente. Cet archipel de 274 km^2 du Pacifique sud, situé entre les archipels des Fidji et de Samoa, à 1 700 km à l'est de la Nouvelle-Calédonie, est composé de trois îles principales, Wallis, Futuna et Alofi. Peu peuplé (11 558 habitants en 2018 avec une population en baisse), il est devenu un TOM par la loi n° 61-814 du 29 juillet 1961 conférant aux îles Wallis-et-Futuna le statut de territoire d'outre-mer, alors qu'il n'avait qu'un statut de protectorat administratif. Son organisation politique et administrative est particulière car elle comprend un administrateur supérieur, représentant de l'État et nommé par décret, et qui est aussi l'organe exécutif du territoire, chef des services territoriaux et ordonnateur du budget. Il est assisté par un conseil territorial consultatif composé de six membres, qui sont, d'une part, les trois chefs traditionnels qui représentent les trois aires coutumières et qui ont la qualité de rois coutumiers et, d'autre part, trois membres nommés par l'administrateur supérieur.

Il existe aussi une Assemblée territoriale de vingt membres élus mais qui désigne en son sein une commission permanente de quatre membres originaires des trois îles et qui représente le seul pouvoir local. L'autonomie de Wallis-et-Futuna est limitée et l'archipel est resté en dehors du mouvement de décentralisation des années 1980. La coutume y joue encore un grand rôle et une partie importante de la population n'a pas le statut civil de droit commun et bénéficie du droit local coutumier, en application de l'article 75 de la Constitution.

La collectivité d'outre-mer de Wallis-et-Futuna n'est pas mentionnée dans la loi organique n° 2007-223 du 21 février 2007 portant dispositions statutaires et institutionnelles relatives à l'outre-mer. La loi de 1961 n'a pas été codifiée au CGCT, mais Wallis-et-Futuna n'est pas la seule à échapper à cette codification.

§2. Les collectivités d'outre-mer dotées de l'autonomie

133. L'autonomie est à la fois la cause et la conséquence de l'alinéa 7 de l'article 74 qui dispose que « La loi organique peut également déterminer, pour celles de ces collectivités qui sont dotées de l'autonomie, les conditions dans lesquelles... ». Suivent un certain nombre de règles qui sont fixées dans cette loi organique, comme l'existence d'un contrôle juridictionnel spécifique par le Conseil d'État sur certaines catégories d'actes de l'assemblée délibérante intervenant au titre des compétences qu'elle exerce dans le domaine de la loi (al. 8) ou la possibilité, pour l'assemblée délibérante, de modifier une loi nationale promulguée postérieurement à l'entrée en vigueur du statut de la collectivité, lorsque le Conseil constitutionnel, saisi notamment par les autorités de la collectivité, a constaté que la loi est intervenue dans le domaine de compétence de cette collectivité (al. 9), ou l'édiction de mesures justifiées par les nécessités locales en faveur de sa population, en matière d'accès à l'emploi, de droit d'établissement pour l'exercice d'une activité professionnelle ou de protection du patrimoine foncier (al. 10).

Si ces alinéas 7 et suivants ont été rédigés en 2003 en fonction de la Polynésie française, Saint-Barthélemy et Saint-Martin sont devenues, en 2007, elles aussi, des collectivités d'outre-mer dotées de l'autonomie.

A. La Polynésie française

134. Il s'agit de la COM la plus vaste, de 4 200 km^2 et de 276 831 habitants en 2013, mais occupant une surface maritime de 4 millions de km^2, dans la partie orientale du Pacifique. La Polynésie a un territoire, maritime et terrestre, aussi grand que l'Europe. Il comprend 118 îles dont 67 seulement sont habitées, regroupées en cinq archipels, les îles du Vent et les îles Sous-le-Vent formant l'archipel de la Société, les îles Australes, les îles Tuamotu, les îles Gambier et les îles Marquises. 70 % de la population habite sur cinq communes de l'île de Tahiti. La description juridique et géographique de la Polynésie a été opérée par la loi n° 84-820 du 6 septembre 1984 portant statut du territoire de la Polynésie française et elle a été reprise par les lois organiques statutaires successives n° 96-312 du 12 avril 1996 et n° 2004-192 du 27 février 2004, l'une et l'autre portant statut d'autonomie de la Polynésie française.

C'est en 1842 qu'un traité conclu entre le représentant du roi Louis-Philippe Ier et la reine Pomaré IV a placé Tahiti sous protectorat, puis, en 1880, le roi Pomaré V cède à la France la souveraineté de toutes les îles dépendant de la couronne de Tahiti. La Polynésie est devenue un territoire d'outre-mer dans le cadre de la Constitution de 1946 et les Établissements français d'Océanie prennent le nom de Polynésie française en 1957 et sont dotés d'institutions locales élues par application de la loi-cadre n° 56-619 du 23 juin 1956 relative aux mesures propres à assurer l'évolution des territoires relevant du ministère de la France d'outre-mer, appelée « loi Defferre » du nom du ministre chargé de l'outre-mer.

Il a fallu attendre le mouvement de décentralisation initié en 1982 qui a concerné aussi les deux grands TOM existants, la Polynésie française et la Nouvelle-Calédonie, et la loi n° 84-820 du 6 septembre 1984 portant statut du territoire de la Polynésie française, pour que ce TOM se voie accorder une réelle autonomie et devienne un « TOM doté de l'autonomie interne dans le cadre de la République ». Dans ce cadre, le chef de l'exécutif est le président de l'assemblée territoriale et il est élu par elle.

Un nouveau statut, déterminé par la loi organique n° 96-312 du 12 avril 1996 portant statut d'autonomie de la Polynésie française complétée par la loi ordinaire du même jour n° 313, prévoit que la Polynésie française est, « au sein de la République, un territoire d'outre-mer doté d'un statut d'autonomie, qui exerce librement et démocratiquement, par ses représentants élus, les compétences qui lui sont dévolues par la présente loi. La République garantit l'autonomie de la Polynésie française ; elle favorise l'évolution de cette autonomie, de manière à conduire ce territoire d'outre-mer au développement économique » (art. 1er). L'évolution de la Polynésie française vers le statut de « pays d'outre-mer », sur le modèle de ce que venait de connaître la Nouvelle-Calédonie (voir *infra*) fut néanmoins bloquée par la suspension, en janvier 2000, de l'examen par le Congrès du Parlement du projet de loi constitutionnelle relatif à la Polynésie française et à la Nouvelle-Calédonie, mais pour des raisons extérieures à l'avenir de la Polynésie.

La révision constitutionnelle de 2003 a redonné un nouvel horizon au statut de la Polynésie française. De manière logique, celle-ci est classée parmi les collectivités d'outre-mer régies par l'article 74, et plus spécialement parmi celles dotées de l'autonomie au sens de l'alinéa 7 de cet article. Cette mention visait implicitement la Polynésie pour laquelle un régime de grande autonomie devait être organisé après l'échec du statut de « pays d'outre-mer ». Le nouvel article 74 impose que le statut d'une COM soit fixé par une loi organique, comme pour toutes les COM, mais qu'il peut comporter des éléments spécifiques, énumérés à partir de l'alinéa 7 de l'article 74.

La loi organique n° 2004-193 a été promulguée le 27 février 2004 et n'a pas été censurée par le Conseil constitutionnel (déc. n° 2004-490 DC du 12 février 2004), sauf sur des questions mineures. Comme c'est très souvent le cas pour les collectivités d'outre-mer, la loi organique, compétente pour fixer les règles statutaires, est accompagnée de la loi ordinaire n° 2004-193 du 27 février 2004, complétant le statut d'autonomie de la Polynésie française. Cette loi traite notamment des attributions du haut-commissaire de la République qui représente l'État en Polynésie.

L'article 1er de la loi organique rappelle que « la Polynésie française constitue une collectivité d'outre-mer dont l'autonomie est régie par l'article 74 de la Constitution. La Polynésie française se gouverne librement et démocratiquement, par ses représentants élus et par la voie du référendum local, dans les conditions prévues par la présente loi organique » (art 1er, al. 2 et 3). Ce même article 1er prévoit que la République « garantit l'autonomie de la

Polynésie française ; elle favorise l'évolution de cette autonomie, de manière à conduire durablement la Polynésie française au développement économique, social et culturel, dans le respect de ses intérêts propres, de ses spécificités géographiques et de l'identité de sa population » (al. 4). S'il n'est pas question d'évolution vers une pleine souveraineté ou une forme d'indépendance, l'autonomie de la Polynésie est consacrée comme un objectif déjà inscrit à l'alinéa 7 de l'article 74.

Les institutions de la Polynésie française sont constituées d'une assemblée de la Polynésie française et d'un gouvernement du territoire dirigé par le président de la Polynésie française. L'article 63 de la loi organique du 27 février 2004 est très inspiré de l'article 20 de la Constitution française : « Le gouvernement de la Polynésie française est l'exécutif de la Polynésie française dont il conduit la politique. Il dispose de l'administration de la Polynésie française. Il est responsable devant l'assemblée de la Polynésie française dans les conditions et suivant les procédures prévues à l'article 156 ».

Le président de la Polynésie française, appellation qui n'est pas sans rappeler celle d'un chef d'État, représente la Polynésie et dirige l'action du gouvernement. La lecture de la loi organique évoque celle de certains articles de la Constitution relatifs aux autorités exécutives de l'État (art. 13, 19, 20 et 21 de cette dernière notamment), accentuant la similitude voulue entre la Polynésie française et un État.

L'assemblée de la Polynésie française est élue pour cinq ans, au suffrage universel direct et elle dispose, au sein des institutions de Polynésie, d'une compétence de principe car « elle règle par ses délibérations les affaires de la Polynésie française » (art. 102 de la loi organique). Si la durée de son mandat n'est pas celui des autres assemblées locales, qui est de six ans, mais rappelle celle du mandat des députés à l'Assemblée nationale, la définition de sa fonction est identique à celle des organes délibérants des autres collectivités territoriales qui règlent eux aussi les « affaires de la collectivité ».

Les lois organiques adoptées depuis 1996, et plus précisément celle de 2004, organisent aussi un partage des compétences entre celles de l'État, énumérées par la loi organique et qui comprennent notamment les règles relatives à la nationalité et au droit électoral, la politique étrangère, la sécurité, la monnaie, la communication audiovisuelle, et celles de la Polynésie française. L'article 13 de la loi organique du 27 février 2004 pose le principe selon lequel « les autorités de Polynésie française sont compétentes dans toutes les matières qui ne sont pas dévolues à l'État par l'article 14 », ce qui n'est pas sans rappeler le principe de répartition des compétences au sein d'un État fédéral.

Afin de satisfaire certaines revendications politiques locales, la Polynésie française est qualifiée de « pays d'outre-mer » (art. 1er de la loi organique), mais celui-ci doit être considéré comme l'une des collectivités d'outre-mer régies par l'article 74. Le Conseil constitutionnel a d'ailleurs précisé, dans la décision n° 490 DC du 12 février 2004 relative à cette loi, que cette « dénomination n'emporte aucun effet de droit ». Celle-ci n'a pas d'autre valeur que symbolique et politique, mais elle ne crée pas une nouvelle catégorie de collectivités territoriales. De la même manière, la loi organique prévoit que l'assemblée de la Polynésie française adopte des « lois du pays » (art. 139 et s. de la loi organique). Mais, à la différence de celles qui existent en Nouvelle-Calédonie, ces lois ne sont que des actes administratifs, pris dans des matières énumérées à l'article 140 de la loi, et soumis à un contrôle juridictionnel spécifique du Conseil d'État. Ces domaines sont ceux notamment du droit civil, du droit du travail, du droit syndical et de la sécurité sociale, y compris l'accès au travail des étrangers, du droit de la santé publique et du droit de l'action sociale et des familles, du droit de l'aménagement et de l'urbanisme, du droit de l'environnement, du droit domanial de la Polynésie française et du droit minier. Relèvent également du domaine de ces « lois du pays » les principes fondamentaux des obligations commerciales, les garanties fondamentales accordées aux fonctionnaires de la Polynésie française et les règles relatives à l'emploi local.

La spécificité résulte, notamment, des règles particulières de saisine et de procédure, et du bloc de légalité auquel ces « lois du pays » doivent être conformes : il s'agit de la Constitution, des lois organiques, des engagements internationaux et des principes généraux du droit. Ces derniers permettent, en l'état actuel du droit public, de distinguer un contrôle exercé par une juridiction administrative et celui, plus limité, qu'aurait pu assurer le Conseil constitutionnel, s'il s'était agi de véritables lois.

Ce statut d'autonomie a été complété par le décret n° 2005-1611 du 20 décembre 2005 pris pour l'application du statut d'autonomie de la Polynésie française.

Malgré ce statut, et depuis les élections territoriales de 2004, la politique de cette COM a connu une forte instabilité marquée par l'approbation de quatre motions de censure, et l'élection de cinq présidents en trois ans. Pour essayer de pallier cette instabilité, une loi organique n° 2007-1719 et une loi ordinaire n° 2007-1720 du 7 décembre 2007 tendant à renforcer la stabilité des institutions et la transparence de la vie politique en Polynésie française ont été adoptées. La loi de 2004 a également été modifiée par la loi organique n° 2011-918 du 1er août 2011 relative au fonctionnement des institutions de la Polynésie française.

Par ailleurs, l'ordonnance n° 2007-1434 du 5 octobre 2007, prise sur le fondement de l'article 74-1, a étendu les première, deuxième et cinquième parties du Code général des collectivités territoriales aux communes de la Polynésie française, à leurs groupements et à leurs établissements publics. Ce texte assimile ainsi le statut des collectivités de base à celui de toutes les autres collectivités identiques de France. Dans une décision n° 2010-107 QPC du 17 mars 2011, Syndicat mixte chargé de la gestion du contrat urbain de cohésion sociale de l'agglomération de Papeete, le Conseil constitutionnel a toutefois censuré les dispositions de l'article 8 de l'ordonnance du 5 octobre 2007 en tant qu'elles autorisaient le représentant de l'État à déclarer à toute époque nuls de droit des arrêtés du maire des communes de la Polynésie française, quelles que soient leur nature et leur portée. Ces dispositions privaient de garanties suffisantes l'exercice de la libre administration des communes de Polynésie française.

B. Saint-Barthélemy et Saint-Martin

135. Ces deux collectivités peuvent être présentées ensemble car leur spécificité et leur régime juridique sont identiques. Compte tenu de ce que sont les COM cependant, il existe bien un statut organique pour Saint-Barthélemy et un statut organique pour Saint-Martin. S'agissant des relations avec l'Union européenne, Saint Martin a gardé le statut de Région ultra-périphérique (RUP) tandis que Saint-Barthélemy est devenu un Pays et Territoire d'outre-mer (PTOM, cf. *infra*). Le département de la Guadeloupe, en dehors de l'île principale, comprenait plusieurs îles, parmi lesquelles Saint-Barthélemy et Saint-Martin, considérées jusque-là comme des communes du DOM et ROM de Guadeloupe, qui connaissent ainsi une sorte de double insularité. Ces deux dernières, qui avaient émis le vœu d'accéder à un statut plus autonome, pour des raisons essentiellement fiscales, se sont vu doter d'un statut de collectivité d'outre-mer régi par l'article 74 et être ainsi détachées, sur le plan juridique, du DOM de Guadeloupe. L'article 72-4 prévoit en effet que des consultations des électeurs peuvent être organisées dans des parties de collectivités, sans doute parce que le constituant avait à l'esprit le cas de ces deux communes de Guadeloupe. Deux décrets du 29 octobre 2003 ont alors organisé la consultation des électeurs de l'île de Saint-Martin et de ceux de l'île de Saint-Barthélemy, le 7 décembre 2003, en application de l'article 72-4. Parallèlement et comme présenté ci-dessus, ce même jour eut lieu un référendum intéressant la Guadeloupe dans son ensemble afin de demander aux électeurs s'ils voulaient la création d'une collectivité unique à la place des DOM et ROM correspondants. On sait qu'ils ont répondu de manière négative. En revanche, les électeurs de ces deux communes ont répondu très majoritairement « oui ». Ce changement de statut a été consacré par la loi organique n° 2007-223 et la loi ordinaire n° 2007-224 du 21 février 2007 portant dispositions statutaires et institutionnelles relatives à l'outre-mer. Ce sont ainsi deux nouvelles collectivités d'outre-mer qui ont été ajoutées à la liste de l'article 72-3 lors de la révision du 23 juillet 2008. Elles occupent les livres 2 (pour Saint-Barthélemy) et 3 (pour Saint-Martin) de la sixième partie du CGCT intitulée « Collectivités d'outre-mer régies par l'article 74 de la Constitution » et créée par la loi organique précitée. Les articles LO 6211-1 et LO 6311-1 précisent, respectivement, que Saint-Barthélemy et Saint-Martin sont « dotées de l'autonomie ». Mais l'une et l'autre continuent de vivre sous le régime de l'identité législative, à l'exception des lois intervenant dans les matières qui relèvent de la loi organique (art. LO 6213-1 et LO 6313-1). Malgré les dimensions réduites de ces territoires, ces deux collectivités connaissent un régime institutionnel identique à celui de collectivités plus grandes. La loi organique n° 2009-38 du 13 janvier 2009 portant application de l'article 25 de la Constitution a abrogé ce que la loi organique du 21 février 2007 avait prévu, c'est-à-dire la désignation d'un député pour chacune de ces collectivités, ces dispositions ayant été considérées comme un « luxe » peu adéquat avec la fixation d'un nombre maximum de députés à l'Assemblée nationale (art. 24, al. 3 de la Constitution). En revanche, les articles LO 500 et LO 527 du Code électoral continuent de prévoir qu'un sénateur est élu dans chacune de ces COM.

Section 4
Les collectivités incertaines

136. Il s'agit de deux « territoires » géographiques qui étaient jusqu'à une époque récente des TOM. La Nouvelle-Calédonie a cessé de l'être formellement en 1998. Les Terres australes et antarctiques françaises (TAAF) ont conservé ce statut malgré la loi constitutionnelle de 2003. Les raisons qui justifient le statut incertain de ces deux collectivités sont, bien entendu, fort différentes car il y a peu de points communs entre les deux, mis à part leur situation dans l'hémisphère sud.

§1. La Nouvelle-Calédonie, collectivité du titre XIII

137. La situation de ce territoire du Pacifique sud, appelé communément le « caillou » de 17 000 km^2 et de 271 407 habitants en 2019, situé à 18 300 km de la France et à 2 000 km à l'est de l'Australie, est particulière. Sa population est pluriethnique et elle est peuplée de 44 % de Mélanésiens, de 35 % d'Européens, de 9 % de Wallisiens-et-Futuniens, de 3 % de Tahitiens, de 2 % d'Indonésiens et de 7 % d'autres ethnies. La prise de possession par la France en 1843 a permis une forte migration des Européens vers la Nouvelle-Calédonie, parfois de manière forcée, comme, par exemple, après la Commune de Paris en 1871. Or l'organisation sociale mélanésienne, qui est celle des premiers habitants, est profondément différente de celle d'une société européenne, par l'existence de la coutume qui englobe toute la réalité sociale, familiale, foncière et économique.

Ayant fait l'objet de nombreuses réformes, dont la loi n° 84-821 du 6 septembre 1984 portant statut du territoire de la Nouvelle-Calédonie et dépendances lors du mouvement général de décentralisation des années 1980, elle est restée un TOM, y compris sous l'empire de la loi référendaire n° 88-1028 du 9 novembre 1988 portant dispositions statutaires et préparatoires à l'autodétermination de la Nouvelle-Calédonie en 1998 et adoptée selon la procédure de l'article 11 de la Constitution, qui disposait que la Nouvelle-Calédonie « constitue, au sein de la République française, conformément à l'article 74 de la Constitution, un territoire d'outre-mer ». Du fait des antagonismes entre les composantes de la population, elle a connu de nombreux troubles et des violences.

Pour tenter d'y mettre fin, l'accord sur la Nouvelle-Calédonie, conclu à Nouméa le 5 mai 1998, a été signé par les représentants des deux principaux partis néocalédoniens et le Gouvernement français, par l'intermédiaire du Premier ministre et le contreseing du secrétaire d'État à l'outre-mer, et a bouleversé le statut de la Nouvelle-Calédonie. Cet accord a été repris et donc accepté par la loi constitutionnelle n° 98-610 du 20 juillet 1998 relative à la Nouvelle-Calédonie, qui a inséré deux nouveaux articles 76 et 77 dans le titre XIII sous le nom de « Dispositions transitoires relatives à la Nouvelle-Calédonie ». Le statut de la Nouvelle-Calédonie n'est pas fixé dans la Constitution, même modifiée. À la suite de l'acceptation de cet accord par les électeurs de Nouvelle-Calédonie dans les conditions prévues par l'article 76 lors d'une consultation du 8 novembre 1998, la loi organique n° 99-209 du 19 mars 1999 relative à la Nouvelle-Calédonie est venue fixer le nouveau régime statutaire, mais sans se prononcer sur la nature de cette entité, en se contentant de la décrire géographiquement par l'énumération de la Grande-Terre, des îles et îlots qui la composent.

Cette même loi précise cependant que les provinces (province Nord, province Sud, province des îles Loyauté) et les communes de la Nouvelle-Calédonie « sont des collectivités territoriales de la République. Elles s'administrent librement par des assemblées élues au suffrage universel direct » (art. 3).

Par l'insertion de dispositions constitutionnelles spécifiques, sorties en outre du cadre du titre XII consacré aux collectivités territoriales, on pouvait estimer, avant 2003, que la Nouvelle-Calédonie n'était plus un territoire d'outre-mer et sans doute plus une collectivité territoriale soumise au même régime que les autres collectivités territoriales, ce que venait confirmer l'article 4 de la loi organique du 19 mars 1999 instituant une « citoyenneté de la Nouvelle-Calédonie » dont bénéficient les personnes de nationalité française qui remplissent certaines conditions de domicile ou de résidence en Nouvelle-Calédonie.

Depuis 2003, son absence de la liste de l'alinéa 2 de l'article 72-3 semble indiquer que la Nouvelle-Calédonie échappe largement au droit des autres collectivités territoriales. La mention de l'article 72-3, alinéa 3, selon laquelle « le statut de la Nouvelle-Calédonie est régi par le titre XIII », peut être comprise à la fois comme une volonté de rattacher malgré tout la Nouvelle-Calédonie au bénéfice de certaines dispositions du droit des collectivités territoriales, puisqu'elle est citée dans ce titre XII, et comme l'affirmation qu'elle est totalement régie par le seul titre XIII. Ces deux affirmations, qui peuvent être perçues comme contradictoires, illustrent l'incertitude juridique qui entoure la qualification de la Nouvelle-Calédonie. Le débat, qui n'est pas seulement juridique, n'a pas reçu, pendant longtemps, une réponse claire.

Dans un arrêt de Section du 13 décembre 2006, n° 279323, M. Genelle, le Conseil d'État a jugé que la Nouvelle-Calédonie n'était pas une collectivité territoriale au sens de l'article 72 parce que la révision constitutionnelle de 1998 a sorti cette « entité » du statut des collectivités territoriales soumis au titre XII. Le Conseil d'État a relevé également que la loi organique du 19 mars 1999 ne qualifie pas la Nouvelle-Calédonie de collectivité territoriale, à la différence des provinces et communes de Nouvelle-Calédonie. La Nouvelle-Calédonie est investie d'un pouvoir législatif et peut adopter des « lois du pays » (voir *infra*, « Le principe d'indivisibilité de la République »). De ces particularités, le Conseil d'État a déduit que la Nouvelle-Calédonie n'était pas « une collectivité territoriale au sens de l'article 72 ». Le Conseil constitutionnel, dans une décision n° 2014-392 QPC du 25 avril 2014, Province Sud de Nouvelle-Calédonie, a adopté une position similaire en jugeant que « les institutions de la Nouvelle-Calédonie sont régies par les dispositions du titre XIII de la Constitution ; qu'il s'ensuit que l'article 72 ne leur est pas applicable de plein droit » (cons. 11).

Mais, en sens inverse, on peut soutenir qu'elle est nécessairement une collectivité territoriale mais non soumise au titre XII, sous peine de rendre peu cohérente la Constitution. D'une part, elle réunit les trois éléments constitutifs d'une collectivité territoriale : un territoire, une population, une personnalité juridique de droit public. L'article 24 relatif à la représentation des collectivités territoriales par le Sénat s'applique aussi à la Nouvelle-Calédonie et cette dernière désigne deux sénateurs (art. L. 438-1 du Code électoral). D'autre part, le titre XII peut apparaître comme un titre général et le titre XIII comme un titre spécifique.

§2. Les Terres australes et antarctiques françaises

138. Les Terres australes et antarctiques françaises, pour lesquelles l'alinéa 4 de l'article 72-3 renvoie à une loi pour en fixer le régime législatif et l'organisation particulière, méritent un traitement spécifique. Le statut de TOM représentait, à l'origine, un intérêt scientifique mais aussi stratégique et la loi n° 55-1052 du 6 août 1955 conférant l'autonomie administrative et financière aux Terres australes et antarctiques françaises, qui l'érigeait en territoire d'outre-mer, avait pour objectif de rattacher ce territoire à la France. Il est néanmoins évident que le statut de TOM n'était guère adapté à ces TAAF. Peut-on encore parler de collectivité territoriale à son propos ? Une des solutions aurait pu consister à transformer les TAAF en une forme nouvelle d'établissement public mais le régime de spécialité qui est conféré à un établissement public serait de nature à l'empêcher de mener à bien toutes ses missions.

Sur le plan international, le traité sur l'Antarctique signé le 1er décembre 1959 réglemente les relations entre les États signataires en ce qui a trait à ce continent. Les signataires initiaux du traité furent l'Afrique du Sud, l'Argentine, l'Australie, la Belgique, le Chili, les États-Unis, la France, le Japon, la Norvège, la Nouvelle-Zélande, le Royaume-Uni et l'URSS. Ils ont été ensuite rejoints par de très nombreux pays. L'objectif du traité était d'affirmer, dans l'intérêt de toute l'humanité, que l'Antarctique devait être employé exclusivement à des fins pacifiques et ne pas devenir le théâtre ni l'enjeu de conflits internationaux, en faisant taire les revendications territoriales sur ce continent.

Les Terres australes « françaises » sont composées des îles Saint-Paul, Amsterdam, des archipels Kerguelen et Crozet et de la terre Adélie qui constitue une partie du continent antarctique. Elles ne comprennent aucune population permanente et ne peuvent être administrées, pour cette raison, comme les autres collectivités territoriales, par un conseil élu. Elles sont donc gérées, en vertu de la loi du 6 août 1955, par un conseil consultatif et par un administrateur supérieur, dépositaire des intérêts de la République sur le territoire. Celui-ci siège à Saint-Pierre-de-la-Réunion, et non plus à Paris, depuis le décret n° 96-200 du 14 mars 1996.

La loi ordinaire n° 2007-224 portant dispositions statutaires et institutionnelles relatives à l'outre-mer du 21 février 2007 a modifié la loi du 6 août 1955 en intégrant dans les TAAF les îles de l'océan Indien de Bassas da India, Europa, Glorieuses, Juan de Nova et Tromelin. Bien que ces îles soient aussi australes, leur localisation géographique et leur intérêt stratégique et scientifique n'ont pas beaucoup de points communs avec celui des autres TAAF, en dehors de leur absence de population permanente.

Si la loi de 2007 réorganise le régime d'application des lois et règlements et les attributions de l'administrateur supérieur, elle n'a pas abrogé le statut de « territoire d'outre-mer », mais elle a tenu à préciser que celui-ci était doté de la personnalité morale. Le maintien de cette qualification est d'autant plus curieux que les TOM ont disparu de la liste des collectivités territoriales de la République figurant dans l'article 72, alinéa 1er de la Constitution.

CHAPITRE 2

La création des collectivités territoriales

139. La Constitution de 1958 ne fixe pas une liste définitive des collectivités territoriales. Elle se contente d'affirmer que « les collectivités territoriales de la République sont les communes, les départements, les régions, les collectivités à statut particulier et les collectivités d'outre-mer régies par l'article 74 » (art. 72, al. 1er modifié en 2003). L'article 72, dans sa rédaction actuelle comme dans celle applicable jusqu'en 2003, ne précise pas si la Constitution crée ces collectivités ou si elle se contente de reconnaître leur existence. Le projet de Constitution du 19 avril 1946 était plus explicite sur ce point car la République française y « reconnaissait » l'existence de collectivités territoriales (art. 114) dans une formule reprise par le texte de la Constitution du 27 octobre 1946, à l'article 85, qui disposait que « La République française, une et indivisible, reconnaît l'existence de collectivités territoriales ».

L'article 72, alinéa 1er prévoit, dans sa version de 2003, après avoir énuméré les catégories de collectivités territoriales, que « toute autre collectivité territoriale est créée par la loi, le cas échéant en lieu et place d'une ou de plusieurs collectivités mentionnées au présent alinéa », tandis que la rédaction datant de 1958 se contentait de préciser que « toute autre collectivité territoriale est créée par la loi ». Tant dans la rédaction originelle que dans la nouvelle rédaction, est ainsi ouverte la possibilité de créer de nouvelles catégories et la liberté du législateur semble assez grande. L'emploi du mot « création » implique cependant qu'il ne peut s'agir d'une reconnaissance.

La loi constitutionnelle a cependant élargi les possibilités de création par la loi en ce qui concerne les collectivités territoriales de l'outre-mer, que cette loi soit une loi organique ou une loi ordinaire.

Par ailleurs, ce même article 72, alinéa 1er ne précise pas le nombre et ne procède pas à une énumération des différentes collectivités faisant partie des catégories citées dans cet article. Il n'y a pas ainsi, à la différence de la Constitution française du 5 fructidor an III (ou 22 août 1795), qui énumérait les départements dans son article 3, un effectif constitutionnel des départements.

C'était déjà le cas du projet dit « girondin » de Constitution des 15 et 16 février 1793 qui prévoyait que « la distribution (du territoire de la République) en 85 départements est maintenue ». En Italie, l'article 131 de la Constitution énumère la liste des vingt régions qui sont « constituées », tandis que l'article 116 affirme que : « Des formes et des conditions particulières d'autonomie sont attribuées au Frioul-Vénétie Julienne, à la Sardaigne, à la Sicile, au Trentin-Haut Adige/Südtirol et au Val d'Aoste, selon les statuts spéciaux respectifs adoptés par loi constitutionnelle » (al. 1er).

La Constitution de 1958 autorise donc la création de nouveaux départements ou de nouvelles régions, tandis que d'autres peuvent être supprimés. La loi n° 2015-29 du 16 janvier 2015 relative à la délimitation des régions, aux élections régionales et départementales et modifiant le calendrier électoral montre que le législateur peut supprimer un nombre important de régions sans que la Constitution soit méconnue : ce sont ainsi neuf régions qui ont été supprimées par la loi afin d'être fusionnées avec d'autres, sans que le Conseil constitutionnel se soit prononcé expressément sur cette diminution radicale du nombre de régions (déc. n° 2014-709 DC du 15 janvier 2015). Il en irait a priori de même des communes et des autres catégories de collectivités territoriales.

Les catégories de collectivités territoriales, y compris celle des collectivités à statut particulier, sont donc définies de manière abstraite et ni leur nombre ni leur énumération ne sont mentionnés dans la Constitution française.

La loi constitutionnelle du 28 mars 2003 a néanmoins ouvert une brèche dans cette abstraction en énumérant, dans un nouvel article 72-3, alinéa 2, les collectivités situées outre-mer, ce qui constitutionnalise leur existence et leur statut.

Le législateur d'avant 2003 a profité de cette liberté constitutionnelle pour créer des collectivités territoriales à statut spécifique ou des « catégories à une seule unité ». Cette liberté, qui a été renforcée par la loi constitutionnelle de 2003, existe aussi bien pour créer des catégories nouvelles que pour créer, ou supprimer, des collectivités nouvelles.

Section 1
La création de nouvelles catégories de collectivités territoriales

140. La Constitution de 1958 a voulu laisser au législateur une certaine liberté de création des collectivités nouvelles. L'article 72, alinéa 1er, au moins dans sa rédaction applicable jusqu'en 2003, permettait de s'interroger sur la compétence du législateur pour créer des catégories. Cette liberté a été accrue par la loi constitutionnelle de 2003 en métropole, mais encore plus outre-mer.

§1. La liberté de création

141. En prévoyant que le législateur pouvait créer « toute autre collectivité territoriale », le constituant de 1958 avait autorisé la création de catégories nouvelles par rapport à celles consacrées en 1958. La révision de 2003 n'a pas modifié cet état du droit mais l'a assoupli. La notion de catégorie oblige à s'interroger sur ce qui constitue l'unité catégorielle.

A. La création possible de catégories nouvelles de collectivités

142. À la différence de l'article 85 de la Constitution de 1946 qui ne prévoyait pas la création d'autres catégories que celles qu'il énumérait, à savoir les communes, les départements et les territoires d'outre-mer, l'article 72 ne détermine pas une liste limitative ou fermée de ces catégories. D'autres catégories de collectivités territoriales peuvent donc être créées. Le constituant de 1958 pensait sans doute permettre au législateur de trouver des solutions nouvelles au problème algérien mais n'envisageait sans doute pas de créer, à cette époque, des régions. Le texte de l'avant-projet de Constitution proposé par Michel Debré en juillet 1958 était, en outre, rédigé de manière différente : « Les collectivités territoriales de la République sont les villes et les communes, les départements et les territoires d'outre-mer ». Outre la référence aux villes, qui a disparu dans le texte définitif, il n'était pas prévu dans ce texte que d'autres collectivités territoriales puissent être créées.

Le législateur peut donc créer « toute autre collectivité territoriale » selon l'alinéa 1er de l'article 72, qu'il soit dans sa rédaction ancienne ou dans sa rédaction nouvelle de 2003. La formule au singulier pouvait signifier que le législateur ne pouvait intervenir que pour créer une nouvelle collectivité, une commune, un département ou un territoire d'outre-mer nouveaux, c'est-à-dire en plus de ceux ou de celles qui existaient réellement au moment de la promulgation de la Constitution de 1958. Elle pouvait signifier aussi que le législateur avait reçu compétence pour définir des catégories nouvelles, à côté des communes, des départements et des territoires d'outre-mer. C'est dans ce deuxième sens que s'est prononcé le Conseil constitutionnel dans sa décision n° 82-138 DC, Loi portant statut particulier de la région Corse (organisation administrative) à propos de la création de la région de Corse. Il a en effet reconnu que la loi pouvait créer de nouvelles catégories et non pas seulement des collectivités au sein d'une catégorie déjà existante. L'utilisation du singulier signifie que « toute autre » équivaut alors à « tout un ensemble » de collectivités. Mais, paradoxalement, le Conseil a admis aussi dans la même décision que le législateur pouvait créer des catégories composées d'une seule unité, comme dans le cas de la Corse, région créée avant les autres par cette loi n° 82-214 du 2 mars 1982. Pour étayer son raisonnement, le Conseil a d'ailleurs invoqué les précédents du statut de la Ville de Paris et de Mayotte, qui dataient, respectivement, de 1964 et de 1976. Pour le Conseil, ces nouvelles catégories peuvent être créées aussi bien en métropole qu'outre-mer, contrairement à ce que soutenaient les adversaires de la loi, parce que l'article 72, alinéa 1er est relatif à l'ensemble des collectivités territoriales et ne concerne pas seulement l'outre-mer.

Le Conseil constitutionnel a réaffirmé sa position, toujours à propos de la Corse, dans la décision n° 91-290 DC du 9 mai 1991, Loi portant statut de la collectivité territoriale de Corse. Le législateur peut, sur le fondement des articles 34 et 72 de la Constitution, créer « une nouvelle catégorie de collectivités territoriales, même ne comprenant qu'une unité et la doter d'un statut spécifique ». Les seules limites consistent à respecter, à l'époque de la décision de 1991, les règles contenues aux alinéas 2 et 3 de l'article 72 (devenus les alinéas 3 et 6 après 2003). La liberté du législateur, en matière de création, semble donc assez large : toute collectivité territoriale peut facilement être érigée en collectivité à statut particulier afin d'échapper au droit commun et aux contraintes inhérentes à la notion de catégorie qui oblige à respecter un certain nombre d'éléments communs. Une partie des commentateurs de cette décision a estimé que le Conseil constitutionnel avait trop facilement autorisé le législateur à déroger aux règles communes à un ensemble de collectivités en lui permettant de créer des collectivités spécifiques. Il semble néanmoins que la jurisprudence du Conseil constitutionnel s'inscrivait dans la continuité de celle de 1982, en faveur de la reconnaissance d'une assez grande liberté du législateur. Le nombre assez élevé de créations illustre d'ailleurs cette liberté du législateur en la matière, qui peut ainsi extraire une collectivité particulière d'une catégorie existante et la transformer, au gré des besoins dont la nature est plus politique, économique ou sociale que juridique, en collectivité à statut spécifique. La modification de l'alinéa 1er de l'article 72 en 2003 qui a inséré les « collectivités à statut particulier » dans la liste des collectivités territoriales de la République a, en quelque sorte, consacré l'existence de ces collectivités sui generis créées par le législateur.

B. L'unité catégorielle et la différenciation territoriale

143. L'existence de catégories de collectivités oblige à s'interroger sur ce qui constitue une « catégorie » et sur ce qui fait son unité. Elle revient à se demander en quoi, par exemple, un département se distingue d'une région ou d'une commune, car les différences de taille du territoire ne peuvent constituer, à elles seules, un critère pertinent. La catégorie signifie que chaque collectivité qui en relève doit posséder des caractéristiques identiques à celles des autres unités de cette catégorie, comme l'écrivaient MM. J. Bourdon, J.-M. Pontier et J.-C. Ricci (Droit des collectivités territoriales, PUF, coll. « Thémis », 2e éd., 1998). C'est ainsi que la Corse appartenait à la catégorie des régions, ce que le Conseil constitutionnel a qualifié de « droit commun applicable à l'ensemble des régions » dans le statut de 1982, car rien ne permettait de penser qu'elle serait élue selon des modalités distinctes de celles des autres régions (cons. 11 de la décision n° 82-138 DC du 25 février 1982, Loi portant statut particulier de la région de Corse). C'est ainsi que le législateur ne pouvait pas non plus doter les départements d'outre-mer d'une assemblée élue dans des conditions différentes de celles applicables aux autres conseils généraux car l'unité de la catégorie de départements aurait été rompue (déc. n° 82-147 DC du 2 décembre 1982, dite Assemblée unique). De même, enfin, les trois grandes villes que sont Paris, Marseille et Lyon ne méconnaissent pas le « droit commun de l'organisation communale » (déc. n° 82-149 DC du 28 décembre 1982, Loi relative à l'organisation administrative de Paris, Marseille et Lyon, cons. 6). Ces éléments constitutifs forment donc « l'essence » même des collectivités de la catégorie qui se retrouve dans chacune d'elles. Si le législateur peut apporter des aménagements pour certaines d'entre elles, comme, par exemple, créer des conseils et des maires d'arrondissement pour les trois grandes villes françaises, ceux-ci ne peuvent être que marginaux et ne doivent pas porter atteinte à l'unité catégorielle (voir la même décision n° 82-149 DC).

En ce qui concernait les TOM, il était possible de considérer qu'il existait une spécificité de l'unité catégorielle, consistant dans le fait que chacun de ces territoires obéissait à un régime juridique qui lui était propre. Dans la décision n° 85-196 DC du 8 août 1985, le Conseil constitutionnel a néanmoins estimé, à propos de l'évolution de la Nouvelle-Calédonie, que le rôle de l'assemblée territoriale d'un TOM ne se limitait pas à l'administration du territoire, ce qui était une façon d'introduire un élément constitutif de l'unité catégorielle de ces TOM. Il n'y a pas eu, néanmoins, d'autre application de cette jurisprudence. Le même raisonnement peut être, a priori, tenu depuis 2003 à propos des COM, chacune d'entre elles étant dotée d'un statut qui lui est propre.

Le projet de loi constitutionnelle n° 2203, Pour un renouveau de la vie démocratique, enregistré à l'Assemblée nationale le 29 août 2019, prévoit de consacrer à l'article 72 de la Constitution un droit pour les collectivités territoriales à la différenciation, entendu comme la possibilité pour celles-ci d'exercer des compétences, en nombre limité, dont ne disposent pas l'ensemble des collectivités appartenant à la même catégorie, ce qui constitue la reconnaissance de la notion de « catégories ». Ce droit à la différenciation, qui devait être exclu lorsque sont en cause les conditions essentielles d'exercice d'une liberté publique ou d'un droit constitutionnellement garanti, conduit nécessairement à s'interroger sur le maintien de cette exigence d'unité des catégories constitutionnelles. La consécration de la différenciation des compétences des collectivités territoriales aurait en effet pour résultat que des collectivités appartenant à une même catégorie aient des compétences différentes.

§2. Les collectivités constitutionnelles et les collectivités législatives en métropole

144. Les possibilités de création des catégories de collectivités territoriales sont doubles : cette création est constitutionnelle et elle peut être législative.

Cette distinction est néanmoins moins importante depuis 2003, la Constitution ayant cherché à faire coïncider le texte constitutionnel avec la réalité, comme le montre l'insertion des régions dans la catégorie des collectivités constitutionnelles et la mention des collectivités à statut particulier (art. 72, al. 1er). Il est certain que cette coïncidence ne fait cependant que rendre compte d'une situation donnée et que la liberté donnée au législateur de créer des collectivités nouvelles ne pourra, à l'avenir, que creuser de nouveau une différence entre le texte constitutionnel et les collectivités réelles. La possibilité donnée au législateur de créer des collectivités à statut particulier augmente ainsi la liberté de ce dernier.

Cette liberté n'empêche pas le constituant de « reconnaître », au niveau constitutionnel, une collectivité existante nommément désignée afin de lui donner une identité et une spécificité particulières. Le projet de loi constitutionnelle du 29 août 2019 prévoit par exemple de créer un article 72-5 qui affirmerait que « La Corse est une collectivité à statut particulier au sens du premier alinéa de l'article 72 » (al. 1er) faisant référence à son insularité ainsi qu'à ses caractéristiques géographiques, économiques ou sociales (al. 2).

L'éventuelle dualité entre les collectivités constitutionnelles et les autres ne change rien quant au régime juridique applicable, car les autres alinéas de l'article 72, ainsi que les autres articles du titre XII, régissent toutes les collectivités, quel que soit leur mode de création. Il est en effet question, dans ces dispositions, des « collectivités territoriales », sans autre mention.

La Constitution peut, évidemment, créer des catégories nouvelles, ce qui a été le cas des régions en 2003, comme elle pourrait supprimer celles qui existent. La loi constitutionnelle de 2003 a ainsi supprimé la catégorie des territoires d'outre-mer. La disparition des départements, en tant que catégorie de collectivités ou échelon d'administration décentralisée, ne peut, par exemple, être opérée que par une modification de l'énumération de l'alinéa 1er de l'article 72. La disparition d'un ou de plusieurs départements, en métropole ou outre-mer, ne nécessite pas, en revanche, une telle révision constitutionnelle, comme le montrent notamment la loi NOTRe n° 2014-991 du 7 août 2015 à propos de la Corse et le décret n° 2019-142 du 27 février 2019 portant regroupement des départements du Bas-Rhin et du Haut-Rhin confirmé par la loi n° 2019-816 du 2 août 2019 relative aux compétences de la Collectivité européenne d'Alsace (voir *supra*). En d'autres termes, supprimer des départements n'est pas synonyme de supprimer les départements de la carte administrative. Il en irait de même, évidemment, de la disparition des autres catégories. Les collectivités territoriales créées par la Constitution, du moins en tant que catégorie, bénéficient donc d'une garantie de protection supérieure à celle offerte aux collectivités seulement créées par la loi. Leur supériorité tient alors au caractère rigide de la Constitution, rendant plus difficile la révision du texte constitutionnel que la modification de la loi. Il y aurait ainsi des collectivités de premier rang et des collectivités de second rang.

Jusqu'en 2003, si aucune catégorie constitutionnelle de collectivités territoriales n'avait été supprimée depuis 1958, aucune n'avait été créée non plus. Seul le projet de loi soumis au peuple français par référendum le 27 avril 1969 prévoyait d'ajouter les régions à la liste constitutionnelle de l'article 72. On sait que le projet de loi relatif à la création de régions et à la rénovation du Sénat fut repoussé par la majorité des Français pour des raisons qui ne tenaient pas toutes à la création des régions. Cette liberté de création par le législateur avait été utilisée par la loi n° 82-213 du 2 mars 1982 relative aux droits et libertés des communes, des départements et des régions créant précisément cette dernière catégorie régionale, par la loi n° 82-214 du 2 mars 1982 portant statut particulier de la région de Corse : organisation administrative, et par la loi n° 82-1171 du 31 décembre 1982 portant organisation des régions de Guadeloupe, de Guyane, de Martinique et de La Réunion.

L'article 72, alinéa 1er fait le choix de la loi ordinaire pour créer « toute autre collectivité territoriale », et non pas celui de la loi organique. Cette dernière loi n'est exigée par l'article 72-4 que pour créer une nouvelle COM ou pour faire évoluer une COM vers un statut régi par l'article 73 (cf. création de Saint-Barthélemy et de Saint-Martin en 2007 et changement du statut de Mayotte en 2009, cf. *supra*). Le choix de la loi ordinaire a été maintenu, pour la création de collectivités de métropole, dans la rédaction de l'alinéa 1er de l'article 72 issue de la loi constitutionnelle du 28 mars 2003, y compris lorsque ces collectivités sont créées en lieu et place d'une ou de plusieurs collectivités existantes. La création d'une nouvelle collectivité territoriale de Corse est ainsi prévue par une « simple » loi ordinaire qui se contente, en outre, de renvoyer à des ordonnances pour en préciser le régime (loi du 7 août 2015 précitée et ordonnances n° 2016-1562 du 21 novembre 2016 portant diverses mesures institutionnelles relatives à la collectivité de Corse et n° 2016-1563 du 21 novembre 2016 portant diverses mesures électorales applicables en Corse).

Cette loi peut être référendaire, en application de l'article 11 prévoyant la possibilité de soumettre à référendum un projet portant sur l'organisation des pouvoirs publics. Si la définition de ces derniers donne lieu à des discussions doctrinales sur la question de savoir s'ils comprennent aussi des pouvoirs locaux, tant le projet de loi précité de 1969 que la loi n° 88-1028 du 9 novembre 1988 portant dispositions statutaires et préparatoires à l'autodétermination de la Nouvelle-Calédonie en 1998 ont été soumis aux électeurs français par la voie du référendum législatif.

Dans tous les cas, ce ne sont pas les collectivités territoriales qui disposent du pouvoir de création d'une nouvelle collectivité, ni de celui de s'autoproclamer « collectivité territoriale ». C'est toujours l'État qui reste compétent et les collectivités n'existent que dans l'ordre juridique étatique.

§3. La création de collectivités situées outre-mer

145. La loi constitutionnelle de 2003 a assez profondément modifié le pouvoir et la liberté de création de « collectivités situées outre-mer », selon la formule inscrite à l'article 72-4. Cette formulation purement géographique et descriptive a donc vocation à s'appliquer à toutes les collectivités ultra-marines, qu'elles relèvent de la catégorie des DOM et des ROM, de la catégorie des COM ou de celle des collectivités à statut particulier. Pour la première fois dans la Constitution de 1958, est reconnue la possibilité de faire évoluer ces catégories, de l'une vers l'autre et réciproquement, ainsi qu'à l'intérieur de la catégorie des départements et des régions d'outre-mer.

A. Le changement de statut constitutionnel

146. Le changement de régime constitutionnel, du régime des DOM (art. 73) vers celui des COM (art. 74), ou dans le sens inverse, est envisagé expressément à l'article 72-4 pour l'ensemble des collectivités situées outre-mer, quel que soit leur statut initial. Cette importante innovation constitutionnelle nécessite le recours à une loi organique afin de permettre des évolutions et de ne pas obliger le législateur à trouver des solutions plus ou moins conformes à la Constitution telles qu'elles ont pu être pratiquées jusqu'en 2003. L'alinéa 2 de cet article 72-4 précise aussi la procédure de consultation des électeurs des collectivités situées outre-mer à propos d'une question relative à leur organisation, à leurs compétences ou à leur régime législatif. Il s'agit de garanties démocratiques incontestables pour éviter des dérives statutaires non souhaitées par les électeurs d'outre-mer. Peut être en effet en jeu, dans ce changement statutaire, le choix entre un régime d'assimilation et un régime de spécialité législative, ce qui peut expliquer le recours à une loi organique, soumise au contrôle obligatoire du Conseil constitutionnel et la consultation obligatoire des électeurs. Selon le statut constitutionnel choisi, la collectivité territoriale sera, dans son rapport avec l'Union européenne, soit une Région ultra périphérique (RUP), soit un Pays ou territoire d'outre-mer (PTOM, cf. *supra*).

La procédure de consultation est organisée sur le modèle de l'article 11 de la Constitution, avec la même liberté de choix de la part du président de la République à partir de propositions dont l'origine peut être le Gouvernement ou, conjointement, les deux assemblées du Parlement. La consultation de la population, considérée comme un préalable nécessaire à tout changement de statut, est, en réalité, un consentement. Si le passage est conçu en théorie dans les deux sens, on peut penser que c'est surtout celui du statut de DOM/ROM vers celui de collectivité à spécialité législative qui était initialement envisagé. Mayotte a pu cependant montrer, en 2009, que l'évolution en sens inverse était possible (voir *supra*).

La Constitution détermine quels sont les électeurs qui peuvent donner un consentement à ces évolutions majeures. L'article 72-4 n'envisage, en effet, que les seuls électeurs de la collectivité, alors même que l'article 72-3, alinéa 1er mentionne expressément l'existence de « populations d'outre-mer ». Le Gouvernement a fait inscrire, en outre, que le consentement, nécessaire avant tout changement de statut, pouvait être aussi celui des électeurs de la partie de la collectivité intéressée, mais sans prévoir un seuil minimal de votants donnant une légitimité démocratique à la consultation. Le constituant pensait surtout aux cas des îles de Saint-Barthélemy et de Saint-Martin, qui constituaient en 2003 des « parties » du DOM/ROM de la Guadeloupe, et qui existaient sous la forme juridique de communes.

En tout état de cause, le consentement doit être préalable. Le consentement peut-il cependant primer sur la volonté du législateur ? Il faut sans doute distinguer deux hypothèses différentes. Après le vote des électeurs d'une collectivité située outre-mer, le Parlement ne peut sans doute pas être privé du droit d'exprimer la souveraineté nationale, et il pourrait passer outre un éventuel vote des électeurs en faveur d'un changement de statut en n'adoptant pas un nouveau statut et en invoquant d'autres considérations d'intérêt général que celles relatives à l'évolution statutaire. En revanche, il ne pourrait pas aller à l'encontre d'un refus d'évolution qui s'apparenterait à une sorte de veto. En clair, si les électeurs d'un DOM veulent évoluer vers l'article 74, ils ne sont pas certains de l'obtenir, mais, s'ils le refusent, le législateur, même organique, ne peut le leur imposer. L'exigence du consentement est présentée comme un verrou constitutionnel contre des évolutions qui ne seraient pas voulues par les électeurs de ces collectivités ultra-marines. Ce droit de veto répond aux craintes, qui ont souvent été exprimées dans les DOM/ROM, d'un abandon du régime de l'article 73, considéré comme synonyme de leur rattachement à la République française. Le consentement est donc essentiellement négatif : les électeurs ont la possibilité de dire « non », mais leur « oui » peut être sans effet, du moins sur le plan juridique.

La loi organique n° 2007-223 du 21 février 2007 portant dispositions statutaires et institutionnelles relatives à l'outre-mer a, à la suite des consultations organisées le 7 décembre 2003, créé deux nouvelles collectivités d'outre-mer, Saint-Barthélemy et Saint-Martin, qui sont substituées aux communes du même nom et aux département et région de Guadeloupe dont elles faisaient partie (art LO 6211-1 et LO 6311-1). De même, à la suite de la consultation du 29 mars 2009, Mayotte est devenue un nouveau département d'outre-mer (loi organique n° 2009-969 du 3 août 2009 relative notamment à la départementalisation de Mayotte, cf. *supra*).

B. Le changement de régime législatif des départements et des régions d'outre-mer

147. L'article 73 organise également, avec plus de souplesse, les évolutions au sein de la catégorie des départements et des régions d'outre-mer. Il s'agit, là encore, de répondre aux aspirations de certains DOM/ROM de voir leur statut évoluer, tout en bénéficiant du régime protecteur proposé par l'article 73, notamment du point de vue de l'application du droit de l'Union européenne. Ces dispositions visent aussi à contourner l'obstacle opposé par le Conseil constitutionnel au régime de l'assemblée unique dans la décision précitée n° 82-147 DC du 2 décembre 1982.

La création d'une collectivité unique au sein de ce que sont à l'heure actuelle les départements et les régions d'outre-mer et celle d'une assemblée unique pour une région monodépartementale et un département d'outre-mer constituaient des revendications plus ou moins développées selon les parties du territoire français ultra-marin. L'alinéa 7 de l'article 73 rend possibles ces deux évolutions. Il renvoie cependant, pour réaliser ces évolutions, à la procédure, contraignante, prévue à l'article 72-4, la seule différence avec ce qui a été exposé ci-dessus étant que la loi ordinaire est compétente pour tirer les conséquences du résultat de la consultation, et non pas la loi organique.

Cette loi, précédée du consentement des électeurs, suffit donc à doter un ancien DOM/ROM du statut de collectivité territoriale à statut particulier. La même procédure, loi ordinaire et consentement des électeurs, est prévue dans le cas de la création d'une assemblée unique. Néanmoins, pour être certain que ces collectivités de type nouveau prévues à l'alinéa 7 de l'article 73 n'échappent pas au régime de cet article pour tenter l'aventure du régime prévu pour les collectivités d'outre-mer, il est précisé à l'article 72-3, alinéa 2, que ces collectivités nouvelles continueront d'être régies par l'article 73. Un verrou est mis à l'article 72-3 contre tout risque de dérapage vers un statut qui les aurait assimilées à des collectivités d'outre-mer au sens de l'article 74, répondant ainsi à un souhait des élus et des populations des DOM/ROM.

L'alinéa 5 de l'article 73, introduit par un amendement parlementaire de M. Victoria, député de La Réunion, est caractéristique du poids particulier de La Réunion au sein de l'outre-mer. Il exclut expressément ce département et cette région de l'application des alinéas 3 et 4 de l'article 73. Outre qu'il s'agit d'une disposition originale, dans le texte constitutionnel français, elle est parfois interprétée comme une consécration du département et de la région de La Réunion qui ne pourraient devenir une collectivité unique au sens de l'article 73, alinéa 7 puisque les deux collectivités sont expressément mentionnées dans cet alinéa. Tout au plus, une assemblée unique pourrait être créée, toujours en vertu de cet alinéa 7, mais le département et la région de La Réunion subsisteraient. Le projet de loi constitutionnelle du 29 août 2019, s'il a changé la rédaction de cet alinéa 5 de l'article 73, continue de faire référence au département et à la région de La Réunion.

Le législateur, mais aussi le pouvoir réglementaire, peuvent modifier le nombre de collectivités à l'intérieur d'une même catégorie.

Section 2
La création de collectivités territoriales nouvelles par la loi ou le règlement

148. La Constitution ne se contente pas de permettre au seul législateur de pouvoir créer des catégories nouvelles. La rédaction de l'article 72, alinéa 1er l'autorise aussi à créer des collectivités au sein des catégories existantes, d'autant plus facilement que le nombre de collectivités au sein de chaque catégorie n'est pas fixé par la Constitution. La compétence normative est néanmoins partagée entre la loi et le règlement.

§1. Le nombre indéterminé de collectivités territoriales

149. La formule utilisée à l'article 72, alinéa 1er, tout en prévoyant que la loi peut créer des catégories nouvelles, même composées d'une seule unité, n'interdit pas que la loi puisse aussi créer de nouvelles unités à l'intérieur des catégories existantes, c'est-à-dire de nouvelles communes, de nouveaux départements ou de nouvelles régions. Le législateur peut aussi opérer des modifications à l'intérieur de ces catégories anciennes, en dotant une collectivité d'un nouveau statut, c'est-à-dire en la faisant changer de catégorie.

La Constitution française n'a pas en effet arrêté le nombre des collectivités territoriales relevant d'une catégorie. La loi n° 2015-29 du 16 janvier 2015 a ainsi supprimé neuf régions sur les vingt-deux régions métropolitaines en comptant la Corse. Depuis 1958, le nombre des TOM a, pour d'autres raisons, été modifié du fait, essentiellement, de la volonté de certains d'entre eux d'accéder à l'indépendance, comme l'archipel des Comores en 1975 ou le territoire des Afars et des Issas en 1977 (voir *supra*). Le régime de Saint-Pierre-et-Miquelon montre aussi la grande souplesse offerte par l'article 72, alinéa 1er, même dans sa rédaction antérieure à 2003.

À l'intérieur des catégories prévues par la Constitution, toute modification est donc possible, aucun minimum ou maximum n'étant fixé.

De manière particulière, l'article 72-3, introduit par la loi constitutionnelle du 28 mars 2003, énumère des collectivités territoriales existantes. La création par la loi organique des deux nouvelles COM de Saint-Barthélemy et de Saint-Martin a conduit le constituant, par la loi constitutionnelle n° 2008-724 du 23 juillet 2008, à insérer ces deux collectivités dans la liste de l'alinéa 2 de l'article 72-3. Cette liste se veut exhaustive, en l'état actuel de la Constitution, et énumère les DOM, les ROM et les collectivités uniques régies par l'article 73 ainsi que les COM. Elle ne fige pas la situation de chacune de ces collectivités situées outre-mer et laisse la porte ouverte à des évolutions entre chacune des catégories de collectivités situées outre-mer, sous réserve du cas du département et de la région de La Réunion (voir *supra*). Il y a au moins une certitude dans la Constitution, c'est qu'il existe un département et une région à La Réunion.

§2. L'autorité normative compétente pour créer des unités de collectivités territoriales

150. Selon une lecture extensive de l'article 72, alinéa 1er, avant ou après 2003, seul le législateur serait compétent pour créer une région, un département ou une commune. Il en va de même de leur suppression, comme le montrent la loi n° 2015-29 du 16 janvier 2015 relative à la délimitation des régions, aux élections régionales et départementales et modifiant le calendrier électoral qui a supprimé neuf régions métropolitaines, et la loi n° 2017-257 du 28 février 2017 qui a supprimé le département de Paris. En revanche, si une lecture plus restrictive est opérée, le législateur est seulement compétent pour déterminer de nouvelles catégories, mais, à l'intérieur de celles-ci, la création peut être effectuée soit par la loi, soit par le pouvoir réglementaire. La Constitution ne fournit aucune réponse précise. La pratique suivie depuis 1958 ainsi qu'un certain bon sens montrent que si le pouvoir réglementaire est compétent pour créer ou supprimer des communes, dans le cadre de fusions par exemple ou, désormais, de communes nouvelles, seul le législateur serait compétent pour créer de nouveaux départements ou de nouvelles régions. Le partage des compétences s'opérerait ainsi en fonction de l'importance de la collectivité créée.

A. La création et la suppression des départements et des régions

151. La compétence législative pour définir les limites départementales est constante depuis la création des 83 premières circonscriptions départementales par le décret de l'Assemblée constituante des 26 février et 4 mars 1790 adopté à la suite de la loi des 22 décembre 1789-janvier 1790, relative à la constitution des assemblées primaires et des assemblées administratives. Le terme de « décret » n'avait pas la signification actuelle et désignait un texte adopté par l'Assemblée avant sa sanction par le roi. Elle a été affirmée par plusieurs Constitutions de 1791 à 1946. Seule l'époque napoléonienne échappe à cette constatation, puisque des départements ont été créés par des sénatus-consultes, celui du 4 novembre 1808 et un décret du 21 novembre 1808 pour le Tarn-et-Garonne qui « empruntait » des territoires aux départements voisins du Lot, de la Haute-Garonne et du Lot-et-Garonne et celui du 19 avril 1811 pour la Corse réunifiant les deux départements du Golo et du Liamone qui avaient séparé en 1793 le département de Corse créé en même temps que les autres départements en 1790. Il est vrai que le Sénat napoléonien pouvait encore apparaître comme un organe législatif. Depuis la IIIe République, tous les nouveaux départements ont été créés par la loi.

Tel a été le cas de la loi nº 64-707 du 10 juillet 1964 portant réorganisation de la région parisienne qui a substitué la ville de Paris et six départements aux départements de la Seine et de la Seine-et-Oise, et celui de la loi nº 75-356 du 15 mai 1975 portant réorganisation de la Corse qui a divisé le département de la Corse en deux départements. La diminution du nombre de régions par la loi précitée du 16 janvier 2015 en est une illustration supplémentaire.

La loi du 16 décembre 2010 a modifié et unifié, en vue de les faciliter, les conditions de regroupement par fusion de plusieurs départements d'une même région (art. L. 3114-1), de plusieurs régions contiguës (art. L. 4123-1). L'article L. 3114-1-I et III dispose en effet que lorsque « Plusieurs départements formant, dans la même région, un territoire d'un seul tenant peuvent, par délibérations concordantes de leurs conseils départementaux, adoptées à la majorité des trois cinquièmes des suffrages exprimés, (demandent) à être regroupés en un seul département... le regroupement est décidé par décret en Conseil d'État ». Le cas des départements alsaciens est particulier. Si le décret nº 2019-142 du 27 février 2019 a bien prévu ainsi que « Les départements du Bas-Rhin et du Haut-Rhin sont regroupés sous le nom de "Collectivité européenne d'Alsace" » au 1er janvier 2021, la loi nº 2019-816 du 2 août 2019 relative aux compétences de la Collectivité européenne d'Alsace a confirmé ce choix en disposant que « À compter du 1er janvier 2021, les départements du Bas-Rhin et du Haut-Rhin sont regroupés sous le nom de "Collectivité européenne d'Alsace" » (art. 1er).

Il en était de même, s'agissant de l'autorité compétente pour décider du regroupement de régions à l'article L. 4123-1. La loi de 2015 pouvait alors être considérée comme une modification spéciale de la règle générale posée dans ces articles du Code général et habilitant le pouvoir réglementaire. Dans sa décision nº 2014-709 DC du 15 janvier 2015, relative à cette loi, le Conseil constitutionnel a jugé que ni les dispositions des articles 72 et 72-1 de la Constitution ni aucune autre exigence constitutionnelle n'imposent la consultation des collectivités territoriales préalablement au dépôt d'un projet ou à l'adoption d'une loi modifiant leurs délimitations territoriales (cons. 5). Quant à l'exigence de consultation des collectivités concernées par la Charte européenne de l'autonomie locale dans son article 5, selon lequel « Pour toute modification des limites territoriales locales, les collectivités locales concernées doivent être consultées préalablement, éventuellement par voie de référendum là où la loi le permet », il a jugé, de manière prévisible, qu'il n'était pas compétent pour exercer un tel contrôle de conventionnalité de la loi (cons. 4), en application de la célèbre jurisprudence née de la décision nº 74-54 DC du 15 janvier 1975, Loi relative à l'interruption volontaire de grossesse. Cet article L. 4123-1 a été abrogé par la loi nº 2015-29 du 16 janvier 2015 relative à la délimitation des régions, aux élections régionales et départementales qui a procédé à une forme de regroupement forcé des régions par la seule volonté du législateur.

Les procédures de regroupement de départements et de régions étaient prévues aux articles précités L. 3114-1 et L. 4123-1, et débutaient par l'adoption de délibérations concordantes des conseils dans le sens de la fusion. L'article précité concernant la fusion de régions n'est donc plus applicable du fait de la loi du 16 janvier 2015. Dans la loi de 2010, les procédures connaissaient ensuite une phase de consultation des électeurs. Le projet de regroupement devait recueillir, dans chacune des collectivités concernées, l'accord de la majorité absolue des suffrages exprimés correspondant à un nombre de voix au moins égal au quart des électeurs inscrits. Le Gouvernement pouvait toujours refuser de donner suite au projet de fusion, même en cas de vote positif. En revanche, le vote négatif des électeurs empêchait la procédure de fusion d'aboutir. La loi du 16 janvier 2015 a procédé à une modification de la procédure de fusion des départements (art. L. 3114-1), et de celle des régions et départements (art. L. 4124-1), qui est entrée en vigueur le 1er janvier 2016. Elle supprime la consultation des électeurs et impose en revanche que les délibérations des conseils des collectivités territoriales soient adoptées à la majorité des trois cinquièmes des suffrages exprimés. Cette modification illustre la victoire de la démocratie représentative sur la démocratie directe.

C'est au stade de la décision de regroupement que le législateur a opéré des choix différents. Le regroupement de départements est « décidé par décret en Conseil d'État » (art. L. 3114-1-III). En revanche, c'est la loi qui décide la fusion d'une région et des départements qui la composent, la création de cette collectivité unique et qui en détermine l'organisation et les conditions de son administration (art. L. 4124-1-III). Le législateur a ainsi estimé qu'une telle création était plus lourde de conséquences que la simple réduction du nombre de départements ou de régions et nécessitait l'intervention de la loi et pas seulement celle du décret.

Cette procédure de l'article L. 4124-1 a été mise en œuvre en 2013 dans le cadre du projet de fusion des deux départements alsaciens avec leur région mais n'a pu être menée à son terme en raison de l'échec du référendum du 7 avril 2013. Seulement 37,18 % des électeurs haut-rhinois et 35,11 % des électeurs bas-rhinois se sont déplacés aux urnes et ils ont voté respectivement à 34 % dans le département du Haut-Rhin et à 67 % dans le Bas-Rhin en faveur du « oui » (soit 22,90 % des inscrits). Les verrous posés par la loi quant aux modalités d'adoption du projet de fusion, jugés nécessaires par le législateur pour l'exercice d'un véritable choix démocratique, étaient et restent salutaires, même s'ils se sont retournés contre les promoteurs du projet alsacien. Finalement, après l'échec de ce référendum et l'entrée en vigueur de la nouvelle carte régionale, en vertu de laquelle les régions Alsace, Lorraine et Champagne-Ardenne ont été regroupées en une région Grand-Est. Ce regroupement, considéré comme autoritaire par beaucoup d'élus alsaciens, a été « compensé » par la création de la Collectivité européenne d'Alsace (cf. *supra*).

Cette loi, qui est relative aux compétences de la Collectivité européenne d'Alsace, tire les conséquences de la création de cette nouvelle collectivité, en matière de transfert de leur personnel, du régime de substitution de la nouvelle collectivité aux départements préexistants et des dispositions transitoires relatives à son assemblée délibérante.

B. Le cas de communes : fusions et création de communes nouvelles

152. La procédure de fusion de communes a été modifiée par la loi du 16 décembre 2010 (art. L. 2113-1 et s. abrogeant la loi n° 71-588 du 16 juillet 1971 sur les fusions et regroupements de communes, complétée par la loi n° 2015-292 du 16 mars 2015 relative à l'amélioration du régime de la commune nouvelle), par la loi n° 2016-1500 du 8 novembre 2016 tendant à permettre le maintien des communes associées, sous forme de communes déléguées, en cas de création d'une commune nouvelle, par la loi n° 2017-257 du 28 février 2017 et enfin par la loi n° 2019-809 du 1er août 2019 visant à adapter l'organisation des communes nouvelles à la diversité des territoires. Elle rend possible la création de « communes nouvelles » résultant de la fusion de plusieurs communes (fusion horizontale) ou de communes avec un établissement public de coopération intercommunale à fiscalité propre (fusion verticale). La loi n° 2019-1461 du 27 décembre 2019 relative à l'engagement dans la vie locale et à la proximité de l'action publique s'est contentée de corriger certaines dispositions relatives aux mairies-annexes. Depuis la loi du 1er août 2019 précitée, une commune nouvelle, issue de la fusion de toutes les communes membres d'un ou de plusieurs établissements publics de coopération intercommunale à fiscalité propre pourra, sans appartenir à un établissement public de coopération intercommunale à fiscalité propre, disposer des mêmes prérogatives et être soumise aux mêmes obligations que celles que la loi attribue ou assigne directement à un tel établissement.

Une commune nouvelle peut être créée, soit à la demande de tous les conseils municipaux, soit à la demande des deux tiers au moins des conseils municipaux des communes membres d'un EPCI à fiscalité propre, représentant plus des deux tiers de la population totale de celles-ci, soit à la demande de l'organe délibérant d'un EPCI à fiscalité propre en vue de la création d'une commune nouvelle en lieu et place de toutes ses communes membres, soit enfin à l'initiative du représentant de l'État dans le département (art. L. 2113-2). Dans les deux derniers cas, la création est subordonnée à l'accord des deux tiers au moins des conseils municipaux des communes concernées représentant plus des deux tiers de la population totale de celles-ci.

Lorsque la demande ne fait pas l'objet de délibérations concordantes des conseils municipaux de toutes les communes concernées, les électeurs inscrits sur les listes municipales sont consultés sur l'opportunité de la création de la commune nouvelle sous certaines conditions de participation. La création de la commune nouvelle ne peut en effet être décidée par arrêté du préfet que si la participation au scrutin est supérieure à la moitié des électeurs inscrits et si le projet recueille, dans chacune des communes concernées, l'accord de la majorité absolue des suffrages exprimés correspondant à un nombre de voix au moins égal au quart des électeurs inscrits (art. L. 2113-3).

La création d'une commune nouvelle entraîne la disparition des communes fusionnées en tant que personnes morales. Elle peut aussi conduire à la survie de « communes déléguées » non dotées de la personnalité juridique, chargées d'établir les actes d'état civil et pouvant recevoir des délégations du maire de la commune nouvelle (art. L. 2113-13). Depuis la loi du 16 mars 2015 le conseil municipal d'une commune nouvelle peut instituer une conférence municipale, présidée par le maire et comprenant les maires délégués, au sein de laquelle peut être débattue toute question de coordination de l'action publique sur le territoire de la commune nouvelle. Cet organe est devenu, par la loi du 1er août 2019, la conférence « du maire et des maires délégués » (art. L. 2113-12-1).

Ces communes déléguées peuvent, dans le silence de la loi, demander leur « défusion » sur le fondement et dans les conditions posées par les dispositions réglementaires du CGCT relatives aux modifications des limites territoriales des communes.

Cette procédure de création de communes nouvelles ne connaissant que peu de succès depuis la loi de 2010, la loi du 16 mars 2015 a prévu des mécanismes d'incitation financière (art. L. 2113-20 et s.). La loi du 8 novembre 2016 renforce en outre le rôle des communes déléguées. Ces dispositions ont eu un effet certain puisque le nombre de créations de communes nouvelles a significativement augmenté à partir de l'année 2015 : 24 communes nouvelles regroupant 113 communes ont été créées en 2015, 325 communes nouvelles regroupant 1 111 communes ont été créées en 2016, 182 communes nouvelles regroupant 576 communes ont été créées en 2017 et 239 communes nouvelles regroupant 626 communes ont été créées en 2018, seulement trois en 2019 et deux en 2020. En février 2021, le nombre de communes nouvelles s'élève à 737. La vague de création de communes nouvelles semble connaître un palier.

En toute hypothèse, la décision de procéder à la fusion de communes ne constitue pas un acte portant atteinte à la libre administration des collectivités territoriales (déc. nº 2010-12 QPC du 2 juillet 2010, Commune de Dunkerque). Les communes ne déterminent donc pas leur procédure de fusion. Le principe relève de la loi, la mise en œuvre appartient au pouvoir exécutif et à ses représentants.

Section 3
La création de collectivités territoriales à statut particulier

153. La création de collectivités territoriales par le législateur a montré l'assez grande liberté dont il dispose pour créer de nouvelles catégories de collectivités territoriales, ou de nouvelles unités au sein des catégories existantes ou pour changer le statut juridique d'une collectivité existante. Jusqu'à 2003, il pouvait ainsi, au gré des besoins, selon la jurisprudence du Conseil constitutionnel de 1982 et de 1991 relative à la Corse qui a interprété de façon libérale l'article 72, alinéa 1er, créer une collectivité dotée d'un statut spécifique afin de répondre à une situation particulière, au risque de faire disparaître la notion même de catégorie.

La loi constitutionnelle du 28 mars 2003 a pris acte de ces évolutions de la jurisprudence constitutionnelle et de la nécessaire souplesse dont le législateur doit disposer pour faire face à des besoins qui peuvent se révéler ultérieurement.

C'est à ce titre que l'article 72, alinéa 1er fait référence, dans la liste des collectivités territoriales conçues comme des catégories, à celle des « collectivités à statut particulier » ce qui est un peu contradictoire car ces collectivités, par essence, ne relèvent d'aucune catégorie. Il a été précisé que l'intention du constituant, en 2003, était de répondre au cas de la Corse. En fait, cette mention générale permet désormais de reconnaître la constitutionnalité de la création de ces collectivités *sui generis* et de couvrir, rétroactivement, la jurisprudence de 1991 relative à la Corse. Le caractère général de la disposition constitutionnelle permet aussi des créations pour l'avenir.

Depuis 2003, la Constitution renforce cette liberté par deux mesures, dont l'une aurait pu trouver sa place au sein de l'article 72, alinéa 1er.

Celui-ci prévoit déjà que lorsqu'il crée une collectivité nouvelle, celle-ci peut se substituer à « une ou plusieurs collectivités mentionnées au présent alinéa ». Une collectivité nouvelle peut remplacer un ou deux départements, comme cela a été le cas pour la collectivité territoriale de Corse qui se substitue à l'ancienne collectivité territoriale de Corse et aux départements de Corse-du-Sud et de Haute-Corse depuis la loi du 7 août 2015 précitée.

En outre, l'alinéa 3 de l'article 72-1, relatif aux formes de démocratie directe, prévoit que, dans le cas où le législateur envisage de créer une collectivité territoriale dotée d'un statut particulier, les électeurs inscrits dans les collectivités intéressées peuvent être consultés pour avis. Il ne s'agit alors que d'une possibilité, et non d'une quelconque obligation pour le législateur. Cette disposition a été inscrite dans la Constitution pour, notamment, trouver, en 2003, des solutions institutionnelles pour la Corse. Il n'a pas fallu attendre longtemps pour que soit adoptée la loi n° 2003-486 du 10 juin 2003 organisant une consultation des électeurs de Corse sur la modification de l'organisation institutionnelle de la Corse et contenant une annexe qui présentait les éléments d'un futur statut. Le vote des électeurs fut majoritairement négatif lors de la consultation le 6 juillet 2003 (50,98 % de « non »). Le projet d'une nouvelle collectivité corse à statut spécifique fut abandonné par les pouvoirs publics, alors même que le législateur, qui n'était pas lié par cet avis, aurait pu passer outre ce rejet par une simple « consultation » des électeurs. Pour des considérations politiques, il n'a pas voulu le faire en 2003. Il a attendu treize années pour mener à terme ce projet avec l'adoption de la loi n° 2015-991 du 7 août 2015 portant nouvelle organisation territoriale de la République qui a prévu que la création d'une collectivité à statut particulier au sens de l'article 72 de la Constitution devait se substituer à la collectivité territoriale de Corse instituée par la loi n° 91-428 du 13 mai 1991 portant statut de la collectivité territoriale de Corse et aux départements de Corse-du-Sud et de Haute-Corse (cf. *supra*).

Le Conseil constitutionnel a jugé que cette habilitation donnée par la disposition constitutionnelle au législateur lui permettant de consulter ou non les électeurs n'instituait pas un droit ni une liberté que la Constitution garantit et permettant de poser une QPC (déc. n° 2010-12 QPC du 2 juillet 2010, Commune de Dunkerque, cons. 3).

CHAPITRE 3

L'identité des collectivités territoriales

154. Les collectivités territoriales sont des personnes morales. À ce titre, elles doivent être identifiées ou distinguées selon des éléments qui ne sont pas sans rappeler ceux des personnes physiques et que la doctrine a qualifiés de l'expression juste « d'état civil des collectivités ». Elles ont besoin d'une identification qui permet de les distinguer les unes des autres et qui est souvent l'objet d'un enjeu. Les collectivités territoriales sont en même temps des réalités physiques et humaines, en ce qu'elles correspondent à des territoires sur lesquels vivent des populations.

Les éléments constitutifs des collectivités territoriales sont donc au nombre de trois, le nom, le territoire et la population. Chacun d'eux fait l'objet d'une réglementation spécifique, parfois extrêmement détaillée qui interdit de modifier librement cet état civil, ce qui en souligne d'autant plus l'importance. Cet état civil est un élément d'identification, mais aussi de protection de cette identité, qui permet qu'il puisse y avoir une politique de promotion à partir de ces éléments.

Section 1
Le nom des collectivités territoriales

155. Plus que tout autre élément, le nom des collectivités territoriales sert à identifier, c'est-à-dire à reconnaître mais aussi à distinguer, les différentes collectivités. On comprend alors qu'elles soient très attachées à défendre cette identité, ou parfois à vouloir changer ce nom. Le droit prévoit à la fois l'attribution et la procédure de changement de nom. Les règles, bien que formellement distinctes selon les catégories de collectivités territoriales, sont identiques sur le fond, quelles que soient les collectivités concernées. Les exemples les plus nombreux concernent évidemment les communes et les départements.

§1. L'attribution et le changement de nom

A. Le nom des communes

156. S'agissant des communes, les règles applicables figurent à l'article L. 2111-1, qui n'envisage que la procédure de changement de nom et ne contient aucune disposition sur l'attribution du nom.

Le nom des communes résulte, en règle générale, d'usages antérieurs à la Révolution et les noms sont souvent liés à des événements historiques ou à la configuration des lieux. Certains sont des noms de personnages, comme Richelieu (Indre-et-Loire). La période révolutionnaire et la Restauration après 1814 ont été propices à des changements de noms, au gré des changements de régime. C'est ainsi que La Roche-sur-Yon (Vendée), ville fondée par Napoléon Bonaparte en 1804, fut débaptisée et rebaptisée à huit reprises : La Roche-sur-Yon-Napoléon, sous le Premier Empire, les Cent-Jours et la Deuxième République, puis Bourbon-Vendée sous la Restauration, et Napoléon-Vendée sous le Second Empire. Elle ne reprit son nom d'origine qu'en 1870. Ces noms ont été légalement fixés par le décret du 9 fructidor an IX (ou 27 août 1801) relatif à la dénomination des communes et des arrondissements des justices de paix. Le texte interdit de donner aux communes d'autres noms que ceux portés aux tableaux annexés. Le pays compte 4 300 communes qui commencent par Saint ou Sainte, soit 12 % des villes et villages. Le saint le plus fréquent est Saint-Martin avec 222 communes, dont 26 avec le seul nom de Saint-Martin, devant Saint-Jean (170) et Saint-Pierre (153).

En cas de changements de nom qui sont la conséquence d'une modification des limites territoriales des communes, ils sont fixés par l'autorité compétente pour prendre les décisions de modification des communes (art. L. 2111-1, al. 2). Par exemple, dans le cadre du régime de fusions de communes, le nom de Cherbourg-Octeville (Manche) a été donné à la commune née de la fusion réalisée après une consultation organisée dans le périmètre de la communauté urbaine de Cherbourg par le décret du 23 février 2000 portant fusion des communes de Cherbourg et d'Octeville. Pour les communes nouvelles issues de la loi du 16 décembre 2010 et des lois suivantes, et en cas d'absence d'accord entre les communes décidant de fusionner et se prononçant par des délibérations concordantes, le préfet propose un nom soumis à l'avis des communes (art. L. 2113-6).

En revanche, aucun texte législatif ou réglementaire ne prévoit qu'il appartient au conseil municipal de la commune ou à une autre autorité administrative d'attribuer un nom à un lieu-dit ou de modifier un nom existant. Toutefois, en application des dispositions de l'article L. 2121-29, le conseil municipal est compétent, dans le cas où un intérêt public local le justifie, pour décider de modifier le nom d'un lieu-dit situé sur le territoire de la commune (CE, 26 mars 2012, n° 336459, Commune de Vergèze).

La procédure de changement de nom n'est pas laissée à la discrétion des communes et elle est confiée au Gouvernement qui agit par décret en Conseil d'État, sur demande du conseil municipal et après consultation du conseil départemental (art. L. 2111-1). Celle-ci est toujours obligatoire (CE, 25 juillet 1985, Commune de Pomerol, Rec., p. 319). La commune ne fait en l'espèce qu'exprimer un vœu mais la décision lui échappe. Le recours pour excès de pouvoir peut être intenté par toute personne qui y a intérêt ; ce peut être un simple particulier ou une autre collectivité publique (CE, 22 avril 1955, Commune de Saint-Martin-en-Vercors, à propos de la commune de Corrençon, en Isère, demandant à porter le nom de Corrençon-en-Vercors). Le juge exerce sur l'acte administratif un contrôle de l'exactitude matérielle des faits. Dans l'arrêt précité, il a ainsi vérifié la localisation géographique de la commune et la réalité des combats qui se sont déroulés sur son territoire en 1943-1944.

Beaucoup de communes ont souhaité ou souhaitent changer de nom. Les intérêts sont nombreux, esthétiques, touristiques et économiques et certains litiges ont l'allure de batailles commerciales, car il s'agit de vendre l'image d'une commune, comme est vendu un produit, parfois associé à un adjectif ou une formule identificatrice. La procédure ne fait intervenir aucune enquête publique ni consultation obligatoire des habitants, et les communes voisines pourtant intéressées à ce qu'une commune n'adopte pas un nom proche du leur ne sont pas non plus associées à cette procédure comme l'a affirmé le Conseil d'État dans l'arrêt Commune de Saint-Martin-en Vercors précité. Le conseil départemental est la seule instance dont l'avis est requis par l'article L. 2111-1.

Il ne faut pas croire que seules des petites communes se lancent dans la procédure de changement de nom, comme le montrent les exemples de Digne devenue Digne-les-Bains (Alpes-de-Haute-Provence) depuis un décret du 21 juin 1988, de Châlons-sur-Marne devenue Châlons-en-Champagne (Marne) depuis un décret du 6 novembre 1995 ou de Saint-Dié (Vosges) devenue Saint-Dié-les-Vosges par un décret du 21 décembre 1999. Les décrets n° 2005-1155 du 12 septembre 2005 et n° 2006-808 du 7 juillet 2006 montrent néanmoins que cette procédure est surtout utilisée par des petites communes, pour éviter parfois des confusions. C'est ainsi que la petite commune de Saint-Girons est devenue Saint-Girons-en-Béarn (Pyrénées-Atlantiques) pour se distinguer de son homonyme Saint-Girons située en Ariège (décret n° 2006-808 du 7 juillet 2006 portant changement de nom de communes).

B. Le nom des départements

157. La détermination du nom des départements a été l'œuvre de l'Assemblée constituante en 1790 lorsque la loi des 26 février-4 mars 1790 a établi la liste des quatre-vingt-trois départements et de leurs limites. Après avoir écarté le nom des anciennes provinces (par exemple, le département du Dauphiné-du-Nord) ou celui de la ville principale (par exemple, le département d'Auxerre) ou une simple numérotation des départements, l'Assemblée adopta une terminologie géographique et descriptive. Les fleuves, rivières, la proximité de la mer ou des montagnes expliquent les noms des départements français, seul celui des Landes ayant conservé une dénomination issue de l'Ancien Régime.

Mises à part la création ou la suppression de départements, les modifications des noms de départements ont été, jusqu'à une époque récente, assez rares. Si le département de Rhône-et-Loire a été divisé en deux départements, celui du Rhône et celui de la Loire pour des raisons politiques en 1793, et si la Meurthe est devenue la Meurthe-et-Moselle en 1871, du fait de l'annexion d'une partie de la Lorraine par l'Allemagne, il faut attendre les années 1950 pour voir des départements de la façade atlantique abandonner les termes, jugés péjoratifs, de « bas » ou d'« inférieur » au profit de « maritime » (Seine-Maritime, Charente-Maritime) ou « atlantique » (Loire-Atlantique, Pyrénées-Atlantiques). Il en a été de même des Basses-Alpes qui ont préféré la dénomination de « Alpes-de-Haute-Provence » (décret du 10 septembre 1970).

C'est enfin par un décret du 27 février 1990 que les Côtes-du-Nord sont devenues les Côtes-d'Armor, ce qui signifie en breton « Côtes de la mer ». On conviendra que des raisons liées à une recherche d'attractivité expliquent ces changements qui ne modifient cependant pas la géographie.

La procédure de changement de nom des départements est fixée à l'article L. 3111-1. C'est par un décret en Conseil d'État et sur demande du conseil départemental que la procédure doit être adoptée, sans consultation d'une quelconque autre autorité. La procédure de changement de nom des départements n'a pas donné lieu à contentieux, à la différence des communes.

Le décret nº 2019-142 du 27 février 2019 confère au nouveau département, qui regroupe les départements du Bas-Rhin et du Haut-Rhin, le nom de « Collectivité européenne d'Alsace ». Dans son avis nº 396789 du 21 février 2019 sur le projet de loi relatif aux compétences de la Collectivité européenne d'Alsace, le Conseil d'État s'était toutefois prononcé en faveur de la dénomination plus classique de « département d'Alsace », considérant que la dénomination initialement choisie ne correspondait à aucune catégorie précise et pouvait laisser penser à tort que ce nouveau département bénéficierait d'un statut extraterritorial. La loi du 2 août 2019 relative aux compétences de la Collectivité européenne d'Alsace a pourtant confirmé cette dénomination (JO 5 août 2019).

À l'inverse, pour des raisons impérieuses d'identité et de volonté de rattachement à la République, Mayotte a tenu à la dénomination de « département » : « la collectivité départementale de Mayotte est érigée en une collectivité régie par l'article 73 de la Constitution, qui prend le nom de "Département de Mayotte" » (art. LO 3511-1).

C. Le nom des régions

158. Le nom des régions est, par définition, très récent et il n'avait pas été modifié depuis la création des régions.

La procédure de changement de nom des régions passait par la voie législative comme le prévoyait l'article L. 4121-1, après consultation du conseil régional et des conseils départementaux intéressés, qui sont aussi les seules autorités qui peuvent être à l'origine de la modification du nom des régions. Cet article a toutefois été modifié par la loi n° 2015-29 du 16 janvier 2015 relative à la délimitation des régions qui prévoit que le nom des régions peut être modifié, après consultation du conseil régional et des conseils départementaux intéressés, par un décret en Conseil d'État et non plus par la loi.

Les noms des régions ont été établis en 1955-1956 par l'arrêté du 28 novembre 1956 qui établit la liste des Programmes d'action régionale. Le choix s'est porté sur l'histoire (Alsace, Bourgogne, Bretagne, Provence) ou la géographie descriptive (Midi-Pyrénées, Pays de la Loire, Rhône-Alpes ou la région Centre).

Lors des transformations de ces Programmes d'action régionale en circonscriptions d'action administrative par le décret n° 60-516 du 2 juin 1960 portant harmonisation des circonscriptions administratives, puis en établissements publics par la loi du 5 juillet 1972, puis en collectivités territoriales par les lois du 2 mars 1982 et du 6 janvier 1986, les anciennes dénominations ont été maintenues, afin sans doute d'éviter le bouleversement des habitudes prises. Seule la région Provence-Côte d'Azur est devenue « Provence-Alpes-Côte d'Azur », par le décret n° 76-722 du 2 août 1976 portant modification du nom d'une région.

En dehors de ce cas, aucune région n'a pu, pendant longtemps, malgré des tentatives comme celles menées par la région Centre pour adopter une dénomination moins descriptive, et parfois confondue avec le Massif central, faire aboutir une procédure de changement de nom.

Il a fallu attendre la loi n° 2015-29 du 16 janvier 2015 précitée pour que cette région Centre obtienne de la part du législateur une dénomination qu'elle cherchait vainement depuis des décennies. L'article 2 (point V) précise en effet que « À compter de la publication de la présente loi, la région Centre est dénommée "Centre-Val de Loire" ». L'article L. 4111-1 dispose que « sans préjudice des dispositions applicables aux régions d'outre-mer et à la collectivité territoriale de Corse, les régions sont constituées des régions suivantes, dans leurs limites territoriales en vigueur au 31 décembre 2015 : Alsace, Champagne-Ardenne et Lorraine ; Aquitaine, Limousin et Poitou-Charentes ; Auvergne et Rhône-Alpes ; Bourgogne et Franche-Comté ; Bretagne ; Centre dénommée à compter de l'application de la loi Centre-Val de Loire ; Île-de-France ; Languedoc-Roussillon et Midi-Pyrénées ; Nord-Pas-de-Calais et Picardie ; Basse-Normandie et Haute-Normandie ; Pays de la Loire ; Provence-Alpes-Côte d'Azur ».

La loi laissait néanmoins aux conseils régionaux élus en décembre 2015 la faculté de proposer au Gouvernement, jusqu'au 1er juillet 2016, le nom qui leur apparaissait le plus adapté. Le conseil régional devait adopter avant cette date une résolution unique comprenant notamment l'avis adressé au Gouvernement relatif à la fixation du nom définitif de la région. Elle a également prévu que le nom et le chef-lieu définitifs des nouvelles régions étaient « fixés par décret en Conseil d'État pris avant le 1er octobre 2016, après avis du conseil régional de la région » (art. 2-I-3°). C'est ainsi que le 1er juillet 2016, toutes les régions ont choisi leur nouveau nom devenu officiel par des décrets du 28 septembre 2016 portant fixation du nom et du chef-lieu des nouvelles régions. Par exemple, le décret n° 2016-1265 du 28 septembre 2016 a arrêté le nom de Hauts-de-France pour la région issue du regroupement des régions Nord-Pas-de-Calais et Picardie, et a fixé son chef-lieu à Lille. Quant au décret n° 2016-1264 du 28 septembre 2016, il a fait de même pour la région dénommée Occitanie, issue du regroupement des régions Languedoc-Roussillon et Midi-Pyrénées, tandis que Toulouse était désignée en tant que chef-lieu de la nouvelle région.

D. Le nom des collectivités spécifiques

159. Pour les collectivités qui ne relèvent pas de catégories de droit commun, leur dénomination résulte du texte, en principe législatif, qui les a créées. La loi n° 91-428 du 13 mai 1991 portant statut de la collectivité territoriale de Corse se contente de traiter de la collectivité territoriale de Corse en reprenant le terme géographique. La loi n° 2015-991 du 7 août 2015 portant nouvelle organisation territoriale de la République prévoit que « La collectivité de Corse constitue, à compter du 1er janvier 2018, une collectivité à statut particulier » (art. L. 4421-1). La Guyane et la Martinique sont devenues les collectivités territoriales de Guyane (art. L. 7111-1 et 2) et de Martinique (art. L. 7211-1 et 2). La loi n° 2017-257 du 28 février 2017 a créé une collectivité à statut particulier, au sens de l'article 72 de la Constitution, dénommée « Ville de Paris », en lieu et place de la commune de Paris et du département de Paris (art. L. 2512-1). S'agissant de la métropole de Lyon, cette dernière a préféré une dénomination plus moderne et « urbaine » : « Il est créé une collectivité à statut particulier, au sens de l'article 72 de la Constitution, dénommée "Métropole de Lyon", en lieu et place de la communauté urbaine de Lyon et, dans les limites territoriales précédemment reconnues à celle-ci, du département du Rhône » (art. L. 3611-1).

Plus significatives encore sont les dispositions applicables aux COM : l'article LO 6211-1, alinéa 2 prévoit ainsi que « Cette collectivité d'outre-mer, régie par l'article 74 de la Constitution, prend le nom de "collectivité de Saint-Barthélemy" ». Il en est de même pour la COM de Saint-Martin (art. LO 6311-1, al. 2) et pour celle de Saint-Pierre-et-Miquelon (art. LO 6411-1, al. 2).

En revanche, les lois organiques n° 99-209 du 19 mars 1999 relative à la Nouvelle-Calédonie et n° 2004-192 du 27 février 2004 portant statut d'autonomie de la Polynésie française définissent ces deux collectivités situées outremer sous le nom de Nouvelle-Calédonie et de Polynésie française tout en décrivant leur territoire de manière précise.

E. Le nom des établissements publics de coopération intercommunale

160. Le choix des noms des établissements publics de coopération intercommunale est le plus souvent politique. Il est déterminé par les communes membres mais il peut aussi l'être par le législateur, comme cela a été le cas pour la métropole du Grand Paris (art. L. 5219-1) ou la métropole Aix-Marseille-Provence créées par la loi du 27 janvier 2014 (art. L. 5218-1). Il reflète le plus souvent le rôle joué par les communes centres dans l'intercommunalité, comme le montrent, par exemple, les noms de la communauté d'agglomération de Cergy-Pontoise, de Clermont Communauté, de la communauté d'agglomération le Grand Narbonne. Le choix du nom peut aussi s'expliquer par le caractère transfrontalier de l'EPCI, comme c'est le cas de la métropole européenne de Lille et de l'Eurométropole de Strasbourg (par ex. art. L. 5217-9).

§2. La protection du nom

161. Les collectivités territoriales se voient reconnaître un droit spécifique sur leur nom, leur image et leur renommée, mais cette protection demeure limitée. L'article L. 711-4, h) du Code de la propriété intellectuelle interdit à quiconque d'adopter, à titre de marque, un signe portant atteinte au nom, à l'image ou à la renommée d'une collectivité territoriale. L'atteinte aux intérêts publics de la collectivité résulte le plus souvent d'un risque de confusion entre les activités de la collectivité et celle du déposant de la marque. L'image de monuments historiques appartenant à des personnes publiques est également protégée contre l'exploitation commerciale qui peut en être faite. Ont ainsi pu faire l'objet de contentieux l'image de la cathédrale de Strasbourg utilisée par une grande brasserie alsacienne (Cass. com., 15 mai 1968, n° 156, Munster Brau, Bull. civ. 1968, IV), celle de la baie du Mont-Saint-Michel par un producteur de galettes bretonnes (CA Paris, 18 mars 1983, Biscuits Saint Michel Grellier). Une commune n'est pas fondée toutefois à invoquer une atteinte à son nom, à son image et à sa renommée dès lors qu'il est établi que ce nom correspond aussi à un terme devenu générique pour désigner un produit fabriqué non exclusivement sur son territoire (TGI Paris, 15 septembre 2012, n° 10/08800, Commune Laguiole).

Section 2
Le territoire des collectivités territoriales

162. Il ne peut y avoir de collectivité territoriale sans territoire sur lequel la collectivité exerce des attributions, celui-ci étant par nature plus petit que le territoire national. Le territoire est un critère déterminant pour distinguer les collectivités territoriales et les établissements publics dont le champ d'action correspond à la mission qui leur est confiée. La catégorie des établissements publics territoriaux, dont font partie les diverses formes de regroupements de communes, est ainsi qualifiée, parce que leur composante territoriale est essentielle en tant que regroupements de collectivités territoriales, par opposition aux autres établissements publics plus classiques. En les qualifiant de territoriaux, le droit les assimile en partie aux collectivités territoriales en mettant l'accent sur ce qui les unit, c'est-à-dire leur territoire.

Mis à part l'îlot de Clipperton qui ne correspond pas à une collectivité territoriale (voir *supra*), l'ensemble du territoire français est divisé en collectivités territoriales, de tailles différentes et qui s'emboîtent les unes dans les autres telles des poupées gigognes. Il y a cependant certaines enclaves, la plus importante étant constituée par celle du canton de Valréas, qui comprend quatre communes et qui fait partie du département du Vaucluse alors qu'il est inclus au sein du territoire du département de la Drôme. Ce territoire appartenait au Comtat Venaissin, lui-même propriété du Saint-Siège depuis le xxe siècle, et les habitants du Comtat ont demandé leur rattachement à la France qui fut prononcé le 13 septembre 1791. En dehors de ces enclaves, le territoire de la République est en quelque sorte la somme des territoires des collectivités territoriales. En même temps, le territoire de chaque collectivité compose aussi celui des autres collectivités territoriales plus grandes.

Chaque collectivité territoriale comprend ainsi un nombre entier de collectivités, de manière à éviter les superpositions et les enchevêtrements. Cette solution, qui ne résulte d'aucun texte spécifique, a été posée à propos des circonscriptions administratives, dont le découpage est identique à celui des collectivités territoriales. Le Conseil d'État a en effet rappelé, par un arrêt du 18 novembre 1977, n° 01967, Commune de Fontenay-sous-Bois et autres, la règle selon laquelle le principe de division du territoire en circonscriptions territoriales (départements, arrondissements, cantons et communes) « implique que les limites extérieures de chaque catégorie de circonscriptions coïncident entre elles, dans la mesure nécessaire à la bonne organisation et au bon fonctionnement des pouvoirs publics et des services publics » sauf pour des motifs d'intérêt général. Ce principe interdit, par exemple, qu'une commune puisse être partagée entre deux arrondissements ou qu'un département relève de deux régions contiguës.

La loi du 27 janvier 2014 d'affirmation des métropoles remet en partie en cause ce principe d'emboîtement des territoires des collectivités territoriales, en créant la métropole de Lyon, nouvelle collectivité territoriale, dont le territoire reprend les limites géographiques de la communauté urbaine de Lyon mais n'est plus compris dans le territoire d'un département. Le département du Rhône s'arrête aux frontières du territoire métropolitain. Le territoire de la nouvelle région Auvergne-Rhône-Alpes est ainsi composé du territoire des départements, mais également de celui d'une collectivité à statut particulier. L'apparition d'autres territoires ne relevant d'aucun département pourrait ne pas rester isolée, dans la mesure où la création d'autres collectivités à statut spécifique se substituant aux départements, pourrait se multiplier dans les grandes aires urbaines. C'est le cas depuis la loi n° 2017-257 du 28 février 2017, la ville de Paris, nouvelle collectivité à statut particulier, est créée en lieu et place de la commune de Paris et du département de Paris.

Au-delà, la notion de territoire traditionnellement liée à celle de collectivité territoriale tend à être concurrencée par l'apparition de nouveaux territoires, qui ne coïncident pas nécessairement avec celui des collectivités territoriales. La loi du 27 janvier 2014 a créé par exemple des « territoires », subdivisions de la métropole d'Aix-Marseille-Provence, qui ne sont pas dotés de la personnalité juridique. La loi n° 2015-991 du 7 août 2015 dote les territoires de la métropole du Grand Paris de la personnalité morale et crée ainsi des « établissements publics territoriaux » qui constituent une nouvelle catégorie d'établissements publics de coopération intercommunale. Dans le même sens, le législateur multiplie les zonages, principalement dans le domaine de l'urbanisme, de l'aménagement du territoire, de l'environnement, et procède ainsi à un découpage du territoire en plusieurs zones ou parties, qui ne coïncident pas avec le territoire des collectivités territoriales. Plus généralement, le développement des outils Internet, la mutualisation des services ou des actions font également émerger des territoires différents selon les domaines et selon les besoins.

Le territoire des collectivités territoriales est marqué par une très grande inégalité de taille. Il y a bien sûr des différences selon les catégories, les régions étant plus grandes que les communes, mais aussi au sein de collectivités d'une même catégorie.

§1. Le territoire des communes

163. La fixation initiale du territoire des communes résulte, en règle générale, des divisions du territoire opérées sous l'Ancien Régime entre les villes, bourgs, paroisses et communautés. Les lois du 14 décembre et du 22 décembre 1789 n'ont pas modifié les circonscriptions communales antérieures, ce qui a contribué à « créer », en réalité à reconnaître ou maintenir, de très nombreuses communes. La loi des 26 février-4 mars 1790 a décidé que les villes devaient comprendre tout le territoire soumis à l'administration de leurs municipalités et que les communes de campagne comprenaient tout le territoire, tous les hameaux, toutes les maisons isolées dont les habitants sont inscrits comme étant redevables de l'impôt. Le territoire des communes n'a donc pas subi de bouleversements importants depuis la Révolution française. La délimitation des communes peut avoir des origines historiques très diverses et résulter tantôt de titres précis, tantôt de simples usages. Ces limites ont toutefois été précisées au cours du XIXe siècle par des procès-verbaux de délimitation liés aux opérations d'établissement ou de révision du cadastre.

L'inégalité entre les communes ne correspond pas toujours à une inégalité de population. Ainsi, Marseille est deux fois et demie plus grande que Paris intra-muros, tout en étant moins peuplée. La commune française la plus étendue est Maripasoula (18 360 km^2, en Guyane). Sur le territoire métropolitain, Arles (758,93 km^2) et les Saintes-Maries-de-la-Mer (374,45 km^2), toutes les deux dans les Bouches-du-Rhône, sont les deux communes les plus étendues. La plus petite commune est Castelmoron-d'Albret (0,0376 km^2, en Gironde), bâtie sur un promontoire. Plessix-Balisson (0,08 km^2, dans les Côtes-d'Armor, entièrement enclavée dans Ploubalay) et Vaudherland (0,09 km^2, dans le Val d'Oise) sont les deux autres communes les plus petites. Le rapport entre la superficie et la population peut être une difficulté administrative sérieuse lorsqu'il s'agit de gérer un habitat hyperconcentré ou au contraire très dispersé.

La loi organise diverses procédures de modification des limites territoriales des communes, par la réunion à une commune d'une ou plusieurs parcelles d'une autre commune, par l'érection en commune d'une section ou portion de commune ou par fusion de deux ou plusieurs communes ou, depuis la loi n° 2010-1563 du 16 décembre 2010, par la création de communes nouvelles (art. L. 2113-1 et s.). Dans toutes ces hypothèses, c'est la décision prononçant la modification des territoires communaux qui constitue le titre fixant les nouvelles limites territoriales de la commune. C'est à propos de la création des nouveaux départements de la région parisienne que le Conseil d'État a posé la règle précitée dans l'arrêt du 18 novembre 1977, Commune de Fontenay-sous-Bois et autres, (req. n° 01967). Seuls des motifs d'intérêt général ou des dispositions législatives contraires pourraient faire obstacle à ce principe.

§2. Le territoire des départements

164. C'est au moment de la Révolution que le territoire des départements a été dessiné et il n'a guère été modifié depuis cette date. Il obéissait à un certain nombre de principes d'administration. Le territoire départemental connaît lui-même un découpage en circonscriptions administratives et électorales.

A. Les limites territoriales des départements

165. Le territoire des départements a été découpé au moment de leur création par la loi du 22 décembre 1789, plus spécialement par le décret des 26 février et 4 mars 1790. Sans que ces départements aient un territoire rigoureusement identique, le principe d'égalité – ou d'uniformité – qui prévalait à cette époque a fait en sorte que le chef-lieu de chaque département soit éloigné au maximum d'une journée de trajet de cheval. Ce choix a d'ailleurs servi, pour certains départements, à établir quelle serait la ville chef-lieu qui devait ainsi avoir une position centrale, tout en n'étant pas la ville principale. C'est ainsi que Saint-Lô, Saintes, Colmar et Draguignan furent initialement choisis pour les départements de la Manche, de la Charente-Maritime, du Haut-Rhin et du Var.

Depuis la Révolution et la loi du 28 pluviôse an VIII qui a fixé la liste des chefs-lieux, les modifications ont été rares. En 1803, Lille a remplacé Douai, en 1804, La Roche-sur-Yon a remplacé Fontenay-le-Comte (mais il s'agissait de punir cette dernière dont le nom était trop aristocratique et La Roche-sur-Yon avait été construite sur ordre de Napoléon Bonaparte), en 1810, La Rochelle a succédé à Saintes, en 1855, Saint-Étienne a remplacé Montbrison. C'est enfin un décret n° 74-1028 du 4 décembre 1974 qui a décidé le transfert de chef-lieu du département du Var de Draguignan à Toulon. Plusieurs départements ont encore un chef-lieu qui n'est pas la ville principale : c'est le cas des Landes, de la Manche, de la Marne, du Haut-Rhin et de la Saône-et-Loire.

Le transfert de chef-lieu se fait en effet par décret en Conseil d'État, après consultation du conseil départemental et des conseils municipaux de la commune siège du chef-lieu et de celle où le transfert est envisagé (art. L. 3112-2). Le juge administratif, en cas de recours, refuse de contrôler l'opportunité des prétentions et des titres respectifs des villes en compétition (CE, ass., 26 novembre 1976, n° 97328, Soldani, à propos du transfert du chef-lieu du département du Var).

Les nouveaux départements de la couronne parisienne, créés en 1964, ont échappé au respect de la règle de l'égalité de superficie et ont d'ailleurs une superficie relativement réduite, compensée par une population dense.

Les limites territoriales des départements ont été fixées par la loi du 26 février-4 mars 1790, dans le tableau annexé à la loi et ce sont, en règle générale, les territoires des anciennes provinces qui ont été divisés en plusieurs départements.

Il est arrivé que le territoire des départements soit modifié au XIXe siècle. Plus récemment, la modification des limites territoriales a été opérée par le transfert d'une partie des territoires des départements de l'Ain et de l'Isère au profit du département du Rhône, en vue de la constitution de la communauté urbaine de Lyon dont le territoire ne pouvait relever que d'un seul département (loi n° 67-1205 du 29 décembre 1967 modifiant les limites des départements de l'Ain, de l'Isère et du Rhône). La taille moyenne des départements est d'environ 5 500 kilomètres carrés, à l'exception de grands départements comme la Gironde les Landes et la Saône-et-Loire et de celle du Territoire de Belfort, beaucoup plus petit du fait de la défaite de 1871.

Le nombre de départements et, de ce fait, la délimitation de leur territoire, ont parfois été l'objet de discussions.

En créant la métropole de Lyon, la loi n° 2014-58 du 27 janvier 2014 de modernisation de l'action publique territoriale et d'affirmation des métropoles a entendu substituer cette nouvelle collectivité métropolitaine au département du Rhône, du moins sur une partie de ce dernier : la métropole est en effet créée « en lieu et place de la communauté urbaine de Lyon et, dans les limites territoriales précédemment reconnues à celle-ci, du département du Rhône » (art. L. 3611-1). Le département du Rhône a donc connu une évolution substantielle de son territoire, s'agissant de la seule collectivité territoriale départementale, et non de la circonscription administrative de l'État.

La loi précitée du 16 décembre 2010 de réforme des collectivités territoriales a introduit la possibilité de fusionner plusieurs départements, procédure qui affecte nécessairement leur territoire respectif. L'article L. 3114-1 dispose ainsi que « Plusieurs départements formant, dans la même région, un territoire d'un seul tenant, peuvent, par délibérations concordantes de leurs conseils généraux, demander à être regroupés en un seul département ». Cette procédure a été utilisée pour le regroupement des départements du Bas-Rhin et du Haut-Rhin (décret n° 2019-142 du 27 février 2019). La même loi de 2010 a prévu la fusion possible d'une région et des départements qui la composent en une unique collectivité (art. L. 4124-1).

B. Les subdivisions du territoire départemental

166. Le territoire des départements est divisé en arrondissements et en cantons. Les premiers concernent assez peu le département en tant que collectivité territoriale. Les 101 départements français sont divisés en 332 arrondissements dont 12 en outre-mer (soit 4 en Martinique, 4 à La Réunion et 2 en Guadeloupe et en Guyane). Il n'y a pas d'arrondissement à Mayotte. Dans le découpage administratif au 1er janvier 2020, la population moyenne d'un arrondissement était de 200 365 habitants. En revanche, les cantons servent de cadre à l'élection des conseillers départementaux, d'où le nom longtemps utilisé d'élections cantonales pour les désigner.

Le département s'est en effet longtemps caractérisé par la circonscription qui sert à élire les conseillers généraux devenus conseillers départementaux, c'est-à-dire les cantons. Le nombre de cantons varie selon les départements. Au total, en 2013, il existait 4 055 cantons en France dont 172 dans les cinq départements d'outre-mer. Le nombre moyen de cantons était de 150 par région, de 40 par département (le Territoire de Belfort en avait 15, le Nord 79), et de 12 par arrondissement. Les cantons comptaient en moyenne 9 communes. En 2010, la population municipale moyenne des cantons s'élevait à 15 986 habitants. La loi n° 2013-403 du 17 mai 2013 relative à l'élection des conseillers départementaux, des conseillers municipaux et des conseillers communautaires, et modifiant le calendrier électoral, a nécessité un redécoupage cantonal général, car le nombre de cantons a dû être globalement réduit de moitié, afin que chacun des cantons rénovés élise, au scrutin binominal, deux élus, nécessairement de sexes opposés. Elle insère dans le Code électoral un article L. 191-1 nouveau qui dispose que « Le nombre de cantons dans lesquels sont élus les conseillers départementaux est égal, pour chaque département, à la moitié du nombre de cantons existant au 1er janvier 2013, arrondi à l'unité impaire supérieure si ce nombre n'est pas entier impair. Le nombre de cantons dans chaque département comptant plus de 500 000 habitants ne peut être inférieur à dix-sept. Il ne peut être inférieur à treize dans chaque département comptant entre 150 000 et 500 000 habitants ». L'opération de redécoupage des cantons a été réalisée par le ministère de l'Intérieur et décidée par des décrets en Conseil d'État signés par le Premier ministre au début de l'année 2014 pour que puissent se dérouler dans ces nouveaux cadres les élections cantonales de mars 2015. En 2015, le nombre de cantons est donc passé de 4 035 à 2 054, les cantons de Martinique et de Guyane disparaissant à la suite de la transformation de ces collectivités en collectivités uniques.

L'article L. 3113-2 confie en effet au Gouvernement le soin de modifier les limites territoriales des cantons, de créer ou de supprimer des cantons, par décret en Conseil d'État après consultation du conseil départemental. Pour procéder légalement à cette opération qui n'est pas sans conséquences politiques, le Gouvernement doit respecter l'égalité devant le suffrage, mais aussi des considérations historiques, géographiques et humaines qui rendent impossible tout découpage égalitaire. C'est ainsi que le Conseil d'État a admis qu'une commune pouvait être partagée entre plusieurs cantons (CE, ass., 18 novembre 1977, Commune de Fontenay-sous-Bois, précité). Le Conseil d'État a jugé que l'opération de redécoupage des cantons ne pouvait avoir pour objet ou pour effet d'accroître les disparités qui existaient auparavant entre les cantons les plus peuplés et les cantons les moins peuplés du département (CE, 12 juillet 1978, Commune de Sarcelles, Lebon, p. 309). Le juge a aussi considéré qu'il y a atteinte au principe constitutionnel d'égalité des citoyens devant le suffrage lorsque le remodelage des cantons a pour conséquence d'augmenter les disparités d'ordre démographique existantes (CE, ass., 13 novembre 1998, n° 187318, Amalric et autres).

Pendant longtemps, cette question a échappé à l'intervention du législateur et au contrôle du juge constitutionnel. L'article L. 3113-2, qui se contentait de poser le principe de la compétence du décret en Conseil d'État pour modifier les limites territoriales des cantons a connu des évolutions visant à renforcer le contrôle de l'action du Gouvernement. La loi n° 2013-403 du 17 mai 2013 relative à l'élection des conseillers départementaux a, tout d'abord, voulu, afin d'introduire le binôme électoral dans les cantons, diviser le nombre des cantons par deux. Le nouvel article L. 191-1 du Code électoral a ainsi posé deux règles : « Le nombre de cantons dans lesquels sont élus les conseillers départementaux est égal, pour chaque département, à la moitié du nombre de cantons existant au 1er janvier 2013, arrondi à l'unité impaire supérieure si ce nombre n'est pas entier impair. Le nombre de cantons dans chaque département comptant plus de 500 000 habitants ne peut être inférieur à dix-sept. Il ne peut être inférieur à treize dans chaque département comptant entre 150 000 et 500 000 habitants ».

Cette loi a souhaité, ensuite, encadrer la compétence discrétionnaire du Gouvernement, en précisant, dans un point III nouveau de l'article L. 3113-2 que la modification des limites territoriales des cantons doit être conforme aux règles suivantes : « Le territoire de chaque canton est défini sur des bases essentiellement démographiques ; le territoire de chaque canton est continu ; est entièrement comprise dans le même canton toute commune de moins de 3 500 habitants ». Le législateur avait cependant envisagé de prévoir quelques assouplissements à ces règles qui se veulent contraignantes. Il avait envisagé, dans le point IV de ce même article, qu'« il n'est apporté aux règles énoncées au III que des exceptions de portée limitée, spécialement justifiées, au cas par cas, par des considérations géographiques ou par d'autres impératifs d'intérêt général ». Dans sa décision n° 2013-667 DC du 16 mai 2013, le Conseil constitutionnel a cependant censuré les mots qui venaient préciser ces considérations géographiques, comme pouvant être « d'ordre topographique, comme l'insularité, le relief, l'hydrographie ; d'ordre démographique, comme la répartition de la population sur le territoire départemental ; d'équilibre d'aménagement du territoire, comme l'enclavement, la superficie, le nombre de communes par canton ». Il a jugé que, si le législateur peut tenir compte de considérations géographiques, pour atténuer la portée de la règle de l'égalité devant le suffrage, il ne saurait le faire que dans une mesure limitée, ce qui n'était pas le cas en l'espèce car les dérogations au principe d'égalité auraient été trop nombreuses. La recherche de l'égalité devant le suffrage l'emporte sur toute autre considération.

Le découpage des cantons n'est donc plus dans les seules mains du Gouvernement, au nom de l'égalité devant le suffrage, car les cantons remplissent essentiellement une fonction électorale dans le cadre des élections départementales (voir *infra*). Le nombre de cantons est de 2 054, les cantons de Martinique et de Guyane disparaissant à la suite de la transformation de ces collectivités en collectivités uniques et du changement de mode de scrutin pour désigner les assemblées territoriales.

§3. Le territoire des régions

167. Quant aux régions, elles ont été découpées en 1955-1956 sur des critères essentiellement économiques, autour de pôles urbains, industriels ou d'emploi. Elles ont été dessinées à partir des départements qui ont été ainsi regroupés parfois au mépris de l'histoire (Nantes et la question bretonne) ou autour de grandes villes (la Haute-Normandie et la Basse-Normandie, autour de Rouen-Le Havre et autour de Caen). Ces découpages n'ont pas été sans poser des problèmes d'identité régionale, la Nièvre n'ayant par exemple jamais été rattachée historiquement à la Bourgogne. Ces limites territoriales ont été entérinées par toutes les lois successives qui ont maintenu les anciennes limites des régions. Jusqu'à l'entrée en vigueur de la loi du 16 janvier 2015, fixée au 1er janvier 2016, l'article L. 4111-1 disposait que les régions sont créées « dans les limites territoriales précédemment reconnues aux établissements publics régionaux » qui avaient été créés par la loi n° 72-619 du 5 juillet 1972 portant création et organisation des régions.

Elles devaient comprendre initialement au moins deux départements et avoir une population d'au moins un million d'habitants. Si la première condition fut toujours respectée, sauf pour les régions d'outre-mer qui sont quasi nécessairement monodépartementales, la seconde ne put être satisfaite et un certain nombre de régions métropolitaines n'atteignaient pas encore ce seuil de population. Certaines régions étaient vastes sans que, là encore, la taille corresponde au nombre d'habitants. La région Midi-Pyrénées comprenait ainsi huit départements, tandis que l'Alsace ou le Nord-Pas-de-Calais n'étaient composés que de deux départements.

Des possibilités de modification territoriale étaient reconnues depuis la loi du 5 juillet 1972, mais elles n'avaient, jusqu'à présent, jamais abouti. La procédure passait par l'initiative des conseils régionaux et conseils départementaux intéressés et elle nécessitait la consultation des assemblées territoriales concernées puis l'intervention de la loi (art. L. 4122-1). La loi du 16 décembre 2010 avait prévu, en outre, une procédure de regroupement de régions (art. L. 4123-1) susceptible d'affecter leur territoire.

Alors que cette procédure reposait sur le volontariat, le législateur a préféré opérer lui-même de tels regroupements par la loi n° 2015-29 du 16 janvier 2015 relative à la délimitation des régions, aux élections régionales et départementales et modifiant le calendrier électoral, qui a modifié le territoire de neuf régions en fusionnant deux ou trois régions voisines : Alsace avec Champagne-Ardenne et Lorraine (Grand-Est) ; Aquitaine avec Limousin et Poitou-Charentes (Nouvelle-Aquitaine) ; Auvergne avec Rhône-Alpes ; Bourgogne avec Franche-Comté ; Languedoc-Roussillon avec Midi-Pyrénées (Occitanie) ; Nord-Pas-de-Calais avec Picardie (Hauts-de-France) et Basse-Normandie avec Haute-Normandie (Normandie) (art. L. 4111-1). Seuls les territoires des régions Bretagne, Centre (devenue Centre-Val de Loire), Île-de-France, Pays de la Loire et Provence-Alpes-Côte d'Azur sont restés, pour l'instant, inchangés.

Section 3
La population des collectivités territoriales

168. La population est le troisième élément indispensable de définition des collectivités territoriales. Cette constatation permet de considérer que les Terres australes et antarctiques françaises ne constituaient pas, selon ce critère, un véritable TOM, contrairement à l'appellation que la loi du 6 août 1955 même modifiée par la loi n° 2007-224 du 21 février 2007 portant dispositions statutaires et institutionnelles relatives à l'outre-mer leur donne, faute d'une population permanente qui en ferait une véritable collectivité territoriale. Concernant les autres collectivités, la diversité de population est un facteur de grandes inégalités. Compte tenu de la superficie générale de la France et du nombre de communes, il va de soi que la population de certaines communes est parfois très faible.

En tout état de cause, la population des collectivités territoriales, même des plus importantes, ne constitue pas un peuple distinct du peuple français, comme l'a rappelé le Conseil constitutionnel à propos du peuple corse, même en tant que « composante du peuple français » (déc. n° 91-290 DC du

9 mai 1991). L'indivisibilité du peuple est l'un des éléments du caractère unitaire de la République française (voir *infra*).

La révision du 28 mars 2003 a cependant introduit une innovation de taille, issue d'un amendement parlementaire en affirmant, à l'alinéa 1er de l'article 72-3, que « la République reconnaît, au sein du peuple français, les populations d'outre-mer, dans un idéal commun de liberté, d'égalité et de fraternité ». Il s'agit de l'entrée des populations dans la Constitution, qui se distinguent des peuples des territoires d'outre-mer reconnus à l'alinéa 2 du Préambule, qui n'a pas été abrogé, alors que les TOM n'existent plus, en dehors des TAAF (voir *supra*) et, alors qu'il n'y a plus d'autre peuple que le peuple français. La différence, essentielle, est que ces « populations », limitées à l'outre-mer, font partie du peuple français, ce qui n'était pas le cas des peuples des territoires d'outre-mer qui étaient conçus comme étant situés à côté de ceux de la République.

En choisissant le terme de populations, satisfaction est donnée aux élus de l'outre-mer sans toucher à l'indivisibilité du peuple français. Mais on peut se demander pourquoi ne consacrer que des populations en dehors de la métropole en sachant que cette consécration pourrait susciter des revendications dans d'autres parties du territoire.

À s'en tenir à une définition plus descriptive de la population, c'est-à-dire de ceux qui peuplent les collectivités ou qui habitent sur leur territoire et qui se distinguent des électeurs et des citoyens, il existe des règles précises relatives à leur identification ou, plutôt, à leur dénombrement. Ce sont ces chiffres officiels qui servent ensuite à l'application des lois et règlements lorsque ceux-ci prévoient des seuils de population, comme, par exemple, le nombre de conseillers municipaux (art. L. 2121-2), ou le seuil de distinction des modes de scrutin municipaux (art. L. 252 et s. du Code électoral). Il est évident que les communes, comme les départements et les régions, attendent les résultats des différents recensements avec beaucoup d'intérêt, car une baisse ou une hausse de population est interprétée comme un signe de déclin ou, au contraire, de renouveau ou de croissance.

Pendant longtemps, les chiffres de population étaient établis par les opérations de recensement qui avaient lieu en principe tous les sept ans, sauf événements contraires comme des élections, et qui étaient officialisés par décret. La loi n° 2002-276 du 27 février 2002 relative à la démocratie de proximité a modifié les conditions du recensement. Depuis janvier 2004, le recensement de la population résidant en France est annuel. Une nouvelle méthode de recensement remplace le comptage exhaustif traditionnel. Le recensement général de la population de 1999 aura été le dernier recensement concernant toute la population en même temps. En conséquence, tous les habitants ne sont plus recensés la même année, mais tous les cinq ans pour les communes de moins de 10 000 habitants et tous les ans par sondage pour les communes de 10 000 habitants ou plus.

Ces chiffres continuent néanmoins d'être authentifiés par décret. À ce jour, la dernière authentification est issue du décret n° 2020-1706 du 24 décembre 2020 authentifiant les chiffres des populations de métropole, des départements d'outre-mer de la Guadeloupe, de la Guyane, de la Martinique et de La Réunion, et des collectivités de Saint-Barthélemy, de Saint-Martin et de Saint-Pierre-et-Miquelon.

§1. La population des communes

169. La population des communes est établie à partir du recensement de la population qui est une opération matérielle suivie de la constatation officielle des résultats. Les chiffres de la population légale sont fixés dans le tableau annexé au décret authentifiant les résultats de chaque recensement, conformément aux articles R. 2151-1 et suivants, issus du décret nº 2003-485 du 5 juin 2003 relatif au recensement de la population. L'article R. 2151-1 distingue trois catégories de population, la population municipale, la population comptée à part et la population totale qui est la somme des deux précédentes. La population municipale comprend les personnes ayant leur résidence habituelle sur le territoire de la commune, cette notion étant détaillée par la même disposition en fonction des différentes catégories d'habitants. Elle est, par exemple, la résidence familiale pour un conjoint, un concubin ou une personne liée par un pacte civil de solidarité résidant pour des raisons professionnelles hors de la résidence familiale. Sur le fondement de ces critères, l'article R. 2151-2 prévoit que « le chiffre de la population qui sert de base à l'assiette de l'impôt et à l'application du présent code est celui de la population totale, obtenu par addition au chiffre de la population municipale de celui de la population comptée à part ».

Quelques chiffres permettent de comprendre la situation des communes, qui constituent une « exception française » en Europe. La population moyenne par commune est ainsi de 1 500 habitants en France, ce qui place ce pays en fin de liste parmi les pays d'Europe et ce qui a permis de parler d'une « France en miettes ». L'INSEE considère comme urbaines les communes comportant une zone de plus de 2 000 habitants où aucune habitation n'est séparée de la plus proche de plus de 200 mètres. À l'heure actuelle, plus de deux Français sur trois résident dans une commune urbaine, contre un sur quatre au milieu du XIXe siècle. En 2020, en France, 29 606 communes avaient moins de 2 000 habitants, soit 85 % du nombre total de communes, mais ne représentent que 22,8 % des habitants du pays.

La plus densément peuplée est Levallois-Perret (Hauts-de-Seine, 26 827 hab./km² en 2012). L'unité urbaine la moins densément peuplée est celle des Saintes-Maries-de-la-Mer (Bouches-du-Rhône, 6,7 hab./km² en 2012). La moitié de la population française réside dans des communes de moins de 10 000 habitants. Ces communes représentent 97 % du nombre des communes. Les communes de plus de 100 000 habitants regroupent 15,2 % de la population. Six d'entre elles ont vu leur population municipale augmenter de plus de 5 % en l'espace de cinq ans : Toulouse, Nantes, Montpellier, Bordeaux, Annecy et Montreuil. À l'inverse, la population de quatre communes diminue de plus de 2 % en cinq ans : Paris, Limoges, Metz et Caen.

Certaines communes ne dépassent pas dix habitants, ce qui rend leur gestion impossible et leur autonomie assez artificielle. D'autres n'ont même aucun habitant, comme ces six communes situées dans le département de la Meuse sur le champ de bataille de Verdun et rayées de la carte, car « mortes pour la France » et citées à l'ordre de la nation. Leur existence administrative et leur nom ont été maintenus malgré tout, au titre du souvenir des combats et leur maire est nommé par le préfet (voir *supra*).

§2. La population des départements

170. En ce qui concerne les départements, si les différences sont moins grandes, les départements les plus peuplés comprennent plus de 2 millions d'habitants. Les départements connaissent néanmoins une assez grande disparité démographique, malgré le souci d'égalité qui a présidé à leur création en 1789. En effet, si la Lozère est le seul département français à compter moins de 100 000 habitants (76 286 habitants en décembre 2018), vingt-deux départements ont plus de 1 million d'habitants, dont les huit départements d'Île-de-France et le département du Nord qui est le plus peuplé avec 2 603 723 habitants.

§3. La population des régions

171. Les chiffres de la population des régions sont obtenus par addition des précédents et reflètent certains déséquilibres entre grosses et petites régions. Ces disparités illustrent les difficultés des politiques d'aménagement du territoire liées à la forte concentration autour de Paris et de quelques grandes villes. Ces chiffres témoignent d'une certaine façon des conséquences de la centralisation française. Les diversités démographiques déjà constatées se retrouvent au niveau régional. La Corse, assimilée à une région, et le Limousin étaient les deux seules régions métropolitaines à compter moins de 1 million d'habitants (respectivement 321 482 et 760 971 habitants). Le regroupement de plusieurs régions en une seule par la loi précitée du 16 janvier 2015 a modifié nécessairement ces chiffres. Aucune région d'outre-mer ne comprend plus de 1 million d'habitants et la Guyane est la plus petite région française, avec environ 290 000 habitants, alors que La Réunion est la région d'outre-mer la plus peuplée avec 862 814 habitants. On ne sera guère surpris de constater que la région Île-de-France comprend 12 278 000 habitants en 2020, soit un peu plus de 18 % de la population française totale.

CHAPITRE 4

La représentation des collectivités territoriales

172. Les collectivités territoriales sont représentées au sein d'un certain nombre d'institutions françaises et européennes. Elles le sont, tout d'abord, au sein d'organes de décision de l'État français. Le Sénat joue un rôle principal, prévu à l'article 24 de la Constitution, dans cette fonction puisqu'il « assure la représentation des collectivités territoriales de la République » (al. 4). Mais les collectivités territoriales sont aussi représentées au sein d'organismes nationaux de consultation ou de concertation et, dans la pratique, par des associations d'élus locaux, qui jouent également un rôle non négligeable dans l'adoption des lois et des règlements nationaux. La représentation des collectivités territoriales ne se limite pas aux institutions françaises. Elle concerne aussi les institutions européennes même si elle n'est pas en soi évidente car le Conseil de l'Europe et l'Union européenne, en tant qu'organisations internationales, ont comme seuls interlocuteurs les États membres, lesquels sont redevables du respect de leurs engagements et des obligations mis à leur charge par les autorités de l'Union européenne. Pourtant, les collectivités territoriales jouent un rôle essentiel dans l'application du droit de l'Union ou du droit du Conseil de l'Europe (voir *supra*, « Les sources du droit des collectivités territoriales »). C'est la raison pour laquelle la participation institutionnelle des collectivités territoriales à la prise de décision au niveau des droits de l'Union européenne et du Conseil de l'Europe a été progressivement consacrée parallèlement au développement de leur participation informelle.

Section 1
La représentation des collectivités territoriales par le Sénat

173. L'article 24, alinéa 4 de la Constitution confie au Sénat la mission d'assurer la représentation des collectivités territoriales de la République, ce qui permet de le distinguer de l'Assemblée nationale car il dispose ainsi du monopole de cette représentation. Il faut noter qu'il assure aussi, en application du même alinéa 4, la représentation des Français établis hors de France, mais ceux-ci sont aussi représentés, depuis 2008, à l'Assemblée nationale. Par cette révision, le Sénat perd le monopole de la représentation des Français établis hors de France (al. 5) mais il assure toujours celui de la représentation des collectivités territoriales (al. 4).

La Constitution du 27 octobre 1946 avait seulement prévu, dans son article 6, que le Conseil de la République était élu « par les collectivités communales et départementales au suffrage universel indirect », à la suite de la loi constitutionnelle du 24 février 1875 relative à l'organisation du Sénat. La Constitution du 4 octobre 1958 semble consacrer un principe plus large que la seule composition du collège électoral et faire du Sénat l'assemblée qui représente les collectivités territoriales. Mais il n'est pas certain que la différence soit réelle entre ces textes. Le terme de « représentation » peut en effet revêtir diverses significations.

Sans même s'arrêter à l'homonymie entre le Sénat américain, qui assure la représentation des États au sein de la Fédération, et le Sénat français, il pourrait néanmoins être tentant de considérer que ce dernier assure une fonction de défense des intérêts des collectivités territoriales au sein du Parlement français. La comparaison est néanmoins trompeuse. Si le Sénat devait assurer la représentation des collectivités territoriales sur le modèle du Sénat américain, il devrait comprendre des représentants de chacune des collectivités, ce qui en ferait une assemblée de quasiment 37 000 membres ! Le Sénat français n'est en rien comparable au Sénat américain et il reste une assemblée « nationale », chargée au même titre que l'Assemblée nationale, de représenter la nation et le peuple français, comme le précise l'article 3, alinéa 1er de la Constitution. Le Conseil constitutionnel a ainsi plusieurs fois rappelé que « si députés et sénateurs sont élus au suffrage universel, direct pour les premiers, indirect pour les seconds, chacun d'eux représente au Parlement la nation tout entière et non la population de sa circonscription d'élection » (par ex. déc. nº 410 DC du 15 mars 1999, Loi organique relative à la Nouvelle-Calédonie, cons. 9).

§1. La relative spécificité du Sénat à l'égard des collectivités territoriales

174. En dehors de l'affirmation de cette représentation, ni la Constitution, ni même la pratique des institutions ne donnaient, pendant longtemps, au Sénat un rôle particulier à l'égard des collectivités territoriales. La procédure législative ne réservait, jusqu'en 2003, aucune spécificité au Sénat. Les grandes lois de décentralisation adoptées à partir de 1982 ont été, par exemple, déposées en première lecture sur le bureau de l'Assemblée nationale, pour des raisons tenant au soutien des députés à la politique du Gouvernement. La Constitution ne prévoit pas, enfin, un droit de saisine particulier du Conseil constitutionnel par le Sénat, par son président ou par 60 sénateurs, à l'encontre des lois relatives aux collectivités territoriales. L'examen des saisines montre que les députés n'hésitent pas non plus à invoquer l'argument de la libre administration, ce qui relativise encore la spécificité du rôle du Sénat dans la défense ou la représentation des collectivités territoriales.

Le faible nombre de règles spécifiques privilégiant le Sénat à l'égard des collectivités territoriales n'a pas empêché cette assemblée de se considérer comme l'organe qui doit veiller à la défense des intérêts locaux. La formule de Gambetta définissant, de manière ironique, le Sénat comme « le grand conseil des communes de France » par hostilité à la création d'une Chambre haute ne manque pas d'être citée (discours de Belleville du 23 avril 1875), même si elle fut interprétée par la suite de manière positive. Ces affirmations tenaient plus du discours politique que de la réalité juridique et l'examen du cumul des mandats montrait que les députés étaient jusqu'à présent, tout autant que les sénateurs, en même temps détenteurs d'un mandat local. Après les élections sénatoriales de septembre 2014 et les élections départementales de 2015, quatre sénateurs étaient présidents de conseil régional, quinze étaient présidents de conseil départemental et cent dix-sept étaient maires de communes, parfois très grandes comme Marseille et Lyon, Toulon, Laval ou Nîmes. Encore faudrait-il citer les premiers adjoints, les maires d'arrondissements et les vice-présidents de conseil départemental et régional. La représentation des intérêts locaux résulte alors de la pratique politique du cumul des mandats. La loi organique n° 2014-125 du 14 février 2014 interdisant le cumul de fonctions exécutives locales avec le mandat de député ou de sénateur a mis fin à cette situation puisqu'elle interdit, à partir du renouvellement des assemblées parlementaires en 2017, le cumul du mandat de député ou celui de sénateur avec celui de maire ou d'adjoint, de président ou vice-président d'un établissement public de coopération intercommunale, de président ou de vice-président de conseil régional ou départemental, de président ou de membre du conseil exécutif de Corse ou de membre de l'exécutif de toute autre collectivité territoriale (art. LO 141-1 du Code électoral en vigueur depuis le renouvellement de l'assemblée nationale de 2017 et applicable aux sénateurs en vertu de l'art. LO 297 du Code électoral).

L'absence de particularité sénatoriale dans l'élaboration de la loi a été très partiellement atténuée par la loi constitutionnelle du 28 mars 2003. Le Sénat aurait souhaité profiter de la révision constitutionnelle pour faire inscrire l'obligation de déposer en premier lieu devant lui tous les projets de loi relatifs aux collectivités territoriales. Après d'âpres négociations, l'article 39 de la Constitution modifié se contente de prévoir que « sans préjudice du premier alinéa de l'article 44, les projets de loi ayant pour principal objet l'organisation des collectivités territoriales... sont soumis en premier lieu au Sénat » (art. 39, al. 2).

Lors des débats relatifs à la loi constitutionnelle du 28 mars 2003, il avait été entendu que l'« organisation » des collectivités territoriales devait être comprise comme renvoyant au contenu du Code général des collectivités territoriales qui, sous cette appellation, traite de la composition, du fonctionnement et des attributions des organes de celles-ci, ainsi que du régime de leurs actes. Cette interprétation sous-entendait que l'organisation ne comprenait pas l'attribution de compétences aux collectivités territoriales. Tel est le sens de la jurisprudence du Conseil constitutionnel à propos des deux premières lois organiques d'application de la révision constitutionnelle de 2003, la loi organique n° 2003-704 du 1er août 2003 relative à l'expérimentation et la loi organique n° 2003-705 du 1er août 2003 relative au référendum local (déc. n° 2003-478 DC et n° 2003-482 DC du 30 juillet 2003). Comme la loi relative à l'expérimentation a pour principal objet l'expérimentation des normes « dans la perspective de leur éventuelle intégration dans la législation nationale », elle n'entrait pas dans le champ de l'organisation des collectivités territoriales et n'avait pas à être examinée en premier lieu par le Sénat, ce qui était le cas, en revanche, de la seconde loi.

§2. Le nombre de sénateurs

175. Sur les 348 sénateurs en fonction, correspondant au nombre maximum de sénateurs fixé par l'article 24, alinéa 4 depuis la révision constitutionnelle du 23 juillet 2008, 326 sont élus dans les départements métropolitains et d'outre-mer et dans les collectivités uniques (au lieu des 304 dans le cadre législatif antérieur) depuis la loi organique n° 2003-696 du 30 juillet 2003 portant réforme de la durée du mandat et de l'âge d'éligibilité des sénateurs ainsi que de la composition du Sénat (art. LO 274 du Code électoral).

En revanche, la situation périphérique de certaines collectivités territoriales situées outre-mer a conduit à prévoir un siège de sénateur pour chacune de ces collectivités. C'est ainsi que les ordonnances n° 59-259 et 260 du 4 février 1959 ont fixé à cinq le nombre des sénateurs pour les territoires d'outre-mer et prévu que chaque territoire élirait un sénateur, afin de respecter l'identité de chacun des TOM. Pour tenir compte de l'évolution du nombre des TOM, la loi organique n° 61-816 du 29 juillet 1961 a créé un siège de sénateur pour Wallis-et-Futuna, et la loi organique n° 76-1217 du 28 décembre 1976 a créé un siège de sénateur pour la collectivité territoriale à statut spécifique de Mayotte, tandis que la loi organique n° 86-957 du 13 août 1986 créait un siège pour la collectivité spécifique de Saint-Pierre-et-Miquelon (art. LO 334-2 pour le sénateur de Saint-Pierre-et-Miquelon). Ces créations ont suivi les évolutions statutaires respectives de ces différentes collectivités.

La loi organique n° 2003-696 du 30 juillet 2003 précitée a modifié ces chiffres : il y a désormais deux sièges de sénateurs pour la Nouvelle-Calédonie, deux pour la Polynésie française, deux pour Mayotte et un pour Wallis-et-Futuna, ce qui a créé trois sièges de sénateurs pour ces collectivités (art. LO 438-1 et art. LO 334-14-1 du Code électoral). La même loi a, enfin, supprimé, le siège de sénateur représentant l'ancien territoire des Afars et des Issas qui n'était plus occupé depuis 1977, date de l'accession à l'indépendance de cet ancien TOM. Le Conseil constitutionnel n'a trouvé aucun motif d'inconstitutionnalité à ces créations ni à cette suppression (déc. n° 2003-476 DC du 24 juillet 2003). La loi organique n° 2007-223 du 21 février 2007 portant dispositions statutaires et institutionnelles relatives à l'outre-mer a créé deux nouveaux sièges de sénateurs pour Saint-Barthélemy (art. LO 500 du Code électoral) et Saint-Martin (art. LO 527), alors qu'il n'existe qu'un seul siège de député pour ces deux collectivités d'outre-mer. Cette création de sièges supplémentaires de sénateurs pour chacune de ces collectivités ultra-marines pourrait laisser penser qu'il faut que celles-ci soient, en tant que telles, représentées au Sénat, sur le modèle d'une assemblée des États au sein d'un État fédéral. Une telle conception serait fausse car des sièges de députés à l'Assemblée nationale sont souvent créés pour ces collectivités territoriales éloignées. En réalité, ce sont des raisons géographiques, sociologiques et historiques qui interdisent de faire élire un sénateur qui représenterait, par exemple, à la fois Saint-Pierre-et-Miquelon et une des îles des Antilles, au motif que l'archipel possède une population trop petite pour bénéficier d'une représentation spécifique. Dans la décision n° 91-290 DC du 9 mai 1991, le Conseil constitutionnel a considéré que l'article 24 « n'exige pas que chaque catégorie de collectivités dispose d'une représentation propre ». L'alinéa 4 de l'article 24 prévoit, depuis la révision du 23 juillet 2008, que le nombre de sénateurs ne peut excéder 348 sénateurs.

§3. La participation de toutes les collectivités territoriales à la désignation des sénateurs

176. L'exigence posée par l'article 24, alinéa 4 de la Constitution est satisfaite par la seule participation des représentants de chaque collectivité territoriale au corps électoral chargé d'élire les sénateurs. Le Conseil constitutionnel l'a affirmé dans la décision n° 82-138 DC du 25 février 1982 à propos de la Corse, mais en précisant que si cet article exige la modification des dispositions relatives à l'élection des sénateurs afin que le Sénat puisse assurer la représentation de cette nouvelle catégorie de collectivités territoriales, il n'impose pas que cette modification intervienne avant l'entrée en vigueur de la loi portant statut particulier de la région de Corse.

Les collectivités qui peuvent être créées par la loi doivent donc être intégrées dans le collège électoral chargé d'élire les sénateurs. L'intégration peut être réalisée par une simple loi ordinaire, ce qui fut, par exemple, réalisé par la loi du 10 juillet 1985 relative à l'élection des conseillers régionaux qui s'est contentée d'introduire « les conseillers régionaux élus dans le département » dans la liste des grands électeurs composant le collège départemental chargé d'élire les sénateurs, ou par la loi no 99-36 du 19 janvier 1999 relative au mode d'élection des conseillers régionaux et des conseillers à l'Assemblée de Corse (art. L. 280 du Code électoral).

À propos de la loi n° 2000-641 du 10 juillet 2000, relative à l'élection des sénateurs, le Conseil constitutionnel a rappelé que le Sénat doit être, dans la mesure où il assure la représentation des collectivités, élu par un corps électoral qui est lui-même l'émanation de ces collectivités (déc. n° 2000-431 DC du 6 juillet 2000, cons. 5). Ce corps électoral doit être composé pour une part substantielle de membres des assemblées délibérantes de ces collectivités et ces dernières doivent toutes y être représentées, y compris dans la diversité des communes, sous-entendu les petites comme les grandes. À la suite d'un intense débat politique, le constituant de 2008 a refusé d'ajouter à l'alinéa 4 de l'article 24 le principe selon lequel la représentation des collectivités territoriales devait « tenir compte » ou être établie « en fonction de » la population des collectivités. La loi n° 2013-702 du 2 août 2013 relative à l'élection de sénateurs a augmenté le nombre de délégués supplémentaires élus par les conseillers municipaux dans les communes de plus de 30 000 habitants, tout en assurant la représentation des petites communes. Dans les communes de plus de 30 000 habitants, un délégué supplémentaire est désormais désigné par tranche de 800 habitants au lieu de 1 000 à l'heure actuelle.

Section 2
La représentation des collectivités territoriales au sein d'organismes nationaux consultatifs

177. Les collectivités territoriales sont aussi représentées au sein de certains organismes nationaux consultatifs ou de concertation entre l'État et les collectivités territoriales.

Parmi ceux-ci doivent être mentionnés principalement le comité des finances locales et la commission consultative sur l'évaluation des charges et le conseil national de l'évaluation des normes. D'autres organismes consultatifs nationaux interviennent dans des domaines plus spécialisés.

§1. Le comité des finances locales et la commission consultative sur l'évaluation des charges

178. Le comité des finances locales, créé par la loi du 3 janvier 1979, est composé de membres des assemblées parlementaires et de représentants des régions, des départements et des communes et de leurs groupements ainsi que de représentants des administrations de l'État (art. L. 1211-1). Le comité des finances contrôle la répartition de la dotation globale de fonctionnement. Le Gouvernement peut également le consulter sur tout projet de loi, tout projet d'amendement ou sur toutes dispositions réglementaires à caractère financier concernant les collectivités locales. Pour les décrets, cette consultation est obligatoire. Chaque année, avant le 31 juillet, les comptes du dernier exercice connu des collectivités locales lui sont présentés. Il établit chaque année sur la base des comptes administratifs un rapport sur la situation financière des collectivités locales. Dans un cadre pluriannuel, il a la charge de la réalisation d'études sur les facteurs d'évolution de la dépense locale. Les résultats de ces études font l'objet d'un rapport au Gouvernement établi par l'Observatoire des finances locales (art. L. 1211-3).

Réuni en formation restreinte, il est aussi consulté sur les modalités d'évaluation et sur le montant de la compensation des transferts de compétences entre l'État et les collectivités territoriales. Cette formation restreinte, dénommée commission consultative sur l'évaluation des charges, est présidée par un représentant élu des collectivités territoriales (art. L. 1211-4-1).

§2. Le Conseil national d'évaluation des normes

179. Cet organe est né de la loi no 2013-921 du 17 octobre 2013 portant création d'un Conseil national d'évaluation des normes applicables aux collectivités territoriales et à leurs établissements publics (CNEN), qui prend la suite de la commission consultative d'évaluation des normes qui était une autre formation spécialisée du comité des finances locales (art. L. 1212-1). Le CNEN comporte trente-six membres : neuf représentants de l'État, quatre des régions, quatre des départements, cinq des établissements publics de coopération intercommunale et dix des communes ainsi que deux députés et deux sénateurs.

Le CNEN est un organisme consultatif chargé de procéder à l'examen des projets de normes ainsi qu'à l'évaluation des normes existantes ayant un impact technique ou financier sur les collectivités territoriales. Cette fonction est nouvelle et n'était pas exercée par la commission à laquelle il succède. Lorsque le conseil national émet un avis défavorable sur tout ou partie d'un projet de texte, le Gouvernement transmet un projet modifié ou des informations complémentaires en vue d'une seconde délibération. Le CNEN peut se saisir « de tout projet de norme technique résultant d'activités de normalisation ou de certification ayant un impact technique ou financier pour les collectivités territoriales et leurs établissements publics» (art. L. 1212-2). Il peut donc s'autosaisir ou être saisi d'une demande d'évaluation d'une norme en vigueur, non seulement par le Gouvernement, le président d'une assemblée parlementaire, mais aussi par des collectivités territoriales ou des EPCI à fiscalité propre.

D'autres organismes consultatifs nationaux réunissent des représentants de l'État et des collectivités territoriales dans des domaines plus spécialisés.

§3. Le Conseil supérieur de la fonction publique territoriale

180. Le Conseil supérieur de la fonction publique territoriale, créé par la loi n° 84-53 du 26 janvier 1984 portant dispositions statutaires relatives à la fonction publique territoriale, réunit le ministre de la Fonction publique, le ministre chargé des Collectivités territoriales, des représentants des collectivités territoriales et des représentants des organisations syndicales des agents territoriaux. Il est essentiellement consulté sur les projets de loi, d'ordonnance ou de décret relatifs à la fonction publique territoriale. Cette fonction consultative est aujourd'hui concurrencée par celle du Conseil commun de la fonction publique créé par la loi n° 2010-874 du 5 juillet 2010 relative à la rénovation du dialogue social et comportant diverses dispositions relatives à la fonction publique, qui a par ailleurs supprimé le droit d'autosaisine du Conseil supérieur de la fonction publique territoriale.

Section 3
Les associations de collectivités territoriales

181. Les collectivités territoriales sont également représentées par des associations d'élus locaux. Celles-ci sont assez nombreuses. L'Association des régions de France (ARF), l'Assemblée des départements de France (ADF), l'Association des maires de France et des présidents d'intercommunalité (AMF) représentent tout d'abord les principales catégories de collectivités territoriales. Les établissements publics de coopération intercommunale sont également représentés par l'Assemblée des communautés de France (AdCF). Certaines collectivités se sont regroupées par ailleurs au sein d'associations défendant des intérêts spécifiques, telles que l'Association nationale des élus du littoral (ANEL), l'Association nationale des élus de la montagne (ANEM), l'Association des petites villes de France (APVF), France urbaine (résultant de la fusion de l'Association des maires des grandes villes de France – AMGVF – et de l'Association des communautés urbaines de France – ACUF), l'Association des maires ruraux de France (AMRF) ou encore Villes de France. L'AMF a, notamment, été à l'origine de la loi précitée n° 2015-292 du 16 mars 2015 relative à l'amélioration du régime de la commune nouvelle, pour des communes fortes et vivantes.

Ces associations peuvent être consultées, et quelquefois associées directement à des groupes de travail, pour l'adoption de normes réglementaires. L'élaboration des décrets d'application de la loi sur l'air et l'utilisation rationnelle de l'énergie adoptée en 1996 avait, par exemple, fait l'objet de la création d'un groupe de concertation par le ministre de l'Environnement dans lequel participait l'Association des maires de France.

Cette forme de collaboration des collectivités locales ne concerne pas seulement le cas des normes réglementaires nationales. La transposition de normes issues du droit de l'Union européenne peut donner lieu à des concertations lorsqu'il s'agit de rendre plus sévères les critères dégagés à l'échelle européenne. Ce fut notamment le cas lors de l'adoption des réglementations techniques relatives aux boues d'épuration et aux stations d'incinération. De même, les associations d'élus locaux jouent un rôle essentiel dans la défense des intérêts de chacune des institutions locales lors de l'adoption par le Parlement de lois les intéressant.

Section 4
La représentation au sein des institutions européennes

182. Le foisonnement des initiatives tendant à associer les collectivités territoriales à la construction européenne s'est traduit par la mise en place de procédures spécifiques au niveau de l'Union européenne et du Conseil de l'Europe permettant cette association, mais cette fois-ci de manière officielle.

§1. La représentation informelle des collectivités territoriales

183. Précédant la mise en place de modes de représentation institutionnalisés, les collectivités locales ont très tôt développé des modes de participation informels proches du lobbying, leur permettant d'influencer le processus décisionnel au sein des institutions de l'Union européenne et du Conseil de l'Europe. Ces modes de participation informels, que sont notamment les représentations permanentes auprès des institutions de l'Union européenne, jouent en pratique un rôle politique important.

En principe, les collectivités infra-étatiques ne disposent pas du droit de nouer des relations diplomatiques et consulaires, qui sont encadrées par le droit international. Toutefois, les collectivités territoriales ont mis en place, à partir des années 1980, à Bruxelles, auprès des institutions de l'Union européenne, de nombreuses représentations permanentes. Cette représentation « d'influence » est généralement individuelle, « dispersée et peu visible » (Rapport public pour 2007, Conseil d'État, p. 290). Cela dit, certaines collectivités territoriales ont cherché à développer davantage de concertation. Des régions ont fait le choix d'ouvrir des bureaux de représentation communs, comme, par exemple, l'association Bourgogne Franche-Comté Europe avant même leur fusion par la loi du 16 janvier 2015. L'Association des maires de France a décidé, quant à elle, de fédérer les représentations individuelles des communes. Avait été créée également une « maison européenne des pouvoirs locaux français » ayant vocation à structurer et coordonner les activités des collectivités territoriales. Certaines collectivités ont par ailleurs décidé de s'associer au sein d'associations qui dépassent les frontières d'un État, telles que l'Assemblée des régions d'Europe (ARE) ou le Conseil des communes et régions d'Europe (CCRE).

§2. La participation institutionnelle des collectivités territoriales

184. La participation des collectivités infra-étatiques au processus de décision européen a reçu une consécration institutionnelle assez tardive.

Le Conseil de l'Europe a créé en son sein un organe consultatif qui représente les collectivités locales et régionales, dénommé le Congrès des pouvoirs locaux et régionaux, anciennement désigné sous le nom de Conférence. Il est composé, sur le même modèle que l'Assemblée parlementaire du Conseil de l'Europe de 648 membres, dont 324 suppléants, disposant d'un mandat électif au sein d'une collectivité locale ou régionale, représentant plus de 150 000 collectivités territoriales dans les 47 États membres. Le Congrès dispose du pouvoir d'émettre des rapports et des recommandations en vue de répondre à quatre objectifs principaux : promouvoir la démocratie locale et régionale, encourager la coopération entre collectivités, assurer la participation des collectivités locales et régionales à la réalisation de l'idéal de l'union de l'Europe telle que définie à l'article 1er du statut du Conseil de l'Europe, et collaborer avec les associations de collectivités et les organisations internationales. Le Congrès a ainsi participé très étroitement à l'élaboration des projets de la convention cadre européenne sur la coopération transfrontalière des collectivités ou autorités territoriales, de la Charte européenne des langues régionales ou minoritaires, et de la Charte européenne de l'autonomie locale (voir *infra*, « La coopération décentralisée », septième partie). Il veille également à l'application des principes contenus dans cette dernière Charte, ouverte à la signature en 1985 et entrée en vigueur en 1988. Le Congrès observe en outre périodiquement les élections locales et régionales dans les 47 pays membres du Conseil de l'Europe.

La mise en place d'une représentation institutionnelle des collectivités locales au sein de l'Union européenne a été progressive. Le traité sur l'Union européenne du 7 février 1992 a créé, tout d'abord, une institution, le Comité des régions. Il est composé de représentants des collectivités régionales et locales, qui sont, soit titulaires d'un mandat « électoral au sein d'une collectivité territoriale ou régionale, soit politiquement responsables devant une assemblée élue » (art. 300 § 3 du TFUE). Le traité de Lisbonne de 2007 a allongé la durée du mandat des membres du Comité des régions à cinq ans. Le rôle des États reste important dans la désignation des membres du Comité, puisqu'il revient au Conseil d'adopter la liste des membres et des suppléants, établie en fonction des propositions faites par les États (art. 305 du TFUE). En France, qui dispose actuellement de 24 membres au Comité des régions, aucune procédure de désignation n'a été formalisée par un texte : en pratique, le Gouvernement consulte les associations de collectivités. Le choix est ensuite effectué par le Premier ministre sur proposition du ministre de l'Intérieur : au final, ce sont douze élus régionaux, six élus départementaux et six élus communaux qui sont désignés.

En dépit des innovations introduites par le traité de Lisbonne, la compétence du Comité des régions reste réduite.

Tout d'abord, au cours du processus décisionnel, celui-ci est consulté obligatoirement dans un certain nombre de domaines énumérés par les traités : cohésion économique et sociale, réseaux d'infrastructure transeuropéens, santé, éducation et culture, emploi, politiques sociales et formation professionnelle, environnement, transports, protection civile, énergie et service d'intérêt économique général. Il peut également être saisi par le Parlement européen, le Conseil ou par la Commission dans les cas prévus par le traité et dans tous les autres cas lorsqu'ils ont trait à la coopération transfrontière ou lorsque l'une de ces institutions le juge opportun (art. 307, al. 1er du TFUE). Le Comité peut aussi émettre des avis de sa propre initiative (art. 307, al. 4 et 5 du TFUE).

Ensuite, le Comité des régions se voit octroyer un statut de requérant semi-privilégié, puisqu'il est investi d'un droit de recours devant la Cour de justice de l'Union européenne sans avoir à démontrer son intérêt à agir. Ce recours est toutefois limité à la défense de ses prérogatives ; il peut être exercé contre les actes législatifs pour l'adoption desquels le traité sur le fonctionnement de l'Union européenne prévoit la consultation du Comité et qui portent atteinte au principe de subsidiarité (art. 263, al. 3 du TFUE).

QUATRIÈME PARTIE

LES COLLECTIVITÉS TERRITORIALES DANS LA RÉPUBLIQUE

185. Du fait de son histoire, la France est un État unitaire, ce qui implique un certain nombre de conséquences constitutionnelles et juridiques. Dans les États unitaires, les collectivités territoriales sont, en quelque sorte, intégrées au sein de l'État et dépendent des décisions prises par ce dernier, que ce soit dans la Constitution, les lois ou les règlements. Ces États unitaires se caractérisent aussi par l'existence d'une seule catégorie de lois, adoptées par le Parlement de l'État et qui ont vocation à s'appliquer sur l'ensemble du territoire. Ce principe d'indivisibilité doit cependant être concilié avec un autre principe, de même valeur même s'il est plus récent, celui consacrant la libre administration des collectivités territoriales. Le caractère unitaire de l'État justifie enfin l'existence d'un contrôle de l'État sur les collectivités territoriales, qu'il s'agisse de leurs organes ou de leurs actes.

CHAPITRE 1

La République française indivisible, État unitaire

186. Une longue tradition historique, dont les origines remontent à la monarchie d'Ancien Régime, fait de la France un État unitaire, caractérisé par son indivisibilité. Même si les collectivités territoriales sont des personnes morales distinctes de l'État, elles ne peuvent être conçues en dehors de l'État, entre autres raisons parce que c'est l'État qui prévoit et organise leur existence, à la différence de la logique qui gouverne un État fédéral. La plupart des Constitutions françaises, qu'elles soient monarchiques ou républicaines, ont consacré ce caractère indivisible. Ainsi l'article 1er du titre II de la Constitution du 3 septembre 1791 affirmait déjà que « le Royaume est un et indivisible ». La Convention du 25 septembre 1792, déclarant que « la République française est une et indivisible », puis l'article 1er de la Constitution de l'an I ont associé, sur le terrain politique, ce qualificatif à la République (« La République française est une et indivisible »). Si ces deux derniers textes ont cependant oublié tout ce que l'unité de la France devait à la monarchie, ils ont permis de condamner les velléités de « fédéralisme », assimilé à toute forme d'opposition à la Révolution et à la République.

L'article 1er de la Constitution du 27 octobre 1946 et l'article 1er de celle du 4 octobre 1958 ont posé le principe selon lequel « la France est une République indivisible » (art. 1er de ces deux textes). La référence à l'unité disparaît des textes constitutionnels, à la différence des textes révolutionnaires mais l'indivisibilité renvoie au principe d'unité.

L'indivisibilité de la République signifie ainsi l'unité du pouvoir normatif, c'est-à-dire l'unité du pouvoir politique, qui repose sur l'unicité du souverain, qui ne peut être que le peuple français selon les termes des alinéas 1 et 2 de l'article 3 de la Constitution de 1958, tels qu'ils sont interprétés par le Conseil constitutionnel. L'indivisibilité de la République est bien plus celle du pouvoir que celle du territoire dont l'intégrité n'est pas nécessairement garantie. Elle est ainsi plus politique ou constitutionnelle que territoriale. Elle consacre l'unité du pouvoir, mais pas l'intangibilité des territoires, donc celle des collectivités territoriales. L'unité du peuple français empêche la reconnaissance d'autres peuples mais pas celle de populations locales.

Section 1
L'indivisibilité du pouvoir normatif et ses limites

187. Si la République, et plus globalement l'État, sont indivisibles, c'est parce que la souveraineté qui fonde cet État, est elle-même indivisible. C'est ce qu'affirmait déjà l'article 1er du titre III de la Constitution de 1791 : « La souveraineté est une, indivisible, inaliénable et imprescriptible. Elle appartient à la Nation ; aucune section du peuple, ni aucun individu, ne peut s'en attribuer l'exercice ». Cette indivisibilité rejaillit sur l'État et sur le pouvoir qui l'incarne. Cette unicité est, à l'heure actuelle, affirmée à l'article 3, alinéa 2 de la Constitution de 1958 qui reprend les mêmes termes qu'en 1791 : « Aucune section du peuple ni aucun individu ne peut s'en attribuer l'exercice ».

Elle est intimement liée au caractère indivisible de la République française énoncé à l'article 1er de la Constitution. Les collectivités territoriales ne peuvent alors pas bénéficier des attributions étatiques, ce qui implique qu'elles ne peuvent pas avoir le pouvoir d'édicter des lois, pas plus qu'elles ne peuvent rendre la justice, conduire des relations internationales ou édicter des lois. Cette indivisibilité signifie notamment une unité du pouvoir législatif. Toutefois, ce principe d'unité n'est pas absolu puisqu'il comporte une exception et de possibles aménagements, notamment outre-mer. Les compétences en matière de relations des collectivités avec des États voisins ou limitrophes intéressent surtout les collectivités ultra-marines car leur environnement géopolitique et donc leur besoin de relations peuvent être très différents de la métropole. Ce pouvoir est néanmoins très encadré et limité, tant la compétence internationale illustre le domaine régalien des États. C'est ainsi que la décision nº 2004-490 DC du 12 février 2004 du Conseil constitutionnel a réaffirmé que si la Polynésie française peut disposer de représentations auprès de tout État ainsi que l'une de ses entités territoriales ou territoire reconnu par la République française ou de tout organisme international dont cette dernière est membre ou tout organisme international du Pacifique, cette faculté ne saurait conférer à ces représentations un caractère diplomatique, sans empiéter sur une matière de la compétence exclusive de l'État (cons. 27).

Le pouvoir d'édicter des lois, pourtant symbole d'un État unitaire, a subi des atteintes diverses à la fois dans leur principe et du point de vue territorial.

§1. L'unité du pouvoir législatif

188. L'indivisibilité signifie qu'il n'existe qu'une seule catégorie de lois adoptées par des représentants de la souveraineté ou directement par référendum, et qui ont vocation à s'appliquer sur l'ensemble du territoire, ce que précise l'article 3, alinéa 1er de la Constitution de 1958 : « La souveraineté nationale appartient au peuple qui l'exerce par ses représentants et par la voie du référendum ». Tout acte, y compris celui d'une collectivité territoriale, ne peut s'inscrire que dans le cadre de l'exécution et dans le respect de celle-ci.

Cependant, l'unicité du pouvoir législatif n'implique pas nécessairement que la loi s'applique de manière uniforme sur l'ensemble du territoire. C'est ainsi qu'un droit d'Alsace-Moselle subsiste depuis la loi du 1er juin 1924 mettant en vigueur la législation civile française dans les départements du Bas-Rhin, du Haut-Rhin et de la Moselle qui conservaient un certain nombre d'éléments du droit allemand. Dans sa décision nº 2011-157 QPC du 5 août 2011, Société Somodia, le Conseil constitutionnel a ainsi reconnu comme principe fondamental reconnu par les lois de la République « le principe selon lequel, tant qu'elles n'ont pas été remplacées par les dispositions de droit commun ou harmonisées avec elles, des dispositions législatives et réglementaires particulières aux départements du Bas-Rhin, du Haut-Rhin et de la Moselle peuvent demeurer en vigueur ; qu'à défaut de leur abrogation ou de leur harmonisation avec le droit commun, ces dispositions particulières ne peuvent être aménagées que dans la mesure où les différences de traitement qui en résultent ne sont pas accrues et que leur champ d'application n'est pas élargi » (cons. 4). Dans le cas de ce droit local, c'est le législateur qui est à l'origine de cette diversité et qui l'organise, bénéficiant d'une reconnaissance constitutionnelle depuis cette décision. Il s'agit alors d'un droit national mais d'application territorialisée. La loi peut donc prévoir qu'elle ne s'appliquera pas de manière uniforme sur l'ensemble du territoire, mais une telle décision reste un acte de souveraineté qui ne relève pas de la compétence d'autorités locales.

Cette même possibilité existe aussi au profit des départements et régions d'outre-mer dans l'article 73, dont l'alinéa 1er, dans sa rédaction issue de la révision de 2003, dispose que si, dans ces collectivités, les lois et règlements sont applicables de plein droit, « Ils peuvent faire l'objet d'adaptations tenant aux caractéristiques et contraintes particulières de ces collectivités ». Le principe d'identité législative ne s'applique pas, en revanche, aux COM comme le précise l'article 74 de la Constitution. La loi organique fixant le statut de chaque COM doit déterminer « les conditions dans lesquelles les lois et règlements y sont applicables » (al. 3).

L'unicité de la loi n'exclut pas non plus la consultation de certaines collectivités locales au moment de l'élaboration de la loi. L'article 74 de la Constitution de 1946 prévoyait déjà que le statut des TOM « et l'organisation intérieure de chaque territoire d'outre-mer ou de chaque groupe de territoires sont fixés par la loi, après avis de l'Assemblée de l'Union française et consultation des assemblées territoriales ». Cette obligation de consultation a été reprise à l'article 74 de la Constitution de 1958 et la révision de 2003 l'a imposée aussi bien pour les lois organiques définissant le statut des COM (art. 74, al. 2) que pour les lois ordinaires compétentes pour les autres modalités de l'organisation particulière des COM (art. 74, al. 12). Le Conseil constitutionnel veille au respect de cette condition de validité de la loi et fait de la régularité de cette procédure de consultation un élément de la sincérité des débats parlementaires relatifs à l'adoption des dispositions particulières (déc. n° 2015-721 DC du 12 novembre 2015, Loi organique portant diverses dispositions relatives à la collectivité de Saint-Barthélemy, cons. 3 à 5).

Ainsi est-il prévu que l'Assemblée de Corse est consultée sur les projets et les propositions de loi comportant des dispositions spécifiques à la Corse. Elle dispose d'un mois pour rendre son avis. Le délai expiré, l'avis est réputé avoir été donné. Les avis sont transmis par le président du conseil exécutif au Premier ministre ainsi qu'aux présidents de l'Assemblée nationale et du Sénat (art. L. 4422-16). De la même manière, les conseils départementaux et régionaux des départements et des régions d'outre-mer sont consultés sur les projets de loi, d'ordonnance ou de décret comportant des dispositions d'adaptation du régime législatif et de l'organisation administrative de ces départements (art. L. 3444-1 et L. 4433-3-1). L'avis est réputé acquis une fois le délai d'un mois à compter de la saisine expiré (art. L. 3444-1). Cette compétence a été reconnue aux deux collectivités territoriales uniques de Guyane et de Martinique, qui ont été pendant longtemps des DOM et des ROM (art. L. 7152-2 et L. 7252-2). Pour les COM, l'article 74 renvoie à la loi organique le soin de déterminer « les conditions dans lesquelles [leurs] institutions sont consultées sur les projets et propositions de loi et les projets d'ordonnance ou de décret comportant des dispositions particulières ».

Au-delà de ce pouvoir de consultation, l'assemblée de certaines collectivités territoriales dispose également d'un pouvoir de proposition, adressé au Premier ministre, de modification ou d'adaptation des dispositions législatives ou réglementaires en vigueur ou en cours d'élaboration. C'est le cas, depuis la loi n° 2011-884 du 27 juillet 2011 relative aux collectivités territoriales de Guyane et de Martinique, pour la collectivité territoriale de Guyane (art. L. 7152-1) qui peut exercer ce pouvoir pour toutes propositions relatives aux conditions du développement économique, social et culturel de la collectivité territoriale de Guyane. Une disposition identique est reconnue au profit de la collectivité territoriale de Martinique (art. L. 7252-1). Pour la Corse, ce pouvoir peut être mis en œuvre à l'initiative de l'Assemblée de Corse ou du conseil exécutif ou du Premier ministre (art. L. 4422-16). Quant aux régions d'outre-mer et à Mayotte, les conseils régionaux et le conseil départemental de Mayotte disposent d'un pouvoir de proposition, à leur initiative ou à l'initiative du Premier ministre ou du ministre chargé des départements d'outremer (art. L. 4433-3). Toutes ces dispositions organisent les modalités de transmission de ces demandes et les conditions dans lesquelles des réponses peuvent être apportées.

À la suite de cette reconnaissance pour les collectivités territoriales à statut particulier ou situées outre-mer, les régions métropolitaines se sont vu reconnaître des attributions similaires par la loi NOTRe n° 2015-991 du 7 août 2015 concernant les compétences, l'organisation et le fonctionnement d'une, de plusieurs ou de l'ensemble des régions (art. L. 4221-1). Ce nouveau pouvoir n'a pas été reconnu aux autres collectivités territoriales de droit commun, communes et départements, introduisant ainsi une prééminence de la collectivité territorialement la plus importante.

§2. Les lois du pays de Nouvelle-Calédonie

189. L'atteinte à l'unité du pouvoir normatif la plus significative est aussi la plus circonscrite territorialement. La loi constitutionnelle n° 98-610 du 20 juillet 1998 relative à la Nouvelle-Calédonie a introduit, à l'article 77 de la Constitution, une nouvelle catégorie d'actes pris par l'assemblée délibérante de Nouvelle-Calédonie, le Congrès, et qualifiés de « lois du pays » par la loi organique n° 99-209 du 19 mars 1999 relative à la Nouvelle-Calédonie et complétée par la loi organique n° 2013-1027 du 15 novembre 2013 portant actualisation de la loi organique de 1999. Les lois du pays interviennent dans des matières énumérées à l'article 99 de cette loi et elles correspondent aux compétences exercées par la Nouvelle-Calédonie ou à compter de la date de leur transfert par application de ces lois : parmi celles-ci, figurent les principes fondamentaux du droit du travail, du droit syndical et du droit de la sécurité sociale, les règles concernant l'état et la capacité des personnes, les régimes matrimoniaux, les successions et les libéralités, les principes fondamentaux concernant le régime de la propriété, des droits réels et des obligations civiles et commerciales mais aussi les règles relatives à l'assiette et au recouvrement des impôts, droits et taxes de toute nature. La loi organique de 2013 a ajouté la création d'autorités administratives indépendantes, dans les domaines relevant de la compétence de la Nouvelle-Calédonie. La Nouvelle-Calédonie s'est dotée, sur ce fondement, de sa propre Autorité de la concurrence en adoptant une loi du pays du 24 avril 2014. Entrée en fonction le 2 mars 2018, l'Autorité de la concurrence de la Nouvelle-Calédonie (ACNC) est une autorité administrative indépendante chargée de garantir la régulation des marchés, en veillant au respect des règles de la concurrence prévues au Code de commerce applicable en Nouvelle-Calédonie.

Ces lois du pays sont contrôlées par le seul Conseil constitutionnel. En vertu de l'article 103 de la loi organique, pendant les 15 jours qui suivent l'adoption d'une loi du pays, le haut-commissaire, le Gouvernement, le président du Congrès, le président d'une assemblée de province ou onze membres du Congrès peuvent soumettre cette loi ou certaines de ses dispositions à une nouvelle délibération du Congrès. Cette nouvelle délibération ne peut pas être refusée. Cette demande de nouvelle délibération est importante car elle conditionne l'examen du texte par le Conseil constitutionnel. En effet, en vertu de l'article 104, la loi du pays qui a fait l'objet d'une nouvelle délibération du Congrès peut être déférée au Conseil constitutionnel par le haut-commissaire, le Gouvernement, le président du congrès, le président d'une assemblée de province ou dix-huit membres du Congrès. Ces requérants disposent à cet effet d'un délai de dix jours et le Conseil constitutionnel doit se prononcer dans les trois mois de sa saisine. Si le Conseil constate que la loi du pays contient une disposition contraire à la Constitution ou à la loi organique, cette dernière devant être conçue comme une application de la Constitution et de l'Accord de Nouméa (cf. *supra*), elle ne peut être promulguée, de même que l'ensemble de la loi si cette disposition en est inséparable (art. 105). Le Conseil constitutionnel peut également censurer une loi du pays parce qu'elle est intervenue dans les domaines de compétence conservés par l'État, tout comme, à l'inverse, il peut censurer une loi nationale intervenue dans les domaines transférés à la Nouvelle-Calédonie. Enfin, s'il n'y a pas eu de saisine ou si elle a été rejetée, le haut-commissaire promulgue la loi du pays, avec le contreseing du président du Gouvernement, dans les dix jours suivant son adoption.

Ces différents éléments montrent que les lois du pays ont valeur législative, non seulement matériellement parce qu'elles interviennent dans le domaine de la loi, mais aussi formellement. Cela est explicitement affirmé par l'article 107 de la loi organique du 19 mars 1999, qui dispose que « Les lois du pays ont force de loi dans le domaine défini à l'article 99. Elles ne sont susceptibles d'aucun recours après leur promulgation ». Le Conseil constitutionnel a rendu, à ce jour, six décisions dans le cadre de son contrôle des lois du pays avant leur promulgation (déc. n° 2000-1 LP du 29 janvier 2000 ; déc. n° 2006-2 LP du 5 avril 2006 ; déc. n° 2013-3 du 1er octobre 2013 ; déc. n° 2014-4 LP du 21 novembre 2014 ; déc. n° 2014-5 LP du 27 février 2015 et déc. n° 2016-6 LP du 16 juin 2016). Dans la décision n° 2014-4 LP, Loi du pays relative à l'accès à l'emploi titulaire des fonctions publiques de Nouvelle-Calédonie, le Conseil n'a pas hésité à censurer onze articles de cette loi.

Postérieurement à la loi organique du 19 mars 1999 et à l'introduction d'une forme particulière de contrôle *a priori* décrite ci-dessus, la loi organique n° 2009-1523 du 10 décembre 2009 relative à l'application de l'article 61-1 de la Constitution a prévu que « Les dispositions d'une loi du pays peuvent faire l'objet d'une question prioritaire de constitutionnalité » dans les mêmes conditions que celles prévues pour les lois « nationales » aux articles 23-1 à 23-12 de l'ordonnance n° 58-1067 du 7 novembre 1958 portant loi organique sur le Conseil constitutionnel (art. 107 modifié par la loi de 2009). Dans sa décision n° 2009-595 DC du 3 décembre 2009, le Conseil constitutionnel a confirmé que la référence aux « dispositions législatives » à l'article 61-1 concernait également les lois du pays de la Nouvelle-Calédonie (cons. 34). Cinq décisions QPC ont été rendues sur le fondement de l'article 61-1 de la Constitution et intéressent des lois du pays de Nouvelle-Calédonie, mais elles ne font pas l'objet d'un classement particulier (n° 2011-205 QPC du 9 décembre 2011, n° 2012-258 QPC du 22 juin 2012, n° 2013-308 QPC du 26 avril 2013 et n° 2019-774 QPC du 12 avril 2019, n° 2019-819 QPC du 7 janvier 2020). Dans la première de ces décisions, le Conseil a censuré un article du Code du travail de Nouvelle-Calédonie. Dans la dernière, Société Magenta Discount et autres, rendue à propos du contrôle des prix et des marges, il a censuré des dispositions d'un article LP du Code de commerce applicable en Nouvelle-Calédonie et de la loi du pays « Concurrence, Compétitivité et Prix ».

La loi organique de 1999 précise également le sort des dispositions des lois du pays qui sont adoptées en dehors du domaine réservé aux lois du pays. L'article 107 dispose en effet explicitement que « Les dispositions d'une loi du pays intervenues en dehors du domaine défini à l'article 99 ont un caractère réglementaire ». La loi organique prévoit dans ce cas deux procédures de déclassement, par voie d'action ou recours direct et par voie d'exception à l'occasion d'un litige. Ces deux procédures sont portées devant le Conseil d'État qui statue dans un délai de trois mois.

Les lois du pays constituent bien l'exercice d'un pouvoir législatif concurrent de celui exercé par le Parlement, qui porte atteinte au principe d'unité du pouvoir législatif caractérisant un État unitaire. Cette exception se justifie cependant par le régime constitutionnel provisoire de la Nouvelle-Calédonie, destiné à préparer son accession à la pleine souveraineté, repoussée à la suite du rejet des deux référendums organisés le 4 novembre 2018 et le 4 octobre 2020 (v. *infra*).

§3. Les actes administratifs pris dans le domaine de la loi

190. Si la loi constitutionnelle du 28 mars 2003 a reconnu aux collectivités territoriales un pouvoir réglementaire, celui-ci est limité à l'exercice de leurs compétences (art. 72, al. 3) et il ne peut empiéter sur le pouvoir réglementaire reconnu au Premier ministre et au président de la République (art. 21 et 13 ; voir *supra*). Le principe de l'unité du pouvoir législatif connaît par ailleurs des aménagements, qui permettent aux collectivités territoriales de prendre des actes administratifs dans des matières relevant du domaine de la loi.

Ces hypothèses sont au nombre de trois. Il s'agit de la délégation de compétences relevant du domaine de la loi, de la possibilité d'adapter les lois et règlements nationaux et de la possibilité de déroger aux lois et règlements à titre expérimental. Les deux premières intéressent les collectivités situées outre-mer. La troisième a vocation à s'appliquer à toutes les collectivités territoriales.

A. La délégation de compétences relevant du domaine de la loi

191. Cette possibilité n'existe qu'au profit des catégories de collectivités territoriales situées outre-mer. Il est nécessaire de distinguer le cas des COM et celui des collectivités régies par l'article 73 de la Constitution.

1. Délégation de compétences au profit des COM

192. Avant la révision de mars 2003, les TOM disposaient déjà de la possibilité de se voir attribuer des compétences relevant du domaine de la loi, au nom de leur « organisation particulière » tenant compte de leurs « intérêts propres » (déc. n° 65-34 L du 2 juillet 1965). Mais les actes pris dans les matières législatives demeuraient des actes administratifs soumis au contrôle du juge administratif (CE, ass., 27 février 1970, *Sieur Saïd Ali Tourqui*, Lebon, p. 138). Depuis la révision de 2003, les COM peuvent se voir confier des compétences ressortissant au domaine de la loi à l'exception de matières régaliennes prévues à l'article 73, alinéa 4 auquel renvoie l'article 74, alinéa 4. En Polynésie française, les actes de l'assemblée « relevant du domaine de la loi » sont dénommés « lois du pays » (art. 140 de la loi organique n° 2004-192 du 27 février 2004 portant statut d'autonomie de la Polynésie française) et font l'objet d'un contrôle spécifique de la part du seul Conseil d'État qui est prévu à l'article 74, alinéa 8 de la Constitution. Le terme de « lois du pays » adopté par la loi organique de 2004 pour satisfaire des revendications autonomistes ne doit pas tromper : il ne s'agit pas, à la différence des « lois du pays » de Nouvelle-Calédonie (voir *supra*) de véritables textes législatifs, mais d'actes administratifs. Dans la décision du Conseil constitutionnel relative à cette loi, il a bien été rappelé que « les actes dits "lois du pays" procèdent des délibérations de l'assemblée de la Polynésie française et ont le caractère d'actes administratifs » (cons. 90).

La haute juridiction administrative se prononce sur la conformité des actes prévus à l'article 140 dénommés « lois du pays » au regard de la Constitution, des lois organiques, des engagements internationaux et des principes généraux du droit (art. 176 de la même loi organique et normes de référence rappelées au considérant 90 précité de la décision du Conseil constitutionnel. Pour un exemple, CE, n° 441297 du 2 octobre 2020, Confédération A Tia I Mua). Ces mêmes actes, qui sont simplement désignés comme des « actes relevant du domaine de la loi » pour Saint-Barthélemy et Saint-Martin, n'ont que la valeur d'actes administratifs et sont soumis au même contrôle juridictionnel spécifique du Conseil d'État (art. LO 6243-1 pour Saint-Barthélemy et art. LO 6343-1 pour Saint-Martin).

Par ailleurs, le domaine de compétence des COM dotées de l'autonomie est protégé contre les empiétements du Parlement. L'assemblée délibérante des COM peut en effet modifier une loi promulguée postérieurement à l'entrée en vigueur du statut de la collectivité, lorsque le Conseil constitutionnel, saisi notamment par les autorités de la collectivité, a constaté que la loi était intervenue dans le domaine de compétence de cette collectivité (art. 74, al. 9). S'agissant de la Polynésie française, le Conseil peut être saisi par le président de l'exécutif ou de l'assemblée, le Premier ministre, le président de l'Assemblée nationale ou le président du Sénat. Il statue dans un délai de trois mois (art. 12 de la loi organique n° 2004-192 du 27 février 2004 pour la Polynésie et articles LO 6213-5 pour Saint-Barthélemy et LO 6313-5 pour Saint-Martin).

À ce jour, il y a eu douze décisions LOM qui ont toutes concerné la Polynésie française. La décision n° 2014-8 LOM du 8 janvier 2015, Droits des citoyens dans leurs relations avec les administrations en Polynésie française, a ainsi déclaré que des dispositions de plusieurs lois nationales étaient « intervenues dans une matière relevant de la compétence de la Polynésie française ».

2. Délégation de compétences au profit des DOM et des ROM

193. En revanche, les DOM et les ROM ne pouvaient pas se voir confier de compétences relevant du domaine de la loi avant la révision de mars 2003. Depuis cette date et en vertu de l'article 73, alinéa 3, modifié par la loi constitutionnelle du 23 juillet 2008 « pour tenir compte de leurs spécificités, les [DOM/ROM] peuvent être habilités, selon le cas, par la loi ou par le règlement, à fixer [eux]-mêmes les règles applicables sur leur territoire, dans un nombre limité de matières pouvant relever du domaine de la loi ou du règlement ». L'alinéa 3 précise bien que cette attribution constitue une dérogation au principe contenu à l'alinéa 1er selon lequel « les lois et règlements sont applicables de plein droit ». Mais cette possibilité n'est pas offerte à La Réunion, qui n'a pas souhaité en bénéficier (art. 73, al. 5, voir *supra*). Cette dévolution de compétences matériellement législatives aux DOM et aux ROM est décidée à la demande de la collectivité concernée, au nom de leurs spécificités et ne peut concerner certaines matières régaliennes énumérées à l'article 73, alinéa 4 et qui mentionne « la nationalité, les droits civiques, les garanties des libertés publiques, l'état et la capacité des personnes, l'organisation de la justice, le droit pénal, la procédure pénale, la politique étrangère, la défense, la sécurité et l'ordre public, la monnaie, le crédit et les changes, ainsi que le droit électoral ». Les décisions prises, qui ont le caractère d'actes administratifs, ne peuvent en outre intervenir lorsque sont en cause les conditions essentielles d'exercice d'une liberté publique ou d'un droit constitutionnellement garanti (article 73, al. 6). C'est la loi organique, à laquelle renvoie l'alinéa 6, n° 2007-223 du 21 février 2007 portant dispositions statutaires et institutionnelles relatives à l'outre-mer, complétée pour Mayotte par la loi organique n° 2010-1486 du 7 décembre 2010 relative au département de Mayotte, qui a fixé les conditions dans lesquelles s'applique ce pouvoir de fixation de règles applicables sur leur territoire dans un nombre limité de matières relevant du domaine de la loi ou du règlement (art. LO 3445-9 et s. pour les départements d'outre-mer et Mayotte, et LO 4435-9 pour les régions d'outre-mer et Mayotte). S'agissant des collectivités territoriales uniques de Guyane et de Martinique, la loi organique n° 2011-883 du 27 juillet 2011 relative aux collectivités régies par l'article 73 de la Constitution reprend les mêmes dispositions (art. LO 7312-1 et s.).

En ce qui concerne les DOM et ROM, le projet de loi constitutionnelle du 29 août 2019 souhaite modifier la rédaction des alinéas 2 et 3 de l'article 73 et introduire à l'alinéa 6 un mécanisme original de ratification de ces actes adoptés dans le domaine de la loi, qui ne manquera pas de susciter des interrogations quant à leur valeur. Il est en effet prévu que « Chaque session ordinaire, le Gouvernement dépose un projet de loi de ratification des actes des collectivités pris en application du deuxième alinéa dans le domaine de la loi. Ces actes deviennent caducs en l'absence de ratification par le Parlement dans le délai de vingt-quatre mois suivant l'habilitation ». Les collectivités régies par l'article 73 de la Constitution pourront, à leur demande, être habilitées par simple décret en Conseil des ministres après avis du Conseil d'État, à fixer elles-mêmes les règles applicables sur leur territoire dans un nombre limité de matières pouvant relever du domaine de la loi ou du règlement.

Ce même projet de loi constitutionnelle a prévu de modifier l'alinéa 5 de l'article 73, toujours consacré à La Réunion en disposant que « Pour le département et la région de La Réunion, les habilitations prévues au deuxième alinéa s'appliquent uniquement dans les matières relevant de leurs compétences ».

B. L'adaptation des lois et des règlements

194. Si l'alinéa 3 de l'article 73 donne la possibilité aux collectivités de déroger aux lois et règlements nationaux, l'alinéa 2 leur permet d'adapter les lois et règlements mais seulement dans les matières où ces collectivités exercent leurs compétences, ce qui constitue une atteinte moins intrusive à l'unité du pouvoir législatif. Les dispositions législatives et réglementaires applicables en métropole peuvent faire l'objet d'adaptations pour tenir compte des particularités de l'outre-mer (pour une application, déc. n° 313 QPC du 22 mai 2013, Chambre de commerce et d'industrie de région des îles de Guadeloupe et autres). L'habilitation ne peut cependant pas intervenir « lorsque sont en cause les conditions essentielles d'exercice d'une liberté publique ou d'un droit constitutionnellement garanti » (art. 73, al. 6) mais ne peut pas porter non plus sur les matières énoncées à l'alinéa 4 de l'article 73. Les décisions adaptant les règles « législatives » ou réglementaires constituent des actes administratifs et sont soumises à la compétence du juge administratif. Ce sont les lois organiques précitées du 21 février 2007, du 7 décembre 2010 et du 27 juillet 2011 qui organisent les modalités de ces adaptations (art. LO 3445-1 et s. pour les départements d'outre-mer et Mayotte, art. LO 4435-1 pour les régions d'outre-mer et art. LO 7311-1 et s. pour la Guyane et la Martinique). La demande d'habilitation est adoptée par délibération motivée de l'assemblée délibérante concernée, conseil départemental ou conseil régional. L'habilitation est d'une durée limitée à deux ans à compter de la promulgation de la loi qui accorde l'habilitation (art. LO 3445-1 et s. pour les départements et art. LO 4435-1 et s. pour les régions). Les mesures d'adaptation, qui connaissent une procédure particulière et des modalités spécifiques de contrôle de légalité, peuvent faire l'objet de recours portés devant le Conseil d'État. Le projet de loi constitutionnelle du 29 août 2019 met fin à ce pouvoir d'adaptation, sous réserve de son adoption.

C. L'expérimentation législative et réglementaire

195. Afin de surmonter une jurisprudence contraire du Conseil constitutionnel (déc. n° 2001-454 DC du 17 janvier 2002, Loi relative à la Corse), la révision constitutionnelle du 28 mars 2003 a reconnu à l'alinéa 4 de l'article 72 la possibilité pour toute collectivité ainsi qu'à leurs groupements de déroger aux lois et règlements nationaux par le biais d'une expérimentation législative encadrée par la loi organique n° 2003-704 du 1er août 2003 relative à l'expérimentation par les collectivités territoriales (codifiée aux articles LO 1113-1 et s.).

Dans sa décision sur la loi organique n° 2003-478 DC du 30 juillet 2003, le Conseil constitutionnel a relevé que le pouvoir constituant avait « introduit dans le texte de la Constitution des dispositions nouvelles qui, dans les cas qu'elles visent, dérogent à des règles ou principes de valeur constitutionnelle », et notamment au principe d'égalité devant la loi. Ces expérimentations doivent donc avoir un objet et une durée limitée en vertu de la jurisprudence du Conseil constitutionnel.

Les collectivités territoriales, habilitées par une loi ou un décret en Conseil d'État, peuvent, à ce titre, écarter certaines règles législatives ou réglementaires ou leur substituer des règles locales, pendant une durée limitée à cinq ans, prorogeable trois ans. Ce pouvoir ne peut être exercé, selon l'alinéa 4 de l'article 72, lorsque sont en cause les « conditions essentielles d'exercice d'une liberté publique ou d'un droit constitutionnellement garanti », selon une formule identique à celle déjà rencontrée à l'article 73. Les actes dérogatoires pris par les collectivités territoriales restent, pendant la durée de l'expérimentation, des actes administratifs, même s'ils sont pris dans le domaine de la loi. Seulement quatre expérimentations ont été conduites par les collectivités territoriales dans le cadre de la loi organique du 1er août 2003 dont une a été abandonnée (à propos de la taxe d'apprentissage à la suite de la loi du 5 septembre 2018). Les trois autres expérimentations ont porté sur la mise en œuvre du revenu de solidarité active (v. loi n° 2007-1223 du 21 août 2007) qui a été généralisé avant son évaluation finale (v. loi n° 2008-1249 du 1er décembre 2008), sur la tarification sociale de l'eau, lancée en 2013 et prolongée en 2018 jusqu'en 2021, expérimentée dans 50 communes et EPCI (loi n° 2013-312 du 15 avril 2013) et sur l'accès à l'apprentissage jusqu'à l'âge de 30 ans, expérimenté par neuf régions entre 2017 et 2019 ; il a été généralisé, avant son évaluation, par l'article 13 de la loi du 5 septembre 2018 qui a ouvert l'accès à l'apprentissage jusqu'à l'âge de 29 ans. Face à ce bilan mitigé, le régime de l'expérimentation a été modifié et assoupli par la loi organique n° 2021-457 du 19 avril 2021 relative à la simplification des expérimentations mises en œuvre sur le fondement du quatrième alinéa de l'article 72 de la Constitution. Cette loi a été déclarée conforme au principe d'égalité consacré par l'article 6 de la Déclaration des droits et à l'article 72, alinéa 4 de la Constitution par le Conseil constitutionnel dans sa décision n° 2021-816 DC du 15 avril 2021. La loi organique a tout d'abord allégé les contraintes pesant sur les collectivités territoriales. La décision d'une collectivité, décidant de participer à l'expérimentation, par la voie d'une délibération motivée, fait désormais l'objet d'une publication au *Journal officiel,* « à titre d'information » (nouvel art. LO 1113-2). Elles n'ont plus besoin d'être autorisées par décret en Conseil d'État à bénéficier de l'expérimentation. La délibération, et elle seule, et non plus les actes dérogatoires adoptées par la collectivité, est néanmoins soumise à un contrôle renforcé du juge. Le préfet peut en effet assortir un recours dirigé contre un tel acte d'une demande de suspension qui est automatique. L'acte redevient exécutoire au terme d'un délai d'un mois si le tribunal administratif n'a pas statué dans ce délai (nouvel article LO 1113-3). La loi organique accroît ensuite les perspectives de sortie de l'expérimentation pour la rendre plus attractive. À la fin de l'expérimentation, la loi peut décider, comme auparavant, la prolongation ou l'abandon de l'expérimentation mais elle peut désormais décider aussi « le maintien des mesures prises à titre expérimental dans les collectivités ayant participé à l'expérimentation ou dans certaines d'entre elles et leur extension à d'autres collectivités territoriales ». La loi de 2021 a assoupli le régime législatif de l'expérimentation car le régime antérieur ne prévoyait que « le maintien et la généralisation des mesures prises à titre expérimental » (ancien art. LO 1113-6). Ces choix relèvent toutefois toujours du législateur et non des collectivités territoriales. Mais celui-ci doit les faire dans le respect du principe d'égalité devant la loi. Le Conseil constitutionnel a ainsi précisé dans sa décision n° 2021-816 DC du 15 avril 2021 que « le législateur ne saurait maintenir à titre pérenne des mesures prises à titre expérimental dans les seules collectivités territoriales ayant participé à l'expérimentation sans les étendre aux autres collectivités présentant les mêmes caractéristiques justifiant qu'il soit dérogé au droit commun ». La norme, dérogatoire, retenue par le législateur, après avoir été expérimentée, devra ainsi s'appliquer à toutes les collectivités, y compris celles n'ayant pas participé à l'expérimentation, dès lors qu'elles sont dans la même situation au regard de l'objet de la loi.

Le projet de loi constitutionnelle du 29 août 2019 prévoyait d'autoriser les collectivités territoriales de droit commun ou leurs groupements « lorsque, selon le cas, la loi ou le règlement l'a prévu, [de] déroger, pour un objet limité, aux dispositions législatives ou réglementaires qui régissent l'exercice de leurs compétences, éventuellement après une expérimentation autorisée dans les mêmes conditions ». La dérogation ne serait plus nécessairement liée à l'expérimentation et pourrait ainsi devenir pérenne. Mais il y a toutefois peu de chances dans le contexte politique actuel que ce projet de loi constitutionnelle aboutisse.

Section 2
L'intégrité du territoire et le droit de sécession

196. Contrairement à une idée souvent répandue, l'indivisibilité ne signifie pas qu'il ne puisse pas être porté atteinte à l'intégrité du territoire.

L'intégrité du territoire est protégée par le président de la République qui en est le « garant » en application des articles 5 et 16 de la Constitution. La protection de l'intégrité du territoire constitue aussi l'un des cas où la révision de la Constitution n'est pas possible, en vertu de l'alinéa 4 de l'article 89.

Ce principe doit cependant être concilié avec l'article 53, alinéa 3. Le territoire français n'est donc pas intangible, mais la France reste indivisible, même si les limites de son territoire évoluent. C'est ainsi que les départements de l'Algérie et du Sahara en 1962, le territoire des Comores en 1975 et celui des Afars et des Issas (ou côte française des Somalis) en 1977 ont accédé à l'indépendance.

Le Conseil constitutionnel, saisi de la loi n° 75-1337 du 31 décembre 1975 relative aux conséquences de l'autodétermination des îles des Comores, qui constituaient un TOM avant la proclamation de leur indépendance, a, dans sa décision n° 75-59 DC du 30 décembre 1975, admis qu'un territoire, sans autre précision géographique ou juridique, puisse cesser « d'appartenir à la République pour constituer un État indépendant ou y être rattaché ». Cette loi visait à consulter la population de Mayotte afin de déterminer si celle-ci souhaitait demeurer au sein de la République française ou devenir partie du nouvel État comorien. Elle avait pour objet d'organiser les conditions de ce scrutin.

Le Conseil a fondé ce droit sur une interprétation extensive de l'article 53, alinéa 3, reprenant la doctrine « Capitant » formulée en 1966 par René Capitant, alors président de la Commission des lois de l'Assemblée nationale et fondée sur le primat de la souveraineté populaire. La décision n° 75-59 DC ajoute en effet, aux hypothèses prévues de cession ou d'adjonction de territoire dans le cadre d'un traité international, celle de la « sécession », sans poser la question de l'intégrité du territoire.

On pouvait néanmoins considérer que le droit d'autodétermination était limité aux seuls TOM, en application de l'alinéa 2 du Préambule, qui proclame le principe de libre détermination des peuples, réservé, selon ce texte, aux seuls peuples des territoires d'outre-mer. Mais, en précisant que le « territoire » au sens de l'article 53, alinéa 3 n'a pas la même signification juridique que dans l'expression « territoire d'outre-mer », telle qu'elle est employée dans la Constitution, le Conseil n'a pas exclu une possibilité de référendum d'autodétermination en métropole (cons. 3). Les territoires visés par l'article 53, alinéa 3 peuvent donc être situés aussi bien en métropole qu'outre-mer.

La généralité des termes employés autorise à penser que le territoire concerné pourrait être n'importe quel territoire français, et même pas obligatoirement celui d'une collectivité territoriale. Si cette interprétation doit être la bonne, il faut admettre que l'intégrité du territoire de la République n'est pas intangible.

Le Conseil constitutionnel a cependant posé des conditions à l'admission de ce droit de sécession : seules les autorités compétentes de la République peuvent prendre l'initiative de la consultation et celle-ci doit se faire dans le cadre de la Constitution et non dans celui du droit international (déc. n° 87-226 DC du 2 juin 1987, Loi organisant la consultation des populations intéressées de la Nouvelle-Calédonie et dépendances prévue par l'alinéa 1er de l'article 1er de la loi n° 86-844 du 17 juillet 1986 relative à la Nouvelle-Calédonie, cons. 7 s.). Les populations intéressées doivent être consultées sur des questions claires, loyales et dépourvues d'ambiguïté. Enfin, seul le Parlement, ou le peuple par la voie du référendum, peut adopter la loi autorisant la sécession. L'État reste donc le gardien de la procédure qu'il conduit du début à la fin. Le principe de libre administration ne peut conduire à modifier l'intégrité du territoire par la seule volonté des collectivités territoriales et la sortie du territoire ne peut être organisée de la seule initiative des citoyens ou des collectivités concernés. Il n'y a pas un véritable droit à la sécession que les collectivités pourraient elles-mêmes mettre en œuvre. La sécession doit être en quelque sorte acceptée par les autorités étatiques.

La révision de 2003 souhaitait revenir sur la jurisprudence de 1975 et renforcer le principe de l'intégrité du territoire, puisque les modalités d'une éventuelle modification du territoire semblaient relever du seul pouvoir constituant. En énumérant les collectivités situées outre-mer à l'alinéa 2 de l'article 72-3, elle suggérait que seule une loi constitutionnelle pourrait intervenir pour consacrer la sécession des collectivités situées outre-mer et que le consentement des populations intéressées n'était plus nécessaire. Mais, dans la décision n° 2007-547 DC du 15 février 2007, Loi organique portant dispositions statutaires et institutionnelles relatives à l'outre-mer, le Conseil constitutionnel s'est fondé sur sa propre doctrine en reprenant sa jurisprudence de 1975 pour considérer que la sortie de la République d'une collectivité, dont le nom figure dans la Constitution, ne nécessite pas une révision de celle-ci. L'article LO 6111-1 du Code général des collectivités territoriales, qui avait été adopté dans cette loi organique avait en effet prévu que : « Mayotte fait partie de la République. Elle ne peut cesser d'y appartenir sans le consentement de sa population et sans une révision de la Constitution ». Le Conseil a jugé que le législateur organique ne pouvait, sans empiéter sur les pouvoirs du constituant, ajouter une condition tenant à une révision préalable de la Constitution et il a censuré cet article LO 6111-1. Le Conseil constitutionnel semble ainsi dénier un effet à la mention nominative des collectivités françaises d'outre-mer dans la Constitution. Celle-ci serait alors simplement déclarative. En outre, la décision de 1975 ne précise pas le champ territorial d'application de la procédure d'accession à l'indépendance, ce qui peut laisser penser qu'elle concerne toutes les collectivités, et pas seulement celles situées outre-mer et qui sont énumérées à l'article 72-3.

La Constitution prévoit de manière spécifique la possibilité pour la Nouvelle-Calédonie d'accéder au statut d'État souverain, reprenant ainsi l'accord de Nouméa de 1998. L'article 77 de la Constitution renvoie à la loi organique le soin de préciser « les conditions et les délais dans lesquels les populations intéressées de la Nouvelle-Calédonie seront amenées à se prononcer sur l'accession à la pleine souveraineté », lors d'un référendum qui devait avoir lieu entre 2014 et 2018. Sur le fondement de la Constitution, un premier référendum d'autodétermination a été organisé le 4 novembre 2018. Il portait sur le transfert à la Nouvelle-Calédonie des compétences régaliennes, sur l'accès à un statut international de pleine responsabilité et sur l'organisation de la citoyenneté en nationalité. Le scrutin a été marqué par une forte participation (81,01 %) mais les votants, citoyens de Nouvelle-Calédonie, inscrits sur la liste électorale (voir *supra,* 17 % environ des électeurs vivant en Nouvelle-Calédonie n'ont pu participer à ce vote), ont répondu « non » à 56,67 % à la proposition d'indépendance et oui à 43,33 %. Ces résultats montrent une importante disparité entre les votes des deux principales communautés, canaque et européenne. Malgré ce résultat négatif, une nouvelle consultation ayant le même objet a été organisée le 4 octobre 2020, l'accord de Nouméa prévoyant qu'en cas de réponse négative, une deuxième consultation devait être organisée. Le « non » a obtenu 53,26 % des voix face au « oui », 46,74 % avec un taux de participation élevé de 85,64 %. Ce résultat négatif n'exclut pas l'organisation d'un troisième scrutin qui pourrait encore se tenir d'ici à 2022.

Section 3
L'unicité du peuple français et les populations locales

197. L'unité du pouvoir politique, qui repose sur l'unicité du souverain, renvoie à l'unité du peuple français. Celle-ci doit toutefois, depuis la révision constitutionnelle de 2003, être conciliée avec la reconnaissance de l'existence de populations d'outre-mer qui sont les seules « populations locales » consacrées par la Constitution.

§1. Le peuple français et la langue de la République

198. L'indivisibilité de la République française a des conséquences sur le peuple qui y vit. Ce dernier est défini aussi par la langue utilisée sur le territoire de la République, ce qui pose la question des langues « locales ».

A. L'unicité du peuple français

199. Le lien entre le principe de l'indivisibilité et l'unicité du peuple français est implicite dans le texte de la Constitution. C'est le Conseil constitutionnel qui a formulé cette exigence dans la décision n° 290 DC du 9 mai 1991, en censurant une disposition du projet de loi reconnaissant un « peuple corse, composante du peuple français » (Loi portant statut de la collectivité territoriale de Corse, cons. 12-13). Le Conseil se réfère à l'article 1er (art. 2 en 1991) et ajoute, en se fondant sur le principe d'indivisibilité de la République et le principe d'égalité, que « la Constitution [...] ne connaît que le peuple français, composé de tous les citoyens français sans distinction d'origine, de race ou de religion ». Cette analyse a été reprise dans sa décision n° 99-412 DC du 15 juin 1999, Charte européenne des langues régionales ou minoritaires. En se fondant alors uniquement sur l'article 1er de la Constitution, il énonce que « le principe d'unicité du peuple français, dont aucune section ne peut s'attribuer l'exercice de la souveraineté nationale, a également valeur constitutionnelle » (cons. 5).

Dans cette décision, les principes d'indivisibilité de la République, d'égalité devant la loi et d'unicité du peuple français, que le Conseil constitutionnel qualifie de « principes fondamentaux », « s'opposent à ce que soient reconnus des droits collectifs à quelque groupe que ce soit, défini par une communauté d'origine, de culture, de langue ou de croyance » (cons. 6 de la décision de 1999). C'est pourquoi, « la Charte européenne des langues régionales ou minoritaires, en ce qu'elle confère des droits spécifiques à des "groupes" de locuteurs de langues régionales ou minoritaires, à l'intérieur de "territoires" dans lesquels ces langues sont pratiquées, porte atteinte aux principes constitutionnels d'indivisibilité de la République, d'égalité devant la loi et d'unicité du peuple français » et ne pouvait pas être ratifiée en l'état (cons. 10). Le Gouvernement avait déposé, le 31 juillet 2015, un projet de loi constitutionnelle visant à autoriser la ratification de la Charte européenne des langues régionales et minoritaires. L'adoption de cette loi nécessitait l'accord des deux assemblées et celui du Congrès du Parlement. Le Sénat ayant refusé de débattre d'une telle question, la révision de la Constitution et la ratification de la Charte sont reportées à une époque permettant la réunion de ces conditions politiques favorables.

La seule exception admettant l'existence de droits particuliers à des individus est posée à l'article 75 de la Constitution. Ce dernier dispose que « Les citoyens de la République qui n'ont pas le statut civil de droit commun, seul visé à l'article 34, conservent leur statut personnel tant qu'ils n'y ont pas renoncé ». Cette exception au régime de droit commun, qui admet l'existence d'un statut civil coutumier, concerne la Nouvelle-Calédonie (statut civil coutumier kanak), Mayotte (statut coranique des Mahorais musulmans) et Wallis-et-Futuna pour les habitants soumis au statut civil coutumier. Le Conseil constitutionnel a précisé toutefois que « les citoyens de la République qui conservent leur statut personnel jouissent des droits et libertés de valeur constitutionnelle attachés à la qualité de citoyen français et sont soumis aux mêmes obligations » (déc. n° 2003-474 DC du 17 juillet 2003, Loi de programme pour l'outre-mer). En conséquence, si le législateur ne peut mettre fin au statut personnel reconnu par l'article 75 de la Constitution, il ne lui est pas interdit de modifier ce statut dans un sens conforme à des exigences constitutionnelles comme l'égalité des droits ou la dignité de la personne humaine. Le Conseil a ainsi admis dans la décision précitée que la loi avait pu, sans méconnaître l'article 75, abolir la polygamie et la répudiation pour tous les Mahorais de droit civil local atteignant l'âge requis pour se marier après le 1er janvier 2005.

La décision de 1999 illustre le lien profond, en France, entre la définition d'un peuple et la reconnaissance d'une langue qui doit être utilisée dans l'espace public.

B. La langue de la République

200. L'un des liens qui permet en effet de consacrer l'unicité du peuple peut être la langue parlée par ce groupe, tant l'unité nationale peut être associée à l'unité linguistique, notamment dans l'histoire de France. C'est avec la révision constitutionnelle du 25 juin 1992 que le français a été érigé comme langue de la République, à l'article 2, alinéa 1er de la Constitution. Le juge constitutionnel a fait application de cette disposition et a distingué la sphère privée, dans laquelle l'usage d'une autre langue que le français est possible au nom du principe de la liberté de communication, inscrite à l'article 11 de la Déclaration des droits de 1789, et la sphère publique pour laquelle le français est la langue officielle et donc la seule à pouvoir être utilisée dans ce cadre (déc. n° 94-345 DC du 29 juillet 1994, Loi relative à l'emploi de la langue française). Dans le même sens, le Conseil constitutionnel a jugé que l'enseignement d'une langue régionale devait rester facultatif dans les établissements d'enseignement (déc. n° 2001-454 DC du 17 janvier 2002, Loi relative à la Corse). Le Conseil d'État a estimé, dans un avis d'Assemblée du 6 juillet 1995 (avis n° 357466, EDCE, 1995, p. 397) qu'une convention internationale obligeant les États à reconnaître des « minorités nationales » est contraire à l'article 1er de la Constitution.

Il a fallu attendre la révision constitutionnelle du 23 juillet 2008 pour que l'article 75-1 dispose que « Les langues régionales appartiennent au patrimoine de la France ». Mais la formulation de cet article montre qu'il ne reconnaît pas explicitement un droit subjectif, individuel ou collectif, au profit des locuteurs de langues régionales, dont ils pourraient se prévaloir devant un juge. En ce sens, dans une décision n° 2011-130 QPC du 20 mai 2011, *Cécile L*, le Conseil constitutionnel a jugé que l'article 75-1 « n'institue pas un droit ou une liberté que la Constitution garantit ; (et) que sa méconnaissance ne peut donc être invoquée à l'appui d'une question prioritaire de constitutionnalité sur le fondement de l'article 61-1 » (cons. 3).

Outre-mer, les lois organiques n° 99-209 du 19 mars 1999 relative à la Nouvelle-Calédonie et n° 2004-192 du 27 février 2004 portant statut d'autonomie de la Polynésie française ne confèrent pas aux langues kanak, tahitienne ou polynésiennes le statut de langues officielles. Le Conseil d'État a ainsi annulé deux lois du pays de Polynésie française au motif que le président de séance et plusieurs autres orateurs s'étaient exprimés en tahitien au cours des débats devant l'assemblée (CE, 13 juin 2013, n° 361767, *M. Clark et autres*). Il a jugé que « la méconnaissance des dispositions du premier alinéa de l'article 57 de la loi organique portant statut de la Polynésie française en vertu duquel le français est la langue officielle a notamment pour conséquence d'entraver l'exercice du contrôle de légalité des textes ainsi adoptés, d'empêcher les tiers de prendre connaissance des motifs de leur adoption et de leur portée exacte, et de priver toute personne, y compris les membres de l'assemblée, des garanties d'accès et de compréhension indispensables au débat démocratique » (v. pour une solution inverse en cas d'usage ponctuel du tahitien, CE, 16 octobre 2013, n° 365141, *Fédération générale du commerce*).

§2. La reconnaissance des populations d'outre-mer

201. La révision du 28 mars 2003 a introduit une innovation importante, issue d'un amendement parlementaire en affirmant, à l'alinéa 1er de l'article 72-3 nouveau, que « la République reconnaît, au sein du peuple français, les populations d'outre-mer, dans un idéal commun de liberté, d'égalité et de fraternité ». Il s'agit de l'entrée de ces populations dans la Constitution, qui se distinguent des peuples des territoires d'outre-mer reconnus à l'alinéa 2 du Préambule, qui n'a pas été abrogé, alors même que les TOM ne sont plus reconnus en tant que catégories dans l'article 72. En outre, il a déjà été précisé qu'il n'y a pas d'autre peuple que le peuple français. La différence, essentielle, est que ces « populations », limitées à l'outre-mer, font partie du peuple français, ce qui n'était pas le cas des peuples des territoires d'outre-mer qui se situaient, en 1958, à côté de celui de la République française.

En même temps, l'idéal commun de « liberté, d'égalité et de fraternité » qui était déjà proposé à ces peuples dans ce même alinéa 2 du Préambule de 1958, est réaffirmé dans l'article 72-3.

En n'envisageant que des « populations », le nouveau texte ne contredit pas non plus directement la jurisprudence constitutionnelle qui ne consacre que l'existence du peuple français (déc. n° 91-290 DC et n° 99-412 DC précitées). En choisissant le terme de populations, satisfaction est donnée aux élus de l'outre-mer sans toucher à l'indivisibilité du peuple français. Il n'y a ainsi de populations que dans ces parties du territoire français et ces populations ne se voient, *a priori*, reconnaître aucun droit collectif spécifique, leur reconnaissance apparaissant plus politique et symbolique que juridique.

Entre autres, elles ne se voient reconnaître aucun droit électoral particulier car, dans toutes les consultations susceptibles d'être organisées sur le fondement des articles 72-4 ou 72-1, il n'est question que d'électeurs, aucune dérogation ou régime particulier pour les « populations d'outre-mer » n'étant envisagée.

De la même manière, l'article 53, alinéa 3 fait référence aux « populations intéressées » dont le consentement est nécessaire en cas de cession, d'adjonction ou d'échange de territoires français, dans le cadre de traités ou d'accords internationaux. Mais ces populations ne pourraient être comprises que comme correspondant à des électeurs faisant partie du peuple français, au moins dans le cas de la cession ou d'échange de territoire.

C'est pour échapper à cette définition objective des électeurs que l'accord de Nouméa signé le 5 mai 1998 a créé une citoyenneté de la Nouvelle-Calédonie au sein de la nationalité française et qui est propre à la collectivité de

Nouvelle-Calédonie (art. 77). L'article 76 de la Constitution dispose, en effet, que « sont admises à participer au scrutin les personnes remplissant les conditions fixées à l'article 2 de la loi n° 88-1028 du 9 novembre 1988 ». Est alors citoyen néocalédonien tout citoyen français ayant pu participer à la consultation du 8 novembre 1998 qui avait pour objet l'acceptation par les électeurs de Nouvelle-Calédonie de l'accord, ou qui remplit les conditions qui auraient permis d'y participer. Ces conditions consistent notamment dans l'installation depuis dix ans en 1998 dans l'archipel, ou dans la justification d'une durée de vingt ans de domicile en Nouvelle-Calédonie, ou encore dans la possession du statut civil coutumier (art. 218 de la loi organique du 19 mars 1999).

Cette citoyenneté locale, qui s'ajoute à la citoyenneté française, permet à ses seuls titulaires de participer aux élections des provinces qui servent à déterminer la composition du Congrès de la Nouvelle-Calédonie et aux consultations sur l'avenir de la Nouvelle-Calédonie (plus précisément, le référendum du 4 novembre 2018 ouvert à 174 185 électeurs, ou le référendum du 4 octobre 2020 ouvert à 180 799 électeurs). Cette restriction du droit de suffrage, posée à l'article 76 de la Constitution, déroge aux autres normes de valeur constitutionnelle notamment aux articles 1er et 6 de la Déclaration des droits de l'homme et du citoyen à laquelle renvoie le préambule de la Constitution ou à l'article 3 de la Constitution (CE, 30 octobre 1998, *Sarran*, Lebon, p. 369). Elle n'a pas été jugée contraire à l'article 3 du Premier protocole relatif au droit à des élections libres ni à l'article 14 de la Convention européenne des droits de l'homme relatif à la non-discrimination (Cour EDH, 11 janvier 2005, n° 66289/01, *Bruno Py c/France*). La définition de cette citoyenneté, qui est d'une rare complexité, a été précisée par la loi constitutionnelle n° 2007-237 du 23 février 2007 ajoutant un alinéa 7 à l'article 77, dans le sens d'une reconnaissance plus restrictive de la citoyenneté néo-calédonienne. Cette révision visait à contredire la décision n° 99-410 DC du 15 mars 1999 relative à la loi organique statutaire, qui avait estimé que les dispositions de l'article 188 de la loi organique autorisaient à participer à l'élection des assemblées de province et du congrès tous les électeurs qui, « quelle que soit la date de leur établissement en Nouvelle-Calédonie », justifient de dix ans de domicile à la date de l'élection concernée, selon un mécanisme dit de « tableau glissant ». Sous la pression de certains signataires de l'accord de Nouméa, la révision a donc souhaité n'autoriser à participer à ces scrutins que les seules personnes établies en Nouvelle-Calédonie à la date de la consultation du 8 novembre 1998, lorsqu'elles justifieraient de dix ans de domicile, ainsi que leurs descendants atteignant par la suite la majorité.

Les populations locales de Nouvelle-Calédonie et des COM dotées de l'autonomie peuvent se voir également reconnaître une protection particulière en matière d'accès aux emplois, publics ou privés, dans des collectivités souvent touchées par un chômage plus important qu'en métropole.

S'agissant de la Nouvelle-Calédonie, l'article 77 de la Constitution, introduit par la révision du 20 juillet 1998, se contente de renvoyer à la loi organique prévue par cet article pour déterminer, dans les conditions de l'accord de

Nouméa, « les règles relatives à la citoyenneté, au régime électoral, à l'emploi et au statut civil coutumier » (al. 4). Le Conseil constitutionnel a jugé que la mise en œuvre de cette préférence locale en matière d'emplois, qui déroge aux principes constitutionnels d'égalité devant la loi et d'égal accès aux emplois publics, garantis par l'article 6 de la Déclaration des droits de l'homme et du citoyen de 1789, ne saurait fonder d'autres restrictions que celles strictement nécessaires à la mise en œuvre de l'accord de Nouméa (déc. n° 2009-587 du 30 juillet 2009, Loi organique relative à l'évolution institutionnelle de la Nouvelle-Calédonie, cons. 18 et 19).

De manière plus précise, l'alinéa 10 de l'article 74 réécrit en 2003 prévoit que dans les collectivités d'outre-mer dotées de l'autonomie, la loi organique peut déterminer les conditions dans lesquelles « des mesures justifiées par les nécessités locales peuvent être prises par la collectivité en faveur de sa population, en matière d'accès à l'emploi, de droit d'établissement pour l'exercice d'une activité professionnelle ou de protection du patrimoine foncier ». Comme cela a été précisé, ces collectivités sont, en l'état actuel du droit, la Polynésie française, Saint-Barthélemy et Saint-Martin. Le Conseil constitutionnel a jugé, à propos de la première, que la population en faveur de laquelle des mesures justifiées par les nécessités locales peuvent être prises en matière d'accès à l'emploi, de droit d'établissement pour l'exercice d'une activité professionnelle ou de protection du patrimoine foncier, ne peut être définie que comme regroupant les personnes justifiant d'une durée suffisante de résidence dans la collectivité d'outre-mer concernée (art. 18 de la loi organique portant statut d'autonomie de la Polynésie française, déc. n° 2004-490 DC du 12 février 2004, cons. 30 et 31).

CHAPITRE 2

Le principe de libre administration des collectivités territoriales

202. Le principe de libre administration est réaffirmé à deux reprises dans la Constitution de 1958, d'abord à l'article 34, lequel dispose que « La loi détermine les principes fondamentaux [...] de la libre administration des collectivités territoriales, de leurs compétences et de leurs ressources », ensuite à l'article 72, alinéa 3 en vertu duquel « Dans les conditions prévues par la loi, ces collectivités s'administrent librement par des conseils élus ». Il était déjà présent dans le texte constitutionnel de 1946 (art. 87). Ce principe de libre administration bénéficie évidemment à toutes les collectivités territoriales énoncées dans la Constitution : collectivités métropolitaines, départements et régions d'outre-mer, collectivités à statut particulier et collectivités d'outre-mer. La question reste posée pour la Nouvelle-Calédonie qui n'apparaît qu'incidemment dans le titre XII de la Constitution (art. 72-3 al. 3). L'article 3 de la loi organique n° 99-209 du 19 mars 1999 relative à la Nouvelle-Calédonie ne fait mention de ce principe que pour les provinces et les communes de la Nouvelle-Calédonie, qualifiées de « collectivités territoriales de la République » et qui « s'administrent librement par des assemblées élues au suffrage universel direct ».

La révision constitutionnelle de 2003, en introduisant à l'article 1er de la Constitution la mention de l'organisation décentralisée de la République, pose la question, nouvelle, de l'éventuelle distinction entre la notion de décentralisation et celle de libre administration, sauf à considérer que la seconde n'est qu'un des éléments de définition de la première (voir *supra*).

La décentralisation s'applique à la structure générale de l'État et aux collectivités qui le composent. Elle se définit comme une forme juridique d'organisation d'un État unitaire qui accepte de se « décentraliser », par un mouvement descendant. La décentralisation apparaît ainsi comme une initiative de l'État, en ce qu'elle prend comme point de départ la notion de centre. La libre administration des collectivités territoriales, pour sa part, n'intéresse pas la forme juridique de l'État, mais implique l'autonomie de gestion des collectivités territoriales dans un État unitaire. La libre administration renvoie à une liberté d'agir susceptible d'être opposée à l'État.

Cette position a pu être critiquée en ce qu'elle traite de la même manière des droits « horizontaux », que sont les droits et les libertés, susceptibles d'être invoqués entre sujets de droit et des rapports « verticaux » qui s'apparentent à des principes d'organisation territoriale régissant les rapports entre les autorités nationales et les autorités locales. C'est pourtant celle qui est retenue par les juridictions souveraines en France.

La question relative à la distinction entre la libre administration et la décentralisation a été posée notamment au Conseil d'État. Dans sa décision de Section du 18 janvier 2001, *Commune de Venelles et Morbelli* (n° 229247), le Conseil d'État a considéré que la libre administration des collectivités territoriales était une des libertés fondamentales susceptibles d'être protégées par la procédure dite du « référé-liberté » de l'article L. 521-2 du Code de justice administrative (CJA) qui permet au juge de prendre toutes les mesures nécessaires à la sauvegarde d'une liberté fondamentale. L'atteinte portée au principe de libre administration, susceptible d'être sanctionnée dans le cadre d'un référé-liberté, doit toutefois s'inscrire dans des rapports opposant une collectivité territoriale à une autre personne publique (une autre collectivité territoriale, un établissement public de coopération intercommunale ou l'État, v. en ce sens, CE, 12 juin 2002, n° 246618, *Commune de Fauillet*). Dans l'affaire *Commune de Venelles*, le refus de convoquer le conseil municipal par le maire ne concernait que les rapports entre les organes de la commune, c'est-à-dire au sein même de la collectivité, et a été regardé par le Conseil d'État comme ne méconnaissant pas le principe de la libre administration des collectivités territoriales au sens de l'article L. 521-2 du CJA. Dans le prolongement de cette jurisprudence, la libre administration a été qualifiée de liberté que la Constitution garantit (art. 61-1) et dont l'atteinte peut être invoquée dans le cadre d'une question prioritaire de constitutionnalité (déc. n° 2010-12 QPC du 2 juillet 2010, Commune de Dunkerque).

En l'absence de définition précise dans la Constitution, les contours du principe de libre administration des collectivités territoriales ont été définis par les juges constitutionnel et administratif. Il constitue à la fois une règle de compétence donnée à la loi et une règle de fond s'imposant autant au législateur qu'à l'administration.

Section 1
La libre administration, une règle de compétence

203. Pendant longtemps, le principe de libre administration n'a été qu'une règle de répartition des compétences entre la loi et le règlement. Les articles 34, alinéa 13 et 72, alinéa 3 de la Constitution réservent en effet à la loi le soin de déterminer les conditions dans lesquelles les collectivités territoriales s'administrent librement. La loi est ainsi conçue comme une garantie de la libre administration des collectivités territoriales et la révision constitutionnelle de 2003 a multiplié les possibilités d'intervention de la loi ordinaire ou organique, afin de protéger de manière plus concrète et plus complète la libre administration. Comme cela a été vu, la protection de la libre administration par la loi n'empêche pas les interventions du pouvoir réglementaire national ni celles, dans une moindre mesure, du pouvoir réglementaire local (cf. *supra*). Le Conseil constitutionnel a, dans le même sens, retenu une conception étendue du domaine de la loi, n'hésitant pas à sanctionner l'incompétence négative du législateur. Relèvent ainsi de la loi les règles relatives à la composition des organes délibérants et au statut de leurs membres (déc. n° 64-29 L du 12 mai 1964), les principes régissant la tutelle administrative pesant sur les collectivités territoriales (déc. n° 64-29 L. du 12 mai 1964), les principes fixant le caractère exécutoire des actes des collectivités territoriales (déc. n° 75-84 L du 19 novembre 1975) ou encore les règles relatives à la création des métropoles susceptibles d'exercer, de plein droit, des compétences attribuées aux départements et aux régions (déc. n° 2010-618 DC, 9 décembre 2010, cons. 43 et s.).

Dans ces domaines de compétence, les autorités titulaires du pouvoir réglementaire national ne peuvent intervenir sous peine d'illégalité. Le Conseil d'État veille au respect de cette règle de compétence, comme le montre le contentieux relatif à la délivrance de cartes nationales d'identité et de passeports. Le Conseil d'État avait jugé illégales des dispositions d'un décret qui confiaient aux maires agissant en qualité d'agents de l'État la tâche de recueillir les demandes de passeport, de les transmettre aux préfets ou aux sous-préfets et de les remettre aux demandeurs. Ces dispositions méconnaissaient l'article L. 1611-1 du CGCT aux termes duquel « aucune dépense à la charge de l'État ou d'un établissement public à caractère national ne peut être imposée directement ou indirectement aux collectivités territoriales ou à leurs groupements qu'en vertu d'une loi » (CE, 5 janvier 2005, n° 232888, *Commune de Versailles*). En outre, cette illégalité a été qualifiée de faute de nature à engager la responsabilité de l'État (CE, 6 avril 2007, *Commune de Poitiers*, Lebon, p. 700). Saisi de la loi de finances rectificative du 30 décembre 2008 pour 2008, le Conseil constitutionnel a jugé que la dotation globale et forfaitaire accordée par l'État aux communes n'a pas dénaturé la libre administration des communes, même si la délivrance de cartes nationales d'identité et de passeports a entraîné, pour celles-ci, un accroissement de charges (déc. n° 2010-29/37 QPC du 22 septembre 2010, *Cne de Besançon*).

Le principe de libre administration fonde également le pouvoir réglementaire des collectivités territoriales. Dans sa décision n° 2001-454 DC du 17 janvier 2002, Loi relative à la Corse, le Conseil constitutionnel lie étroitement le pouvoir réglementaire d'application des lois des collectivités territoriales et le principe de libre administration. Il a en effet jugé que l'article 72 de la Constitution « perme[t] au législateur de confier à une catégorie de collectivités territoriales le soin de définir, dans la limite des compétences qui lui sont dévolues, certaines modalités d'application d'une loi ; que, cependant, le principe de libre administration des collectivités territoriales ne saurait conduire à ce que les conditions essentielles de mise en œuvre des libertés publiques et, par suite, l'ensemble des garanties que celles-ci comportent dépendent des décisions de collectivités territoriales et, ainsi, puissent ne pas être les mêmes sur l'ensemble du territoire de la République » (voir *supra*). Depuis la révision constitutionnelle de 2003, le pouvoir réglementaire des collectivités territoriales est expressément reconnu à l'article 72, alinéa 3 de la Constitution en même temps que la libre administration, associant ainsi l'une et l'autre (voir *supra*, « Le pouvoir réglementaire local »).

Section 2
La libre administration, un principe matériel

204. La décision du Conseil constitutionnel n° 79-104 DC du 23 mai 1979, Territoire de Nouvelle-Calédonie, rendue à propos d'une loi qui modifiait le régime électoral de l'assemblée territoriale et du conseil de gouvernement de ce TOM, a estimé que cette loi ne méconnaissait « ni le principe de séparation des pouvoirs, ni les dispositions constitutionnelles qui le mettent en œuvre ou qui consacrent le principe de libre administration des collectivités territoriales » (cons. 9). Le Conseil a opéré pour la première fois un contrôle au fond d'une loi en matière de collectivités territoriales.

Il a fallu attendre ensuite la décision du 5 janvier 1982 (n° 81-134 DC, cons. 12), rendue à propos d'un système de péréquation entre collectivités territoriales pour les charges relatives à la cessation anticipée d'une activité d'agents de collectivités territoriales et les deux décisions du 25 février 1982 (n° 82-137 DC, Loi relative aux droits et libertés des communes, des départements et des régions, et n° 82-138 DC Loi portant statut particulier de la région corse – organisation administrative) pour que le principe de libre administration soit consacré comme un principe matériel trouvant son fondement dans l'article 72. Ce principe n'est plus seulement le fondement de la compétence du législateur, il permet aussi de contrôler l'action du législateur. C'est ainsi, au gré des lois, chaque loi apportant une pierre supplémentaire à l'œuvre de définition, et des décisions du Conseil, que le principe de libre administration peut être nourri de manière concrète et ne pas être seulement une sorte de « proclamation de principe », à l'apparence libérale mais au contenu vide. L'intervention du législateur, contrôlée par le juge constitutionnel, donne petit à petit un sens à la disposition constitutionnelle. Ont ainsi été précisées les conditions, les manifestations et l'étendue de la protection de la libre administration.

§1. Les conditions de la libre administration

205. Énoncées à l'article 72 de la Constitution, les conditions de la libre administration sont au nombre de trois. La première est relative à l'existence de conseils élus. La deuxième a trait à l'existence d'attributions effectives. La troisième, traitée dans la sixième partie de cet ouvrage, porte sur l'autonomie financière des collectivités territoriales et n'est mentionnée que pour mémoire à ce stade (art. 72-2).

A. L'existence de conseils élus

206. Le principe de libre administration implique que toute collectivité territoriale dispose d'une assemblée délibérante élue régulièrement selon « une périodicité raisonnable » (déc n° 93-331 DC du 13 janvier 1994, Loi rétablissant le renouvellement triennal par moitié des conseils généraux, cons. 7). Dans sa décision n° 2013-667 DC du 16 mai 2013, Loi relative à l'élection des conseillers départementaux, des conseillers municipaux et des conseillers communautaires, et modifiant le calendrier électoral, le Conseil constitutionnel a ainsi censuré des dispositions législatives qui pouvaient laisser vacants certains sièges d'élus locaux sans qu'il soit procédé à une élection partielle et « conduire à ce que le fonctionnement normal du conseil départemental soit affecté dans des conditions remettant en cause l'exercice de la libre administration des collectivités territoriales et le principe selon lequel elles s'administrent librement par des conseils élus » (cons. 21).

Toutefois, le Conseil constitutionnel admet que les membres d'un conseil élu puissent être désignés lors d'un unique scrutin afin de siéger dans deux assemblées territoriales (déc. n° 2010-618 DC du 9 décembre 2010, Loi de réforme des collectivités territoriales, cons. 23). Tel était le cas des conseillers territoriaux créés par la loi du 16 décembre 2010, abrogée ensuite par la loi n° 2013-403 du 17 mai 2013. Élus dans le cadre du canton, ils devaient exercer un double mandat, au sein du conseil général et du conseil régional. Tel était déjà le cas de la ville de Paris pour laquelle les affaires des deux collectivités que sont la commune de Paris et le département de Paris étaient « réglées par les délibérations d'une même assemblée, dénommée "Conseil de Paris", présidée par le maire de Paris » (art. L. 2512-1). Le Conseil constitutionnel s'est d'ailleurs servi de ce « précédent parisien » pour valider la création du conseiller territorial.

La seule exigence tirée du principe de libre administration, selon le Conseil constitutionnel, est que « toute collectivité dispose d'une assemblée délibérante élue, dotée d'attributions effectives » (*ibidem*).

B. L'existence d'attributions effectives

207. La libre administration implique que les collectivités territoriales disposent « d'un conseil élu doté d'attributions effectives », selon la formule inaugurée dans la décision n° 85-196 DC du 8 août 1985 du Conseil constitutionnel (cons. 10). Mais le Conseil n'a jamais censuré le législateur sur ce point ni précisé les « attributions minimales » des collectivités territoriales. Dans la décision n° 91-290 DC du 9 mai 1991, Loi portant statut de la collectivité territoriale de Corse, le Conseil a jugé que la loi n'avait pas pour conséquence « d'affecter de façon substantielle » les attributions des deux départements alors que la loi leur enlevait des compétences au profit de la collectivité territoriale de Corse. Si la loi avait bien procédé à la diminution des compétences des départements, elle ne faisait pas descendre celles-ci en dessous d'un seuil qui aurait privé les départements de leur libre administration. La difficulté vient du fait que ce niveau minimal de compétences n'a jamais été précisément déterminé, ni par un texte, constitutionnel ou législatif, ni par la jurisprudence.

Ce seuil critique en dessous duquel le principe de libre administration pourrait être méconnu a été précisé par le Conseil constitutionnel dans sa décision n° 2010-618 DC du 9 décembre 2010, Loi de réforme des collectivités territoriales. Saisi des dispositions législatives supprimant la clause générale de compétence pour les départements et les régions, il a jugé que le principe de libre administration était respecté dès lors que ces collectivités territoriales pouvaient intervenir dans le domaine de compétence que la loi leur a attribué, et éventuellement en dehors de celui-ci, si aucune autre collectivité territoriale n'était compétente. C'est parce que le conseil général ou le conseil régional pouvait, par délibération spécialement motivée, se saisir respectivement de tout objet d'intérêt départemental ou régional pour lequel la loi n'avait donné compétence à aucune autre personne publique, que le principe de libre administration n'a pas été jugé méconnu (cons. 55).

L'ambiguïté de la décision n° 2010-618 DC avait été critiquée par une partie de la doctrine, en ce qu'elle ne se prononçait pas clairement sur la question du lien entre la libre administration et la clause générale de compétence des collectivités territoriales. C'est pour y mettre fin que le Conseil constitutionnel a profité d'une QPC pour préciser que le troisième alinéa de l'article 72 de la Constitution « n'implique pas, par lui-même, que les collectivités territoriales doivent pouvoir intervenir dans les domaines pour lesquels aucune autre personne publique ne dispose d'une compétence attribuée par la loi » (déc. n° 2016-565 QPC du 16 septembre 2016, Assemblée des départements de France, cons. 5). Cette question était relative à l'article L. 3211-1 du

Code général des collectivités territoriales, dans sa rédaction résultant de la loi n° 2015-991 du 7 août 2015 portant nouvelle organisation territoriale de la République qui avait pour objet de supprimer cette compétence générale en disposant que « Le conseil départemental règle par ses délibérations les affaires du département dans les domaines de compétences que la loi lui attribue ». Pour le Conseil constitutionnel, les exigences de l'article 72 sont également satisfaites lorsque la loi énumère les compétences d'une catégorie de collectivités, à la condition que « l'assemblée délibérante élue [soit] dotée par la loi d'attributions effectives », ce qui était le cas en l'espèce. Peu importe alors le mode de détermination des compétences, l'important est que ces compétences soient réelles et suffisantes, ce qui pose toujours la question du seuil en deçà duquel ce ne serait plus le cas (cf. *infra*).

Le caractère insatisfaisant de cette garantie a conduit le constituant de 2003 à créer un nouvel alinéa 2 de l'article 72 qui affirme que les collectivités territoriales ont « vocation à prendre les décisions pour l'ensemble des compétences qui peuvent être le mieux mises en œuvre à leur échelon ». Un tel principe de « subsidiarité » était ignoré en droit français et l'expression n'est pas utilisée dans cet alinéa. Selon certains auteurs, cette formule obscure pourrait évoquer la liberté d'action qui est à la racine de la libre administration.

Il n'est pas certain cependant qu'elle soit une garantie nouvelle d'un minimum d'attributions effectives. D'une part, cet article peut être favorable à la compétence de l'État : le meilleur échelon de mise en œuvre peut être l'État, comme le montre la décision du Conseil constitutionnel n° 2005-516 DC du 7 juillet 2005 (Loi de programme fixant les orientations de la politique énergétique). D'autre part, l'article 34 n'est pas abrogé. Or, il implique que c'est le législateur qui continue à attribuer aux collectivités territoriales les compétences qui peuvent être le mieux mises en œuvre à leur échelon. Le pouvoir du législateur est certes limité par cette nouvelle règle de fond. Mais l'identification des compétences qui doivent être le mieux mises en œuvre à un échelon donné ne résulte pas d'une évidence et le contrôle ne semble pouvoir être que restreint (déc. n° 2005-516 DC préc. ou encore déc. n° 2010-618 DC préc.). Dans le cadre du contentieux né des QPC, le Conseil constitutionnel a eu l'occasion d'affirmer que ce principe ne constitue pas un droit ou une liberté que la Constitution garantit au sens de l'article 61-1 (déc. n° 2013-304 QPC du 26 avril 2013, Commune de Maing, cons. 7).

Cette conception matérielle du principe de libre administration se retrouve d'ailleurs dans la jurisprudence du Conseil constitutionnel relative à l'autonomie financière des collectivités territoriales (voir *infra*, « Les moyens des collectivités territoriales »). Le Conseil a en effet vérifié à plusieurs reprises si les dispositions de lois supprimant ou réduisant les ressources fiscales des collectivités territoriales n'avaient pas eu pour effet de restreindre les ressources des collectivités locales au point d'entraver leur libre administration (déc. n° 2005-530 DC du 29 décembre 2005, Loi de finances pour 2006, cons. 99). C'est la même conception que semble retenir la Cour de justice de l'Union européenne lorsqu'elle introduit, en matière d'aides d'État, l'idée d'une échelle d'autonomie plus ou moins étendue (CJCE, 3e ch., 11 sept. 2008, aff. C-428/06 aff. C-434/06, Unión General de Trabajadores de La Rioja (UGT-Rioja) § 48).

Il reste que le principe de libre administration, souvent associé au principe de compensation financière des transferts de compétences entre l'État et les collectivités territoriales (art. 72-2, al. 5), est rarement mobilisé pour le maintien d'attributions effectives. Il est souvent invoqué, au contraire, par les collectivités territoriales pour contester le transfert de nouvelles compétences : c'est le cas, par exemple, dans l'arrêt du Conseil d'État du 23 mai 2007, *Département des Landes et autres* (n° 288378), à propos de la décentralisation au profit des départements des routes auparavant nationales. Le Conseil d'État a rejeté le moyen en précisant que le décret reprenait les critères fixés par la loi, et par conséquent, ne méconnaissait pas le principe de libre administration.

§2. Les manifestations de la libre administration

208. La libre administration est protégée contre d'éventuelles atteintes portées par la loi ou des actes administratifs. Ce sont les juridictions, constitutionnelle et administratives, qui assurent principalement ce rôle de protection.

Il y a cependant eu peu de cas d'invalidation de dispositions législatives, ce qui n'empêche pas les auteurs de saisines du Conseil constitutionnel, principalement les parlementaires de l'opposition, quelle qu'elle soit, d'invoquer le grief tiré de la violation du principe de libre administration dans le cadre du contrôle *a priori* des lois. Dans le cadre d'une question prioritaire de constitutionnalité, les défenseurs de la libre administration peuvent être aussi bien des collectivités territoriales que d'autres personnes publiques ou des personnes privées. Quelques décisions seulement ont, jusqu'à présent, censuré des lois pour violation du principe de libre administration des collectivités territoriales, en dehors des décisions censurant l'institution d'un contrôle trop étendu du représentant de l'État (voir *infra*, « Le contrôle des collectivités territoriales »).

Les déclarations d'inconstitutionnalité rendues par le Conseil constitutionnel permettent d'identifier les principales manifestations de la libre administration. Celle-ci s'apparente avant tout à la liberté de gestion. Dans la décision n° 83-168 DC du 20 janvier 1984, Loi relative à la fonction publique territoriale, le Conseil constitutionnel intègre tout d'abord dans la libre administration des collectivités la liberté de recrutement, de création et de suppression des emplois et, plus généralement, la liberté de gestion du personnel. Les contraintes et les sujétions imposées par la loi à la gestion, par les collectivités territoriales, de leurs ressources humaines ont été jugées, en l'espèce, excessives.

On pouvait déduire de la décision n° 92-316 DC du 20 janvier 1993, Loi relative à la prévention de la corruption et à la transparence de la vie économique et des procédures publiques, que le principe de libre administration impliquait la liberté contractuelle des collectivités territoriales. En imposant que les prolongations d'une convention ne puissent augmenter de plus d'un tiers la durée initialement prévue, sans égard à la diversité et à la complexité des situations susceptibles d'être affectées, le législateur avait imposé sans justification appropriée une contrainte excessive de nature à porter atteinte à la libre administration des collectivités locales. La décision n° 2006-543 DC du 30 novembre 2006 concernant la loi relative au secteur de l'énergie a consacré la liberté contractuelle des collectivités territoriales en la dissociant de la libre administration.

Dans la décision n° 98-407 DC du 14 janvier 1999, Loi relative au fonctionnement des conseils régionaux, le Conseil a censuré une disposition législative imposant la publicité des séances de la commission permanente du conseil régional : « En imposant aux débats de la commission permanente le principe de la publicité plutôt que de laisser au règlement intérieur le soin de déterminer cette règle de fonctionnement, le législateur a restreint la libre administration au point de méconnaître l'article 72 » (cons. 26). La libre administration est ici synonyme de liberté, pour une collectivité territoriale, de fixer ses propres règles de fonctionnement. Allant bien au-delà des précédentes décisions, c'est l'intervention même du législateur qui porte atteinte à la libre administration, semblant ainsi réserver un domaine de compétences propres aux collectivités territoriales qui serait interdit au législateur. Cette solution a toutefois été implicitement abandonnée par la décision n° 2010-12 QPC du 2 juillet 2010, Commune de Dunkerque, laquelle refuse aux collectivités territoriales tout pouvoir d'auto-organisation.

Parallèlement, le principe de libre administration n'interdit pas au législateur d'instituer des sanctions, des obligations ou des interdictions à l'attention des collectivités territoriales dès lors qu'elles sont proportionnées. Ainsi, dans la décision n° 2000-436 DC du 7 décembre 2000, Loi relative à la solidarité et au renouvellement urbains, précitée, à propos de sanctions infligées aux communes qui n'ont pas tenu leurs engagements figurant dans des programmes locaux de l'habitat, le Conseil constitutionnel a jugé que le législateur avait institué des sanctions incompatibles avec l'article 72, en raison de leur automaticité et de leur caractère indifférencié. Dans le même sens, il a censuré dans la décision n° 2011-146 QPC du 8 juillet 2011, Département des Landes, l'interdiction faite par la loi aux départements de moduler, en fonction du mode de gestion du service en cause, les aides allouées aux communes et groupements de collectivités territoriales, compétents en matière d'eau potable ou d'assainissement. Cette interdiction de moduler les subventions, selon le mode de gestion du service d'eau potable et d'assainissement choisi par les communes ou leur groupement, jugée trop générale, restreignait la libre administration des départements au point de méconnaître ce principe constitutionnel. Dans cette décision, le Conseil constitutionnel s'est montré attentif à ce que ces obligations ou interdictions ne privent pas la collectivité de tout pouvoir de décision, c'est-à-dire de choix. Le même raisonnement, fondé sur le pouvoir de décision de la collectivité territoriale, a été tenu dans la décision n° 2014-391 QPC du 25 avril 2014, Commune de Thonon-les-Bains, dans laquelle l'article L. 5210-1-2 du CGCT imposant aux communes le rattachement d'office à un établissement public de coopération intercommunale à fiscalité propre a été regardé comme portant à la libre administration des communes une atteinte manifestement disproportionnée (cons. 6 à 8). De manière plus ponctuelle et à propos d'une législation qui avait vocation à ne plus s'appliquer, le Conseil constitutionnel a jugé contraire à la Constitution la possibilité donnée au haut-commissaire de la République de déclarer nuls de droit les arrêtés des maires des communes de Polynésie française (déc. n° 2011-107 QPC du 17 mars 2011, Syndicat mixte chargé de la gestion du contrat urbain de cohésion sociale de l'agglomération de Papeete). Il a également censuré, dans la loi n° 2013-403 du 17 mai 2013 relative à l'élection des conseillers départementaux, des conseillers municipaux et des conseillers communautaires, la disposition visant à organiser le remplacement du binôme cantonal car elle était susceptible de laisser, dans certains cas, plusieurs sièges vacants pendant toute la durée du mandat et conduire « à ce que le fonctionnement normal du conseil départemental soit affecté dans des conditions remettant en cause l'exercice de la libre administration des collectivités territoriales et le principe selon lequel elles s'administrent librement par des conseils élus » (déc. n° 2013-667 DC du 16 mai 2013, cons. 21).

Le juge exerce dans ces décisions un contrôle de la nécessité et de la proportionnalité des restrictions apportées à la libre administration. Seules les atteintes excessives ou injustifiées sont censurées et il existe en quelque sorte un seuil, fixé par le juge constitutionnel, dont le franchissement entraîne la censure de la loi (déc. n° 2012-660 DC du 17 janvier 2013, admettant la constitutionnalité de la loi instituant de nouvelles contraintes aux communes dans le domaine de la construction de logements sociaux en alourdissant les prélèvements sur les ressources de celles qui n'ont pas respecté les objectifs fixés par la loi). Pour le Conseil constitutionnel, dès lors que la loi n'a pas porté à la libre administration de ces collectivités une atteinte d'une gravité telle que seraient méconnus les articles 72 et 72-2, elle est conforme à la Constitution.

À l'inverse, dans d'autres décisions, l'existence d'un motif d'intérêt général suffit au Conseil constitutionnel pour reconnaître la constitutionnalité de l'obligation ou de l'interdiction instituée par le législateur (par ex., déc. n° 2006-543 DC du 30 novembre 2006 ; déc. n° 2013-304 QPC du 26 avril 2013, *Commune de Maing* [Retrait d'une commune membre d'un EPCI] ; déc. n° 2013-315 QPC du 26 avril 2013, *Commune de Couvrot* [Fusion d'EPCI en un EPCI à fiscalité propre] ; déc. n° 2011-149 QPC du 13 juillet 2011, *Département de la Haute-Savoie* ; déc. n° 2015-521/528 QPC du 19 février 2016, *Cne d'Eguilles* ; déc. n° 2016-588 QPC du 21 octobre 2016, *Cté de communes des sources du lac d'Annecy et autres*, [Choix de l'EPCI à fiscalité propre de rattachement pour les communes nouvelles]. Dans cette dernière décision, le Conseil a bien considéré qu'en autorisant le préfet à imposer à la commune nouvelle un autre rattachement que celui qu'elle souhaite, le législateur a entendu éviter que son choix puisse porter atteinte à la cohérence ou à la pertinence des périmètres intercommunaux existants. Il a ainsi poursuivi un but d'intérêt général. Mais il a jugé inconstitutionnelle l'absence de consultation de l'organe délibérant de l'établissement public de coopération intercommunale à fiscalité propre auquel le rattachement est envisagé, et celle des organes délibérants des établissements publics de coopération intercommunale à fiscalité propre dont la commune nouvelle est susceptible de se retirer, et celle des conseils municipaux des communes membres de ces établissements publics.

Ainsi, si les pouvoirs du préfet imposant des procédures d'intercommunalité forcée affectent la libre administration, ils ne la méconnaissent pas, dès lors que les obligations imposées aux collectivités sont justifiées par un motif d'intérêt général qui est, en l'espèce, celui de l'achèvement ou de la rationalisation de la carte intercommunale et communale, et imposent la mise en place de contreparties procédurales (telles que la consultation des communes intéressées et de la Commission départementale de coopération intercommunale, voir *infra*). Cette jurisprudence, peu contraignante, fondée sur l'intérêt général et sur l'existence de contreparties procédurales, si elle était maintenue, risquerait de limiter très fortement la portée de la libre administration des collectivités territoriales, dont la protection reste par ailleurs relative.

CHAPITRE 3

Le contrôle des collectivités territoriales

209. La décentralisation n'a jamais été synonyme de liberté totale pour les collectivités territoriales et celles-ci subissent un contrôle qui est exercé, dans un État unitaire comme la France, par des autorités étatiques. Il ne peut y avoir de libre administration sans le contrôle exercé par l'État. Au sein des États fédéraux, le contrôle des collectivités territoriales est assuré par les États fédérés, qui sont en principe eux-mêmes des États unitaires.

La conciliation entre la libre administration et la nécessité du contrôle est exprimée dans les alinéas 3 et 6 de l'article 72. Si le premier met l'accent sur la libre administration « dans les conditions prévues par la loi », le second précise que : « Dans les collectivités territoriales de la République, le représentant de l'État, représentant chacun des membres du Gouvernement, a la charge des intérêts nationaux, du contrôle administratif et du respect des lois ». Il ressort de l'association des dispositions relatives à la libre administration et au contrôle au sein du même article 72 que le contrôle sur les collectivités territoriales, s'il constitue une obligation constitutionnelle, ne peut être le même que celui qui existe dans une relation hiérarchique, par exemple dans le cadre de l'administration déconcentrée car, tout en maintenant le caractère unitaire de l'État, il doit respecter la libre administration.

Ce contrôle de l'État sur les collectivités territoriales, qui a longtemps été désigné sous le nom de tutelle, ne doit pas se confondre avec les formes de contrôle indirect que peuvent exercer les collectivités territoriales les unes sur les autres, notamment des plus importantes sur les plus petites. La loi constitutionnelle du 28 mars 2003, après la loi n° 83-8 du 7 janvier 1983 relative à la répartition de compétences entre les communes, les départements, les régions et l'État interdisant la tutelle « sous quelque forme que ce soit » (art. 2 de la loi codifié à l'article L. 1111-3), a souhaité d'ailleurs interdire toute forme de tutelle entre les collectivités : « Aucune collectivité territoriale ne peut exercer une tutelle sur une autre » (art. 72 al. 5. Sur cette question, voir *infra*, « Les compétences des collectivités territoriales »).

Il peut exister plusieurs autres formes de contrôle, en dehors de celui exercé par l'État. Outre le contrôle démocratique exercé par les électeurs à chaque consultation électorale et par les administrés ou les usagers (voir *infra*, « Les citoyens, les administrés, les contribuables locaux »), le contrôle exercé par l'État, caractéristique de la décentralisation, est encadré par la Constitution. Il s'exerce sur les personnes et, surtout, sur les actes administratifs et financiers.

Section 1
Le cadre constitutionnel du contrôle des collectivités territoriales

210. La rédaction de l'alinéa 6 de l'article 72 est très générale et peut prêter à de multiples interprétations ou applications. Cette disposition a d'ailleurs pu encadrer aussi bien le régime de la tutelle d'avant 1982 que celui du contrôle de légalité en vigueur depuis cette date. Les modifications de cet alinéa qui sont intervenues en 2003 n'ont en effet pas concerné les modalités du contrôle, mais la dénomination de celui qui est chargé de l'exercer. De « délégué du gouvernement » dans la rédaction antérieure à 2003, il est devenu le « représentant de l'État », ce qui reprend la terminologie utilisée depuis les lois de 1982 pour le désigner. L'expression est moins politique et plus abstraite. Elle désigne néanmoins les mêmes autorités que sont les préfets dans les départements, à Mayotte et à Saint-Pierre-et-Miquelon ou les autres représentants de l'État dans certaines collectivités situées outre-mer, comme le haut-commissaire de la République en Polynésie française (loi organique n° 2004-192 du 27 février 2004 portant statut d'autonomie de la Polynésie française et loi n° 2004-193 du 27 février 2004 complétant le statut d'autonomie de la Polynésie française) ou en Nouvelle-Calédonie (loi organique n° 99-209 du 19 mars 1999 relative à la Nouvelle-Calédonie, art. 200 et s. et loi n° 99-210 du 19 mars 1999 relative à la Nouvelle-Calédonie). Dans d'autres collectivités, le représentant de l'État porte le nom d'administrateur supérieur, comme à Wallis-et-Futuna (art. 8 de la loi n° 61-814 du 29 juillet 1961 conférant aux îles Wallis-et-Futuna le statut de territoire d'outre-mer qui dispose que « L'administrateur supérieur du territoire, nommé par décret en Conseil des ministres, dépositaire des pouvoirs de la République, représente chacun des membres du Gouvernement. Il a la charge des intérêts nationaux et du respect des lois ») ou pour les Terres australes et antarctiques françaises (loi n° 55-1052 du 6 août 1955 portant statut des Terres australes et antarctiques françaises et de l'île de Clipperton précisant les fonctions de l'administrateur supérieur, relevant depuis 2005 du corps des préfets). Ensuite, il est précisé que la mission de contrôle est assurée « dans les collectivités territoriales de la République », formule moins heureuse que la précédente qui prévoyait que le délégué agissait dans « les départements et les territoires », ce qui désignait seulement le cadre géographique de leur action. Il n'existe pas, en effet, un représentant de l'État chargé du contrôle dans chacune des collectivités territoriales, et notamment pas dans les communes, contrairement à ce que suggère ce texte. Le contrôle exercé par le représentant de l'État est une des façons d'assurer la prééminence des intérêts nationaux sur les intérêts locaux et de faire prévaloir l'unité de l'ordre juridique français. Sur l'ensemble du territoire, la loi doit être appliquée de la même manière et le contrôle, exercé en vertu de cet article 72, est conçu comme le moyen le plus propice pour atteindre ce résultat. Ce contrôle a connu une évolution très importante, à partir de 1982, qui s'est déroulée à droit constitutionnel constant, mais sous le contrôle du juge constitutionnel.

§1. L'évolution du contrôle des collectivités territoriales

211. Le régime de tutelle avait subi une évolution, depuis la loi du 10 août 1871 sur les conseils généraux et la loi du 5 avril 1884 relative à l'organisation municipale, dans le sens d'un allégement du contrôle exercé sur les actes des collectivités. La loi n° 70-1297 du 31 décembre 1970 sur la gestion municipale et les libertés communales avait contribué à l'allégement de la tutelle administrative en réduisant le nombre des actes communaux soumis à un régime d'approbation préalable. Celui-ci était réservé aux actes les plus importants, notamment ceux à caractère budgétaire. Souhaitant parachever cette évolution, le législateur de 1982 a voulu supprimer la tutelle administrative.

Le régime du contrôle des actes, avant 1982, était un régime de tutelle *a priori* en ce qu'il permettait au représentant de l'État d'annuler les actes des collectivités, principalement ceux des communes, avant l'entrée en vigueur de ceux-ci. Il y avait donc une procédure d'approbation préalable, même si le contrôle s'était beaucoup assoupli depuis la fin du XIXe siècle. Pour les petites collectivités, ce régime présentait l'avantage de s'apparenter à une forme de conseil de la part des services de l'État. Le contrôle opéré avant que la décision ne devienne exécutoire était toujours de légalité, parfois d'opportunité.

La loi n° 82-213 du 2 mars 1982 relative aux droits et libertés des communes, des départements et des régions a eu pour objectif la suppression des tutelles administrative et financière, afin de renforcer les libertés locales comme le suggère le titre de la loi. Le législateur de 1982 souhaitait transformer la tutelle *a priori* exercée par le préfet en un contrôle *a posteriori* confié au juge administratif.

La loi de 1982, telle qu'elle avait été adoptée par le Parlement, prévoyait que les délibérations et actes des autorités locales étaient exécutoires de plein droit, sans attendre leur transmission au représentant de l'État, avec l'obligation toutefois de les transmettre dans un délai de quinze jours après leur adoption. Ce dernier, s'il estimait que l'acte était illégal, devait saisir le tribunal administratif, mais seulement vingt jours au moins après avoir informé les autorités locales de ses intentions. Le Conseil constitutionnel, saisi par des parlementaires, a affirmé, dans la décision n° 82-137 DC du 25 février 1982, la constitutionnalité de la réforme de la tutelle visant à confier le contrôle à la juridiction administrative, alors même que le contrôle est qualifié d'« administratif » dans l'article 72. Le Conseil constitutionnel a néanmoins estimé que le préfet devait avoir connaissance de l'acte avant que celui-ci ne devienne exécutoire, afin d'être en mesure de saisir le juge en cas d'illégalité.

La loi fut cependant promulguée, amputée des dispositions jugées inconstitutionnelles, en créant un véritable vide juridique qu'une circulaire du ministre de l'Intérieur du 5 mars 1982 tenta de combler. Celle-ci prévoyait que tous les actes, quelle que soit leur importance, devaient être transmis au préfet, multipliant ainsi par dix le nombre d'actes qui lui étaient adressés par rapport au régime antérieur de tutelle. Le remède était pire que le mal et la loi du 2 mars 1982 devait être impérativement complétée en ce qui concerne les modalités de contrôle. Ce fut l'objet de la loi n° 82-623 du 22 juillet 1982 modifiant et complétant la loi n° 82-213 du 2 mars 1982 et précisant les nouvelles conditions d'exercice du contrôle administratif sur les actes des autorités communales, départementales et régionales. La loi a alors prévu que les actes ne deviennent exécutoires qu'à la double condition d'avoir été publiés et transmis au représentant de l'État. Mais afin d'éviter l'inflation des textes à adresser aux préfectures, la loi a dressé la liste des actes dont la transmission est une condition de leur caractère exécutoire.

De façon évidente, la loi du 22 juillet 1982 a voulu respecter les interprétations directives du Conseil constitutionnel, ce qui explique que cette loi ait été adoptée facilement par le Parlement et qu'elle n'ait pas été déférée au Conseil constitutionnel. Cette deuxième loi fut d'ailleurs immédiatement accompagnée d'une longue circulaire du ministère de l'Intérieur qui indiquait dans quel esprit les représentants de l'État devaient appliquer la nouvelle législation. Le juge constitutionnel a eu d'autres occasions, cependant, de préciser les conditions dans lesquelles l'organisation du contrôle des actes respecte les exigences constitutionnelles.

§2. Le respect des exigences constitutionnelles

212. C'est à propos de la loi du 2 mars 1982 que le Conseil constitutionnel a précisé solennellement quelles étaient les limites à ne pas franchir par le législateur en matière de contrôle des collectivités (déc. n° 82-137 DC du 25 février 1982). Celui-ci doit respecter les prérogatives de l'État mais ne pas méconnaître non plus la libre administration des collectivités territoriales.

A. Le respect des prérogatives de l'État

213. Le Conseil a rappelé que la loi devait respecter « les prérogatives de l'État énoncées à l'alinéa 3... [qui] ne peuvent être ni restreintes ni privées d'effet, même temporairement ». Il était dès lors inconstitutionnel de prévoir que les actes des collectivités seraient exécutoires de plein droit « avant même leur transmission au représentant de l'État, c'est-à-dire alors qu'il n'en connaît pas la teneur ». On comprend pourquoi la transmission en tant que condition du caractère exécutoire des actes a été l'élément principal de la loi modificative du 22 juillet 1982. La jurisprudence postérieure à cette loi est venue préciser les conditions générales des exigences de l'État dans le cadre de ce contrôle de légalité.

1. La transmission obligatoire de certains actes

214. S'il avait été saisi de la loi du 22 juillet 1982, le Conseil aurait cependant pu soulever l'éventuelle inconstitutionnalité du régime des actes non obligatoirement transmissibles qui ne paraissait pas répondre totalement à l'exigence posée par la décision du 25 février 1982. Pour ces actes, la loi a en effet prévu, en termes identiques pour les communes, les départements et les régions, qu'ils sont exécutoires de plein droit à la seule condition qu'il ait été procédé à leur publication ou à leur notification aux intéressés (art. L. 2131-3, L. 3131-4 et L. 4141-4). Il était alors possible de douter de la conformité de cette disposition législative à la Constitution. Mais la décision du Conseil constitutionnel n° 2004-490 DC du 12 février 2004, Loi organique portant statut d'autonomie de la Polynésie française, est venue corriger cette position doctrinale. La généralité des termes employés par le Conseil en 2004 indique que la position adoptée ne se limite pas à la seule Polynésie, objet de la loi, mais vaut pour l'ensemble des collectivités territoriales. En effet, le Conseil constitutionnel est revenu sur une des exigences qu'il avait posées dans la décision n° 82-137 DC. Plus que d'un revirement, il ne s'agit que d'une reformulation de sa jurisprudence antérieure, puisqu'il considère, cette fois expressément, qu'« aucune exigence constitutionnelle n'impose que le caractère exécutoire des actes des collectivités territoriales dépende dans tous les cas de leur transmission au préfet » (cons. 110). Le Conseil constitutionnel a repris cette affirmation dans sa décision n° 2021-816 DC du 15 avril 2021 (loi organique relative à la simplification des expérimentations mises en œuvre sur le fondement du quatrième alinéa de l'article 72 de la Constitution, § 6). Le législateur peut ainsi prévoir que seuls certains actes de la collectivité territoriale donnent lieu à transmission obligatoire, puisque le représentant de l'État garde toujours la possibilité d'exercer un contrôle de légalité. Ainsi, le Conseil valide, en quelque sorte rétroactivement, le régime des actes non obligatoirement transmis, institué par la loi du 22 juillet 1982, qui ne répondait pas à l'exigence du lien entre le caractère exécutoire des actes des collectivités territoriales et leur transmission obligatoire au préfet. Il semble que le Conseil a également pris en compte la pratique du déféré préfectoral et, plus précisément, le faible nombre de recours engagés par les préfets. Cette décision montre que le juge constitutionnel peut prendre en considération, dans son contrôle de constitutionnalité, le changement des circonstances de fait et de droit qui ont pu survenir dans l'application d'une loi.

2. La mission constitutionnelle du représentant de l'État

215. Malgré la censure relative à la non-transmission des actes administratifs, la décision n° 82-137 DC avait cependant reconnu qu'il était possible au législateur de limiter l'intervention du représentant de l'État à un simple rôle d'examen de la légalité des actes et de saisine du tribunal administratif, sans avoir la compétence de statuer lui-même sur cette légalité, à la différence du régime de tutelle en vigueur jusqu'en 1982. Dans la mesure où ce représentant peut saisir le juge pour faire respecter l'intégralité des objectifs fixés à l'alinéa 3 de l'article 72 (alinéa 6 depuis 2003), la Constitution n'est pas méconnue et le contrôle « administratif » dont il est question dans cet alinéa peut se limiter à un contrôle juridictionnel sur demande de l'autorité administrative qu'est ce représentant de l'État. Puisque le représentant de l'État est compétent pour saisir le juge administratif, le caractère « administratif » du contrôle que la Constitution lui confie dans l'article 72 est sauvegardé.

La décision évoquait, à ce propos, « la faculté » pour ce dernier de soumettre au contrôle juridictionnel les actes des collectivités. Le terme de « faculté » pouvait laisser entendre que le préfet n'était pas obligé de saisir le juge, même dans l'hypothèse où il constaterait une illégalité et que, de la même manière, il pourrait renoncer, par le biais du désistement, à une action contentieuse déjà engagée, s'il obtenait satisfaction de la part de la collectivité territoriale. Une telle lecture pouvait paraître contraire à la lettre de l'article 72 qui semble bien avoir valeur impérative. Le Conseil constitutionnel est revenu à une lecture plus contraignante de l'article 72 dans une décision n° 93-335 DC du 21 janvier 1994, Loi portant diverses dispositions en matière d'urbanisme et de construction, dans laquelle il considère que « l'équilibre général sur lequel repose le contrôle de légalité des actes des collectivités territoriales que le représentant de l'État est tenu d'assurer en vertu du troisième alinéa 72 de la Constitution » est rompu par une disposition de la loi examinée qui modifiait les conditions de délai en matière de déféré préfectoral (cons. 21). En précisant que le représentant de l'État « était tenu » d'exercer son contrôle, le Conseil constitutionnel a indirectement voulu montrer que la mission de ce représentant est inscrite dans la Constitution et qu'il ne peut pas l'exercer en toute liberté ou au gré des circonstances. Le Conseil a eu l'occasion de réaffirmer sa position dans la décision n° 96-373 DC du 9 avril 1996, Loi organique portant statut d'autonomie de la Polynésie française, à propos de la « possibilité de mettre en œuvre sans délai les attributions que (le représentant de l'État) doit exercer en vertu de l'article 72 de la Constitution » (cons. 14). La référence à l'absence de délai est une manière d'indiquer le caractère obligatoire du contrôle qui doit être exercé et qui n'est donc pas une simple faculté. Le souci de renforcer le contrôle de l'État se retrouve aussi dans la jurisprudence du Conseil d'État qui n'hésite d'ailleurs pas à se fonder directement sur l'article 72 pour déterminer les contours et les limites des missions du représentant de l'État, comme dans l'arrêt de Section du Conseil d'État, *Commune du Port*, du 28 février 1997 (n° 167483). Il existe néanmoins une différence entre la « faculté » de saisir le juge en 1982, qui pourrait autoriser un éventuel désistement, et l'obligation de contrôle, qui ne passe pas nécessairement par la saisine du juge.

Le contrôle du représentant de l'État a été précisé dans la décision précitée n° 2004-490 DC. Le rattachement exprès du déféré préfectoral à l'article 16 de la Déclaration des droits de l'homme et du citoyen, relatif à la garantie des droits, donne au déféré préfectoral un nouveau fondement constitutionnel, qui s'ajoute à l'article 72. On peut penser que, pour le Conseil, la possibilité pour le préfet de saisir le juge, indépendamment du recours que peut engager tout intéressé, participe du respect de la légalité, et par conséquent, constitue une condition essentielle de la garantie des droits inscrite à l'article 16. Mais cette référence à l'article 16 n'est pas totalement novatrice, puisque le Conseil avait déjà fait référence au principe de légalité dans la décision du 25 février 1982, sans en consacrer néanmoins le fondement (cons. 3). Si la décision n° 2004-490 DC confirme en outre que l'article 16 de la Déclaration sert d'ancrage constitutionnel à un nombre de plus en plus important d'exigences différentes relatives à l'État de droit, on peut cependant considérer que l'article 72, alinéa 6 était suffisant et n'avait pas besoin de l'apport de l'article 16.

216. Dans la même décision n° 2004-490 DC, le Conseil a actualisé la formule de la décision n° 82-137 DC du 25 février 1982 en intégrant dans les moyens mis à la disposition du représentant de l'État pour remplir les missions qui lui sont confiées par le dernier alinéa de l'article 72 de la Constitution, notamment le recours à des procédures d'urgence. Cette formulation a été reprise dans les mêmes termes dans la décision précitée n° 2021-816 DC du 15 avril 2021 (loi organique relative à la simplification des expérimentations mises en œuvre sur le fondement du quatrième alinéa de l'article 72 de la Constitution, § 6). Le Conseil prend ici acte de l'adoption de la loi n° 2000-597 du 30 juin 2000 relative au référé devant les juridictions administratives. L'emploi du mot « notamment » laisse une assez grande liberté au législateur pour introduire d'autres modalités. La jurisprudence constitutionnelle a eu aussi l'occasion de préciser les fondements du pouvoir de substitution reconnu depuis très longtemps aux autorités déconcentrées en cas de défaillance des autorités locales décentralisées. Dans la décision n° 2007-556 DC du 16 août 2007, Loi sur le dialogue social et la continuité du service public dans les transports terrestres réguliers de voyageurs, le Conseil a admis que le représentant de l'État a la faculté, en cas de carence de l'autorité organisatrice de transports et après mise en demeure infructueuse, d'arrêter lui-même les priorités de desserte ou de les approuver. La décision n° 2007-559 DC du 6 décembre 2007, Loi organique tendant à renforcer la stabilité des institutions et la transparence de la vie politique en Polynésie française, a également reconnu « qu'il appartient au législateur de prévoir l'intervention du représentant de l'État pour remédier, sous le contrôle du juge, aux difficultés résultant de l'absence de décision de la part des autorités décentralisées compétentes en se substituant à ces dernières lorsque cette absence de décision risque de compromettre le fonctionnement des services publics et l'application des lois ; que les conditions posées pour l'exercice par le délégué du Gouvernement de ses pouvoirs de substitution doivent être définies quant à leur objet et à leur portée ». Un tel pouvoir de substitution ne méconnaît pas le principe de libre administration des collectivités et son fondement se trouve inscrit dans l'alinéa 6 de l'article 72. Le législateur peut ainsi prévoir un pouvoir de substitution du préfet en cas de non-respect par les collectivités territoriales de leurs obligations, comme, par exemple, en matière de logements sociaux, dès lors qu'il existe un but d'intérêt général et que l'atteinte ne revêt pas un caractère disproportionné au regard de cet objectif et que l'objet et la portée des compétences du préfet sont précisément définis en adéquation avec l'objectif poursuivi (déc. n° 2013-309 QPC du 26 avril 2013, SARL SCMC, Exercice par le préfet du droit de préemption pour les communes ayant méconnu leurs engagements de réalisation de logements sociaux).

B. Le respect de la libre administration des collectivités territoriales

217. Le contrôle exercé par le représentant de l'État n'est pas sans limites et il doit respecter son corollaire, contenu à l'alinéa 3 de l'article 72, le principe de la libre administration. L'équilibre en germe dans la décision de 1982 apparaît cette fois au profit de la libre administration dans la décision n° 92-316 DC du 20 janvier 1993, Loi relative à la prévention de la corruption et à la transparence de la vie économique et des procédures publiques. Le législateur avait voulu instituer la suspension automatique, pendant trois mois, de l'exécution des actes des collectivités en matière d'urbanisme, de marchés et de conventions de délégation de services publics lorsque le représentant de l'État demande au juge administratif le sursis à exécution. Le Conseil a estimé que ces dispositions privaient « ainsi de garanties suffisantes l'exercice de la libre administration des collectivités locales », parce qu'elles permettaient au représentant de l'État de provoquer à tout moment, jusqu'à ce que le juge administratif intervienne, la suspension des actes dans des domaines importants relevant de la compétence des collectivités. Le Conseil n'a pas en revanche censuré une disposition similaire, mais qui limite ce délai de suspension à un mois et impose au représentant de l'État de saisir le tribunal administratif dans les dix jours à compter de la réception de l'acte (déc. n° 94-358 DC du 26 janvier 1995, Loi d'orientation sur l'aménagement du territoire du 4 février 1995). La différence de délai, trois mois au lieu d'un mois, peut expliquer que ce qui était inconstitutionnel en 1993 soit conforme à la Constitution en 1995. L'équilibre entre la libre administration et l'obligation du contrôle est donc subtil.

Cet équilibre a également été jugé méconnu dans une autre décision du Conseil constitutionnel n° 2010-107 QPC du 17 mars 2011, Syndicat mixte chargé de la gestion du contrat urbain de cohésion sociale de l'agglomération de Papeete. Certaines dispositions de l'article 8 de l'ordonnance du 5 octobre 2007, qui autorisaient le haut-commissaire de la République à déclarer, à toute époque, nuls de droit les arrêtés des maires des communes de Polynésie française, ont été jugées contraires au principe de libre administration. Par la généralité des pouvoirs de contrôle conférés au représentant de l'État sur les actes du maire, quelles que soient leur nature et leur portée, ces dispositions privaient de garanties suffisantes l'exercice de la libre administration des communes de la Polynésie française.

Section 2
La tutelle sur les personnes

218. Bien que les autorités locales décentralisées soient élues (voir *infra*, « Les élus des collectivités territoriales »), l'État conserve un droit de regard sur l'exercice de leur mandat et peut, dans certaines conditions, y mettre fin. Ce contrôle prend souvent le nom de tutelle sur les personnes. Lorsqu'il agit à l'égard des organes délibérants, l'État ne peut exercer qu'une « tutelle » sur des autorités décentralisées car il n'y a pas de lien hiérarchique entre les autorités de l'État et les assemblées locales. La question est plus délicate lorsque l'État agit sur les autorités exécutives que sont les maires et les adjoints. Le pouvoir central intervient, en effet, indistinctement en qualité d'autorité chargée du contrôle administratif du maire et des adjoints qui agissent en tant que représentants de la commune, mais aussi en qualité d'autorité hiérarchique à l'égard du maire ou des adjoints agissant en tant que représentants de l'État. Mais, dans tous les cas, ces décisions de tutelle sur les personnes, qui sont radicales car elles privent de leur mandat des autorités élues au suffrage universel, qu'il soit direct ou indirect, ne sont que le prélude à de nouvelles élections. Les conditions strictes qui entourent ces prérogatives étatiques et le recours au suffrage universel pour faire désigner de nouveaux administrateurs font que cette tutelle est sans doute indispensable, face à certains excès ou dérapages. Les décisions prises par les autorités étatiques ouvrent une brève période transitoire, au cours de laquelle sont expédiées les affaires courantes et qui s'achève par de nouvelles élections destinées à trouver une solution politique à la crise de gestion de la collectivité territoriale et à donner une légitimité démocratique aux nouveaux gestionnaires.

Les membres des organes délibérants ainsi dissous, communaux, départementaux ou régionaux, peuvent se représenter devant le suffrage universel. Il ne s'agit pas, en effet, d'une mesure de sanction et la dissolution ne vient pas pénaliser des élus. Elle a plutôt pour effet de permettre au suffrage universel de trancher un éventuel conflit entre des organes locaux ou une mauvaise gestion, avant l'expiration normale du mandat.

En revanche, la révocation des maires et des adjoints entraîne de plein droit leur inéligibilité à ces fonctions pendant une durée d'un an à compter du décret de révocation, sauf renouvellement général des conseils municipaux. Cette mesure s'apparente davantage à l'exercice d'un contrôle hiérarchique.

§1. La tutelle sur les organes délibérants

219. Compte tenu du nombre de communes en France, la dissolution des conseils municipaux n'est pas une hypothèse théorique. Celle sur les autres organes délibérants, départementaux et régionaux, l'est beaucoup plus.

A. La dissolution des conseils municipaux

220. Les conseils municipaux peuvent être dissous, sans que la loi précise les motifs de cette dissolution (art. L. 2121-6). En pratique cependant, ils le sont lorsqu'il y a une impossibilité de faire fonctionner dans des conditions normales l'assemblée communale, ou quand des dissensions graves empêchent le bon fonctionnement du conseil. Le juge administratif exerce un contrôle sur la réalité des faits et sur leur qualification. Un décret de dissolution n'est ainsi légal que si les dissensions ont des effets sur le fonctionnement du conseil et si elles sont d'une suffisante gravité pour mettre en péril la gestion administrative de la commune : l'impossibilité d'élire le maire et les adjoints, par exemple, peut justifier une dissolution.

Afin de donner des garanties d'objectivité, la dissolution est prononcée par décret en Conseil des ministres, qui est signé par le président de la République, par application de l'article 13 de la Constitution. Le décret de dissolution entraîne la nomination par le préfet d'une délégation spéciale, composée de trois (pour les communes dont la population est inférieure à 35 000 habitants) à sept membres (pour les autres communes), qui peuvent être choisis au sein ou en dehors de l'ancienne équipe municipale dissoute. Les compétences de cette délégation sont limitées aux actes d'administration courante et la délégation ne peut ni préparer le budget communal, ni modifier le personnel (art. L. 2121-35 et s.). De nouvelles élections doivent avoir lieu dans les deux mois qui suivent le décret. Il y a, tous les ans, plusieurs cas de dissolution de conseils municipaux. C'est ainsi que, pour l'année 2016, deux décrets de dissolution ont été publiés, cinq en 2017 et cinq en 2018. Ces dissolutions n'ont concerné, essentiellement, que des très petites communes. Cette procédure constitue l'un des rares moyens juridiques et pacifiques de mettre fin aux situations de non-fonctionnement de certaines communes.

B. La dissolution des conseils départementaux et régionaux

221. Les articles L. 3121-5 et L. 4132-3 prévoient, dans les mêmes termes, la possibilité de dissoudre, par décret en Conseil des ministres, un conseil départemental ou régional « dont le fonctionnement se révèle impossible ». La mesure est suffisamment grave, compte tenu du cadre géographique de la collectivité concernée, pour que le Parlement en soit informé. En outre, aucune dissolution ne peut être prononcée contre l'ensemble des conseils départementaux ou régionaux (mêmes dispositions, alinéa 2 dans les deux cas).

Les cas sont extrêmement rares et ils n'ont pas été soumis à la juridiction administrative. La doctrine signale le cas du conseil général des Bouches-du-Rhône qui a été dissous par le décret du 26 mai 1874.

En ce qui concerne les régions, un décret du 29 juin 1984 a prononcé la dissolution de l'Assemblée de Corse, constatant que le « fonctionnement normal de l'Assemblée de Corse se révèle impossible », mais cette dissolution avait été demandée par les élus corses eux-mêmes devant cette situation. Le mode de scrutin en vigueur pour la région de Corse à l'époque rendait quasiment impossible la constitution d'une majorité de gestion et contribuait au fonctionnement impossible de l'assemblée.

En cas de dissolution, le président de l'assemblée dissoute, départementale ou régionale, est chargé de l'expédition des affaires courantes et ses actes sont soumis alors à un accord préalable du représentant de l'État, ce qui restaure une forme de tutelle *a priori*. Mais cette situation exorbitante est provisoire, car des élections doivent avoir lieu dans un délai de deux mois qui suivent le décret de dissolution (art. L. 3121-6 et L. 4132-4).

C. La démission d'office des conseillers

222. La démission d'office peut être prononcée lorsqu'un conseiller refuse de remplir une des fonctions dévolues par la loi. Il existait, avant la loi du 2 mars 1982, un autre cas de démission d'office, dans l'hypothèse où un conseiller municipal manquait à trois convocations successives aux séances du conseil municipal. Ce cas a été supprimé en 1982 au nom de la liberté de gestion des collectivités territoriales.

Ce sont les articles L. 2121-5, L. 3121-4 et L. 4132-2-1 qui envisagent le cas d'un membre d'une assemblée locale qui, sans excuse valable, refuse de remplir une des fonctions dévolues par la loi, comme, par exemple, la présidence et la surveillance d'un bureau de vote. Les conseillers municipaux et départementaux sont alors déclarés démissionnaires par le tribunal administratif, qui est saisi par l'exécutif de la collectivité et qui statue par une décision juridictionnelle, dans le cadre d'un contentieux de pleine juridiction. Cette compétence est exercée directement par le Conseil d'État pour un conseiller régional qui refuserait de remplir une de ses fonctions.

§2. Le contrôle sur les autorités exécutives

223. Sans doute pour des raisons tenant au fait que les présidents de conseil départemental ou régional n'ont jamais été des agents de l'État, ceux-ci ne peuvent faire l'objet d'une mesure de suspension ou de révocation analogues à celles qui existent pour les maires et les adjoints.

Ces derniers peuvent être suspendus par arrêté du ministre de l'Intérieur ou révoqués par décret en Conseil des ministres, pour des manquements liés à des fonctions exercées au nom de l'État ou au nom de la commune (art. L. 2122-16).

De manière logique, la suspension ne peut être qu'une mesure provisoire (art. L. 2122-16, al. 1er). Elle est prononcée par arrêté motivé du ministre de l'Intérieur, alors qu'elle l'était par arrêté préfectoral avant la loi n° 82-213 du 2 mars 1982. La durée est fixée librement par le ministre, dans la limite maximale d'un mois. La suspension peut être ordonnée, par exemple, à l'encontre de maires qui refusent d'organiser des élections, en signe de protestation contre des décisions étatiques, car c'est une fonction que la loi leur confie, et ces mesures s'apparentent à des mesures de répression disciplinaire. À propos d'une autre attribution des maires et des adjoints agissant au nom de l'État, celle d'officier d'état-civil (art. L. 2122-32), un maire a ainsi été suspendu, en 2004, pour avoir prononcé un mariage entre deux personnes du même sexe (CE, 7 juillet 2004, *Noël Mamère*).

La révocation des maires et des adjoints est prononcée, quant à elle, par décret en Conseil des ministres (art. L. 2122-16, al. 1er). Elle doit donc être signée par le président de la République. La révocation est indépendante de la suspension et peut être prononcée sans même qu'il y ait eu une mesure de suspension préalable. Il faut admettre que ce doit être le cas dans l'hypothèse d'une faute particulièrement grave pour laquelle la suspension serait considérée comme une mesure insuffisante. Ainsi, des propos « outranciers » tenus publiquement lors de la cérémonie commémorative du 11 novembre 1918 ont été regardés comme justifiant la révocation du maire qui les a prononcés (CE, ass., 27 février 1981, *Wahnapo*, Lebon, p. 111). Il en a été de même de la mise en examen d'un maire pour corruption (CE, 7 novembre 2012, n° 348771). Le maire de la commune de Saint-Privat (Hérault) a été révoqué en 2013 parce qu'il avait été poursuivi pour des faits de faux, usage de faux et escroquerie, et condamné en première instance. Alors même que le Conseil d'État a pris soin de distinguer la procédure disciplinaire et la procédure pénale, il a jugé que les faits commis privaient le maire « de l'autorité morale nécessaire à l'exercice de ses fonctions de maire » (CE, 26 février 2014, n° 372015, *Maire de Saint-Privat*). Dans l'autre sens, une suspension ne fait pas obstacle à une mesure de révocation, y compris pour les mêmes faits, ce qui est assez logique, la suspension préparant en quelque sorte la révocation.

La suspension et la révocation doivent être motivées (art. L. 2122-16). Cette obligation est conçue comme une garantie formelle de protection des maires et des adjoints. Elle permet la vérification des conditions de procédure, notamment le respect des droits de la défense et elle facilite le contrôle juridictionnel. Le juge administratif exerce désormais un contrôle normal sur l'appréciation de la faute de nature à justifier la sanction et un contrôle de proportionnalité sur l'adéquation entre la faute et la sanction retenue (CE, 22 mars 2010, n° 328843, *Dalongeville*, à propos de la révocation d'un maire justifiée par les graves négligences durant plusieurs années dans l'établissement du budget et la gestion des biens communaux). La révocation des maires et des adjoints, outre qu'elle interdit d'exercer ces fonctions, entraîne aussi une inéligibilité pendant un an (art. L. 2122-16 al. 3).

Après les lois de décentralisation inaugurées en 1982, il était possible de se demander si ce régime de tutelle sur les personnes était bien conforme au principe de libre administration des collectivités territoriales et au respect du suffrage universel, même indirect. Saisi par le Conseil d'État d'une question prioritaire de constitutionnalité, le Conseil constitutionnel a jugé que la procédure de révocation d'un maire par décret en Conseil des ministres était conforme à la Constitution (déc. n° 2011-210 QPC du 13 janv. 2012, M. Ahmed S.). Il a en effet précisé que « les dispositions de l'article L. 2122-16 ont, ainsi qu'il résulte de la jurisprudence constante du Conseil d'État, pour objet de réprimer les manquements graves et répétés aux obligations qui s'attachent aux fonctions de maire et de mettre ainsi fin à des comportements dont la particulière gravité est avérée ; que, dans ces conditions, si les dispositions contestées instituent une sanction ayant le caractère d'une punition, l'absence de référence expresse aux obligations auxquelles les maires sont soumis en raison de leurs fonctions ne méconnaît pas le principe de la légalité des délits » (cons. 5). Il a ajouté que l'institution de sanctions réprimant les manquements des maires aux obligations qui s'attachent à leurs fonctions ne méconnaît pas, en elle-même, la libre administration des collectivités territoriales et que la suspension ou la révocation, qui produit des effets pour l'ensemble des attributions du maire, est prise en application de la loi. La tutelle sur les personnes n'est donc pas, en soi, contraire, à la Constitution.

Section 3
Le contrôle des actes des collectivités territoriales

224. Les actes des collectivités territoriales peuvent être de droit public, ou plus rarement de droit privé. S'agissant des premiers, certains, pris par les maires ou les adjoints, peuvent être édictés au nom de l'État. Dans ce dernier cas, ils sont soumis au contrôle hiérarchique qui existe dans le cadre d'une administration déconcentrée. Si on écarte ces deux catégories d'actes (édictés au nom de l'État et actes de droit privé), les actes des collectivités territoriales sont des actes administratifs ou des actes ayant un contenu financier tout en étant également des actes administratifs. En ce qui concerne le contrôle des actes, cette distinction est essentielle car, si le régime des actes administratifs a été considérablement assoupli dans son esprit, celui des actes budgétaires donne encore un très large pouvoir de substitution au représentant de l'État. Le contrôle des chambres régionales des comptes s'exerce aussi sur les comptes et la gestion des collectivités territoriales.

§1. Le contrôle de la légalité des actes administratifs

225. La loi du 22 juillet 1982 a institué un mécanisme de transmission obligatoire de certains actes des collectivités territoriales, qui est identique pour toutes les collectivités. Cette transmission est une condition du caractère exécutoire des actes administratifs, du moins pour ceux qui sont obligatoirement transmissibles et dont il faut imaginer qu'ils sont les plus importants, et elle est organisée pour permettre la saisine de la juridiction administrative baptisée, dans la pratique, du nom de « déféré préfectoral », bien que ce terme, et donc la spécificité du recours, n'aient pas été expressément utilisés par les lois de 1982. Ce régime est organisé dans le titre III des parties 2, 3 et 4 du CGCT (art. L. 2131-1 à 9, art. L. 3131-1 à 5, art. L. 3132-1 à 3, art. L. 4141-1 à 5 et art. L. 4142-1 à 3). Il s'applique également aux établissements publics de chacune de ces catégories. Pour les COM, les dispositions relatives au contrôle sont inscrites dans les règles statutaires régissant chacune de ces collectivités. Par exemple, les articles LO 6241-1 et s. et LO 6242-1 et s. adaptent à la collectivité de Saint-Barthélemy les règles issues de la loi de 1982 (voir aussi les articles LO 6341-1 et s. et LO 6342-1 et s. pour la collectivité de Saint-Martin).

A. L'obligation de transmission de certains actes, condition de leur entrée en vigueur

226. Les actes juridiques les plus importants pris par les autorités locales, qu'il s'agisse de ceux des organes délibérants comme de ceux des autorités exécutives, doivent être transmis aux services des préfectures ou des sous-préfectures (art. L. 2131-2, L. 3131-2 et L. 4141-2). Cette liste a progressivement été réduite (loi n° 2004-809 du 13 août 2004 relative aux libertés et responsabilités locales, ordonnance n° 2009-1401 du 17 novembre 2009 portant simplification de l'exercice du contrôle de légalité). En l'état actuel du droit, il s'agit des délibérations des assemblées délibérantes, ou prises par délégation de celles-ci, des délibérations relatives aux tarifs des droits de voirie et de stationnement, au classement, au déclassement, à l'établissement des plans d'alignement et de nivellement, à l'ouverture, au redressement et à l'élargissement des voies communales, des délibérations relatives aux taux de promotion pour l'avancement de grade des fonctionnaires, à l'affiliation ou à la désaffiliation aux centres de gestion ainsi qu'aux conventions portant sur les missions supplémentaires à caractère facultatif confiées aux centres de gestion.

Elle comprend aussi les décisions réglementaires, les arrêtés réglementaires et individuels des exécutifs locaux dans l'exercice de leur pouvoir de police à l'exception de celles relatives à la circulation et au stationnement et de celles relatives à l'exploitation, par les associations, de débits de boissons, pour la durée des manifestations publiques qu'elles organisent. Doivent être également transmis les décisions individuelles relatives à la nomination et au recrutement, y compris le contrat d'engagement, et au licenciement des agents non titulaires, à l'exception de celles prises pour faire face à un besoin lié à un accroissement temporaire ou saisonnier d'activité, les conventions relatives aux emprunts, aux marchés, aux accords-cadres, à l'exception des marchés et des accords-cadres d'un montant inférieur à un seuil défini à l'article D. 2131-5-1 du CGCT (pour les trois niveaux de collectivités), ainsi que les conventions de concession et d'affermage des services publics locaux ainsi que des contrats de partenariat, les ordres de réquisition des comptables pris par l'autorité exécutive, les permis de construire et autres autorisations d'utilisation du sol, les certificats d'urbanisme et certificats de conformité, les décisions relevant de l'exercice de prérogatives de puissance publique, prises par les sociétés d'économie mixte locales pour le compte d'une commune ou d'un établissement public de coopération intercommunale.

Pour ces actes énumérés par la loi, la transmission est une des deux conditions de leur caractère exécutoire, en plus de la publication ou de la notification, l'ordre dans lequel ces deux conditions doivent être respectées n'étant pas précisé par la loi. La loi n° 2002-276 du 27 février 2002 relative à la démocratie de proximité a précisé que la publication pouvait être réalisée par affichage, en ne privilégiant pas un procédé de connaissance non individualisée des actes plutôt qu'un autre comme, par exemple, l'insertion dans un recueil (art. L. 2131-1, L. 3131-1 et L. 4141-1).

Afin de correspondre aux réalités de la vie administrative et de gagner du temps, la loi n° 2004-809 du 13 août 2004 relative aux libertés et responsabilités locales a permis que cette transmission se fasse par « voie électronique » à compter du 1er janvier 2005 (art. L. 2131-1, L. 3131-1 et L. 4141-1). Le décret n° 2005-324 du 7 avril 2005 relatif à la transmission par voie électronique des actes des collectivités territoriales soumis au contrôle de légalité et modifiant la partie réglementaire du Code général des collectivités territoriales a précisé cette possibilité. La loi du 7 août 2015 NOTRe prévoit que pour les communes de plus de 50 000 habitants, cette transmission devait être réalisée par voie électronique dans un délai de cinq ans à compter de la promulgation de la loi.

En pratique, les actes sont adressés d'abord aux services de l'État et c'est au vu du récépissé délivré par ces services attestant que l'acte a bien été transmis, que l'acte est publié ou notifié. La loi du 22 juillet 1982 a laissé ainsi les collectivités libres de leur décision quant au moment de la transmission des actes et donc de leur caractère exécutoire. Les autorités locales ont cependant intérêt à voir leurs actes produire des effets le plus rapidement possible. Des exceptions existent néanmoins. L'une d'entre elles concerne les contrats pour lesquels est prévu un délai de transmission dans les quinze jours qui suivent leur signature (art. L. 1411-9, al. 1, L. 1414-15 et L. 2131-13 du CGCT). Il en existe une autre pour les actes budgétaires, pour lesquels un délai de quinze jours est également prévu depuis la loi du 19 août 1986 (art. L. 1612-8 et L. 1612-13 du CGCT, repris à l'art. L. 232-1 du Code des juridictions financières). La loi, déjà citée, du 13 août 2004, a également imposé que, pour les décisions individuelles, cette transmission se fasse dans les quinze jours à compter de leur signature (art. L. 2131-1, L. 3131-1 et L. 4141-1). Toutes ces exceptions réintroduisent une obligation de délai que la loi de 1982 avait fait disparaître au nom de la responsabilité laissée aux collectivités de décider le moment de l'entrée en vigueur des actes pris.

La transmission rend les actes opposables aux tiers, si elle est associée aux modalités traditionnelles de publicité, mais elle n'est pas une condition d'existence ni de légalité de ceux-ci. Une interprétation inverse aurait conduit à maintenir une forme de tutelle. La date à prendre en compte est celle du récépissé de réception délivré par les services de la préfecture, mais la transmission peut être établie par tout autre moyen de preuve. La transmission déclenche aussi le point de départ du délai de recours au profit du préfet car, pour les administrés, ce point de départ reste, comme dans le droit commun des actes administratifs, la publication ou la notification de l'acte. Ce sont, chaque année, plusieurs millions d'actes qui sont ainsi reçus par les services de l'État. Ce chiffre explique notamment les difficultés d'exercice du contrôle de légalité (Rapport d'information, Sénat, 2012, n° 300, Mézard).

Les autres actes administratifs pris par les autorités locales au nom de la collectivité territoriale et pour lesquels la transmission n'est pas obligatoire deviennent exécutoires dès leur publication ou leur notification aux intéressés, ce qui n'interdit pas formellement qu'ils soient transmis et la tentation peut être grande, pour les services d'une collectivité, de transmettre plus d'actes qu'il n'est nécessaire, afin de ne pas connaître des difficultés relatives à l'exécution de leurs actes.

En outre, la loi du 13 août 2004 ouvre la possibilité au préfet de demander communication à tout moment des actes ne figurant pas dans la liste des actes transmissibles. Il s'agit d'un pouvoir d'évocation qui lui permet de déférer ces actes dans un délai de deux mois à compter de leur communication, si sa demande a été présentée elle-même dans le délai de deux mois à compter de la date à laquelle les actes sont devenus exécutoires (art. L. 2131-3, L. 3131-4 et L. 4141-4). Cette évocation n'est pas sans évoquer une forme renouvelée de tutelle.

Sont en revanche exclus de cette obligation de transmission et ne peuvent être contestés par la voie du déféré préfectoral, les actes pris par les autorités locales lorsqu'elles agissent au nom de l'État (comme les actes de l'état civil pour les communes), ce qui est logique, et ceux qui sont soumis à un régime de droit privé, comme certains actes de gestion du domaine privé : ces deux catégories d'actes sont régies « par les dispositions qui leur sont propres » (art. L. 2131-4, art. L. 3131-5 et art. L. 4141-5).

B. Le contrôle de légalité exercé par le représentant de l'État

227. Les actes transmis au représentant de l'État sont soumis à une appréciation de légalité, qui doit être effectuée dans un délai de deux mois à compter de la transmission, ce qui correspond au délai de droit commun de saisine du juge administratif.

1. L'appréciation de la légalité par le représentant de l'État

228. L'appréciation de la légalité porte nécessairement sur les actes transmis. Elle peut également être effectuée sur des actes non soumis à obligation de transmission, comme c'est le cas d'une décision implicite provoquée par une demande du préfet (CE, 28 février 1997, n° 167483, *Commune du Port*) ou d'un contrat administratif ne faisant pas partie des contrats énumérés par la loi (CE, 4 novembre 1994, n° 99643, *Département de la Sarthe*). Le Conseil d'État a également admis la recevabilité du déféré à l'encontre d'actes pour lesquels le recours pour excès de pouvoir n'est pas recevable, tels que les vœux émis par les assemblées locales (CE, 30 décembre 2009, n° 308514, *Département du Gers*) ou les délibérations préparatoires (CE, ass., 15 avril 1996, *Syndicat CGT hospitaliers de Bédarieux*, Lebon, p. 130). Le représentant de l'État ne peut néanmoins pas apprécier la légalité des actes exclus du contrôle par la loi, ceux pris au nom de l'État ou les actes de droit privé, comme précisé ci-dessus.

Le représentant de l'État a toujours intérêt à agir et peut invoquer tout moyen à l'appui de son recours, quel que soit l'acte attaqué, car il est chargé de cette mission de contrôle par la Constitution et par la loi du 2 mars 1982 modifiée (v. en ce sens, CE, 4 avril 2014, n° 358994, *Département du Tarn-et-Garonne*, dans le cas particulier d'un déféré préfectoral exercé contre un contrat administratif).

De l'esprit de la loi du 2 mars 1982, il pouvait être possible de déduire que, lorsque le représentant de l'État estime que l'acte n'est pas légal, il doit déférer cet acte au tribunal administratif, sans disposer d'un pouvoir d'appréciation et sans faculté de discussion avec la collectivité. Cette logique présentait toutefois l'inconvénient d'une certaine rigidité et semblait soumettre les collectivités territoriales, notamment les plus petites, à la menace d'une sanction juridictionnelle contre laquelle elles paraissaient démunies, faute d'expertise juridique.

C'est la raison pour laquelle la loi du 22 juillet 1982 modifiant celle du 2 mars 1982 a introduit l'obligation pour le représentant de l'État de « prévenir » la collectivité territoriale de son intention de saisir la juridiction. Il doit en effet, lorsqu'il défère un acte au tribunal administratif, en informer sans délai l'autorité locale et lui communiquer toutes les précisions sur les illégalités invoquées à l'encontre de l'acte concerné (art. L. 2131-6, L. 3131-1 et L. 4142-1). La rédaction du texte, identique pour les trois niveaux de collectivités territoriales, pourrait laisser entendre que l'information de la collectivité « litigieuse » est concomitante du déféré préfectoral. En réalité, cette information avait été conçue dès l'origine, comme le précisait la circulaire du 22 juillet 1982 qui a accompagné la publication de la loi du même jour, comme une demande, émise par le représentant de l'État et adressée à la collectivité, de revenir sur la décision et de corriger les illégalités. Dans la pratique, ces observations sont un moyen très efficace de prévention du contentieux. Dans 54 % des cas d'intervention du préfet, ce recours aboutit à la modification ou au retrait de l'acte litigieux (Rapport d'information, Sénat, 2000, n° 447, Mercier). Le comprenant bien ainsi, le Conseil d'État a assimilé ces « observations » à un véritable recours gracieux dans ses effets contentieux, notamment en matière de délais, comme il l'a précisé dans l'arrêt du 18 avril 1986, *Commissaire de la République d'Ille-et-Vilaine*, Lebon, p. 658. Le délai de recours au juge est conservé, si le recours gracieux est lui-même intenté dans le délai de deux mois.

De même, le représentant de l'État peut demander à la collectivité des informations complémentaires, en cas de transmission incomplète ou de non-transmission de documents annexes nécessaires pour exercer le contrôle de légalité, et cette demande interrompt le délai du recours contentieux, lorsqu'elle est intervenue dans les deux mois de la réception de l'acte transmis. Le délai du recours contentieux ne court alors qu'à compter de la réception du texte intégral de l'acte ou des documents annexes réclamés ou de la décision, expresse ou tacite, de refus de compléter la transmission initiale (CE, sect., 13 janvier 1988, *Mutuelle générale des personnels des collectivités locales*, Lebon, p. 7).

Parallèlement au contrôle de légalité, le préfet exerce souvent une fonction de conseil auprès des collectivités territoriales. Le développement de cette fonction permet de réduire le nombre des actes déférés. Toutefois, cette fonction soulève des interrogations. La première concerne la compatibilité de celle-ci avec le principe de libre administration des collectivités territoriales. En apportant son conseil, le représentant de l'État participe d'une certaine façon à la prise de décision, laissant ainsi craindre l'apparition d'une nouvelle forme de tutelle. Une autre interrogation porte sur la valeur de ce conseil : il ne peut en aucun cas valoir certification de la légalité de l'acte de la collectivité territoriale, seul le juge étant compétent pour l'apprécier.

Prolongeant ces divers dispositifs, qui font intervenir en amont le préfet, la loi n° 2019-1461 du 27 décembre 2019 relative à l'engagement dans la vie locale et à la proximité de l'action publique offre la faculté aux collectivités territoriales, à leurs groupements et à leurs établissements publics, confrontés à une question de droit dans la mise en œuvre d'une disposition législative ou réglementaire régissant l'exercice de leurs compétences ou les prérogatives dévolues à leur exécutif, de saisir le représentant de l'État, d'une demande de position formelle en vue de s'assurer au préalable de la légalité d'un projet d'acte (art. L. 1116-1). Si l'acte adopté est conforme à la prise de position formelle, le représentant de l'État ne peut plus, au titre de la question de droit soulevée, et sauf changement de circonstances, le déférer au tribunal administratif. Certes, la prise de position formelle du préfet ne lie pas, en droit, la collectivité territoriale, qui reste le seul auteur de l'acte. Il n'en reste pas moins que, dans la pratique, les collectivités territoriales devront nécessairement suivre l'avis du préfet. Dans l'hypothèse où elles s'en écarteraient, elles prennent, en effet, le risque de voir leur acte être déféré. Cette demande confère en réalité au préfet une sorte de pouvoir d'approbation préalable de fait, semblable à un contrôle *a priori*, pourtant écarté par la loi de décentralisation de 1982. Ce déplacement du contrôle en amont pourrait emporter un réel risque d'atteinte à la libre administration des collectivités territoriales, celles-ci n'ayant pas le choix de passer outre le conseil du préfet.

Ce besoin de souplesse explique aussi que le préfet peut se désister devant la juridiction administrative tribunal administratif : la doctrine et la jurisprudence étaient divisées sur cette question, le désistement trop facilement admis pouvant apparaître comme le résultat d'un chantage implicite exercé sur la collectivité, en échange de la modification de son acte. Le Conseil d'État a néanmoins tranché en faveur de la possibilité du désistement (CE, 16 juin 1989, n° 103661, *Préfet des Bouches-du-Rhône*).

Si les observations préfectorales sont très nombreuses (un peu moins de 200 000 par an), les déférés préfectoraux le sont peu (moins de 2 000 par an, sans compter les désistements), alors que plusieurs millions d'actes sont soumis, chaque année, à l'obligation de transmission. La proportion d'actes transmis au titre du contrôle de légalité qui font l'objet d'une saisine du juge est donc très faible : de l'ordre de 2 pour 10 000 (Rapport d'information, Sénat, 2012, n° 300, Mézard). Les déférés préfectoraux sont en outre exercés dans un nombre très restreint de domaines. La sociologie du contentieux fait apparaître que ce sont l'urbanisme, les marchés publics et la fonction publique territoriale qui constituent la part principale des recours.

En application des articles L. 2121-7, L. 3132-2 et L. 4142-2, le Gouvernement soumet tous les trois ans un rapport consacré au contrôle *a posteriori* des actes des communes, départements et régions. Le dernier rapport concerne les années 2010, 2011 et 2012. Depuis 2005, il est constaté une diminution très importante du nombre d'actes soumis au contrôle de légalité. Ce phénomène s'explique notamment par la diminution de la liste des actes obligatoirement soumis au représentant de l'État en application de la loi du 13 août 2004 et de l'ordonnance du 17 novembre 2009 précitées. À la réduction des actes soumis à transmission s'ajoute la décision du Gouvernement de réduire le nombre d'actes effectivement contrôlés. La circulaire du 23 juillet 2009 et, avant elle, la circulaire du 17 janvier 2006 ont préconisé la mise en place d'une politique nationale définissant des priorités stratégiques pour l'exercice du contrôle de légalité. Trois domaines sont identifiés comme particulièrement sensibles et correspondent aux domaines dans lesquels les déférés sont les plus nombreux : les marchés publics, l'urbanisme et l'environnement et la fonction publique territoriale. La circulaire du 25 janvier 2012 a identifié, au sein de ces domaines prioritaires, des « actes dont le contrôle présente un enjeu majeur ». Pour ces actes, l'objectif poursuivi est celui d'un taux de contrôle porté à 100 %. La Révision générale des politiques publiques, initiée en 2017, a été également à l'origine d'une réorganisation du contrôle de légalité. La circulaire du 23 juillet 2009 prévoit en outre une mutualisation des moyens, non seulement entre la préfecture et les sous-préfectures, mais aussi entre les services de la préfecture du département et les services déconcentrés de l'État, ou encore ceux de la préfecture de région. La circulaire encourage un travail en réseau tirant profit des procédures de l'administration électronique avec notamment la mise en place du dispositif « @CTES » (ou Aide au contrôle de légalité dématérialisé) qui permet la télétransmission des actes soumis au contrôle de légalité.

2. Le déféré préfectoral

229. Lorsque le préfet n'a pas obtenu de la collectivité qu'elle retire son acte, il défère l'acte par un recours aboutissant à son annulation par le juge en cas d'illégalité. Par rapport au régime d'avant 1982, ce n'est plus le représentant de l'État qui annule, c'est le juge, dans la logique d'un contrôle qui se veut de « légalité ». Le déféré préfectoral a été soumis par le Conseil d'État aux règles du recours pour excès de pouvoir sauf dispositions contraires (CE, 22 février 1987, *Commune de Grand-Bourg de Marie Galante c/Mme Pistol*, Lebon, p. 80). Il est qualifié en revanche de recours de plein contentieux lorsqu'il est exercé à l'encontre de contrats (CE, 4 avril 2014, n° 358994, *Département du Tarn-et-Garonne*). Dans le cadre de ce dernier recours, les pouvoirs du juge sont plus étendus. Toute irrégularité du contrat n'entraîne pas l'annulation de celui-ci. Le juge peut moduler la sanction (annulation ou résiliation du contrat) qu'il prononce en fonction de la gravité de l'illégalité. Il peut même décider le maintien du contrat, si l'illégalité est non substantielle ou régularisable (CE, *ibidem*).

Les déférés préfectoraux peuvent être assortis, depuis 1982, d'une demande de sursis à exécution (devenu référé-suspension depuis la loi n° 2000-597 du 30 juin 2000 relative au référé devant les juridictions administratives). Il s'agit en même temps de paralyser l'application d'actes locaux grossièrement illégaux et de respecter la libre administration des collectivités territoriales. Depuis l'entrée en vigueur de cette dernière loi, trois procédures de suspension doivent être distinguées.

La première est celle de la suspension de droit commun et il est fait droit à la demande du préfet si l'un des moyens invoqués paraît, en l'état de l'instruction, propre à créer un doute sérieux quant à la légalité de l'acte attaqué. Le juge doit statuer dans le délai d'un mois (art. L. 2131-6, al. 3, art. L. 3132-1, al. 4 et art. L. 4142-1, al. 3).

Si l'acte est de nature à compromettre l'exercice d'une liberté publique, la suspension demandée par le préfet est alors prononcée dans les quarante-huit heures par le président de la juridiction ou son délégué (art. L. 2131-6, al. 5 ; art. L. 3132-1, al. 6 et art. L. 4142-1, al. 5). Cette procédure, qualifiée à l'origine de « sursis accéléré » est aujourd'hui appelée « suspension liberté ». Elle a été très peu utilisée, une dizaine de fois par an, surtout dans le domaine de la police administrative (par ex. CE, ord. 15 décembre 1982, *Commune de Sarcelles*, Lebon, p. 260, à propos de l'arrêté du maire réglementant la vente et la distribution d'imprimés sur le territoire de la commune et CE, 3 juillet

1998, *Commune de La Bruguière*, Lebon, p. 286, à propos de l'interdiction de la circulation et du stationnement de certains véhicules sur des chemins communaux). Elle entre en concurrence avec l'utilisation du référé-liberté de l'article L. 521-2 du Code de justice administrative, d'autant que cette dernière procédure est ouverte à tout administré, sous réserve qu'une liberté fondamentale soit en cause. Cette procédure est utilisable pour protéger la libre administration, considérée comme une liberté fondamentale (CE, sect., 18 janvier 2001, n° 229247, *Commune de Venelles*, voir *supra*).

Les mêmes dispositions législatives (art. L. 2131-6, al. 4, L. 3132-1, al. 5 et art. L. 41421, al. 4), modifiées dans ce sens par la loi du 4 février 1995, autorisent enfin la suspension automatique, sans intervention du juge, des actes en matière d'urbanisme, de marchés et de délégation de service public, ce qui correspond à trois secteurs sensibles de la vie locale, lorsque le préfet assortit son déféré d'une demande de suspension dans les dix jours à compter de la réception de l'acte. Au terme d'un délai d'un mois cependant, à compter de la réception, si le juge des référés ne s'est pas prononcé, l'acte redevient exécutoire.

La loi du 2 mars 1982 a, en outre, prévu un mécanisme de déféré, ouvert à tout administré qui s'estime lésé par un acte d'une collectivité, qu'il soit ou non obligatoirement transmis, et qui peut demander au représentant de l'État d'agir en justice à sa place (art. L. 2131-8, L. 3132-3 et L. 4142-3). Il s'agit alors d'un déféré provoqué ou sur demande. Dans ce cas, le délai de deux mois court à compter du jour où le préfet a été saisi de la demande de déférer et le refus de saisir le juge n'est pas susceptible de recours, car le représentant de l'État dispose d'une marge d'appréciation et son refus ne constitue pas une décision faisant grief. Néanmoins, dans ce cas, le délai du recours direct de la personne lésée devant le juge administratif est conservé, si le recours a été formé dans le délai du recours contentieux ouvert contre l'acte de la collectivité, jusqu'à l'intervention de la décision, explicite ou implicite, par laquelle le préfet se prononce sur la demande (CE, sect., 25 janvier 1991, n° 80969, *Brasseur*), sauf en cas de désistement du préfet, ce qui risque de rendre forclos le requérant (CE, 6 décembre 1999, n° 196403, *Sté Aubettes*). Cette procédure est très peu utilisée et l'acceptation par le préfet d'exercer ce recours en quelque sorte par procuration est encore plus rare.

S'est posée enfin la question de la responsabilité de l'État. Dans un arrêt du 21 juin 2000, *ministre de l'Équipement, des Transports et du Logement c/commune de Roquebrune-Cap-Martin*, (n° 202058), le Conseil d'État a jugé que seule une faute lourde est de nature à engager la responsabilité de l'État, en cas de carence dans l'exercice du contrôle de légalité. Le Conseil d'État a ainsi mis en garde à la fois l'État sur les risques que font courir de tels manquements des services préfectoraux dans leur mission de contrôle de légalité des actes des collectivités locales, et ces mêmes collectivités locales sur leur laxisme et leur tendance à se reposer entièrement sur les services contrôleurs. Les collectivités ne peuvent ainsi s'abriter derrière le principe de libre administration pour échapper à leur propre responsabilité en invoquant trop facilement des fautes de l'État.

§2. Les pouvoirs de substitution d'action et d'approbation préalable du représentant de l'État

230. S'agissant des actes administratifs, le représentant de l'État conserve un pouvoir de substitution d'action dans un certain nombre de cas prévus par la loi en cas d'inaction ou de négligence de l'autorité de la collectivité locale et après mise en demeure préalable (voir *supra* pour les fondements constitutionnels de ce pouvoir). Le représentant de l'État dans le département peut prendre, pour toutes les communes du département ou plusieurs d'entre elles, et dans tous les cas où il n'y aurait pas été pourvu par les autorités municipales, toutes mesures relatives au maintien de la salubrité, de la sûreté et de la tranquillité publiques (art. L. 2215-1, al. 1er). Ce pouvoir de substitution d'action a été reconnu dans de nombreux cas particuliers (par ex. art. L. 2215-3 relatif à l'interdiction de certaines voies à la circulation pour protéger la tranquillité, la protection des espèces végétales ou animales, d'un site naturel, ou sa mise en valeur ; art. L. 2213-7 relatif à l'inhumation d'une personne décédée ; art. L. 2215-5 relatif aux permissions de voirie ayant pour objet l'institution d'une canalisation d'eau ou de gaz). Le préfet dispose du même pouvoir de substitution d'action à l'égard du président du conseil départemental (art. L. 3221-5) et du président des EPCI à fiscalité propre en cas de non-exercice par ce dernier de ses attributions en matière de police de la circulation et du stationnement (art. L. 5211-9-2-V).

Le préfet, qui se substitue aux autorités locales, est considéré comme agissant au nom de la collectivité, en application d'une jurisprudence constante (CE, 14 décembre 1962, *Doublet*, Lebon, p. 680). Par conséquent, les mesures légales qu'il peut prendre au titre de son pouvoir de substitution engagent la responsabilité de la collectivité locale et non celle de l'État (CE, 16 février 1979, *Mallison*, Lebon, p. 652). Ce n'est que si cette substitution s'opère dans des conditions illégales que la responsabilité de la collectivité peut être atténuée ou écartée par la responsabilité de l'État (art. L. 2216-1). La responsabilité de l'État ne peut être recherchée que si le préfet commet une faute lourde dans l'exercice de son pouvoir de substitution (CE, 25 juillet 2007, *Sté France Télécom, Sté Axa Corporate solutions assurances*, Lebon, p. 707).

La loi NOTRe du 7 août 2015 a octroyé au préfet le pouvoir d'approuver préalablement un certain nombre de schémas élaborés par la région, notamment le schéma régional de développement économique, d'innovation et d'internationalisation (SRDEII, art. L. 4251-16) et le schéma régional d'aménagement, de développement durable et d'égalité des territoires (SRADDET, art. L. 4251-7). Le Conseil d'État a refusé de renvoyer au Conseil constitutionnel une question prioritaire de constitutionnalité relative à ce pouvoir, en jugeant que le législateur n'avait pas privé de garanties suffisantes l'exercice de la libre administration des collectivités territoriales en soumettant le caractère exécutoire de ces schémas (en l'espèce, le SRDEII) à l'approbation préalable du représentant de l'État, en vue d'assurer le respect de la légalité et notamment le respect des obligations internationales de la France et des intérêts nationaux (CE, 20 mai 2016, n° 397364, *Assemblée des départements de France*).

§3. Les particularités du contrôle financier

231. Les actes budgétaires ou ayant un contenu financier sont d'abord des actes administratifs et, à ce titre, ils connaissent le régime décrit ci-dessus. Mais, comme ils mettent en cause l'usage de deniers publics, ils sont soumis à un contrôle spécifique, qui s'ajoute, en quelque sorte, à celui du droit commun des actes administratifs des collectivités territoriales. Ce contrôle répond cependant à la volonté du législateur de supprimer la tutelle financière, c'est-à-dire le contrôle *a priori*. Il a été organisé par la loi du 2 mars 1982 et se trouve codifié aux articles L. 1612-1 et suivants et n'est donc pas décrit de manière identique dans les trois parties principales du Code général, à la différence du contrôle administratif. Ce contrôle fait intervenir une institution, dont la création avait été décidée par la loi du 2 mars 1982 complétée par celles n° 82-595 du 10 juillet 1982 relative aux présidents des chambres régionales des comptes et au statut des membres des chambres régionales des comptes et n° 82-594 du 10 juillet 1982 relative aux chambres régionales des comptes et modifiant la loi n° 67483 du 22 juin 1967 relative à la Cour des comptes : les chambres régionales des comptes (CRC) sont des juridictions financières, soumises à la Cour des comptes, et elles interviennent aussi en qualité d'organismes administratifs par des avis, des recommandations et des mises en demeure. Les CRC contrôlent les collectivités territoriales, et plus de 30 000 EPCI, sociétés d'économie mixte locales, établissements publics locaux d'enseignement et certaines associations qui bénéficient d'une aide publique d'un certain montant. Si, à leur création, il y avait en métropole une CRC pour chacune des 22 régions, leur nombre a été réduit depuis 1982, du fait de la nouvelle rédaction de l'article L. 212-1 du Code des juridictions financières, issu de la loi n° 2011-1862 du 13 décembre 2011 relative à la répartition des contentieux et à l'allégement de certaines procédures juridictionnelles qui a limité leur nombre à vingt au maximum. De fait, la carte géographique a été profondément remaniée par le décret n° 2012-255 du 23 février 2012 relatif au siège et au ressort des chambres régionales des comptes. Celui-ci définissait 15 CRC métropolitaines, auxquelles s'ajoutent 5 CRC ultramarines (Guadeloupe, Guyane, Martinique, La Réunion, Mayotte). La loi du 16 janvier 2015 ayant limité à 13 le nombre des régions, a conduit à réduire d'autant le nombre des CRC, passé lui aussi à 13 depuis le 1er janvier 2016. Ainsi, il a été procédé au regroupement à Montpellier des chambres de Midi-Pyrénées et de Languedoc-Roussillon, et au regroupement à Metz des chambres de Champagne-Ardenne, de Lorraine et d'Alsace. Dans les collectivités d'outre-mer, le législateur a mis en place des chambres territoriales des comptes (CTC). L'article L. 252-1 du Code des juridictions financières met en place les CTC de Saint-Barthélemy, Saint-Martin et Saint-Pierre-et-Miquelon. L'article L. 262-1 définit celle de Nouvelle-Calédonie, tandis que l'article L. 272-1 en crée une en Polynésie française. Au total, il y a donc 5 CTC. Certaines d'entre elles ont une activité nécessairement limitée mais elles respectent les spécificités juridiques qui caractérisent les COM.

Il faut distinguer le contrôle budgétaire, le contrôle juridictionnel des comptes et le contrôle de gestion exercé par les chambres régionales des comptes.

A. Le contrôle budgétaire

232. Le contrôle budgétaire est prévu dans quatre cas : lorsque le budget n'a pas été adopté à la date légalement prescrite, le 31 mars en principe de chaque année ou le 15 avril les années d'élection (art. L. 1612-2, L. 1612-3, L. 1612-8), lorsque le budget primitif n'est pas adopté en équilibre réel (art. L. 1612-5, L. 1612-9, L. 1612-10), lorsqu'il existe un déficit de l'arrêté de comptes (déficit réel d'exécution d'au moins 10 % des recettes de la section de fonctionnement pour une commune de moins de 20 000 habitants ou 5 % dans les autres cas) (art. L. 1612-14), ou en cas d'omission ou d'insuffisance de crédits inscrits dans le budget ou mandatés correspondant à des dépenses obligatoires, c'est-à-dire des dépenses prévues par la loi ou résultant d'une décision de justice ou d'un engagement contractuel (art. L. 1612-15).

Dans ces quatre cas, et malgré quelques différences procédurales, la chambre régionale (ou territoriale) des comptes est saisie par le préfet, le comptable public de la collectivité ou un tiers ayant un intérêt comme, par exemple, un créancier impayé par la collectivité. Elle émet alors, dans un délai d'un mois, un avis, une proposition (dans le cas, par exemple, du budget non adopté à temps) ou une mise en demeure, qui ne sont pas des décisions faisant grief mais des mesures préparatoires prises dans le cadre d'une procédure complexe (CE, 30 janvier 1987, *Département de la Moselle*, Lebon, p. 23). Les assemblées délibérantes sont tenues informées dès leur plus proche réunion des avis formulés par la chambre régionale des comptes et des arrêtés pris par le représentant de l'État. Sans attendre la réunion de l'assemblée délibérante, les avis formulés par la chambre régionale des comptes et les arrêtés pris par le représentant de l'État en application de ces articles font l'objet d'une publicité immédiate (art. L. 1612-19).

La collectivité concernée doit ensuite réagir à ces propositions ou avis et son refus provoque l'intervention du préfet qui, s'il s'écarte de ce qui avait été formulé par la chambre régionale des comptes, doit prendre une décision motivée. Lorsque le budget voté n'est pas en équilibre réel, le préfet inscrit des recettes supplémentaires ou diminue des dépenses. Il y a entre cent et deux cents procédures de ce type par an. Dans l'hypothèse d'un budget non adopté dans les délais, par exemple, le préfet « règle » ce budget, c'est-à-dire l'adopte et le rend exécutoire. Il y a eu plusieurs cas de budgets régionaux ainsi arrêtés jusqu'à l'intervention de la loi n° 98-135 du 7 mars 1998 relative au fonctionnement des conseils régionaux qui a permis l'adoption automatique du budget régional, sauf motion de renvoi assortie d'une proposition de budget de remplacement. L'adoption d'un nouveau mode de scrutin régional par la loi n° 99-36 du 19 janvier 1999 relative au mode d'élection des conseils régionaux, qui a permis l'émergence de majorités de gestion au sein des conseils régionaux, a facilité l'adoption de ces budgets. L'article L. 4311-11, dans lequel était insérée cette disposition, a d'ailleurs été abrogé par l'ordonnance n° 2009-1400 du 17 novembre 2009.

En cas de carence d'une collectivité territoriale à assurer l'exécution d'une décision juridictionnelle passée en force de chose jugée, ce qui constitue une dépense obligatoire, et après mise en demeure à cet effet, le préfet a le pouvoir de se substituer aux organes de cette collectivité afin de dégager ou de créer les ressources permettant la pleine exécution de cette décision de justice. À cette fin, il lui appartient, sous le contrôle du juge, de prendre, compte tenu de la situation de la collectivité et des impératifs d'intérêt général, les mesures nécessaires. Au nombre de ces mesures, figure la possibilité de procéder à la vente de biens appartenant à la collectivité dès lors que ceux-ci ne sont pas indispensables au bon fonctionnement des services publics dont elle a la charge (CE, 18 novembre 2005, n° 271898, *Société fermière de Campoloro*). Si le préfet s'abstient ou néglige de faire usage des prérogatives qui lui sont ainsi conférées par la loi, le créancier de la collectivité territoriale est en droit de se retourner contre l'État en cas de faute lourde commise dans l'exercice du pouvoir de tutelle. Dans l'hypothèse où, eu égard à la situation de la collectivité, notamment à l'insuffisance de ses actifs, ou en raison d'impératifs d'intérêt général, le préfet a pu légalement refuser de prendre certaines mesures en vue d'assurer la pleine exécution de la décision de justice, le préjudice qui en résulte pour le créancier de la collectivité territoriale est susceptible d'engager la responsabilité sans faute de la puissance publique s'il revêt un caractère anormal et spécial (CE, 18 novembre 2005, *Société fermière de Campoloro, idem*).

Au total, il y a par an, moins de mille saisines des CRC, c'est-à-dire moins de 1 % des actes budgétaires soumis au contrôle des juridictions financières.

B. Le contrôle juridictionnel des comptes

233. Le contrôle juridictionnel des comptes exige une procédure contradictoire et il y a une possibilité d'appel devant la Cour des comptes. Ce contrôle ne porte que sur la régularité juridique des comptes des comptables publics et pas sur l'opportunité des décisions financières prises par les ordonnateurs. En cas de non-respect des procédures légales relatives au maniement des fonds publics, les comptables peuvent voir leur responsabilité personnelle et pécuniaire engagée s'il y a préjudice financier, par un jugement qui les met en « débet ». Dans le cas où l'irrégularité n'aurait pas causé un tel préjudice, le juge met à leur charge une somme d'argent dans la limite d'un plafond réglementaire. Les exécutifs locaux qui sont ordonnateurs peuvent aussi être déclarés comptables de fait pour avoir manié des fonds publics en méconnaissance de la règle de la séparation des ordonnateurs et des comptables (art. L. 1617-1 et s.).

Dans un but d'amélioration de la transparence financière, la loi n° 2015-991 du 7 août 2015 a prévu, à partir de 2019, l'obligation pour les régions, les départements, les communes et les intercommunalités de plus de 10 000 habitants et certains organismes satellites de transmettre aux comptables publics, sous forme dématérialisée, les pièces nécessaires à l'exécution de leurs dépenses et de leurs recettes (art. L. 1617-6-I).

C. Le contrôle de gestion

234. La loi du 2 mars 1982 a également institué un contrôle de gestion dans le cadre duquel les chambres régionales des comptes peuvent présenter, *a posteriori*, des observations sur la qualité et la régularité de la gestion financière des collectivités et des organismes liés ou dépendant d'elles. Ce contrôle porte non seulement sur l'équilibre financier des opérations de gestion et le choix des moyens mis en œuvre, mais également sur les résultats obtenus par comparaison avec les moyens et les résultats des actions conduites (à propos, par exemple, des modes d'organisation d'une collectivité, des conditions de gestion d'un service public local, du poids des emprunts d'une collectivité). Les observations des chambres régionales des comptes doivent être présentées par l'exécutif à l'assemblée délibérante et elles sont souvent mal vécues par les élus car elles sont souvent exploitées par l'opposition. Les irrégularités les plus graves ont parfois été à l'origine de la « chute » de certains élus locaux, contraints de démissionner ou poursuivis devant les juridictions pénales. La loi NOTRe du 7 août 2015 introduit de nouvelles dispositions qui visent à contraindre les collectivités à mieux prendre en compte les conclusions des rapports des chambres régionales des comptes. Il prévoit que dans un délai d'un an à compter de la présentation du rapport d'observations définitives à l'assemblée délibérante, l'exécutif de la collectivité territoriale ou le président de l'établissement public de coopération intercommunale à fiscalité propre présente, dans un rapport devant cette même assemblée, les actions qu'il a entreprises pour tenir compte des observations de la chambre régionale des comptes. Ce rapport est ensuite communiqué à la chambre régionale des comptes, qui fait une synthèse annuelle des rapports qui lui sont communiqués. Cette synthèse est présentée par le président de la chambre régionale des comptes devant la conférence territoriale de l'action publique. Elle est également transmise à la Cour des comptes (art. L. 243-7-I. du Code des juridictions financières).

Le contrôle existant sur les collectivités territoriales, que ce soit sur les actes ou les personnes, peut donc prendre des formes multiples associant le nécessaire respect du droit et la volonté de tenir compte de la liberté de gestion des collectivités territoriales.

CINQUIÈME PARTIE

LES ACTEURS DES COLLECTIVITÉS TERRITORIALES

235. Les collectivités territoriales sont des collectivités humaines, ce qui explique qu'elles ont toutes, sauf exceptions ou bizarreries juridiques comme celle des Terres australes et antarctiques françaises, une population vivant sur un territoire. Ces collectivités ne sont ainsi pas des abstractions et doivent fonctionner nécessairement grâce à des organes qui les gèrent et qui doivent être élus, directement ou indirectement, pour répondre à l'exigence de l'article 72, alinéa 3. La gestion par des élus est sans doute ce qui, politiquement, distingue le plus la décentralisation de la déconcentration.

Le rôle des citoyens ne se limite cependant pas - ou plus - à la seule désignation des organes. Il implique une véritable association à la gestion des collectivités territoriales. Des lois, adoptées à partir de 1992, ont reconnu de véritables droits aux citoyens, mais aussi aux administrés, au nom d'une démocratie locale qui se veut plus authentique et participative que la seule démocratie représentative.

Les collectivités territoriales ne pourraient pas non plus fonctionner sans disposer d'un personnel. Celui-ci a connu une profonde évolution à partir de 1983, ce qui a donné naissance à la création d'une fonction publique territoriale, comparable à celle de l'État, mais toutefois différente (voir *infra*, « Les moyens des collectivités territoriales »).

Enfin, les collectivités territoriales agissent en liaison avec des partenaires publics et privés.

CHAPITRE 1

Les élus des collectivités territoriales

236. Afin de définir la libre administration des collectivités territoriales, l'article 72, alinéa 3 pose la règle selon laquelle celles-ci s'administrent librement par des conseils élus. L'élection de ces derniers a été, pendant longtemps, la seule condition précise posée par la Constitution pour que la libre administration soit effective. Le principe électif est ainsi consubstantiel aux collectivités territoriales françaises, et, de ce fait, la démocratie locale est, du point de vue historique, intimement liée à la libre administration. Sans élection, il ne saurait y avoir de collectivités territoriales. À l'inverse, c'est l'existence d'une collectivité territoriale qui justifie l'élection des organes. Si les organes n'étaient pas élus, les collectivités territoriales paraîtraient moins libres, c'est-à-dire moins autonomes par rapport à l'État. Comme l'écrivait Tocqueville, « c'est dans les communes que réside la force des peuples libres. Les institutions communales sont à la liberté ce que les écoles primaires sont à la science : elles la mettent à la portée du peuple ». La nécessité de ce lien entre démocratie et décentralisation a cependant été contestée par le juriste Charles Eisenmann. Quoi qu'il en soit, cette élection permet de désigner des organes qui agissent et représentent la collectivité territoriale (Section 1). Les élus bénéficient depuis peu d'un statut qui consacre un peu plus le caractère « professionnel » de l'exercice des mandats (Section 2). Dans toutes les collectivités territoriales, il existe un organe délibérant et un organe exécutif : l'un et l'autre peuvent avoir des formes différentes selon les catégories de collectivités territoriales, mais les règles qui les régissent sont souvent très proches les unes des autres. De la même manière, des catégories de collectivités territoriales ou certaines d'entre elles peuvent être gérées par des organes spécifiques qui remplissent une fonction particulière, adaptée à ces collectivités. Cette présence d'organes spécifiques permet de distinguer les collectivités territoriales de droit commun et les collectivités plus spécifiques (Section 3).

Section 1
L'élection des organes des collectivités territoriales

237. Cette élection a changé considérablement de nature au fil des décennies. Le principe même de l'élection a été acquis lentement au XIXe siècle, au suffrage censitaire d'abord, puis au suffrage universel. Ces élections, qui étaient à l'origine des élections administratives, sont devenues des élections politiques, non pas seulement du point de vue de la science politique, mais aussi du point de vue du droit car leur sont applicables des principes de valeur constitutionnelle.

§1. Des élections politiques au suffrage universel

238. Les élections « locales » se font au suffrage universel, direct ou indirect, et elles sont devenues des élections politiques. Les citoyens locaux sont parfois distincts des citoyens nationaux quant à leur définition et quant à leurs droits.

A. Des élections au suffrage universel

239. L'article 72, alinéa 3 reprend l'essentiel de l'article 87, alinéa 1er de la Constitution du 27 octobre 1946 qui disposait que « les collectivités territoriales s'administrent librement par des conseils élus au suffrage universel direct ». Le texte de 1958 ne prévoit plus l'élection de l'organe délibérant au suffrage universel direct : cette mention est apparue superflue aux yeux des rédacteurs de la Constitution, car son article 3, alinéa 3 prévoit déjà que « le suffrage est toujours universel, égal et secret ».

Ce même article 3 précise cependant que le suffrage peut être direct ou indirect. L'élection de ces organes délibérants pourrait alors se faire au suffrage universel indirect, notamment pour les collectivités les plus vastes d'un point de vue territorial, comme les régions, sauf à considérer qu'une élection de ce type serait contraire au principe de libre administration, sur le plan politique à défaut de l'être sur un plan constitutionnel. En tout état de cause, à l'heure actuelle, les organes délibérants des collectivités territoriales sont tous élus au suffrage universel direct, en dehors, bien sûr, des Terres australes et antarctiques françaises (voir *supra*).

S'agissant des organes exécutifs, l'article 87, alinéa 2 de la Constitution de 1946 disposait que « l'exécution des décisions de ces conseils est assurée par leur maire ou leur président », ce qui sous-entendait que toutes les collectivités territoriales étaient gérées par des organes élus, délibérants et exécutifs.

Les développements consacrés à l'évolution historique ont montré que cette disposition n'a jamais été traduite dans une loi et qu'elle a été abandonnée en 1958 ; l'article 72 réserve donc l'élection aux seuls conseils. Constitutionnellement, l'organe exécutif peut donc être nommé, comme l'était le préfet de département avant 1982, ou élu, ce qui est désormais le cas, pour le département, du président du conseil départemental depuis 1982.

Mais cette élection, même indirecte, s'est imposée progressivement comme une condition essentielle de la libre administration depuis 1982. Elle était présentée, au XIXe siècle, comme une victoire de la décentralisation et de la démocratie contre les régimes autoritaires, notamment napoléoniens du Premier ou du Second Empire. Cette élection ne fut définitivement acquise, pour les communes, que par la loi du 28 mars 1882 instituant l'élection de tous les maires par les conseils municipaux, confirmée par la loi du 5 avril 1884 sur l'organisation municipale, et elle fut discutée pour les départements en 1871 et en 1946. Cette différence quant au statut de l'organe exécutif permettait d'opposer, avant la loi du 2 mars 1982, la commune au département.

Lorsque l'élection de l'organe exécutif existe, ce qui est désormais réalisé dans quasiment toutes les collectivités, elle se fait au suffrage universel indirect, car ceux-ci sont toujours élus par les organes délibérants et, dans la plupart des cas, parmi ces derniers, même en Corse et en Martinique qui connaissent des organes exécutifs collégiaux. Jusqu'à une époque encore récente, certaines collectivités spécifiques ne connaissaient pas cette élection, comme Mayotte où le représentant de l'État était l'organe exécutif du conseil général de la collectivité jusqu'aux élections cantonales de mars 2004. Seules les îles Wallis-et-Futuna connaissent encore un organe exécutif nommé en la personne de l'administrateur supérieur, à la fois représentant de l'État et organe exécutif du territoire. On laissera de côté le régime des Terres australes et antarctiques françaises (TAAF) pour lesquelles l'absence de population permanente rend tout processus électoral impossible.

La France n'a pas fait le choix d'organes exécutifs élus directement par les électeurs, à la différence d'autres pays et de la très courte période inaugurée par la loi du 14 décembre 1789 relative à la constitution des municipalités. Il n'y a ainsi pas de séparation des pouvoirs et le régime est, de ce point de vue, plus « parlementaire » que « présidentiel ».

B. Les élections locales, élections politiques

240. Même limitées constitutionnellement aux organes délibérants des collectivités territoriales, ces élections doivent être désormais considérées comme des élections politiques.

Pendant longtemps, les élections locales ont été considérées comme des élections purement administratives, reflétant la nature administrative des organes des collectivités territoriales. Elles désignent en effet, selon cette conception, des administrateurs et le contentieux électoral est confié au juge administratif et non au Conseil constitutionnel, à la différence des élections et votations nationales, comme le prévoient les articles 58 à 60 de la Constitution.

Ce n'est que de manière récente que le Conseil constitutionnel a été amené à considérer que les élections locales étaient des élections politiques. Saisi de la loi n° 82-974 du 19 novembre 1982 relative à l'élection des conseillers municipaux et aux conditions d'inscription des Français établis hors de France sur les listes électorales, il a examiné d'office la constitutionnalité de la disposition selon laquelle « les listes de candidats ne peuvent comporter plus de 75 % de candidats de même sexe », ce qui était un moyen de forcer les partis politiques à présenter des femmes sur les listes de candidats aux élections municipales, dans une proportion d'au moins 25 %. Dans sa décision n° 82-146 DC du 18 novembre 1982 relative à cette loi et dite « Quotas par sexe », le Conseil a invoqué les articles 3 de la Constitution et 6 de la Déclaration des droits pour censurer cette disposition : sur ces fondements, la qualité de citoyen ouvre le droit de vote et d'éligibilité à toute personne qui n'en est pas exclue pour des raisons d'âge, d'incapacité ou de nationalité, ou pour des raisons tendant à protéger la liberté de l'électeur ou l'indépendance de l'élu. Ces principes s'opposent à toute division par catégories des électeurs ou des éligibles et « il en est ainsi pour tout suffrage politique, notamment pour l'élection des conseillers municipaux ».

Ce principe est ainsi applicable à toutes les élections locales et pas seulement aux élections municipales. Il contredit l'appréciation admise antérieurement quant à la nature administrative des élections locales. La justification du caractère politique de ces élections a été apportée dans la décision n° 92-308 DC du 9 avril 1992, Traité sur l'Union européenne, à propos de l'article du traité qui accorde la citoyenneté de l'Union aux ressortissants de l'Union et leur reconnaît ainsi un droit de vote et d'éligibilité aux élections municipales dans l'État membre où ils résident. Ce droit de vote est désormais inscrit à l'article 40 de la Charte des droits fondamentaux de l'Union européenne. Le Conseil a examiné successivement les articles 3, 24, alinéa 3 et 72 de la Constitution et déclaré que « la désignation des conseillers municipaux a une incidence sur l'élection des sénateurs... et que le Sénat participe à l'exercice de la souveraineté nationale... (ce qui implique que) seuls les nationaux français ont le droit de vote et d'éligibilité aux élections effectuées pour la désignation de l'organe délibérant d'une collectivité territoriale de la République et notamment pour celle des conseils municipaux et des membres du Conseil de Paris ». Sans se prononcer ici expressément sur le caractère politique des élections locales, le Conseil a estimé que c'est parce que les élections locales désignent des membres du collège électoral des sénateurs, qui sont eux-mêmes des représentants du peuple français, que les élections locales sont soumises aux mêmes règles constitutionnelles que les élections politiques nationales, notamment à celle relative à la condition de nationalité de l'article 3. Il y a ainsi une connexion entre les élections sénatoriales et les élections municipales, et plus largement locales, qui ne sont donc pas politiques « par elles-mêmes », mais indirectement. La reconnaissance du droit de vote aux citoyens de l'Union pour les élections municipales par le traité du 7 février 1992 était, dans ces conditions, contraire à la Constitution (cons. 27). La ratification de ce traité a nécessité une révision de la Constitution (cf. *infra*).

Il est à noter que le Conseil constitutionnel a, dans sa décision n° 98-407 DC du 14 janvier 1999, Loi relative au mode d'élection des conseillers régionaux, repris sa jurisprudence de 1982 en la citant expressément, pour censurer l'introduction de la parité par sexe sur les listes de candidats aux élections régionales, mais sans se prononcer sur le caractère politique de ces élections. Sur le fond, c'est pour briser cette jurisprudence constitutionnelle qu'est intervenue la loi constitutionnelle n° 99-569 du 8 juillet 1999 relative à l'égalité entre les femmes et les hommes et destinée à favoriser l'égal accès des femmes et des hommes aux mandats électoraux et fonctions électives, principe d'abord inscrit à l'article 3 de la Constitution puis, depuis 2008, à l'article 1er alinéa 2.

C. Citoyens locaux et citoyens nationaux

241. Pendant très longtemps, les citoyens n'étaient pas différenciés, qu'ils soient appelés à élire des autorités politiques nationales (président de la République, députés ou, indirectement, sénateurs), à participer à des référendums nationaux (de l'article 11 ou de l'article 89) ou à désigner des administrateurs locaux au sein des collectivités territoriales. En témoignait l'existence d'une liste électorale unique par commune, comme l'impliquent notamment les articles L. 11 et L. 11-1 du Code électoral, destinée à être utilisée pour chacune de ces élections et votations. Cette unicité, qui reflète indirectement aussi l'unité du corps électoral et celle du peuple français, a connu, de manière récente, des atteintes (voir *supra*, « Le principe d'indivisibilité de la République »). D'une part, parce que des « non-nationaux » se sont vu reconnaître le droit de vote pour certaines élections. D'autre part, parce que le droit de vote a pu être refusé à des citoyens français, au nom de considérations « locales ».

1. L'ouverture du droit de vote

242. L'ouverture du droit de vote pour deux catégories d'élections aux ressortissants des pays de l'Union européenne autres que la France par le traité du 7 février 1992 a été effective, dans un premier temps, pour les élections au Parlement européen. Le recours à une révision constitutionnelle n'a pas été jugé nécessaire par le Conseil constitutionnel dans la décision n° 92-308 DC du 9 avril 1992 relative au traité car le Parlement européen ne constituait « pas une assemblée souveraine dotée d'une compétence générale et qui aurait vocation à concourir à l'exercice de la souveraineté nationale » et qu'il appartenait « à un ordre juridique propre qui, bien que se trouvant intégré au système juridique des différents États membres des Communautés, n'appartient pas à l'ordre institutionnel de la République française » (cons. 34). Une loi ordinaire a alors suffi pour reconnaître le droit de vote et d'éligibilité aux citoyens de l'Union européenne pour cette catégorie d'élections, ce qu'a réalisé l'article 2-1 de la loi n° 94-104 du 5 février 1994 modifiant la loi n° 77-729 du 7 juillet 1977 relative à l'élection des représentants au Parlement européen.

La question s'est posée dans des termes différents pour les élections municipales ouvertes, elles aussi, aux citoyens de l'Union. C'est afin de contourner l'obstacle constitutionnel intéressant ces élections que la loi constitutionnelle n° 92-554 du 25 juin 1992 préalable à la ratification du traité sur l'Union européenne a introduit un article 88-3 qui est une dérogation implicite à l'article 3 et qui permet de reconnaître ce droit de vote et d'éligibilité pour les élections municipales. Il reconnaît la possibilité d'octroyer le droit de vote et d'éligibilité aux ressortissants des États de l'Union européenne autres que la France pour les élections municipales, et a prévu l'adoption, dans les mêmes termes par les deux assemblées, d'une loi organique. Celle-ci, adoptée avec un certain retard et promulguée sous le n° 98-404 le 25 mai 1998, détermine les conditions d'application de cet article 88-3. Elle a introduit dans le Code électoral les articles LO 227-1 et suivants, dont l'article LO 227-2 qui dispose que, « pour exercer leur droit de vote, les personnes visées à l'article LO 227-1 doivent être inscrites, à leur demande, sur une liste électorale complémentaire ». Ces électeurs peuvent « demander leur inscription [s'ils] jouissent de leur capacité électorale dans leur État d'origine et [s'ils] remplissent les conditions légales autres que la nationalité française pour être électeurs et être inscrits sur une liste électorale en France » (al. 2 du même article LO 227-2). Pour bien montrer que ces électeurs ne sont pas tout à fait comme les électeurs français, l'article LO 227-3 prévoit que cette liste électorale complémentaire mentionne « la nationalité des personnes qui y figurent ».

Une autre manifestation du caractère « exceptionnel » de la reconnaissance du droit de vote à des non-nationaux se trouve dans l'interdiction, inscrite à l'article 88-3, faite aux ressortissants européens qui seraient élus conseillers municipaux de participer de quelque manière que ce soit aux collèges électoraux chargés d'élire les sénateurs et de devenir maires ou adjoints de la commune. Le constituant de 1992 a considéré que ces deux fonctions étaient liées à la représentation et à l'exercice de la souveraineté et qu'elles ne pouvaient pas, de ce fait, être confiées à des non-nationaux. En France, en 2020 et avant les élections municipales de cette année, près de 2 500 ressortissants d'autres pays de l'Union européenne siègent dans les conseils municipaux, soit 0,50 % de l'ensemble des élus municipaux. À la veille du Brexit, les Britanniques étaient les Européens les plus représentés dans les conseils municipaux français, devant les Belges, les Portugais, les Néerlandais, les Allemands, les Italiens et les Espagnols. La sortie de l'Union par le Royaume-Uni va modifier ce classement.

La participation des citoyens européens aux élections locales pose la question de l'absence de droit de vote des étrangers non ressortissants de l'Union européenne aux élections municipales. Différents projets de loi constitutionnelle relatifs au droit de vote et à l'éligibilité des résidents étrangers non ressortissants de l'Union européenne aux élections municipales ont été déposés en 2000 et en 2002, mais n'ont pas abouti. Plusieurs programmes de candidats à l'élection présidentielle ont prévu une telle ouverture du droit de vote. Aucun n'a été concrétisé à ce jour. De même, des initiatives locales favorisant la participation des étrangers et leur représentation ont été censurées par le juge administratif (CE, 2 avril 1993, n° 135594, *Commune de Longjumeau*, à propos de l'institution, auprès du conseil municipal, d'une représentation permanente des ressortissants étrangers habitant dans la commune, sous la dénomination de « conseillers municipaux associés »).

Dans l'Union européenne, si l'Allemagne, l'Autriche et l'Italie refusent de reconnaître aux étrangers le droit de vote, l'Espagne, le Portugal et le Royaume-Uni accordent le droit de vote aux ressortissants de certains pays (sous réserve de réciprocité pour les deux premiers, pour les pays du Commonwealth pour le dernier). La Belgique, le Danemark, le Luxembourg, les Pays-Bas et la Suède octroient le droit de vote à tous les étrangers qui résident sur leur territoire depuis plusieurs années, tandis que l'Irlande ne subordonne pas, depuis 1963, le droit de vote des étrangers à une durée minimale de résidence.

2. La restriction du droit de vote pour certaines élections et votations locales

243. L'évolution de la situation de la Nouvelle-Calédonie a donné à la distinction entre citoyens nationaux et citoyens locaux une autre dimension, en créant une véritable citoyenneté néocalédonienne (voir *supra*, « Le principe d'indivisibilité de la République »). À la suite de l'accord de Nouméa du 5 mai 1998, la loi organique n° 99-209 du 19 mars 1999 relative à la Nouvelle-Calédonie a restreint le droit de vote pour les élections aux assemblées de province à partir desquelles est déterminée la composition du Congrès de Nouvelle-Calédonie (art. 62 de la loi organique), mais pas pour les élections municipales. Le droit de vote pour ces élections n'est octroyé qu'aux citoyens qui disposent d'une durée de résidence suffisante en Nouvelle-Calédonie, notamment tirée de l'inscription sur les listes électorales de la Nouvelle-Calédonie établies en vue de la consultation du 8 novembre 1998 (art. 188-a). Ces électeurs sont inscrits sur la liste électorale spéciale servant à l'élection du Congrès et des assemblées de province. Des restrictions semblables, mais reposant sur des critères plus nombreux, comme celui d'avoir eu le statut civil coutumier ou, pour ceux nés en Nouvelle-Calédonie, y avoir eu le centre de leurs intérêts matériels et moraux (art. 218-d), sont également prévues à l'article 218 de la loi organique du 19 mars 1999 pour les consultations sur l'accession à la pleine souveraineté, qui se sont déroulées le 4 novembre 2018, et le 4 octobre 2020 mais qui se sont soldées toutes les deux par un rejet (v. *supra*). Une troisième consultation sur le même sujet est prévue en 2022 comme le prévoit l'Accord de Nouméa.

Est ainsi consacrée, de manière ponctuelle et pour des raisons totalement opposées, d'ouverture dans un cas, de fermeture dans l'autre, une dissociation au sein des listes électorales qui fait du corps électoral, pour certaines élections locales, un ensemble à géométrie variable.

§2. L'élection des organes délibérants

244. Malgré des règles parfois distinctes pour tenir compte des particularités des diverses catégories de collectivités territoriales mais aussi et, parmi celles-ci, parfois des sous-catégories comme, par exemple, au sein des communes, l'élection des organes délibérants obéit à des principes communs qui intéressent les modalités des élections.

Ces organes délibérants sont chargés de gérer les collectivités territoriales par des délibérations. Ils sont nécessairement collégiaux, c'est-à-dire composés de plusieurs membres afin de réellement délibérer. La pluralité des membres a obligatoirement des conséquences sur leur élection car, par exemple, des listes peuvent être constituées. Les règles relatives aux inéligibilités et aux incompatibilités doivent en outre tenir compte du caractère collégial de ces organes.

La loi de réforme des collectivités territoriales du 16 décembre 2010 avait voulu instituer un élu unique, le conseiller territorial, pour siéger dans les conseils généraux et les conseils régionaux, pensant résoudre ainsi la superposition entre les régions et les départements. Le conseiller territorial, qui aurait dû être élu pour la première fois en 2014 lors d'élections territoriales, a toutefois été supprimé par la loi n° 2013-403 du 17 mai 2013 relative à l'élection des conseillers départementaux, des conseillers municipaux et des conseillers communautaires, et modifiant le calendrier électoral. Ces dispositions n'auront donc jamais été appliquées en réalité. Néanmoins, l'idée d'instituer des élus communs à plusieurs collectivités est revenue dans le débat public depuis 2017. Il faut distinguer le mandat, les modes de scrutin ainsi que les règles relatives aux inéligibilités et aux incompatibilités.

A. Le mandat

245. Le mandat est acquis par l'élection, pour une certaine durée, et il peut être interrompu pour diverses causes. Un certain nombre de règles, principalement relatives à ces interruptions du mandat, ont été uniformisées à partir du modèle municipal.

1. La durée des mandats

246. La durée du mandat est caractérisée par une grande uniformité, au moins pour les collectivités de droit commun. Elle est fixée par la loi, c'est-à-dire, en l'état actuel, par le Code électoral.

Cette durée a été fixée à six ans pour l'ensemble des collectivités territoriales, durée jugée compatible avec les exigences d'une démocratie qui interdiraient des mandats trop longs, et avec celles d'une périodicité raisonnable, mais aussi avec les besoins d'une gestion qui doit permettre à un organe d'engager et de voir se réaliser tout ou partie de son programme électoral.

a. Le modèle municipal du mandat de six ans

247. La durée du mandat des conseils municipaux est fixée à six ans depuis 1884 et est actuellement inscrite à l'article L. 227 du Code électoral. Il en est de même du Conseil de Paris, assimilé à un conseil municipal (art. L. 2511-1). La durée est identique pour les conseillers d'arrondissement des trois plus grandes villes françaises élus en même temps que les conseils municipaux (art. L. 271 du Code électoral). Les conseils municipaux, tout comme les conseils d'arrondissement, sont renouvelés intégralement (art. L. 227 et L. 271 précités).

L'article L. 227 précise que les élections générales ont lieu en mars, à une date qui est fixée par décret pris en Conseil des ministres. Mais c'est un arrêté préfectoral qui convoque les électeurs municipaux dans chaque département, au moins quinze jours avant l'élection (art. L. 247 du Code électoral). De manière exceptionnelle, et du fait de la concomitance avec l'élection présidentielle prévue en 1995, la loi n° 94-590 du 15 juillet 1994 relative à la date du renouvellement des conseils municipaux avait fixé celui-ci en juin 1995.

Du fait d'une autre concentration de scrutins en 2007 (élections présidentielle et législatives), le calendrier des élections municipales, cantonales et sénatoriales a été modifié par deux lois (loi n° 2005-1563 du 15 décembre 2005 prorogeant la durée du mandat des conseillers municipaux et des conseillers généraux renouvelables en 2007 et loi organique n° 2005-1562 du 15 décembre 2005 modifiant les dates des renouvellements du Sénat). Ainsi, les élections municipales ont eu lieu en mars 2008 au lieu de mars 2007. Comme les collèges électoraux chargés d'élire les sénateurs sont essentiellement composés de délégués des communes, les mandats des sénateurs qui devaient être renouvelés en septembre 2007, 2010 et 2013 ont été soumis à renouvellement en septembre 2008, 2011 et 2014. Cette loi organique a été validée par la décision du Conseil constitutionnel n° 2005-529 DC du 15 décembre 2005. Cette prolongation de la durée du mandat des conseillers municipaux élus en 2001 a également affecté les conseils généraux devenus conseils départementaux.

Dans le contexte sanitaire créé par le coronavirus, le président de la République, puis le ministre de l'Intérieur ont annoncé le report du second tour des élections municipales, initialement prévu le 22 mars 2020. Lors du premier tour de ces élections qui a eu lieu le 15 mars 2020, l'élection a été acquise dans plus de 30 000 communes. Dans 3 253 communes, le conseil municipal a été partiellement pourvu. Dans 1 669 communes, aucun conseil municipal n'a été élu. Un second tour était donc nécessaire pour environ 5 000 communes. La loi n° 2020-290 du 23 mars 2020 d'urgence pour faire face à l'épidémie de covid-19 avait prévu qu'en cas de second tour celui-ci soit reporté au plus tard en juin 2020 en raison des circonstances exceptionnelles liées à l'impérative protection de la population face à l'épidémie de covid-19 (art. 19). Sa date devait être fixée par décret en conseil des ministres au plus tard le 27 mai, après avis du conseil scientifique sur la situation sanitaire. L'ordonnance n° 2020-390 du 1er avril 2020 a précisé les conditions d'organisation de ce report et c'est le décret n° 2020-642 du 27 mai 2020 qui a fixé au 28 juin 2020 la date du second tour du renouvellement général des conseillers municipaux et communautaires, des conseillers de Paris et des conseillers métropolitains de Lyon, et portant convocation des électeurs.

b. Du renouvellement partiel des conseils généraux au renouvellement intégral des conseils départementaux

248. Dans la loi du 22 juin 1833 réintroduisant l'élection des conseillers généraux, ces derniers étaient élus pour neuf ans avec un renouvellement par tiers tous les trois ans. C'est la loi du 10 août 1871 qui avait fixé à six ans la durée du mandat des conseillers généraux et cette règle a été reprise à l'article L. 192 du Code électoral. Celui-ci précisait que les élections avaient lieu en mars (al. 2) et que, dans tous les départements, les collèges électoraux étaient convoqués, par décret, le même jour (art. L. 218 du Code électoral). Les conseils généraux connaissaient cependant une spécificité importante puisque leur renouvellement intervenait par moitié tous les trois ans, pour les départements métropolitains comme pour les DOM. Cette disposition était applicable aussi à la collectivité départementale de Mayotte (art. L. 334-8 du Code électoral applicable à l'époque).

La loi n° 90-1103 du 11 décembre 1990 organisant la concomitance des renouvellements des conseils généraux et des conseils régionaux avait mis fin à ce système de renouvellement partiel afin de faire coïncider, dans l'avenir et tous les six ans, les élections cantonales et les élections régionales, mais aussi pour supprimer le renouvellement triennal qui était destiné, depuis le XIXe siècle, à éviter les évolutions trop brusques de l'administration départementale dues à des changements de majorité. Cette considération ancienne n'apparaissait plus adaptée à une collectivité départementale devenue véritablement décentralisée depuis 1982, notamment du fait de l'élection de son organe exécutif et du transfert de nombreuses compétences nouvelles.

La loi n° 94-44 du 18 janvier 1994 est revenue au système traditionnel du renouvellement triennal. Le département était ainsi la seule collectivité territoriale dont l'organe délibérant n'était pas renouvelé intégralement. Mais, individuellement, chaque conseiller général effectuait bien un mandat de six ans.

La loi n° 2013-403 du 17 mai 2013 relative à l'élection des conseillers départementaux, des conseillers municipaux et des conseillers communautaires, et modifiant le calendrier électoral est revenue à son tour sur cette règle. Elle a changé le nom des conseils généraux en les appelant « conseils départementaux » à compter du renouvellement de ces conseils prévu en 2015 et a introduit également leur renouvellement intégral. L'article L. 192 du Code électoral a été modifié seulement dans son alinéa 2, qui prévoit désormais que « les conseils départementaux se renouvellent intégralement ». Dans sa décision n° 2013-667 DC du 16 mai 2013, le Conseil constitutionnel n'a pas pris position sur cette question, n'ayant pas été saisi par les parlementaires de conclusions visant à remettre en cause la fin du renouvellement triennal et n'ayant pas jugé bon de soulever d'office cette question.

Le renouvellement général du mandat des conseillers généraux élus en 2008 et en 2011 s'est déroulé en mars 2015, avec seulement un an de retard sur le calendrier normalement applicable (loi n° 2015-29 du 16 janvier 2015 relative à la délimitation des régions, aux élections régionales et départementales et modifiant le calendrier électoral).

En raison du contexte sanitaire provoqué par le Covid-19, la loi n° 2021-191 du 22 février 2021 a également reporté en juin 2021 les élections départementales et les élections régionales prévues initialement en mars 2021, reprenant les principales préconisations du rapport remis au Premier ministre par Jean-Louis Debré le 13 novembre 2020. Les élections territoriales de Corse, Guyane et Martinique sont également concernées par ce report, ainsi que les élections départementales, régionales et territoriales suivantes de Corse, Guyane et Martinique, prévues à l'origine en mars 2027. Pour éviter une trop grande proximité avec les élections présidentielle et législatives d'avril-mai et de juin 2027, ces scrutins sont repoussés d'un an, à savoir en mars 2028. La durée du mandat des conseillers élus en juin 2021 est prolongée en conséquence jusqu'à mars 2028 (soit un mandat de 6 ans et 9 mois).

c. Les vicissitudes de la durée du mandat régional

249. Dans le souci d'harmoniser les règles applicables à la nouvelle collectivité régionale avec celles relatives aux autres collectivités territoriales existantes, la loi n° 85-692 du 10 juillet 1985 avait fixé à six ans la durée du mandat des conseillers régionaux et ceux-ci étaient renouvelés intégralement, comme les conseils municipaux. Jugeant nécessaire la réduction de la durée des mandats politiques, et pas seulement locaux, la loi n° 99-36 du 19 janvier 1999 avait voulu montrer le chemin à propos des conseils régionaux et la durée du mandat régional avait été ramenée à cinq ans (art. L. 336 du Code électoral). Soucieux de revenir à une harmonisation de la durée des mandats, ce qui facilite la concomitance des élections, le législateur de 2003 a choisi de rétablir une durée de six ans pour les conseillers régionaux (loi n° 2003-327 du 11 avril 2003). Ni en 1999 (déc. n° 98-407 DC du 14 janvier 1999) ni en 2003 (déc. n° 2003-468 DC du 3 avril 2003) le Conseil constitutionnel n'a relevé d'inconstitutionnalité dans cette réduction ou cet allongement de la durée du mandat régional. Cinq ou six ans de mandat semblent donc indifférents sur le plan constitutionnel.

Cette règle s'applique aussi aux régions d'outre-mer car l'article L. 336 ne prévoit aucune dérogation à leur profit. Il en est de même pour la collectivité territoriale de Corse pour laquelle l'article L. 364 issu de la loi précitée du 19 janvier 1999 prévoit que les élections à l'Assemblée de Corse ont lieu le même jour que les élections des conseils régionaux et que la durée du mandat est identique. Les conseillers à l'assemblée de Guyane et ceux de l'assemblée de Martinique sont élus pour une durée de six ans et en même temps que les conseillers régionaux (art. L. 558-1 et L. 558-5 du Code électoral, issus de la loi n° 2011-884 du 27 juillet 2011 relative aux collectivités territoriales de Guyane et de Martinique). Ces deux collectivités uniques ont pris la suite des conseils départementaux et régionaux correspondants, dont les élus étaient désignés pour un mandat de six ans.

Le couplage des scrutins locaux, qui avait motivé les lois de 1990 et de 1994, et qui s'était appliqué lors des élections régionales et cantonales de 1992, 1998 et 2004, et lors des élections cantonales et municipales de 2001, a été remis en cause par la loi du 16 janvier 2015 précitée. Le mandat des conseillers régionaux a expiré en décembre 2015 tandis que celui des conseillers départementaux a pris fin en mars 2015. La loi du 22 février 2021 sur le report du renouvellement général des conseils départementaux et des conseils régionaux a renoué avec cette volonté de concomitance.

La loi précitée n° 2021-191 du 22 février 2021 a également reporté en juin 2021 les élections régionales prévues initialement en mars 2021. Les élections territoriales de Corse, Guyane et Martinique ont été également concernées par ce report, ainsi que les élections régionales et territoriales suivantes de Corse, Guyane et Martinique, prévues à l'origine en mars 2027. Pour éviter une trop grande proximité avec les élections présidentielle et législatives d'avril-mai et de juin 2027, ces scrutins sont, comme les élections départementales, repoussés d'un an, à savoir en mars 2028. La durée du mandat des conseillers élus en juin 2021 est prolongée en conséquence jusqu'à mars 2028 (soit un mandat de 6 ans et 9 mois).

Le couplage des scrutins locaux, qui avait motivé les lois de 1990 et de 1994, et qui s'était appliqué lors des élections régionales et cantonales de 1992, 1998 et 2004, et lors des élections cantonales et municipales de 2001, a été remis en cause par la loi du 16 janvier 2015 précitée. Le mandat des conseillers régionaux a expiré en décembre 2015 tandis que celui des conseillers départementaux a pris fin en mars 2015. La loi du 22 février 2021 précitée sur le report du renouvellement général des conseils départementaux et des conseils régionaux a renoué avec cette volonté de concomitance. Cette dernière n'a pas empêché une abstention massive des électeurs lors des scrutins départementaux et régionaux de juin 2021, remettant partiellement en cause la légitimé de ces élus locaux.

d. Les cas particuliers

250. On les rencontre pour certaines collectivités d'outre-mer. L'article 104 de la loi organique n° 2004-192 du 27 février 2004 portant statut d'autonomie de la Polynésie française prévoit que « L'assemblée de la Polynésie française est composée de cinquante-sept membres élus pour cinq ans et rééligibles. Elle se renouvelle intégralement ». Quant aux membres du Congrès, composé de membres des trois assemblées des provinces de Nouvelle-Calédonie, ils sont élus également pour cinq ans (loi n° 99-209 du 19 mars 1999 organique relative à la Nouvelle-Calédonie, art. 62). Dans les deux cas, la durée de ces mandats, cinq ans, rapproche ces élus ultra-marins des membres de l'Assemblée nationale. Les membres du conseil territorial de Saint-Pierre-et-Miquelon sont aussi élus pour cinq ans depuis la loi organique n° 2007-223 du 21 février 2007 portant dispositions statutaires et institutionnelles relatives à l'outre-mer.

2. Les interruptions du mandat

251. On rencontre également sur ce point une certaine uniformisation des règles applicables sur le modèle municipal. Les organes délibérants peuvent, d'une part, être dissous, pour des raisons dues essentiellement au mauvais fonctionnement des assemblées locales (voir *supra*, « Le contrôle des collectivités territoriales »). En dehors de ce cas, les autres causes d'interruption du mandat résultent de la démission collective ou de l'annulation de l'élection de tous les membres de l'organe délibérant. Il peut y avoir aussi des interruptions individualisées du mandat.

a. La démission collective

252. Elle ne peut être que volontaire et elle est, en réalité, une addition de démissions individuelles car il est impossible de démissionner pour quelqu'un d'autre que soi. La démission est, de même, toujours possible, parce qu'il est également impossible d'obliger une autorité publique à rester en fonction. La démission est régie par les articles L. 2121-4, L. 3121-3 et L. 4132-2 pour les conseils municipaux, départementaux et régionaux et par l'article L. 2511-9 pour les conseils d'arrondissement. Ces démissions sont adressées au maire, au président du conseil départemental ou à celui du conseil régional, et elle prend la forme d'un document écrit, daté et signé par l'intéressé. Le représentant de l'État doit être immédiatement informé de ces démissions afin qu'il puisse connaître la composition exacte des assemblées locales et apprécier l'éventuelle illégalité de décisions prises par ces assemblées (mêmes articles). D'autres dispositions spécifiques régissent aussi le cas des démissions au sein des collectivités à statut particulier ou dans les COM, comme à l'article LO 6221-2 pour la démission des conseillers territoriaux de Saint-Barthélemy qui doit être adressée au président du conseil territorial. Pour certaines de ces collectivités, la loi peut aussi renvoyer aux règles de droit commun, comme l'article L. 2512-2 applicable à la Ville de Paris et modifié par la loi précitée n° 2017-257 du 28 février 2017 relative au statut de Paris et à l'aménagement métropolitain, qui dispose que « Les dispositions applicables au fonctionnement des conseils municipaux sont applicables au Conseil de Paris, sous réserve des chapitres Ier et II du présent titre ».

En cas de démission collective, une délégation spéciale est mise en place par le représentant de l'État pour les communes (art. L. 2121-35, voir les développements *supra* sur la dissolution) alors que, dans les départements et les régions, le président de l'assemblée démissionnaire est chargé de l'expédition des affaires courantes (art. L. 3121-6 et L. 4132-4). Des élections doivent être organisées dans les deux mois à compter de la dernière démission, dans toutes les collectivités départementales et régionales (*ibidem*). L'article L. 2121-39 applicable aux communes et qui a été modifié par l'ordonnance n° 2009-1530 du 10 décembre 2009 modifiant la partie législative du CGCT ne prévoit plus de délai mais que les fonctions de la délégation spéciale « expirent de plein droit dès que le conseil municipal est reconstitué ». Là encore, des dispositions spécifiques peuvent exister pour certaines collectivités.

b. L'annulation définitive de l'élection de tous les membres de l'organe délibérant

253. En ce qui concerne les conseils municipaux, l'article L. 2121-35 prévoit ce cas en même temps que la démission collective ou la dissolution et en tire les mêmes conséquences. L'annulation de l'élection est considérée comme définitive à compter du jour de l'expiration du délai d'appel devant le Conseil d'État (art. 249 du Code électoral).

Les articles L. 3121-6 et L. 4132-4 contiennent les mêmes dispositions pour les conseils départementaux et les conseils régionaux. L'appel est également porté devant le Conseil d'État pour les élections cantonales (L. 223 du Code électoral). Quant au contentieux électoral des élections régionales, il est attribué directement au Conseil d'État (art. L. 361 du même Code).

c. Les causes d'interruption individualisée du mandat des membres de l'organe délibérant

254. Les causes peuvent être diverses comme le décès, la démission individuelle ou la démission d'office. Les deux premières ne posent pas de problème particulier, à part celui de la vacance du siège. Le conseiller « démissionnaire d'office » est en réalité révoqué.

La démission d'office peut être prononcée dans deux cas : celui d'un conseiller qui refuse de remplir une des fonctions dévolues par la loi ou celui de la survenance, postérieure à l'élection, d'une cause d'inéligibilité ou d'incompatibilité. Il existait, avant la loi du 2 mars 1982, un troisième cas, dans l'hypothèse où un conseiller municipal manquait à trois convocations successives aux séances du conseil municipal. Ce cas a été supprimé en 1982 au nom de la liberté de gestion des collectivités territoriales (voir *supra*, « Le contrôle des collectivités territoriales »).

Concernant la première hypothèse, c'est l'article L. 2121-5 qui envisage le cas d'un membre du conseil municipal qui, sans excuse valable, refuse de remplir une des fonctions dévolues par la loi, comme, par exemple, la présidence d'un bureau de vote. Il est alors déclaré démissionnaire par le tribunal administratif, qui est saisi par le maire de la commune, et qui statue par une décision juridictionnelle, dans le cadre d'un contentieux de pleine juridiction. Le membre démissionnaire d'office ne peut être réélu pendant un an. En cas de refus d'exercer une fonction dévolue par la loi, l'article L. 3121-4 donne compétence au tribunal administratif pour prononcer la démission d'office pour un conseiller départemental et l'article L. 4132-2-1 (introduit par la loi n° 98-135 du 7 mars 1998) donne cette compétence directement au Conseil d'État pour un conseiller régional qui refuserait de remplir une de ses fonctions.

Concernant la deuxième hypothèse, c'est en revanche le Code électoral qui organise la démission d'office d'un conseiller municipal devenu inéligible (art. L. 236) ou qui se trouve dans une situation d'incompatibilité (art. L. 239) ou qui aurait méconnu les règles relatives au compte de campagne (art. L. 234). Les conditions de fond permettant d'apprécier l'inéligibilité ou l'incompatibilité sont celles qui peuvent être constatées avant l'élection. Dans ce cas, le préfet, dont la compétence est liée, prononce la démission d'office. L'élu qui a formé un recours devant le tribunal administratif, dans un délai de dix jours (art. L. 236, al. 1er du Code électoral), reste en fonction jusqu'à ce qu'il ait été statué définitivement, sauf à la suite d'une condamnation pénale définitive entraînant la perte des droits civiques et électoraux.

Les règles sont similaires pour les conseillers départementaux (art. L. 197, L. 205 et L. 210 du Code électoral pour des causes d'inéligibilité ou d'incompatibilité). La démission d'office est proclamée par le conseil départemental et non par le préfet. Pour les conseillers régionaux (art. L. 341 et L. 344, al. 2 du Code électoral), la démission est prononcée par un arrêté du représentant de l'État dans la région. La diversité des règles est difficile à justifier, sauf par des raisons historiques ou par l'absence de toilettage des textes.

3. La vacance des sièges et le remplacement des membres des organes délibérants

255. Le remplacement, dont les modalités sont diverses selon les catégories de collectivités territoriales, varie selon les modes de scrutin applicables selon les collectivités concernées.

a. Le remplacement des conseillers municipaux

256. À l'intérieur de la catégorie communale, le remplacement des conseillers est également variable parce que le mode de scrutin n'est pas le même en fonction de l'importance démographique de ces communes. Les règles n'ont pas été modifiées par la loi précitée du 17 mai 2013 relative notamment aux élections municipales, seul le seuil de différenciation entre les communes ayant été abaissé de 3 500 habitants à 1 000 habitants.

Dans les communes de moins de 1 000 habitants, il est pourvu au remplacement des conseillers municipaux dont le siège est vacant, lorsque le conseil municipal a perdu le tiers de son effectif (art. L. 258 du Code électoral). La proportion est portée à la moitié dans l'année qui précède le renouvellement général des conseils municipaux, car le législateur a estimé que dans cette dernière année du mandat, le conseil municipal peut encore fonctionner même s'il manque une part importante de l'effectif (*ibid.*, al. 2).

Il est également pourvu au remplacement des membres lorsqu'il doit être procédé à l'élection du maire. L'article L. 2122-8 dispose en effet que, avant cette élection, « il est procédé aux élections qui peuvent être nécessaires pour compléter le conseil municipal » (al. 3). Si, malgré ces élections complémentaires, des nouvelles vacances se produisent, l'élection du maire peut avoir lieu, sauf si le conseil municipal a perdu le tiers de ses membres (*ibid.*, al. 4).

Dans les communes de 1 000 habitants et plus, les règles sont différentes, du fait du mode de scrutin de liste applicable, et il n'y a jamais d'élections partielles. Le conseiller municipal dont le siège est vacant, pour quelque cause que ce soit, est remplacé par son « suivant de liste », c'est-à-dire le premier des non-élus de la liste à laquelle appartenait le conseiller manquant (art. L. 270 du Code électoral). Lorsqu'une juridiction invalide l'élection d'un conseiller municipal pour cause d'inéligibilité, elle doit proclamer en conséquence l'élection du suivant de liste (*ibid.*). Dans ce cas, la parité entre les femmes et les hommes au sein des conseils peut s'en trouver affectée.

Si la liste est épuisée, le conseil municipal reste incomplet, sauf dans deux cas dans lesquels il est alors procédé au renouvellement intégral du conseil municipal. Le premier concerne la perte du tiers de l'effectif, ou la moitié dans l'année qui précède le renouvellement général des conseils municipaux (al. 1er de l'art. L. 270 du Code électoral). Le second cas intéresse l'élection du maire par un conseil municipal qui doit être complet (voir *supra*). Mais, dans les communes de cette taille, il ne peut être procédé à des élections partielles et il faut procéder au renouvellement de l'ensemble des membres du conseil municipal.

b. Le remplacement des conseillers départementaux

257. L'introduction du binôme cantonal par la loi n° 2013-403 du 17 mai 2013 relative à l'élection des conseillers départementaux, des conseillers municipaux et des conseillers communautaires, et modifiant le calendrier électoral a eu une conséquence sur les conditions de remplacement des conseillers départementaux (art. L. 221, alinéas 1 et 2 du Code électoral). Une élection partielle doit avoir lieu en cas de démission d'office ou d'annulation de l'élection d'un binôme de candidats. En dehors de ce cas, le siège vacant est occupé par le suppléant, mais lorsque ce dernier ne peut plus siéger pour des raisons qui lui sont propres (décès, démission intervenue en application des articles L. 46-1, L. 46-2, LO 151 ou LO 151-1 du Code électoral, ou pour tout autre motif, comme la présomption d'absence au sens de l'article 112 du Code civil ou l'acceptation de la fonction de membre du Conseil constitutionnel ou de Défenseur des droits) le siège reste vacant. Ce n'est que dans le cas où les deux sièges d'un même binôme cantonal sont vacants qu'une élection partielle est organisée, illustrant le caractère lié du binôme (art. L. 221, al. 3 du Code électoral). Dans le cas où seul l'un des sièges du binôme reste vacant, le risque aurait été que le canton ne soit plus « complètement » représenté. Cet alinéa 3 a été ainsi jugé contraire au principe de libre administration des collectivités territoriales, au motif que le conseil départemental était susceptible pendant une assez longue durée, qui pouvait être au maximum de six ans, de comprendre un plus ou moins grand nombre de sièges vacants (déc. n° 2013-667 DC du 16 mai 2013). La loi n° 2015-29 du 16 janvier 2015 relative à la délimitation des régions, aux élections régionales et départementales et modifiant le calendrier électoral a donc modifié les mécanismes des élections partielles en cas de vacance d'un seul siège ou des deux sièges d'un même canton. En cas de vacance simultanée des deux sièges d'un même canton, et le remplacement par les suppléants élus à cet effet n'est pas possible, les deux sièges sont renouvelés par une élection partielle (art. L. 221 du Code électoral).

c. Le remplacement des conseillers régionaux

258. L'article L. 360 du Code électoral prévoit un mécanisme de remplacement par le suivant de liste, qui est possible du fait du mode de scrutin choisi, tant en 1985 qu'en 1999. Ce n'est que dans le cas où le tiers des sièges d'un conseil régional vient à être vacant par suite du décès des titulaires qu'il est procédé au renouvellement intégral du conseil régional dans les trois mois qui suivent la dernière vacance (*ibid.*, alinéa 3 introduit par la loi n° 99-36 du 19 janvier 1999 et non modifié en 2003). Il en est de même et dans des termes identiques pour l'Assemblée de Corse (art. L. 380 du Code électoral) et pour les assemblées territoriales de Guyane et de Martinique (art. L. 558-32 commun pour les deux collectivités, issu de la loi du 27 juillet 2011).

B. Les modes de scrutin

259. Le pluriel s'impose car chaque catégorie de collectivités territoriales connaît un mode de scrutin spécifique, qui se veut adapté à la taille et aux particularités de celles-ci. Deux grands modes de scrutin dominent les régimes électoraux, la représentation proportionnelle et le scrutin majoritaire, auxquels s'ajoutent des scrutins mixtes qui associent plus ou moins ces deux grands modes. Le mode de scrutin majoritaire favorise l'émergence de majorités de gestion, tandis que la représentation proportionnelle permet une représentation des courants d'opinion. Si l'on considère que les collectivités ne sont que des assemblées d'administrateurs, le premier mode sera privilégié. Le second renforce sans doute le caractère politique de ces assemblées locales. Pour tenir compte de la diversité démographique des communes, le législateur a souhaité prévoir plusieurs modes de scrutin municipaux.

1. Les modes de scrutin municipaux

260. La Ve République a longtemps favorisé le scrutin majoritaire pour les élections municipales. La loi n° 64-620 du 27 juin 1964 relative à l'élection des conseillers municipaux des communes de plus de 30 000 habitants avait exclu toute représentation proportionnelle et l'élection se déroulait au scrutin majoritaire à deux tours avec des listes bloquées. C'est la loi n° 82-974 du 19 novembre 1982 relative à l'élection des conseillers municipaux qui a modifié ces modes de scrutin et qui avait fixé un seuil de différenciation à 3 500 habitants, qui correspondait à l'époque à la population moyenne d'un chef-lieu de canton. Au-delà de ce seuil, la loi du 19 novembre 1982 a institué un mode de scrutin mixte dont l'originalité a été reproduite au niveau régional. La loi n° 2013-403 du 17 mai

2013 a abaissé ce seuil d'application du mode de scrutin à 1 000 habitants dans le but de faire désigner directement les conseillers communautaires dans un grand nombre de communes.

a. Le mode de scrutin applicable dans les communes de moins de 1 000 habitants

261. Dans ces communes, les conseillers municipaux sont élus au scrutin majoritaire, plurinominal de liste, à deux tours (art. L. 252 du Code électoral). Un certain nombre de spécificités propres aux petites communes disparaissent malgré l'abaissement du seuil de 3 500 à 1 000 habitants effectué par la loi du 17 mai 2013 précitée. Dans ces communes, la déclaration de candidature devient obligatoire au premier tour du scrutin et au second tour du scrutin pour les candidats. Avant cette loi, pouvaient être élues conseillers municipaux dans les petites communes des personnes qui n'avaient pas fait acte de candidature mais qui bénéficiaient de la confiance de leurs concitoyens.

Toutefois, les listes de candidats peuvent être incomplètes et comporter moins de noms que de sièges à pourvoir. La dimension plus humaine de ces communes justifie la souplesse des règles applicables car l'électeur est supposé connaître chacun des candidats.

Dans toutes les communes de moins de 1 000 habitants, la majorité absolue des suffrages exprimés est exigée pour être élu au premier tour, sous réserve que cette majorité représente au moins le quart des électeurs inscrits (art. L. 253 du Code électoral). Les modifications de listes ou des listes nouvelles, constituées à partir des listes présentes au premier tour, sont possibles pour le second tour, ce qui interdit de réserver ce second tour à des listes ayant obtenu un certain pourcentage de voix au premier tour. Au second tour, la majorité relative suffit pour être élu.

Enfin, et surtout, dans toutes les communes de moins de 1 000 habitants, le panachage et le vote préférentiel sont possibles et l'électeur compose son bulletin de vote, en déposant dans l'urne des bulletins dont la liste comporte plus ou moins de noms qu'il n'y a de conseillers à élire (art. L. 257 du Code électoral). Mais les noms « superflus », c'est-à-dire en plus du nombre de conseillers requis, ne sont pas comptés.

b. Le mode de scrutin applicable dans les communes de 1 000 habitants et plus

262. Dans ces communes, le dépôt de listes est obligatoire pour chaque tour de scrutin et ces listes doivent être à la fois complètes et bloquées, ce qui interdit toute suppression de noms ou la modification de l'ordre de présentation des listes (art. L. 260 du Code électoral). La déclaration de candidature est obligatoire avant chaque tour de scrutin, car des modifications sont possibles entre les deux tours (art. L. 264 du Code électoral). Les listes complètes et bloquées renforcent le rôle des partis et groupements politiques qui composent la liste et l'imposent aux électeurs.

À la suite de la révision constitutionnelle du 8 juillet 1999 qui a prévu que « la loi favorise l'égal accès des femmes et des hommes aux mandats électoraux et aux fonctions électives » (art. 1er, al. 2 de la Constitution depuis la loi constitutionnelle du 23 juillet 2008), la loi n° 2000-493 du 6 juin 2000 a rendu obligatoire, pour les élections se déroulant à la représentation proportionnelle, l'introduction de la parité au sein des listes de candidats, ce qui s'appliquait aux communes de 3 500 habitants et plus, et désormais aux communes de plus de 1 000 habitants depuis la loi du 17 mai 2013. Dans ces communes, l'écart entre le nombre de candidats des deux sexes de chaque liste ne peut être supérieur à un. De façon à éviter que l'un de ces sexes soit relégué en fin de liste, la parité – c'est-à-dire un nombre égal de candidats de chaque sexe – était appréciée, dans cette loi du 6 juin 2000, par groupes entiers de six candidats dans l'ordre de présentation (art. L. 264, al. 2 du Code électoral). Depuis la loi n° 2007-128 du 31 janvier 2007 tendant à promouvoir l'égal accès des femmes et des hommes aux mandats électoraux et fonctions électives, cette exigence a été renforcée et il doit y avoir une alternance stricte dans la présentation de la liste entre « un homme, une femme, un homme, une femme, etc. » ou, bien sûr, dans l'ordre inverse. Le non-respect de cette obligation entraîne l'inéligibilité de la liste. L'obligation de parité entre les sexes prévue à l'article L. 264, alinéa 1er du Code électoral s'impose désormais à des communes plus petites qu'auparavant (entre 1 000 et 3 500 habitants). Ce sont ainsi presque sept mille communes qui ont été soumises à ce mode de scrutin de liste en 2020. Cette obligation de parité a pu rendre difficile la constitution de listes dans ces petites communes pour ces élections, diminuant ainsi ce qui est parfois appelé l'offre électorale proposée aux électeurs.

Au premier tour, la liste qui obtient la majorité absolue des suffrages exprimés recueille la moitié des sièges à pourvoir, arrondie à l'entier supérieur, puisque le nombre de conseillers municipaux est toujours impair (de 15 à 69 membres selon l'article L. 2121-2). Les autres sièges sont répartis entre toutes les listes, y compris celle arrivée en tête et qui a déjà obtenu la moitié des sièges, à la représentation proportionnelle, suivant la règle de la plus forte moyenne. Toutes les listes ne bénéficient cependant pas de ce calcul, car les sièges sont attribués aux listes ayant obtenu plus de 5 % de suffrages exprimés. Ainsi est garanti un minimum de représentativité et de légitimité, au détriment de la représentation de tous les courants d'expression, qui peuvent être réels mais minoritaires au sein de la commune.

Si aucune liste n'obtient la majorité absolue des suffrages exprimés au premier tour, un second tour est nécessaire. Celui-ci est cependant réservé aux listes ayant obtenu au moins 10 % des suffrages exprimés au premier tour. Les listes peuvent être modifiées entre les deux tours, notamment pour y accueillir des candidats ayant figuré sur une autre liste présente au premier tour à la condition que cette liste ait elle-même obtenu au moins 5 % des suffrages exprimés. Cette fusion de listes permet un regroupement des courants d'opinion et la constitution de majorités plus ou moins composites mais susceptibles de gérer la commune considérée. Mais il est interdit à des membres d'une même liste présente au premier tour de figurer sur deux listes différentes du second tour dans le but d'augmenter leurs chances d'être élus (art. L. 264, al. 3 du Code électoral). L'électeur n'est pas consulté sur ces tractations d'entre les deux tours et n'intervient pas dans la constitution de ces listes.

À l'issue du second tour, il est procédé à la répartition des sièges selon les mêmes règles que celles suivies au premier tour, mais la majorité absolue n'est plus requise, ce qui n'a de sens que s'il y a plus de deux listes présentes au second tour.

c. Le mode de scrutin applicable à Paris, Marseille et Lyon

263. Dans les trois plus grandes villes françaises, la loi n° 82-1170 du 31 décembre 1982 organise l'élection des conseillers d'arrondissement dans les mêmes conditions que celles du Conseil de Paris et des conseils municipaux de Marseille et de Lyon (art. L. 271 à L. 272-6 du Code électoral). L'élection des conseillers d'arrondissement se fait en même temps que celle des conseillers municipaux et des conseillers de Paris. Les conseils centraux sont, quant à eux, élus selon les règles applicables aux communes de 1 000 habitants et plus. Les élections ont lieu cependant par secteurs qui désignent un nombre de conseillers fixé par la loi. Par comparaison, dans toutes les autres communes, les élections se font sur le territoire unique de la commune (art. L. 254 du Code électoral, sauf exceptions prévues lorsque la commune est composée de plusieurs agglomérations d'habitants distinctes et séparées). Ces secteurs correspondaient, à Paris et à Lyon, aux arrondissements (c'est-à-dire, et respectivement, 20 et 9) tandis qu'à Marseille les secteurs, au nombre de 8, regroupent deux par deux les 16 arrondissements, depuis la loi n° 87-509 du 9 juillet 1987 modifiant l'organisation administrative et le régime électoral de la ville de Marseille. Tel n'est plus le cas de Paris depuis la loi n° 2017-257 du 28 février 2017 qui a créé un secteur regroupant les 1er, 2e, 3e et 4e arrondissements (art. L. 2511-5 modifié). Si cette loi attribue huit conseillers pour ce nouveau secteur au sein du Conseil de Paris, elle n'a pas modifié le mode de scrutin. Dans le cas de la loi PLM, les premiers de chaque liste ont vocation à siéger au conseil central et au conseil d'arrondissement et les suivants de liste ne siègent qu'au conseil d'arrondissement. Une fois effectuée l'attribution des sièges au sein des conseils centraux, les sièges des conseillers d'arrondissement ou de secteur sont répartis entre les listes, dans l'ordre de présentation des listes. Selon la place occupée sur une liste, un candidat a donc la possibilité d'être élu au conseil central, au conseil d'arrondissement ou pas du tout.

2. Le mode de scrutin départemental

264. Il se veut le plus proche de la représentation des territoires et la loi du 22 juin 1833 avait choisi de faire élire le conseil général, nom donné à l'époque à l'assemblée départementale, par canton, au scrutin uninominal. Les conditions du scrutin ont été fixées par la loi du 10 août 1871 et ont été modifiées par la loi du 17 mai 2013 (art. L. 191 et L. 192 du Code électoral auxquels renvoie l'article L. 3121-2).

Le mode de scrutin départemental est un mode de scrutin majoritaire à deux tours. La majorité absolue des suffrages exprimés est exigée au premier tour, mais celle-ci doit représenter en outre au moins le quart des suffrages des électeurs inscrits pour assurer une représentation minimale. Au second tour, la majorité relative suffit, mais nul ne peut être candidat s'il n'a pas obtenu au moins 12,5 % de voix des électeurs inscrits (art. L. 193 du Code électoral). Dans le cas où un seul binôme remplit cette dernière condition, le binôme ayant obtenu le plus grand nombre de suffrages après celui-ci lors du premier tour peut se maintenir au second tour. Si aucun binôme n'a satisfait à cette condition, les deux binômes ayant obtenu le plus grand nombre de suffrages peuvent se maintenir au second tour (art. L. 210_1 du Code électoral). Ce mode de scrutin s'applique aussi dans les DOM au nom de l'identité qui doit exister entre ces départements et les départements métropolitains, ce qui ne vaut plus que pour la Guadeloupe et La Réunion (Cons. const., déc. n° 82-147 DC du 2 décembre 1982). En revanche, le conseil départemental du Département de Mayotte est désigné dans les mêmes conditions que les conseils départementaux de métropole. Les membres du conseil départemental de Mayotte sont donc élus au sein des cantons dont le nombre est passé de 19 à 13, au scrutin majoritaire binominal à deux tours.

Si le mode de scrutin est resté majoritaire à deux tours, la loi n° 2013-403 du 17 mai 2013 relative à l'élection des conseillers départementaux, des conseillers municipaux et des conseillers communautaires a institué un binôme pour les élections cantonales en prévoyant que « les électeurs de chaque canton du département élisent au conseil départemental un binôme de candidats dont les noms sont ordonnés dans l'ordre alphabétique sur tout bulletin de vote imprimé à l'occasion de l'élection » (art. L. 191 du Code électoral). Ce binôme paritaire, composé de deux membres de sexe différent, ne sert qu'à la désignation des conseillers départementaux. Chacun retrouve ensuite, dans l'exercice de sa fonction et de son mandat, sa liberté d'action. Cette réforme a introduit une parité entre les hommes et les femmes quasi complète et immédiate au sein des assemblées départementales, dans lesquelles les femmes ne représentaient que 13,50 % des élus avant les élections départementales de mars 2015. Certains conseils généraux ne comportaient même, avant cette date, aucune élue.

Le nom d'« élections cantonales » donné à ces élections était significatif de l'importance de la circonscription électorale dans ces élections. C'était la seule élection qui ne portait pas le nom de la collectivité administrée mais celui de la circonscription de l'élection. Le découpage des cantons trouve ici toute son importance et les cantons sont très diversement peuplés. La multiplication par deux du nombre d'élus par canton pour favoriser la parité a obligé le législateur en 2013 à diviser le nombre de cantons par deux, pour ne pas multiplier le nombre d'élus (voir *supra*, L'identité des collectivités territoriales).

3. Le mode de scrutin régional

265. Ce mode d'élection a d'abord été fixé par la loi n° 85-692 du 10 juillet 1985 et il a été profondément remanié par la loi n° 99-36 du 19 janvier 1999 (art. L. 338 du Code électoral). Le cadre du scrutin a été modifié par la loi n° 2003-327 du 11 avril 2003 puis par la loi du 16 janvier 2015, mais pas le mode de scrutin.

Selon la loi de 1985, l'élection du conseil régional s'effectuait à la représentation proportionnelle à un tour, avec un scrutin de liste à la plus forte moyenne, sans panachage ni vote préférentiel, mais seules les listes ayant obtenu au moins 5 % des suffrages exprimés étaient admises à la répartition des sièges. Cette élection se déroulait dans le cadre départemental, pour des raisons à la fois de principe et tenant à la définition départementale du collège électoral des sénateurs, ce qui semblait interdire une élection dans un cadre supra-départemental. Ce mode de scrutin qui favorise la dispersion des voix et des élus a entraîné une instabilité des exécutifs régionaux en l'absence de majorités claires. C'est ainsi qu'en 1998 seules deux régions, le Limousin et le Pays de la Loire, avaient été pourvues d'une majorité absolue au sein des conseils régionaux (contre quatre en 1992). Une réforme s'est ainsi avérée nécessaire. La loi n° 99-36 du 19 janvier 1999 a adopté un mode de scrutin qui s'inspire beaucoup de celui applicable, au moment de la loi, dans les communes de 3 500 habitants et plus, aujourd'hui dans les communes de 1 000 habitants et plus. Cette loi, validée implicitement sur ce point par le Conseil constitutionnel (déc. n° 98-407 DC du 14 janvier 1999), maintient le principe de la représentation proportionnelle à la plus forte moyenne, sans panachage ni vote préférentiel, au bénéfice des listes ayant obtenu plus de 3 % des suffrages exprimés (art. L. 338 du Code électoral dans sa rédaction issue de la loi de 1999). Ce seuil a été relevé à 5 % par la loi du 11 avril 2003.

Cependant, la loi a aussi introduit une part de scrutin majoritaire en prévoyant l'octroi d'une prime majoritaire du quart des sièges arrondi à l'entier supérieur, au bénéfice de la liste arrivée en tête et ayant obtenu la majorité absolue au premier tour. La loi a aussi introduit deux tours pour les élections régionales. Un seuil de 3 % des suffrages exprimés, assez bas, devait permettre aux listes de fusionner entre les deux tours et un seuil de 5 % de ces mêmes suffrages était exigé pour être présent au second tour (art. L. 346, al. 2 du Code électoral). Les seuils étaient volontairement fixés plus bas que ceux rencontrés pour les élections municipales, afin de faciliter la représentation des courants d'opinion qui sont plus susceptibles d'exister dans une région que dans une commune. Ces seuils ont été relevés par la loi du 11 avril 2003, pour éviter que certains partis, pourtant minoritaires, ne jouent un rôle déterminant et ne pèsent d'un poids trop important dans l'élection du président du conseil régional. Un seuil de 5 % des suffrages exprimés doit permettre aux listes de fusionner entre les deux tours et un seuil de 10 % de ces mêmes suffrages est exigé pour être présent au second tour (art. L. 346, al. 2 du Code électoral).

Cette même loi de 2003, si elle a maintenu le principe de listes régionales, a introduit des sections départementales au sein des listes régionales dans le but de maintenir le lien géographique mais aussi politique entre les électeurs et les élus. La répartition des sièges se fait entre les listes et entre les sections départementales d'une même liste, au prorata des voix obtenues par la liste dans chaque département (art. L. 338-1 du Code électoral). L'institution de listes régionales par la loi de 1999 pouvait être perçue comme une victoire des régionalistes sur les départementalistes et comme un moyen qui pouvait contribuer au renforcement de l'identité régionale. La loi du 11 avril 2003 a réintroduit la dimension départementale dans les élections régionales.

Ce système d'attribution des sièges aux sections départementales peut aboutir dans les faits à une variation des sièges car les résultats obtenus par une même liste régionale peuvent être fort différents d'une section à une autre, en fonction de l'implantation politique d'une même liste qui peut être variable sur le territoire d'une même région. Si le nombre de candidats par section départementale est connu à l'avance (cf. tableau n° 7 annexé à l'article L. 337 du Code électoral), il n'en est pas de même du nombre d'élus par section départementale. Pour lutter contre ce risque, la loi du 16 janvier 2015 a voulu garantir pour chaque département de disposer au minimum d'un siège au sein des conseils régionaux. La loi a modifié l'article L. 338-1 pour prévoir que si, après la répartition entre les sections départementales d'une même liste, un département dont la population est inférieure à 100 000 habitants ne compte pas au moins deux conseillers régionaux, « un ou plusieurs sièges attribués à la liste arrivée en tête au niveau régional sont réattribués à la ou aux sections départementales de cette liste afin que chaque département dispose de deux sièges au moins. Si, après la répartition des sièges ainsi prévue, un département dont la population est égale ou supérieure à 100 000 habitants ne compte pas au moins quatre conseillers régionaux, un ou plusieurs sièges attribués à la liste arrivée en tête au niveau régional sont réattribués à la ou aux sections départementales de cette liste afin que chaque département dispose de quatre sièges au moins ». Concrètement, seul le département de la Lozère compte moins de 100 000 habitants (cf. Partie III). Il ne s'agit donc pas de modifier l'équilibre politique entre les listes régionales à l'issue du scrutin, mais de corriger l'éventuel déséquilibre géographique entre les départements.

Ce nouveau mode de scrutin régional a également subi les effets de l'introduction de la parité dans les mandats électifs, car la loi du 6 juin 2000 a fait application de la même règle que pour les communes de 1 000 habitants et plus (art. L. 346 du Code électoral). La loi du 11 avril 2003 a également imposé une parité parfaite en exigeant que chaque liste soit composée alternativement d'un candidat de chaque sexe. Cette règle de la liste dans laquelle se succèdent un homme et une femme, ou l'inverse, a été étendue à la Corse par la loi n° 2003-1201 du 18 décembre 2003 relative à la parité entre hommes et femmes sur les listes de candidats à l'élection des membres de l'Assemblée de Corse (art. L. 370 du Code électoral).

De même, de façon originale, l'article L. 338 du Code électoral issu de la loi de 1999 prévoyait qu'en cas d'égalité des suffrages entre les listes arrivées en tête, les sièges étaient attribués à la liste dont la moyenne d'âge était la moins élevée. Cette règle n'a pas été jugée contraire, selon le Conseil constitutionnel, à un quelconque principe fondamental à valeur constitutionnelle (déc. n° 98-407 DC du 14 janvier 1999). La loi du 11 avril 2003 est revenue néanmoins à l'application de la règle plus classique du bénéfice de l'âge en cas d'égale moyenne pour l'attribution du dernier siège à pourvoir.

Ce mode de scrutin continue à s'appliquer à l'élection des conseillers régionaux d'outre-mer, c'est-à-dire à l'heure actuelle pour la Guadeloupe et pour La Réunion, mais pour lesquels il ne peut y avoir de sections départementales, faute de départements, mais aussi à celle des membres de l'assemblée territoriale de Corse, élus pour la même durée que les conseillers régionaux et dans le cadre d'une circonscription unique formée par la Corse (art. L. 364 et suivants du Code électoral). Mais il existe des spécificités issues de la loi n° 91-428 du 13 mai 1991 portant statut de la collectivité territoriale de Corse, qui avait en quelque sorte montré la voie d'un scrutin mixte et l'attribution d'une prime majoritaire et qui ont été modifiées à plusieurs reprises. Au premier tour de scrutin, il est attribué onze sièges, sur les soixante-trois que compte désormais l'Assemblée de Corse, à la liste qui a obtenu la majorité absolue des suffrages. Les autres sièges sont répartis entre toutes les listes en présence, à la représentation proportionnelle à la plus forte moyenne. Il en est de même en cas de second tour pour la liste qui a obtenu le plus de suffrages (art. L. 366 du Code électoral).

Cette prime majoritaire vise à permettre l'existence de majorités de gestion. Les listes qui n'ont pas obtenu au moins 5 % des suffrages exprimés ne sont pas admises à la répartition des sièges, comme, depuis 2003, pour l'élection des conseils régionaux (3 % auparavant, dans la loi de 1999 pour ces derniers).

4. Les modes de scrutin particuliers

266. On ne les rencontre que dans certaines collectivités situées outre-mer, car les DOM et les ROM, encore une fois, connaissent des modes de scrutin identiques à ceux de la métropole, sous réserve d'évolutions.

Les dix-neuf membres du conseil territorial de Saint-Pierre-et-Miquelon sont élus dans une circonscription unique, composée de deux sections communales, à raison de quinze sièges pour Saint-Pierre et de quatre sièges pour Miquelon-Langlade (art. LO 537 du Code électoral). Les conseillers territoriaux sont élus au scrutin de liste à deux tours, avec dépôt de listes comportant autant de candidats que de sièges à pourvoir et le mode de répartition des sièges est identique à celui qui est utilisé pour les communes de 1 000 habitants et plus.

Par application de la loi n° 2011-884 du 27 juillet 2011 relative aux collectivités territoriales de Guyane et de Martinique, la Guyane forme une circonscription électorale unique puisqu'il n'y a pas de départements, mais elle comprend huit sections délimitées géographiquement par la loi et regroupant chacune un certain nombre de communes. Ainsi, la section de Cayenne correspond à la seule ville de Cayenne et l'article L. 558-3 du Code électoral attribue un nombre de sièges par section (par exemple, 12 sièges pour la Section de Cayenne). Les conseillers à l'assemblée de Guyane sont élus au scrutin de liste à deux tours, sans adjonction ni suppression de noms et sans modification de l'ordre de présentation (art. L. 558-4). Chaque liste est constituée de huit sections. Au premier tour de scrutin, il est attribué à la liste qui a recueilli la majorité absolue des suffrages exprimés dans la circonscription onze sièges au titre de la « prime majoritaire », répartis dans chaque section selon un tableau déterminé par la loi. Cette attribution opérée, les autres sièges sont répartis au sein de chaque section, entre toutes les listes ayant obtenu au moins 5 % des suffrages exprimés sur l'ensemble de la circonscription, au prorata des voix obtenues par chaque liste dans la section, à la représentation proportionnelle suivant la règle de la plus forte moyenne. En cas de second tour, la répartition des sièges est opérée selon les mêmes règles.

S'agissant de la Martinique, et par application de la même loi de 2011, les règles sont assez proches sous réserve que la Martinique est divisée en quatre sections qui correspondent aux quatre circonscriptions servant à l'élection des députés de Martinique (art. L. 558-7 du Code électoral).

L'assemblée de la Polynésie française est composée de cinquante-sept membres élus pour cinq ans et rééligibles. La Polynésie française forme une circonscription électorale unique, composée de huit sections qui ont été fixées par la loi organique du 27 février 2004 modifiée (art. 103 et s.) et à laquelle renvoie l'article LO 406-1 du Code électoral. C'est ainsi, par exemple, que la Section des îles Marquises élit trois membres à l'Assemblée de la Polynésie française. Chaque section dispose d'un minimum de représentation, fixé à trois sièges. Le mode de scrutin a fait l'objet de plusieurs lois depuis le renforcement de l'autonomie de cette COM et pour faire face aux difficultés de la vie politique en Polynésie. À l'heure actuelle, c'est la loi organique n° 2011-918 du 1er août 2011, qui fixe ce mode de scrutin. Les représentants de l'assemblée de la Polynésie française sont élus au scrutin de liste à deux tours, sans adjonction ni suppression de noms et sans modification de l'ordre de présentation. Au premier tour de scrutin, dix-neuf sièges sont attribués à la liste qui a recueilli la majorité absolue des suffrages exprimés dans la circonscription, c'est-à-dire la Polynésie française. Cette attribution opérée, les autres sièges sont répartis au sein de chaque section à la représentation proportionnelle selon la règle de la plus forte moyenne entre les listes ayant obtenu au moins 5 % des suffrages exprimés sur l'ensemble de la circonscription, au prorata des voix obtenues par chaque liste dans la section. Si aucune liste n'a recueilli la majorité absolue des suffrages exprimés au premier tour, il est procédé à un second tour le deuxième dimanche qui suit le premier tour. Seules peuvent se présenter au second tour les listes ayant obtenu au premier tour un nombre de suffrages au moins égal à 12,5 % du total des suffrages exprimés.

Quant aux assemblées des provinces de Nouvelle-Calédonie, elles sont élues au scrutin de liste à la représentation proportionnelle à la plus forte moyenne. Depuis l'Accord de Nouméa de 1998, seulement une partie de chaque liste victorieuse est également élue au sein du Congrès, soit les premiers noms de la liste proportionnellement au résultat obtenu, tandis que le reste se retrouve à siéger uniquement au sein de la seule assemblée de la province considérée. Les 54 membres du Congrès sont ainsi tous des élus des assemblées de province, à raison de sept membres de l'assemblée de la province des îles Loyauté sur 14 membres, quinze de l'assemblée de la province nord sur 22 et trente-deux de l'assemblée de la province sud sur 40 membres et ils forment le Congrès de Nouvelle-Calédonie.

C. Les inéligibilités et les incompatibilités électorales

267. Elles sont nombreuses et sont destinées à protéger la liberté de l'élu et l'indépendance de l'électeur, mais aussi l'égalité des candidats devant le scrutin, afin d'éviter, par exemple, que certains d'entre eux soient avantagés par une situation professionnelle. Elles sont étroitement réglementées par le Code électoral et elles peuvent connaître des particularités afin de tenir compte de la spécificité de certaines catégories de collectivités territoriales. Mais la logique et l'esprit de leur régime sont à peu près identiques pour toutes.

L'accès au mandat électif suppose le respect des conditions d'éligibilité. Il implique aussi que l'élu n'exerce aucune fonction ou aucun mandat incompatibles avec le mandat auquel il postule. Si les conditions d'inéligibilité empêchent l'élection, le régime des incompatibilités oblige l'élu à faire des choix. Parce que le problème est particulièrement crucial en France, il faut mettre à part la volonté du législateur de limiter le cumul des mandats.

1. Les inéligibilités

268. Il existe des principes communs pour toutes les élections politiques, ce que sont les élections locales. Les causes d'inéligibilité rendent impossible la présentation de la candidature, ou la validation de l'élection, si elles surviennent ou sont constatées après l'élection, même dans le cas où elles viennent à disparaître. C'est le cas, par exemple, du non-respect de la condition d'âge.

a. Les inéligibilités communes à toutes les élections politiques

269. Puisque l'article 3 de la Constitution est applicable aux élections locales, celles-ci n'échappent pas aux conditions qu'il contient. Sont donc électeurs, et par-là éligibles car ces derniers sont déterminés à partir de la qualité d'électeurs, les citoyens français majeurs des deux sexes et n'ayant pas été privés de leurs droits civils et politiques.

Depuis la révision constitutionnelle du 25 juin 1992 et la loi organique n° 98-404 du 25 mai 1998, les citoyens de l'Union européenne qui n'ont pas la nationalité française peuvent être élus conseillers municipaux dans toutes les communes de France, y compris à Paris qui était pourtant aussi un département jusqu'à la loi du 28 février 2017 relative au statut de Paris et à l'aménagement métropolitain, à partir du moment où ils remplissent les conditions pour être électeurs dans cette commune, en dehors de celle liée à la nationalité française et y sont inscrits sur la liste électorale complémentaire (art. LO 228-1 du Code électoral, issu de la loi organique du 25 mai 1998). Cette révision ne concerne que les élections municipales (v. *supra*).

b. Les inéligibilités propres aux élections locales

270. Les règles en matière d'élections locales sont presque toutes relatives à des conditions locales. Celui qui aspire à un mandat local doit avoir un lien avec la collectivité qu'il veut administrer, car gérer les affaires locales nécessite que l'on connaisse celles-ci. Cette exigence est liée au développement de la décentralisation en France et il s'agissait, historiquement, de lutter contre la nomination par le pouvoir central de personnes étrangères à la collectivité. Elle fut donc un des éléments de la démocratie locale.

La preuve de ce lien réside, en droit français, dans le domicile, au sens que le droit civil donne à cette notion, dans la commune, le département (et non le canton, qui constitue seulement la circonscription électorale) ou la région, ou au paiement d'impôts locaux, c'est-à-dire à l'inscription au rôle d'une des contributions directes au 1er janvier de l'année dans laquelle se fait l'élection (art. L. 228 du Code électoral pour les élections municipales, art. L. 194 pour les élections départementales, art. L. 339 pour les élections régionales).

L'âge requis pour faire acte de candidature, qui variait selon les collectivités, a été uniformisé. L'article L. 228 du Code électoral, issu de la loi n° 82-974 du 19 novembre 1982, a abaissé à 18 ans l'âge nécessaire pour se présenter aux élections municipales. Ce seuil de 18 ans existe aussi, désormais, pour l'élection des conseillers départementaux et régionaux (art. L. 194 et L. 339 du Code électoral issus de la loi n° 2000-295 du 5 avril 2000). Toute personne peut donc être élue en même temps qu'elle vote pour la première fois.

Les autres conditions d'inéligibilité sont destinées à respecter la libre administration des collectivités. Il serait contraire à celle-ci que certains fonctionnaires de l'État ou d'une autre collectivité territoriale, qui exercent des fonctions sur le territoire d'une collectivité donnée, puissent être élus dans cette collectivité du fait de l'influence – réelle ou supposée – qu'ils peuvent exercer sur les électeurs. La liste des inéligibilités est le fruit de plusieurs articles du Code électoral, qui eux-mêmes ont été modifiés par diverses lois (art. L. 231 pour les élections municipales, L. 195 et L. 196 pour les élections cantonales et L. 340 pour les élections régionales).

Dans cette liste des inéligibilités, l'interdiction la plus significative concerne les préfets et les sous-préfets : il serait en effet contraire à la décentralisation, encore plus depuis la loi du 2 mars 1982 qui a supprimé la fonction d'organe exécutif départemental ou régional qui était attribuée aux préfets, que ceux-ci puissent administrer une collectivité qu'ils sont chargés de contrôler. Cette inéligibilité ne vise que les communes, le département ou la région compris dans le ressort duquel ils exercent leurs fonctions. Sont également concernés, parmi les fonctionnaires de l'État, les magistrats de l'ordre judiciaire, des juridictions administratives ou financières et les fonctionnaires des corps actifs de la police. Parmi les fonctionnaires territoriaux, ceux qui occupent une fonction de direction des conseils départementaux et régionaux sont inéligibles dans les communes situées dans le ressort territorial, ainsi qu'aux conseils départemental et régional situés dans la circonscription où ils exercent leurs fonctions.

Ces inéligibilités ne sont que relatives, car elles interdisent l'élection uniquement dans les collectivités territoriales incluses dans le ressort territorial des fonctions exercées. Le lien territorial s'apprécie ici négativement car il pèserait d'un poids trop lourd dans le libre choix des électeurs. Ces inéligibilités se poursuivent pendant un certain délai après la cessation des fonctions : il est de trois ans pour les préfets, de six mois pour la plupart des autres fonctions.

Certaines inéligibilités sont aussi le résultat de sanctions. Les personnes qui ont été condamnées pour certains crimes ou délits (art. L. 6 et L. 7 du Code électoral) ne peuvent ainsi pas être inscrites sur les listes électorales. La législation sur le financement des activités politiques et relative à la limitation des dépenses électorales prévoit aussi que peut être déclaré inéligible pendant un an le candidat qui n'a pas déposé son compte de campagne dans les conditions et les délais prévus, ou qui a accompli des manœuvres frauduleuses ayant eu pour objet ou pour effet de porter atteinte à la sincérité du scrutin ou celui dont le compte de campagne a été rejeté à bon droit (loi n° 90-55 du 15 janvier 1990, complétée par celle n° 96-300 du 10 avril 1996, voir art. L. 234, art. L. 197, et L. 341-1 du Code électoral). Il appartient au juge de l'élection, c'est-à-dire le juge administratif, saisi par la Commission nationale des comptes de campagne et des financements politiques, de déclarer inéligible un candidat qui n'a pas respecté la législation en question. La compétence du juge est une compétence discrétionnaire (« peut être déclaré »). L'inéligibilité pendant un an est limitée à la catégorie de mandats pour laquelle la méconnaissance de la législation a été constatée et non pour toutes les élections ou tous les mandats (CE, ass., 23 octobre 1992, *Panizzoli* ; CE, sect., 7 mai 1993, *CCFP c/ Attié* ; CE, 14 juin 1993, *M. Contini*). Le non-respect des obligations de déclarations de la situation patrimoniale et des intérêts découlant des lois n° 2013-906 du 11 octobre 2013 relative à la transparence de la vie publique et n° 2013-907 du 11 octobre 2013 ayant le même titre est sanctionné également par une inéligibilité pour dix ans, ce qui constitue une durée très longue en matière d'inéligibilité.

2. Les incompatibilités

271. Certaines situations n'empêchent pas l'élection. Elles obligent néanmoins l'élu à choisir entre son mandat et ces situations jugées incompatibles. Le régime des incompatibilités permet de garantir l'indépendance des élus à l'égard d'un certain nombre de pressions professionnelles ou familiales.

Certains fonctionnaires de l'État doivent ainsi choisir entre leurs fonctions publiques et un mandat, en dehors des circonscriptions sur lesquelles ils ont autorité (car, dans ce cas, ce sont des situations d'inéligibilité). Il s'agit surtout des préfets et sous-préfets, des militaires de carrière et des fonctionnaires de police (art. L. 206 et suivants pour les départements et L. 343 pour les régions). Il était prévu que les militaires ne pouvaient pas exercer un mandat de conseiller municipal (art. L. 46 et L. 237 du Code électoral). Mais cette interdiction a été jugée contraire à l'article 6 de la Déclaration de 1789 par le Conseil constitutionnel au motif qu'elle instituait une incompatibilité qui n'est limitée ni en fonction du grade de la personne élue, ni en fonction des responsabilités exercées, ni en fonction du lieu d'exercice de ces responsabilités, ni en fonction de la taille des communes. Cette interdiction, par sa portée, « excède manifestement ce qui est nécessaire pour protéger la liberté de choix de l'électeur ou l'indépendance de l'élu contre les risques de confusion ou de conflits d'intérêts » (déc. n° 2014-432 QPC du 28 novembre 2014, M. Dominique de L.). Elle a été abrogée, à partir du 1er janvier 2020 par la loi n° 2018-607 du 13 juillet 2018 relative à la programmation militaire pour les années 2019 à 2025 et portant diverses dispositions intéressant la défense.

Il existe aussi des incompatibilités familiales, au moins dans certaines communes. L'article L. 238, al. 4 du Code électoral (issu de la loi n° 88-1262 du 30 décembre 1988 qui a assoupli le régime antérieur) interdit en effet, dans les communes de plus de 500 habitants, qu'il y ait, au sein d'un même conseil municipal et simultanément, plus de deux ascendants et descendants, frères et sœurs. Il y a donc plus une limitation à deux membres d'une même famille qu'une véritable interdiction. Désormais, un père et un fils peuvent être membres d'un même conseil mais, au-delà, trop de membres d'une même famille pourraient faire penser à un clan. Cette règle n'est pas applicable dans les petites communes car le nombre de personnes susceptibles d'être candidates et élues serait trop faible.

3. L'interdiction du cumul des mandats électifs

272. Il existe plusieurs formes de cumul.

La première forme est dite horizontale car elle permettait d'être membre de plusieurs assemblées locales de même niveau. Cette interdiction figure à l'article L. 238 du Code électoral pour les conseils municipaux, à l'article L. 208 pour les conseils départementaux et à l'article L. 345 pour les conseils régionaux. Il s'agit bien d'un régime d'incompatibilité car le conseiller élu dans plusieurs communes a un délai de dix jours pour opter pour l'une ou l'autre commune (art. L. 238 du Code électoral), de trois jours pour choisir l'un ou l'autre département (art. L. 209) ou l'une ou l'autre région (art. L. 345).

Mais le Conseil de Paris étant une assemblée particulière soumise à la loi du 31 décembre 1975, un membre de celui-ci pouvait être en même temps conseiller départemental d'un autre département, car le conseiller de Paris n'a pas la double qualité de conseiller municipal et de conseiller départemental (CE, 14 mars 1980, *Élections au Conseil de Paris*). Cette décision intéressait le cas de Jacques Chirac, élu départemental en Corrèze et membre du Conseil de Paris dont il était le maire.

Par ailleurs, les ressortissants d'un État de l'Union européenne autre que la France ne peuvent pas être membres d'un conseil municipal en France et d'un organe délibérant d'une collectivité territoriale de base dans le pays dont ils ont la nationalité (art. LO 238-1 du Code électoral, issu de la loi organique n° 98-404 du 25 mai 1998). Ces ressortissants ont eux aussi un délai d'option de dix jours (*ibid.*, al. 2).

Le cumul vertical a été, en revanche, longtemps possible en France et les situations de cumul excessif étaient monnaie courante. Les fonctions locales facilitaient l'exercice d'un mandat national par une meilleure connaissance des réalités du terrain tandis que le mandat national permettait à l'élu de défendre des dossiers locaux au sein des instances nationales. À ce cumul des fonctions s'ajoutait un cumul d'indemnités, rendant les critiques parfois plus vives, mais aussi les résistances plus fortes. Cette situation empêchait le renouvellement et le rajeunissement des élus, entraînait l'absentéisme parlementaire et le phénomène de la délégation au profit d'adjoints, de directeurs de cabinet ou de collaborateurs parlementaires. Le discrédit moral des élus était renforcé par des situations particulièrement criantes. En 2014, 476 députés sur 577, soit 82 %, et 267 sénateurs sur 348, soit 77 %, étaient en situation de cumul. En 2012, 340 députés (59 %) et 202 sénateurs (58 %) exerçaient des fonctions exécutives dans des collectivités territoriales. Ces parlementaires étaient pour la plupart à la tête des exécutifs locaux : 261 députés (45 %) et 166 sénateurs (48 %) étaient maires, présidents du conseil départemental ou présidents du conseil régional (Rapport de la commission de rénovation et de déontologie de la vie publique, 2012, p. 58 et s.).

La décentralisation opérée au cours des années 1980 et l'accroissement des tâches des élus locaux ont rendu nécessaire une limitation des cas de cumul. La réforme s'est opérée en plusieurs temps, caractérisés à chaque étape par l'adoption de deux lois parallèles, une législation organique et une législation ordinaire. La première est en effet nécessaire lorsqu'il est porté atteinte au statut des parlementaires, et notamment au régime de leurs incompatibilités, l'article 25 de la Constitution exigeant le recours à une telle loi. Se sont ainsi succédé trois séries de lois : la loi organique n° 85-1405 tendant à la limitation du cumul des mandats électoraux et des fonctions électives des parlementaires et la loi n° 85-1406 tendant à limiter le cumul des mandats électoraux et des fonctions électives ; la loi organique n° 2000-294 du 5 avril 2000 relative aux incompatibilités entre mandats électoraux et la loi n° 2000-295 relative à la limitation du cumul des mandats électoraux et des fonctions électives et à leurs conditions d'exercice et, en dernier lieu, la loi n° 2014-126 du 14 février 2014 interdisant le cumul des fonctions exécutives locales avec le mandat de représentant au Parlement européen et la loi organique n° 2014-125 du 14 février 2014 interdisant le cumul des fonctions exécutives locales avec le mandat de député ou de sénateur. Ces deux dernières lois ont fait suite au rapport de la commission de rénovation et de déontologie de la vie publique présidée par Lionel Jospin en 2012. Les nouvelles dispositions des lois de 2014 ont été appliquées à compter du premier renouvellement des assemblées concernées intervenu en 2017.

Plusieurs cas de figure sont ainsi envisagés. Un parlementaire, national ou européen, ne peut conserver, tout d'abord, qu'un seul des mandats parmi celui de conseiller régional, conseiller départemental, conseiller de l'Assemblée de Corse, conseiller de Paris, conseiller à l'assemblée de Guyane, conseiller à l'assemblée de Martinique, conseiller municipal d'une commune d'au moins 1 000 habitants (art. LO 141, L. 46-2, LO 297 du Code électoral). L'interdiction de ce cumul est placée sous le régime des incompatibilités. Le parlementaire se trouvant dans un de ces cas d'incompatibilité a le droit de choisir celui de ses mandats qu'il abandonne dans un délai d'un mois (art. LO 141 du Code électoral). À défaut de s'être prononcé, il perd le mandat le plus ancien.

Un parlementaire national ou européen ne peut ensuite plus exercer, depuis les lois de 2014 précitées, la fonction d'exécutif local, c'est-à-dire de maire, y compris d'arrondissement, d'adjoint, de président ou de vice-président d'un établissement public de coopération intercommunale, de président ou vice-président de conseil régional ou départemental, de président ou de membre du conseil exécutif de Corse (en vertu d'une réserve d'interprétation du Conseil constitutionnel, déc. n° 2014-688 DC du 13 février 2014, cons. 8) ou de membre de l'exécutif de toute autre collectivité (art. LO 141-1, LO 297 du Code électoral). Cette interdiction de cumul est étendue à des fonctions locales dérivées des mandats électifs, telles que les fonctions de directeur d'une société d'économie mixte, de président de conseil d'administration d'un établissement public local, du CNFPT, d'une société publique locale, d'une société publique locale d'aménagement (art. LO 146 et LO 147-1 du Code électoral).

Le mécanisme de sortie de ces dernières situations d'incompatibilité est plus contraignant puisqu'il ne laisse plus le choix au parlementaire. L'article 6 de la loi organique du 14 février 2014 insère un II à l'article LO 151 du Code électoral qui prévoit que le parlementaire doit obligatoirement démissionner de son mandat de parlementaire ou de la fonction exécutive locale qu'il détenait avant l'élection et qui l'a mis en situation d'incompatibilité, au plus tard le trentième jour qui suit la date de proclamation des résultats de l'élection. À défaut, le mandat ou la fonction acquis à la date la plus ancienne prend fin de plein droit. Le rapporteur de la loi justifiait cette nouvelle règle par le fait « qu'il ne sera ainsi pas possible de briguer un mandat parlementaire ou une fonction exécutive sans, en cas de victoire, l'exercer effectivement, ce qui est de nature à éviter la pratique, peu respectueuse des électeurs, de la "locomotive" électorale » (Rapport AN, p. 39). Les députés ont saisi le Conseil constitutionnel de cette disposition, en soutenant que cette démission ou cessation de plein droit du mandat ou de la fonction exercée antérieurement constituait une sanction automatique interdite par l'article 8 de la Déclaration des droits de 1789 et qui méconnaissait en outre la liberté de choix de l'électeur et l'indépendance de l'élu, telles qu'elles résultent de l'interprétation constante de l'article 6 de la DDHC par le Conseil constitutionnel. Ce dernier a rejeté ces arguments en considérant que ces règles « n'instituent pas des sanctions ayant le caractère de punition » au sens de sa jurisprudence et que le législateur a pu « prévoir de telles restrictions à la liberté de l'élu [...] qui n'ont ni pour objet, ni pour effet de porter atteinte à la liberté de choix de l'électeur et à l'indépendance de l'élu » (déc. n° 2014-688 DC du 13 février 2014, cons. 12 et 13).

Une réflexion a, par ailleurs, été engagée en vue d'adopter des dispositions plus rigoureuses en ce qui concerne les membres du Gouvernement. Il s'agirait de consacrer en droit la pratique du non-cumul d'une fonction ministérielle et d'un mandat local, ou plus précisément l'interdiction pour un ministre d'exercer une fonction exécutive locale (celles d'exécutif, d'adjoint ou de membre de bureau susceptible de recevoir une délégation générale ou particulière). Cette réflexion est restée au stade d'une pratique imposée aux membres du Gouvernement, et encore avec quelques exceptions, mais n'a pas été traduite en droit.

§3. L'élection des organes exécutifs

273. En dehors d'une courte période, sous la Révolution française et pour l'élection des maires, et à la différence d'un certain nombre de pays, les organes exécutifs, en France, ne sont pas élus au suffrage universel direct. Ils sont issus des organes délibérants car ils sont désignés par et parmi eux, sauf quelques cas particuliers et anciens, pour lesquels l'organe exécutif restait nommé par l'État. C'est ainsi que la loi nº 88-1028 du 9 novembre 1988, adoptée par un référendum de l'article 11 de la Constitution, confiait au haut-commissaire en Nouvelle-Calédonie la fonction exécutive. Mais la loi organique nº 99-209 du 19 mars 1999 relative à la Nouvelle-Calédonie dispose que l'exécutif de la Nouvelle-Calédonie est le Gouvernement, élu par le Congrès et responsable devant lui (art. 108). De même, la loi nº 2001-61 du 11 juillet 2001 relative à la collectivité départementale de Mayotte a continué de confier, mais seulement jusqu'en 2004, l'exécutif au représentant de l'État, avant de le transférer au président du conseil général. À Wallis-et-Futuna, c'est l'administrateur supérieur des îles Wallis-et-Futuna qui exerce encore la fonction exécutive de la COM. C'est ainsi, et de façon encore plus contestable sur le plan des principes, que les Terres australes et antarctiques françaises sont administrées par un administrateur nommé par le pouvoir exécutif (loi nº 55-1052 du 6 août 1955 conférant l'autonomie administrative et financière aux Terres australes et antarctiques françaises). Mais ces cas doivent être considérés comme des exceptions, sans doute justifiées, et les organes exécutifs, dans le droit contemporain des collectivités territoriales, sont, et doivent être, élus. Il y a, cependant, des particularités qui distinguent les collectivités de droit commun et les autres, les premières assimilant la présidence de l'organe délibérant et la fonction exécutive, ce qui n'est pas le cas des secondes.

Des règles particulières régissent aussi le cumul des fonctions exécutives locales entre elles. Les fonctions de président du conseil régional, de président du conseil exécutif de Corse, de président du conseil départemental, de maire (quelle que soit la taille de la commune) et de maire d'arrondissement sont strictement incompatibles entre elles (principalement les art. L. 2122-4, al. 2 ; L. 3122-3, al. 1 ; L. 4133-3, al. 1).

A. L'élection des organes exécutifs au sein des collectivités de droit commun

274. L'un des apports principaux de la loi n° 82-212 du 2 mars 1982 fut de transposer, pour les départements et les régions, le modèle municipal qui fait désigner, depuis la fin du XIXe siècle et à l'exception notable de Paris pendant presque un siècle, tous les maires de France par les conseils municipaux au terme d'un long débat politique et juridique sur l'élection des maires en France.

C'est la loi du 28 mars 1882 qui prévoyait que les conseils municipaux étaient appelés à élire les maires et les adjoints et qui a été reprise par la « charte municipale » du 5 avril 1884, étendant le principe de l'élection à toutes les communes, qui n'a connu que la parenthèse du régime de Vichy. Celui-ci a adopté la loi du 16 novembre 1940 faisant désigner les maires des communes de plus de 10 000 habitants par le Gouvernement, ceux des communes de 2 000 habitants à 10 000 habitants par le préfet. Seuls les maires des communes de moins de 2 000 habitants continuaient d'être élus par le conseil municipal.

Même l'anomalie parisienne a été corrigée par la loi n° 75-1331 du 31 décembre 1975 portant réforme du régime administratif de la ville de Paris et dotant Paris d'un maire élu dans les conditions du droit commun.

L'exécutif départemental a été pendant longtemps, depuis la loi du 10 août 1871, emprunté à l'État puisque le préfet cumulait les deux fonctions de représentant de l'État et d'organe exécutif départemental, tandis que le président du conseil général n'avait d'autre fonction que celle de présider le conseil dont il était l'élu. Il faut attendre la loi du 2 mars 1982 pour que le transfert de la fonction exécutive soit réalisé pour l'ensemble des départements. Le même phénomène s'est produit pour la région par la même loi, même si les régions ont continué d'être des établissements publics en attendant l'élection des conseils régionaux au suffrage universel direct qui n'est intervenue qu'en mars 1986. Ce n'est donc pas l'élection des présidents qui est relativement récente, mais le transfert de la fonction exécutive.

Les règles relatives à l'élection des organes exécutifs sont très proches d'une catégorie de collectivités à l'autre. Ces organes exécutifs sont assistés d'organes ou d'élus qui suivent le même régime qu'eux, du moins en ce qui concerne l'élection. Pour l'essentiel, ces règles sont contenues dans le Code général des collectivités territoriales, et non dans le Code électoral, le codificateur estimant sans doute qu'elles intéressent plus le fonctionnement interne des collectivités que le rapport entre les électeurs et ces collectivités, du fait du caractère indirect de cette élection.

1. L'élection du maire et des adjoints

a. L'élection d'une équipe municipale

275. Ce sont les articles L. 2122-1 et suivants du CGCT qui prévoient que le maire est élu par le conseil municipal pour la même durée de mandat que le conseil. De la même manière, la durée du mandat des adjoints est liée à celle du maire et si, pour quelque raison que ce soit, le mandat du maire prend fin avant le terme du mandat du conseil municipal, le mandat des adjoints est également considéré comme achevé. Une nouvelle élection du maire entraîne *ipso facto* l'élection de nouveaux adjoints. Ce lien a été introduit par la loi n° 76-665 du 19 juillet 1976 modifiant certaines dispositions du Code électoral et de ce qui était à l'époque le Code de l'administration communale et renforce, de façon évidente, la cohésion de l'équipe municipale autour du maire (art. L. 2122-10). Il n'y a pas de limitation dans le temps du nombre de mandats et un maire est indéfiniment rééligible.

Le maire et les adjoints peuvent toujours démissionner, même s'il a fallu attendre une loi du 8 juillet 1908 pour que leur démission soit possible. Elle est régie, à l'heure actuelle, par l'article L. 2122-15 et, rédigée en des termes non équivoques, elle doit être adressée au représentant de l'État. Ce même article prévoit que le maire et les adjoints continuent d'exercer leurs fonctions en attendant l'élection de leurs successeurs, afin d'assurer la continuité du fonctionnement de l'administration communale et étatique, puisque le maire possède ces deux casquettes.

b. Le moment de l'élection

276. En ce qui concerne les communes (à la différence des départements et des régions), aucun délai n'est fixé pour organiser cette élection, mais l'absence d'un maire à la tête d'une commune serait tellement préjudiciable à cette dernière que cette élection doit être faite dans un délai raisonnable, compte tenu des circonstances locales. Une certaine souplesse est laissée aux communes sur ce point. De même, bien que la loi soit muette, et s'il n'est pas obligatoire d'élire les adjoints au cours de la même séance que celle où est élu le maire, le bon sens et la pratique veulent que les adjoints soient élus juste après et au cours de la même séance, que le maire.

Pour pouvoir valablement élire le maire et les adjoints, le conseil municipal doit être complet (art. L. 2122-8) et, si nécessaire, il faudra recourir à des élections partielles (voir *supra*). Dans les communes de 1 000 habitants et plus, le conseil est réputé complet si les vacances en son sein résultent de démissions données entre la cessation des fonctions du maire et l'élection de son successeur. Toutefois, selon le Conseil d'État, cette exception ne s'applique pas à l'élection des adjoints (CE, 19 janvier 2007, n° 289431). Si le maire cesse ses fonctions pour quelque raison que ce soit, le conseil municipal doit élire un nouveau maire pour la durée du mandat restant à accomplir.

c. Les conditions de l'élection

277. La loi n° 2000-295 du 5 avril 2000 a aligné la condition d'âge sur celle requise pour être élu membre du conseil, c'est-à-dire à 18 ans (art. L. 2122-4). Les adjoints étaient déjà éligibles à 18 ans avant cette loi du

5 avril 2000. Désormais, tous les élus municipaux peuvent être désignés dès 18 ans, âge minimum exigé pour être également électeur.

La déclaration de candidature est obligatoire dans toutes les communes de plus de 1 000 habitants et le candidat doit être membre du conseil municipal, illustrant le lien entre l'organe délibérant et la fonction exécutive.

En revanche, et parce que les maires et les adjoints sont amenés à exercer des fonctions au nom de l'État, les citoyens de l'Union européenne mais non français élus dans un conseil municipal ne peuvent être élus maire ou adjoints. Cette restriction, déjà contenue dans l'article 88-3 de la Constitution, a été reprise par la loi organique n° 98-404 du 25 mai 1998 (art. LO 2122-4-1). Ces conseillers municipaux européens ne peuvent pas « exercer même temporairement ces fonctions » (*ibid.*), pour ne pas mélanger les fonctions proprement locales et les fonctions nationales, du fait du cumul, pour les maires et les adjoints, des fonctions exécutives locales et de représentants de l'État.

d. Le mode de scrutin

278. L'élection du maire se fait au scrutin secret, à la majorité absolue des suffrages exprimés, par application des principes généraux en matière de vote, pour les deux premiers tours de scrutin et à la majorité relative pour le troisième tour en cas de besoin. Si un conseiller municipal obtient une voix, alors qu'aucun autre nom n'apparaît, il est élu. Seuls les bulletins portant le nom d'un membre du conseil peuvent être comptabilisés, ce qui exclut les bulletins blancs. Si aucune majorité ne se dégage, c'est le plus ancien des candidats qui est proclamé élu, au nom d'une « prime à la sagesse » résultant de l'âge (art. L. 2122-7).

Depuis la loi n° 2007-128 du 31 janvier 2007 tendant à promouvoir l'égal accès des femmes et des hommes aux mandats électoraux et fonctions électives, le mode d'élection des adjoints est distinct selon la taille des communes, alors qu'il était auparavant identique à celui utilisé pour la désignation du maire dans toutes les communes. Cette loi a ajouté deux articles après l'article L. 2122-7. Dans les communes de moins de 1 000 habitants, les adjoints continuent d'être élus dans les conditions fixées à l'article L. 2122-7, c'est-à-dire comme les maires (art. L. 2122-7-1). Dans les communes de 1 000 habitants et plus, les adjoints sont élus au scrutin de liste à la majorité absolue, sans panachage ni vote préférentiel. Sur chacune des listes, l'écart entre le nombre des candidats de chaque sexe ne peut être supérieur à un (art. L. 2122-7-2). Si, après deux tours de scrutin, aucune liste n'a obtenu la majorité absolue, il est procédé à un troisième tour de scrutin, et l'élection a lieu à la majorité relative. En cas d'égalité de suffrages, les candidats de la liste ayant la moyenne d'âge la plus élevée sont élus, toujours du fait de la sagesse attribuée à l'âge.

Ce mode de scrutin applicable au maire comme aux adjoints privilégie, quelles que soient les communes, l'efficacité de la gestion municipale puisque, par ce mode majoritaire, sont élus les membres de la liste majoritaire, ce qui renforce l'identité des sensibilités politiques au sein de la municipalité. Il n'est cependant pas interdit de proposer des postes d'adjoints à des élus de l'opposition. Il faut enfin distinguer le droit et les réalités politiques. Si l'élection ne se fait pas juridiquement au suffrage universel direct, il faut nuancer cette affirmation en fonction de la taille de la commune. En effet, dans les communes de 1 000 habitants et plus, dans lesquelles les listes de candidats sont bloquées et dont la tête de liste joue un grand rôle dans la personnalisation de l'élection, le maire est, sauf coup de théâtre, la tête de liste, ce qui correspond, en définitive, au vœu des électeurs. Le délai plus long que d'habitude séparant le premier tour de l'élection municipale et l'élection des organes exécutifs au printemps 2020, du fait de l'épidémie de covid, a ainsi donné lieu à quelques surprises dans certaines communes. Des élus de la liste majoritaire, mais non élus en qualité de têtes de liste, ont en effet réussi à convaincre, dans le temps séparant ces deux événements, les autres membres de la majorité de voter pour eux et pas pour la tête de liste, destinée, en principe, à être élue en tant que maire.

De même, les adjoints sont en principe placés dans le haut de la liste majoritaire. L'incertitude est plus grande dans les communes de moins de 1 000 habitants dans lesquelles peut être élu maire un candidat qui n'a pas obtenu la majorité des suffrages lors des élections municipales.

e. Les incompatibilités spécifiques aux fonctions de maire et d'adjoint

279. Il existe également des incompatibilités propres à la fonction de maire et d'adjoint, en plus de celles qui pèsent sur les fonctions de conseiller municipal et qui sont énoncées par les articles L. 2122-4 à L. 2122-6. Elles sont professionnelles (art. L. 2122-5) et intéressent les agents des administrations financières, qu'il s'agisse des trésoriers payeurs généraux, des percepteurs, des receveurs municipaux ou des agents du cadastre. Cette incompatibilité est limitée aux communes du département dans lequel les intéressés sont affectés. L'article L. 2122-6 prévoit une incompatibilité spécifique pour les adjoints qui ne peuvent être des « agents salariés du maire ». Mais, pour que l'incompatibilité soit constituée, il faut que le salarié soit rémunéré sur des fonds propres du maire, ce qui n'interdit pas à un salarié d'être l'adjoint d'un maire qui est le directeur de l'entreprise qui l'emploie.

La loi prohibe aussi des incompatibilités politiques qui ne visent que les maires et qui s'insèrent dans la volonté de limiter le cumul des mandats. La loi n° 2000-295 du 5 avril 2000 rend incompatible la fonction de maire avec l'exercice d'un mandat de président d'un conseil départemental ou d'un conseil régional. Comme cela a déjà été évoqué, le cumul est désormais interdit avec un mandat de parlementaire national ou européen (art. L. 2122-4, al. 2). L'alinéa 3 du même article rend également incompatible la fonction de maire avec la fonction de membre de la Commission européenne ou de membre du directoire de la Banque centrale européenne ou du Conseil de la politique monétaire de la Banque de France.

2. L'élection du président du conseil départemental et de la commission permanente du conseil départemental

280. Les modes de scrutin applicables aux élections départementales et aux élections régionales font que les conditions politiques de l'élection de l'organe exécutif ne sont pas identiques dans les départements et les régions.

a. L'élection du président du conseil départemental

281. Le président du conseil départemental était élu lors de la réunion de droit qui suit chaque renouvellement (art. L. 3122-1), cette réunion étant fixée au deuxième vendredi qui suit le premier tour de scrutin les années de renouvellement triennal des conseils généraux (art. L. 3121-9). Cette élection avait donc lieu tous les trois ans, compte tenu des spécificités des élections cantonales. Cette spécificité a disparu avec le renouvellement intégral des conseillers départementaux tous les six ans à partir de 2015 (loi n° 2013-403 du 17 mai 2013 relative à l'élection des conseillers départementaux, des conseillers municipaux et des conseillers communautaires, et modifiant le calendrier électoral). Il n'y a pas de limite au nombre de mandats et le président est indéfiniment rééligible. Le président est élu par et parmi les membres du conseil départemental, à la majorité absolue. À l'issue de deux premiers tours infructueux, il est procédé à un troisième tour et l'élection a lieu à la majorité relative des membres. En cas d'égalité des voix, l'élection est acquise au bénéfice de l'âge (art. L. 3122-1). Ce cas de figure n'est pas du tout théorique dans les conseils départementaux du fait de l'élection séparée de chaque conseiller départemental au sein d'un canton et du nombre, souvent pair, de cantons dans un département. L'élection de binômes au sein des cantons à partir de 2015 ne modifie pas cette hypothèse car, une fois élu, chaque membre du binôme retrouve sa liberté de vote. Il n'est pas nécessaire d'être candidat aux deux premiers tours pour être élu au troisième (CE, 28 septembre 1983, *Bierge*, Lebon, p. 387). Il existe cependant un quorum nécessaire pour que le conseil départemental puisse valablement élire son président : l'article L. 3122-1 prévoit en effet que les deux tiers des membres du conseil départemental doivent être présents. Lorsque cette condition ne peut être remplie, la réunion se tient de plein droit trois jours plus tard, sans condition de quorum.

La fonction de président du conseil départemental est incompatible avec celle de président du conseil régional, celle de maire, celle de parlementaire et de représentant au Parlement européen (art. L. 3122-3).

b. L'élection de la commission permanente du conseil départemental

282. Même si cet organe n'est pas nécessairement un organe exécutif, son mode de désignation est étroitement lié à celui du président du conseil départemental. La commission permanente est un organe élu par le conseil départemental et il est composé du président de cette assemblée, des vice-présidents, dont le nombre peut varier de quatre à dix, et, éventuellement, d'un ou plusieurs membres, ce qui peut aller jusqu'à l'ensemble de l'assemblée concernée (art. L. 3122-4). L'article L. 3122-5 précise que c'est aussitôt après l'élection de son président que le conseil départemental fixe le nombre de vice-présidents et des autres membres de la commission permanente. Afin d'assurer un lien entre le président et la commission permanente, l'article L. 3122-5 précise que « les membres de la commission permanente autres que le président sont nommés pour la même durée que le président ». Une commission permanente ne peut survivre à la démission, toujours possible, du président, ou à l'invalidation de son élection.

Le mode de désignation des membres de cette commission a fait l'objet de textes successifs à la fin des années 1980 et au début des années 1990, qui ont cherché à privilégier une composition majoritaire (sur le modèle de l'élection des adjoints dans les petites communes) ou une composition politique reflétant les forces en présence au sein de l'assemblée. Les préoccupations partisanes n'étaient pas non plus absentes dans l'adoption de ces diverses lois, et soumises aux aléas des alternances politiques nationales. Le débat opposait aussi les partisans d'une codification législative des règles électorales et ceux qui souhaitaient que les assemblées se gèrent elles-mêmes, ce qui ne leur interdisait pas de prévoir une composition proportionnelle des commissions permanentes. En l'état actuel du droit, issu de la loi n° 92-125 du 6 février 1992 d'orientation sur l'administration territoriale de la République, modifiée par la loi n° 2013-403 du 17 mai 2013 relative notamment à l'élection des conseillers départementaux, deux situations peuvent se présenter : ou bien, sur chacun des postes à pourvoir, il n'y a qu'un seul candidat et l'élection peut ne pas avoir lieu car il n'est pas nécessaire. Les nominations prennent effet immédiatement. Mais les candidatures doivent être déposées dans l'heure qui suit la décision du conseil départemental relative à la composition de la commission permanente. Ou bien, faute d'accord, prévisible dans une assemblée dans laquelle existent une majorité et une – ou des – oppositions, les membres de la commission permanente, sauf bien sûr le président du conseil départemental, sont élus selon un scrutin de liste, à la représentation proportionnelle à la plus forte moyenne, sans panachage ni vote préférentiel (art. L. 3122-5). Les listes sont composées de manière paritaire, par une alternance de candidats de chaque sexe (art. L. 3122-5 nouveau, issu de l'art. 20 de la loi du 17 mai 2013). Cette modification est essentiellement motivée par la volonté de favoriser la parité entre les femmes et les hommes pour la désignation des membres de cette instance et des vice-présidents. Après la répartition des sièges entre les listes en présence, le conseil départemental procède à l'affectation des élus à chacun des postes de la commission permanente au scrutin uninominal et dans les mêmes conditions que pour l'élection du président. Ainsi les vice-présidents, par exemple, sont-ils nécessairement proches sur le plan politique du président. Ce système compliqué est destiné à assurer la représentation des minorités au sein de la commission permanente et contribue à politiser cette instance.

Les vice-présidents sont élus, parmi les membres de la commission permanente, au scrutin de liste à la majorité absolue, sans panachage ni vote préférentiel, mais avec des listes elles aussi paritaires, alors qu'ils étaient désignés, dans le droit antérieur à la loi de 2013, au scrutin uninominal dans les mêmes conditions que le président du conseil départemental (art. L. 3122-5, al. 5). Ces deux modifications sont nécessairement la conséquence de l'introduction des binômes départementaux et paritaires, qui constitue la modification essentielle affectant les conseils départementaux issus de la loi de 2013.

3. L'élection du président du conseil régional et de la commission permanente du conseil régional

283. L'administration de la région est volontairement proche de celle du département. Il existe donc un président élu et une commission permanente. Mais le mode de scrutin propre aux élections régionales rendait, depuis la loi du 10 juillet 1985 modifiant le Code électoral et relative à l'élection des conseillers régionaux, l'élection de ces organes plus complexe, faute, souvent, d'une majorité certaine au sein des assemblées régionales. Le souci de rationaliser l'élection du président du conseil régional par la loi n° 98-135 du 7 mars 1998 relative au fonctionnement des conseils régionaux s'expliquait par la volonté de remédier à ces inconvénients sans modifier le mode de scrutin. L'identité du régime juridique de l'élection de ces organes exécutifs départementaux et régionaux est donc moins forte que dans le cadre de la loi de 1985. L'adoption d'un nouveau mode de scrutin régional par la loi du 19 janvier 1999 n'a pas entraîné la suppression de ces dispositions particulières.

a. L'élection du président du conseil régional

284. Pour l'essentiel, les règles sont les mêmes que pour l'élection du président du conseil départemental. C'est l'article L. 4133-1 qui régit cette élection qui doit se faire lors de la réunion de droit qui suit chaque renouvellement du conseil régional, celle-ci étant fixée au premier vendredi qui suit son élection (art. L. 4132-7).

Le président du conseil régional est élu après un, deux ou trois tours dans les mêmes conditions que celles vues ci-dessus à propos du président du conseil départemental et un quorum des deux tiers des membres est également exigé (art. L. 4133-1).

Afin de permettre une élection faisant apparaître avec clarté les alliances, conséquences indirectes du mode de scrutin à la représentation proportionnelle prévue par la loi n° 85-692 du 10 juillet 1985 précitée, la loi n° 98-135 du

7 mars 1998, adoptée en vue des élections régionales qui se sont déroulées en mars 1998, a prévu que chaque candidat à la présidence d'un conseil régional doit remettre aux membres du conseil, avant chaque tour de scrutin, une déclaration écrite présentant les grandes orientations politiques, économiques et sociales de son action pour la durée de son mandat (art. L. 4133-1, al. 5). Mais cette distribution de déclarations ne donne lieu à aucun débat (*ibid.*, al. 2). Il s'agissait, faute d'avoir pu, à l'époque, changer le mode de scrutin, d'introduire un mécanisme de rationalisation et de moralisation de l'élection. Ces précautions, pour louables qu'elles soient, n'ont pas empêché certaines élections confuses ou acquises par surprise de présidents de conseil régional en 1998. Seule la modification du mode de scrutin intervenue par la loi du 19 janvier 1999 a pu rendre plus transparente l'élection des présidents de conseil régional. Mais, à la différence des maires ou des présidents de conseil départemental, il n'est plus possible d'être élu président d'un conseil régional sans avoir été candidat, ce qui contribue à solenniser et à politiser un peu plus l'élection d'un organe exécutif d'une collectivité de taille importante. Cette disposition n'a pas été remise en cause par le changement de mode de scrutin introduit par la loi du 19 janvier 1999, ni par celle du 16 janvier 2015. La création des grandes régions par la loi n° 2015-29 du 16 janvier 2015 relative à la délimitation des régions rend cette élection un peu plus spécifique, la taille des nouvelles régions donnant à cette élection une portée plus grande.

La loi précitée du 5 avril 2000 applique au président du conseil régional le même régime d'incompatibilité avec d'autres mandats ou fonctions que celui vu ci-dessus pour le président du conseil départemental (art. L. 4133-3).

b. L'élection de la commission permanente du conseil régional

285. Ce sont les articles L. 4133-4 à L. 4133-7 qui organisent l'élection de cette commission. Celle-ci est similaire, au mot près, à celle de la commission permanente du conseil départemental (art. L. 4133-5). L'effectif de cette commission permanente comprend le président du conseil régional, quatre à quinze vice-présidents, sous réserve que leur nombre ne soit pas supérieur à 30 % de l'effectif du conseil – afin de ne pas constituer des armées mexicaines (art. L. 4133-4). L'effectif total de la commission permanente ne doit pas être supérieur au tiers de l'effectif du conseil régional (*ibidem*). L'article L. 4133-5, alinéa 7 prévoit aussi que « les membres de la commission permanente autres que le président sont nommés pour la même durée que le président ». Une commission permanente ne peut survivre à la démission, toujours possible, du président. Depuis la loi n° 2007-128 du 31 janvier 2007 tendant à promouvoir l'égal accès des femmes et des hommes aux mandats électoraux et fonctions électives, l'article L. 4133-5 prévoit que chaque liste est composée alternativement d'un candidat de chaque sexe. Un groupe de conseillers qui ne dispose pas de membres de chaque sexe en nombre suffisant peut compléter sa liste par des candidats de même sexe.

B. L'élection des organes exécutifs dans les collectivités autres que les collectivités de droit commun

286. Il s'agit aussi bien, selon les classifications adoptées, des collectivités dérogatoires que des collectivités périphériques. Ces régimes électoraux présentent des particularités afin de répondre à des besoins politiques ou administratifs jugés incompatibles avec le régime de droit commun de l'élection des organes exécutifs, soit totalement, soit partiellement. Cette élection présente des particularités en Corse et, outre-mer, en Martinique, en Polynésie française et en Nouvelle-Calédonie.

Le premier cas à avoir été mis en place concerne la collectivité territoriale de Corse. Celle-ci présente la particularité, dans une collectivité métropolitaine, d'avoir un organe exécutif qui n'est pas le président de l'assemblée, et qui est en outre collégial (art. L. 4422-18 et s.). Le conseil exécutif est composé d'un président et de « huit conseillers exécutifs » (art. L. 4422-19). Afin d'assurer une sorte de « séparation des fonctions », et alors que les conseillers exécutifs sont bien choisis parmi les membres de l'assemblée par un scrutin de liste, le président du conseil exécutif étant le candidat figurant en tête de la liste élue (art. L. 4422-18), les membres de ce conseil sont considérés comme démissionnaires de leurs fonctions de conseiller à l'assemblée. Ils sont remplacés par leurs suivants de liste (en application de l'article L. 380 du Code électoral qui renvoie à l'article 360 du même Code).

Si, en Guyane et depuis la loi n° 2011-884 du 27 juillet 2011 relative aux collectivités territoriales de Guyane et de Martinique, le président de l'Assemblée est élu par et parmi les membres de cette dernière pour assurer les fonctions d'organe exécutif de la collectivité (art. L. 7123-1 et art. L. 7171-1), c'est un conseil exécutif composé d'un président et de huit conseillers exécutifs, choisis l'un et les autres parmi les membres de l'assemblée qui assurent cette fonction en Martinique (art. L. 7224-1). Dans cette dernière collectivité, c'est donc le modèle « corse » qui est reproduit.

Le gouvernement de Polynésie est composé d'un président de la Polynésie française, titre volontairement choisi pour assimiler un peu plus cette collectivité d'outre-mer à une entité autonome, qui est élu au scrutin secret par l'assemblée de Polynésie française parmi ses membres (art. 69 de la loi organique n° 2004-192 du 27 février 2004 portant statut d'autonomie de la Polynésie française modifiée par la loi organique n° 2007-1719 du 7 décembre 2007 tendant à renforcer la stabilité des institutions et la transparence de la vie politique en Polynésie française).

Dans un délai de cinq jours suivant son élection, le président désigne un vice-président, chargé d'assurer l'intérim en cas d'absence ou d'empêchement (art. 69). Il désigne aussi les ministres, avec l'indication, pour chacun d'eux, des fonctions dont ils sont chargés (art. 73 de la loi organique). Il faut déduire de l'article 78 de la même loi que le vice-président du gouvernement ou les ministres peuvent être choisis parmi l'assemblée de Polynésie française, car cet article organise leur retour, en cas de cessation de fonctions au sein de l'exécutif, dans l'assemblée où il retrouve leur mandat « aux lieu et place du dernier représentant à l'assemblée... qui avait été élu sur la même liste et appelé à siéger à sa suite ».

En revanche, en Nouvelle-Calédonie, l'exécutif est confié à un gouvernement collégialement élu par le congrès et responsable devant lui, composé d'un président et de membres du Gouvernement. Ils peuvent être ou non membres du congrès, mais une fois désignés, les membres de l'exécutif ne peuvent plus appartenir au congrès. Au plus tard cinq jours après leur élection, les membres du gouvernement, convoqués par le haut-commissaire, procèdent, au scrutin secret et à la majorité de ses membres, à l'élection du président (art. 108 et s. de la loi organique n° 99-209 du 19 mars 1999 relative à la Nouvelle-Calédonie). La désignation du président peut parfois être délicate, comme c'est le cas au printemps 2021, au sein de la majorité du Gouvernement de Nouvelle-Calédonie devenue indépendantiste après la chute du précédent gouvernement, présidé par un loyaliste.

§4. Le contentieux électoral local

287. Le contentieux des élections locales est considéré comme un contentieux administratif et est donc confié au juge administratif. En effet, les élections locales ont été longtemps assimilées à la désignation d'administrateurs des communes ou des autres collectivités, au même titre que n'importe quelle autre structure administrative.

S'agissant de la compétence des juridictions, ce contentieux relève, en première instance, des tribunaux administratifs (celui du lieu de l'élection) pour les élections municipales et cantonales (art. L. 248 et L. 222 du Code électoral), tandis que le contentieux des élections régionales est confié directement en première instance au Conseil d'État, pour des raisons de compétence territoriale (art. L. 361 du Code électoral). La loi du 31 décembre 1987 créant les cours administratives d'appel n'a pas souhaité confier à ces juridictions la compétence d'appel du contentieux électoral local et le Conseil d'État est resté le juge d'appel compétent pour les élections municipales et cantonales.

Les contestations électorales doivent être formulées par écrit au procès-verbal de l'élection ou adressées au juge électoral, par tout électeur ou par tout candidat, dans les cinq jours qui suivent celle-ci (dix jours pour les élections régionales). Le préfet bénéficie d'un délai plus long qui est de quinze jours. Le tribunal administratif compétent a lui-même un délai de trois mois pour statuer, faute de quoi il est dessaisi au profit du Conseil d'État et le délai d'appel est d'un mois, alors qu'il est de deux mois en droit commun.

Le juge administratif peut annuler l'élection, mais aussi rectifier ou inverser les résultats (CE, 21 décembre 1983, *La Queue-en-Brie* ; CE, 24 février 1984, *Noisy-le-Grand*). L'inversion des résultats dans les communes de 1 000 habitants et plus entraîne la fin de plein droit du mandat du maire et des adjoints, afin de ne pas créer des situations délicates, qui s'étaient rencontrées en pratique, de cohabitation entre un maire restant en place et élu par une majorité issue des urnes et une majorité du conseil différente car proclamée par le juge (CE, n° 53885, 21 décembre 1983, *Élection du maire de Limeil-Brévannes*). Le juge dispose d'un large pouvoir d'appréciation et l'illégalité n'est une cause d'annulation que si elle est susceptible d'avoir influencé le résultat des votes des électeurs. Pour apprécier cette influence, le juge se fonde sur l'écart plus ou moins grand de voix séparant les listes ou les candidats.

Section 2
Le statut des élus locaux

288. Au 1er janvier 2020, il y avait 493 029 conseillers municipaux, 4 190 conseillers départementaux et 1 931 conseillers régionaux. Avec 565 833élus, la France compte un mandat électif pour 104 habitants. Il s'agit d'un record car l'Irlande compte un élu pour 2 336 habitants, la Grande-Bretagne un élu pour 2 603 habitants et le taux de représentation français est quatre fois et demie supérieur à celui des États-Unis. Parmi ces élus locaux, la parité n'est pas totalement respectée, malgré la révision constitutionnelle du 8 juillet 1999 : elle l'est presque dans les conseils régionaux, du fait du mode de scrutin de listes. On compte ainsi 48 % de femmes dans les conseils régionaux en 2020 (contre 27,5 % en 1998) et trois femmes sont à la tête d'une région depuis les élections régionales de décembre 2015, dont la région Île-de-France. Il n'y a en revanche que dix femmes présidentes de conseil départemental malgré l'introduction du binôme électoral, contre six avant les élections départementales de 2015. Les évolutions les plus importantes de femmes maires ont été enregistrées pour les communes de plus de 100 000 habitants avec 28,6 % de femmes parmi les maires contre 16,7 % avant les municipales de 2020. Aux sept femmes à la tête d'une commune de plus de 100 000 habitants avant les scrutins de mars et juin 2020 qui se sont représentées et qui ont toutes été réélues, s'ajoutent les cinq autres élues dans une mairie auparavant détenue par un homme. Les femmes occupent néanmoins davantage qu'auparavant les fonctions exécutives autres que celles de maires (33,3 % parmi les 1ers adjoints, 42,2 % parmi les 2e adjoints, 44,6 % parmi les autres adjoints au maire). Enfin, on compte 48,58 % de femmes parmi les conseillers municipaux des communes de 1 000 habitants et plus (Les collectivités locales en chiffres, 2020).

À ces élus métropolitains et des DOM, il faut ajouter les élus des collectivités d'outre-mer, les 54 membres du Congrès de Nouvelle-Calédonie, les 57 membres de l'assemblée de Polynésie française et les 20 membres de l'assemblée territoriale de Wallis-et-Futuna, auxquels s'additionnent les presque 2 000 conseillers municipaux de Nouvelle-Calédonie et de Polynésie française.

D'un point de vue socioprofessionnel, les maires qui sont des agriculteurs sont les plus nombreux (14 % environ) parce que les communes de petite taille ont une pondération beaucoup plus forte dans la répartition des maires que dans la population totale. Mais 68,2 % des maires ont 60 ans ou plus, 40 % d'entre eux sont retraités, parce que la fonction de maire exige du temps.

Pendant longtemps, le statut des élus a été ignoré du droit français, au nom d'une conception abstraite de la démocratie qui considérait qu'il suffisait d'être élu pour satisfaire à toutes les conditions et pour remplir de manière adéquate la fonction d'administrateur d'une collectivité. Il faut attendre, une fois encore, 1982 pour qu'un statut de l'élu fasse partie des réformes envisagées et une loi n° 92-108 du 3 février 1992 relative aux conditions d'exercice des mandats locaux pour que ce statut voie une première concrétisation (art. L. 2123-1 et s., L. 3123-1 et s. et L. 4135-1 et s.). Cette loi a été complétée par la loi du 27 février 2002 relative à la démocratie de proximité, et par la loi n° 2015-366 du 31 mars 2015 visant à faciliter l'exercice, par les élus locaux, de leur mandat, qui comprend notamment une Charte de l'élu local, intégrée symboliquement dans un nouvel article L. 1111-1-1 affirmant un certain nombre de principes qui s'apparentent aux conditions d'une bonne gouvernance comme celui selon lequel « L'élu local exerce ses fonctions avec impartialité, diligence, dignité, probité et intégrité » ou affirmant que « L'élu local participe avec assiduité aux réunions de l'organe délibérant et des instances au sein desquelles il a été désigné ». Cette Charte est néanmoins, en l'état actuel du droit, privée de valeur contraignante et, en partie, de sanction. Ce statut a encore été renforcé, en dernier lieu, par la loi n° 2019-1461 du 27 décembre 2019 dite Engagement et proximité. Par ailleurs et, pour l'instant en dehors de tout texte, la loi n'ayant pas prévu de référent déontologue pour les élus locaux, à la différence de ce qui est prévu pour les agents publics, certaines grandes collectivités (régions, métropoles et villes) ont institué des déontologues ou des commissions de déontologie chargés d'une mission de prévention et d'information des risques encourus par les élus notamment en manière de conflits d'intérêts.

Ce statut détermine, à l'heure actuelle, les conditions d'indemnisation et d'exercice du mandat. Il accorde aux élus des garanties en fin de mandat et une protection juridique. En contrepartie, les élus sont susceptibles de voir leur responsabilité engagée. D'autres avancées sont sans doute possibles, en matière de formation et dans l'accès au mandat afin de permettre une meilleure représentation des catégories socioprofessionnelles.

§1. L'indemnisation des mandats locaux

289. Pendant longtemps, les élus exerçaient leur mandat de manière honorifique et le principe de la gratuité était posé par le législateur. Il continue de l'être (art. L. 2123-17 pour les fonctions de maire, d'adjoint et de conseiller municipal), mais il est tempéré par de nombreuses compensations, sous la forme d'indemnités de fonction, sous réserve que les fonctions soient effectivement exercées. Le principe de gratuité, lié à la conception « honorifique » du mandat local, est affirmé « sans préjudice des dispositions du présent chapitre » consacré aux conditions d'exercice des mandats municipaux. Les articles L. 3123-15 et L. 4135-15 n'affirment pas ce même principe de gratuité mais prévoient, pour « l'exercice effectif des fonctions exercées par les membres du conseil départemental et du conseil régional » une indemnité, ce qui signifie qu'il ne peut s'agir d'un traitement, ni d'un salaire. Le principe de la non-rémunération des mandats locaux est ainsi sauvegardé.

Le principe des indemnités de fonction existait pour les élus municipaux et pour les élus départementaux avant 1992, mais il a été amélioré par la loi n° 92-108 du 3 février 1992 précitée. La liberté de fixation de ces indemnités, qui existait pour les élus départementaux et régionaux jusqu'à cette date, donnait lieu à des abus, les assemblées délibérantes votant discrétionnairement au profit de leurs membres des indemnités qui pouvaient varier beaucoup d'un département ou d'une région à l'autre.

Les indemnités de fonction sont calculées par référence à l'indice brut terminal de l'échelle indiciaire de la fonction publique. Encore cette référence constitue-t-elle un maximum de l'indemnité en dessous duquel la collectivité en détermine librement le montant. Elles sont plafonnées à une fois et demie le montant de l'indemnité parlementaire lorsque l'élu exerce plusieurs mandats. Ces indemnités ont été, pour certaines, revalorisées par la loi du 27 décembre 2019.

N'en bénéficient cependant que les conseillers municipaux des communes de plus de 100 000 habitants, les conseillers départementaux et régionaux, les maires et les adjoints, et les présidents et vice-présidents délégataires des assemblées départementales et régionales (art. L. 2123-20, L. 3123-15 et L. 4135-15).

La référence au traitement de la fonction publique se fait par un pourcentage qui varie selon la taille de la collectivité concernée, au sein de la catégorie communale, départementale ou régionale. Ainsi, en ce qui concerne les communes, l'article L. 2123-23 prévoit que l'indemnité de maire dans une commune de moins de 500 habitants est de25,5 % tandis qu'il est de145 % dans les communes de 100 000 habitants et plus. Dans ces dernières communes, l'indemnité est à peu près équivalente au traitement d'un haut fonctionnaire, ce qui est assez logique, compte tenu de la charge de travail. Les strates sont moins nombreuses pour les départements et les régions.

Mais ces indemnités sont allouées en raison de « l'exercice effectif de ses fonctions » par l'élu et non du simple fait qu'il a été élu (art. L. 2123-20 pour les communes). C'est la raison pour laquelle la loi n° 2015-366 du 31 mars 2015 visant à faciliter l'exercice, par les élus locaux, de leur mandat, a imposé, dans un premier temps, pour le calcul des indemnités allouées au titre de l'exercice des fonctions d'élu local, pour les membres des conseils départementaux (art. L. 3123-16) et régionaux (art. L. 4135-16) que le montant des indemnités soit « modulé en fonction de leur participation effective aux séances plénières et aux réunions des commissions dont ils sont membres ». La loi du 27 décembre 2019 étend ce principe de modulation des indemnités des élus en fonction de leur assiduité pour les communes de 50 000 habitants et plus, et aux membres des organes délibérants des EPCI de 50 000 habitants et plus. Ce dispositif reste néanmoins une faculté et la réduction éventuelle de ce montant ne peut dépasser, pour chacun des membres, la moitié de l'indemnité pouvant lui être allouée (art. L. 2123-24-2 et L. 5211-12-2).

En vue de satisfaire aux impératifs de transparence, la loi du 27 décembre 2019 impose aux communes, départements, régions et EPCI d'établir, chaque année, un état présentant l'ensemble des indemnités de toute nature, libellées en euros, dont bénéficient les élus siégeant au conseil, au titre de tout mandat et de toutes fonctions exercés en leur sein et au sein de tout syndicat mixte, de toute SEML, SPL ou SEMOP. Cet état est communiqué chaque année aux conseillers avant l'examen du budget de la structure territoriale dans laquelle ils sont élus (art. L. 2123-24-1-1, L. 5211-12-1, L. 3123-19-2-1, L. 4135-19-2). En outre, les élus locaux, y compris les membres des organes délibérants des EPCI, ont droit au remboursement des frais occasionnés par l'exercice de leur mandat, notamment en cas de déplacement pour les élus départementaux et régionaux qui se rendent aux réunions de l'assemblée ou des organismes dans lesquels ils représentent la collectivité (art. L. 2123-18 et L. 2123-18-1). La création de certaines grandes régions et l'éloignement des capitales régionales qui s'en est suivi ont conduit à un renchérissement de ces coûts pour les élus régionaux.

Parallèlement, la loi du 27 décembre 2019 étend les possibilités d'obtention d'aides financières pour concilier l'exercice du mandat et les devoirs familiaux. Elle introduit également le droit (et non plus la simple faculté) pour les membres du conseil municipal de bénéficier d'un remboursement par la commune des frais de garde d'enfants ou d'assistance aux personnes âgées, handicapées ou ayant besoin d'une aide personnelle à leur domicile qu'ils ont engagés en raison de leur participation aux réunions du conseil municipal, des commissions dont ils sont membres ou des bureaux des organismes où ils ont été désignés pour représenter la commune. Ce remboursement ne peut excéder, par heure, le montant horaire du salaire minimum de croissance. Les modalités de remboursement sont fixées par délibération du conseil municipal (art. L. 2123-18-2). L'État compense ce coût supplémentaire pour les communes de moins de 3 500 habitants.

De même, peuvent se voir accorder une aide financière par l'assemblée délibérante les maires, les adjoints au maire pour les communes (art. L. 2123-18-4), les présidents et les vice-présidents ayant reçu délégation des départements et des régions, qui utilisent le chèque emploi-service universel prévu par l'article L. 1271-1 du Code du travail pour assurer la rémunération des salariés ou des associations ou entreprises agréées, chargés soit de la garde des enfants, soit de l'assistance aux personnes âgées, handicapées ou à celles qui ont besoin d'une aide personnelle à leur domicile ou d'une aide à la mobilité dans l'environnement de proximité favorisant leur maintien à domicile en application des articles L. 7231-1 et L. 7232-1 du même code.

§2. Les conditions d'exercice du mandat local

290. Celles-ci sont multiples. Toutefois, seuls le droit à la formation, la disponibilité nécessaire pour exercer un mandat et le contrôle du patrimoine des élus sont ici présentés.

A. Le droit à la formation

291. Il constitue une des innovations de la loi n° 92-108 du 3 février 1992 relative aux conditions d'exercice des mandats locaux et il met fin à l'idée selon laquelle l'élection suffit à rendre compétent. Les élus locaux ne se contentent pas, à la différence des parlementaires, de représenter la nation, ils sont chargés d'administrer une collectivité, avec des budgets et, parfois, un personnel importants. La révélation d'un certain nombre d'affaires, l'accroissement, du fait de la décentralisation et du transfert de compétences nouvelles dans des domaines parfois techniques comme l'urbanisme, de la charge que représente la gestion d'une collectivité, le risque de dessaisissement par une fonction publique plus compétente depuis 1984 ont accéléré aussi la prise de conscience de la nécessité de permettre la formation de ces élus.

À partir de la loi de 1992, chaque élu qui le souhaitait avait droit, au cours de son mandat, à six jours de formation dispensée gratuitement par un organisme agréé dans un domaine de son choix mais en rapport avec l'exercice de son mandat (art. L. 2123-12, L. 3123-10 et L. 4135-10). La durée du congé a été allongée de six à dix-huit jours par mandat par la loi du 27 février 2002. Les élus ne sont cependant pas obligés d'utiliser ce droit qui reste une faculté. Il semble en outre que la formation n'était pas une priorité pour les élus.

C'est la raison pour laquelle la loi précitée du 31 mars 2015 a réorganisé les modalités du droit à la formation qui devient un droit individuel à la formation (DIF) qui était d'une durée de vingt heures par année complète de mandat (art. L. 2123-12-1, art. L. 3123-10-1, art. L. 4135-10-1).

Parallèlement, une formation est obligatoirement organisée au cours de la première année de mandat pour les élus ayant reçu une délégation, dans toutes les communes quel que soit leur seuil (depuis la loi du 27 décembre 2019), les départements et les régions, la loi considérant que le suffrage universel n'est pas suffisant pour donner des compétences aux élus (art. L. 2123-12, L. 3123-10, L. 4135-10).

Sur habilitation de la loi du 27 décembre 2019, l'ordonnance n° 2021-45 du 20 janvier 2021 modernise les outils de formation des élus locaux, améliore la transparence et le contrôle en mobilisant certains outils du droit commun de la formation professionnelle (art. L. 2123-12-1). Elle entend ainsi répondre à un certain nombre de critiques formulées par l'IGA-IGAS dans un rapport remis le 15 janvier 2020 au ministre chargé des collectivités territoriales.

Le droit individuel à la formation est depuis l'ordonnance de janvier 2021 comptabilisé en euros. C'est un futur décret en Conseil d'État qui fixera les modalités du calcul, du plafonnement et de la mise en œuvre de ce droit à la formation. Le but recherché par ce nouveau mode de calcul est de permettre aux élus locaux d'opter pour le meilleur rapport qualité/prix et pour des formations plus ou moins longues en fonction de leur coût horaire. Il est financé par une cotisation obligatoire dont le taux ne peut être inférieur à 1 %, prélevée sur les indemnités de fonction perçues par les membres du conseil dans les conditions prévues à l'article L. 1621-3. La mise en œuvre du droit individuel à la formation relève de l'initiative de chacun des élus et peut concerner des formations sans lien avec l'exercice du mandat. Ces formations peuvent notamment contribuer à l'acquisition des compétences nécessaires à la réinsertion professionnelle à l'issue du mandat pour les élus qui n'ont pas liquidé leurs droits à pension au titre de leur activité professionnelle. Les collectivités territoriales ont désormais la possibilité de participer au financement de formations organisées à l'initiative des élus au titre de leur DIF. Cette participation doit être prévue par une délibération et ne peut concerner que les formations liées à l'exercice du mandat et conformes aux orientations prises par la collectivité en matière de formation des élus.

Le Conseil national de la formation des élus locaux (CNFEL), composé d'élus locaux et de personnalités qualifiées, voit ses compétences renforcées (art. L. 1221-1 et s.). Il devra notamment veiller à l'équilibre financier du dispositif en proposant les éventuelles mesures de régulation nécessaires. Plus généralement, il sera chargé de proposer toute adaptation utile de l'ensemble des dispositifs. Il s'appuiera sur un conseil d'orientation, placé auprès de lui, qui intégrera notamment des professionnels du secteur de la formation des élus. Enfin, les organismes de formation des élus locaux feront l'objet d'un contrôle renforcé. En cas de manquement à leurs obligations, l'agrément qu'ils doivent obtenir pour former des élus à l'exercice de leur mandat pourra dorénavant être suspendu, voire leur être retiré, par décision du ministre chargé des Collectivités territoriales, après consultation du CNFEL. Ces organismes seront dorénavant soumis aux mêmes règles de fonctionnement, de qualité et de contrôle que les organismes de formation professionnelle de droit commun.

B. La disponibilité

292. Il est difficile de concilier une vie professionnelle et l'exercice d'un mandat électif, sans même envisager d'autres contraintes. La conséquence de cette situation est que seules certaines catégories sociales, ou certaines tranches d'âges, sont susceptibles de prétendre à un mandat. La loi de 1992 a alors institué un système de crédits d'heures, car il ne suffit pas d'autoriser les élus à assister aux séances plénières des assemblées délibérantes, comme cela était prévu pour les élus municipaux et départementaux avant 1992. Il faut également leur permettre de préparer ces délibérations.

Chaque conseiller municipal, départemental et régional mais aussi chaque membre d'un organe délibérant d'un EPCI qui est salarié de droit privé ou de droit public bénéficie tout d'abord d'autorisations d'absence pour assister aux séances plénières, aux réunions des commissions créées par cette assemblée et des organismes où il représente cette collectivité (art. L. 2123-1, L. 3123-1 et L. 4135-1). Ces autorisations d'absence sont un droit pour le salarié et une obligation pour l'employeur, mais ce dernier n'est pas tenu de payer le temps passé par l'élu à ces séances et ces réunions. Cependant, la collectivité peut compenser la perte de revenus pour les élus ne bénéficiant pas d'indemnités de fonction. Cette dernière possibilité a été étendue aux conseillers municipaux non salariés par la loi n° 2002-276 du 27 février 2002 relative à la démocratie de proximité. En outre, l'exercice du mandat ne peut, en aucune manière, être une cause de licenciement ou de sanction disciplinaire.

Les garanties accordées aux titulaires de mandats ont été renforcées initialement par un crédit d'heures forfaitaire trimestriel pour l'exercice de certains mandats ou fonctions du fait de la charge supplémentaire qu'ils représentaient : en bénéficiaient les maires, adjoints, conseillers départementaux et régionaux, présidents et vice-présidents des conseils départementaux et régionaux. Ce crédit d'heures est destiné à permettre aux élus de disposer du temps nécessaire à l'administration de la collectivité et à la préparation des réunions. La loi n° 2000-295 du 5 avril 2000 relative à la limitation du cumul des mandats électoraux et des fonctions électives et à leurs conditions d'exercice, puis celle du 27 février 2002 précitée, l'a étendu aux conseillers municipaux de communes de 3 500 habitants et plus, puis à tous les conseillers municipaux. Ce seuil de 3 500 habitants n'a pas été modifié malgré le changement de mode de scrutin municipal intervenu par la loi du 17 mai 2013. Ce crédit d'heures, qui varie selon la taille de la commune ou selon que l'élu est président ou vice-président de l'assemblée ou simple conseiller départemental ou régional, ne peut pas excéder un certain seuil fixé par la loi, et qui a été revalorisé, en partie, par la loi du 27 décembre 2019.

Pour prévenir les difficultés que l'exercice d'un mandat peut engendrer dans une entreprise, la loi du 27 décembre 2019 a prévu qu'au début de son mandat d'élu local, le salarié bénéficie, à sa demande, d'un entretien individuel avec son employeur portant sur les modalités pratiques d'exercice de son mandat au regard de son emploi (art. 2123-1 pour les conseillers municipaux). À cette occasion, l'employeur et le salarié membre du conseil municipal peuvent s'accorder sur les mesures à mettre en œuvre pour faciliter la conciliation entre la vie professionnelle et les fonctions électives du salarié et, le cas échéant, sur les conditions de rémunération des temps d'absence consacrés à l'exercice de ces fonctions (même art.).

Les employés, qu'ils soient salariés ou agents publics, bénéficient d'un congé électif, de dix jours d'absence par an, destiné à préparer une élection – c'est-à-dire à faire campagne – aux élections locales (municipales quelle que soit la taille de la commune, cantonales et régionales) et européennes, alors qu'il était réservé jusque-là aux candidats aux élections parlementaires. Ce congé est cependant imputable sur les congés payés.

C. Le contrôle du patrimoine

293. La loi organique n° 2013-906 du 11 octobre 2013 relative à la transparence de la vie publique et la loi n° 2013-907 du 11 octobre 2013

portant le même titre renforcent le contrôle sur la situation patrimoniale et sur les possibles conflits d'intérêts intéressant les maires des communes de plus de 20 000 habitants, les adjoints aux maires des communes de plus de 100 000 habitants, les présidents de conseil départemental et de conseil régional et les vice-présidents de ces deux conseils.

Ils doivent adresser au président de la Haute Autorité pour la transparence de la vie publique une déclaration de situation patrimoniale recensant l'ensemble de leurs biens mobiliers et immobiliers et une déclaration faisant apparaître les intérêts qu'ils détiennent à la date de l'entrée en fonction et dans les cinq années précédant cette date (art. 11-I de loi n° 2013-907).

Les déclarations de patrimoine ne sont pas rendues publiques, le Conseil constitutionnel ayant censuré, sur le fondement d'une atteinte disproportionnée au droit au respect de la vie privée, le principe de la consultation en préfecture des déclarations de patrimoine des titulaires de fonctions exécutives locales (déc. n° 2013-676 DC du 9 octobre 2013, cons. 20). En revanche, le Conseil a admis l'extension de la publicité des déclarations d'intérêts souscrites par les maires et leurs adjoints (cons. 22).

Les sanctions sont lourdes en cas de manquement à ces obligations déclaratives. Elles consistent en une peine d'emprisonnement de trois ans et une amende de 45 000 euros (art. 26 de la loi n° 2013-907). La peine d'inéligibilité peut en outre être prononcée pour une durée de dix ans (art. 27 de la même loi).

§3. Les garanties à l'issue du mandat

294. Lorsqu'à la fin de leur mandat, les maires, les adjoints au maire, les présidents, les vice-présidents de conseils départementaux et régionaux, qui, pour l'exercice de leur mandat, ont cessé d'exercer leur activité professionnelle, l'employeur doit les réintégrer dans leur emploi précédent ou dans un emploi analogue assorti d'une rémunération équivalente (art. L. 2123-9, L. 3123-7, L. 4135-7).

À la fin de leur mandat, les maires, les adjoints ayant reçu délégation de fonction, les présidents ou les vice-présidents ayant délégation de l'exécutif du conseil départemental ou du conseil régional bénéficient également à leur demande d'un stage de remise à niveau organisé dans l'entreprise, compte tenu notamment de l'évolution de leur poste de travail ou de celle des techniques utilisées l'issue de son mandat. Ils ont le droit, sur leur demande, à une formation professionnelle et à un bilan de compétences (art. L. 2123-11, L. 3123-9, L. 4135-9). L'exercice d'un mandat d'élu local peut en outre, depuis la loi du 27 décembre 2019, être pris en compte au titre de la validation des acquis de l'expérience professionnelle (art. 110).

Enfin, il est prévu qu'à l'occasion du renouvellement général des membres du conseil municipal, du conseil départemental ou du conseil régional, tout maire d'une commune de 1 000 habitants au moins ou tout adjoint dans une commune de 20 000 habitants au moins ayant reçu délégation de fonction de celui-ci, tout président, tout vice-président du conseil départemental ou régional, qui, pour l'exercice de son mandat, avait cessé d'exercer son activité professionnelle perçoit, sur sa demande, une allocation différentielle de fin de mandat s'il se trouve dans l'une des situations suivantes : être inscrit à Pôle emploi ou avoir repris une activité professionnelle lui procurant des revenus inférieurs aux indemnités de fonction qu'il percevait au titre de sa dernière fonction élective (art. L. 2123-11-2, L. 3123-9-2, L. 4135-9-2). Le montant mensuel de l'allocation est au plus égal à 80 % de la différence entre le montant de l'indemnité brute mensuelle que l'intéressé percevait pour l'exercice de ses fonctions, dans la limite des taux maximaux, et l'ensemble des ressources qu'il perçoit à l'issue du mandat. L'allocation est versée pendant une période de six mois au plus.

§4. La responsabilité de l'élu local

295. Outre la responsabilité civile, les élus peuvent voir leurs responsabilités financière et pénale engagées.

A. La responsabilité civile

296. Si cette responsabilité est matériellement civile, parce qu'elle se distingue des responsabilités financière, pénale et politique, elle relève des juridictions administratives du fait de la qualité d'autorités administratives des élus locaux. Les juridictions judiciaires ne retrouvent leur compétence qu'en cas de faute personnelle détachable du service. Les élus locaux comme tous les agents publics sont soumis aux règles du droit de la responsabilité administrative. Leur responsabilité personnelle est donc très rarement engagée. La plupart des fautes qu'ils pourraient commettre sont susceptibles d'engager devant le juge administratif la responsabilité de la collectivité dont ils sont les élus. C'est le cas des fautes personnelles commises dans l'exercice de leurs fonctions. La décision Lemonnier (CE, 26 juillet 1918, *Lemonnier*, Lebon, p. 761), rendue à propos d'un maire ayant omis de prendre des mesures de sécurité en matière de réglementation d'un stand de tir, fondement d'une jurisprudence bien connue, trouve des applications plus récentes (CE, 2 mars 2007, *Banque française commerciale de l'océan Indien*, Lebon, p. 1072, à propos d'un maire ayant établi de faux certificats administratifs attestant de la réalisation de prestations par une entreprise titulaire d'un marché). En cas de faute personnelle, commise dans l'exercice de son mandat et qui présente le caractère d'une faute inexcusable ou qui manifeste une intention malveillante, la victime a, en application de la théorie du cumul des responsabilités, le choix d'engager soit la responsabilité personnelle du maire devant le juge judiciaire, soit la responsabilité administrative de la commune devant le juge administratif. Le plus souvent, la victime choisira la seconde option, la personne publique étant toujours solvable. Cette option n'interdira pas à la collectivité territoriale de se retourner ensuite contre son élu dans le cadre d'une action récursoire afin d'obtenir du juge la répartition définitive de la charge financière de l'indemnisation (TC,

21 janvier 1985, *Hospice de Châteauneuf du Pape et Cne de Châteauneuf du Pape c/M. Jeune*, Lebon, p. 519).

B. La responsabilité financière

297. À côté de la gestion de fait susceptible d'être sanctionnée par les chambres régionales des comptes (voir *supra*, « Le contrôle des collectivités territoriales »), les élus locaux sont en principe irresponsables financièrement devant la Cour de discipline budgétaire et financière (art. L. 312-1-II du Code des juridictions financières, CJF). Ce principe est traditionnellement justifié par le caractère politique du mandat des élus et par l'importance, pendant longtemps, de la tutelle de l'État.

Cependant, cette irresponsabilité des élus locaux ne joue qu'à raison des actes accomplis dans l'exercice de leurs fonctions (*ibidem*) ou lorsqu'ils ont agi « dans des fonctions qui, en raison de dispositions législatives ou réglementaires, sont l'accessoire obligé de leur fonction principale » (art. L. 312-1-III du CJF). Un élu peut ainsi être justiciable de la Cour s'il préside un organisme extérieur de la collectivité territoriale, non pas en vertu de dispositions législatives ou réglementaires, mais du fait d'une élection par les instances dudit organisme (par exemple, pour la présidence de sociétés d'économie mixte locale, CDBF, 25 mars 2010, *Sté immobilière d'économie mixte de la Ville de Paris*).

Toutefois, et par dérogation au principe d'irresponsabilité, les élus locaux sont, en application de l'article L. 312-2 du CJF, justiciables de la Cour à raison des actes accomplis dans l'exercice de leurs fonctions, dès lors qu'ils ont commis l'une des deux infractions mentionnées aux articles L. 313-7 (méconnaissance des dispositions relatives à l'exécution des décisions de justice, par ex. CDBF, 20 décembre 2001, *Janky c/Région Guadeloupe*) et L. 313-2 du Code des juridictions financières (droit de réquisition en vue de procurer à autrui un avantage injustifié, CDBF 25 mars 2020, *Sté immobilière d'économie mixte ville de Paris*).

C. La responsabilité pénale

298. Les poursuites pénales engagées à l'encontre des élus locaux restent nombreuses. 1 700 élus ont été poursuivis dans l'exercice de leurs fonctions au cours de la mandature 2014-2020 soit environ 284 élus locaux par an. Le taux de mise en cause est de 0, 302 % toutes infractions confondues et le taux de condamnation (rapport entre le nombre de condamnations et le nombre de poursuites) est de 43 %, soit entre 2014 et 2020, 339 élus locaux condamnés, toutes infractions confondues (v. Rapport annuel de l'observatoire SMACL 2020). Cette responsabilité pénale n'est donc pas théorique, en dépit de l'évolution de la législation relative aux infractions non intentionnelles depuis la loi n° 2000-647 du 10 juillet 2000 tendant à préciser la définition des délits non intentionnels. La pénalisation importante de la vie publique locale s'explique non seulement par l'accroissement des transferts de compétences des collectivités territoriales, mais aussi par la progression des délits d'atteinte à l'honneur. Les élus sont ceux qui « payent » pour des faits qui se sont produits pendant l'exercice de leurs fonctions et qui constituent pour les victimes des coupables faciles à identifier. La responsabilité pénale encourue par tous les élus locaux, qu'ils soient organes exécutifs ou membres des organes délibérants, peut être engagée en cas d'infractions intentionnelles et en cas d'infractions non intentionnelles.

1. Les infractions intentionnelles

299. Les principales infractions intentionnelles, sanctionnant des manquements au devoir de probité et donnant lieu à l'engagement de la responsabilité pénale des élus locaux sont le délit de prise illégale d'intérêts (art. 432-12 du Code pénal) et le délit de favoritisme (art. 432-14 du Code pénal).

Le délit de prise illégale d'intérêts vise à réprimer la confusion entre l'intérêt public et l'intérêt privé. Il est défini comme « le fait, par une personne dépositaire de l'autorité publique ou chargée d'une mission de service public ou par une personne investie d'un mandat électif public de prendre, recevoir ou conserver, directement ou indirectement un intérêt quelconque dans une entreprise ou une opération dont elle a, au moment de l'acte, en tout ou partie, la charge d'assurer la surveillance, l'administration, la liquidation ou le paiement » (art. 432-12 du Code pénal). Ainsi un maire qui est intervenu, en qualité de président d'une commission d'appel d'offres, dans l'attribution de plusieurs marchés de travaux à des sociétés gérées par sa compagne et ses enfants, a été déclaré coupable de ce délit (Cass. crim., 21 juin 2000, n° 99-86.871). Sont en revanche exclus de la qualification de prise illégale d'intérêts la rémunération ou les avantages particuliers que les élus locaux peuvent recevoir en tant que dirigeants de sociétés d'économie mixte locales, à condition que la rémunération ou ces avantages soient autorisés par une délibération expresse de l'assemblée délibérante de la collectivité dont ils sont mandataires (art. L. 1524-5).

Depuis la loi n° 2013-1117 du 6 décembre 2013 relative à la lutte contre la fraude fiscale et la grande délinquance économique et financière, l'auteur d'un délit de prise illégale d'intérêts encourt une peine de cinq ans d'emprisonnement et une amende de 500 000 euros dont le montant peut être porté au double du produit tiré de l'infraction. Depuis l'entrée en vigueur de la loi n° 2013-907 du 11 octobre 2013 relative à la transparence de la vie publique, l'interdiction des droits civils, de famille et civiques et la peine d'inéligibilité peuvent être prononcées pour une durée de dix ans, à l'encontre de l'auteur de cette infraction.

Le délit de favoritisme est, quant à lui, défini comme le fait de procurer ou de tenter de procurer un avantage injustifié à autrui par un acte contraire aux textes organisant la liberté d'accès et l'égalité des candidats (art. 432-14 du Code pénal). L'élément intentionnel est déduit de l'accomplissement, en toute connaissance de cause, d'un acte contraire aux textes. Ainsi, le fractionnement d'un marché pour ne pas dépasser le seuil de procédure, l'organisation d'un appel d'offres artificiellement infructueux, la modification des offres ou de l'objet du marché après l'ouverture des plis, la communication d'informations privilégiées au profit d'un candidat peuvent constituer un tel délit. Celui-ci est puni de deux ans d'emprisonnement et de 30 000 euros d'amende.

2. Les infractions non intentionnelles

300. À la suite de la révélation de certaines affaires qui ont conduit des élus devant le juge, principalement pénal, ces derniers ont souhaité bénéficier d'une meilleure protection en cas de condamnation pour des infractions non intentionnelles commises dans le cadre de leur mandat. C'est la raison pour laquelle le régime de la responsabilité pénale a été assoupli, pour les fautes non intentionnelles, par la loi du 10 juillet 2000 précitée et dont le titre reflète bien l'intention. Ce régime est aujourd'hui codifié aux articles L. 2123-34, L. 3123-28 et L. 4135-28 du CGCT.

Lorsque l'élu local a contribué directement à la réalisation matérielle du dommage, sa responsabilité pénale ne peut être engagée que s'il est établi qu'il n'a pas accompli les diligences normales compte tenu de ses compétences, du pouvoir et des moyens dont il disposait et des difficultés propres de sa mission (art. 121-3, al. 3 du Code pénal).

S'il a seulement contribué ou s'il n'a pas pris les mesures adéquates en vue d'éviter le dommage, s'il est auteur indirect du dommage, sa condamnation est subordonnée à une faute qualifiée, légalement définie soit comme « la violation manifestement délibérée d'une obligation particulière de prudence et de sécurité prévue par la loi ou le règlement », soit comme une « faute caractérisée » exposant « autrui à un risque d'une particulière gravité qu'il ne pouvait ignorer » (art. 121-3, al. 4 du Code pénal). Un maire a été ainsi condamné pour insuffisance de mesures de nature à prévenir l'homicide et les blessures involontaires du fait de l'électrocution de plusieurs personnes entrées en contact avec les barrières métalliques délimitant la piste d'un bal organisé par la commune (Cass. crim., 11 juin 2003). Par un jugement du 12 décembre 2014 (n° 877/2014), le tribunal de grande instance des Sables-d'Olonne avait condamné à des peines très lourdes (quatre ans de prison ferme) le maire de la commune de la Faute-sur-Mer et l'un de ses adjoints pour ne pas avoir pris des mesures de prévention qui auraient pu empêcher les pertes de vies humaines provoquées par la tempête Xynthia. Cette peine, jugée très sévère par et pour les élus locaux, a été ramenée par un arrêt du 4 avril 2016 de la cour d'appel de Poitiers à une peine de deux ans d'emprisonnement assortie en totalité d'un sursis simple pour le seul maire et à une interdiction définitive d'exercer une fonction publique. La loi n° 2020-546 du 11 mai 2020 prorogeant l'état d'urgence sanitaire et complétant ses dispositions a cherché à répondre à l'inquiétude des maires de voir leur responsabilité pénale plus facilement engagée dans le cadre de la crise sanitaire liée à l'épidémie de covid-19. Elle a ajouté un article L. 3136-2 au Code de la santé publique, réaffirmant l'application de l'article 121-3, alinéa 3 du Code pénal à cette situation particulière. « L'article 121-3 du Code pénal est applicable en tenant compte des compétences, du pouvoir et des moyens dont disposait l'auteur des faits dans la situation de crise ayant justifié l'état d'urgence sanitaire, ainsi que de la nature de ses missions ou de ses fonctions, notamment en tant qu'autorité locale ou employeur ». Cette nouvelle disposition n'ajoute rien à l'état du droit existant et ne devrait donc que très rarement conduire à la condamnation pénale de maires, la preuve de la cause d'une contamination au coronavirus étant par ailleurs quasiment impossible à établir.

§5. La protection de l'élu local

301. Un principe général de protection des élus oblige la collectivité à apporter sa protection fonctionnelle au maire ou à un élu municipal le suppléant ou ayant reçu une délégation, lorsque ceux-ci font l'objet de poursuites pénales à l'occasion de faits qui n'ont pas le caractère de faute détachable de l'exercice de ses fonctions (art. L. 2123-34, v. aussi pour les départements, L. 3123-28, les régions, L. 4135-28 et les EPCI, L. 5211-15). Le bénéfice de cette protection, conditionné à un accord de l'organe délibérant, permet notamment de prendre en charge les frais d'avocats et les frais de justice en cas d'action en justice. La collectivité territoriale dispose en outre aux mêmes fins d'une action directe qu'elle peut exercer, au besoin par voie de constitution de partie civile, devant la juridiction pénale.

Cette protection, équivalente à celle qui existe pour les agents publics, a été instituée pour éviter la fuite des élus devant certaines fonctions particulièrement exposées, principalement celle des maires, du fait de la diversité des domaines d'intervention de la commune, et pour ne pas entraîner la paralysie du fonctionnement des collectivités.

Cette protection pose la délicate question de la distinction entre la faute personnelle et la faute de service. À titre d'exemple, les faux commis par un élu ayant signé des attestations de bonne exécution par des employés municipaux d'un stage de formation alors qu'il ne pouvait ignorer qu'elles étaient fausses, ont été qualifiés de fautes personnelles (CE, 5 avril 2013, n° 349115). L'appréciation du caractère personnel ou non de la faute peut en outre donner lieu à des appréciations divergentes des deux ordres de juridictions. Ainsi, le Conseil d'État tient compte de la gravité des faits commis pour qualifier de faute personnelle la condamnation d'un élu pour favoritisme (CE, 23 décembre 2009, n° 308160, *Genin*), alors que la Cour de cassation a jugé dans un arrêt du 22 février 2012, n° 11-81476 que « les infractions de favoritisme sont [automatiquement] détachables des mandats et fonctions publics exercés par leurs auteurs, obligés d'en supporter personnellement les conséquences ».

La collectivité est également tenue de protéger les maires, présidents, vice-présidents des conseils départementaux et régionaux, les élus municipaux, départementaux et régionaux ayant reçu délégation contre les violences, menaces ou outrages dont ils pourraient être victimes à l'occasion ou du fait de leurs fonctions et de réparer, le cas échéant, le préjudice qui en est résulté (art. L. 2123-35, L. 3123-29, L. 4135-29). La protection s'applique également aux conjoints, enfants et ascendants directs des élus.

Le nombre d'élus victimes d'atteintes volontaires à l'intégrité physique a augmenté ces dernières années : « 361 maires ou maires adjoints ont été victimes de telles atteintes en 2018 dont 211 de menaces ou de chantage et 145 de violences physiques » selon un Rapport d'information (Ph. Bas, Sénat, Commission des lois, 2 oct. 2019, p. 237).

Pour que cette protection soit plus effective, la loi du 27 décembre 2019 oblige chaque commune « à souscrire dans un contrat d'assurance une garantie visant à couvrir le conseil juridique, l'assistance psychologique et les coûts qui résultent de l'obligation de protection » (art. L. 2123-34, al. 3 et L. 2123-35, al. 6). En outre, la loi précise que dans les communes de moins de 3 500 habitants, le montant payé par la commune au titre de cette souscription fait l'objet d'une compensation par l'État (mêmes articles).

La protection passe enfin par une protection sociale qui a été aménagée par la loi du 3 février 1992 et renforcée par celle du 27 février 2002 qui concerne aussi bien les prestations sociales que le régime de retraite.

Section 3
Le fonctionnement des organes locaux

302. Selon une distinction classique qui, malgré les apparences terminologiques, n'est pas similaire à une quelconque séparation des pouvoirs, les collectivités territoriales connaissent deux sortes d'organes, des organes collégiaux ou délibérants et des organes qualifiés d'exécutifs. Cette structure remonte à l'an VIII, même si elle a une source plus lointaine, conformément au principe napoléonien inspiré par Sieyès selon lequel si la délibération pouvait être le fait de plusieurs, l'action ou l'exécution ne devait être le fait que d'un seul et non, comme sous la Révolution, d'organes collégiaux. Les communes, départements et régions possèdent donc tous un organe délibérant, désigné sous le nom de conseil, municipal, départemental, régional, et une autorité exécutive qui est le président de l'organe collégial, qu'il soit le maire, en tant que président du conseil municipal, le président du conseil départemental ou le président du conseil régional. Ces autorités individuelles ou unipersonnelles sont entourées d'adjoints ou de vice-présidents. La réalité contemporaine de ces organes est cependant un peu plus complexe qu'en l'an VIII. Existent en effet des commissions permanentes au sein des conseils départementaux et des conseils régionaux. Les collectivités dérogatoires ou périphériques, principalement outre-mer, connaissent parfois des organes particuliers ou des modes de fonctionnement spécifiques : c'est ainsi que l'organe exécutif de la collectivité territoriale de Corse ou celui de la collectivité territoriale de Martinique n'est pas le président de chacune des assemblées, mais un conseil exécutif collégial.

§1. Le fonctionnement des organes délibérants

303. Comme on ne peut délibérer seul, ces organes sont nécessairement collégiaux, c'est-à-dire composés de plusieurs membres. Se posent alors les questions de la composition de ces assemblées, de leur réunion et de leur mode de décision.

A. La composition des assemblées

304. Ces assemblées doivent être composées d'un nombre de membres qui tient compte de la démographie mais aussi du territoire, sans être pléthoriques au point d'être ingouvernables. C'est le législateur qui est compétent pour fixer toutes ces règles. Il a aussi prévu des organes composés seulement de certains membres de l'organe délibérant.

1. Le nombre de membres des assemblées

305. Le nombre de conseillers n'est pas fonction de la taille de la catégorie considérée de collectivités territoriales : ainsi, des communes peuvent avoir un organe collégial plus important que celui d'un conseil régional. En revanche, à l'intérieur d'une même catégorie, le nombre de membres dépend, dans ses grandes lignes, du facteur démographique.

a. Le nombre de conseillers municipaux

306. S'agissant des communes, le nombre des conseillers municipaux est fixé par l'article L. 2121-2 issu de la loi n° 82-974 du 19 novembre 1982, modifié par la loi n° 2013-403 du 17 mai 2013 relative à l'élection des conseillers départementaux, des conseillers municipaux et des conseillers communautaires, et il comprend dix-neuf strates démographiques, de moins de 100 habitants (7 conseillers municipaux) à 300 000 habitants et au-dessus (69 conseillers).

Ces chiffres illustrent le fait qu'il n'y a pas de réelle proportionnalité et que le nombre de 7 conseillers pour les plus petites communes est disproportionné par rapport au nombre de 69 conseillers pour les très grandes villes. On comprend en outre que, pour les communes les plus petites, trouver 7 conseillers municipaux soit très difficile. Ces difficultés ont conduit le législateur, dans la loi du 27 décembre 2019 dite Engagement et proximité, à admettre une possibilité de déroger aux deux premiers seuils. Le conseil municipal est réputé complet, dans les communes de moins de 100 habitants, dès lors que le conseil municipal compte au moins cinq membres et dans les communes de 100 à 499 habitants, dès lors que le conseil municipal compte au moins neuf membres. Cette dérogation ne s'applique que lorsqu'un nombre insuffisant de candidats a été élu après les élections (art. L. 2121-2-1).

Le chiffre à prendre en compte est celui de la population municipale totale telle qu'elle figure dans les résultats du dernier recensement, et ce chiffre fixé au jour de l'élection produit ses effets pour toute la durée du mandat du conseil municipal, quelles que soient les fluctuations de population durant les six ans du mandat.

Le nombre de conseillers municipaux est toujours fixé à un chiffre impair, afin de diminuer, dans la mesure du possible, les cas de partage égal des voix lors des votes, même si de nombreux facteurs, comme le mode de scrutin applicable dans les communes de 1 000 habitants et plus, limitent de tels risques.

Les trois plus grandes communes échappent à l'article L. 2121-2 et le nombre de conseillers de Paris est fixé à 163 membres, depuis la loi n° 82-1170 du 31 décembre 1982 et a été maintenu par la loi n° 2017-257 du 28 février 2017 relative au statut de Paris et à l'aménagement métropolitain, et celui des conseillers municipaux de Marseille et de Lyon respectivement à 101 et 73, qui fixe aussi le nombre de conseillers à élire par secteur. Ces secteurs correspondaient aux arrondissements à Paris et Lyon, tandis qu'ils regroupent des arrondissements à Marseille. Ces chiffres ont été modifiés depuis cette date pour Marseille par la loi n° 87-509 du 9 juillet 1987 qui a créé deux nouveaux secteurs et réparti autrement les arrondissements, sans changer l'effectif global des conseillers municipaux (tableaux annexés à l'article 273 du Code électoral). Pour Paris, afin de tenir compte des évolutions démographiques affectant différemment les arrondissements depuis les années 1980, la loi n° 2013-403 du 17 mai 2013 a modifié le nombre d'élus et leur répartition par arrondissements (art. L. 261 du Code électoral). Toutefois, certaines des dispositions de la loi et le tableau annexé à la loi ont été jugés contraires à la Constitution par le Conseil constitutionnel dans sa décision n° 2013-667 DC du 17 mai 2013. Il a en effet jugé « qu'en fixant un nombre minimal de trois conseillers de Paris par secteur, le législateur a entendu assurer une représentation minimale de chaque secteur au Conseil de Paris ; que, toutefois, dans les 1er, 2e et 4e arrondissements, le rapport du nombre des conseillers de Paris à la population de l'arrondissement s'écarte de la moyenne constatée à Paris dans une mesure qui est manifestement disproportionnée ». Cette situation a conduit le législateur à adopter un nouveau tableau avant le scrutin municipal de mars 2014 (loi n° 2013-713 du 5 août 2013 fixant le nombre et la répartition des sièges de conseiller de Paris). La loi n° 2017-257 du 28 février 2017 a regroupé les quatre premiers arrondissements parisiens dans un seul secteur (tableau n° 2 annexé au Code électoral).

Le découpage de la commune est aussi sociologique, et donc aussi politique, ce que la loi du 27 février 2002 a voulu prendre en compte en institutionnalisant les « mairies-annexes ». Dans ces annexes, des services municipaux de proximité sont mis à la disposition des habitants. Le Code général reconnaissait déjà l'existence de mairies mobiles, destinées notamment à déplacer certains services, à l'exclusion de ceux de l'état civil (art. L. 2143-1 ancien, al. 1er ajouté par la loi du 6 février 1992). La loi du 27 février 2002 crée une nouvelle catégorie d'annexes à la mairie, que la pratique désigne sous le nom de mairies-annexes, et qui sont réservées aux communes de plus de 100 000 habitants. Sans que cela constitue une innovation totale, car cette pratique était fréquente dans de nombreuses communes, des mairies annexes peuvent être créées, soit dans un quartier, soit pour plusieurs d'entre eux (art. L. 2144-2). Ces mairies-annexes ne peuvent être créées à Paris, Marseille et Lyon, le législateur ayant estimé, sagement, que les mairies d'arrondissement jouaient ce rôle et qu'il n'était pas nécessaire d'ajouter des institutions nouvelles (art. L. 2511-1-1 qui rend expressément inapplicable l'article L. 2144-2 à ces trois communes).

b. Le nombre de conseillers départementaux

307. Le mode de scrutin applicable à l'élection des conseillers départementaux, qui implique des circonscriptions que sont les cantons, interdit à la loi de fixer des systèmes de paliers comme pour les communes. C'est la raison pour laquelle l'article L. 3121-2 renvoie au Code électoral pour ce qui concerne la composition des conseils départementaux. Le nombre de cantons étant fixé par décrets, qui créent ou suppriment des cantons, le nombre de conseillers départementaux dépend de ce chiffre au sein de chaque conseil départemental, sauf le cas particulier du canton de Belfort qui élit quatre conseillers départementaux (art. L. 191 du Code électoral).

Comme les conseils départementaux ont, cependant, une vocation, inscrite depuis la loi de 1871, de représenter les territoires comme la population, il existe une sur-représentation des cantons ruraux et une sous-représentation des cantons urbains.

Comme cela a déjà été mentionné, le système des candidatures par binômes institué par la loi du 17 mai 2013 a obligé le législateur à diviser le nombre de cantons par deux pour ne pas multiplier le nombre global d'élus. Le principe posé par la loi du 17 mai 2013 est alors que le nombre de cantons doit être égal à la moitié du nombre de cantons existant au 1er janvier 2013 le cas échéant arrondi à l'entier supérieur impair (art. L. 191-1 du Code électoral).

Les modifications des limites territoriales des cantons, les créations et suppressions de cantons et le transfert du siège de leur chef-lieu sont décidés par décret en Conseil d'État après consultation du conseil départemental qui se prononce dans un délai de six semaines à compter de sa saisine. À l'expiration de ce délai, son avis est réputé rendu (art. L. 3113-2 du modifié par la loi du 17 mai 2013). Ce pouvoir n'est pas sans limites. Il s'exerce sous le contrôle du juge administratif et il est aussi encadré par l'article L. 3113-2-III (modifié par la loi du 17 mai 2013, voir *supra*, « L'identité des collectivités territoriales »).

c. Le nombre de conseillers régionaux

308. L'effectif de chaque conseil régional est fixé conformément au tableau annexé à l'article L. 337 du Code électoral. Il avait été modifié par diverses lois jusqu'en 2015. Il l'a été, nécessairement, par la loi n° 2015-29 du 16 janvier 2015 relative à la délimitation des régions, aux élections régionales et départementales. Lorsque, en application de l'article L. 4123-1, plusieurs régions sont regroupées en une seule, l'effectif du conseil régional et le nombre de candidats par section départementale pour l'élection de ce conseil régional sont déterminés selon plusieurs règles. L'effectif du conseil régional est égal à la somme des effectifs des conseils régionaux des régions regroupées. Ensuite, le nombre de candidats par section départementale est déterminé en fonction de la population de chaque département à la représentation proportionnelle suivant la règle du plus fort reste. À ce nombre, sont ajoutés, pour chaque section départementale, deux candidats. Les chiffres des populations prises en compte sont ceux des populations légales en vigueur.

Même si la Corse n'est plus, administrativement, une région, l'effectif de l'organe délibérant est déterminé par la loi et l'assemblée territoriale de Corse comprend 51 membres (art. L. 364 du Code électoral auquel renvoie l'article L. 4422-2).

2. Les organes créés au sein des organes délibérants

309. Quel que soit le nombre de membres, une assemblée d'une collectivité territoriale peut créer en son sein des structures plus petites, telles que les commissions. Des groupes politiques peuvent être constitués dans les collectivités les plus importantes. Le cas des arrondissements des trois grandes villes est particulier.

a. Les commissions

310. Les conseils municipaux peuvent créer en leur sein des commissions chargées d'étudier les questions soumises à l'assemblée plénière, dans un souci de bonne administration et pour éviter que certaines discussions se déroulent en présence du public. Ces commissions sont chargées d'étudier et d'instruire les dossiers, et la pratique d'instituer de telles commissions est très fréquente dans les communes à partir d'un certain nombre d'habitants. L'article L. 2121-22 prévoit en effet leur création, y compris pour chacune des séances, mais ne l'impose pas et ne fixe pas de seuil pour leur institution. En réalité, ces commissions sont permanentes en ce qu'elles sont constituées pour toute la durée du mandat municipal. Il est aussi possible de créer des commissions spéciales, à l'image de ce qui existe au sein des assemblées parlementaires. L'article L. 2121-22 précise seulement que c'est le maire qui en est le président de droit et qui les convoque. Ce même article introduit cependant une distinction au sein des communes en rendant obligatoire, dans les communes de 1 000 habitants et plus, une composition de ces commissions qui respecte le principe de la représentation proportionnelle afin de « permettre l'expression pluraliste des élus ». Ce seuil était fixé à 3 500 habitants avant la loi n° 2013-403 du 17 mai 2013 relative à l'élection des conseillers départementaux, des conseillers municipaux et des conseillers communautaires. Chaque formation politique doit disposer d'au moins un représentant au sein de toutes ces commissions (CE, 26 septembre 2012, n° 345568,

Commune de Martigues). L'appréciation de la représentativité des commissions ne se fait pas au seul moment des élections mais doit tenir compte de toutes les circonstances susceptibles d'intervenir en cours de mandat. Le Conseil d'État a en effet imposé le remplacement des conseillers « lorsque la composition [de ces commissions] n'assure plus le respect du principe de représentation proportionnelle des différences tendances en son sein » (CE, 20 novembre 2013, n° 353890, *Commune de Savigny-sur-Orge*).

Le Code général prévoit également la possibilité de créer des commissions au sein des conseils départementaux, sans autre précision, notamment quant aux conditions de composition de ces commissions (art. L. 3121-22) et au sein des conseils régionaux (art. L. 4132-21, avec une rédaction identique).

b. Les groupes d'élus

311. L'article L. 2121-28 prévoit que, dans les communes de plus de 100 000 habitants, des groupes d'élus peuvent se constituer par une déclaration remise au maire et signée des membres. Ces groupes d'élus peuvent bénéficier d'un local, soit en propre, soit en commun avec utilisation de moyens matériels aux frais de la commune. De même, ils peuvent se voir affecter une ou plusieurs personnes au titre de collaborateurs, toujours rémunérées par la commune (art. L. 2121-28). Cette législation est issue de diverses lois, dont celle n° 95-65 du 19 janvier 1995 relative au financement de la vie politique.

Dans les départements et les régions, les dispositions sont identiques et le législateur de 1995 est venu valider une pratique très fréquente que le juge administratif avait censurée au nom de l'absence d'intérêt public local pour la collectivité de créer de tels groupes (art. L. 3121-24 et L. 4132-23). Les règlements intérieurs de ces collectivités peuvent fixer un effectif minimum pour la constitution de ces groupes d'élus.

Le seuil des crédits nécessaires aux dépenses de personnel affecté au fonctionnement de groupes d'élus, pour les trois niveaux de collectivités, a été rehaussé par la loi du 27 février 2002 relative à la démocratie de proximité de 25 à 30 % du montant total des indemnités versées chaque année aux membres du conseil (art. L. 2121-28, al. 4, L. 3121-24, al. 4 et L. 4132-23, al. 4). Le relèvement de ce seuil est de nature à apporter une aide supplémentaire aux élus et contribue encore un peu plus à la ressemblance entre les assemblées locales et les assemblées nationales.

c. Les droits des minorités politiques

312. Cette question n'est pas sans relation avec celle des groupes d'élus. Les droits des élus ont été consacrés par la loi d'orientation n° 92-125 relative à l'administration territoriale de la République du 6 février 1992, dans un chapitre intitulé « Des droits des élus au sein des assemblées locales ». Ces droits étaient surtout conçus comme étant ceux de la minorité au sein de l'assemblée délibérante.

La politisation croissante des élections locales a conduit le législateur à introduire des règles de fonctionnement qui ressemblent à celles que l'on peut rencontrer au sein des assemblées parlementaires. C'est notamment celles qui intéressent les rapports entre majorité politique et minorités, afin de protéger ces élus contre des abus de majorité, elle-même représentée par l'exécutif.

La loi du 6 février 1992 avait déjà inscrit un véritable droit à poser des questions, consacré aux articles L. 2121-19, L. 3121-20 et L. 4132-20. Ce rapprochement est donc, à certains égards, assez naturel puisqu'il s'agit, dans un cas comme dans l'autre, d'assemblées élues au suffrage universel direct, et la décision n° 82-146 DC du Conseil constitutionnel qualifiant les élections locales d'élections politiques n'est peut-être pas étrangère à cette « politisation » des organes délibérants.

La démocratie représentative, envisagée en faveur des élus locaux, bien qu'ils n'aient pas la qualité de représentants de la nation au sens de l'article 3 de la Constitution, est également au centre de la loi n° 2002-276 du 27 février 2002 relative à la démocratie de proximité. L'assimilation entre les règles applicables aux collectivités territoriales et le droit parlementaire connaît au moins une limite, car n'a pas été inscrit dans la loi le principe d'inscrire une séance, annuelle ou d'une autre périodicité, réservée à l'opposition, afin de ne pas renforcer le formalisme du fonctionnement des assemblées locales.

En revanche, l'opposition locale doit avoir une place au sein des moyens de communication des collectivités territoriales. Il s'agit de réserver une tribune dans les bulletins d'information des collectivités aux conseillers élus sur une liste autre que celle ayant obtenu le plus de voix lors du dernier renouvellement du conseil municipal ou ayant déclaré ne pas appartenir à la majorité municipale. Cette obligation, dans les communes de 1 000 habitants (depuis la loi du 7 août 2015 NOTRe), les départements et les régions, relève, au-delà du respect du principe du pluralisme, de la volonté de reconnaître des droits ou un véritable statut à l'opposition locale (art. L. 2121-27-1, L. 3121-24-1 et L. 4132-23-1). Les publications concernées sont les « bulletins d'information générale sur les réalisations et la gestion du conseil municipal » (ou départemental ou régional, selon les articles précités qui adoptent une formulation identique). L'insertion, dans ces bulletins, d'au moins un point de vue différent de celui de la majorité et donc de l'exécutif local a, au minimum, l'avantage, pour l'opposition (ou les oppositions), de leur fournir gratuitement une tribune écrite dont, si on sait qu'elle est largement diffusée, on ignore si elle est lue.

L'opposition, ou les oppositions, c'est-à-dire la minorité ou les minorités, ont aussi un droit à disposer de moyens d'investigation, sous la forme de missions d'information et d'évaluation. Les articles L. 2121-22-1, L. 3121-22-1 et L. 4132-21-1, issus de la loi du 27 février 2002, instituent en effet des missions d'information et d'évaluation chargées de recueillir des éléments d'information sur une question d'intérêt local ou de procéder à l'évaluation d'un service public, dans les communes de 50 000 habitants et plus, dans les départements et dans les régions. Un certain nombre de verrous sont mis à la liberté de création de ces missions. Dans tous les cas, c'est le conseil qui doit délibérer et accepter une telle création et la durée des attributions de ces missions est limitée à six mois, à compter de la date de la délibération qui les a créées, renforçant la similitude avec les commissions d'enquête parlementaires.

Les droits de l'ensemble des élus locaux et ceux accordés plus spécifiquement aux minorités politiques sont susceptibles d'être protégés par le juge administratif saisi d'un référé-liberté (art. L. 521-2 du CJA). En cas d'atteinte grave et manifestement illégale à des droits et en cas d'urgence, les élus peuvent en effet demander au juge l'application des dispositions législatives ou du règlement intérieur (CE, 18 janvier 2001, *Commune de Venelles*, Lebon, p. 18, à propos du refus du maire de convoquer le conseil municipal en vue de délibérer sur la désignation des délégués municipaux au conseil de la communauté d'agglomération ; CE, 28 février 2003, *Commune de Pertuis*, Lebon, p. 68, à propos d'un espace d'expression réservé au sein d'un bulletin d'information locale). Cette protection peut aussi être assurée par le juge administratif saisi d'un référé-suspension (art. L. 521-1 du CJA), lorsque les conditions du référé-liberté ne sont pas réunies (CE, 18 janvier 2001, *Commune de Venelles*, Lebon, p. 18).

d. Les conseils d'arrondissement des trois plus grandes villes françaises

313. Il n'est pas interdit à la loi de créer des organes qui soient plus petits que les organes délibérants, pourvu que ceux-ci ne soient pas supprimés. C'est ce qui ressort de la décision n° 82-149 DC du 28 décembre 1982 du Conseil constitutionnel qui a validé la création des conseils d'arrondissement et des maires d'arrondissement dans ces trois grandes villes. Dans chaque arrondissement, le nombre des conseillers d'arrondissement est le double de celui des conseillers centraux, sans toutefois pouvoir être inférieur à 10 ni supérieur à 40 (art. L. 2511-8, al. 2). Le conseil d'arrondissement est présidé par le maire d'arrondissement, élu en son sein, parmi les membres du conseil municipal (ou de Paris). Les fonctions de maire de la commune et de maire d'arrondissement sont incompatibles (art. L. 2511-25).

B. La réunion des organes délibérants

314. Deux principes d'organisation dominent cette question. Le premier consiste à laisser les collectivités territoriales organiser leur propre fonctionnement au nom de la libre administration. Le second cherche à protéger les droits des élus les plus « fragiles », c'est-à-dire ceux qui n'appartiennent pas à la majorité. La loi n° 92-125 du 6 février 1992 d'orientation relative à l'administration territoriale de la République, complétée par la loi du 27 février 2002 relative à la démocratie de proximité ont voulu, au nom du renforcement de la démocratie locale, fixer un certain nombre de règles dans la loi, faisant peu confiance à la seule bonne volonté des élus. Il existe un clivage d'ordre quasi idéologique entre les partisans d'une inscription dans la loi des dispositions protectrices des droits des élus, et notamment des élus minoritaires, et ceux qui font confiance au libre fonctionnement des assemblées, au nom du principe de libre administration des collectivités territoriales.

Les membres des assemblées délibérantes doivent être convoqués. Le nombre des conseillers doit être suffisant pour que l'assemblée puisse délibérer valablement. La loi n° 2007-1787 du 20 décembre 2007 relative à la simplification du droit prévoit que le conseil municipal peut se réunir dans un autre lieu que la mairie mais sous certaines conditions.

1. La convocation des membres

315. Le conseil municipal doit se réunir au moins une fois par trimestre, depuis la loi n° 70-1297 du 31 décembre 1970 sur la gestion municipale et les libertés communales codifiée à l'article L. 2121-7, mais le maire peut le convoquer autant de fois qu'il le souhaite (art. L. 2121-9). Afin d'éviter une utilisation abusive de ce droit, le préfet ou une partie des membres du conseil (un tiers dans les communes de 3 500 habitants et plus, la moitié dans les autres) peut demander au maire de convoquer le conseil, mais les règles électorales permettent difficilement d'atteindre cet effectif. Ce seuil n'a pas été abaissé par la loi du 17 mai 2013 relative notamment aux élections municipales. Les convocations sont préparées par le maire et elles doivent indiquer les questions portées à l'ordre du jour. Elles sont adressées aux conseillers municipaux à leur domicile, ou à l'adresse de leur choix depuis la loi du 13 août 2004, et par écrit. Depuis la loi du 7 août 2015 NOTRe, la convocation peut être transmise de manière dématérialisée, si les membres en font la demande (art. L. 2121-10). Pour que les conseillers ne soient pas mis en présence de délibérations auxquelles ils seraient totalement étrangers, les convocations doivent être adressées au moins cinq jours francs à l'avance dans les communes de 3 500 habitants et plus, sauf urgence, et elles doivent être accompagnées d'une notice explicative de synthèse sur les affaires soumises à délibération. Dans les autres communes, ce délai est ramené à trois jours (art. L. 2121-11 et 12).

Les règles ne sont pas très différentes pour les conseils départementaux et régionaux. Si c'est bien l'organe exécutif qui exerce aussi la fonction de président de l'assemblée qui a l'initiative de la réunion (art. L. 3121-9 et L. 4132-8), le tiers des membres du conseil ou la commission permanente peut demander la réunion du conseil départemental ou régional (art. L. 3121-10 et art. 4132-9).

En revanche, il existe une obligation d'information préalable des conseillers beaucoup plus contraignante pour les conseils départementaux et les conseils régionaux, ce qui opère une distinction entre les communes et les autres collectivités. Douze jours au moins avant la réunion du conseil départemental ou du conseil régional, le président doit en effet adresser aux conseillers un rapport sur chacune des affaires qui leur seront soumises, et non pas seulement un rapport synthétique (art. L. 3121-19 et L. 4132-18).

Ces deux articles ont été précisés par la loi précitée du 13 août 2004 qui dispose que ces rapports peuvent être adressés « sous quelque forme que ce soit », pour les mêmes raisons techniques que vues ci-dessus (mêmes articles). Le défaut d'information des membres des assemblées délibérantes peut entraîner l'annulation des délibérations.

2. Le quorum nécessaire

316. Il serait contraire à une certaine idée de la démocratie et à la légitimité de ces assemblées locales, de laisser celles-ci décider seulement en présence de quelques-uns de leurs membres. C'est la raison pour laquelle il existe une obligation de quorum qui peut être contournée après une tentative infructueuse pour atteindre l'effectif requis. L'article L. 2121-17 impose que le conseil municipal ne « délibère valablement que lorsque la majorité de ses membres en exercice est présente », et non pas de l'effectif légal, dans le cas où seraient intervenues une ou plusieurs démissions. Toute délibération adoptée sans le quorum est illégale. Les conseillers absents, qui ont donné une procuration pour les représenter, ne comptent pas pour le calcul des présents. Cependant, le conseil municipal peut être convoqué une seconde fois, en cas de quorum non atteint lors de la première réunion, au moins trois jours après cette dernière, et dans ce cas, il n'y a plus de condition de quorum.

Il existe aussi un quorum pour les réunions des conseils départementaux et régionaux qui ne peuvent valablement délibérer que si la majorité absolue des membres est présente. Toutefois, une seconde réunion se tient de plein droit trois jours plus tard sans quorum (art. L. 3121-14 et rédaction identique pour les conseils régionaux à l'article L. 4132-13).

3. Les délibérations des assemblées locales

317. Le mot « délibérer » ne signifie plus seulement, comme à l'époque de la loi de l'an VIII, confronter à plusieurs des opinions diverses afin de refléter une certaine diversité des points de vue, mais a pris le sens de décider ou d'agir, ce qui a correspondu au progrès de la décentralisation à partir du XIXe siècle.

Les délibérations sont donc à la fois les réunions au cours desquelles ont lieu les échanges de points de vue entre les membres des assemblées, et les manifestations de la volonté collective, c'est-à-dire les décisions qui sont prises, quel que soit leur contenu.

Depuis longtemps, le juge est particulièrement vigilant quant à l'existence d'un débat précédant le vote (CE, 1er mai 1903, *Bergeon*, Lebon, p. 324).

a. Un droit à l'information

318. Pour que ces délibérations aient un sens, il faut que les membres des assemblées délibérantes soient informés de ce qui sera débattu au cours des séances. C'est le rôle des dispositions relatives aux convocations vues ci-dessus. Mais cela ne suffit sans doute pas, car c'est sur ce point que la différence de traitement entre les élus majoritaires et les élus minoritaires se fait le plus sentir. Le droit a essayé de corriger ces inégalités, sans doute inévitables dans toute démocratie, mais de manière imparfaite.

C'est ainsi que le Conseil d'État avait, dans un arrêt du 29 juin 1990, *Commune de Guitrancourt et autres* (n° 68743), cherché à proclamer un véritable droit pour les membres des conseils municipaux à être informés de tout ce qui touche aux affaires de la collectivité, de manière à exercer normalement leur mandat. Cette solution valait aussi pour les autres collectivités que les communes.

Peu de temps après cette jurisprudence, la loi a proclamé, pour tout membre d'un conseil « le droit, dans le cadre de sa fonction, d'être informé des affaires de la commune qui font l'objet d'une délibération » (art. L. 2121-13, L. 3121-18 et L. 4132-17, issus de la loi du 6 février 1992). Dans le but d'approfondir ce droit, la loi du 13 août 2004 a précisé, pour les trois niveaux de collectivités, que la collectivité « assure la diffusion de l'information auprès de ses membres élus par les moyens matériels qu'elle juge appropriés. Afin de permettre l'échange d'informations sur les affaires relevant de sa compétence (elle) peut, dans les conditions définies par son assemblée délibérante, mettre à la disposition de ses membres élus, à titre individuel, les moyens informatiques et de télécommunications nécessaires » (art. L. 2121-13-1, L. 3121-18-1 et L. 4132-17). C'est ainsi la circulation de l'information entre la collectivité et ses membres élus qui est facilitée, mais encore faut-il que ces derniers soient équipés de moyens informatiques, ce qui n'est sans doute pas le cas partout !

Les élus locaux disposent également dans le cadre de la délibération d'un droit d'expression et d'un droit d'amendement consacrés et protégés par le juge administratif (respectivement, CE, 22 mai 1987, n° 70085, *Tête* et CAA Paris, 12 février 1998, n° 96PA1170, *Tavernier*). Le règlement intérieur des assemblées (voir *infra*) précise les conditions d'exercice de ces droits. Le droit d'expression est entendu largement, lorsqu'il est exercé dans le cadre d'une délibération du conseil municipal, « instance pour le moins comparable au Parlement » (Cour EDH, 12 avril 2012, n° 54216/09, *M. de Lesquen du Plessis Casso c/ France*, jugeant contraire à l'article 10 de la Convention européenne des droits de l'homme la condamnation pénale d'un élu de l'opposition ayant interpellé l'adjoint chargé des finances pour son implication dans une affaire de marchés publics). Une limite à ce droit d'expression est toutefois prévue pour les conseillers intéressés à l'affaire soumise à l'assemblée, qui ne peuvent participer effectivement ou activement à l'adoption et au vote de la délibération sous peine d'entacher d'illégalité celle-ci (art. L. 2131-11).

b. Le caractère public des séances

319. Le public, en pratique les administrés de la commune, peut assister aux séances du conseil municipal, ce qui est conforme au souci de transparence de l'action locale. Cependant, le maire ou trois membres du conseil peuvent demander que la séance se déroule à huis clos (ou dit aussi de façon imagée en « comité secret ») et le conseil se prononce sur cette demande à la majorité absolue des membres (art. L. 2121-18). Le nombre de membres à l'initiative de la demande est porté à cinq pour les conseils départementaux et pour les conseils régionaux (art. L. 3121-11 et L. 4132-10), mais, en dehors de cette différence, la rédaction de toutes ces dispositions est identique. Tous ces textes précisent aussi que les séances peuvent être retransmises par les moyens de communication audiovisuelle, dans le cas d'une salle de délibération trop petite pour accueillir une grande affluence, sous réserve des pouvoirs de police du président de l'assemblée.

c. La tenue des séances

320. C'est le président de l'assemblée qui, logiquement, préside les séances, à l'exception de celle au cours de laquelle il est élu – elle est alors présidée par le doyen d'âge – et, pour les communes, de celle où est examiné le compte administratif (art. L. 2121-14).

Au-delà du « droit d'expression » reconnu par le Conseil d'État à tout membre, sur les questions inscrites à l'ordre du jour et mises en discussion, la loi du 6 février 1992 a introduit la possibilité pour les membres des assemblées d'exposer des questions orales ayant trait aux affaires de la collectivité (art. L. 2121-19, L. 3121-20 et L. 4132-20). Certains conseils régionaux assurent depuis peu la retransmission à la télévision des séances de questions.

C'est le règlement intérieur, dans les communes de 3 500 habitants et plus, dans les départements et dans les régions, qui fixe la fréquence et les conditions de présentation de ces questions. Là encore, le seuil communal n'a pas été abaissé par la loi de 2013 modifiant le mode de scrutin. Malgré la volonté de « parlementariser » le fonctionnement des assemblées locales, ces textes n'ont pas prévu comment devaient et pouvaient être organisées les réponses.

Les décisions – ou délibérations – sont prises à la majorité absolue des suffrages exprimés par les membres présents ou représentés, par le jeu des procurations, au sein des conseils. Chaque conseiller ne peut recevoir qu'une seule procuration. En cas de partage, la voix du président de séance, qui peut ne pas être le maire ou le président de l'assemblée considérée, est prépondérante (art. L. 2121-20, L. 3121-15 et L. 4132-14).

Le vote doit avoir lieu à bulletin secret dans les cas de nomination ou de présentation de personnes, ou lorsque le tiers des membres présents le réclame (art. L. 2121-21), ou de droit pour les nominations dans les conseils départementaux et régionaux (art. L. 3121-15 et L. 4132-14). Il s'agit de protéger un certain anonymat lorsqu'il est question de personnes nommément désignées. Pour introduire un peu de souplesse et de simplification dans le fonctionnement des assemblées locales, la loi n° 2004-809 du 13 août 2004 a désormais prévu que les conseils municipaux étaient autorisés, lorsqu'ils le décident, à ne plus recourir au scrutin secret pour procéder aux nominations et présentations (art. L. 2121-21, al. 6). Une telle liberté n'a pas été étendue au profit des assemblées départementales et régionales.

Le vote peut, au contraire, se faire au scrutin public en cas de demande (un quart des conseillers municipaux présents, un sixième des conseillers départementaux ou régionaux présents) et dans ce cas, le résultat du scrutin, qui énonce les noms des votants, est reproduit au procès-verbal, ce qui oblige les conseillers à prendre position (art. L. 2121-21, L. 3121-15 et L. 4132-14).

Les délibérations du conseil municipal, signées par tous les membres présents à la séance, sont inscrites sur un registre par ordre de date (art. L. 2121-23 pour les communes). Une disposition équivalente n'est pas prévue pour les autres niveaux de collectivités territoriales.

d. La police et la présidence de l'assemblée

321. Les articles L. 2121-16, L. 3121-12 et L. 4132-11 prévoient de manière identique que le maire ou le président du conseil départemental ou régional a « seul la police de l'assemblée ». Il peut ainsi faire expulser, et même arrêter toute personne susceptible de troubler l'ordre public, y compris lorsque c'est un membre du conseil qui trouble le déroulement de la séance, et recourir si besoin aux agents de la force publique. Une dramatique affaire à Nanterre en 2002, au cours de laquelle plusieurs membres du conseil municipal furent froidement assassinés en pleine réunion publique, a pu montrer que le risque causé par la présence du public n'était pas hypothétique. Au titre de ses pouvoirs, le président de l'assemblée peut réglementer l'usage des appareils de retransmission du son ou de l'image, si ceux-ci sont de nature à perturber le bon ordre et les travaux de l'assemblée. C'est sous la réserve expresse de ces pouvoirs de police du président de l'assemblée que les articles L. 2121-18, L. 3121-12 et L. 4132-10 prévoient que les séances peuvent être retransmises « par les moyens de communication audiovisuelle ». De façon plus traditionnelle, le président a le pouvoir de donner ou de refuser la parole aux membres de l'assemblée.

e. Le règlement intérieur

322. Cet instrument du fonctionnement interne des assemblées locales, qui existe depuis les origines au sein des assemblées parlementaires, est une pratique relativement ancienne en matière locale mais la jurisprudence du Conseil d'État avait toujours refusé de reconnaître un caractère contraignant à ces documents, les considérant comme de simples mesures d'ordre intérieur. Il a fallu l'intervention de la loi du 6 février 1992 pour imposer l'obligation de rédiger un règlement intérieur aux communes de 3 500 habitants et plus, aux départements et aux régions, ce qui n'interdit pas aux autres communes d'en adopter un (art. L. 2121-8, L. 3121-8 et L. 4132-6). La loi prévoit aussi que ce règlement peut faire l'objet d'un déféré préfectoral devant le tribunal administratif. Depuis la promulgation de cette loi, le juge administratif a été conduit à modifier sa jurisprudence et à admettre la recevabilité de recours pour excès de pouvoir exercé contre la délibération par laquelle la collectivité adopte son règlement intérieur (CE, sect., 10 février 1995, n° 147378, *Commune de*

Coudekerque-Branche et, du même jour, *Riehl*). Le Conseil d'État admet aussi l'invocation par voie d'exception de l'illégalité du règlement intérieur à l'occasion du recours pour excès de pouvoir contre une délibération de l'assemblée délibérante. Devenu un acte exécutoire, il s'impose aux décisions prises par les organes exécutifs ou aux délibérations des assemblées sous peine d'être jugés illégaux. La violation d'un article du règlement intérieur peut enfin être invoquée à l'encontre d'une délibération d'une assemblée locale, mais le juge, pour éviter l'afflux de recours, est conduit à distinguer les illégalités substantielles et les autres. Le règlement intérieur est donc devenu un acte produisant des effets juridiques, et qui peut donc faire grief.

§2. L'unité et la diversité des organes exécutifs

323. La tradition française, depuis l'an VIII, veut que les organes exécutifs soient des autorités unipersonnelles et non collégiales, dans un souci d'efficacité. L'élection de ces organes exécutifs, à partir de 1882 pour les maires et, depuis 1982, pour les présidents de conseils départementaux et régionaux, n'a pas changé cet état du droit. En ce qui concerne les trois niveaux de collectivités territoriales de droit commun, l'organe exécutif est le président de l'assemblée délibérante. Ces autorités sont néanmoins entourées d'autres élus qui jouent un rôle exécutif ou qui, pour les commissions permanentes, sont des organes mixtes. Il faut mettre à part les cas de la Corse et de la Martinique pour lesquelles l'organe exécutif est collégial. Dans ces collectivités, le conseil exécutif de Corse dirige l'action de la Collectivité de Corse (art. L. 4422-24), et celui de Martinique « dirige l'action de la collectivité territoriale de Martinique » (art. L. 7224-8). Les collectivités d'outre-mer régies par l'article 74 connaissent des organes exécutifs spécifiques et qui se veulent adaptés à leurs besoins et particularismes, y compris politiques et statutaires. Cet organe exécutif peut être encore un représentant de l'État, comme à Wallis-et-Futuna et dans les Terres australes et antarctiques françaises.

A. L'unité de la municipalité

324. La municipalité est constituée du maire et des adjoints, même si l'expression n'est pas consacrée par les textes et si, en outre, elle sert parfois à désigner, dans le langage courant, l'ensemble des élus municipaux ou même seulement les élus de la majorité. Elle est aussi trompeuse car elle semble indiquer qu'il existe un organe spécifique, doté d'attributions identifiées qui pourrait agir, par exemple, à la place du conseil municipal : il n'en est rien car les adjoints ne possèdent que les pouvoirs du maire, qu'ils exercent par délégation.

1. Le nombre des adjoints

325. C'est le conseil municipal qui fixe le nombre des adjoints. Il existe néanmoins un minimum, puisqu'il y a dans chaque commune « un ou plusieurs adjoints » (art. L. 2122-1), mais aussi un maximum avec un plafond de 30 % de l'effectif légal du conseil municipal, soit de deux à vingt selon la taille du conseil (art. L. 2122-2). Quel que soit leur nombre, les adjoints prennent rang dans l'ordre de leur élection, qui constitue l'ordre du tableau.

La reconnaissance juridique des quartiers par la loi du 27 février 2002 s'est accompagnée de la possibilité de créer des postes d'adjoints de quartier, en plus de la limite des 30 % (art. L. 2122-2-1). Cette création est non seulement possible dans les communes de 80 000 habitants et plus, dans lesquelles les conseils de quartier sont obligatoires, mais aussi dans les communes dont la population est comprise entre 20 000 et 79 999 habitants. On dénombrait 872 adjoints de quartier en 2010 (Conseil d'État, Rapport public, *Consulter autrement, participer efficacement*, 2011, La Documentation française, p. 158).

Au total, en additionnant les adjoints de quartier et les adjoints ancienne manière, le nombre d'adjoints peut donc attendre 40 % de l'effectif légal de ces communes. Ces adjoints de quartier sont désignés dans les mêmes conditions que les adjoints sectoriels, parmi les membres du conseil municipal et selon le même mode de scrutin (art. L. 2122-4 et L. 2122-7).

2. Les délégations des adjoints et des autres conseillers

326. Le principe est que les adjoints n'ont pas de compétences propres, sauf en qualité d'officiers d'état civil (art. L. 2122-32) et d'officiers de police judiciaire (art. L. 2122-31 qui reprend les termes de l'article 16 du Code de procédure pénale), c'est-à-dire pour des fonctions exercées au nom de l'État.

Le maire peut également leur déléguer une partie de ses fonctions, mais « sous sa surveillance et sa responsabilité » (art. L. 2122-18), de même qu'il peut le faire au profit de conseillers municipaux n'ayant pas la qualité d'adjoints, sans qu'il y ait désormais de priorité accordée aux adjoints (depuis la loi du 27 décembre 2019). Les conseillers municipaux peuvent ainsi se voir attribuer une délégation alors même que tous les adjoints n'en disposent pas.

Comme il s'agit de délégations, ces pouvoirs ne sont exercés que tant qu'ils n'ont pas été rapportés par le maire, y compris pour des motifs d'opportunité. Elles s'apparentent à des délégations de signature. Le retrait de délégations est un phénomène fréquent dans la vie des communes françaises, lorsque surgissent des différends personnels ou politiques entre le maire et un ou plusieurs adjoints ou des conseillers ayant reçu délégation. Ceux-ci restent des adjoints ou des conseillers privés de délégations, c'est-à-dire sans pouvoir. La loi n° 2004-809 du 13 août 2004 relative aux libertés et responsabilités locales a cependant ajouté que lorsque le maire a privé un adjoint des délégations qu'il lui avait consenties, le conseil municipal doit se prononcer sur le maintien de cet adjoint dans ses fonctions (art. L. 2122-18, al. 3). Il s'agit de favoriser un meilleur fonctionnement de l'exécutif municipal et d'éviter le maintien en fonction d'un adjoint privé de ses délégations, ce qui n'est pas une hypothèse rare.

Les délégations ne sont pas des droits mais l'expression d'une priorité donnée à certains membres du conseil municipal pour exercer des fonctions qui sont celles du maire et dans un ordre et selon des compétences choisis par le maire, sans que celui-ci soit tenu par le rang d'élection des adjoints.

Mais, en cas d'absence, d'empêchement ou de suspension et révocation du maire, ce sont les adjoints qui doivent remplacer le maire, cette fois dans l'ordre du tableau (art. L. 2122-17). Il ne s'agit plus alors de délégation, mais de suppléance, car l'adjoint remplace le maire dans la plénitude de ses fonctions. Cette situation ne peut être que provisoire.

Toutes ces règles et limites montrent la profonde unité de la gestion municipale autour et sous l'autorité du maire. L'exécutif municipal est bien monocéphale, ce que consacre l'article L. 2122-10 : celui-ci prévoit que l'élection d'un nouveau maire, quelle que soit la cause, entraîne *ipso facto* l'élection de nouveaux adjoints, quelle que soit la taille de la commune (cf. *supra*).

B. Les structures organiques départementales et régionales

327. Il ne s'agit ici que de présenter les différents organes situés à côté des organes exécutifs. Il existe des vice-présidents qui forment un bureau avec le président. Il existe surtout, depuis 1992, des commissions permanentes, dont le mode de désignation a été présenté *supra*.

1. Les vice-présidents

328. Leur nombre est, lui aussi, laissé à la discrétion de l'assemblée, mais dans une fourchette de 4 à 10 pour les conseils départementaux (art. 3122-4), de 4 à 15 pour les conseils régionaux sans que leur nombre ne puisse excéder 30 % de l'effectif du conseil (art. L. 4133-4). Ces vice-présidents peuvent recevoir délégation de la part du président du conseil départemental pour exercer une partie des fonctions de celui-ci (art. L. 3221-3), et ils font obligatoirement partie du bureau (art. L. 4133-8) et de la commission permanente dans tous les cas.

2. Les commissions permanentes

329. Elles sont des émanations des assemblées délibérantes et sont composées du président, des vice-présidents et d'un ou plusieurs autres membres (art. L. 3122-4 et L. 4133-4). Après la répartition des sièges entre les listes, afin de respecter la pluralité des courants de pensée au sein de cette assemblée, le conseil procède à l'affectation des postes de la commission permanente, au scrutin uninominal comme pour l'élection du président et dans l'ordre qu'il a déterminé (art. L. 3122-5 et L. 4133-5).

Cet organe est qualifié de mixte car, s'il est composé du président et d'élus qui peuvent avoir reçu délégation de sa part, il reçoit, en tant que structure collégiale, des délégations de compétences de la part de l'organe délibérant, à l'exception des compétences relatives au vote du budget, à l'approbation du compte administratif et aux mesures prises au nom et pour le compte de l'État (art. L. 3211-2 et L. 4221-5). C'est la raison pour laquelle le Code général présente les compétences de la commission permanente dans le cadre des compétences du conseil départemental ou régional. Mais, comme son nom l'indique, la commission permanente est bien destinée à remplacer, sous l'autorité de l'organe exécutif, l'assemblée plénière. La commission peut demander une réunion de l'assemblée délibérante (art. L. 3121-10 et L. 4132-9). En ce sens, c'est un organe original, dont le rôle, important dans la pratique, est parfois méconnu des administrés.

CHAPITRE 2

Les citoyens, les administrés et les contribuables locaux

330. Les citoyens ou, selon les cas, les administrés, ont souvent été présentés comme les grands oubliés des lois de décentralisation adoptées après 1982. L'on a beaucoup parlé de confiscation de leurs prérogatives, normales dans une démocratie, même locale, au profit des élus. Bien que la loi du 2 mars 1982 ait prévu dans son article 1er qu'une loi relative au développement de la participation des citoyens à la vie locale serait adoptée, il a fallu attendre la loi d'orientation nº 92-125 du 6 février 1992 relative à l'administration territoriale de la République puis la loi nº 2002-276 du 27 février 2002 relative à la démocratie de proximité, pour que ceux-ci fassent réellement leur entrée dans l'administration locale. Encore celle-ci est-elle timide et se manifeste surtout par la consultation des électeurs sur des questions relevant de la compétence des autorités communales. Même après ces lois, il n'existait aucune procédure, malgré quelques tentatives, de démocratie participative ou directe au niveau départemental ou régional. Le cadre trop vaste de ces collectivités se prêtait mal, estimait-on, à ces manifestations nouvelles de participation des citoyens à la vie locale.

La loi constitutionnelle du 28 mars 2003 a apporté des innovations importantes. Elle a tout d'abord inscrit de nouveaux droits, comme le droit de pétition, à l'article 72-1, alinéa 1er de la Constitution, ou encore le référendum décisionnel à tous les niveaux de collectivités territoriales, à l'alinéa 2 de ce même article 72-1. Elle a également prévu des mécanismes de consultation des électeurs, soit pour solliciter leur avis dans l'hypothèse de création d'une collectivité territoriale à statut particulier, à l'article 72-1, alinéa 3 (voir *supra*, 3e partie), soit pour recueillir leur consentement avant un changement de statut pour les collectivités situées outre-mer, comme le prévoit l'article 72-4 (*ibid.*). Les administrés peuvent participer, de différente manière, à la vie locale. Ils peuvent aussi participer, plus ou moins directement, aux décisions locales, au sein d'organes consultatifs, par la voie d'Internet. La démocratie locale passe aussi de plus en plus par la saisine du juge.

Section 1 La participation des administrés à la vie locale

331. L'approfondissement de la démocratie locale prévu par la loi n° 2002-276 du 27 février 2002 relative à la démocratie de proximité concerne non seulement l'accroissement des droits des élus, mais aussi ce qu'il est convenu d'appeler la démocratie participative, qui permet aux habitants d'être mieux associés à la vie locale. Ces habitants peuvent être, selon les cas, aussi bien des administrés que des usagers des services publics. En revanche, ils ne sont pas nécessairement des citoyens. Selon les différentes dispositions applicables, c'est tantôt l'une, tantôt l'autre de ces catégories qui est concernée par les droits reconnus.

La proximité de la gestion municipale, le développement d'Internet et certaines dispositions relatives à l'information des administrés et à la participation, modeste, à la gestion des services publics ou de la vie locale constituent les modalités principales de participation, en dehors des hypothèses de consultation.

§1. Les communes et les quartiers

332. Pendant longtemps, les quartiers n'avaient pas de réelle reconnaissance juridique. Ils occupent une place centrale dans la loi du 27 février 2002. D'une part, des organes nouveaux apparaissent au sein des communes et, d'autre part, l'administration municipale se rapproche officiellement des quartiers.

A. La création des conseils de quartier

333. La démocratie de proximité, appelée aussi « Participation des habitants à la vie locale », est dominée par la création des conseils de quartier, dont les modalités de fonctionnement sont laissées, pour l'essentiel, aux conseils municipaux.

Les conseils de quartier ne sont obligatoires que dans les communes de plus de 80 000 habitants, afin de ne pas rendre obligatoires des institutions trop contraignantes pour les communes d'une taille jugée insuffisante, mais ils peuvent être créés dans les communes dont la population est comprise entre 20 000 et 79 999 habitants. Cinquante-neuf communes étaient concernées par le seuil retenu de 80 000 habitants en 2016, mais elles représentaient plus de sept millions d'habitants, compte tenu de la pyramide des communes françaises, sans comprendre Paris, Marseille et Lyon qui connaissent, avec les arrondissements, une structure qui se rapproche de celle des quartiers. En 2010, on dénombrait 1 516 conseils de quartier (Rapport public Conseil d'État, *Consulter autrement, participer efficacement*, 2011, La Documentation française, p. 157).

Pour constituer ces conseils de quartier, il est nécessaire que le conseil municipal fixe le périmètre de chacun des quartiers constituant la commune (art. L. 2143-1), ce qui n'est pas obligatoirement une opération nouvelle, ceux-ci existant déjà dans la réalité sociologique des communes ou même politique, lorsque certains quartiers correspondent à des cantons ou à des parties de cantons. Dans chaque commune soumise à l'obligation de création d'un conseil de quartier, le maire peut décider que le conseil citoyen prévu à l'article 7 de la loi n° 2014-173 du 21 février 2014 de programmation pour la ville et la cohésion urbaine se substitue au conseil de quartier. Au moins 1 054 conseils citoyens, dont le rôle est de faire participer les habitants à la construction des contrats de ville et à leur pilotage, ont été installés ou en voie d'installation (v. Circulaire du 2 février 2017 relative aux conseils citoyens NOR VJS1703528C). Les conseils citoyens peuvent, depuis la loi n° 2017-86 du 27 janvier 2017 relative à l'égalité et à la citoyenneté, interpeller le préfet sur les difficultés particulières rencontrées par les habitants. Ce pouvoir leur permet de demander la modification du contrat de ville ainsi que la nomination d'un délégué du Gouvernement, dont la fonction est consacrée par la loi.

B. La composition et le fonctionnement des conseils de quartier

334. C'est le conseil municipal qui fixe le découpage territorial, le fonctionnement des conseils de quartier, la limite étant qu'il y ait plus d'un quartier dans une commune (art. L. 2143-1, al. 2). À Paris, Marseille et Lyon, ce sont les conseils d'arrondissement qui créent pour chaque quartier un conseil et un arrondissement ne se limite donc pas à un seul quartier (art. L. 2511-10-1-II). Sont ainsi créés trois niveaux de gestion et de concertation : la commune, l'arrondissement et le quartier. Cette recherche de la proximité à tout prix devrait faire réfléchir les adeptes des grandes structures intercommunales éloignées des préoccupations quotidiennes des administrés. Il n'y a pas d'élection des membres de ces conseils imposée par la loi, et ces derniers ne peuvent être considérés comme des conseils d'arrondissement composés d'élus au suffrage universel direct (art. L. 2511-1). Encore moins peut-on estimer que les quartiers constituent, dans le droit français actuel du moins, des collectivités territoriales d'un nouveau type. Par ailleurs, ces démembrements de la commune ne portent pas atteinte à l'unité juridique communale. Il s'agit tout au plus d'une forme de déconcentration de la gestion municipale ou de la participation à la vie locale, qui se pratiquait déjà dans certaines communes avant la loi de 2002.

S'agissant des compétences de ces conseils, ces derniers ont surtout un rôle consultatif à la demande du maire ou de proposition au maire sur toute question « intéressant le quartier ou la ville ». De façon plus active, ils peuvent être associés à la définition et à l'évaluation des actions menées au titre des politiques de la ville. Plus curieux est l'alinéa 4 de l'article L. 2143-1 prévoyant que les conseils de quartier pourront disposer d'un local et de crédits nécessaires à leur fonctionnement si le conseil municipal en décide ainsi, car on ne voit pas comment ils pourront faire sans ces derniers. Mais la précision s'avérait sans doute nécessaire pour inciter les éventuelles communes réticentes à le faire. La liberté laissée aux communes est grande, notamment quant au montant de ces crédits.

§2. La démocratie par l'information et la participation

335. La démocratie de proximité peut prévoir d'autres voies que le simple rapprochement de l'administration vers les administrés. L'information en est une. L'amélioration du fonctionnement d'organes consultatifs en est une autre. Le développement, en dehors des textes, des nouvelles technologies dans les pratiques de communication et d'actions locales, contribue également à l'apparition d'une « démocratie électronique ».

A. L'information relative aux décisions locales

336. Les destinataires de cette information ne sont pas seulement les électeurs ou les contribuables locaux. Ce sont tous ceux qui sont concernés par les décisions prises par les différentes autorités des collectivités territoriales.

Le Code général des collectivités territoriales prévoit différents dispositifs d'information propres aux collectivités territoriales. Ils consistent principalement dans la publicité des actes des collectivités territoriales, dans la communication de certains documents et actes administratifs et dans la mise à disposition de certains actes administratifs ou de certaines données publiques.

S'agissant d'abord de la publicité des actes, depuis la loi du 27 février 2002, l'affichage est mis sur le même plan que la publication en ce qui concerne les conditions de l'entrée en vigueur des actes des collectivités territoriales. Ce régime vise aussi bien les communes que les départements et les régions, et il intéresse l'ensemble des actes, qu'il s'agisse de ceux soumis à l'obligation de transmission (art. L. 2131-1, L. 3131-1 et L. 4141-1) ou de ceux qui sont exécutoires dès leur publication ou notification (art. L. 2131-3, L. 3131-4 et L. 4141-4). Sont donc concernés aussi bien les délibérations des organes délibérants que les divers actes pris par les autorités exécutives.

La loi NOTRe du 7 août 2015 permet la dématérialisation du recueil des actes administratifs des collectivités territoriales. Cette publication électronique doit être effectuée dans les conditions de nature à garantir leur authenticité. La version électronique doit être mise à la disposition du public de manière permanente et gratuite. L'affichage des actes, s'il est choisi par l'autorité locale, doit être un affichage intégral et non pas un affichage par extraits, comme le prévoyait jusque-là l'article L. 2121-25 qui précise que « dans un délai d'une semaine, le compte rendu de la séance du conseil municipal est affiché à la mairie et mis en ligne sur le site Internet de la commune, lorsqu'il existe » (dans sa rédaction issue de la loi du 7 août 2015, art. 84). Le lieu de cet affichage n'est pas précisé par la loi, mais les dispositions combinées des articles L. 2121-25 et R. 2121-11, prévoyant que l'affichage doit être fait « à la porte de la mairie », ont vocation à s'appliquer. Bien évidemment, cet affichage sert à déterminer le point de départ des délais de recours, de la même manière que la publication au recueil des actes administratifs. Cet affichage ne concerne pas les actes à portée individuelle, pour lesquels seule la notification les rend exécutoires.

La loi NOTRe du 7 août 2015 prévoit qu'en complément de la publication ou de l'affichage en version papier, il peut être assuré, le même jour, une publication sous forme électronique (art. L. 2131-1, L. 3131-1, L. 4141-1). Dans ce dernier cas, la formalité d'affichage des actes a lieu, par extraits, à la mairie et un exemplaire sous forme papier des actes est mis à la disposition du public. La version électronique est mise à la disposition du public de manière permanente et gratuite.

Le dispositif des délibérations des conseils municipaux prises en matière d'intervention économique ou approuvant une convention de délégation de service public fait l'objet d'une publicité particulière par l'insertion dans un journal local diffusé dans la collectivité (art. L. 2121-24, al. 1er). Le dispositif des délibérations à caractère réglementaire doit en outre être publié dans un recueil des actes administratifs dans les communes de 3 500 habitants et plus, dans les départements et les régions (art. L. 2121-24, al. 2, L. 3131-3, L. 4141-3). La publication de ces actes peut être assurée également par voie électronique.

Par ailleurs, et indépendamment de la loi n° 78-753 du 17 juillet 1978 relative aux relations entre l'administration et le public, toute personne physique ou morale peut demander communication des procès-verbaux, des budgets, des comptes de la collectivité et des arrêtés (art. L. 2121-26, L. 3121-17, L. 4132-16). La communication de ces documents doit se faire dans les conditions prévues par la loi du 17 juillet 1978. En revanche, les exceptions au droit d'accès prévues à l'article 6 de cette même loi ne sont pas opposables en tant que telles à une demande présentée sur le fondement de l'article L. 2121-26 (CE, 10 mars 2010, n° 303814, *Commune de Sète*). Certains documents, tels que les budgets et les comptes de la collectivité territoriale, doivent enfin être mis à la disposition du public (art. L. 2313-1, L. 3313-1, L. 4312-1).

En dehors de toute obligation prévue par un texte, certaines collectivités territoriales ont décidé de mettre en ligne sur leur site Internet leurs données publiques, en se dotant d'un portail *open data*. Une nouvelle étape est franchie avec l'introduction d'une obligation pour les collectivités territoriales de diffusion et de mise à disposition des données publiques. La loi n° 2016-1321 du 7 octobre 2016 pour une République numérique impose aux collectivités territoriales de plus de 3 500 habitants de publier en ligne tous les documents disponibles sous forme électronique, qui sont communicables au public, les bases de données, mises à jour de façon régulière, qu'elles produisent ou qu'elles reçoivent et qui ne font pas l'objet d'une diffusion publique par ailleurs et les données, mises à jour de façon régulière, dont la publication présente un intérêt économique, social, sanitaire ou environnemental (nouvel art. L. 312-1-1 du Code des relations entre le public et l'administration et abrogation de l'art. L. 1112-23 du CGCT). L'obligation de diffusion est étendue aux données et bases de données collectées ou produites à l'occasion de l'exploitation d'un service public par un délégataire, lequel devra les fournir à la collectivité délégante. Les collectivités territoriales concourent ici au service public des données publiques, relevant de la responsabilité de l'État. Mais, l'*open data*, c'est-à-dire l'ouverture des données publiques, se heurte à une limite importante, qui est celle du droit au respect des données personnelles. Or, les collectivités territoriales collectent un nombre important de ces données, qu'il s'agisse des données fiscales, policières, sanitaires, familiales..., dont elles doivent ainsi assurer elles-mêmes la protection depuis la loi n° 2018-493 du 20 juin 2018 relative à la protection des données personnelles.

B. Les organes consultatifs

337. La consultation des administrés est prévue par des dispositions particulières du Code de l'urbanisme, du Code de l'expropriation pour cause d'utilité publique ou du Code de l'environnement. Celles-ci organisent les modalités d'information et de consultation des enquêtes publiques et de la procédure de débat public, procédures préalables à certaines opérations menées par les collectivités territoriales. Ces dernières sont organisées par la loi du 27 février 2002 relative à la démocratie de proximité modifiée par la loi n° 2010-788 portant engagement national pour l'environnement du 12 juillet 2010 dite « Grenelle II », par l'ordonnance n° 2016-1061 du 3 août 2016 portant réforme des procédures destinées à assurer l'information et la participation du public à l'élaboration de certaines décisions susceptibles d'avoir une incidence sur l'environnement et par la loi du 7 décembre 2020 d'accélération et de simplification de l'action publique.

Le Code général prévoit de son côté la mise en place d'organes consultatifs placés à côté des organes décisionnels des collectivités territoriales. Certains ne concernent que les communes. D'autres ont été étendus au profit des collectivités les plus importantes. Des organes plus anciens illustrent le souci d'associer des représentants de la société civile ou des « forces vives » de ces collectivités. Ils ne sont pas issus du suffrage universel, ni direct ni indirect.

1. Les comités consultatifs sur les problèmes d'intérêt communal

338. La loi du 6 février 1992 avait légalisé la possibilité de créer des « comités consultatifs sur tout problème d'intérêt communal concernant tout ou partie du territoire de la commune » (art. L. 2143-2). Ces comités sont ce que la pratique appelait parfois des commissions extramunicipales parce qu'elles peuvent comprendre des membres du conseil municipal et des personnes extérieures à celui-ci. C'est sur cette base juridique qu'ont été constitués des conseils municipaux de jeunes ou des conseils des anciens dans certaines communes. Le nombre des membres extérieurs au conseil municipal n'est en effet pas fixé puisque ces comités comprennent « des personnes qui peuvent ne pas appartenir au conseil, notamment des représentants des associations locales » (*ibid.*).

L'article L. 2143-2, alinéa 2, issu de la loi n° 96-987 du 14 novembre 1996 relative au pacte de relance pour la ville, a été modifié par la loi du 27 février 2002 qui précise désormais que « sur proposition du maire, il en fixe la composition pour une durée qui ne peut excéder celle du mandat municipal en cours ». Cette disposition est une mesure de simplification qui évite de renouveler la composition chaque année, au risque d'ailleurs, pour les autorités municipales, d'être contraintes de désigner les mêmes personnes, ou du moins les représentants des mêmes associations, le « vivier » n'étant pas indéfini, surtout dans les petites communes. La nouvelle mesure est destinée à assurer une certaine permanence de ces comités et à donner l'habitude à ces personnes extérieures au conseil de travailler avec les élus. En même temps, une limite est fixée par cette disposition : il s'agit d'éviter, précisément parce que ces organes ne sont pas seulement composés d'élus, qu'ils puissent se maintenir au-delà de la durée légale du mandat municipal, c'est-à-dire six ans, ses membres se sentant en quelque sorte investis d'un mandat indéfini et d'une représentation de droit qui les rendraient plus légitimes que les élus. Il faut laisser à chaque équipe municipale le soin de fixer cette composition.

2. Les commissions consultatives des services publics locaux

339. La démocratie de participation ne se limite pas à celle des quartiers. Elle passe aussi par un plus grand investissement des administrés dans la gestion des services publics. La loi du 27 février 2002 oblige ainsi les collectivités territoriales les plus importantes – régions, départements, communes de plus de 10 000 habitants, établissements publics de coopération intercommunale de plus de 50 000 habitants et syndicats mixtes comprenant au moins une commune de plus de 10 000 habitants – à créer une commission consultative des services publics locaux pour l'ensemble des services publics exploités en délégation ou en régie directe dotée de l'autonomie financière (art. L. 1413-1). A été créé ainsi un chapitre III nouveau et intitulé « Participation des habitants et des usagers à la vie des services publics » qui ne comprend que l'article précité. Ces commissions étaient au nombre de 1 168 en 2010 (Rapport public Conseil d'État, *Consulter autrement, participer efficacement*, La Documentation française, 2011).

Si la commission est présidée par l'exécutif local, elle doit comprendre des membres de l'organe délibérant désignés dans le respect de la représentation proportionnelle ainsi que des représentants des « associations locales », mais qui seront désignés par cet organe. Ces dernières peuvent donc ne pas être seulement des associations d'usagers, à la différence de l'ancienne rédaction qui ne prévoyait que la présence de représentants « d'associations d'usagers du ou des services concernés », ce qui laisse une plus grande souplesse, notamment dans le cas où il n'existe pas d'association d'usagers. La question de la représentativité des associations locales est cependant posée, d'autant que c'est la personne publique qui doit l'apprécier discrétionnairement. La commission doit être convoquée chaque année pour examiner les rapports d'activité relatifs aux services publics les plus sensibles comme celui de l'eau potable, de l'assainissement, celui des ordures ménagères, des services exploités en régie dotée de l'autonomie financière, les rapports établis par les délégataires de service public ou les titulaires de marchés de partenariat. Elle est aussi consultée sur tout projet de délégation de service public, de partenariat ou encore de création d'une régie dotée de l'autonomie financière. La loi est en revanche muette sur la composition précise de ces commissions, notamment quant à la place respective des représentants de la collectivité et des associations, ce qui rend pour l'instant délicate la notion de majorité.

3. Les organes consultatifs associant des représentants de la société civile

340. Ces organes consultatifs associent des représentants de la société civile ou des forces vives de la société sur une base professionnelle.

a. Les conseils économiques, sociaux et environnementaux régionaux

341. Ils sont les héritiers directs des CODER, c'est-à-dire les Commissions de développement économique régional créées par le décret n° 64-252 du 14 mars 1964 et ils correspondent à cette tradition française consistant à faire des régions l'échelon privilégié du développement économique. Ils existent sous cette forme depuis 1972 mais ont changé de nom en 1992, passant de « simples » comités économiques et sociaux à de véritables « conseils ». Puis ils sont, avec la loi n° 2010-788 du 12 juillet 2010 précitée et dite « Grenelle II », devenus des conseils économiques, sociaux et environnementaux. Ils sont composés de représentants socio-professionnels, c'est-à-dire de personnalités de la région venues d'organismes ou exerçant des activités à caractère économique, social, professionnel, familial, éducatif, scientifique, culturel et sportif ou liées à la protection de l'environnement.

Le décret n° 11-112 du 27 janvier 2011 (art. R. 4134-1 et s.) fixe leur composition. Ils sont composés de 69 à 122 membres comprenant 35 % de représentants des entreprises et des activités professionnelles non salariées désignés par les chambres et ordres professionnels, 35 % de représentants des organisations syndicales de salariés représentatives au niveau national désignés par les unions, fédérations et comités régionaux ou départementaux représentatifs dans la région, 25 % de représentants des organismes et associations qui participent à la vie collective de la région désignés par les instances locales représentatives de ces organismes (associations familiales, caisse régionale d'assurance-maladie, etc.) et 5 % de personnalités choisies par le préfet qui « en raison de leur qualité ou de leurs activités, concourent au développement de la région ».

Leurs fonctions, d'une durée de six ans, sont celles d'une « assemblée consultative » auprès du conseil régional et de son président (art. L. 4134-1). Ils se prononcent, obligatoirement et avant l'examen de ces textes par le conseil régional, par des avis, sur le projet de plan de la région, tout document de planification qui intéresse la région et sur tous les documents budgétaires. Ils se prononcent également par des avis sur les orientations générales dans les domaines sur lesquels le conseil régional est appelé à délibérer en application des lois reconnaissant une compétence aux régions. À l'initiative du président du conseil régional, ils peuvent être saisis de demandes d'avis et d'études sur tout projet à caractère économique, social ou culturel. Ils peuvent, enfin, émettre des avis sur toute question entrant dans les compétences de la région.

Depuis la loi du 7 août 2015, NOTRe, les conseils économiques, sociaux et environnementaux régionaux ont également pour mission d'informer les conseils régionaux sur les enjeux et les conséquences économiques, sociaux et environnementaux des politiques régionales, de participer aux consultations organisées à l'échelle régionale et ils contribuent enfin à des évaluations et à un suivi des politiques publiques.

Dépourvus de tout pouvoir de décision, les CESER jouent un rôle d'animation et de réflexion dans la vie régionale, mais les relations avec l'assemblée politique qu'est le conseil régional ne sont pas toujours excellentes.

b. Les commissions communales pour l'accessibilité aux personnes handicapées

342. Depuis la loi n° 2005-102 du 11 février 2005 pour l'égalité des droits et des chances, la participation et la citoyenneté des personnes handicapées, les communes de 5 000 habitants et plus doivent créer une commission communale pour l'accessibilité aux personnes handicapées (art. L. 2143-3). Présidée par le maire, cette commission est composée des représentants de la commune, d'associations ou d'organismes représentant les personnes handicapées pour tous les types de handicap, d'associations ou d'organismes représentant les personnes âgées, des représentants des acteurs économiques et des représentants d'autres usagers de la ville. Cette commission dresse le constat de l'état d'accessibilité du cadre bâti existant, de la voirie, des espaces publics et des transports. Elle établit un rapport annuel présenté au conseil municipal et fait toutes propositions utiles de nature à améliorer la mise en accessibilité de l'existant. Elle est destinataire de documents de suivis et de différents schémas.

La commission est intercommunale lorsque les EPCI sont compétents en matière de transports ou d'aménagement de l'espace. Elle est alors présidée par le président de l'EPCI.

c. Les organes consultatifs particuliers

343. Il existe un Conseil économique, social et culturel de Corse qui comprend depuis l'ordonnance nº 2016-1562 du 21 novembre 2016, trois sections, l'une « économique et sociale et de la prospective », une autre de « la culture, de la langue corse et de l'éducation » et la troisième « de l'environnement et du cadre de vie ». Ses compétences sont élargies, par rapport à ses homologues du continent, à toute étude régionale d'aménagement et d'urbanisme (art. L. 4422-34). L'effectif global ne peut être supérieur à celui de l'Assemblée de Corse et il comprend, à l'heure actuelle, 51 membres.

Les régions d'outre-mer connaissent, à côté des CESR « classiques », un conseil de la culture, de l'éducation et de l'environnement (art. L. 4432-9). Cette disposition ne s'applique plus, à compter du 1er janvier 2016, qu'à la Guadeloupe, à La Réunion et à Mayotte, département ayant des compétences régionales. Cet organe est consulté sur la préparation du plan et lors de l'élaboration du budget pour tout ce qui concerne son domaine d'activité inclus dans sa dénomination, auquel s'ajoutent le tourisme et la protection des sites, de la faune, de la flore. L'environnement se trouve ainsi consacré dans les missions de ces deux organes consultatifs !

Les ROM possèdent enfin chacune un centre régional de promotion de la santé, chargé de veiller à ce que la politique de santé et des soins soit adaptée aux besoins de la région concernée (art. L. 4432-11), et un conseil régional de l'habitat (art. L. 4432-12).

Pour la Guyane et la Martinique, la loi nº 2011-884 du 27 juillet 2011 relative aux collectivités territoriales de Guyane et de Martinique a fusionné le CESER et le conseil de la culture, de l'éducation et de l'environnement en un Conseil économique, social, environnemental, de la culture et de l'éducation mais qui est divisé en deux sections correspondant aux attributions des deux institutions fusionnées (art. L. 7124-2 et art. L. 7226-1).

C. La participation par la voie d'Internet

344. L'insertion de l'outil Internet dans les pratiques de communication et d'action des collectivités locales tend à se développer, en dehors de toute obligation textuelle. Sont ainsi créés des forums municipaux, des réseaux sociaux, des espaces publics numériques, des consultations publiques par Internet. Ces nouveaux outils, apparus en marge des textes, favorisent l'implication d'acteurs nouveaux : associations, groupes d'intérêt isolés, simples citoyens. Il apparaît toutefois que des « experts » jouent un rôle déterminant dans la gestion de ces outils (gestionnaire de site, responsable de la communication…) à un triple niveau : celui de la modération, de la transmission des messages aux responsables politiques et, parfois même, de la rédaction des réponses aux internautes. En outre, les échanges laissent souvent place à la contestation. Les internautes n'hésitent pas à critiquer vivement tant la personne que l'action des responsables locaux, mais aussi les opinions et prises de position des autres intervenants.

L'usage d'Internet permet aussi la participation des administrés à la prise de décision. C'est le cas, par exemple, des budgets participatifs. Ce dispositif permet à des citoyens, non élus, d'être associés à l'élaboration du budget. Il donne lieu à des discussions explicites sur les questions financières, organisées dans des espaces de délibérations publics, afin que la société dans son ensemble soit active dans le processus. Par exemple, chaque année, les Parisiens proposent des projets, puis votent pour certains d'entre eux. Le financement des projets lauréats est adopté lors du vote du budget primitif du Conseil de Paris en décembre.

§3. Le droit de pétition

345. La loi constitutionnelle du 28 mars 2003 a inscrit le droit de pétition à l'article 72-1, alinéa 1er, pour les électeurs de chaque collectivité, c'est-à-dire le droit de « demander l'inscription à l'ordre du jour de l'assemblée délibérante de cette collectivité d'une question relevant de sa compétence ». Ces électeurs ne disposent que du droit de « demander » et non pas de celui « d'obtenir » cette inscription, comme cela avait été envisagé. Une loi, ordinaire, prévue par ce même article, doit fixer les conditions et les modalités de ce droit, notamment le nombre ou le pourcentage nécessaire d'électeurs requis pour que la pétition puisse être recevable, et la date de l'inscription de cette question à l'ordre du jour. Il a fallu attendre le projet de loi 4D, Différenciation, décentralisation, déconcentration et décomplexification pour que soit autorisé un dixième des électeurs inscrits sur les listes électorales dans les communes et un vingtième des électeurs dans les autres collectivités territoriales, à saisir la collectivité de toute affaire relevant de sa compétence, pour l'inviter à délibérer dans un sens déterminé (art. L. 1112-16). La pétition est adressée au maire ou au président de l'assemblée délibérante. Le conseil municipal ou le bureau de l'assemblée délibérante se prononce sur la recevabilité de la pétition par une décision motivée, qui peut faire l'objet d'un recours devant le tribunal administratif. Lorsque la pétition est recevable, le maire ou le président de l'assemblée délibérante en fait rapport lors du plus prochain conseil municipal ou de la plus prochaine session de l'assemblée délibérante. La décision de délibérer sur l'affaire soumise par pétition appartient au conseil municipal ou à l'assemblée délibérante (art. L. 1112-16). En dehors des collectivités de droit commun, ce droit de pétition a été également reconnu, depuis plus longtemps, pour certaines collectivités, qui ont ainsi montré la voie à suivre (à Mayotte, art. LO 6141-1, à Saint-Barthélemy, art. LO 6231-1, à Saint-Martin, art. LO 6331-1 et en Polynésie française, art. 158 de la loi n° 2004-192 du 27 février 2004 portant statut d'autonomie de la Polynésie française).

Section 2
La consultation des électeurs et les référendums locaux

346. Le premier des droits des citoyens, en dehors de celui d'élire des administrateurs chargés de gérer la collectivité territoriale, est celui de décider pour cette dernière. Cette forme de démocratie directe n'a jamais été très développée en France au niveau local, car les élus nationaux restent méfiants à l'égard de toute forme de démagogie locale.

Il a fallu attendre la loi du 6 février 1992 pour que soient encadrées et, d'une certaine façon, limitées les consultations locales des électeurs. Puis la révision constitutionnelle du 28 mars 2003, complétée par la loi organique n° 2003-705 du 1er août 2003 relative au référendum local, a fini par reconnaître un véritable référendum décisionnel, dans toutes les collectivités, et en dehors des cas de consentement ou d'avis des électeurs, lors de la création de collectivités à statut particulier ou d'évolution institutionnelle outre-mer. La loi n° 2004-809 du 13 août 2004 relative aux libertés et responsabilités locales a étendu la possibilité d'organiser des consultations des électeurs dans les départements et les régions, rompant avec la méfiance traditionnelle à l'égard de la démocratie directe dans des collectivités importantes. Ces consultations doivent être distinguées de celles prévues par la loi du 16 décembre 2010 en cas de fusions de collectivités territoriales ou en cas de création de nouvelles collectivités territoriales ou de changement de statut constitutionnel d'une nouvelle collectivité. Les collectivités peuvent également organiser des consultations sur le fondement du Code des relations entre l'administration et le public et non du Code général des collectivités territoriales.

§1. Les consultations locales des électeurs

347. Il faut distinguer le droit applicable avant 2004 et celui élaboré par la loi du 13 août 2004. Il faut distinguer aussi les consultations décidées par une collectivité territoriale et celles qui sont décidées par une autorité étatique mais qui peuvent être organisées sur le territoire d'une collectivité. Relèvent de cette dernière catégorie les consultations locales sur des projets susceptibles d'avoir une incidence sur l'environnement qui ont été insérées en droit français pour tenter de résoudre une situation locale délicate à gérer et relative au projet d'un nouvel aéroport dans l'agglomération nantaise. L'article L. 123-20 du Code de l'environnement affirme ainsi que « l'État peut consulter les électeurs d'une aire territoriale déterminée afin de recueillir leur avis sur un projet d'infrastructure ou d'équipement susceptible d'avoir une incidence sur l'environnement dont la réalisation est subordonnée à la délivrance d'une autorisation relevant de sa compétence, y compris après une déclaration d'utilité publique ». Cette consultation est décidée par décret et elle n'est jamais obligatoire (cf. le décret n° 2016-503 du 23 avril 2016 relatif à la consultation des électeurs des communes de la Loire-Atlantique sur le projet de transfert de l'aéroport de Nantes-Atlantique sur la commune de Notre-Dame-des-Landes). Malgré le résultat positif de la consultation qui a eu lieu le 26 juin 2016, le projet de construction d'un nouvel aéroport a été abandonné par le Premier ministre le 17 janvier 2018.

A. Les consultations des électeurs communaux

348. Le titre II de la loi d'orientation du 6 février 1992, intitulé « Démocratie locale » a proclamé que « Le droit des habitants de la commune à être informés des affaires de celle-ci et à être consultés sur les décisions qui les concernent, indissociable de la libre administration des collectivités territoriales, est un principe essentiel de la démocratie locale ». Cette disposition a été codifiée à l'article L. 2141-1. Le lien entre libre administration, consultation et démocratie locale était, pour la première fois, affirmé.

La loi avait ainsi créé une procédure de consultation des électeurs et avait légalisé, mais encadré par là même, des pratiques de procédure référendaire plus ou moins anciennes dans les communes. Désormais, seuls les électeurs communaux inscrits, et non pas tous les administrés, mais dans les conditions d'une véritable consultation électorale, étaient conduits à exprimer un avis sur une question relative aux décisions que le maire ou le conseil municipal a la compétence de prendre (art. L. 2141-1 et s.). Pour être certain que les électeurs n'expriment qu'un avis et non pas une décision, le conseil municipal était amené à se prononcer après la consultation, « au vu du résultat de la consultation » (ancien art. L. 2142-5), mais sans qu'il y ait d'obligation de prendre une décision, ni dans un sens, ni dans l'autre.

La pratique de la consultation, aidée par la jurisprudence du Conseil d'État, montre que ce procédé de démocratie directe pouvait porter sur toutes questions susceptibles d'entrer dans la compétence des autorités municipales mais qu'elle était exclue dès qu'il s'agissait de questions qui, apparemment d'intérêt local, échappaient à cette compétence, comme la construction de lignes de TGV ou d'autoroutes, de politique d'immigration ou d'attribution de logements sociaux (pour un exemple, CE, 16 décembre 1994, req. n° 146832, *Commune d'Avrillé*, à propos de la compatibilité de la politique d'urbanisme, d'environnement et de qualité de la vie avec le passage d'une autoroute urbaine sur le territoire d'Avrillé, dans le Maine-et-Loire).

La loi n° 95-115 du 4 février 1995 d'orientation pour l'aménagement et le développement du territoire avait organisé la consultation à l'échelle d'un établissement de coopération intercommunale (EPCI) mais pour les seules affaires de la compétence de l'établissement en matière d'aménagement (art. L. 5211-49). Cette loi étendait aussi le droit d'initiative à un cinquième des électeurs inscrits, à l'échelon communal et intercommunal, mais elle fixait des conditions si draconiennes qu'aucune procédure d'initiative populaire n'avait pu aboutir à une consultation.

Cette démocratie de proximité renouvelée par la loi du 27 février 2002 aurait pu s'accompagner d'un renforcement de la démocratie directe. Des amendements avaient en effet prévu, d'une part, que les « habitants » seraient consultés, et non plus les électeurs et, d'autre part, que des consultations pourraient être organisées à l'échelon d'un arrondissement à l'initiative d'un cinquième des électeurs de celui-ci. Ces propositions ont toutefois été rejetées.

En revanche, ni la loi du 6 février 1992 ni celle du 4 février 1995 n'avaient consacré la consultation au niveau départemental, et encore moins régional.

B. L'extension de la consultation à toutes les collectivités territoriales

349. La loi n° 2004-809 du 13 août 2004 relative aux libertés et responsabilités locales a bouleversé une partie du droit applicable aux diverses modalités de démocratie locale directe. Elle à été complétée par le décret n° 2005-1551 du 6 décembre 2005 relatif à la consultation des électeurs et pris pour l'application de cette loi.

Elle a consacré un retour en force de la consultation à tel point que l'on peut se demander si le véritable référendum peut avoir encore une place, malgré son inscription dans le texte constitutionnel. Les consultations dont il est question dans la loi de 2004 sont celles, généralistes pourrait-on dire, susceptibles d'être utilisées sur l'ensemble du territoire français et sur des sujets les plus variés.

Alors que l'objet premier de la réforme législative était d'étendre le champ des consultations, certaines des nouvelles règles rapprochent ces dernières des référendums décisionnels. Le processus consultatif est en effet étendu à l'ensemble des collectivités, qu'il s'agisse des collectivités territoriales ou des établissements publics de coopération intercommunale. Une Section nouvelle, « Consultation des électeurs » est ainsi créée au chapitre « Participation des électeurs aux décisions locales » de la première partie du Code général (art. L. 1112-15 à L. 1112-22). De manière logique, le chapitre consacré aux seules consultations communales, comprenant les articles L. 2142-1 et suivants, fut abrogé.

Les consultations intercommunales restent régies par l'article L. 5211-49 modifié.

Les consultations doivent être organisées à propos de « décisions » que seront amenées à prendre les autorités locales pour « régler les affaires relevant de la compétence de celles-ci ». Compte tenu de la jurisprudence administrative rendue à propos des consultations communales, il faut supposer que ces autorités sont aussi bien les organes délibérants que les autorités exécutives.

Pour autant, la loi du 13 août 2004 a introduit une différence au sein des collectivités territoriales en ce qui concerne l'initiative populaire de la consultation. L'article L. 1112-16 prévoit en effet que, dans les communes, un cinquième des électeurs inscrits sur les listes électorales peut demander l'inscription à l'ordre du jour de l'assemblée délibérante de l'organisation d'une consultation sur « toute affaire relevant de la décision de cette assemblée ». Dans les autres collectivités, le seuil a été fixé à un dixième, ce qui fait une proportion moindre, mais sur une base plus large. Les EPCI profitent de cette ouverture de l'initiative aux électeurs car un cinquième de ces derniers peut demander aussi que « soit inscrite à l'ordre du jour de l'organe délibérant l'organisation d'une consultation sur une affaire relevant de sa décision ». Ce seuil devrait être abaissé par le projet de loi 4D à un dixième des électeurs inscrits sur les listes électorales dans les communes et un vingtième des électeurs dans les autres collectivités territoriales.

L'article L. 5211-49 supprime dans sa nouvelle rédaction la limitation de l'objet des consultations organisées à l'échelon intercommunal puisque celles-ci ne pouvaient être organisées jusque alors qu'« en matière d'aménagement ». Les électeurs peuvent être consultés alors sur toutes « les décisions que l'organe délibérant ou le président de cet établissement sont appelés à prendre pour régler les affaires de la compétence de l'établissement ». Cette procédure contribue un peu plus à rapprocher les règles applicables aux collectivités de celles qui régissent leurs établissements, du moins ceux de regroupement de communes.

De nombreux verrous sont mis dans la loi du 13 août 2004 pour que ces consultations ne formulent que des avis désormais offerts à tous les niveaux de l'administration locale. Si c'est bien l'organe délibérant de la collectivité organisatrice qui arrête le principe et les modalités de la consultation (art. L. 1112-17, al. 1er), la délibération « indique expressément que cette consultation n'est qu'une demande d'avis » (même alinéa). De même, l'article L. 1112-20, qui régit la consultation et ses suites, précise que lorsque les électeurs ont approuvé ou non le projet de délibération ou d'acte qui leur est présenté, l'autorité compétente de la collectivité « arrête sa décision sur l'affaire qui en a fait l'objet », ce qui est une manière de rappeler que les électeurs ne décident juridiquement rien. Ces verrous expliquent que cet outil est peu utilisé. En septembre 2009, le nombre de consultations se montait en effet à 258, mais des statistiques fiables sont difficiles à appréhender (Conseil d'État, rapport public, *Consulter autrement, participer efficacement*, 2011, La Documentation française). La jurisprudence administrative ayant reconnu, avant la loi du 13 août 2004, l'illégalité des délibérations organisant des consultations sur des thèmes relevant de la loi, de l'État, continue à s'appliquer. Il en est ainsi notamment d'une consultation sur le maintien sur le territoire national de populations étrangères relevant des compétences de l'État en vertu de l'ordonnance du 2 novembre 1945 (CE, 16 novembre 1994, n° 148995, *Commune d'Awala-Yalimapo*). L'organisation de telles consultations, loin de permettre aux citoyens d'être consultés, vise d'autres fins, notamment politiques, qui servent avant tout les intérêts des élus. L'encadrement tel qu'il résulte des conditions prévues par la loi est relayé par un contrôle étroit du juge administratif. Le Conseil d'État s'est reconnu compétent pour connaître des délibérations ou des actes décidant l'organisation de consultations, alors que de tels actes auraient pu être regardés comme des actes préparatoires (CE, 16 novembre 1994, *Commune d'Awala-Yalimapo*, préc.). En revanche, aucun recours ne peut être exercé à l'encontre des résultats de la consultation, qui n'expriment qu'un simple avis qui ne lie pas l'autorité compétente pour prendre la décision et qui ne constitue pas un acte faisant grief (CE, 29 décembre 1995, n° 154028, *Geniteau*).

La révision constitutionnelle de 2003 avait néanmoins, peu de temps avant l'adoption de la loi du 13 août 2004, modifié assez profondément l'état du droit, pour introduire le référendum décisionnel.

§2. Le référendum décisionnel

350. La loi constitutionnelle du 28 mars 2003 a introduit plusieurs mécanismes de démocratie locale à l'article 72-1. Elle a notamment institué la procédure du référendum décisionnel par laquelle les électeurs sont amenés à adopter des décisions, dans le cadre des compétences attribuées aux collectivités territoriales, à la place des organes délibérants ou des organes exécutifs (art. 72-1, al. 2). Le référendum est applicable dans toutes les collectivités territoriales, régions, départements et communes de métropole et d'outre-mer. Il est décidé par l'organe délibérant, sur proposition de celui-ci ou de son organe exécutif, mais l'initiative des électeurs ne peut le provoquer, à la différence de la consultation étendue par la loi du 13 août 2004. La loi organique n° 2003-705 du 1er août 2003 relative au référendum local est venue compléter la Constitution et encadrer la procédure du référendum décisionnel, en créant une Section intitulée « Référendum local » au sein du chapitre déjà rencontré « Participation des électeurs aux décisions locales » (art. LO 1112-1 à LO 1112-14). Cette loi a été complétée par le décret n° 2005-433 du 4 mai 2005 pris pour son application. C'est ainsi que le projet soumis à référendum n'est adopté que si la moitié au moins des électeurs inscrits a pris part au scrutin et s'il réunit la majorité des suffrages exprimés (art. L. 1112-7). La première condition est destinée à éviter qu'une minorité des électeurs inscrits ne remette en cause un acte adopté par les organes représentatifs, ce qui constitue une limite de la démocratie participative qui n'a pas son équivalent pour les référendums nationaux. Il n'est pas non plus possible d'organiser des référendums décisionnels durant des périodes électorales ou de campagne électorale (art. LO 1112-6). Si seuls les électeurs, donc nationaux français, peuvent participer aux référendums organisés dans les départements et les régions, c'est fort logiquement que les ressortissants d'un État membre de l'Union européenne, inscrits sur les listes électorales pour participer aux élections municipales, peuvent également participer à un référendum organisé par une commune (art. L. 1112-11). D'après le rapport public du Conseil d'État (*Consulter autrement, participer efficacement*, 2011), de 2005 à 2011, quarante référendums ont été ainsi organisés, surtout dans des petites communes. Il est en effet très difficile d'obtenir des éléments statistiques officiels. L'organisation des référendums est aussi soumise à un contrôle étroit du juge (art. LO 1112-3 et s.). Afin d'éviter la tenue d'un référendum illégal, le préfet détient des pouvoirs dérogatoires par rapport au droit commun du déféré préfectoral.

L'organe exécutif de la collectivité locale doit lui transmettre dans un délai maximum de huit jours la délibération prévoyant le référendum. Le préfet dispose alors d'un délai de dix jours à compter de sa réception pour saisir le juge administratif, qui doit se prononcer dans un délai d'un mois lorsqu'il est saisi d'une demande de suspension. Celle-ci est prononcée lorsque l'un des moyens invoqués paraît, en l'état de l'instruction, propre à créer un doute sérieux quant à la légalité de l'acte attaqué, que ce soit un projet de délibération ou un acte soumis à référendum. Le préfet n'a pas à démontrer l'urgence. Lorsque la délibération organisant le référendum ou le projet de délibération ou d'acte soumis à référendum est de nature à compromettre l'exercice d'une liberté publique ou individuelle, le juge se prononce sur la suspension dans un délai de quarante-huit heures. À ce contrôle préventif s'ajoute un contrôle de la légalité de la décision administrative adoptée par voie de référendum et de la régularité des opérations électorales (art. LO 1112-14).

§3. Les autres consultations

A. Les consultations de l'article 72-1, alinéa 3 de la Constitution

351. L'article 72-1, alinéa 3 de la Constitution a également prévu la consultation des électeurs, décidée par une loi, dans le cas où il est envisagé de créer une collectivité territoriale dotée d'un statut particulier ou de modifier son organisation. À l'origine prévue spécifiquement pour connaître l'avis des électeurs de Corse sur leur avenir institutionnel, cette disposition générale est susceptible de s'appliquer dans d'autres collectivités. Organisée par la loi n° 2003-486 du 10 juin 2003, la consultation relative à un projet de création en Corse d'une collectivité territoriale unique s'est conclue par une majorité de « non ». Bien qu'exprimant en théorie un simple avis, ce vote a bloqué, pendant plusieurs années, tous les projets institutionnels pour la Corse. Certes, l'avis ne lie pas en droit le Gouvernement et le législateur mais ces derniers peuvent s'estimer liés politiquement. Ces consultations apparaissent donc comme de « vrais faux référendums ». Ce sont peut-être ces contraintes qui expliquent que la loi NOTRe du 7 août 2015 a prévu, sans organiser préalablement une consultation des électeurs, la création d'une nouvelle collectivité territoriale en Corse, collectivité à statut particulier au sens de l'article 72 de la Constitution à compter du 1er janvier 2018, en lieu et place de la collectivité territoriale de Corse et des deux départements de Corse. Il semble ainsi faire peu de cas de la consultation, certes facultative, organisée en 2003 (sur cette création, voir *supra*).

L'article 72-1, alinéa 3 renvoie également à une loi le soin de fixer les conditions dans lesquelles les autorités locales peuvent décider de consulter les électeurs sur la modification des limites de leur collectivité.

B. Les consultations de l'article 72-4 de la Constitution

352. Outre-mer, le constituant a jugé qu'il devenait nécessaire de prévoir la possibilité de consulter les électeurs sur leur avenir institutionnel, le vote ayant alors valeur de consentement. L'article 72-4, alinéa 1er de la Constitution organise cette procédure référendaire, décidée par le président de la République. Elle peut être organisée en cas de changement de régime constitutionnel pour les collectivités territoriales situées outre-mer qui souhaiteraient passer du régime de l'article 73 à celui de l'article 74, ou l'inverse. La consultation, en cas d'accord des électeurs de la collectivité ou de la partie de collectivité intéressée, doit être suivie du vote, par le Parlement français, d'une loi organique. Lorsque la consultation est organisée sur proposition du Gouvernement, celui-ci fait, devant chaque assemblée, une déclaration qui est suivie d'un débat, sur le modèle de la procédure de l'article 11 de la Constitution relatif au référendum législatif (art. 72-4, alinéa 2). Cette consultation a été organisée à plusieurs reprises. Le 7 décembre 2003, les électeurs se sont prononcés en faveur de la transformation de Saint-Barthélemy et de Saint-Martin en COM. Le 29 mars 2009, les électeurs de Mayotte ont donné leur consentement au changement de régime de leur collectivité et sa transformation de COM en une collectivité unique appelée « Département de Mayotte » et régie par l'article 73 de la Constitution. Le 10 janvier 2010, les électeurs de Martinique et de Guyane ont rejeté massivement la transformation de leur DOM et ROM respectifs en COM (voir *supra Partie III*).

En outre, l'article 72-4, alinéa 2 de la Constitution dispose que « le président de la République, sur proposition du Gouvernement pendant la durée des sessions ou sur proposition conjointe des deux assemblées, publiées au *Journal officiel*, peut décider de consulter les électeurs d'une collectivité territoriale située outre-mer sur une question relative à son organisation, à ses compétences ou à son régime législatif ». Même si le texte n'est pas explicite sur ce point, la consultation ne nécessite pas le recours à la loi organique pour en traduire le résultat.

C. La consultation de l'article 73, alinéa 7 de la Constitution

353. L'accord des électeurs concernés est également requis pour les départements et régions d'outre-mer qui voudraient créer une collectivité unique se substituant à un département et à une région d'outre-mer, ou instituer une assemblée unique (art. 73, al. 7). La consultation doit être suivie d'une loi ordinaire.

Cette consultation a été organisée en Guadeloupe et en Martinique, en décembre 2003, destinée à recueillir le consentement des électeurs en vue de la création d'une collectivité territoriale unique demeurant régie par l'article 73 de la Constitution et se substituant à la région et au département d'outre-mer (sur le contrôle du juge administratif, CE, 4 décembre 2003, *Feler*, Lebon, p. 491). Les électeurs ont assez massivement voté contre ces projets.

En revanche, le 24 janvier 2010, les électeurs des régions monodépartementales de la Guyane et de la Martinique ont approuvé la transformation de leur collectivité en collectivité à statut unique régie par l'article 73 exerçant à la fois les compétences départementales et régionales, après avoir rejeté la transformation de leurs collectivités en COM (voir *supra*, loi n° 2011-884 du 27 juillet 2011 applicable à compter de 2015).

D. Les consultations en cas de fusion de collectivités territoriales

354. La loi du 16 décembre 2010 avait modifié et unifié, en vue de les faciliter, les conditions de regroupement par fusion de départements d'une même région (art. L. 3114-1) ou de régions (art. L. 4123-1 aujourd'hui abrogé) ou encore d'une région avec les départements qui la composent au profit d'une collectivité unique (art. L. 4124-1).

La procédure, volontaire, procédait de l'initiative des collectivités concernées : elle débutait par l'adoption de délibérations concordantes des conseils dans le sens de la fusion ; la décision de regroupement était ensuite prise par décret en Conseil d'État, après l'organisation d'une consultation des électeurs, seulement si ce projet de regroupement avait recueilli dans chacune des collectivités concernées l'accord de la majorité absolue des suffrages exprimés correspondant à un nombre de voix au moins égal au quart des électeurs inscrits. Le Gouvernement pouvait toujours refuser le projet de fusion même en cas de vote positif. En revanche, le vote négatif des électeurs empêchait la procédure de fusion d'aboutir.

Cette procédure a été mise en œuvre dans le cadre du projet de fusion des deux départements alsaciens avec leur région mais n'a pu être menée à son terme en raison de l'échec du référendum du 7 avril 2013. Seulement 37,18 % des électeurs haut-rhinois et 35,11 % des électeurs bas-rhinois se sont déplacés aux urnes et ils ont voté respectivement à 34 % dans le département du Haut-Rhin en faveur du « oui » et à 67 % dans le Bas-Rhin (soit 22,90 % des inscrits). Les verrous posés par la loi quant aux modalités d'adoption du projet de fusion, jugés nécessaires par le législateur pour l'exercice d'un véritable choix démocratique étaient et restent salutaires, même s'ils se sont retournés contre les promoteurs du projet alsacien.

La loi n° 2015-29 du 16 janvier 2015 relative à la délimitation des régions, aux élections régionales et départementales et modifiant le calendrier électoral a remis en cause à plusieurs titres cette procédure de consultation et marque un recul important de ce procédé de démocratie directe, devant les échecs répétés des consultations antérieures en Corse et en Alsace qui ont empêché la réalisation de certaines réformes jugées indispensables par les autorités nationales. D'une part, elle crée d'office, et sans consultation préalable des électeurs, de nouvelles régions procédant de la fusion de plusieurs d'entre elles (art. 1). D'autre part, elle supprime l'obligation de consulter les électeurs dans toutes les hypothèses de fusion ou de modification des limites territoriales prévues par la loi du 16 décembre 2010. Dans sa décision nº 2014-709 DC du 15 janvier 2015, le Conseil constitutionnel a précisé que ces procédures de consultation étaient toutes facultatives et que « ni les dispositions des articles 72, alinéa 3 et 72-1 dernier alinéa, ni aucune autre exigence constitutionnelle n'imposent la consultation des collectivités territoriales préalablement au dépôt d'un projet ou à l'adoption d'une loi modifiant leurs délimitations territoriales » (cons. 5).

La procédure de fusion de communes a été elle aussi modifiée par la loi du 16 décembre 2010 (art. L. 2113-1 et s. abrogeant la loi nº 71-588 du 16 juillet 1971 sur les fusions et regroupements de communes modifiée par la loi nº 2004-809 du 13 août 2004 relative aux libertés et responsabilités locales). Elle rend possible la création de « communes nouvelles » résultant de la fusion de plusieurs communes (fusion horizontale) ou de communes avec un établissement public de coopération intercommunale à fiscalité propre (fusion verticale).

Une commune nouvelle peut être créée soit à la demande de tous les conseils municipaux, soit à la demande des deux tiers au moins des conseils municipaux des communes membres d'un même EPCI à fiscalité propre représentant plus des deux tiers de la population totale de celles-ci, soit à la demande de l'organe délibérant de l'EPCI à fiscalité propre, soit à l'initiative du représentant de l'État dans le département (art. L. 2113-2). Dans ce dernier cas, la création de la commune nouvelle est subordonnée à l'accord des deux tiers au moins des conseils municipaux des communes concernées représentant plus des deux tiers de la population totale de celles-ci.

Lorsque la demande ne fait pas l'objet de délibérations concordantes des conseils municipaux de toutes les communes concernées, mais si les conditions de majorité sont réunies, les électeurs inscrits sur les listes municipales sont consultés sur l'opportunité de la création de la commune nouvelle sous certaines conditions de participation. La création ne peut être décidée par arrêté du préfet que si la participation au scrutin est supérieure à la moitié des électeurs inscrits et que le projet recueille dans chacune des communes concernées, l'accord de la majorité absolue des suffrages exprimés correspondant à un nombre de voix au moins égal au quart des électeurs inscrits (art. L. 2113-3).

A été soulevée la question de la constitutionnalité de cette procédure au regard de l'article 72-1, alinéa 3 qui ne prévoit qu'une procédure facultative de consultation qui ne lie pas le législateur. Le Conseil constitutionnel, saisi de la constitutionnalité des dispositions antérieures à la loi de 2010, a jugé que la décision de procéder à la fusion des communes ne constitue pas un acte portant atteinte à la libre administration des collectivités territoriales, dans la mesure où cette décision relève de l'organisation de celles-ci, et relève donc à ce titre du pouvoir législatif ou du pouvoir réglementaire (déc. nº 2010-12 QPC du 2 juillet 2010, Commune de Dunkerque). Comme l'indique le commentaire de cette décision aux Cahiers du Conseil constitutionnel, il ne s'est ainsi « pas prononcé sur le point de savoir si la consultation prévue par l'article L. 2113-2 du CGCT sur l'opportunité de la fusion, tel qu'issu de l'article 123 de la loi du 13 août 2004 relative aux libertés et responsabilités locales, revêtait ou non un caractère décisionnel ».

E. Les consultations sur le fondement du Code des relations entre le public et l'administration

355. Les dispositions du CGCT relatives aux consultations et référendums locaux n'ont ni pour objet ni pour effet de faire obstacle à ce que les collectivités territoriales puissent « associer le public à la conception d'une réforme ou à l'élaboration d'un projet ou d'un acte en procédant à une consultation du public selon des modalités qu'elles fixent » sur le fondement de l'article L. 131-1 du Code des relations entre le public et l'administration. Ces consultations peuvent être organisées par la voie électronique et peuvent impliquer un public plus large que les seuls électeurs. Si le Conseil d'État a admis la légalité de ces consultations, il a toutefois précisé leurs conditions d'organisation dans un arrêt du 19 juillet 2017, n° 403928, *Association citoyenne pour L'Occitanie Pays catalan et autres*. Il leur incombe en particulier de respecter les principes d'égalité et d'impartialité, dont il découle que la consultation doit être sincère. L'autorité administrative doit notamment mettre à disposition des personnes concernées une information claire et suffisante sur l'objet de la consultation et ses modalités afin de leur permettre de donner utilement leur opinion, leur laisser un délai raisonnable pour y participer et veiller à ce que les résultats ou les suites envisagées soient, au moment approprié, rendus publics. La régularité de la consultation implique également, d'une part, que la définition du périmètre du public consulté soit pertinente au regard de son objet, et, d'autre part, qu'afin d'assurer sa sincérité, l'autorité administrative prenne, en fonction de cet objet et du périmètre du public consulté, toute mesure relative à son organisation de nature à empêcher que son résultat soit vicié par des avis multiples émanant d'une même personne ou par des avis émis par des personnes extérieures au périmètre délimité. Il incombe enfin à l'autorité administrative de veiller au bon déroulement de la consultation dans le respect des modalités qu'elle a elle-même fixées. Si le juge relève, dans le cadre de son contrôle de légalité, l'existence d'une irrégularité, il lui appartient d'apprécier si elle a privé les intéressés d'une garantie ou a été susceptible d'exercer une influence sur l'acte attaqué.

Section 3
La saisine du juge

356. Outre le contrôle démocratique exercé par les électeurs à chaque consultation électorale et la participation des administrés, des électeurs ou des usagers à la prise de décision ou à la vie locale, ceux-ci peuvent aussi faire valoir leurs droits par la voie contentieuse. Les usagers du service public peuvent, par exemple, agir contre toute décision relative à l'organisation et au fonctionnement de ce service. Les contribuables locaux disposent aussi du droit de contester, à ce seul titre, les décisions ayant des répercussions sur les finances ou le patrimoine des collectivités (CE, 29 mars 1901, *Casanova*, Lebon, p. 333). Les contribuables locaux disposent également d'un mécanisme tout à fait original et ancien qui a connu un certain renouveau. L'article L. 2132-5 autorise en effet un contribuable communal à exercer toutes les actions contentieuses de la commune, que ce soit en défense ou en demande, lorsque celle-ci refuse ou néglige d'exercer une action. Il doit, pour ce faire, obtenir l'autorisation de plaider de la part du tribunal administratif, qui n'intervient pas ici en tant que juge, mais comme une autorité administrative ayant hérité en quelque sorte des attributions anciennes du préfet. Cette procédure a été étendue aux contribuables départementaux (art. L. 3133-1) et régionaux (art. L. 4143-1) par la loi n° 2000-321 du 12 avril 2000 relative aux droits des citoyens dans leurs relations avec les administrations. La loi précise néanmoins que le contribuable local agit à ses frais et risques.

Cette procédure a permis de soumettre au juge certaines affaires de corruption locale, mais elle ne peut être qu'exceptionnelle et n'a pas vocation à remplacer le contrôle de légalité exercé par l'État.

L'évolution de la jurisprudence administrative s'est d'ailleurs montrée peu favorable à cette procédure. Dans une décision Cassinari du 28 avril 2006, n° 280878, le Conseil d'État a jugé que le contribuable qui justifie d'un intérêt à agir personnel n'est pas recevable à exercer un recours à la place de la collectivité locale. Cette solution, qui fait application de la règle de l'exception du recours parallèle, a fait l'objet d'une double critique. D'une part, elle est contraire à l'esprit même du recours du contribuable : le caractère subsidiaire de ce recours doit s'apprécier au regard de la seule carence de la collectivité car c'est cette condition qui est posée par le Code général. En outre, le recours pour excès de pouvoir est une action par laquelle le contribuable défend son intérêt propre, contrairement à l'action exercée au nom de la commune qui est une action solidaire, qui « manifeste les liens naturels de solidarité entre le contribuable et la collectivité ». Ces deux actions ne peuvent être assimilées. D'autre part, cette solution rend désormais périlleux l'exercice de ce recours : s'il exerce un tel recours, le contribuable risque de voir ensuite, en cas de rejet de l'autorisation, la voie du recours pour excès de pouvoir fermée pour tardiveté.

Les administrés peuvent aussi saisir le « médiateur territorial » institutionnalisé par la loi du 27 décembre 2019 (art. L. 1112-24 du CGCT). Personnalité réputée indépendante, il est saisi des réclamations qui lui sont adressées par les personnes physiques ou morales dans le cadre d'un différend avec la collectivité concernée avant la saisine du juge. S'il n'est ni un agent, ni un élu de la collectivité, il reste toutefois choisi par celle-ci pour une durée de cinq ans et ne dispose pas de pouvoirs particuliers. Compte tenu de ces limites, il n'est pas sûr qu'une telle institution rencontre un réel succès.

CHAPITRE 3

Les partenaires publics ou privés des collectivités territoriales

357. En dehors des élus locaux et des administrés, des usagers, des citoyens ou des contribuables locaux, d'autres acteurs locaux interviennent en tant que partenaires publics ou privés des collectivités territoriales. Ainsi les entreprises privées, les associations et les établissements publics locaux, les autres personnes publiques et l'État également jouent un rôle essentiel dans la vie locale et entretiennent chacun des relations spécifiques avec les collectivités territoriales.

Section 1
Les entreprises, opérateurs économiques

358. Tout d'abord, l'action des collectivités territoriales n'est pas étrangère au domaine économique dans lequel elles peuvent intervenir directement ou indirectement (indépendamment de leur pouvoir de réglementation de ce domaine, voir *infra*). À ce titre, elles entretiennent différents types de relations avec les entreprises. Les collectivités territoriales peuvent tout d'abord exercer directement une activité économique en offrant ou en réalisant des prestations et elles entrent ainsi en concurrence directe avec les entreprises. Leur intervention peut aussi être indirecte et consister dans la délégation de la gestion d'une activité ou d'un service public à un tiers, dans le cadre d'un contrat ou non. Enfin, l'intervention des collectivités territoriales peut consister à favoriser, par l'octroi d'une aide, une entreprise.

§1. Les entreprises délégataires d'une activité ou d'une mission de service public

359. Les collectivités territoriales interviennent tout d'abord dans le domaine économique de manière indirecte, en confiant la gestion d'une activité économique ou d'un service public à un opérateur économique. Dans la mesure où elles ne sont pas dans ce cas des opérateurs économiques mais où elles procèdent plutôt à l'externalisation de la gestion d'une activité ou d'un service public, les collectivités territoriales doivent respecter non seulement les règles de la libre concurrence, mais aussi les règles de l'égal accès à la commande publique. À ce titre, « sauf si un texte en dispose autrement, elles doivent en principe conclure avec un opérateur, quel que soit son statut et alors même qu'elles l'auraient créé ou auraient contribué à sa création ou encore qu'elles en seraient membres, associées ou actionnaires, un contrat de délégation de service public ou, si la rémunération de leur cocontractant n'est pas substantiellement liée aux résultats de l'exploitation du service, un marché public de services » (CE, sect., 6 avril 2007, n° 284736, *Commune d'Aix-en-Provence*).

Elles peuvent toutefois ne pas conclure un tel contrat lorsque, eu égard à la nature de l'activité en cause et aux conditions particulières dans lesquelles il l'exerce, le tiers auquel elles s'adressent ne saurait être regardé comme un opérateur sur un marché concurrentiel (CE, sect., 6 avril 2007, *Commune d'Aix-en-Provence*, préc.).

Il en va de même lorsque la collectivité locale fait appel à un organisme *in house*, c'est-à-dire un organisme qui ne lui est pas totalement extérieur et « dont l'objet statutaire exclusif est, sous réserve d'une diversification purement accessoire, de gérer ce service et si elles exercent sur cet organisme un contrôle comparable à celui qu'elles exercent sur leurs propres services. Cet organisme doit être regardé, alors, comme n'étant pas un opérateur auquel les collectivités publiques ne pourraient faire appel qu'en concluant un contrat de délégation de service public ou un marché public de services » (CE, 6 avril 2007, *Commune d'Aix-en-Provence*, préc.). L'exception *in house*, qui exclut le respect des procédures de publicité et de mise en concurrence préalable mises en place par les directives, a été posée à l'origine par la Cour de justice de l'Union européenne (CJCE, 18 novembre 1999, *Teckal Srl c/ Commune di Viano*, aff. C.107/98) et a été intégrée en droit français (ancien art. 3, al. 1er du Code des marchés publics et CE, 6 avril 2007, *Commune d'Aix-en-Provence*, pour les conventions de délégation de service public ; désormais art. L. 2511 et s. du Code de la commande publique pour les marchés et art. L. 3211-1 et s. du même code pour les contrats de concession).

La condition relative au contrôle n'exclut pas que celui-ci soit exercé conjointement par plusieurs collectivités territoriales, à condition toutefois que l'ensemble de ces collectivités participent au capital et soient représentées dans les organes de direction de l'organisme *in house*, une même personne pouvant représenter plusieurs pouvoirs adjudicateurs participants ou l'ensemble d'entre eux (art. L. 2511-1-2 du code précité).

La condition relative au contrôle est en revanche exclue lorsque l'organisme a un capital détenu en partie, même si celle-ci est limitée, par des actionnaires privés. Cette condition exclut donc en principe du champ de l'exception *in house* les sociétés d'économie mixte locales (SEML).

Une exception, dont les contours ne sont pas clairement identifiés, a toutefois été introduite pour les formes de participation de capitaux privés sans capacité de contrôle ou de blocage requises par la loi qui ne permettent pas d'exercer une influence décisive sur la personne morale contrôlée (art. L. 2511-4 du code précité).

La condition relative à l'activité de l'organisme *in house* est précisée par le Code de la commande publique. La personne morale contrôlée doit réaliser plus de 80 % de son activité dans le cadre des tâches qui lui sont confiées par le pouvoir adjudicateur qui la contrôle ou par d'autres personnes morales qu'il contrôle.

En France, les organismes *in house* prennent principalement la forme de sociétés publiques locales d'aménagement (SPLA) et de sociétés publiques locales (SPL), qui sont des sociétés anonymes régies par le Code de commerce, mais dont le capital est détenu entièrement par des collectivités territoriales ou leurs groupements. Les premières, dont l'objet est limité à la réalisation d'opérations d'aménagement au sens de l'article L. 300-1 du Code de l'urbanisme, ont été créées par la loi n° 2006-872 du 13 juillet 2006, Engagement national pour le logement (art. L. 327-1 du Code de l'urbanisme). Les secondes, créées par la loi n° 2010-559 du 28 mai 2010 pour le développement des sociétés publiques locales, sont compétentes pour réaliser des opérations d'aménagement, de construction ou pour exploiter des services publics à caractère industriel et commercial ou toutes autres activités d'intérêt général. Ces deux types de sociétés exercent leurs activités exclusivement pour le compte de leurs actionnaires et sur le territoire des collectivités territoriales et des groupements qui en sont membres (art. L. 1531-1 et s.). La loi n° 2019-463 du 17 mai 2019 a assoupli le régime applicable à l'actionnariat des entreprises publiques locales (EPL) revenant ainsi sur un arrêt du Conseil d'État du 14 novembre 2018, *Syndicat mixte pour l'aménagement et le développement des Combrailles*, n° 405628, qui risquait de compromettre le développement de ces sociétés. Désormais, une collectivité ou un groupement de collectivités peut être actionnaire d'un EPL même si elle a des compétences qui ne recoupent pas l'intégralité des domaines relevant de son objet social. L'article L. 1531-1 du CGCT ainsi complété prévoit que « lorsque l'objet de ces sociétés inclut plusieurs activités, celles-ci doivent être complémentaires. La réalisation de cet objet concourt à l'exercice d'au moins une compétence de chacun des actionnaires ».

Les collectivités territoriales ne peuvent en revanche confier à une société d'économie mixte locale, qu'elles ont créée, une activité sans respecter les règles de publicité et de mise en concurrence prévues en matière de marchés publics ou de concessions (art L. 1521-1 et s.). L'intérêt juridique des SEML est de permettre la coopération de capitaux publics et privés pour la réalisation d'une activité d'intérêt général.

La loi n° 2014-744 du 1er juillet 2014 permettant la création de sociétés d'économie mixte à opération unique introduit toutefois une nouvelle forme de partenariat institutionnel public privé en autorisant les collectivités territoriales ou leur groupement à créer une société d'économie mixte locale à opération unique (SEMOP) avec au moins un actionnaire privé, opérateur économique sélectionné après mise en concurrence (art. L. 1541-1 et s.). La société est constituée pour une durée limitée, à titre exclusif, en vue de la conclusion et l'exécution d'un contrat avec la collectivité territoriale ou le groupement dont l'objet unique est, soit la réalisation d'une opération de construction, de développement du logement ou d'aménagement, soit la gestion d'un service public, soit toute autre opération d'intérêt général relevant de la compétence de la collectivité ou du groupement. La mise en concurrence préalable est alors menée au stade de la sélection des actionnaires et non à celui de la passation du contrat. En conséquence, l'objet unique de la société ne peut être modifié pendant toute la durée du contrat et la société est dissoute de plein droit au terme du contrat ou dès que l'objet du contrat est réalisé ou a expiré.

§2. Les entreprises bénéficiaires d'aides

360. Les collectivités territoriales peuvent accorder des aides aux entreprises exerçant une activité économique. Les régions, qui étaient jusqu'à présent les collectivités chefs de file en matière de développement économique, coordonnaient sur leur territoire les actions de développement économique, en établissant un rapport relatif aux aides et régimes d'aides mis en œuvre sur son territoire au cours de l'année civile par les collectivités territoriales et leurs regroupements (art. L. 1511-1). La loi NOTRe du 7 août 2015 fait des régions les seules collectivités territoriales compétentes pour définir les régimes d'aides et pour décider de l'octroi des aides aux entreprises dans la région. Dans le cadre d'une convention passée avec la région, les communes et leurs groupements peuvent participer au financement des aides et des régimes d'aides mis en place par la région (art. L. 1511-2). La région devient également la collectivité territoriale responsable, sur son territoire, de la définition des orientations en matière de développement économique ; elle élabore à ce titre un schéma régional de développement économique, d'innovation et d'internationalisation, approuvé par arrêté du représentant de l'État dans la région et par rapport auquel les actes des autres collectivités locales doivent être compatibles (voir *infra*, « Les compétences des collectivités territoriales »).

Le régime des aides accordées par les collectivités territoriales aux entreprises doit respecter les règles issues du droit de l'Union européenne. Or, en vertu de l'article 107 du TFUE, et sauf exceptions prévues dans le traité (notamment pour les aides *de minimis*, c'est-à-dire d'un faible montant ou les aides autorisées par des règlements d'exemption), sont incompatibles avec le marché intérieur les aides accordées par les États aux entreprises dans la mesure où elles affectent les échanges entre États membres en faussant ou en menaçant de fausser la concurrence entre les entreprises. Pour l'application de ces dispositions, sont considérées comme des aides « d'État » les aides accordées par une autorité publique ou financées au moyen de ressources publiques : elles peuvent donc aussi bien avoir été allouées par l'État que par une autorité locale. Sont ainsi des aides d'État au sens du traité, « les aides accordées par des entités régionales ou locales des États membres » (CJCE, 11 juillet 1984, *Commission c/ Italie*, aff. 130/83). Toute aide même locale, entrant dans le champ d'application du traité et ne relevant pas des exceptions prévues par celui-ci, doit donc être notifiée préalablement à la Commission européenne et ne sera légale que si la Commission la juge compatible avec le marché intérieur (art. 108 du TFUE). La notification est alors opérée par l'État, seul interlocuteur de la Commission (art. L. 1511-1-1, al. 1er). En cas de non-respect de cette obligation de notification préalable, le juge national n'est pas tenu d'ordonner la récupération de l'aide, lorsque la Commission européenne a adopté une décision finale constatant la compatibilité de cette aide avec le marché commun. Il est tenu en revanche d'ordonner au bénéficiaire de l'aide le paiement des intérêts au titre de la période d'illégalité (CJCE, 12 février 2008, *Centre d'exploitation du livre français (CELF)*, aff. 199/06). En cas d'octroi d'une aide incompatible, il est désormais prévu par l'article L. 1511-1 que les collectivités territoriales ont la charge du retrait et de la récupération de ces aides même si l'État demeure le seul responsable aux yeux de la Commission. Toute collectivité territoriale, tout groupement de collectivités territoriales ayant accordé une aide à une entreprise est tenu de procéder sans délai à sa récupération si une décision de la Commission européenne ou un arrêt de la Cour de justice des communautés européennes l'enjoint, à titre provisoire ou définitif. À défaut, après une mise en demeure restée sans effet dans un délai d'un mois à compter de sa notification, le représentant de l'État territorialement compétent y procède d'office par tout moyen. Les collectivités territoriales et leurs groupements supportent les conséquences financières des condamnations qui pourraient résulter pour l'État de l'exécution tardive ou incomplète des décisions de récupération. Cette charge est une dépense obligatoire au sens de l'article L. 1612-15. Parallèlement, la loi du 7 août 2015 a précisé les modalités de mise en œuvre de l'action que l'État peut engager à l'encontre des collectivités territoriales, de leurs groupements ou de leurs établissements publics lorsqu'un manquement à l'une des obligations qui incombent à l'État en application du droit de l'Union relève en tout ou partie de leurs compétences (art. L. 1611-10, décret n° 2016-1910 du 27 décembre 2016).

À côté de ces règles générales, un régime particulier est prévu pour les compensations de charges de service public accordées par les collectivités territoriales aux entreprises en charge d'un service d'intérêt économique général (pour une application de ce régime, CE, 23 juillet 2012, n° 343440, *Région Île-de-France*). Ce régime particulier, posé à l'origine par un arrêt de la Cour de justice des communautés européennes du 24 juillet 2003, *Altmark*, aff. C-280/00, est désormais réglementé par le *paquet Almunia*, composé de quatre textes adoptés par la Commission européenne. Trois de ces textes (deux communications, une décision de la Commission) ont été adoptés le 20 décembre 2011 et sont entrés en vigueur le 31 janvier 2012 ; le quatrième (un règlement relatif aux compensations) a été adopté le 25 avril 2012.

§3. Les entreprises concurrencées par les collectivités territoriales

361. Les collectivités territoriales peuvent enfin décider d'intervenir directement, soit en prenant en charge une activité économique, soit en se portant candidates à un contrat (marché public ou concession, par exemple) qui a pour objet de répondre aux besoins d'une autre personne publique. Dans ces deux hypothèses, la collectivité territoriale se comporte comme un opérateur économique et concurrence donc directement les entreprises privées.

A. La prise en charge par les collectivités territoriales d'une activité économique

362. Depuis 1930, le Conseil d'État considérait de manière constante que le principe de la liberté du commerce et de l'industrie interdisait aux communes de créer, en dehors des cas prévus par la loi, des services publics locaux industriels et commerciaux, sauf si l'initiative privée était inexistante ou insuffisante, d'un point de vue quantitatif ou qualitatif, et si des circonstances locales particulières justifiaient cette intervention au nom d'un intérêt public local (CE, 30 mai 1930, *Chambre syndicale du commerce de détail de Nevers*, GAJA, à propos de la création d'un service de ravitaillement en denrées de toutes sortes).

La jurisprudence a fait preuve toutefois, en la matière, d'un libéralisme croissant, en reconnaissant, par exemple, que l'initiative privée était défaillante lorsque les services proposés, en l'espèce par les dentistes libéraux, étaient trop onéreux pour la population de la commune concernée et qu'ils justifiaient alors la création d'un cabinet dentaire municipal (CE, 20 novembre 1964, nº 57435, *Ville de Nanterre*), ou que la création d'un bar-restaurant-alimentation contribuait à l'animation de la vie locale (CE, 25 juillet 1986, nº 56334, *Commune de Mercœur c/ Morand*). En tout état de cause, le juge recherchait si l'intérêt local était présent.

L'arrêt du Conseil d'État du 31 mai 2006, *Ordre des avocats au barreau de Paris* (nº 275531) a repris les solutions de la jurisprudence souvent rattachées à ce qui était désigné sous le nom de « socialisme municipal » dans la première moitié du xxe siècle.

Cet arrêt a rappelé que « les personnes publiques sont chargées d'assurer les activités nécessaires à la réalisation des missions de service dont elles sont investies et bénéficient à cette fin de prérogatives de puissance publique ». Mais il a ajouté que les personnes publiques, « indépendamment de ces missions », peuvent « prendre en charge une activité économique » sous réserve de respecter, par principe, la liberté du commerce et de l'industrie, et dans le cadre de ses modalités d'exercice, le droit de la concurrence. Ainsi, « pour intervenir sur un marché, les personnes publiques doivent non seulement agir dans la limite de leurs compétences mais également justifier d'un intérêt public lequel peut résulter notamment de la carence de l'initiative privée ». La satisfaction des besoins de la population locale peut désormais suffire à justifier la prise en charge par une collectivité territoriale d'une activité économique. L'absence ou l'insuffisance de l'initiative privée ne constitue plus une condition nécessaire à l'intervention économique des collectivités territoriales. Le Conseil d'État retient la même condition tirée de l'existence d'un intérêt public, lorsque les collectivités territoriales créent une société d'économie mixte locale à qui elles confient une activité économique (CE, 5 juillet 2010, n° 308564, *Syndicat national des agences de voyage*).

« Une fois admise dans son principe, une telle intervention ne doit pas se réaliser suivant des modalités, telles qu'en raison de leur situation particulière dans laquelle se trouverait cette personne publique par rapport aux autres opérateurs agissant sur le même marché, elle fausserait le libre jeu de la concurrence sur celui-ci » (arrêt préc.). Les collectivités territoriales doivent donc respecter les dispositions du Code de commerce qui interdisent notamment les ententes et les abus de position dominante.

La libre concurrence n'interdit donc plus aujourd'hui l'intervention économique des collectivités territoriales ; elle l'autorise, au contraire, mais dans le respect de « l'égalité des armes » entre celles-ci et les autres opérateurs économiques.

B. La candidature des collectivités territoriales à un contrat

363. Aucun texte ni aucun principe ne font obstacle à ce que les collectivités territoriales se portent candidates, comme toute entreprise privée, à un marché public ou à une concession (art. 1er du Code des marchés publics ; CE, 16 octobre 2000, n° 202154, *Cie méditerranéenne d'exploitation des services d'eau* ; CE, sect., avis, 8 novembre 2000, n° 222208, *Société Jean-Louis Bernard Consultants*).

Néanmoins, pour le Conseil d'État, la candidature des collectivités territoriales doit s'inscrire dans le cadre de leurs compétences ; elle doit donc être conditionnée par l'existence d'un intérêt public local pour la collectivité candidate (CE, 30 décembre 2014, n° 355563, *SNC Armor*, revenant sur l'arrêt du CE, 10 juillet 2009, n° 324156, *Département de l'Aisne*, qui n'exigeait pas la démonstration d'un intérêt public local). Tout en admettant largement la possibilité pour une collectivité territoriale de se porter candidate à un contrat, le Conseil d'État interprète de manière assez restrictive l'intérêt public local dont elles peuvent se prévaloir. Sa candidature doit être le prolongement d'une mission de service public dont elle a la charge dans le but notamment d'amortir des équipements, de valoriser les moyens dont dispose le service, ou d'assurer son équilibre financier, sous réserve qu'elle ne compromette pas l'exercice de cette mission. Le Conseil d'État a précisé que « l'amortissement des équipements ne doit toutefois pas s'entendre dans un sens précisément comptable, mais plus largement comme traduisant l'intérêt qui s'attache à l'augmentation du taux d'utilisation des équipements de la collectivité, dès lors que ces derniers ne sont pas surdimensionnés par rapport à ses propres besoins » (CE, 14 juin 2019, n° 411444, *Société Vinci construction maritime et fluvial*).

Une fois que cette candidature est admise dans son principe, ses modalités sont appréciées dans les mêmes conditions que pour celle d'un établissement public : le prix proposé par la collectivité doit prendre en compte l'ensemble des coûts directs et indirects qui concourent à la formation de celui-ci. La collectivité territoriale ne doit pas tirer profit des avantages découlant des ressources et des moyens qui lui sont attribués au titre de sa mission de service public. Le Conseil d'État a précisé à ce titre que les obligations fiscales et sociales des collectivités territoriales ne peuvent être regardées comme des avantages par rapport aux entreprises privées. Enfin, la collectivité territoriale doit pouvoir, si cela est nécessaire, justifier de ces éléments, par des documents comptables ou tout autre moyen d'information.

Section 2
Les associations

364. Les associations « transparentes » mises à part, les associations sont des acteurs locaux importants qui participent à la vie locale en menant des actions d'intérêt public local et à but non lucratif. Leurs actions peuvent être menées tout d'abord dans le cadre de contrats de concession ou de marchés publics et, dans ce cas, les associations sont des opérateurs économiques au même titre que les entreprises délégataires d'une mission de service public ou d'une activité d'intérêt général (voir *supra*). Mais elles peuvent aussi être à l'origine d'une action, d'un projet ou d'une activité qui répond à un besoin de la population locale. En retour, les collectivités territoriales financent, par la voie de subventions, ces associations.

§1. Les associations transparentes

365. Il arrive que les collectivités territoriales créent des associations, dirigées par les autorités ou les agents de ces collectivités, financées exclusivement par elles, pour assurer une activité relevant normalement de leurs compétences. Le succès de la formule des « associations administratives » (terme utilisé par le Conseil d'État dans son rapport sur les associations, La Documentation française, 2000), résulte principalement de l'intérêt et de la souplesse du statut associatif, résultant de l'application du droit privé. Mais le recours à ces associations a pu aussi, dans certains cas, cacher des contournements délibérés des règles plus contraignantes qui s'imposent normalement aux personnes publiques, ou encore des détournements de fonds publics. Ces associations sont parfois qualifiées de « faux nez » des collectivités territoriales. C'est le juge administratif, à défaut d'intervention du législateur, qui a sanctionné les usages abusifs de la formule de l'association administrative, en identifiant ce qu'il a appelé les « associations transparentes », qui ne peuvent être distinguées de la collectivité territoriale qui les a créées et qui n'ont aucune existence réelle. La reconnaissance du caractère fictif de l'association emporte des conséquences en termes de requalification des contrats (CE, 21 mars 2007, n° 281796, *Commune de Boulogne-Billancourt*), ou en termes d'imputabilité de la responsabilité (CE, 17 avril 1964, *Commune d'Arcueil*, Lebon, p. 410). Mais surtout les subventions accordées à ces associations sont considérées en tant que telles comme des deniers publics et une procédure de gestion de fait doit être engagée contre leurs dirigeants (C. comptes, 4 août 1944, *Lamirand*, Rec. Cour des comptes, p. 34).

§2. Les associations bénéficiaires de subventions

366. Les collectivités territoriales peuvent, par ailleurs, accorder des subventions aux associations qui initient des projets, des activités ou des actions sur leur territoire. Depuis la loi du 12 avril 2000, et afin de renforcer le contrôle public sur ces associations, « l'autorité administrative qui attribue une subvention doit, lorsque cette subvention dépasse un seuil défini par décret (actuellement 23 000 euros annuels prévus par le décret n° 2001-495 du 6 juin 2001), conclure une convention avec l'organisme de droit privé qui en bénéficie, définissant l'objet, le montant et les conditions d'utilisation de la subvention attribuée ».

Ces conventions de subventionnement pouvaient être toutefois requalifiées par le juge administratif de marchés publics ou de concessions, qui sont, eux, soumis au respect de règles de publicité et de mise en concurrence préalable. Pour limiter un tel risque de requalification pour la collectivité locale (annulation du contrat pour non-respect des règles de publicité et de mise en concurrence) comme pour l'association (risque fiscal dès lors que celle-ci ne bénéficie d'exonération de la TVA qu'en cas de subvention et non en cas de prix ou de rémunération versée dans le cadre d'un contrat), la loi n° 2014-856 du 31 juillet 2014 relative à l'économie sociale et solidaire a précisé la définition de la notion de subvention. Les subventions sont désormais définies comme « des contributions facultatives de toute nature, valorisées dans l'acte d'attribution, décidées par les autorités administratives [...], justifiées par un intérêt général et destinées à la réalisation d'une action ou d'un projet d'investissement, à la contribution au développement d'activité ou au financement global de l'activité de l'organisme de droit privé bénéficiaire [...]. Ces contributions ne peuvent constituer la rémunération de prestations individualisées répondant aux besoins des autorités qui les accordent ». Au regard de la définition retenue par le législateur, quatre critères, qui avaient déjà été posés par la jurisprudence, se dégagent : pour constituer une subvention, l'aide doit rester facultative ; elle doit répondre à une finalité d'intérêt général ; elle doit financer un projet ou une activité qui sont initiés et conduits par la seule association ; elle ne doit pas constituer le prix exact des prestations rendues par l'association. Malgré cet effort du législateur, le risque de requalification des contrats de subventionnement en marchés publics ou en concessions ne disparaît pas totalement, la frontière entre ces contrats restant dans la pratique ténue, surtout lorsque l'activité de l'association s'inscrit dans le cadre d'un appel à projets lancé par la collectivité territoriale.

Outre le respect des règles de la commande publique, l'octroi des subventions accordées par les collectivités territoriales doit respecter les règles relatives aux compétences des collectivités territoriales. C'est le caractère d'intérêt public local qui doit justifier le versement de subventions par les collectivités territoriales. Ainsi, elles ne peuvent verser des subventions à une association œuvrant sur le territoire d'une autre collectivité (CE, 16 juin 1997, nº 170069, *Département de l'Oise*, jugeant illégale une subvention du département de l'Oise versée à une association chargée du financement des travaux de restauration du village de Colombey-les-Deux-Églises, situé en Haute-Marne), ou encore à une association ayant un objet politique (sauf pour les groupes politiques constitués en leur sein). Des aménagements spécifiques prévus par la loi existent cependant, s'agissant des subventions attribuées aux organisations syndicales représentatives (art. L. 2251-3-1, L. 3231-3-1 et L. 4253-5). Les collectivités territoriales doivent encore respecter le principe d'égalité et les principes posés par la loi du 9 décembre 1905, notamment son article 2 qui affirme que : « La République ne reconnaît, ne salarie ni ne subventionne aucun culte ». Le Conseil d'État a ainsi rappelé dans un arrêt du 19 juillet 2011, *Commune de Trézalé*, nº 308544, que la loi du 9 décembre 1905 ne fait pas obstacle à ce qu'une collectivité territoriale participe au financement d'un bien destiné à un lieu de culte (par exemple, un orgue dans une église) dès lors qu'existe un intérêt public local (organisation de cours ou de concerts de musique) et qu'un accord, qui peut par exemple figurer dans une convention, encadre l'opération. Il a précisé également dans un autre arrêt, *Commune de Montpellier*, rendu le même jour, nº 313518, qu'une commune peut, dans le respect des principes de neutralité et d'égalité, permettre l'utilisation d'un local qui lui appartient pour l'exercice d'un culte si les conditions financières de cette autorisation excluent toute libéralité et, par suite, toute aide à un culte. En revanche, la mise à disposition pérenne et exclusive d'une salle polyvalente en vue de son utilisation par une association pour l'exercice d'un culte a pour effet de conférer à ce local le caractère d'édifice cultuel et méconnaît les dispositions de la loi du 9 décembre 1905. Il en va différemment pour des locaux appartenant au domaine privé, que les collectivités territoriales peuvent donner à bail, pour un usage exclusif et pérenne, à une association cultuelle sans méconnaître les dispositions précitées de la loi du 9 décembre 1905 dès lors que les conditions, notamment financières, de cette location excluent toute libéralité (CE, 7 mars 2019, nº 417629, *Cne de Valbonne*).

Section 3
L'État, les établissements publics locaux et autres personnes publiques locales

367. Les établissements publics locaux sont nombreux et participent à l'action des collectivités locales. Certains d'entre eux sont des établissements publics de coopération entre collectivités territoriales (syndicat mixte, pôle métropolitain, pôle d'équilibre territorial et rural, voir *infra*, « La coopération entre collectivités territoriales »). D'autres n'ont pas pour objet la coopération entre personnes publiques car ils exercent des compétences qui leur sont transférées par une ou plusieurs collectivités territoriales. Relèvent notamment de la catégorie des établissements publics locaux (EPL) les hôpitaux publics, les établissements publics locaux d'enseignement (collèges, lycées), les centres communaux d'action sociale (dont la création est facultative dans les communes de moins de 1 500 habitants depuis la loi NOTRe, ; art. L. 123-4 du Code de l'action sociale et des familles), les centres intercommunaux d'action sociale, les offices publics de l'habitat, les caisses des écoles, les offices du tourisme, les établissements publics fonciers locaux, les établissements publics locaux d'aménagement, les services départementaux d'incendie et de secours, les centres de gestion de la fonction publique territoriale. Ces établissements publics sont, comme tout établissement public, dotés de la personnalité morale et ils sont rattachés aux collectivités territoriales qui exercent un contrôle sur leur activité et sont soumis au principe de spécialité.

À côté des établissements publics locaux, les collectivités territoriales peuvent aussi créer des groupements d'intérêt public (GIP) locaux soumis, comme tous les GIP, à la loi n° 2011-525 du 17 mai 2011 de simplification et d'amélioration de la qualité du droit. Ceux-ci sont en réalité nombreux, les textes rendant possible leur création, par exemple, en matière de développement social urbain, de coopération interrégionale et transfrontalière, pour la constitution des agences d'urbanisme comme pour celle des maisons de services au public (anciennes maisons de services publics). La formule du GIP présente l'avantage d'être un instrument de mutualisation de moyens publics et privés financiers, humains, matériels. Elle ne doit cependant pas être utilisée comme substitut à la création d'un EPCI. La loi du 17 mai 2011 (art. 98) dispose en effet que « Les collectivités territoriales et leurs groupements ne peuvent pas constituer entre eux des groupements d'intérêt public pour exercer ensemble des activités qui peuvent être confiées à l'un des organismes publics de coopération prévus à la cinquième partie du Code général des collectivités territoriales ». La création d'un GIP effectuant des prestations au profit de ses membres relève en principe du droit de la commande publique, sauf application de l'exception *in house*, laquelle suppose que les personnes publiques seules membres exercent un contrôle étendu sur le groupement.

L'État est aussi et bien évidemment l'un des principaux partenaires des collectivités territoriales, lorsqu'il n'exerce pas sa fonction de contrôle (v. *supra*). L'État conclut avec les collectivités territoriales de nombreux contrats, dont la prolifération est d'ailleurs souvent dénoncée, pour orienter leur action. Tel est le cas, par exemple, des contrats de plan État-région, des contrats conclus dans le cadre de la politique de la ville avec l'Agence nationale de la rénovation urbaine, des contrats conclus avec les Agences régionales de santé. La loi ELAN du 23 novembre 2018 permet également aux collectivités territoriales de contracter avec l'État pour mettre en œuvre des opérations de revitalisation de territoire (ORT). De même, créée par la loi du 22 juillet 2019, et se substituant au Commissariat général à l'égalité des territoires (CGET), à l'Agence du numérique et à l'Établissement public d'aménagement et de restructuration des espaces commerciaux et artisanaux (EPARECA), l'Agence nationale de la cohésion des territoires (ANCT) a été mise en place le 1er janvier 2020. Elle a pour mission d'apporter aux collectivités locales les ressources nécessaires pour concrétiser leurs projets : ingénierie technique et financière, partenariats, subventions, assistance à maitrise d'ouvrage publique. Parallèlement, à l'échelle nationale, des « programmes nationaux territorialisés » sont établis pour mettre en œuvre la politique de l'État en matière d'aménagement durable et de cohésion des territoires. Ils seront ensuite déclinés localement par la voie des « contrats de cohésion territoriale » articulés avec les projets de territoire des collectivités. L'ANCT a aussi en charge la mise en œuvre des contrats de relance et de transition écologique (CRTE) qui s'inscrivent dans le cadre de France Relance, le plan de relance économique et écologique de la France, à court terme annoncé le 3 septembre 2020 (circulaire du 20 novembre 2020, n° 6231 SG relative à l'élaboration du CRTE).

SIXIÈME PARTIE

L'ACTION DES COLLECTIVITÉS TERRITORIALES

368. L'article 72, alinéa 3 garantit la libre administration des collectivités territoriales sans définir son contenu mais en renvoyant à la loi le soin d'en prévoir les conditions. L'article 72-2, introduit en 2003, a complété cette disposition en prévoyant les moyens financiers des collectivités. C'est donc au législateur de les définir, avec une plus ou moins grande liberté. Cette dernière est, depuis la Constitution de 1958, désormais limitée par le contrôle du juge constitutionnel qui vise à protéger tout à la fois la libre administration des collectivités et les prérogatives de l'État, rappelées à l'alinéa 6 de ce même article 72. L'exercice de la libre administration nécessite de déterminer, au sein des collectivités, quels sont les organes chargés d'exercer les compétences attribuées aux collectivités, puis de connaître la répartition des compétences entre les collectivités territoriales et l'État. Dans le cadre de leurs compétences, les collectivités territoriales interviennent dans deux domaines d'action principaux : les services publics et la police. L'exercice par les collectivités territoriales de leurs compétences s'accompagne nécessairement d'un transfert de la responsabilité. Dès lors, la libre administration n'est réelle que si les collectivités disposent de moyens qui ne sont pas ceux d'autres personnes publiques, au premier rang desquelles figure l'État. Ces moyens sont traditionnellement de trois types, humains (le personnel), financiers (les ressources) et matériels (les biens).

CHAPITRE 1

Les compétences des organes des collectivités territoriales

369. Au sein des collectivités territoriales, les compétences sont réparties entre deux types d'organes, un organe délibérant et un organe exécutif, selon un schéma ancien que l'on rencontre aussi bien au sein des établissements publics que dans les sociétés de droit privé. L'article 72 alinéa 3 ne fait toutefois mention que des organes délibérants en « oubliant » l'existence des organes exécutifs.

L'organe délibérant est l'organe compétent de droit commun tandis que l'organe exécutif est chargé, comme son nom l'indique, d'exécuter les décisions de l'organe délibérant, c'est-à-dire de les traduire concrètement en actes. Ce schéma théorique ne tient pas compte du rôle essentiel que joue l'organe exécutif, qui est également président de l'organe délibérant, tout au moins dans la quasi-totalité des collectivités situées en métropole, dans la préparation et dans l'exécution des décisions. Il met aussi de côté les compétences propres des organes exécutifs qu'ils exercent en dehors de l'organe délibérant, principalement dans les communes. Malgré la compétence de principe de l'organe délibérant, l'organe exécutif possède donc une place prépondérante, bien qu'élu au suffrage universel indirect. Cette primauté est souvent associée à la personnalisation du pouvoir qui existe dans les collectivités territoriales. Les modes de scrutin de listes bloquées, applicables dans les communes de 1 000 habitants et plus depuis la loi n° 2013-403 du 17 mai 2013 relative à l'élection des conseillers départementaux, des conseillers municipaux et des conseillers communautaires et dans les régions depuis la loi du 19 janvier 1999, accentuent encore ce phénomène. Les têtes des listes qui sont majoritaires après l'élection de l'organe délibérant au suffrage universel direct sont en effet quasiment assurées d'être élues aux fonctions exécutives (cf. partie 5).

Section 1 Les compétences de l'organe délibérant

§1. La fonction de délibération

370. La compétence de principe appartient à l'organe délibérant parce que c'est lui qui est élu au suffrage universel direct. Elle est exprimée à l'heure actuelle, pour les communes, à l'article L. 2121-29 qui reprend la rédaction de la loi de 1884 et dispose que « le conseil municipal règle par ses délibérations les affaires de la commune ». Elle était inscrite dans les mêmes termes au profit des départements à l'article L. 3211-1 et des régions à l'article L. 4221-1. Cette formulation implique une compétence générale sur toute affaire d'intérêt local. Cette définition doit cependant tenir compte des compétences attribuées directement par la loi à l'organe exécutif (les compétences « propres ») et de celles qui sont confiées à d'autres personnes publiques, au premier rang desquelles se trouve l'État. Mais le conseil décide pour la collectivité, chaque fois qu'un texte n'en dispose pas autrement.

Le Conseil constitutionnel a reconnu cette compétence de principe de l'organe délibérant en considérant que celui-ci devait être doté « d'attributions effectives », selon la formulation de la décision n° 85-196 DC du 8 août 1985, Évolution de la Nouvelle-Calédonie.

En revanche, la compétence de principe n'empêche pas que d'autres textes confient à l'organe délibérant des compétences spécifiques ou d'attribution qui s'ajoutent aux compétences de droit commun. Il est ainsi compétent pour voter le budget et le compte administratif ; il procède à un certain nombre de désignations : par exemple, celle des contribuables pouvant être membres de la commission communale des impôts locaux (art. L. 2121-32), celle de ses membres ou de ses délégués pour siéger au sein d'organismes extérieurs (art. L. 2121-33, L. 3121-22, L. 4132-21), ou encore celle des membres de la commission permanente dans les départements et les régions (art. L. 3122-5, L. 4133-4).

L'organe délibérant adopte dans l'exercice de ses compétences des délibérations, qui sont des actes décisoires le plus souvent, susceptibles de recours pour excès de pouvoir. Ces délibérations peuvent avoir le caractère d'actes administratifs individuels ou réglementaires ou d'actes de droit privé. Ces actes sont soit publiés ou affichés, soit notifiés, et pour certains transmis au préfet (voir *supra*, « Le contrôle des collectivités territoriales »). Rien n'interdit à l'organe délibérant de pouvoir aussi exprimer des avis ou des vœux. La compétence consultative est ainsi expressément prévue aux articles L. 2121-

29 et L. 3211-1, pour tous les objets sur lesquels la commune ou le département est consulté en vertu des lois et des règlements. C'est l'article L. 4221-3 qui prévoit que le conseil régional « délibère en vue d'émettre des avis sur les problèmes de développement et d'aménagement de la région au sujet desquels il est obligatoirement consulté ». La faculté d'émettre des avis est *a priori* plus limitée pour les régions que pour les autres niveaux territoriaux. Ces avis ne sont pas susceptibles de contestation par la voie d'un recours pour excès de pouvoir mais peuvent l'être par le préfet dans le cadre d'un déféré préfectoral (CE, 15 avril 1996, n° 120273, *Syndicat CGT des hospitaliers de Bédarieux*).

Le même article L. 2121-29 prévoit que le conseil municipal peut émettre des « vœux sur tous les objets d'intérêt local », qui n'emportent aucune obligation juridique. La même faculté n'est pas expressément prévue pour les départements ni pour les régions, mais nul doute que les organes délibérants de ces collectivités peuvent, eux aussi, émettre des vœux. Le Conseil d'État a en effet admis qu'il était loisible à ces assemblées de prendre des délibérations qui se bornent à émettre des vœux, des prises de position ou des déclarations d'intention. De telles délibérations peuvent porter sur des objets à caractère politique et sur des objets qui relèvent de la compétence d'autres personnes publiques, dès lors qu'ils présentent un intérêt communal, départemental ou régional (CE, 30 décembre 2009, n° 308514, *Département du Gers*, admettant la légalité d'une délibération d'un conseil départemental exprimant, mais sous forme de vœu, son opposition aux essais et cultures en plein champ de plantes génétiquement modifiées sur le territoire départemental). Du point de vue du contentieux, ces vœux ne sont pas susceptibles de recours pour excès de pouvoir mais peuvent être contestés par le préfet dans le cadre d'un déféré préfectoral (CE, 30 décembre 2009, *Département du Gers*, *ibidem*).

§2. La fonction de contrôle

371. La fonction de contrôle de l'organe délibérant peut difficilement, malgré l'emploi de certains termes équivoques comme celui d'organe exécutif, ou même celui d'assemblée, s'apparenter à celle du Parlement dans un régime parlementaire. D'une part, parce qu'il ne saurait s'agir de pouvoirs distincts au sein d'une collectivité territoriale, d'autre part, parce qu'il n'existe pas, sauf quelques exceptions, de mécanisme régissant les rapports entre les organes, qu'il s'agisse de ceux d'un régime parlementaire ni même de ceux d'un régime présidentiel. Si les organes exécutifs sont élus par et parmi les organes délibérants, ils le sont aussi pour la même durée et il n'existe pas de procédure ni de mécanisme de contrôle d'un organe sur un autre aboutissant à une remise en cause du mandat ou de la fonction. Il n'y a pas de procédure de renversement de l'organe exécutif par l'organe délibérant et, en sens inverse, l'autorité exécutive n'a pas le pouvoir de dissoudre l'organe collégial. Ils sont donc, dans un cas comme dans l'autre, condamnés à vivre ensemble, même en cas de mésentente, ce qui n'est pas rare. En cas de crise majeure au sein de la collectivité entraînant la paralysie de son fonctionnement, la démission et la dissolution de l'organe délibérant par décret, c'est-à-dire par une autorité de l'État, restent une solution utilisable mais rare (art. L. 2121-6, L. 3121-5 et L. 4132-3, voir *supra*, « Les contrôles sur les collectivités territoriales »). Il existe quelques moyens d'action, bien limités et à l'efficacité réduite, sauf dans certaines collectivités à statut particulier ou périphérique, où des procédures assimilables à celles que l'on rencontre dans les régimes de type parlementaire ont été introduites.

A. Le contrôle de l'organe délibérant sur l'organe exécutif

372. Le contrôle de l'organe délibérant peut prendre deux formes, l'une, générale, qui n'est pas véritablement assortie de sanctions et l'autre, symbolique, ayant un caractère financier.

1. Le contrôle général de la gestion

373. Le contrôle de l'assemblée se traduit avant tout par l'information de cette dernière. Cette information est étendue. Elle est étroitement liée à la fonction délibérative de l'assemblée. L'exécutif est tenu de communiquer certaines informations aux élus locaux avant et pendant la délibération (par exemple, avec l'envoi de l'ordre du jour, d'une note explicative de synthèse ou d'un rapport sur les affaires soumises à délibération – art. L. 2121-12 –, voir *supra*, « Les élus locaux ») et de répondre aux demandes d'informations complémentaires (dans le cadre par exemple, du droit de poser des questions orales, art. L. 2121-19, cf. *supra*). Des dispositions équivalentes existent pour les conseils départementaux (art. L. 3121-19 et L. 3121-20) et régionaux (art. L. 4132-18 et L. 4132-20). Mais cette information dépasse le cadre de la délibération. L'exécutif est tenu de communiquer aux membres de l'assemblée un certain nombre d'informations sur la gestion et les satellites de la collectivité locale. Par exemple, les membres des assemblées locales doivent recevoir des informations sur l'exécution des conventions de délégation de service public (art. L. 1411-3), sur l'activité des sociétés d'économie mixte locales (art. L. 1524-5) ou encore sur les associations subventionnées (art. L. 1611-4). Les élus peuvent aussi obtenir, à leur demande, des informations sur certains aspects de la gestion de la collectivité, en participant, par exemple, à la création de missions d'information et d'évaluation (voir *supra*, *ibidem*).

Largement informé, l'organe délibérant est en droit de critiquer la gestion de l'organe exécutif et peut toujours délibérer sur celle-ci, ne serait-ce que pour porter un jugement sur les actes de cet organe, ou en votant un blâme (CE, 29 décembre 1997, *SARL Enlem*, Lebon, p. 500, jugeant ces délibérations insusceptibles de recours pour excès de pouvoir). Il s'agit donc d'un contrôle sur l'opportunité de cette gestion, qui ne peut se substituer aux autres formes de contrôle, ne serait-ce que le contrôle de légalité. Un vote négatif de l'organe délibérant sur la gestion de l'organe exécutif suppose, toutefois, d'une manière ou d'une autre, qu'une majorité défavorable à ce dernier puisse être réunie. Cet objectif est souvent difficile à atteindre, compte tenu du mode de scrutin et de la « prime majoritaire » applicables pour les communes de 1 000 habitants et plus, et un peu plus aisé dans les conseils régionaux pour la même raison.

Une autre solution offerte à l'organe délibérant consiste à refuser de voter les délibérations proposées par l'organe exécutif, et notamment le budget. Mais cette situation de crise pose les mêmes questions de majorité politique.

L'organe délibérant ne peut, en revanche, prononcer l'annulation des actes pris par l'organe exécutif en application du principe de séparation stricte des organes de la collectivité locale. Ni l'organe délibérant, ni les élus locaux ne peuvent contester devant le juge administratif la légalité interne des actes de l'organe exécutif, quels qu'ils soient, ce qu'un particulier peut faire (en application des articles L. 2131-8, L. 3132-3 et L. 4142-3). Ils ne peuvent invoquer à l'encontre de ces actes que la méconnaissance des droits et des prérogatives de l'assemblée (CE, sect., 30 octobre 1998, *Ville de Lisieux*, Lebon, p. 375, à propos d'un contrat de recrutement d'un agent public). Cette jurisprudence particulièrement sévère mériterait d'évoluer pour au moins deux raisons. D'une part, les élus locaux disposent, en leur seule qualité de membres de l'assemblée locale, du droit de former un recours pour excès de pouvoir contre les délibérations dont ils sont membres sans avoir à démontrer une atteinte à leurs droits ou prérogatives (CE, 24 mai 1995, *Ville de Meudon*, Lebon, p. 208, revenant sur CE, 1er mai 1903, *Bergeon*, Lebon, p. 324). Or, c'est un moyen de remettre en cause indirectement l'action de l'exécutif et de sa majorité. D'autre part, ils peuvent depuis 2014 contester, en leur seule qualité d'élu local, la validité des contrats administratifs de la collectivité territoriale et invoquer à ce titre tout vice susceptible d'entacher leur légalité (CE, 13 avril 2014, n° 358994, *Département du Tarn-et-Garonne*) ou encore la légalité du refus de résilier un contrat (CE, 30 juin 2017, n° 398445, *Syndicat mixte de promotion de l'activité transmanche*). Dans un arrêt du 2 février 2015, n° 373520, *Commune d'Aix-en-Provence*, le Conseil d'État a jugé que les membres de l'organe délibérant d'une collectivité territoriale ou d'un groupement de collectivités territoriales justifient d'un intérêt leur donnant qualité pour contester, par tous moyens de légalité, devant le juge de l'excès de pouvoir, les contrats de recrutement d'agents non titulaires par la collectivité ou le groupement de collectivités concerné. La question demeure de savoir si le juge administratif admettra le même intérêt à agir des élus locaux pour contester d'autres décisions, non contractuelles, de l'exécutif local, comme, par exemple, les mesures de police.

2. L'examen du compte administratif de l'organe exécutif

374. Le contrôle de l'organe exécutif passe aussi par la compétence reconnue à l'organe délibérant d'approuver ou de refuser d'approuver le compte administratif que cet organe doit lui soumettre. Les dispositions qui régissent ce contrôle financier figurent au sein de la première partie du Code général, consacrée aux « Dispositions générales » et elles sont donc applicables à l'ensemble des collectivités territoriales, ce qui n'exclut que la Polynésie française et Wallis-et-Futuna qui ne sont pas visées par le Code général.

C'est l'article L. 1612-12 qui pose le principe général du compte administratif, tandis que, spécifiquement, l'article L. 2121-31, alinéa 1er prévoit que « le conseil municipal arrête le compte administratif qui lui est annuellement présenté par le maire ». L'article L. 1612-12 fait référence à l'arrêté des comptes de la collectivité territoriale qui est constitué par le vote de l'organe délibérant sur le compte administratif présenté, chaque année, par l'organe exécutif (al. 1er). L'alinéa 2 du même article précise, par une rédaction curieusement négative, que « le compte administratif est arrêté si une majorité de voix ne s'est pas dégagée contre son adoption ». Cette règle s'explique par la volonté de trouver une solution en cas de partage égal des voix, le président de séance n'ayant pas, dans ce cas, une voix prépondérante.

La séance au cours de laquelle le compte administratif d'une commune est examiné fait l'objet d'une réglementation spéciale quant à sa présidence. L'article L. 2121-14, alinéas 2 et 3 prévoit en effet qu'il doit y avoir élection d'un président spécial de séance. Si le maire peut assister à la délibération, il doit se retirer au moment du vote, afin de ne pas faire pression sur l'organe délibérant (mêmes dispositions et CE, 22 mars 1996, n° 115127, *Commune de Puymirol*). Il n'y a pas de disposition identique spécifique pour les départements et les régions.

Pour que l'examen du compte administratif soit possible, l'organe exécutif doit transmettre, parallèlement, le compte de gestion du comptable de la collectivité territoriale (art. L. 1612-12, al. 1er et L. 2121-31, al. 2). Les deux comptes doivent, évidemment, concorder. Le vote de l'organe délibérant doit intervenir avant le 30 juin de l'année qui suit l'exercice budgétaire.

Faute de moyen direct d'action d'un organe sur un autre dans une collectivité territoriale, la démission et, plus concrètement, la menace de la démission peut être un moyen de pression efficace mais il n'est pas sans risque (voir *supra*, « Les élus locaux »).

B. Les mécanismes de contrôle politique

375. Le terme de « parlementarisation » des assemblées locales a été forgé pour suggérer l'idée que, de plus en plus, les collectivités territoriales fonctionneraient comme des assemblées parlementaires, d'une part, parce qu'elles seraient de plus en plus politiques, du fait notamment des modes de scrutin, et ne seraient plus seulement des organes délibérants dans lesquels siégeraient des administrateurs de la collectivité, d'autre part, parce que de plus en plus de règles relatives à leur fonctionnement les assimileraient à des assemblées politiques, et parce qu'il existe, dans certaines collectivités, des mécanismes proches de ceux d'un régime parlementaire.

1. La motion de défiance constructive en Corse et en Martinique

376. Le premier mécanisme de contrôle à avoir été mis en place concerne la collectivité territoriale de Corse. Celle-ci présente la particularité, dans une collectivité métropolitaine, d'avoir un organe exécutif qui n'est pas le président de l'assemblée, et qui est en outre collégial, composé de huit conseillers exécutifs (art. L. 4422-18 et s., cf. 5e partie). Afin d'assurer une sorte de « séparation des fonctions », et alors que les conseillers exécutifs sont bien choisis parmi les membres de l'assemblée par un scrutin de liste, le président du conseil exécutif étant le candidat figurant en tête de la liste élue (art. L. 4422-18), les membres de ce conseil sont considérés comme démissionnaires de leurs fonctions de conseiller à l'assemblée. Ils sont remplacés par leurs suivants de liste (en application de l'article L. 380 du Code électoral qui renvoie à l'article 360 du même Code et applicable aux conseils régionaux, voir *supra*, « Les élus locaux »).

L'Assemblée de Corse peut mettre en cause la responsabilité du conseil exécutif par le vote d'une motion de défiance, ce qui organise en les officialisant ces relations de manière originale par rapport aux collectivités de droit commun. La motion doit cependant comprendre la liste des conseillers appelés à remplacer les conseillers exécutifs renversés, afin qu'il soit certain qu'il existe une majorité de rechange. Pour être valide, cette motion doit être signée par un tiers des conseillers à l'assemblée et le vote ne peut intervenir que quarante-huit heures après le dépôt de la motion. Seuls sont recensés les votes favorables à la motion, qui n'est considérée comme adoptée que lorsqu'elle a recueilli le vote de la majorité absolue des membres composant l'assemblée. La similitude avec les règles de la motion de censure du Gouvernement par l'Assemblée nationale prévues à l'article 49, alinéas 2 et 3 de la Constitution est frappante. La différence principale réside dans le fait que la motion ne doit pas se contenter de vouloir renverser l'exécutif collégial, elle doit nécessairement proposer une majorité différente de la précédente. Ce mécanisme, destiné à éviter les renversements stériles qui ne pourraient pas déboucher sur une solution de gestion de la collectivité, est appelé ainsi « motion de défiance constructive » sur un modèle comparable à celui qui existe dans le parlementarisme allemand (art. 67 de la Loi fondamentale allemande).

La loi n° 2011-884 du 27 juillet 2011 relative aux collectivités territoriales de Guyane et de Martinique a étendu cette procédure de motion de défiance à la seule collectivité de Martinique (art. L. 7225-2). La motion doit être signée par au moins un tiers des membres de l'assemblée de Martinique et elle doit prévoir la liste des noms des candidats aux fonctions de président et de conseiller exécutif de Martinique.

2. La motion de censure en Nouvelle-Calédonie, en Polynésie française et dans certaines collectivités d'outre-mer

377. Dans ces deux anciens territoires d'outre-mer que sont la Nouvelle-Calédonie et la Polynésie française, les lois statutaires les plus récentes ont mis en place des mécanismes de responsabilité politique de l'organe chargé des fonctions exécutives devant l'assemblée élue au suffrage universel, qui évoquent évidemment les relations qui existent entre un Gouvernement et un Parlement dans un régime parlementaire. Cette similitude incite à considérer ces collectivités comme des reproductions du modèle étatique. Mais les principes de la séparation des pouvoirs qui inspirent ces mécanismes parlementaires n'existent pas au sein de ces collectivités, car il est possible de considérer qu'il n'y a pas de réels pouvoirs distincts, même si l'article 108 de la loi organique n° 99-209 du 19 mars 1999 relative à la Nouvelle-Calédonie proclame : « L'exécutif de la Nouvelle-Calédonie est le Gouvernement. Il est élu par le Congrès et responsable devant lui ». L'article 95 de cette loi prévoit que le Congrès, lui-même émanation des assemblées des trois provinces qui composent la Nouvelle-Calédonie, met en cause la responsabilité du Gouvernement par le vote d'une motion de censure signée par un cinquième de ses membres. Le vote intervient au cours des deux jours suivant le dépôt de la motion et seuls sont recensés les votes favorables à la motion de censure qui ne peut être adoptée qu'à la majorité absolue des membres du Congrès (art. 95 de la loi organique). Ces dispositions sont clairement inspirées des règles inscrites à l'article 49, alinéa 2 de la Constitution.

La loi organique n° 2004-192 du 27 février 2004 portant statut d'autonomie de la Polynésie française précise que c'est le président de la Polynésie française qui décide par arrêté « toute modification dans la composition et dans la répartition des fonctions au sein du gouvernement » (art. 81, al. 2). Il en résulte donc un système proche du « gouvernement présidentiel » à l'américaine, beaucoup plus que d'un régime parlementaire, puisque les membres de l'exécutif ne sont « responsables » à titre individuel que devant le président de Polynésie française. Ils sont choisis par lui, ne reçoivent leur affectation que de lui et ne peuvent être, semble-t-il, révoqués que par lui.

À côté de cette responsabilité individuelle, la loi organique de 2004, comme le faisait déjà le statut antérieur de 1996, organise cependant une procédure de responsabilité collective du gouvernement de la Polynésie devant l'assemblée de la Polynésie (art. 63 pour le principe de responsabilité et 156 pour les modalités de cet engagement). L'article 156 de la loi organique dispose en effet que « l'assemblée de la Polynésie peut mettre en cause la responsabilité du gouvernement de la Polynésie française par le vote d'une motion de censure. Celle-ci n'est recevable que si elle est signée par au moins le cinquième des représentants à l'assemblée... Seuls sont recensés les votes favorables à la motion de censure, qui ne peut être adoptée qu'à la majorité absolue des représentants à l'assemblée... ». Ces dispositions s'inspirent également de celles de l'article 49 de la Constitution française relatives à la motion de censure.

Il existe également, de manière identique à ces mêmes règles constitutionnelles, un délai de quarante-huit heures entre le dépôt de la motion et la réunion de l'assemblée. Le vote lui-même intervient au cours des deux jours suivants (*ibid.*, al. 2) et seuls sont recensés les votes favorables à la motion de censure qui ne peut être adoptée qu'à la majorité des représentants à l'assemblée de la Polynésie française (*ibid.*, al. 3). Il n'y avait pas d'obligation de prévoir un gouvernement de remplacement. L'adoption de la motion de la censure mettait fin aux fonctions du gouvernement de la Polynésie française (*ibid.*, al. 4).

Depuis l'entrée en vigueur du nouveau statut de 2004, deux motions de censure ont été adoptées par l'assemblée de Polynésie française. En octobre 2004, le parti de M. Flosse, alors dans l'opposition, a déposé une motion critiquant « l'incapacité du gouvernement à diriger le pays » et le gouvernement a été renversé le 9 octobre. À la suite d'élections partielles qui ont vu la victoire du parti opposé à M. Flosse, une nouvelle motion de censure cette fois dirigée contre le gouvernement de M. Flosse a été adoptée le 18 février 2005, ce qui a permis l'élection de son adversaire, M. Temaru, à la tête du gouvernement polynésien.

La loi organique n° 2007-1719 du 7 décembre 2007 tendant à renforcer la stabilité des institutions et la transparence de la vie politique en Polynésie française modifiée par la loi organique n° 2011-918 du 1er avril 2011 relative au fonctionnement des institutions de la Polynésie française organise la mise en cause de la responsabilité collective par le vote d'une motion de défiance et non plus d'une motion de censure. Cette motion de défiance mentionne, d'une part, les motifs pour lesquels elle est présentée et, d'autre part, le nom du candidat appelé à exercer les fonctions du président de la Polynésie française en cas d'adoption de cette motion. Ce nouveau système est inspiré des procédures applicables à la Corse (voir *supra*) à Saint-Barthélemy (art. LO 6222-4), à Saint-Martin (art. LO 6322-4) et à Saint-Pierre-et-Miquelon (art. LO 6432-2). C'est la loi organique n° 2007-223 du 21 février 2007 relative aux dispositions statutaires et institutionnelles relatives à l'outre-mer qui a introduit cette procédure pour ces trois dernières collectivités d'outre-mer et qui a, ainsi, précédé la modification du régime applicable en Polynésie.

Les relations entre les organes de ces collectivités s'éloignent nettement des rapports qui existent entre les organes des collectivités territoriales de droit commun. De manière originale, cependant, ce régime fait coexister des éléments d'un régime présidentiel pour la composition du gouvernement et des éléments d'un régime de type parlementaire pour la responsabilité collective.

3. L'éphémère parlementarisme rationalisé dans les conseils régionaux

378. Dans un souci de rationaliser le fonctionnement des conseils régionaux et de compenser les effets du mode de scrutin, la loi n° 98135 du 7 mars 1998 relative au fonctionnement des conseils régionaux et celle nº 99-36 du 19 janvier 1999 relative au mode d'élection des conseillers régionaux et des conseillers à l'Assemblée de Corse et au fonctionnement des conseils régionaux, avaient institué un mécanisme d'engagement de la responsabilité du président du conseil régional sur le vote du budget (art. L. 4311-1-1). Si, après le 20 mars de chaque année, le projet de budget n'était pas repoussé, à la majorité absolue des membres, avec le nouveau projet de budget et la mention du nom d'un nouveau candidat au poste de président, le budget était considéré comme adopté. C'était un moyen pour le président d'un conseil régional, qui ne bénéficiait pas d'une majorité au sein de l'assemblée, de faire adopter son projet par défaut, faute d'une opposition structurée. Le budget faisait en quelque sorte corps avec le président en place, et refuser l'un, c'était vouloir – et pouvoir – renverser l'autre. Cette procédure, inspirée de l'article 49, alinéa 3, et appelée pour cette raison le « 49-3 » régional, a été utilisée plusieurs fois au sein des conseils régionaux à partir de 1998.

La réforme du mode de scrutin régional par la loi du 19 janvier 1999 a rendu inutiles ces dispositions, l'organe exécutif ayant désormais la possibilité de bénéficier d'une majorité suffisante et stable pour pouvoir faire adopter son projet de budget. C'est la raison pour laquelle la loi de 1999 a prévu que ces dispositions seraient abrogées à compter du « prochain renouvellement général des conseils régionaux ». L'article L. 4311-1 a donc disparu du droit positif en mars 2004, lors des élections régionales. Il ne présente plus, à l'heure actuelle, que l'intérêt doctrinal qui consiste à prouver que des mécanismes applicables aux assemblées parlementaires sont transposables pour le fonctionnement des assemblées locales.

Mis à part ces quelques cas, la répartition des compétences entre les organes obéit à un schéma dans lequel l'organe délibérant est celui qui dispose de la compétence de principe, l'organe exécutif se contentant, en apparence, d'exécuter les délibérations. Mais cet organe exécutif peut aussi disposer de compétences propres, en dehors de l'intervention de l'organe délibérant.

Section 2
Les compétences de l'organe exécutif

379. L'exécution des délibérations par l'organe exécutif repose sur l'idée déjà énoncée selon laquelle l'organe actif ou exécutif ne pouvait être qu'une autorité unique, tandis que l'organe délibérant ne pouvait formuler que des avis. Cette conception napoléonienne a été petit à petit transformée tout au long du XIXe siècle, quand des lois ont, à partir de la monarchie de Juillet (1830-1848), attribué des compétences de décision aux organes collégiaux, communaux et départementaux. La consécration de cette évolution a été solennisée dans la loi du 5 avril 1884 relative à l'organisation municipale. Cette compétence de principe, désignée par l'expression assez curieuse de « clause générale de compétence » et qui a attendu la loi du 2 mars 1982 pour être affirmée aussi clairement pour les départements et les régions, signifie que c'est l'organe délibérant qui possède une compétence de droit commun lui permettant de décider sur toute affaire d'intérêt local. L'organe exécutif devient alors, quel qu'en soit le titulaire, celui qui prépare et qui exécute les délibérations. Ce rôle, apparemment modeste, donne cependant à la fonction exécutive une place centrale dans les décisions locales, notamment parce que c'est lui qui dispose de l'administration pour faire exécuter les délibérations. En outre, l'organe délibérant peut déléguer des compétences, jugées courantes et ne nécessitant pas la réunion de l'organe collégial, à l'organe exécutif. Enfin, ce dernier dispose de pouvoirs propres.

§1. L'exécution des délibérations

380. Sauf dans certaines collectivités spécifiques, la fonction d'exécution des délibérations est attribuée au président de l'organe délibérant, selon un schéma consacré par l'histoire et qui a connu une extension considérable en 1982 avec le transfert de l'exécutif au profit d'un élu dans les départements et les régions. Le terme d'exécutif est doublement trompeur. Il ne renvoie en aucune manière à un quelconque pouvoir exécutif national, ni local, et il ne signifie pas que cet organe se contente d'exécuter les délibérations de l'organe délibérant. Cet organe est plutôt, selon une heureuse formule, « le chef de l'administration locale », et cette fonction, en réalité très étendue, contribue à identifier la collectivité et cet organe exécutif, ce dernier personnalisant la collectivité et l'assemblée étant parfois réduite au rôle de chambre d'enregistrement.

L'article L. 2122-21 confie ainsi au maire une mission générale d'exécution des décisions du conseil municipal « sous le contrôle » de ce dernier, ce contrôle n'étant pas assimilable à une quelconque « autorité » exercée sur l'organe exécutif, ni à une forme de tutelle. L'article L. 3221-1 et l'article L. 4231-1 sont encore plus concis en affirmant que le président « est l'organe exécutif » du département ou de la région. Ces mêmes dispositions précisent que, à ce titre, le président « prépare et exécute les délibérations » du conseil.

Le même article L. 2122-21 énumère une série de compétences exécutives que le maire doit assurer, toujours sous le contrôle du conseil municipal, et qui ne sont pas toujours obligatoirement la conséquence directe de délibérations, mais qui font partie de son rôle général d'exécutif. Cette liste comprend huit *items*.

À ce titre, il doit notamment conserver et administrer les propriétés de la commune, diriger les travaux communaux, préparer et proposer le budget ou encore ordonnancer les dépenses. Toujours à ce titre, l'organe exécutif ne peut signer un contrat sans y avoir été autorisé par une délibération préalable du conseil municipal. Le moment au cours duquel doit intervenir cette délibération n'est pas sans conséquence sur la marge de manœuvre laissée à l'exécutif dans l'attribution du contrat. Soit la délibération intervient très en amont de la procédure de passation du contrat et dans ce cas l'exécutif reçoit une sorte de blanc-seing de l'assemblée. Soit la délibération intervient à la fin de la procédure et l'autorisation de l'assemblée porte sur le contrat tel qu'il va être signé. Dans un premier temps, le Conseil d'État a exigé que « lorsqu'il entend autoriser le maire à souscrire un marché public, le conseil municipal doit, sauf à méconnaître l'étendue de sa compétence, se prononcer sur tous les éléments essentiels du contrat à intervenir, au nombre desquels figurent notamment l'objet précis de celui-ci, tel qu'il ressort des pièces constitutives du marché, mais aussi son montant exact et l'identité de son attributaire », ce qui impliquait une intervention du conseil en fin de procédure (CE, 13 octobre 2004, nº 254007, *Commune de Montélimar*). Pour contrer cette jurisprudence jugée trop formaliste, le législateur est intervenu en insérant un nouvel article L. 2122-21-1, qui dispose, dans sa version actuelle, que « la délibération du conseil municipal chargeant le maire de souscrire un marché déterminé peut être prise avant l'engagement de la procédure de passation de ce marché. Elle comporte alors obligatoirement la définition de l'étendue du besoin à satisfaire et le montant prévisionnel du marché ». Cette intervention du législateur n'a pas empêché le Conseil d'État de réaffirmer cette exigence d'information préalable du conseil sur tous les éléments essentiels du contrat à propos des contrats de transaction (CE, 11 septembre 2006, *Commune de Théoule-sur-Mer*, Lebon, p. 395) et des contrats de délégation de service public (CE, 10 janvier 2007, nº 284063, *Société des pompes funèbres*).

L'autorité exécutive a également qualité pour agir en justice pour le compte de la collectivité territoriale, mais elle doit obtenir préalablement l'autorisation de l'assemblée délibérante (art. L. 2132-1, L. 2131-2, L. 3221-10-1, L. 4231-7, L. 5211-9, al. 5). Cette règle s'avère toutefois peu contraignante. D'une part, parce que la qualité pour agir de l'exécutif local ne constitue plus une règle d'ordre public que le juge doit soulever d'office dans tous les cas (CE, 7 mars 2012, nº 334898, *Niel*). D'autre part, parce que l'absence d'autorisation de l'assemblée est toujours régularisable *a posteriori*. Toutefois, en vertu de l'article L. 2122-26, lorsque les intérêts du maire se trouvent en opposition avec ceux de la commune dans un litige donné ou d'ailleurs pour la signature ou l'exécution d'un contrat, seul le conseil municipal est compétent pour désigner un autre de ses membres pour représenter la commune en justice et le juge doit l'examiner d'office (CE, 30 janv. 2020, nº 421952, *Cne de Païta*).

Cette liste de « compétences exécutives » n'a pas d'équivalent aux niveaux départemental et régional. Les articles L. 3221-2 et L. 4231-2 précisent néanmoins que le président du conseil départemental ou régional est l'ordonnateur des dépenses et qu'il prescrit les recettes.

§2. Les compétences déléguées

381. La répartition des fonctions entre délibérer et agir connaît en outre des aménagements dans la mesure où des compétences attribuées à l'organe délibérant peuvent être déléguées à l'organe exécutif ou à un organe en principe plus restreint que l'assemblée délibérante.

A. Les compétences déléguées au maire

382. L'article L. 2122-22 dresse une liste des compétences que le conseil municipal peut charger le maire d'exercer pendant toute la durée du mandat et par délégation. Il s'agit de la consécration législative, qui remonte à la loi n° 70-1297 du 31 décembre 1970 sur la gestion municipale et les libertés communales, d'une pratique fréquente qui visait à soulager le conseil municipal d'un ensemble de décisions mineures. Il n'est pas nécessaire que le conseil délègue toutes les compétences au sein de cette liste de matières. Le conseil municipal peut, par exemple, déléguer le pouvoir d'arrêter et de modifier l'affectation des propriétés communales utilisées par les services publics municipaux, celui de passer les contrats d'assurance, ou certains d'entre eux, celui de décider de la création des classes dans les établissements d'enseignement, celui de fixer les tarifs de droits de voirie et de stationnement ou celui de délivrer les concessions dans les cimetières. Si cette liste est hétéroclite, elle est exhaustive et le conseil ne peut déléguer d'autres compétences que celles qui sont énumérées dans cet article. La délégation doit être précise. Elle est permanente mais peut, comme toute délégation, être rapportée à tout moment. Le maire doit rendre compte des décisions prises au titre de la délégation reçue, à chaque réunion obligatoire, donc chaque trimestre, car les décisions prises par le maire en vertu de l'article L. 2122-22 suivent le régime juridique des délibérations du conseil municipal portant sur les mêmes objets (art. L. 2122-23, al. 1er).

B. Les compétences déléguées à la commission permanente départementale et régionale

383. Comme cela a été présenté précédemment, la commission permanente n'existe que dans les départements et les régions. Les articles L. 3211-2 et L. 4221-5 prévoient que le conseil peut déléguer une partie de ses attributions à la commission permanente, mais au lieu d'établir une liste de domaines, ils fixent des matières dans lesquelles une délégation n'est pas possible.

Il s'agit essentiellement du vote du budget et de l'approbation du compte administratif et des dépenses obligatoires dont la définition est donnée à l'article L. 1612-15. Il s'agit d'un cas assez rare en droit français de délégation à un organisme collégial, qui est l'héritage des pouvoirs de la commission départementale créée en 1871 et supprimée en 1982. Une telle situation, qui n'est pas pure hypothèse d'école, permet à la commission permanente de délibérer à huis clos, car la loi ne peut imposer la publicité des débats au sein de la commission permanente à la place de l'assemblée plénière qui doit, quant à elle, se réunir publiquement (déc. n° 98-407 DC du 14 janvier 1999 du Conseil constitutionnel, Loi relative au mode d'élection des conseillers régionaux et des conseillers à l'Assemblée de Corse et au fonctionnement des conseils régionaux).

La loi n° 2004-809 du 13 août 2004 relative aux libertés et responsabilités locales a prévu que le conseil départemental et le conseil régional peuvent déléguer au président respectif l'exercice de certaines de leurs compétences (art. L. 3121-22 et L. 4132-21).

§3. Les compétences propres de l'autorité exécutive

384. Les compétences propres des autorités exécutives, que ces dernières exercent sans le consentement des organes délibérants, sous peine d'incompétence de ces derniers, concernent essentiellement le maire. Les présidents des conseils départementaux et régionaux exercent surtout la fonction de chefs des services départementaux et régionaux.

A. Les compétences propres du maire

385. Pour mémoire, il faut rappeler que le maire exerce deux séries de fonctions, du fait d'un dédoublement fonctionnel qui caractérisait aussi, jusqu'en 1982, le préfet de département et celui de région. Les raisons qui expliquent le maintien de ce dédoublement fonctionnel pour le maire sont anciennes, le maire n'étant en l'an VIII que le représentant de l'État et ce n'est que progressivement qu'il a exercé des fonctions au nom de la commune. Ces raisons sont aussi pratiques, l'État trouvant fort commode d'avoir à sa disposition, dans chacune des communes de France, un représentant et un relais disponible et gratuit. Le maire est à la fois le représentant de l'État dans la commune, c'est-à-dire une autorité déconcentrée, et une autorité communale décentralisée, ce qui constitue une forme de dédoublement fonctionnel. Selon une expression courante mais parlante, il a ainsi une « double casquette ». La commune est, de cette manière, la plus petite circonscription administrative de l'État et le maire et les adjoints exercent seuls ces responsabilités, sans l'accord ni le contrôle du conseil municipal. En dehors de ces fonctions assurées au nom et pour le compte de l'État, le maire dispose de pouvoirs propres qu'il exerce en tant qu'il est, avant tout, une autorité communale, c'est-à-dire décentralisée.

1. Le maire, autorité déconcentrée

386. En tant qu'autorité déconcentrée, le maire est chargé de la publication des lois et règlements (art. L. 2122-27, 1°), de l'exécution des mesures de sûreté générale (art. L. 2122-27, 2°). Il délivre des certificats de vie, de bonne vie et de bonnes mœurs. Il détient également des compétences en matière électorale (délivrance des cartes électorales, présidence de la commission chargée de dresser les listes électorales, organisation des élections). Il exerce certains pouvoirs de police administrative spéciale (comme en matière de publicité des enseignes, de police des étrangers : visa ou certificat d'hébergement). Au nom de l'État, le maire et les adjoints (qui n'ont alors pas besoin de délégation) ont également la qualité d'officiers d'état civil, établissant les actes intéressant l'état des personnes (célébration des mariages, déclarations de naissance, de décès). Ni le maire ni les adjoints ne peuvent, dans ce cadre, obéir à leur conscience pour refuser de célébrer un mariage entre personnes du même sexe (déc. n° 2013-353 QPC du 18 octobre 2013 du Conseil constitutionnel, M. Franck M. et autres, les requérants invoquant à tort une « clause de conscience » au profit des officiers de l'état civil). En tant qu'officier de police judiciaire, le maire doit constater, au nom de l'État, les infractions à la loi pénale et aux règles de délivrance du permis de construire (art. L. 2122-31). Dans l'exercice de cette dernière fonction, il est sous l'autorité hiérarchique du procureur de la République. Tous ces actes sont susceptibles d'engager la responsabilité de l'État et non celle de la commune. La loi Engagement et proximité de 2019 a introduit un nouvel article L. 2122-34-1 prévoyant qu'après le renouvellement général des conseils municipaux, le représentant de l'État dans le département et le ou les procureurs de la République territorialement compétent(s) reçoivent les maires du département afin de leur présenter les attributions que ces derniers exercent au nom de l'État et comme officiers de police judiciaire et de l'état civil.

2. Le maire, chef du personnel communal

387. C'est au titre de chef de l'administration municipale, expression qui n'est pas consacrée par les textes, mais par la pratique et la jurisprudence, que le maire est le véritable « patron » des services municipaux et qu'il exerce toutes les fonctions de chef de service, titulaire d'un pouvoir hiérarchique sur ses subordonnés (CE, 9 janvier 1959, *Ville de Nice*, Lebon, p. 26). Il peut alors nommer, promouvoir, sanctionner et révoquer les fonctionnaires municipaux, dans les limites du statut de la fonction publique, principalement territoriale, issu de la loi n° 84-53 du 26 janvier 1984. Mais c'est bien le conseil municipal, au titre de ses compétences budgétaires, qui crée et supprime les emplois (CE, sect., 18 mai 1973, *Ville de Cayenne*, Lebon, p. 359). Les pouvoirs du maire consistent surtout à prendre des mesures individuelles relatives aux agents publics, qu'ils soient fonctionnaires ou non. Cela ne l'empêche pas, en tant que chef de service, de prendre toutes les mesures générales d'organisation des services, avec l'aide de l'administration communale, en application de la jurisprudence du Conseil d'État du 7 février 1936, *Jamart* (Lebon, p. 172).

3. Le maire, titulaire du pouvoir de police administrative

388. Ce pouvoir de police administrative, qui désigne une activité normative ou matérielle et qui ne doit pas être confondue avec les services de police municipale qui désignent des agents placés sous l'autorité du maire, est celui qui symbolise sans doute le mieux, aux yeux des administrés, les attributions d'un maire (v. *infra*, pour la présentation des activités de police).

Cette compétence est bien décentralisée en ce qu'elle est exercée au nom de la commune. L'article L. 2212-1 précise que ce pouvoir est exercé « sous le contrôle administratif du représentant de l'État », et non sous son autorité, ce qui rattache cette fonction aux compétences décentralisées du maire et non à celles qu'il exerce en tant qu'autorité déconcentrée. Le rattachement de ce pouvoir de police administrative à la commune a des conséquences en termes de responsabilité car, en cas de dommages, qui sont fréquents, c'est le budget de la commune qui supporte les conséquences indemnitaires. Par ailleurs, les mesures de police font partie des actes qui doivent être obligatoirement transmis au représentant de l'État (art. L. 2132-2).

B. Les pouvoirs propres des présidents de conseils départemental et régional

389. Ils sont moins nombreux que ceux du maire, notamment parce que, dans les départements, c'est une autorité de l'État, le préfet, qui dispose du pouvoir de police et qu'il n'y a pas de pouvoir de police au niveau de la région. Le président du conseil départemental dispose cependant d'un pouvoir de police sur le domaine public départemental, tandis que les exécutifs départementaux et régionaux sont aussi des chefs de service.

1. Le pouvoir de police du président du conseil départemental

390. Le président du conseil départemental gère le domaine public du département, et à ce titre, il dispose d'un pouvoir de police domaniale (art. L. 3221-4). Il peut ainsi prendre toutes les mesures destinées à protéger ce domaine, y compris en matière de circulation sur les voies départementales, en limitant le passage de certains véhicules pour sauvegarder l'état de la chaussée. Mais ses compétences ne peuvent pas empiéter sur celles du maire ni sur celles du préfet. Le président du conseil régional, qui gère le domaine de la région (art. L. 4231-4), n'est pas titulaire d'un pouvoir de police comparable à celui de son homologue départemental.

2. Les présidents de conseils départemental et régional, chefs de service

391. Le Code général dispose que le président du conseil départemental ou régional est « seul chargé de l'administration » (art. L. 3221-3 et L. 4231-3), même s'il peut déléguer certaines de ses attributions aux vice-présidents ou à d'autres membres du conseil. Il assure donc à ce titre les mêmes fonctions que le maire en ce qui concerne la gestion du personnel dont il est le supérieur hiérarchique et il dispose, en tant que chef de service, du pouvoir d'organiser la gestion interne de ces services. Il peut, par exemple, donner des délégations de signature aux chefs des services du conseil départemental ou régional, notamment au directeur des services.

La volonté de reprendre, pour les départements et les régions, les règles applicables aux communes, illustre, une fois encore, la recherche d'un régime relativement uniforme pour les collectivités de droit commun.

CHAPITRE 2

Les compétences des collectivités territoriales

392. Il ne peut y avoir de décentralisation territoriale sans reconnaissance de compétences au profit des collectivités territoriales, susceptibles d'engager leur responsabilité. L'étude des compétences conduit donc à distinguer les compétences des collectivités les unes par rapport aux autres et par rapport à l'État. Que l'État soit unitaire ou fédéral, il existe des règles permettant la détermination de la répartition des compétences entre les niveaux locaux et l'État. Ces principes peuvent être posés au niveau constitutionnel comme dans les États fédéraux qui fixent une répartition entre la compétence de principe et les compétences d'attribution ou entre des compétences exclusives et des compétences partagées. En France, État historiquement unitaire, aucune énumération des compétences des collectivités territoriales n'est fixée dans la Constitution, ni d'ailleurs dans les textes législatifs. L'article 34, alinéa 13 de la Constitution se contente de renvoyer à la loi le soin de fixer les principes fondamentaux de « leurs compétences », mais ce n'est qu'un texte attributif de compétence normative au profit de la loi. Dans un État unitaire, c'est nécessairement l'État qui détermine les compétences des collectivités : elles n'ont pas la compétence de leurs compétences, que seul possède l'État. Les compétences des collectivités territoriales peuvent être énumérées ou résulter d'un principe général de compétence, posé par la loi. Le droit français n'a pas vraiment fait le choix entre ces deux mécanismes d'attribution de compétences. Si la Constitution n'énumère pas les compétences des collectivités territoriales, elle pose, depuis la révision constitutionnelle du 28 mars 2003, trois principes constitutionnels participant à la détermination des compétences, le principe de subsidiarité, le principe de la collectivité chef de file et le principe de non-tutelle entre collectivités territoriales. Néanmoins, à la différence des États fédéraux au profit des États fédérés, la Constitution ne garantit pas des domaines de compétences propres aux collectivités territoriales. Quelle que soit la réponse théorique à la question de la définition des compétences des collectivités territoriales, une approche concrète de celles-ci est nécessaire, afin de rendre compte de la diversité des domaines d'intervention des collectivités dans la vie de leurs administrés. Cette approche se justifie d'autant plus que la loi autorise désormais une dissociation entre l'attribution de compétences et l'exercice de celles-ci en généralisant les transferts et les délégations de compétences. Le projet de loi constitutionnelle présenté à l'Assemblée nationale le 29 août 2019 pourrait encore accentuer cette dissociation, puisqu'il renvoie à une loi organique le soin de déterminer les conditions dans lesquelles, d'une part, « la loi peut prévoir que certaines collectivités territoriales exercent des compétences, en nombre limité, dont ne disposent pas l'ensemble des collectivités de la même catégorie », et d'autre part, « les collectivités territoriales ou leurs groupements peuvent, lorsque, selon le cas, la loi ou le règlement l'a prévu, déroger, pour un objet limité, aux dispositions législatives ou réglementaires qui régissent l'exercice de leurs compétences, éventuellement après une expérimentation autorisée dans les mêmes conditions ». Ce nouveau droit à la différenciation en matière d'exercice des compétences, inséré aux alinéas 2 et 4 de l'article 72 de la Constitution, remettrait en cause la présentation traditionnelle des compétences en fonction des catégories de collectivités territoriales. Le projet de loi dit 4D, différenciation, décentralisation, déconcentration et décomplexification, prévoit d'introduire dans le CGCT un nouvel article L. 1111-3-1 consacré à la différenciation disposant que « dans le cadre de l'attribution des compétences aux collectivités territoriales, le principe d'égalité ne fait pas obstacle à ce que la loi règle de façon différente des situations différentes, ni à ce qu'il soit dérogé à l'égalité pour des raisons d'intérêt général pourvu que, dans l'un et l'autre cas, la différence de traitement qui en résulte soit proportionnée et en rapport avec l'objet de la loi qui l'établit ». Si cet article ne fait que rappeler le principe d'égalité, il témoigne de la volonté du législateur de prévoir davantage d'attributions de compétences différenciées, y compris au sein d'une même catégorie de collectivités. L'action des collectivités territoriales vise à satisfaire les besoins de la population. Leurs missions d'intérêt général recouvrent ainsi la gestion de services publics locaux et l'exercice de polices administratives.

Section 1
Le choix entre la clause générale de compétence ou la spécialisation des compétences

393. La clause générale de compétence, exprimée par la formule selon laquelle le conseil règle par ses délibérations les affaires de sa compétence, ne signifie pas seulement qu'il existe un partage entre les organes d'une collectivité, mais elle exprime aussi une définition des compétences de la collectivité par rapport aux autres collectivités ou aux personnes privées. La clause générale de compétence présente le grand avantage, conquis progressivement au XIXe siècle, de donner une compétence générale aux collectivités locales et de ne plus procéder par une énumération, forcément limitative, des compétences. Aussi a-t-elle une double vocation, interne en ce qu'elle opère un partage des compétences entre l'organe délibérant et l'organe exécutif en donnant au premier une compétence de principe, et externe en ce qu'elle permet de faire la distinction à la fois entre l'intérêt public et les intérêts privés et d'attribuer une compétence à un échelon déterminé d'administration, y compris par opposition à l'État.

La loi nº 83-8 du 7 janvier 1983 relative à la répartition des compétences entre les communes, les départements, les régions et l'État et les lois suivantes souhaitaient, dans un souci de clarté et d'efficacité de l'action publique, transférer « des blocs de compétences », si possible à un seul échelon territorial, afin qu'il n'y ait pas de compétences partagées. Cette intention trouve sa concrétisation légale dans l'article L. 1111-4 (issu de l'article 3 de la loi du 7 janvier 1983) qui dispose que « La répartition des compétences entre les collectivités territoriales et l'État s'effectue, dans la mesure du possible, en distinguant celles qui sont mises à la charge de l'État et celles qui sont dévolues aux communes, aux départements ou aux régions de telle sorte que chaque domaine de compétences ainsi que les ressources correspondantes soit affecté en totalité soit à l'État, soit aux communes, soit aux départements, soit aux régions ». En réalité, le législateur de 1983, ni celui des années suivantes n'est parvenu à respecter ce principe posé dans la loi du 7 janvier 1983, car il existe trop de matières pour lesquelles les collectivités territoriales ont des compétences complémentaires. En outre, il paraît illusoire, dans le contexte financier dans lequel se trouvent aujourd'hui les collectivités territoriales, d'imaginer qu'une collectivité puisse intervenir seule dans un domaine de compétence.

§1. La clause générale de compétence

394. La clause générale de compétence, établie dans les lois de décentralisation de la fin du XIXe siècle et dans celles de la fin du XXe siècle, n'a donc pas été battue en brèche par la technique de l'énumération des compétences voulue par les lois de 1983. La définition délicate de ces dernières n'a pas fait disparaître, au moins jusqu'à la loi NOTRe de 2015, la compétence générale de la collectivité territoriale, définie par l'intérêt public local.

La clause générale de compétence était inscrite dans le droit positif pour chaque collectivité territoriale (art. L. 2121-29, L. 3211-1 et L. 4221-1) et de manière générale elle reste prévue à l'article L. 1111-2, en vertu duquel « Les communes, les départements et les régions règlent par leurs délibérations les affaires de leur compétence ». L'article L. 4221-1, à la différence des autres dispositions, précisait en outre les compétences de la région.

Cette clause ne se réduit pas au simple fait que les collectivités territoriales ont des compétences étendues et non spécialisées. Elle donnait à chaque collectivité territoriale la possibilité d'intervenir de manière complémentaire et facultative, dans des domaines de compétences attribués par la loi à d'autres collectivités territoriales, dès lors qu'il existe un intérêt public local suffisant, susceptible de justifier son intervention. La clause générale de compétence consacrait la possibilité, pour une collectivité territoriale, de dépasser le cadre et la liste des compétences énumérées par la loi. Elle ne s'opposait donc pas à la méthode énumérative des compétences. La seule véritable limite posée par le juge administratif à l'exercice de la clause générale de compétence, et qui découle naturellement de sa définition, résidait dans l'existence de compétences attribuées expressément et de manière exclusive à d'autres collectivités territoriales ou à l'État (CE, 29 juin 2001, *Commune de Mons-en-Barœul*, Lebon, p. 298, à propos de la compétence en matière de logement).

La clause générale de compétence permettait ainsi de distinguer les collectivités territoriales des établissements publics qui, selon les principes généraux du droit administratif, sont régis par un principe de spécialité qui leur interdit d'avoir d'autres compétences que celles qui leur sont attribuées par l'acte les ayant institués ou par la loi.

La clause générale présentait toutefois un certain nombre de défauts qui n'ont pas manqué d'être relevés. Elle ne permettait pas tout d'abord de connaître à l'avance les compétences des collectivités et elle reposait sur les « affaires de la collectivité » dont les contours sont ceux de l'intérêt public local. Or, l'intérêt local est difficile à déterminer car il est nécessairement évolutif dans le temps et l'espace, et il est fonction de la taille de la collectivité. En outre, la superposition territoriale des collectivités rend difficile la délimitation purement géographique de cet intérêt. C'est donc le juge administratif qui joue, au cas par cas, un rôle essentiel dans cette recherche. Ainsi, un intérêt qui n'est pas local ne peut être pris en compte : cette restriction interdit à une collectivité de soutenir une cause politique internationale, comme le soutien à un peuple en lutte, ou nationale, comme l'appel à voter « non » à un référendum national, ou même local lorsque la brochure d'information sur les activités de la région est en fait un instrument de la propagande politique de la majorité de l'assemblée locale. Ce n'est pas tant le caractère politique de ces causes qui importe, alors que les collectivités devraient se contenter d'administrer, que le fait que ces questions n'ont pas de rattachement local. C'est ainsi que dans l'arrêt du 30 décembre 2009, *Département du Gers* (n° 308514), le Conseil d'État a jugé que les collectivités territoriales pouvaient émettre des vœux, des prises de position ou des déclarations d'intention sur « des objets à caractère politique et sur des objets qui relèvent de la compétence d'autres personnes publiques, dès lors qu'ils présentent un intérêt "local" » mais sans aller jusqu'à édicter de véritables « décisions ». L'intérêt public est nécessairement défini localement, en tenant compte, non pas du territoire, mais des besoins de la population locale, comme le montre, *a contrario*, la décision jugeant qu'il n'y avait pas d'intérêt départemental à l'attribution d'une somme ayant pour objet la restauration du village de Colombey-les-deux-Églises situé dans le département de la Haute-Marne (CE, 11 juin 1997, n° 170069, *Département de l'Oise*). Mais l'identification de l'intérêt public local est loin d'être évidente. Par exemple, dans les cas de conflits sociaux qui se déroulent nécessairement sur le territoire d'une commune, celle-ci ne peut pas apporter son soutien à un comité de grève ou à un syndicat parce qu'elle intervient dans un conflit qui n'est pas le sien et rompt en outre le principe d'égalité entre les parties en présence (CE, 20 novembre 1985, *Commune d'Aigues-Mortes*, Lebon, p. 330). En revanche, elle peut aider les grévistes lorsqu'elle accorde la gratuité de la cantine scolaire à leurs enfants, car cette action présente un objet d'utilité communale (CE, 11 octobre 1989, *Commune de Port-Saint-Louis-du-Rhône c/Préfet Bouches-du-Rhône*, Lebon, p. 184).

Il arrive toutefois que l'attribution d'une compétence au profit des collectivités territoriales par la loi permette au juge administratif de présumer, sans autre contrôle, l'existence d'un intérêt public local. Deux exemples peuvent être donnés à ce titre. Le premier concerne l'action extérieure des collectivités territoriales. L'article L. 1115-1 du CGCT, introduit par la loi n° 2007-147 du 2 février 2007 relative à l'action extérieure des collectivités territoriales et de leurs groupements, et modifié par la loi n° 2014-773 du 7 juillet 2014 d'orientation et de programmation relative à la politique de développement et de solidarité internationale, dispose que « dans le respect des engagements internationaux de la France, les collectivités territoriales et leurs groupements peuvent mettre en œuvre ou soutenir toute action internationale annuelle ou pluriannuelle de coopération, d'aide au développement ou à caractère humanitaire ». De telles actions sont désormais rendues possibles, sans qu'il soit nécessaire pour le juge de rechercher si elles répondent à un intérêt public local (voir *infra*, « La coopération décentralisée »). Dans le même sens, l'article L. 3231-3-1, issu de la loi du 17 janvier 2002, prévoit que « les départements peuvent attribuer des subventions de fonctionnement aux structures locales des organisations syndicales représentatives dans des conditions fixées par décret en Conseil d'État ». Le Conseil d'État a déduit de l'intervention du législateur que « ces dispositions ne sauraient être regardées comme imposant la définition de l'intérêt public départemental auquel répond l'action à laquelle cette subvention sera affectée » (CE, 16 février 2011, n° 334779, *Département de la Seine-Saint-Denis*).

Outre les difficultés liées à l'identification de l'intérêt public local, la clause générale de compétence est apparue aux yeux de certains comme l'une des causes principales de l'enchevêtrement des compétences des collectivités territoriales. Supprimer la clause générale de compétence pour les départements et les régions apparaissait *a priori* comme une réponse évidente et logique au besoin de répartir de manière lisible et rationnelle les compétences entre les différents niveaux d'administration territoriale, ainsi qu'un moyen de maîtriser la dépense publique locale. Le réquisitoire avait été prononcé notamment dans le rapport de la Commission de réforme des collectivités locales présidé par l'ancien Premier ministre Édouard Balladur. Ce rapport préconisait de spécialiser les compétences des départements et des régions et de ne réserver cette clause qu'aux seules communes ou à l'échelon intercommunal (proposition n° 11).

Sur le fondement de la proposition émise dans le rapport précité, la loi de réforme des collectivités territoriales de 2010 avait décidé la suppression de la clause générale de compétence pour les départements et les régions à compter du 1er janvier 2015. Elle introduisait une rédaction nouvelle des articles L. 3211-1 et L. 4221-1 qui disposaient que « le conseil général [le conseil régional] règle par ses délibérations les affaires du département [de la région] dans les domaines que la loi lui attribue ». Tels qu'ils étaient rédigés, ces articles supprimaient donc la faculté pour les départements et les régions d'intervenir dans des domaines de compétences autres que ceux qui leur étaient attribués par la loi. Certes, le législateur laissait aux départements et aux régions la possibilité « de se saisir en outre de tout objet d'intérêt départemental [régional] pour lequel la loi n'a donné compétence à aucune autre personne publique » (art. L. 3211-1, al. 2 et L. 4433-1, al. 2 dans leur rédaction issue de la loi n° 2010-1563 du 16 décembre 2010 de réforme de collectivités territoriales). Mais cette faculté n'était pas pour autant assimilable à la clause générale de compétence, telle que le juge administratif l'a toujours définie. Ce dernier n'interdit en effet aux collectivités territoriales d'exercer des compétences dans des domaines relevant d'autres collectivités que si cette compétence est réservée expressément et exclusivement à ces dernières. Or, le pouvoir reconnu par la loi du 16 décembre 2010 aux départements et aux régions ne devait intervenir que dans des cas exceptionnels correspondant à des compétences non prévues par la loi et, par voie de conséquence, attribuées à aucune autre personne publique. En outre, les départements et les régions qui auraient souhaité se saisir de ces questions devaient motiver spécialement leur intervention. Il s'agissait donc bien d'inverser les règles de droit. Jusqu'à la loi du 16 décembre 2010, il était possible pour les départements et les régions d'intervenir dans tout domaine de compétence qui ne leur avait pas été expressément interdit. Avec la loi de réforme des collectivités territoriales, le principe devenait la spécialité des compétences des départements et des régions, et l'exception signifiait la possibilité de se saisir de tout objet non attribué à aucune autre collectivité territoriale.

Le Conseil constitutionnel a été saisi de la question de la suppression de la compétence générale dans la décision rendue à propos de la loi du 16 décembre 2010 (déc. n° 2010-618 DC, 9 décembre 2010). Il a tout d'abord écarté l'argument selon lequel la compétence générale des départements, qui semblait supprimée, au moins formellement, par la loi de 2010, aurait constitué un principe fondamental reconnu par les lois de la République (PFRLR) qui aurait trouvé sa source dans l'article 48 de la loi de 1871 (cons. 54 de la décision 618 DC). Une telle recherche était bien entendu impossible pour les régions, celles-ci ayant été créées après 1946, date de référence de la création des PFRLR, selon les critères de définition posés par la décision du Conseil constitutionnel n° 88-244 DC du 20 juillet 1988, Loi portant amnistie. En revanche, le rattachement, également avancé par les saisines dirigées contre cette partie de la loi de 2010, de la compétence générale à l'exigence constitutionnelle de libre administration des collectivités territoriales qui, quant à elle, n'est pas contestable, car fondée sur l'article 72 de la Constitution, paraissait plus riche de possibilités. Sur ce point, la réponse du Conseil dans la décision n° 618 DC manquait certainement de clarté, au point de laisser entendre une chose et son contraire. L'argumentation de la saisine liait la compétence générale au principe constitutionnel de l'article 72, considérant qu'une collectivité territoriale devait, pour mériter vraiment cette qualité, et jouir de la libre administration qui lui est associée, posséder une compétence générale, faute de quoi elle serait assimilée à un simple établissement public. Le Conseil ne s'est pas prononcé expressément sur ce point. Il s'est contenté d'observer, en se fondant sur la loi, que les collectivités départementales et régionales pouvaient « par délibération spécialement motivée, se saisir respectivement de tout objet d'intérêt départemental ou régional pour lequel la loi n'a donné compétence à aucune autre personne publique » (art. 73- I et II de la loi du 16 décembre 2010). Le Conseil a jugé ainsi que cette faculté suffisait à garantir une compétence suffisante. Ce que lui-même avait qualifié de clause « dite "de compétence générale" des départements et des régions » n'était ainsi pas méconnu, selon le Conseil, par la loi. Le Conseil constitutionnel n'a donc pas répondu clairement à la question de savoir si la clause de compétence générale était ou non une conséquence directe de la libre administration des collectivités territoriales consacrée à l'article 72 de la Constitution, ou même, un élément indissociable de cette dernière. Il a seulement jugé que les conditions de sa suppression ou de son maintien, selon la façon dont on comprend la rédaction de la décision n° 618 DC, n'étaient pas telles qu'elles impliquaient une atteinte à la libre administration.

Si la compétence générale ne possède qu'une valeur législative, elle peut être supprimée par la loi, mais elle peut aussi être restaurée. La loi du 27 janvier 2014 dite MAPTAM est revenue en effet sur cette suppression annoncée de la clause générale de compétence en reconnaissant, pour la première fois dans la loi, cette expression d'origine doctrinale et jurisprudentielle. Mais l'encre de celle-ci était à peine sèche que la loi du 7 août 2015 dite NOTRe a de nouveau prévu que les départements et les régions devaient ne disposer que de compétences spécialisées avec toutefois la reconnaissance de compétences partagées en matière de culture, de sport, de tourisme, de promotion des langues régionales et d'éducation populaire (art. L. 1111-4).

La loi du 7 août 2015 reprend la même formule que la loi du 16 décembre 2010, sans toutefois réserver la possibilité pour les départements et les régions de « se saisir, par délibération motivée, de tout objet d'intérêt départemental ou régional pour lequel la loi n'a donné aucune compétence à aucune autre personne publique » (sans modifier d'ailleurs la rédaction de l'art. général, l'art. L. 1111-2). Elle ne prévoit plus non plus des compétences exclusives des collectivités territoriales.

Si le Conseil constitutionnel ne s'est pas prononcé, dans sa décision n° 2015-717 DC du 6 août 2015, sur la constitutionnalité de la suppression de la clause générale de compétence, en l'absence d'une telle réserve, présente dans la loi de 2010, et sur laquelle il s'était fondé pour admettre la constitutionnalité de celle-ci, il a été conduit à le faire, cette fois *a posteriori*, dans la décision n° 2016-565 QPC du 16 septembre 2016, Assemblée des départements de France (clause de compétence générale des départements). Il a écarté le grief tiré de la violation du principe de la libre administration pour juger que, « compte tenu de l'étendue des attributions dévolues aux départements par les dispositions législatives en vigueur, qu'il s'agisse de compétences exclusives, de compétences partagées avec d'autres catégories de collectivités territoriales ou de compétences susceptibles d'être déléguées par d'autres collectivités territoriales, les dispositions du CGCT, insérées par la loi NOTRe, ne privent pas les départements d'attributions effectives » (cons. 6). Pour le Conseil, le principe de libre administration ne renvoie donc pas à la clause générale de compétence telle qu'elle a été définie par le Conseil d'État. Il implique seulement que les collectivités ne soient pas privées d'attributions effectives. Le Conseil se fonde, pour admettre la constitutionnalité des dispositions législatives, sur les compétences du département, énoncées à l'art. L. 3211-1 : celui-ci est « compétent pour mettre en œuvre toute aide ou action relative à la prévention ou à la prise en charge des situations de fragilité, au développement social, à l'accueil des jeunes enfants et à l'autonomie des personnes. Il est également compétent pour faciliter l'accès aux droits et aux services des publics dont il a la charge. Il a compétence pour promouvoir les solidarités, la cohésion territoriale et l'accès aux soins de proximité sur le territoire départemental, dans le respect des compétences de l'État, et dans le respect de l'intégrité, de l'autonomie et des attributions des régions et des communes. » Cette solution, énoncée pour les départements, vaut, *a priori,* tout autant pour les régions. L'article L. 3211-1 relatif aux compétences du conseil départemental a été modifié par la loi NOTRe pour préciser celles-ci dans les domaines de la solidarité, que ce soit celle en direction des personnes ou celle destinée aux territoires. Il devrait être également complété par le projet de loi 4D en matière de sécurité sanitaire, d'habitat inclusif et de logement. Certes, l'étendue de ces compétences ne prive pas les départements et les régions de leurs compétences effectives et peut même laisser penser que la suppression de la clause générale de compétence ne remettra pas en cause, dans la pratique, leurs actions. Il n'en reste pas moins que ces collectivités n'ont plus une vocation générale à intervenir dans tous domaines présentant un intérêt public local, ce qui ne permet plus de les distinguer clairement des établissements publics.

§2. Les transferts de compétences

395. Plus qu'une répartition des compétences entre quatre niveaux égaux d'administration, les lois de 1983 ont surtout procédé à des transferts de compétences de l'État vers les collectivités territoriales. Ces transferts de compétences consistent pour l'État à conférer aux collectivités territoriales des compétences qu'il exerçait préalablement et qu'elles exercent, à compter de ce transfert, en leur nom et pour leur compte. Le transfert de compétences implique donc simultanément la reconnaissance d'un domaine d'intervention qui est propre à la collectivité territoriale. Les compétences transférées peuvent être obligatoires (par exemple, le ramassage des ordures ménagères, l'aide sociale) ou facultatives (l'attribution d'aides économiques, par exemple). Les transferts de compétences peuvent être expérimentaux ou définitifs.

Le transfert des compétences a d'abord été réalisé, lors de l'acte I de la décentralisation, par deux lois n° 83-8 du 7 janvier 1983 et n° 83-663 du 22 juillet 1983 relatives à la répartition des compétences entre les communes, les départements, les régions et l'État, la seconde complétant la première, auxquelles se sont ajoutées principalement les lois n° 85-97 du 25 janvier 1985 dite « Chevènement », modifiant et complétant la loi n° 83-663 du 22 juillet 1983 et portant dispositions diverses relatives aux rapports entre l'État et les collectivités territoriales, et n° 86-17 du 6 janvier 1986 adaptant la législation sanitaire et sociale aux transferts de compétences en matière d'aide sociale et de la santé. La loi n° 2004-809 du 13 août 2004 a entraîné de nouveaux transferts de compétences au bénéfice de la région et du département.

Aux transferts de compétences de l'État vers les collectivités territoriales la loi ajoute désormais les transferts de compétences entre collectivités territoriales. La loi n° 2015-991 de 7 août 2015 portant nouvelle organisation territoriale de la République prévoit ainsi, de manière nouvelle, que certaines compétences des départements seront transférées aux régions, notamment les compétences en matière économique et les politiques de mobilité (transports routiers interurbains, transports ferroviaires d'intérêt local et gestion des ports), ou aux métropoles (art. 90 de la loi, par exemple, en matière d'aide aux jeunes en difficulté, en matière de tourisme, en matière de construction, de reconstruction, d'entretien et de fonctionnement des collèges, en matière de gestion des routes classées dans le domaine public routier départemental).

Un tableau complet et général des compétences devrait tenir compte des compétences que l'État a conservées dans la plupart des domaines. C'est ainsi que dans le domaine de l'enseignement, l'État conserve la compétence pour la détermination du contenu pédagogique de l'enseignement, alors que les collectivités sont responsables, en fonction de leur niveau respectif, des écoles, des collèges et des lycées. Un tel tableau pourrait faire apparaître, au minimum, les domaines suivants : aménagement du territoire et planification, action et développement économique, culture, sport et tourisme, urbanisme, logement et politique de la ville, enseignement, action sociale et santé, environnement, énergie et développement durable, pouvoirs de police et sécurité.

Il serait fastidieux d'énumérer, pour chaque niveau de collectivité territoriale, l'ensemble des matières. Les transferts de compétences traduisent néanmoins un rôle dominant pour chaque échelon d'administration.

A. Les compétences principales des collectivités territoriales

1. Les compétences de la région

396. La région joue d'abord un rôle majeur en matière de développement économique. Jusqu'en 2015, en tant que collectivité chef de file, elle coordonnait sur son territoire les actions de développement économique des collectivités territoriales et de leurs groupements, sous réserve des missions incombant à l'État. Le conseil régional définissait le régime et décidait de l'octroi des aides aux entreprises dans la région. Les départements, les communes et leurs groupements pouvaient participer au financement de ces aides dans le cadre d'une convention passée avec la région. En cas d'accord de la région, la collectivité territoriale ou le groupement de collectivités territoriales auteur du projet d'aide ou de régime d'aides pouvait le mettre en œuvre. En cas de désaccord de la région, en revanche, les communes et départements pouvaient passer outre ce refus et accorder leur aide en concluant avec l'État une convention (ancien art. L. 1511-5). La loi NOTRe du 7 août 2015 retire aux régions cette qualité de chef de file et leur donne une compétence exclusive en matière d'aides économiques. Il prévoit plus précisément que la région doit adopter un schéma régional de développement économique d'innovation et d'internationalisation (dit SRDEI I), approuvé par arrêté préfectoral, qui fixe des orientations avec lesquelles les actes des autres collectivités territoriales doivent être compatibles (art. L. 4251-12 et L. 4251-13). La loi prévoit également de confier à la région le monopole de la définition des régimes d'aides aux entreprises et de l'octroi de ces aides sur son territoire, sous réserve des aides à l'immobilier d'entreprise (art. L. 1511-2 et L. 1511-3).

La région a vocation également à créer, exploiter et aménager les ports maritimes de commerce. Elle est prioritaire pour prendre en charge les aérodromes civils d'intérêt local ; elle est l'autorité organisatrice des transports régionaux de voyageurs (TER) et peut financer les infrastructures de TGV. Elle est compétente également pour la mise en œuvre des actions de formation professionnelle et continue et d'apprentissage (art. L. 214-12 du Code de l'éducation). La région joue également un rôle majeur dans l'élaboration et l'exécution des contrats de plan, qui définissent les actions que l'État et la région s'engagent à mener conjointement par voie contractuelle pendant un délai de six ans (les contrats de plan en cours sont les contrats de plan 2014-

2020). Enfin, depuis la loi du 27 janvier 2014, les régions sont les autorités de gestion et de paiement des fonds structurels européens et des programmes européens.

La région est aussi, depuis la loi du 27 janvier 2014, chef de file dans le domaine de l'environnement. À ce titre, elle a l'initiative de la création des parcs naturels régionaux, elle élabore les plans régionaux d'élimination des déchets industriels et le plan de prévention des déchets (art. 5 de la loi NOTRe et art. L. 541-13 du Code de l'environnement). La loi du 7 août 2015 (art. 10) prévoit également l'élaboration d'un schéma régional d'aménagement et de développement durable du territoire se substituant au schéma régional d'aménagement et de développement du territoire (SRADT) et autres schémas et plans existants. Ce schéma a vocation à s'imposer, dans un rapport de compatibilité, aux documents d'urbanisme des autres collectivités territoriales qui le prennent en compte. Elle est également chef de file depuis la loi Engagement et proximité de décembre 2019 en matière de mobilités, notamment en matière d'intermodalité et de complémentarité entre les modes de transports et l'aménagement des gares.

Au-delà même de ces domaines particuliers de compétence, l'article L. 4221-1 énonce plus généralement les compétences des régions : ainsi, elles « ont la compétence pour promouvoir le développement économique, social, sanitaire, culturel et scientifique de la région, le soutien à l'accès au logement et à l'amélioration de l'habitat, le soutien à la politique de la ville et à la rénovation urbaine et le soutien aux politiques d'éducation et l'aménagement et l'égalité de ses territoires, ainsi que pour assurer la préservation de son identité et la promotion des langues régionales, dans le respect de l'intégrité, de l'autonomie et des attributions des départements et des communes ».

2. Les compétences du département

397. Le département a été conçu en 1983 plutôt comme une collectivité gestionnaire, tournée vers les services et les actions de solidarité. Le nouvel article L. 3211-1 énonce d'ailleurs en termes généraux ces différentes compétences « pour mettre en œuvre toute aide ou action relative à la prévention ou à la prise en charge des situations de fragilité, au développement social, à l'accueil des jeunes enfants et à l'autonomie des personnes. Il est également compétent pour faciliter l'accès aux droits et aux services des publics dont il a la charge. Il a compétence pour promouvoir les solidarités et la cohésion territoriale sur le territoire départemental, dans le respect de l'intégrité, de l'autonomie et des attributions des régions et des communes ».

Le département a ainsi en charge l'aide et l'action sociale, plus précisément l'aide à l'enfance (protection maternelle et infantile, gestion des dossiers d'adoption, soutien aux familles en difficultés financières), l'aide aux handicapés (politiques d'hébergement et d'insertion sociale, gestion de la prestation de compensation du handicap créée par la loi du 11 février 2005, art. L. 245-1 du Code de l'action sociale et de la famille), l'aide aux personnes âgées (création et gestion de maisons de retraite, politique de maintien des personnes âgées à domicile par le biais de l'allocation personnalisée d'autonomie créée par la loi du 20 juillet 2001 ; art. L. 231-1 du CASF). Dans le domaine social, les départements ont également reçu la gestion du revenu de solidarité active, créé par la loi du 1er décembre 2008. La loi du 27 juillet 1999 portant création de la couverture médicale universelle ne met plus en revanche à la charge des départements l'aide médicale. Le projet de loi 4D prévoit toutefois à titre expérimental, pour une durée de cinq ans, une renationalisation, à la demande des départements, de l'instruction administrative, de la décision d'attribution et du financement du revenu de solidarité active et du revenu de solidarité, pour le compte de l'État, par les caisses d'allocations familiales. Cette expérimentation donnera lieu à la conclusion d'une convention entre l'État et le département qui souhaite ainsi transférer cette compétence.

Les départements se sont vu également confier des responsabilités en matière scolaire, pour les collèges, par la loi du 13 août 2004. Ils reçoivent surtout une compétence étendue en matière de ports maritimes de pêche, de voies navigables et de voirie, puisque l'essentiel de la voirie nationale est transféré dans la voirie départementale, sauf les autoroutes et les routes « d'intérêt national ». Le projet de loi 4D prévoit de poursuivre ce transfert de propriété au profit des départements, des métropoles et de la Métropole de Lyon mais cette fois-ci à la demande des collectivités territoriales. À défaut d'un tel transfert, le projet de loi prévoit la possibilité de mettre à la disposition des régions qui le demandent, à titre expérimental, pendant cinq ans, des voies qui se situent sur leur territoire. Par ailleurs, le projet de loi prévoit des transferts de gestion réciproques entre régions et départements. La loi du 7 août 2015 NOTRe réduit les compétences des départements dans le domaine du transport en les transférant aux régions (transports routiers interurbains, transports ferroviaires d'intérêt local, gestion des ports) ou aux métropoles par voie de conventions (notamment la « construction [...] l'aménagement, l'entretien et le fonctionnement des collèges »).

3. Les compétences de la commune

398. La commune, par ses dimensions, est le lieu idéal pour l'administration de proximité et de contact : collectivité proche des habitants, elle peut leur offrir des services quotidiens (les transports urbains, les écoles maternelles et primaires, l'urbanisme, les bibliothèques, les musées). Ainsi, les communes ont acquis une autonomie de décision dans l'élaboration des documents réglementaires d'urbanisme, en particulier pour les plans locaux d'urbanisme (PLU), même si cette compétence peut être transférée aux EPCI, les PLU devenant intercommunaux (PLUI). Cette autonomie n'empêche pas l'obligation de concertation avec d'autres personnes publiques, principalement l'État, ou les autres communes et le respect des orientations déterminées dans les schémas de cohérence territoriale élaborés au niveau intercommunal par un EPCI ou un syndicat mixte fermé et les directives territoriales d'aménagement et de développement durable. Les maires sont également compétents en matière de délivrance des autorisations individuelles d'urbanisme, en particulier, les permis de construire dans les communes dotées d'un PLU approuvé. Les communes interviennent également dans le domaine social par la mise en œuvre de l'action sociale facultative à travers les centres communaux d'action sociale (dont la création devient facultative dans les communes de moins de 1 500 habitants avec la loi NOTRe), dans le domaine de l'enseignement pour lequel la commune a la charge des écoles élémentaires et pré-élémentaires. Les communes jouent aussi un grand rôle en matière culturelle, avec les bibliothèques, les musées ou les établissements d'enseignement artistique tels que les écoles municipales de musique et de danse, l'organisation de festivals ou la création et l'entretien de théâtres municipaux. Dans le domaine des sports et des loisirs, les communes remplissent une mission essentielle en créant et en gérant des équipements sportifs comme des piscines, des stades, des patinoires, ou en subventionnant des activités sportives, y compris des clubs sportifs professionnels. La diversité de ces compétences explique sans doute que la loi MAPTAM du 27 janvier 2014 fasse de la commune la collectivité chef de file en matière de services de proximité, de développement et de mobilité durable. En revanche, la loi NOTRe avait prévu, dans un souci de rationalisation, le transfert obligatoire des compétences eau et assainissement aux EPCI à fiscalité propre à partir de 2020 (art. L. 5216-5, art. 64 de la loi). Mais la loi Engagement et proximité de décembre 2019 prévoit un report du transfert de ces compétences au 1er janvier 2026, dans l'hypothèse où, avant le 1er janvier 2020, au moins 25 % des communes membres de la communauté de communes représentant au moins 20 % de la population s'opposent au transfert immédiat (conditions posées initialement par la loi du 3 août 2018 relative à la mise en œuvre du transfert des compétences eau et assainissement aux communautés de communes). La loi Engagement et proximité prévoit par ailleurs pour les communautés de communes et les communautés d'agglomération la rétrocession du service par délégation à la commune au nom et pour le compte de son EPCI. Cette convention de délégation particulière doit prévoir un plan d'investissement. Ces compétences réaffirmées par les lois n'empêchent pas les communes d'exercer des fonctions traditionnelles : outre des compétences que le maire exerce au nom de l'État comme l'état civil ou les fonctions électorales, le maire exerce, en tant qu'autorité communale, un pouvoir propre de police administrative générale (voir *infra*).

D'une certaine façon, les communes sont partout, non seulement sur le territoire français, mais aussi dans la vie des administrés, ce dernier point expliquant aussi l'attachement des Français à « leur » commune.

B. Les conditions encadrant les transferts de compétences

399. Dans le souci de respecter le principe de libre administration des collectivités territoriales, les transferts de compétences décidés par la loi doivent respecter un certain nombre de conditions. Tout d'abord, les charges liées à de tels transferts doivent être intégralement compensées financièrement (art. 72-2 al. 4, voir *infra*, « Les moyens financiers »). Ensuite, les transferts de compétences doivent être accompagnés d'un transfert de gestion des biens affectés aux services transférés. Depuis la loi du 7 janvier 1983 (art. L. 1321-1 à 1321-6), les biens de l'État sont mis à la disposition de plein droit, et non en propriété, et à titre gratuit, des collectivités à la date du transfert. Les collectivités disposent alors de l'ensemble des prérogatives du propriétaire, et disposent à ce titre des pouvoirs de gestion, à l'exception du pouvoir d'aliénation et supportent l'ensemble des charges afférentes à ces biens. Elles peuvent à terme acquérir les biens en pleine propriété (art. L. 1312-4).

Enfin, les agents titulaires ou contractuels de l'État sont mis à la disposition de la collectivité concernée par le transfert de compétences. La loi ouvre au profit des fonctionnaires, dans les deux ans à compter de la répartition définitive des services, un droit d'option pour le statut de la fonction publique territoriale ou pour le maintien au sein de la fonction publique de l'État. Dans ce dernier cas, le fonctionnaire est placé en détachement sans limitation de durée dans la collectivité dont relève désormais son service.

Section 2
Les principes constitutionnels de répartition des compétences

400. Depuis la révision du 28 mars 2003, la Constitution contient trois principes destinés à déterminer la répartition des compétences entre collectivités territoriales ou entre celles-ci et l'État : le principe de subsidiarité, le principe de la collectivité chef de file et celui de non-tutelle entre collectivités territoriales. Si l'insertion de ces principes au niveau constitutionnel marque une rupture certaine avec les traditions administratives, elle n'a pas abouti pour autant à une clarification de la répartition des compétences entre les collectivités territoriales. Ces principes, tels qu'ils ont été interprétés par les juges constitutionnel et administratif, ont aujourd'hui une portée limitée et ne sont pas toujours utiles pour identifier clairement les compétences respectives des collectivités territoriales, ce qui peut justifier qu'ils soient présentés après l'analyse des compétences exercées par les collectivités.

§1. Le principe de subsidiarité

401. Le principe de subsidiarité consiste à attribuer aux échelons supérieurs tout ce qui n'est pas susceptible d'être géré localement. Ce principe n'avait pas été reconnu en droit français jusqu'à la loi constitutionnelle du 28 mars 2003, qui a, sans utiliser le mot de subsidiarité, inscrit un principe proche à l'article 72, alinéa 2. Celui-ci dispose en effet que « Les collectivités... ont vocation à prendre les décisions pour l'ensemble des compétences qui peuvent le mieux être mises en œuvre à leur échelon ».

Cet article soulève des problèmes d'interprétation que la pratique ne permet pas de résoudre. Le concept fait en effet appel au critère du « mieux » qui renvoie aux notions d'efficacité et de performance dans la recherche de l'échelon territorial le plus adéquat. En dissociant de manière ambiguë l'exercice d'une compétence et le pouvoir de décision, l'article 72 introduit en outre un élément de complication supplémentaire.

Par ailleurs, en prévoyant que les collectivités ont seulement « vocation » à prendre des décisions, cet alinéa 2 ne crée pas une obligation juridique opposable par les collectivités. D'ailleurs, la jurisprudence refuse de qualifier ce principe de droit ou de liberté que la Constitution garantit et qui serait susceptible d'être invoqué dans le cadre d'une QPC (CE, 21 septembre 2012, nº 360602, *Commune de Vitry-sur-Seine*). Certes, une loi attributive de compétences peut être contestée au regard de ce principe et la compétence discrétionnaire du législateur s'en trouve limitée puisque celui-ci ne peut désormais répartir des compétences sans respecter ce principe. Mais le Conseil constitutionnel semble n'exercer en la matière qu'un contrôle restreint, comme le montre la décision nº 2005-516 DC du 7 juillet 2005, Loi de programme fixant les orientations de la politique énergétique, qui a jugé constitutionnelle la compétence du préfet et non celle des autorités locales pour déterminer les zones de développement de l'éolien. Le principe de subsidiarité ne constitue pas en définitive, tout au moins pour l'instant, un principe juridique susceptible d'identifier les compétences respectives des collectivités territoriales.

§2. Le principe de la collectivité chef de file et le principe de non-tutelle

402. La révision du 28 mars 2003 a introduit un nouvel article 72, alinéa 5 de la Constitution qui est rédigé de la manière suivante : « Aucune collectivité territoriale ne peut exercer une tutelle sur une autre. Cependant, lorsque l'exercice d'une compétence nécessite le concours de plusieurs collectivités territoriales, la loi peut autoriser l'une d'entre elles ou un de leurs groupements à organiser les modalités de leur action commune ». Le pouvoir constituant affirme ainsi deux principes constitutionnels contradictoires tout en laissant en suspens la question de la résolution d'un éventuel conflit entre ces deux principes.

A. Le principe de non-tutelle entre collectivités territoriales

403. Une collectivité territoriale ne peut établir ou exercer une tutelle sous quelque forme que ce soit sur une autre collectivité (inséré à l'art. L. 1111-3 issu de la loi du 7 janvier 1983, puis consacré à l'article 72, alinéa 5 de la Constitution avec la révision constitutionnelle du 28 mars 2003). La portée de ce principe, dont l'origine se trouve dans le principe d'égalité entre les collectivités territoriales, a été réduite sous l'effet de la jurisprudence du Conseil constitutionnel et du Conseil d'État. Dans une décision du 12 décembre 2003, Département des Landes, tout d'abord, le Conseil d'État a jugé que « les décisions des collectivités locales d'accorder ou de refuser une aide financière à une autre collectivité locale ne peuvent avoir pour effet l'établissement ou l'exercice d'une tutelle, sous quelque forme que ce soit sur elle » (Lebon, p. 503). Il n'a ainsi pas voulu condamner la pratique des subventions versées par le département aux communes dont le taux variait en fonction du mode de gestion du service public de distribution d'eau retenu par les communes. Entre temps, la loi était intervenue pour réglementer l'octroi de ces subventions aux communes. L'analyse faite par le Conseil d'État a été confirmée par celle du Conseil constitutionnel quelques années plus tard, et à propos du même contentieux des aides publiques en matière d'eau potable ou d'assainissement, dans la décision n° 2011-146 QPC du 8 juillet 2011, Département des Landes. Pour le Conseil d'État, il n'y a tutelle que si une collectivité dispose d'un pouvoir d'autorisation et de contrôle sur une autre collectivité. En ce sens, « le législateur méconnaîtrait le principe de non-tutelle s'il conférait à une collectivité un pouvoir d'opposition, de réformation ou de substitution, en matière réglementaire, à l'égard d'une autre ; ou s'il subordonnait l'exercice du pouvoir réglementaire d'une collectivité à l'approbation d'une autre ; ou s'il permettait à une collectivité d'enjoindre à une autre de réglementer ; ou s'il habilitait une collectivité à prescrire à une autre telle ou telle règle de procédure ou de fond pour l'élaboration de sa réglementation locale » (CE, avis, 15 novembre 2012, n° 387.095, Demande d'avis du ministre de l'Intérieur et ministre de la Réforme de l'État, de la Décentralisation et de la Fonction publique sur les conditions d'exercice, par les collectivités territoriales, du pouvoir réglementaire qu'elles tiennent de l'article 72 de la Constitution).

Le Conseil constitutionnel retient une définition similaire de la tutelle dans sa décision n° 2010-618 DC du 9 décembre 2010, Loi de réforme des collectivités territoriales. Il a en effet précisé que les dispositions législatives instituant les conseillers territoriaux « ne confiaient pas à la région le pouvoir de substituer ses décisions à celles du département ou de s'opposer à ces dernières, ni celui de contrôler l'exercice de ses compétences ; que, par suite, elles n'instituaient pas une tutelle de la région sur le département » (cons. 22).

Si cette définition rigoureuse de la tutelle réduit la portée de ce principe, dans la pratique, elle se justifie par des raisons financières évidentes : il est en effet tout à fait illusoire de penser pouvoir interdire tout financement croisé entre collectivités territoriales. Mais l'étude de la portée du principe de non-tutelle ne serait pas complète si elle était dissociée de celle du principe de collectivité chef de file.

B. Le principe de la collectivité chef de file

404. Le principe de non-tutelle est assorti d'une nuance, inscrite dans le même alinéa 5 de l'article 72 de la Constitution, selon laquelle « lorsque l'exercice d'une compétence nécessite le concours de plusieurs collectivités territoriales, la loi peut autoriser l'une d'entre elles ou un de leurs groupements à organiser les modalités de leur action commune », ce qui revient à reconnaître la notion de « collectivité chef de file ». L'introduction en droit français de cette notion est une forme d'aveu d'impuissance à clarifier les compétences et à prévoir des blocs de compétence exclusifs pour chaque catégorie de collectivités territoriales. La notion de chef de file, impliquant l'identification d'une collectivité agissant à titre principal ou à titre dominant, ne peut exister en effet que dans les domaines de compétences partagées, concurrentes ou complémentaires. Dans un domaine de compétence exclusive, qui exclut toute intervention d'une autre collectivité, cette notion n'a pas de sens.

Tout en réaffirmant le principe de l'interdiction de la tutelle, la Constitution autorise le législateur à y déroger, en instituant des collectivités chefs de file. L'article 72, alinéa 5 de la Constitution, tel qu'il a été rédigé, pouvait ainsi donner lieu à des interprétations différentes. Elle pouvait signifier que la collectivité « chef de file » était en situation de commandement de l'action des autres collectivités, ou bien qu'elle n'impliquait pas, du fait de l'interdiction de la tutelle, une telle compétence de décision. C'est finalement la seconde interprétation qui a prévalu.

Si la loi du 13 août 2004 avait consacré, sans les nommer expressément comme telles, les régions collectivités chefs de file en matière de développement économique et les départements collectivités chefs de file en matière d'action sociale, elle ne leur a jamais attribué, au titre de cette fonction, des pouvoirs de contrôle, et leur a reconnu seulement des pouvoirs de coordination.

L'attitude prudente du législateur a été confortée par la jurisprudence du Conseil d'État et par celle du Conseil constitutionnel. Ces juridictions ont en effet défini négativement les pouvoirs de la collectivité chef de file, à l'aune des principes constitutionnels de libre administration et d'égalité entre les collectivités territoriales, ce dernier n'étant pas expressément consacré mais disposant d'une grande autorité. Ces pouvoirs ne peuvent, sous peine de méconnaître ces principes, conduire une collectivité chef de file à exercer une tutelle sur une autre. Aussi les collectivités chefs de file ne peuvent-elles disposer d'aucun pouvoir de décision pour déterminer cette action commune ; elles ne peuvent exercer qu'« un simple pouvoir d'organisation des conditions de l'action commune » (déc. n° 2008-567 DC du 24 juillet 2008, Loi relative aux contrats de partenariat, cons. 33). De même, la qualité de chef de file ne confère pas à la collectivité identifiée comme telle le pouvoir d'imposer aux autres collectivités territoriales l'obligation de respecter sa réglementation sans possibilité pour celles-ci d'« ajouter », d'« adapter », de « préciser » ou de « déroger » (CE, avis, 15 novembre 2012, point 5c, *AJDA* 2013, p. 2240, précité) sous peine de méconnaître l'interdiction de la tutelle entre collectivités territoriales. Rien n'interdit en revanche au législateur de répartir les compétences réglementaires entre collectivités territoriales, à charge pour chacune d'entre elles de respecter le domaine de compétence des autres.

La loi MAPTAM du 27 janvier 2014 a introduit une nouvelle étape dans la prise en compte de ce principe de la collectivité chef de file. Elle attribue expressément, pour la première fois, aux régions, départements et communes la qualité de chef de file et définit précisément leurs domaines d'intervention (art. L. 1111-9-II). La loi confère la qualité de chef de file à toutes les catégories de collectivités territoriales ainsi qu'aux établissements de coopération intercommunale à fiscalité propre bénéficiaires d'un transfert de compétences, en identifiant pour chacun d'entre eux des domaines de compétences. La région est devenue collectivité chef de file en matière économique (mais ce n'est plus le cas depuis la loi NOTRe du 7 août 2015), en matière d'aménagement et de développement durable du territoire, d'environnement, de mobilités et de soutien à l'enseignement supérieur et à la recherche, le département en matière d'action sociale, d'autonomie des personnes et de solidarité des territoires, et la commune en matière de services publics de proximité, de développement et de mobilité durable, d'aménagement de l'espace et de développement local (art. L. 1111-9 et L. 1111-9-1). Ce faisant, la loi introduit tout d'abord une nouvelle conception de la fonction de collectivité chef de file. Celle-ci ne constitue plus un instrument visant à coordonner l'action de plusieurs collectivités au niveau géographiquement le plus étendu. La coordination de l'action n'est donc plus conçue dans le cadre d'un territoire concentrique, qui impliquerait que la collectivité territoriale détenant le territoire le plus large, englobant le territoire d'autres collectivités, coordonne l'action de l'ensemble de ces collectivités. Pour le dire autrement, la fonction de collectivité chef de file n'est plus fondée sur l'idée de territoire. Elle est rattachée à la notion de compétences. Aussi, dans cette logique, devrait-il y avoir, dans le cadre de cette loi, autant de chefs de file que de communes ou d'établissements publics de coopération intercommunale à fiscalité propre. Chaque commune, comme chaque département d'ailleurs, se trouve chef de file sur son propre territoire. Dans les domaines de compétences où le département est chef de file, l'action des communes sera encadrée au niveau départemental. En revanche, l'action des régions sera fractionnée en autant de départements. Ce phénomène est encore aggravé quand les communes sont chefs de file. Les modalités d'exercice des compétences des régions et des départements devraient être éclatées entre les territoires des différentes communes ou des établissements publics de coopération intercommunale. Finalement, une unité d'action n'existera que dans les domaines de compétences où les régions sont collectivités chefs de file pour lesquelles il y a un seul territoire, plusieurs collectivités compétentes, une seule convention territoriale par compétence exercée. Dans les autres cas, il y aura pour une même collectivité (région ou département) plusieurs territoires, plusieurs conventions territoriales par compétence exercée. Autant dire que la notion de chef de file apporte peu, dans ce cas, du point de vue de la cohérence d'ensemble de l'action des collectivités territoriales.

La reconnaissance de la qualité de chef de file à l'ensemble des collectivités territoriales soulève enfin la question de la coordination entre les actions communes, qui nécessite qu'il y ait autant de conventions territoriales d'exercice concerté de la compétence qu'il y a de collectivités chefs de file, voire de compétences nécessitant le concours de plusieurs collectivités. La seule garantie d'unité prévue par la loi tient au fait que ces conventions seront débattues dans le cadre de la même conférence territoriale.

Par ailleurs, la loi du 27 janvier 2014 n'innove pas, en excluant tout pouvoir de contrainte et en ne reconnaissant aux collectivités chefs de file qu'un pouvoir d'initiative, d'animation et de coordination dans le cadre de conférences territoriales de l'action publique qui existent dans chaque région et qui regroupent des élus de tous les niveaux et catégories de collectivités. En outre, cette même loi fait de la convention territoriale d'exercice concerté de la compétence le principal support juridique de la fonction de collectivité chef de file et l'instrument juridique de rationalisation et d'exercice concerté des compétences. L'article L. 1111-9-1-VI précise l'économie de cette convention : « Les stipulations de la convention sont opposables aux seules collectivités territoriales et établissements publics qui l'ont signée. Elles les engagent à prendre les mesures et à conclure les conventions nécessaires à sa mise en œuvre ». Si le législateur réaffirme la liberté pour les collectivités territoriales et les établissements publics de coopération intercommunale d'être parties ou non à cette convention, il institue néanmoins un avantage financier, au moins pour les communes, à être signataire de la convention territoriale d'exercice concerté de la compétence. En signant la convention, une commune pourrait, en effet, en dérogeant aux règles encadrant les financements croisés (art. L. 1111-9-1-V), bénéficier de subventions d'investissement et de fonctionnement non seulement de la région mais aussi du département. Ce dispositif présente d'ailleurs l'avantage de ne porter atteinte ni au principe de non-tutelle entre collectivités territoriales ni au principe de libre administration des collectivités territoriales.

En limitant les pouvoirs des collectivités chefs de file aux seuls pouvoirs d'initiative et de coordination et en introduisant des mécanismes d'incitation financière, la loi du 27 janvier 2014 ne marquait ainsi aucune rupture dans l'état du droit. Elle a fait prévaloir, comme les lois précédentes, le principe de non-tutelle, l'égalité entre les collectivités territoriales sur la fonction de collectivité chef de file. La seule innovation de la loi consistait à introduire un procédé conventionnel complexe, difficile à mettre en œuvre et dont l'efficacité reste très incertaine.

C'est probablement pour cette raison que la loi du 7 août 2015 NOTRe, revient en partie sur ce dispositif, en réintroduisant le principe de la spécialisation des compétences des régions et des départements et en confiant aux régions le pouvoir d'adopter un schéma régional de développement économique, d'innovation et d'internationalisation (SRDE-I I), ainsi qu'un schéma régional d'aménagement, de développement durable et d'égalité des territoires ayant « valeur prescriptive » et impliquant que certains documents locaux (SCOT et PLU notamment) et les actes des collectivités territoriales en matière d'aides aux entreprises soient compatibles avec eux. L'introduction de ce pouvoir directif soulève toutefois la question de savoir si le principe de non-tutelle ne fait pas obstacle à ce que les régions puissent recevoir pleinement le pouvoir d'émettre, dans certains domaines, des normes réglementaires, obligatoires pour les autres collectivités territoriales. La réponse semble être négative dans la mesure où, si la tutelle peut être analysée comme le pouvoir de contrôler, d'approuver, parfois de modifier ou d'annuler les actes émis par l'entité sous tutelle, elle n'exclut pas nécessairement le pouvoir d'imposer des orientations générales, dans un rapport de compatibilité, dans un domaine de compétences attribué par la loi (v. *supra* le pouvoir réglementaire des collectivités territoriales).

§3. L'absence de protection des domaines de compétences

405. Les collectivités territoriales situées sur le territoire métropolitain ne peuvent exercer aucun recours pour contester la méconnaissance par l'État de leurs compétences, contrairement à ce qui existe dans les États fédéraux ou dans les États régionaux. Ce mécanisme existe en revanche pour la Polynésie française. Prévu à l'article 12 de la loi organique n° 2004-193 du 27 février 2004, il consiste dans la saisine préalable du Conseil constitutionnel sur le modèle du mécanisme de l'article 37, alinéa 2. Le Conseil a déjà rendu, sur ce fondement, douze décisions, dont la première est la décision n° 2007-1 LOM du 3 mai 2007, Compétences fiscales en Polynésie française, dans laquelle il a estimé que le législateur n'était pas intervenu dans une matière relevant de la compétence de la Polynésie française. Si le Conseil constitutionnel constate qu'une loi promulguée postérieurement à l'entrée en vigueur de la loi organique portant statut de la collectivité est intervenue dans une des matières ressortissant à la compétence d'une des collectivités, cette loi peut être modifiée ou abrogée par le conseil territorial. L'abrogation de la loi doit être expresse et être suivie de l'édiction formelle d'une nouvelle disposition. Des dispositions similaires ont été par la suite adoptées pour les autres collectivités d'outre-mer dotées de l'autonomie renforcée, Saint-Barthélemy (art. LO 6213-5) et Saint-Martin (art. LO 6313-5) par la loi organique n° 2007-223 du 21 février 2007 portant dispositions statutaires et institutionnelles relatives à l'outre-mer.

En revanche, et bien que la loi organique n° 99-209 du 19 mars 1999 relative à la Nouvelle-Calédonie (articles 22, 77 et 99) détermine, sur le fondement de l'article 77 de la Constitution, « les compétences de l'État transférées définitivement aux institutions de cette collectivité », elle n'ouvre à cette collectivité aucun recours devant le Conseil constitutionnel en cas d'empiétement du législateur dans le domaine de compétences qui lui a été attribué.

En définitive, ni la loi, ni la Constitution ne sont parvenues à identifier des blocs de compétences attribués exclusivement et spécialement à une catégorie de collectivités territoriales. Bien au contraire, elles autorisent et organisent, dans tous les domaines de compétences, l'exercice de compétences partagées ou concurrentes.

Section 3 L'exercice effectif des compétences

406. L'étude des compétences des collectivités territoriales ne peut se contenter d'analyser les principes de détermination des compétences ; elle ne peut ignorer la réalité de l'exercice des compétences. Il est en effet nécessaire aujourd'hui de distinguer la détermination constitutionnelle et légale des compétences de leur exercice effectif, puisque la loi autorise les collectivités territoriales à déléguer à d'autres collectivités territoriales certaines des compétences qu'elle leur attribue. Ce phénomène, à l'origine admis dans le cadre des intercommunalités, a été étendu à toutes les collectivités territoriales. Les collectivités territoriales appartenant à un même niveau n'exercent plus nécessairement dans la pratique les mêmes compétences. L'analyse des compétences par catégories de collectivités n'a donc plus autant de sens aujourd'hui qu'auparavant.

§1. Les transferts et les délégations de compétences entre collectivités territoriales

407. La loi du 16 décembre 2010 généralise les délégations de compétences entre collectivités territoriales. L'article L. 1111-8 dispose qu'« une collectivité territoriale peut déléguer à une collectivité territoriale relevant d'une autre catégorie ou à un établissement public de coopération intercommunale à fiscalité propre tout ou partie d'une compétence dont elle est attributaire. Les compétences déléguées en application de l'alinéa précédent sont exercées au nom et pour le compte de la collectivité territoriale délégante ».

Cette faculté a été reconnue au profit de l'État par la loi MAPTAM du 27 janvier 2014. L'article L. 1111-8-1 prévoit que « Sauf lorsque sont en cause des intérêts nationaux, l'État peut déléguer par convention à une collectivité territoriale ou à un établissement public de coopération intercommunale à fiscalité propre qui en fait la demande l'exercice de certaines de ses compétences. Les compétences déléguées en application du présent article sont exercées au nom et pour le compte de l'État ».

Les délégations de compétences entre personnes publiques sont traditionnellement distinguées des transferts de compétences. Bénéficiaire d'une délégation de compétences, décidée par voie contractuelle, la collectivité délégataire agit au nom et pour le compte de la collectivité délégante ; la délégation de compétences peut à ce titre être rapprochée du mandat. À l'inverse, les transferts de compétences impliquent le dessaisissement d'une collectivité au profit d'une autre.

Les délégations de compétences illustrent la contractualisation des rapports entre personnes publiques.

Elles soulèvent cependant un certain nombre de questions. On imagine mal en effet comment une collectivité territoriale pourrait accepter de déléguer l'exercice d'une de ses compétences tout en restant responsable des actes pris en son nom et pour son compte par une autre collectivité territoriale. Les délégations de compétences entre collectivités revêtent en effet, quoi qu'on en dise, une dimension juridique importante, puisqu'elles consistent à déléguer de manière temporaire un pouvoir de décision à la collectivité délégataire. Elles ne sont pas comparables de ce point de vue aux délégations de service public, pour lesquelles la collectivité délégante conserve le pouvoir de décision et d'organisation du service public. Ce mécanisme de délégation de compétences soulève ainsi un certain nombre de questions en termes de responsabilités juridiques, politiques et d'engagement financier. À quoi sert-il en effet d'élire des élus qui ne décident pas ? Il est difficile d'imaginer que ces élus acceptent de déléguer la prise de décision, l'organisation de politiques publiques ou de services publics tout en restant responsables politiquement et juridiquement. D'un point de vue financier, la question se pose également de savoir si les crédits correspondant à l'exercice de la compétence déléguée doivent être imputés sur le budget de la collectivité délégante ou sur celui de la collectivité délégataire.

Ces délégations de compétences n'ont ainsi d'intérêt pratique que si elles consistent à déléguer, par convention, non seulement la compétence, mais aussi la responsabilité qui y est afférente pendant la durée de la convention. Elles n'ont de sens que si elles constituent en réalité des transferts de compétences temporaires. Mais il n'est pas certain alors qu'un tel mécanisme conventionnel de garantie de responsabilité puisse être mis en place. Il supposerait, en effet, pour être légal, d'une part, de considérer les règles d'imputation de la charge de la responsabilité comme non impératives (susceptibles d'être écartées par voie conventionnelle) et, d'autre part, de ne pas pouvoir opposer la règle selon laquelle une personne publique ne peut pas être condamnée à payer une somme qu'elle ne doit pas. Si la collectivité territoriale délégataire agit au nom et pour le compte de la collectivité délégante, pourquoi devrait-elle payer pour la collectivité délégante ?

Il faut ajouter que les départements et les régions peuvent également transférer, et non pas simplement déléguer, des compétences aux métropoles par voie de convention (art. L. 5217-2-IV et V). De même, les communautés peuvent, en vertu de l'article L. 5210-4, si ses statuts les y autorisent, exercer des compétences de la région ou du département au nom et pour le compte du département ou de la région.

La question de la constitutionnalité de ces délégations de compétences et *a fortiori* de ces transferts de compétences temporaires au profit d'une collectivité ou d'un établissement public mérite également d'être posée. La décision du Conseil constitutionnel n° 2008-567 DC du 24 juillet 2008, Loi relative aux contrats de partenariat n'apporte pas de réponse claire sur la question du respect du principe de non-tutelle entre collectivités territoriales. D'un côté, cette décision peut être comprise comme ayant censuré le « transfert de compétences » opéré au profit de la collectivité chef de file et consistant dans la signature d'un contrat au nom des autres collectivités. D'un autre côté, elle peut aussi être interprétée comme ayant seulement déclaré inconstitutionnelle l'attribution à la collectivité chef de file d'un « pouvoir de décision pour déterminer l'action commune » de plusieurs collectivités. La question du respect du principe de la libre administration des collectivités se pose tout autant. L'article 72, alinéa 3 de la Constitution exige que les conseils élus administrent librement les collectivités territoriales, c'est-à-dire détiennent le pouvoir de prendre les décisions relatives à l'exercice des compétences attribuées par la loi à la collectivité territoriale dont ils sont les organes. Les délégations de compétences pourraient ainsi être jugées contraires à la Constitution, en tant qu'elles consistent pour les assemblées locales à se dessaisir de leur pouvoir de décision au profit d'une autre collectivité.

Malgré ces interrogations, le législateur a cherché à accroître le recours à ces conventions de délégation de compétences, qui n'ont pourtant pas eu un grand succès dans la pratique (v. notamment, IGA, rapport n° 11119R, sept. 2017). Le projet de loi 4D prévoit en effet l'organisation obligatoire d'une conférence territoriale de l'action publique dans les douze mois qui suivent le renouvellement des conseils régionaux, au cours de laquelle doivent être approuvés par résolution les projets de délégations de compétences, à leur initiative ou l'initiative du préfet, d'une collectivité territoriale à une collectivité territoriale relevant d'une autre catégorie ou à un établissement public de coopération intercommunale à fiscalité propre, ou d'un établissement public de coopération intercommunale à fiscalité propre vers une catégorie de collectivité territoriale, en vue de mener des projets (art. L. 1111-9-1).

§2. La répartition des compétences par catégories de collectivités territoriales privée d'intérêt ?

408. Source d'interrogations, les délégations et les transferts de compétences entre collectivités territoriales ou EPCI emportent en outre des effets importants en termes de répartition des compétences. Ils privent d'intérêt la répartition des compétences par catégorie de collectivités, les compétences n'étant plus exercées réellement par la catégorie de collectivités à qui la loi les a attribuées.

L'exemple des départements est assez significatif. Les compétences qui sont attribuées en vertu de la loi aux départements peuvent être exercées effectivement soit par eux (notamment les départements sans métropole ou les départements sur le territoire desquels se situent des métropoles mais qui n'ont pas souhaité transférer ou déléguer des compétences à celles-ci), soit par une collectivité territoriale particulière, comme la métropole de Lyon, soit par certaines métropoles de droit commun en cas de transfert de compétences. Cette présentation ne tient pas compte, en outre, du fait que certaines compétences exercées sur le territoire métropolitain restent en toute hypothèse entre les mains des départements. Cet exemple montre, s'il en était besoin, qu'il n'est plus possible aujourd'hui de présenter seulement les compétences exercées au niveau local en partant des catégories d'institutions locales (régions, départements, communes, établissements publics de coopération intercommunale).

Section 4
Les finalités de l'action administrative locale

409. L'action des collectivités territoriales vise à satisfaire les besoins de la population. Leurs missions d'intérêt général recouvrent aussi bien la gestion de services publics locaux que l'exercice de polices.

§1. Les services publics locaux

A. L'identification

410. En l'absence de définition textuelle, les services publics locaux peuvent être définis comme des activités d'intérêt général dont la création, la gestion ou le contrôle relèvent des collectivités territoriales. L'activité de service public peut être prise en charge soit directement par la collectivité territoriale, soit par une personne privée, dès lors que cette dernière est dotée de prérogatives de puissance publique ou, à défaut, se voit imposer des obligations sous le contrôle de la collectivité (CE, sect., 27 févr. 2007, *APREI*, n° 264541).

Les services publics locaux sont nombreux. Certains sont obligatoires. C'est le cas, parmi d'autres exemples, de la distribution d'eau potable (art. L. 2224-7-1), de gaz (art. L. 2224-3 et s.), de la collecte et le traitement des ordures ménagères (art. L. 2224-13 et s.), de l'assainissement (art. L. 2224-7 et s.), des transports collectifs (C. transp., art. L. 1231-1 et s.), du service extérieur des pompes funèbres (art. L. 2223-19), des prestations liées à l'aide et à l'action sociales (art. L. 121-1 du Code de l'action sociale et des familles), de la lutte contre l'incendie (art. L. 1424-1 et s.), du service public régional de l'orientation tout au long de la vie professionnelle (art. L. 214-12 du Code de l'éducation), des services ferroviaires régionaux de voyageurs (C. transp., art. L. 2121-3). D'autres sont facultatifs, comme par exemple, les services culturels, les théâtres municipaux, les enseignements artistiques, les loisirs culturels (C. éduc., art. L. 212-15 et L. 216-1), les bibliothèques publiques (CGCT, art. L. 1421-4 et s.), les musées (CGCT, art. L. 1421-6 et s.), la promotion touristique (C. tourisme, art. L. 131-1 et s.), les garderies ; les crèches ; les centres aérés, les piscines. Les cantines scolaires constituent également un service public facultatif dans les écoles maternelles et primaires. L'article L. 131-13 du Code de l'éducation issu de la loi du 27 janvier 2017 relative à l'égalité et à la citoyenneté, qui dispose que « l'inscription à la cantine des écoles primaires, lorsque ce service existe, est un droit pour tous les enfants scolarisés » n'a « ni pour objet ni pour effet de rendre obligatoire la création d'un service public de restauration scolaire » (Cons. const., n° 2016-745 DC du 26 janvier 2017). Le Conseil d'État a d'ailleurs ajouté que « ces dispositions ne font pas obstacle à ce que les collectivités territoriales puissent légalement refuser d'y admettre un élève lorsque, à la date de leur décision, la capacité maximale d'accueil de ce service est atteinte » (CE, 22 mars 2021, *Cne de Besançon*, n° 429361).

Les services publics locaux peuvent être administratifs (SPA) ou industriels et commerciaux (SPIC). Sauf qualification législative expresse, un service public est présumé avoir un caractère administratif sauf si l'activité peut être regardée au regard de son objet, de son mode de financement (comptabilité publique ou privée, par exemple) et de ses modalités d'organisation et de fonctionnement (statut des personnels, méthodes de gestion) comme analogue à une activité industrielle et commerciale (conditions posées par l'arrêt du CE du 16 novembre 1956, *USIA*, Lebon, p. 434). Ainsi, le service public des pompes funèbres, qualifié à l'origine de SPA est devenu un SPIC, compte tenu des modifications opérées par la loi du 8 janvier 1993 sur son fonctionnement et son mode de financement (CE, Avis, 19 décembre 1995, EDCE 1995, p. 427).

B. Le régime juridique des services publics locaux

411. Les services publics locaux sont créés par l'organe délibérant de la collectivité sans que puisse y faire obstacle l'article L. 2122-18 qui dispose, pour les communes, que « le maire est seul chargé de l'administration... » (CE, 6 janvier 1995, *Ville de Paris*, Lebon, p. 3). Il appartient également au même organe de fixer les « mesures générales d'organisation du service » (CE, 14 avril 1995, n° 100539) et de supprimer ce service si cette suppression est possible en raison de son caractère facultatif (CE, 6 janvier 1995, *Ville de Paris*, Lebon, p. 3). Leur création doit respecter, lorsqu'ils sont facultatifs, le principe de la liberté du commerce et de l'industrie (V. *supra*, « Les partenaires des collectivités territoriales »).

Une fois un service public local créé, la collectivité territoriale a la liberté de choisir son mode de gestion à moins que des dispositions législatives expresses le prévoient (CE, 18 mars 1988, *Loupias*, Lebon, p. 668). La décision prise par la collectivité territoriale relève ainsi de son pouvoir discrétionnaire.

Les services publics locaux peuvent être gérés par les collectivités territoriales elles-mêmes, soit dans le cadre d'une régie directe dépourvue de personnalité morale (art. L. 2221-2 et s.), soit dans le cadre d'une régie dotée de l'autonomie financière (art. L. 2221-11) ou dotée d'une personnalité juridique propre (art. L. 2221-10).

Les collectivités peuvent aussi décider, « si la nature du service public n'y fait pas obstacle » (ce qui est le cas des mesures de police), de confier par voie contractuelle ou unilatérale la gestion de leurs services publics à un tiers (CE, 6 avril 2007, *Cne d'Aix-en-Provence*, n° 284736). Le délégataire de service public peut être soit un établissement local, soit une société, soit une société d'économie mixte locale, soit une société publique locale, soit encore une association (V. *supra*, Les partenaires des collectivités territoriales).

La délégation contractuelle d'un service public local prend la forme d'un marché public ou d'une concession, contrats soumis au Code de la commande publique. Les concessions ayant pour objet la délégation de service public locaux, définies à l'article L. 1121-3 du Code de la commande publique, sont soumises à un certain nombre de dispositions du CGCT, qui confèrent aux assemblées locales un rôle important et spécifique lors de la passation et de l'exécution de ces contrats. Les assemblées délibérantes des collectivités territoriales, de leurs groupements et de leurs établissements publics doivent se prononcer notamment sur le principe de toute délégation de service public local après avoir recueilli l'avis d'une commission consultative des services publics locaux (art. L. 1411-4 et L. 1411-19). Cette commission doit être créée par les régions, les départements, les communes de plus de 10 000 habitants, les EPCI de plus de 50 000 habitants et les syndicats mixtes comprenant au moins une commune de plus de 10 000 habitants. Cette commission présidée par l'exécutif local, composée de membres de l'assemblée délibérante, désignés dans le respect du principe de la représentation proportionnelle et des représentants d'associations locales nommés par l'assemblée locale, examine chaque année le rapport établi par le délégataire de service public, les rapports sur le prix et la qualité du service public d'eau potable, sur les services d'assainissement, le bilan d'activité des services exploités en régie dotée de l'autonomie financière.

Dans le cadre de la passation d'une concession de service public local, une commission, composée de membres de l'assemblée délibérante élus en son sein à la représentation proportionnelle au plus fort reste, analyse les dossiers de candidature et dresse la liste des candidats admis à présenter une offre. Il revient ensuite à l'exécutif local de choisir l'entreprise retenue, ce choix étant alors soumis à l'assemblée délibérante (art. L. 1411-5). Celle-ci doit en effet se prononcer sur le choix du délégataire et sur la convention de délégation de service public (art. L. 1411-7).

Enfin, tout projet d'avenant à une convention de délégation de service public ne peut intervenir qu'après un vote de l'assemblée délibérante (art. L. 1411-6).

Les services publics locaux, comme toutes les activités de service public, sont soumis aux principes du service public, plus précisément le principe d'égalité, le principe de laïcité et les principes de continuité et d'adaptabilité.

Notamment, la tarification des services publics locaux, dans leur ensemble, doit respecter le principe d'égalité des usagers devant le service public, selon la jurisprudence classique du Conseil d'État du 9 mars 1951, *Société des concerts du conservatoire* (Lebon, p. 151). Ce principe implique une égalité de traitement des usagers se trouvant dans une situation identique. Il ne s'oppose pas en revanche à une différence de traitement fondée sur une différence de situation appréciable et objective (CE, 10 mai 1974, *Denoyez et Chorques*, Lebon, p. 274, à propos de la tarification du service de bac reliant l'île de Ré au continent en fonction du lieu de résidence ; CE, 5 octobre 1984, *Commissaire de la République de l'Ariège*, Lebon, p. 315, à propos de la fixation des tarifs d'une cantine scolaire, service public administratif facultatif, selon le lieu de résidence des usagers ou encore CE, 2 décembre 1987, *Cne de Romainville*, Lebon, p. 556, à propos de la fixation de tarifs d'une école de musique fondée sur le lieu de résidence des usagers).

Cette jurisprudence du Conseil d'État admettant l'institution de tarifs préférentiels réservés aux résidents locaux pourrait toutefois être remise en cause par le principe de non-discrimination selon la nationalité, issu du droit de l'Union européenne. La Cour de justice de l'Union européenne a en effet considéré dans un arrêt du 16 janvier 2003, n° 04/03, Commission c/ Italie qu'une différence de tarifs pour des musées locaux, fondée sur le critère de la résidence, était incompatible avec le droit de l'Union.

Des motifs d'intérêt général peuvent également justifier des différences de traitement entre les usagers dès lors que ces motifs sont en rapport avec l'objet du service et que la différence de traitement n'est pas manifestement disproportionnée au regard de la différence de situation. Ainsi, le critère tiré des revenus et du nombre de personnes vivant dans le foyer peut être pris en compte dans la fixation des tarifs des services publics administratifs facultatifs (CE, 20 janvier 1989, *CCAS de La Rochelle*, Lebon, p. 8, à propos d'un service public social et CE, sect., 29 décembre 1997, *Commune de Gennevilliers*, Lebon, p. 499, à propos d'une école de musique, service public culturel). La prise en compte des revenus des usagers a d'ailleurs été autorisée par la loi aussi bien pour des services publics administratifs facultatifs (loi n° 98-657 du 29 juillet 1998 relative à la lutte contre les exclusions) que pour des services publics industriels et commerciaux (loi n° 2000-1208 du 13 décembre 2000 relative à la solidarité et au renouvellement urbains introduisant une tarification sociale dans le domaine des transports, par exemple, art. L. 1113-1 du Code des transports ou encore l'art. L. 2224-12-1-1 issu de la loi du 27 décembre 2019 autorisant une « tarification sociale » de l'eau). Dans tous les cas, le tarif le plus élevé ne peut excéder le coût, par usager, de la prestation. En outre, les services publics industriels et commerciaux sont soumis, sauf exception prévue par la loi, à une obligation d'équilibre financier (art. L. 2224-2), ce qui exclut le versement de toute subvention de la collectivité locale et, par voie de conséquence, l'admission de tarifications sociales dont le coût serait pris en charge par celle-ci.

§2. Les polices

A. Les autorités locales, titulaires du pouvoir de police

412. Le maire est chargé de la police municipale (art. L. 2212-1). Il exerce cette fonction, au nom de la commune, dans le cadre de ses pouvoirs propres (cf. *supra*), le conseil municipal ne pouvant intervenir, sous quelque forme que ce soit dans ce domaine.

Le président du conseil départemental dispose quant à lui d'un pouvoir de police spéciale, en tant que responsable de la gestion du domaine public départemental. À ce titre, il exerce les pouvoirs afférents à cette gestion, notamment en ce qui concerne la circulation sur ce domaine (art. L. 3221-4). Le président du conseil régional ne détient lui aucun pouvoir de police.

Comme il s'agit de protéger l'ordre public, c'est-à-dire, en définitive, la vie en société, le maire n'est pas le seul à pouvoir agir. En cas de carence, le préfet, malgré la suppression des tutelles en 1982, a conservé un pouvoir de substitution après mise en demeure du maire (art. L. 2215-1, 1° et 2° ; voir *supra*, « Le contrôle sur les collectivités territoriales »). Mais cette absence de décision de la part du maire n'exclut pas la responsabilité de la commune, qui reste engagée bien que le préfet ait agi à sa place. De façon logique, le préfet est par ailleurs compétent lorsque le trouble à l'ordre public dépasse le territoire d'une seule commune (art. L. 2215-1, 3°). Enfin, en application des articles L. 2214-1 et suivants, dans les communes de plus de 20 000 habitants ou dans celles qui sont confrontées à des problèmes de délinquance, la police peut être étatisée par décision de l'État (arrêté ministériel ou décret en cas de désaccord de la commune). Dans ces communes, les pouvoirs de police du maire sont partagés avec le préfet, qui est compétent en cas « de grands rassemblements d'hommes », c'est-à-dire occasionnellement, et plus généralement, pour réprimer les atteintes à la tranquillité publique. Tous les autres pouvoirs de police sont exercés par le maire, y compris le maintien du bon ordre dans les foires, marchés, réjouissances et cérémonies publiques, spectacles, jeux, cafés, églises et autres lieux publics.

En raison de considérations politiques, qui sont devenues historiques mais qui restent bien ancrées, il faut également noter que le maire de la commune la plus importante de France, Paris, ne dispose pas de tous les pouvoirs de police que ses homologues de toutes les autres communes de France possèdent. C'est en effet le préfet de police qui les exerce, sous réserve de certaines compétences attribuées au maire de Paris. Néanmoins, un mouvement de « normalisation » avec les autres communes a pu être constaté dans ce domaine, car le maire de Paris exerçait déjà des pouvoirs de police municipale dans trois domaines qu'étaient la salubrité publique sur la voie publique, les bruits du voisinage et le bon ordre dans les foires et marchés (art. L. 2512-13). La loi n° 2017-257 du 28 février 2017 relative au statut de Paris et à l'aménagement métropolitain a renforcé les compétences du maire de Paris en lui octroyant notamment la police des baignades, la police des funérailles, la police de la salubrité des habitations et des hébergements, des immeubles menaçant ruine et la défense extérieure contre l'incendie (art. L. 2512-13). Le maire de Paris possède aussi les attributions en matière de police de la circulation et du stationnement, définies par les articles L. 2213-1, al. 1er et L. 2213-2 à 6, sous réserve des attributions du préfet de police dans ces domaines, liées à l'ordre public ou à la sécurité des personnes et des biens (art. L. 2512-14).

Enfin, certains pouvoirs de police spéciale du maire sont susceptibles d'être transférés aux présidents des EPCI à fiscalité propre (art. L. 5211-9-2). Ce transfert entraîne le dessaisissement du maire au profit du président de l'EPCI qui devient seul compétent, même si ce dernier doit informer le maire des décisions qu'il prend. Ce transfert de pouvoirs de police n'est possible que dans les domaines énoncés par la loi et il est de deux types. D'une part, il est de plein droit lorsque l'EPCI est compétent, en matière d'assainissement, de collecte des déchets ménagers, d'accueil des gens du voyage, de voirie et d'habitat. Les maires peuvent toutefois s'opposer à ce transfert de pouvoirs et dans ce cas, le transfert n'a pas lieu pour la ou les communes réticentes. Le président de l'EPCI peut également renoncer à exercer la ou les compétences en cas d'opposition d'un ou de plusieurs maires. D'autre part, le transfert du pouvoir de police peut être effectué par les maires en matière de défense extérieure contre l'incendie, de sécurité des manifestations culturelles et sportives et de police des déchets.

B. L'exercice du pouvoir de police

1. Police judiciaire et police administrative

413. La distinction entre police administrative et police judiciaire est importante dans la mesure où elle emporte l'application de règles différentes. Les mesures de police administrative relèvent de la compétence du juge administratif et peuvent engager la responsabilité de l'État comme celle de la commune. À l'inverse, les autorités de police judiciaire agissent toujours au nom de l'État qui est donc toujours responsable en cas de dommage et sa responsabilité est engagée devant le juge civil ou pénal. Si le maire est en charge de la police administrative, il détient aussi un pouvoir de police judiciaire (art. L. 2122-31) et il agit dans ce cas en tant qu'autorité de l'État sous l'autorité du préfet (v. *supra*).

Le juge retient, pour distinguer ces deux types de police, un critère finaliste tiré de l'intention poursuivie par l'autorité qui a pris la décision ou mené l'opération de police. Les mesures de police administrative ont pour but de prévenir un trouble à l'ordre public alors que les mesures de police judiciaire ont pour finalité de constater une infraction pénale déterminée, commise, sur le point de se commettre ou supposée se commettre (CE, sect., 11 mai 1951, *Consorts Baud*, Lebon, p. 265). En cas d'opérations poursuivant les deux finalités, le juge recherche la cause déterminante du préjudice (CE, 10 mars 1978, *Société Le Profil*, nº 02496).

2. Police générale et police spéciale

414. La police administrative peut être générale ou spéciale.

Le pouvoir de police administrative générale consiste à prendre toutes les mesures nécessaires pour prévenir les atteintes à l'ordre public général. L'objet de cette police est défini à l'article L. 2212-2 comme étant le bon ordre, la sûreté, la sécurité et la salubrité publiques. Cette énumération, qui remonte à la loi du 5 avril 1884, est complétée par une liste de matières que ce même article fait précéder de « notamment » pour indiquer qu'elle n'est pas exhaustive : on y trouve ainsi le nettoiement, l'éclairage, l'enlèvement des encombrements, la démolition ou la réparation des édifices menaçant ruine, la prévention des rixes, des attroupements et des bruits, le maintien du bon ordre dans les foires, marchés, spectacles et cafés et tous lieux publics où se font de grands rassemblements d'hommes, l'inspection des produits comestibles exposés en vue de la vente, la prévention des fléaux calamiteux et des pollutions de toute nature, la lutte contre les animaux malfaisants ou féroces ou les mesures nécessaires contre les personnes atteintes de troubles mentaux, ainsi que la réglementation de la fermeture des boulangeries afin d'assurer le ravitaillement de la population. Cette liste hétéroclite mêle des préoccupations traditionnelles et anciennes et des soucis beaucoup plus contemporains. Chacun de ces éléments est susceptible de trouver sa justification dans la définition générale de l'ordre public et cette énumération indicative n'ajoute rien à la définition générale. C'est ainsi que le juge administratif est fréquemment confronté à la définition de l'ordre public devant des mesures prises par des maires au nom du respect de la dignité de la personne humaine, « en l'absence même de circonstances particulières » (CE, ass., 27 octobre 1995, *Commune de Morsang-sur-Orge*, Lebon, p. 372) ou de la défense de l'ordre public moral : tel a été le cas, dans des affaires célèbres, de l'interdiction de la diffusion de certains films sur le territoire de la commune, ou de la circulation des mineurs dans les rues après certaines heures (CE, 18 décembre 1959, *Société Les films Lutétia*, pour la police des films, Lebon, p. 693). Aucun autre motif ne peut fonder l'exercice du pouvoir de police générale. Tel est le cas par exemple du principe de laïcité qui ne peut justifier qu'un maire interdise le port sur les plages et lors de baignades de tenues manifestant ostensiblement l'adhésion à des convictions religieuses, telles que le burkini (CE, ord. 16 août 2016, *Ligue des droits de l'homme*, n° 402742).

La police spéciale, nécessairement instituée par une loi, a pour finalité de protéger un ordre public spécial. L'autorité détentrice d'un tel pouvoir a souvent des prérogatives plus étendues que celles attribuées aux autorités de police générale (notamment, un pouvoir d'exécution d'office). Dans ce cas, la loi prévoit des garanties au profit des administrés (notamment le respect des droits de la défense ou d'une procédure contradictoire). Les autorités étatiques ne sont pas les seules à disposer d'un pouvoir de police spéciale ; de nombreux textes ponctuels confient également aux maires de telles attributions : tel est le cas en matière de circulation et de stationnement (art. L. 2213-1 et s.), de funérailles et de lieux de sépulture (art. L. 2213-7 et s.), de police des déchets ou encore en matière d'édifices menaçant ruine (CE, 31 mars 2006, n° 279664, *Mme Pérone*).

3. Police étatique et police locale : le cumul des pouvoirs de police

415. Le maire doit, dans l'exercice de son pouvoir de police, tenir compte du pouvoir de police des autorités étatiques. L'articulation entre ces différents pouvoirs de police étatique et local obéit à trois règles.

D'une part, le cumul entre deux pouvoirs de police spéciale obéit au principe d'indépendance des législations qui implique que chacun de ces pouvoirs est exercé dans le cadre du texte le mettant en place. Ainsi, l'attribution de la police spéciale des installations classées au préfet ne fait pas obstacle à l'exercice par le maire de son pouvoir de police des déchets, elle aussi police spéciale (CE, 11 janvier 2007, *Ministre de l'écologie et du développement durable c/Sté Barbazanges*, Lebon, p. 958).

D'autre part, le cumul entre deux polices générales locales et étatiques est possible à certaines conditions. Bien que l'autorité étatique édicte des mesures applicables sur l'ensemble du territoire, les autorités de police locales ne sont pas pour autant dessaisies de leurs pouvoirs. Lorsque des circonstances locales particulières le justifient, un maire peut ainsi prendre des mesures de police générale plus rigoureuses que celles prises par le préfet (CE, 18 avril 1902, *Commune de Néris-les-Bains*, Lebon, p. 275).

Enfin, les règles régissant le cumul entre un pouvoir de police spéciale (souvent étatique) et un pouvoir de police générale (souvent local) ont évolué. Le Conseil d'État a en effet admis, dans un premier temps, mais de manière isolée, que l'exercice d'une police spéciale ne faisait pas obstacle à celui de la police générale, dès lors que des circonstances locales particulières justifiaient de prendre des mesures plus rigoureuses (CE, 18 décembre 1959, *Sté les films Lutétia*, n° 36385, à propos de l'interdiction de films). Mais cette jurisprudence n'a été appliquée qu'à la police du cinéma et de nombreux arrêts, pour la plupart récents, consacrent, à l'inverse, la règle de l'exclusivité de la police spéciale, en vertu de laquelle l'attribution d'un pouvoir de police spéciale aux autorités de l'État, hypothèse de plus en plus fréquente, exclut toute possibilité pour les maires d'intervenir au titre de leurs pouvoirs de police générale. C'est ainsi traditionnellement le cas en matière de police des installations classées (CE, 29 septembre 2003, *Cne de Houillères du Bassin de Lorraine*, n° 218217) ou de police de l'eau (CE, 2 décembre 2019, n° 309684, *Cne de Rachecourt*). Dans ces domaines, le maire ne peut intervenir, dans le cadre de son pouvoir de police générale, qu'en cas de péril imminent ou d'urgence (art. L. 2212-4). Plus récemment, le Conseil d'État a jugé que les maires ne pouvaient pas, en vertu de leur pouvoir de police générale, même en cas d'urgence ou de péril imminent, réglementer l'implantation des antennes de téléphonie mobile (CE, ass., 26 octobre 2011, n° 326492, *Cne de Seine-Saint-Denis*) ou les compteurs communicants Linky (CE, 18 juin 2019, *Cne de Bovel*, n° 425975) dès lors qu'il existe au niveau étatique une police spéciale. Ils ne peuvent interdire, pour les mêmes raisons, la culture des OGM (CE,

24 sept. 2012, n° 342990, *Cne de Valence*) ou encore l'usage de pesticides (CE, 31 déc. 2020, n° 440923, 439253) sur leur territoire.

4. Le respect de la légalité

416. Le pouvoir de police du maire est soumis au respect de la légalité, et notamment au respect des règlements de police pris par d'autres autorités telles que le préfet dans le département. Le maire reste cependant compétent pour adapter ces mesures aux circonstances locales et aux nécessités particulières de l'ordre public. Toute mesure de police doit en effet respecter le principe de proportionnalité dégagé par la jurisprudence du Conseil d'État qui exige que la mesure soit nécessairement adaptée à la réalité et aux exigences des troubles à prévenir, afin de ne pas porter une atteinte excessive aux libertés publiques. Cette solution est issue d'une jurisprudence constante depuis la célèbre décision du Conseil d'État, du 19 mai 1933, *Benjamin* (Lebon, p. 541). Le juge vérifie notamment si une mesure de police moins attentatoire aux libertés publiques aurait pu être adoptée par l'autorité de police. En outre, lorsque « l'exercice de pouvoirs de police administrative est susceptible d'affecter des activités de production, de distribution ou de services, la circonstance que les mesures de police ont pour objectif la protection de l'ordre public [...], n'exonère pas l'autorité investie de ces pouvoirs de police de l'obligation de prendre en compte également la liberté du commerce et de l'industrie et les règles de concurrence » (CE, sect., 22 novembre 2000, *Sté L et P Publicité*, Lebon, p. 526).

5. Police et sanction administrative

417. Le maire s'est vu reconnaître par la loi un pouvoir de sanction et de contrainte (par la voie d'astreinte) pour accroître l'efficacité de ses mesures de police. Depuis la loi du 27 décembre 2019, notamment, le maire peut prononcer des amendes pour réprimer certaines atteintes au domaine public du fait du défaut d'élagage et d'entretien des arbres et des haies, pour sanctionner le blocage ou l'entrave d'une voie ou du domaine public résultant du dépôt, sans nécessité et sans autorisation, de tout matériel ou objet ou encore pour sanctionner le non-respect d'un arrêté de restrictions d'horaires pour la vente d'alcool à emporter sur le territoire de la commune. En cas de manquement à un arrêté dans un de ces domaines, présentant un risque pour la sécurité des personnes et ayant un caractère répétitif ou continu, le maire prononce une amende d'un montant maximal de 500 euros. Il doit toutefois respecter un ensemble de garanties de procédure et de fond, parmi lesquelles la possibilité pour l'administré de présenter des observations, écrites ou orales, l'obligation pour le maire de mettre en demeure l'administré ou encore le droit pour ce dernier de former un recours de pleine juridiction devant le juge administratif (art. L. 2212-2-1).

Section 5
La responsabilité des collectivités territoriales

418. Dans l'exercice de leurs compétences, les collectivités territoriales peuvent engager leur responsabilité administrative et leur responsabilité pénale.

La responsabilité administrative des collectivités territoriales relève des règles de droit commun et ne mérite pas de développements particuliers. Elle repose sur la distinction entre faute personnelle et faute de service et peut être engagée pour faute ou sans faute. La responsabilité pour faute des collectivités territoriales est en outre soumise, comme pour celle de toute personne publique, à la distinction entre faute lourde et faute simple. En cas de délégation de service public, la victime doit engager la responsabilité du délégataire. La collectivité territoriale ne sera responsable qu'en cas d'insolvabilité du délégataire (CE, 13 novembre 1970, *Ville de Royan*, Lebon, p. 683).

En cas de méconnaissance du droit de l'Union européenne, seul l'État est responsable vis-à-vis des institutions européennes, y compris lorsque le manquement n'est pas le fait de l'État mais d'une autre personne publique telle qu'une collectivité territoriale. Un État membre ne peut se prévaloir des « dispositions, pratiques ou situations de son ordre juridique interne pour justifier l'inobservation des obligations qui lui incombent en vertu du droit communautaire » (CJCE, 14 janvier 1988, *Commission c/ Belgique*, 227 à 230/8). Toutefois, devant le juge national, l'État, condamné, pouvait toujours exercer une action récursoire contre les collectivités territoriales. La loi du 7 août 2015 NOTRe (art. 112) a étendu, à compter du 1er janvier 2016, la responsabilité financière des collectivités territoriales et de leurs groupements ou établissements publics en cas de condamnation de la France par la Cour de justice de l'Union européenne. Si l'État est toujours celui qui doit répondre des manquements commis sur son territoire devant le juge de l'Union européenne, les collectivités territoriales devront désormais supporter financièrement en droit interne les charges résultant de la violation d'une des obligations qui leur incombent en application du traité sur le fonctionnement de l'Union européenne et qui relèvent en tout ou partie de leur compétence de collectivités territoriales ou de leurs groupements et établissements publics (art. L. 1611-10-I). La loi introduit à cette fin un dispositif particulier conduisant les collectivités territoriales à supporter leurs obligations financières résultant d'un arrêt de la Cour de justice de l'Union européenne constatant un manquement et imposant le paiement d'une somme forfaitaire ou d'une astreinte sur le fondement de l'article 260 du traité sur le fonctionnement de l'Union européenne. Un décret, pris après avis d'une commission instituée par la loi et composée de membres du Conseil d'État, de magistrats de la Cour des comptes et de représentants des collectivités territoriales, fixe les charges dues par les collectivités territoriales et leurs groupements et établissements publics, qui constituent des dépenses obligatoires, au sens de l'article L. 1612-15. Ce nouveau mécanisme de responsabilité financière s'ajoute au dispositif existant en matière d'aides, en vertu duquel les collectivités territoriales supportent les conséquences financières des condamnations qui résultent de l'exécution tardive ou incomplète d'une décision de récupération d'une aide illégale (art. L. 1511-1-1, voir *supra*, « Les partenaires publics ou privés des collectivités territoriales »), et à celui, institué par la loi du 27 janvier 2014, qui prévoit que les collectivités territoriales supportent la charge des corrections et des sanctions financières en matière de gestion des programmes européens ou de coopération territoriale (art. L. 1511-1-2). Il reste que désormais les collectivités sont responsables financièrement de toute violation au droit de l'UE dans leur domaine de compétence.

La responsabilité pénale des collectivités territoriales est prévue à l'article L. 121-2 du Code pénal. « Les personnes morales (donc les collectivités territoriales), à l'exclusion de l'État, sont responsables pénalement, selon les distinctions des articles 121-4 à 121-7, des infractions commises, pour leur compte, par leurs organes ou représentants. Toutefois, les collectivités territoriales et leurs groupements ne sont responsables pénalement que des infractions commises dans l'exercice d'activités susceptibles de faire l'objet de conventions de délégation de service public ». Sont ainsi exclues du champ de la responsabilité pénale les missions exercées pour le compte de l'État (état civil, élections, police judiciaire), les activités de droit privé des collectivités territoriales (gestion du domaine privé, passation de contrats privés), les activités non susceptibles d'être déléguées, comme certaines activités de police municipale ou de service public administratif telles que les sorties scolaires ou les activités socio-éducatives, (Cass. crim., 12 décembre 2000, *Bull. crim.* n° 371, à propos de la noyade d'élèves dans le Drac à l'occasion d'une sortie scolaire). L'activité doit en outre pouvoir être « confiée à un délégataire public ou privé rémunéré, pour une part substantielle, en fonction des résultats de l'exploitation » (Cass. crim., 3 avril 2002, *Bull. crim.* n° 77). Ainsi, lorsqu'une infraction a été commise dans l'exercice d'une activité susceptible de faire l'objet d'une convention de délégation de service public, au sens de la jurisprudence administrative, la collectivité territoriale encourt comme sanction pénale une amende. L'engagement de la responsabilité pénale des collectivités territoriales n'exclut pas pour autant celle des agents ou des élus auteurs ou complices des mêmes faits, prévue à l'article 121-2, alinéa 3 du Code pénal (voir *supra*, « Les élus locaux »).

CHAPITRE 3

Les moyens des collectivités territoriales

419. Pour administrer les collectivités territoriales, il faut du personnel ou des « moyens humains », de l'argent ou des « moyens financiers », des biens ou des « moyens matériels ». Comme toute personne juridique, les collectivités territoriales agissent aussi par des actes juridiques, qu'il s'agisse d'actes unilatéraux ou de contrats. Pour l'essentiel, les actes sont soumis aux règles habituelles du droit administratif. Les moyens financiers sont un sujet permanent de débat et de conflit entre l'État et les collectivités territoriales ; les moyens matériels sont beaucoup plus classiques par rapport aux règles du droit administratif même s'il existe des règles propres aux collectivités territoriales. À ces moyens s'ajoute aussi ce qui est parfois désigné sous le vocable de « moyens humains », c'est-à-dire les agents des collectivités territoriales.

Section 1
Les agents des collectivités territoriales

420. Les collectivités territoriales ne sauraient agir sans personnel. Celui-ci constitue une troisième catégorie d'acteurs des collectivités territoriales, à côté des élus et des citoyens. Parce qu'il existe de nombreux ouvrages sur la fonction publique, y compris territoriale, les développements qui suivent seront nécessairement succincts.

La troisième étape des lois de décentralisation, au moment de l'acte I, après la loi du 2 mars 1982 et les lois de 1983 relatives à la répartition des compétences entre les collectivités territoriales et l'État, a été celle du statut des personnels chargés de faire vivre les lois dans la réalité. Il fallait mettre sur pied une fonction publique locale de niveau comparable à celle de l'État. L'occasion a été fournie par une réforme d'ensemble de la fonction publique, divisée en quatre parties, dont la troisième est celle consacrée à la fonction publique territoriale. Ayant en effet rejeté à la fois l'idée d'une fonction publique unique pour l'État, les collectivités locales et les établissements publics hospitaliers, et l'idée plus simple d'étendre le statut du personnel communal aux autres collectivités territoriales, le législateur a choisi de créer trois fonctions publiques (État, collectivités territoriales, établissements publics hospitaliers) dominées toutefois par des principes communs. C'est pourquoi la loi n° 83-634 du 13 juillet 1983, portant droits et obligations des fonctionnaires, établit un bref ensemble de règles – droits et obligations – des fonctionnaires, quels qu'ils soient, d'État, territoriaux ou hospitaliers. Cette loi définit les conditions pour être recruté en tant que fonctionnaire, dresse une liste des garanties offertes aux fonctionnaires, telles que la liberté d'opinion, le droit syndical, la participation à la détermination des conditions de travail et le droit de grève et elle établit en regard les obligations qui pèsent sur les fonctionnaires, notamment celle de consacrer tout le temps professionnel à l'emploi public, le devoir d'obéissance hiérarchique et le secret professionnel. Cette loi a été suivie par la loi n° 84-53 du 26 janvier 1984 sur les dispositions statutaires relatives à la fonction publique territoriale. Ces deux lois constituent les titres I et III du statut de la fonction publique, le titre II étant réservé à la fonction publique d'État (loi n° 84-16 du 11 janvier 1984 portant dispositions statutaires relatives à la fonction publique de l'État). Le titre III visait à substituer l'unité à la variété des statuts pour les personnels des collectivités territoriales, tout en essayant de sauvegarder ce qui constitue la spécificité de cette fonction publique, c'est-à-dire la pluralité des employeurs. Cette loi est en effet applicable aux communes, départements et régions, ainsi qu'aux offices publics de l'habitat et aux organismes de coopération intercommunale, ce qui représente environ 57 000 employeurs potentiels, et ce qui constitue une différence notable avec la fonction publique d'État pour laquelle l'employeur est nécessairement toujours l'État.

La loi devait tenir compte aussi du principe de libre administration, comme l'a rappelé le Conseil constitutionnel dans sa décision n° 83-168 DC des 19 et 20 janvier 1984 relative à la loi du 26 janvier 1984. Cette dernière a donc créé une fonction publique territoriale unique pour l'ensemble des agents des communes, des départements et des régions ainsi que de leurs établissements. Elle consacre le système de la carrière qui n'existait jusque-là qu'au sein de la fonction publique d'État, ainsi que le principe du recrutement par concours, le paritarisme et l'organisation en catégories de fonctionnaires, A, B et C.

La loi du 26 janvier 1984 a été plusieurs fois modifiée, du fait parfois des alternances politiques, notamment par la loi n° 87-529 du 13 juillet 1987 modifiant les dispositions relatives à la fonction publique territoriale qui a simplifié certaines structures de gestion et qui a renforcé le pouvoir des élus en matière de recrutement et de gestion de la carrière des fonctionnaires. C'est la loi de 1987 qui a créé les « cadres d'emplois » qui jouent le rôle des corps au sein de la fonction publique de l'État et qui regroupent des fonctionnaires soumis au même statut particulier, titulaires d'un grade leur donnant vocation à occuper un ensemble d'emplois (par exemple, celui des attachés territoriaux regroupe les grades d'attaché, d'attaché principal et de directeur territorial). Les fondements de la loi de 1984 sont cependant restés inchangés. Le recrutement se fait en principe par concours. Les personnes reçues au concours sont inscrites sur une liste d'aptitude nationale valable pendant quatre ans, sur leur demande, qui leur permet ensuite de se porter candidates sur des emplois correspondant au concours obtenu dans les différentes collectivités territoriales. Il existe toutefois des exceptions au principe du concours, par exemple, pour les emplois réservés aux personnes handicapées ou pour les emplois fonctionnels qui concernent les fonctions de direction.

Les agents de l'État peuvent aussi être conduits à exercer leurs fonctions au sein d'une collectivité territoriale à la suite d'un transfert de compétences. Ils sont d'abord mis à disposition de la collectivité, puis ils peuvent soit intégrer la fonction publique territoriale, soit être placés en détachement sans limitation de durée auprès de la collectivité. Ces mouvements concernent principalement les départements et les régions (un tiers des emplois de ces collectivités sont liés directement ou indirectement à ces transferts).

La fonction publique territoriale est surtout présente dans les communes et les établissements publics intercommunaux qui sont des structures de gestion grandes consommatrices de personnel (les trois quarts des agents de collectivités territoriales). On comptait, fin 2018, 1 954 000 d'agents soit environ 34 % de l'emploi public. Les dépenses de personnel représentent 35 % en moyenne des dépenses de fonctionnement des collectivités territoriales. Les fonctionnaires de la ville de Paris ont un statut particulier proche de celui de la fonction publique de l'État.

Parmi les agents des collectivités territoriales, la majorité sont fonctionnaires (1 467 300) ; d'autres peuvent avoir un statut de droit privé, par exemple, lorsqu'ils sont employés par des sociétés d'économie mixte, tandis que d'autres sont des agents de droit public. Les agents non titulaires représentent environ 20 % de l'ensemble des agents des collectivités territoriales (391 100), sans compter les nombreuses formes de contrats destinés à résorber le chômage comme les anciens emplois jeunes (38 600 fin 2018). Les contrats peuvent être des contrats à durée déterminée, pour trois ans renouvelables une fois conclus sous certaines conditions. Au-delà des six ans, le renouvellement n'est autorisé que sous la forme d'un contrat à durée indéterminée.

Cette fonction publique est assez fortement féminisée (61,2 % des effectifs de fonctionnaires) et elle comporte encore un trop faible nombre de cadres supérieurs, qui a pourtant progressé en 2019 (environ 10 %) et de cadres moyens (15 %) (catégories A et B). C'est dans les filières administrative, culturelle et médico-sociale que ces cadres sont les plus nombreux, et c'est dans la filière technique que la catégorie C représente la grande majorité des fonctionnaires (autour de 75 %).

La fonction publique connaît des institutions spécifiques, comme le Centre national de la fonction publique territoriale (CNFPT), établissement public administratif qui regroupe toutes les collectivités, sauf les anciens TOM. Doté d'une compétence nationale, il joue un rôle essentiel dans la formation, initiale et continue, des personnels, y compris la préparation aux concours, et dans l'organisation des concours de catégorie A (administrateur territorial, conservateur du patrimoine, conservateur des bibliothèques, ingénieur en chef). Il assure la publicité de tous les emplois de cadres de direction et accompagne les fonctionnaires pris en charge. Il existe aussi des centres de gestion, établissements publics gérés par les élus locaux, à raison d'un par département, sauf en Île-de-France, où existent un centre de gestion pour la petite couronne et un autre pour la grande couronne. Le rattachement à ces centres est obligatoire pour les communes et établissements qui emploient moins de 350 agents, et facultatif pour les autres collectivités. Ils ont, notamment, des compétences en matière de créations et de vacances d'emploi, de recrutement et de gestion des carrières pour les agents des collectivités territoriales et de leurs établissements publics ne relevant pas du CNFPT. Ils organisent également les concours et les examens professionnels qui ne relèvent pas du CNFPT ainsi que le fonctionnement des organismes paritaires (les commissions administratives paritaires qui donnent leur avis ou émettent des propositions sur les mesures individuelles relatives aux agents et les comités techniques paritaires, consultés sur les questions d'ordre collectif relatives aux conditions de travail) et des conseils de discipline. Il faut mentionner les CHST, comités d'hygiène, de sécurité et des conditions de travail, qui ont pour mission de contribuer à la protection physique et mentale et à la sécurité des agents ainsi qu'à l'amélioration des conditions de travail. Les compétences de ces centres de gestion ont été jugées conformes au principe de libre administration des collectivités territoriales tant qu'elles n'empiètent pas sur l'aptitude des collectivités à décider de tous les actes essentiels à la carrière de leurs agents (Cons. const., déc. n° 83-168 DC des 19 et 20 janvier 1984).

Section 2
Les moyens financiers des collectivités territoriales

421. La libre administration des collectivités territoriales ne peut être un principe abstrait. Elle ne peut être effective que si les collectivités, non seulement disposent de ressources, mais ont aussi la possibilité de définir plus ou moins librement leurs ressources et peuvent en disposer librement. Là encore, les développements qui suivent sont volontairement succincts et l'on renverra aux ouvrages spécialisés dans le domaine des finances locales.

L'une des difficultés des finances locales réside dans la complexité des relations financières des collectivités avec l'État. C'est ce dernier qui fixe le régime législatif des impôts locaux, dont les collectivités se contentent de voter les taux depuis la loi n° 80-10 du 10 janvier 1980 portant aménagement de la fiscalité directe locale dans un cadre très réglementé (institution d'un plafond de référence et d'un mécanisme de liaison entre les taux), qui les perçoit, qui fixe le montant de son concours et les règles de péréquation entre collectivités afin de garantir un minimum d'égalité entre les collectivités pauvres et riches. Les collectivités souhaitent depuis longtemps des relations stabilisées pour mener des politiques sur le moyen terme. Seront étudiées, en tenant compte de ce contexte, les règles budgétaires propres aux collectivités territoriales, les dépenses et les ressources de celles-ci. Le régime des finances des collectivités territoriales, ainsi défini, est en outre indissociable du principe de l'autonomie financière qu'il convient également de présenter. Les contrôles budgétaires et financiers ont été présentés avec les autres types de contrôles exercés sur les collectivités territoriales et ne seront pas étudiés dans le cadre de ce chapitre (voir *supra*, « Le contrôle des collectivités territoriales »).

§1. Les budgets

422. Les collectivités territoriales, qui sont des collectivités publiques, sont soumises aux règles strictes des finances publiques, notamment les principes de l'annualité, de l'universalité, de spécialité et de l'unité. L'équilibre du budget doit être réel, ce à quoi n'est pas astreint l'État. Le budget de la collectivité territoriale est en équilibre réel lorsque trois conditions cumulatives posées par le CGCT sont réunies : la section de fonctionnement et la section d'investissement sont respectivement votées en équilibre, les recettes et les dépenses ont été évaluées de façon sincère et le remboursement en capital des annuités de la dette est couvert par des ressources définitives suffisantes et non par un nouvel emprunt (art L. 1612-4).

Les collectivités territoriales adoptent ainsi un budget primitif, en théorie avant le 1er janvier de chaque année, mais un délai leur est laissé par la loi jusqu'au 15 avril, ou le 30 avril les années d'élections locales. Ce budget primitif comprend un budget principal et des budgets annexes qui décrivent les dépenses et les recettes des services à comptabilité distincte (par exemple, pour les services d'eau et d'assainissement). Des budgets supplémentaires sont fréquemment votés afin d'adapter le budget local aux événements imprévus, comme des rentrées fiscales sous ou surévaluées ou des dépenses nouvelles (art. L. 2311-5). Ne sont pas intégrés dans le budget de la collectivité locale les budgets autonomes qui retracent les opérations des personnes morales distinctes de la collectivité locale, qui peuvent être publiques (office public de l'habitat, par exemple) ou privées (société d'économie mixte ou association). Le budget est établi en section de fonctionnement et section d'investissement, tant en recettes qu'en dépenses. Il est divisé en chapitres et articles dans les conditions qui sont déterminées par décret.

Afin que les décisions budgétaires soient prises dans une relative transparence, la loi impose dans les communes de 3 500 habitants et plus, les départements et les régions que l'exécutif présente à l'assemblée délibérante, dans un délai de deux mois précédant l'examen du budget, un rapport sur les orientations budgétaires, les engagements pluriannuels envisagés ainsi que sur la structure et la gestion de la dette. Ce rapport donne lieu à un débat au conseil municipal, dans les conditions fixées par le règlement intérieur. Il est pris acte de ce débat par une délibération spécifique (art. L. 2312-1, L. 3312-1, L. 4311-1). Dans les communes de plus de 10 000 habitants, le rapport comporte, en outre, une présentation de la structure et de l'évolution des dépenses et des effectifs. Ce rapport précise notamment l'évolution prévisionnelle et l'exécution des dépenses de personnel, des rémunérations, des avantages en nature et du temps de travail. Il est transmis au représentant de l'État dans le département et au président de l'établissement public de coopération intercommunale dont la commune est membre ; il fait l'objet d'une publication. Dans les régions, le Conseil économique, social et environnemental rend un avis préalable à l'adoption du budget de la collectivité qui ne lie pas le conseil régional.

La loi NOTRe (art. L. 1611-9) prévoit également que « pour toute opération exceptionnelle d'investissement dont le montant est supérieur à un seuil fixé par décret en fonction de la catégorie et de la population de la collectivité ou de l'établissement, l'exécutif d'une collectivité territoriale ou d'un groupement de collectivités territoriales présente à son assemblée délibérante une étude relative à l'impact pluriannuel de cette opération sur les dépenses de fonctionnement ». De même, « la délibération du département ou de la région tendant à attribuer une subvention d'investissement à une opération décidée ou subventionnée par une collectivité territoriale ou un groupement de collectivités territoriales s'accompagne de l'étude relative à l'impact pluriannuel de cette opération sur les dépenses de fonctionnement ».

Lorsque le budget est exécuté, l'assemblée délibérante doit adopter, avant le 1er octobre qui suit la clôture de l'exercice comptable, le compte administratif présenté par l'exécutif et retraçant la façon dont il a exécuté le budget.

Afin d'améliorer la compréhension des documents budgétaires (budget et compte administratif) et d'assurer la transparence financière, des états désignés par la loi doivent leur être annexés (art. L. 2313-1, L. 3313-1, L. 4313-2).

Les budgets de la commune sont déposés à la mairie, ou le cas échéant à la mairie annexe, et sont mis à la disposition du public dans les quinze jours de leur adoption (art. L. 2313-1). Le public est avisé de la mise à disposition de ces documents par tout moyen de publicité au choix du maire. La loi NOTRe du 7 août 2015 impose la publication d'un document synthétique et compréhensible du public pour présenter les indicateurs financiers de la collectivité. Ce document synthétique ainsi que le rapport adressé au conseil municipal à l'occasion du débat sur les orientations budgétaires, la note explicative de synthèse annexée au budget primitif et celle annexée au compte administratif sont mis en ligne sur le site Internet de la commune, lorsqu'il existe, après l'adoption par le conseil municipal des délibérations auxquelles ils se rapportent. Ces dispositions sont également applicables aux départements, régions et établissements publics de coopération intercommunale comptant plus de 10 000 habitants et comprenant au moins une commune de 3 500 habitants et plus.

Toute personne a le droit en outre de demander communication sur place et prendre copie des budgets et des comptes (CE, 11 janvier 1978, *Commune de Muret*, Lebon, p. 5). Sont par ailleurs communiqués à toute personne intéressée, qui en fait la demande, les comptes certifiés de tout organisme pour lequel la commune détient une part de capital, a garanti un emprunt, a versé une subvention supérieure à 75 000 euros ou qui représente plus de 50 % du produit figurant au compte de résultat de l'organisme (art. L. 2313-1-1). Ces dispositions sont applicables aux départements (art. L. 3312-2 du CGCT) et aux régions (art. L. 4312-1). Il s'agit ici de permettre aux élus locaux comme aux administrés d'être informés des incidences financières de la « satellisation » de l'action publique locale.

§2. Les dépenses

423. Les administrations publiques locales réalisent 19,7 % de la dépense publique (260,4 milliards d'euros en 2018), la dette publique s'élève en 2019 à 210, 3 milliards d'euros. Le déficit des collectivités territoriales a sensiblement augmenté, passant de 3,7 milliards en 2012 à 9,2 milliards en 2013, soit une augmentation de 248 %. Elles réalisent plus de la moitié de l'investissement public en France. Les dépenses des collectivités territoriales se divisent en 60 % de charges de fonctionnement (dont les salaires et les traitements pour 40 % environ, achat de biens et de services, frais financiers) et 40 % de charges d'investissement (acquisitions immobilières, opérations en capital concernant les travaux). Les dépenses du personnel représentent 35 % des dépenses de fonctionnement des collectivités et constituent le premier poste des dépenses dans le cas des communes (52 %).

Il est vrai que les dépenses ont assez fortement augmenté et les collectivités sont sources de richesses, par la commande publique, pour de nombreux secteurs de l'économie dont les travaux publics. Les collectivités territoriales se plaignent beaucoup de la rareté de leurs moyens financiers et considèrent que l'État leur transfère beaucoup de charges nouvelles sans contrepartie suffisante. La décentralisation a accentué le phénomène et a fait naître de nouveaux besoins de la part des administrés, dans le domaine social, des loisirs ou de la sécurité. En outre, la baisse programmée des dotations de l'État en direction des collectivités territoriales crée une situation difficile pour les collectivités territoriales.

Le processus de la dépense est régi par le principe de séparation des ordonnateurs et des comptables. Les dépenses sont engagées, liquidées et mandatées par l'ordonnateur local, qui est l'organe exécutif local. Traditionnellement, les ordonnateurs, élus locaux, bénéficient d'une immunité devant la Cour de discipline budgétaire et financière, sauf dans deux hypothèses : d'une part, lorsque leurs agissements ont entraîné la condamnation de la collectivité à une astreinte pour inexécution d'une décision de justice ou lorsqu'ils n'ont pas inscrit les crédits nécessaires à son exécution, d'autre part, lorsque la réquisition du comptable a eu pour but ou pour effet de procurer à autrui un avantage injustifié aux dépens de la collectivité (voir *supra*, « Les élus locaux »). L'ordonnateur peut aussi être condamné pour gestion de fait par la chambre régionale des comptes en cas d'immixtion illégale dans les fonctions du comptable (voir *supra*, *ibidem*). Le comptable public, fonctionnaire de l'État, après avoir vérifié la régularité des opérations de la phase administrative (qualité de l'ordonnateur, liquidation correcte, exacte imputation au budget, disponibilité des crédits, validité des créances, service fait, cohérence des pièces justificatives, caractère libératoire du règlement), est chargé d'effectuer le paiement des dépenses. Il est seul titulaire du compte de la collectivité ouvert au Trésor et seul chargé d'exécuter les ordres de décaissement et d'encaissement délivrés par l'ordonnateur. Le comptable doit établir, en fin d'exercice, le compte de gestion, retraçant l'exécution du budget. Ce compte de gestion, transmis à l'ordonnateur avant le 1er juin, est soumis à l'assemblée délibérante en même temps que le compte administratif. La responsabilité personnelle et financière des comptables peut être engagée devant la chambre régionale des comptes (voir *supra*, « Le contrôle des collectivités territoriales »).

Certaines des dépenses des collectivités territoriales sont obligatoires. Celles-ci sont énumérées aux articles L. 2321-2, L. 3321-1 et L. 4321-1. Parmi celles-ci peuvent être mentionnées les dépenses liées aux personnels, à l'entretien et à la construction des écoles élémentaires, à la création et à l'extension des cimetières, les dépenses relatives au fonctionnement des organes délibérants, les indemnités de fonction, les frais de formation et retraite des élus... Ces dépenses doivent être, en tout état de cause, prévues par la loi, comme le précise l'article 1611-1 (Sur ce sujet voir, par exemple, CE, 5 janvier 2005, n° 232888, *Commune de Versailles*, à propos de la compétence des maires pour la délivrance des passeports. Voir, sur le même sujet, la décision du Conseil constitutionnel n° 2010-29/37 QPC du 22 septembre 2010, Commune de Besançon et autre) et elles doivent être définies de manière suffisamment précise pour ne pas méconnaître le principe de libre administration des collectivités territoriales (déc. n° 90-274 du 29 mai 1990, Loi visant à la mise en œuvre du droit au logement). Les collectivités territoriales doivent inscrire ces dépenses dans leur budget sous peine de la mise en œuvre de la procédure d'inscription d'office (art. L. 1612-15 ; voir *supra*, « Les contrôles des collectivités territoriales »).

D'autres dépenses sont interdites. C'est le cas, par exemple, des dépenses relatives à l'exercice des cultes, plus précisément les aides accordées aux associations cultuelles interdites par l'article 2 de la loi du 9 décembre 1905 concernant la séparation des Églises et de l'État. C'est le cas également des aides accordées à l'une des parties impliquées dans un conflit collectif de travail, qui prennent par exemple la forme d'une compensation des pertes salariales des grévistes (voir *supra*, « Les compétences des collectivités territoriales »).

Lorsqu'elles ne sont ni obligatoires ni interdites, les aides des collectivités territoriales doivent être justifiées en toute hypothèse par un intérêt public local et s'inscrire dans le cadre de l'exercice de leurs compétences.

§3. Les ressources

424. Les ressources des administrations publiques locales sont en 2018 de 262,7 milliards d'euros. Elles sont constituées des impôts (impôts locaux, fiscalité transférée par l'État pour 49 %), des dotations de l'État (30 %), des emprunts et d'autres ressources. La règle de l'unité de caisse oblige, en principe et sous réserve de certaines dérogations, les collectivités territoriales à déposer leurs fonds disponibles au Trésor public (art. L. 1618-1 et s.). Ces dépôts ne sont pas rémunérés et sont présentés comme la contrepartie de l'avance faite par l'État lorsqu'il recouvre les impôts locaux. L'État est, en effet, en charge des opérations de recouvrement de ces impôts. Les services de l'État traitent également les nombreuses réclamations, gracieuses et contentieuses, portant sur les impôts directs locaux. En contrepartie, il perçoit un prélèvement pour frais d'assiette et de recouvrement sur le montant des principaux impôts directs locaux. Le produit des impôts locaux transite par l'un des comptes spéciaux du Trésor, le compte de concours financiers, l'État avançant, sans contrepartie, aux collectivités territoriales le produit attendu de leurs impôts, en leur versant un douzième à la fin de chaque mois.

A. Les ressources fiscales

425. Le produit de la fiscalité locale s'établit à environ 150 milliards en 2019. Les recettes fiscales constituent 57 % des ressources des collectivités territoriales, parmi lesquels les impôts directs représentent environ 80 % (97,8 milliards d'euros en 2020).

Les impôts directs sont composés des « quatre vieilles » (appelées ainsi parce que leur origine remonte à la Révolution française) : la taxe d'habitation (un quart des recettes totales des quatre impôts, soit à peu près 22 282 milliards annuels en 2017, dont environ 13 milliards pour les communes, 6 milliards pour les EPCI), la taxe sur le foncier bâti (un tiers des recettes totales, soit 32 723 milliards environ en 2017, dont environ 12 milliards pour les départements, 15 milliards pour les communes, 1 milliard pour leurs groupements), la taxe sur le foncier non bâti (à peu près 1 milliard en 2017, dont environ 800 millions pour les communes et 200 millions pour les EPCI à fiscalité propre), et la contribution économique territoriale (CET) qui remplace depuis 2011 la taxe professionnelle, correspondant à la moitié de l'ensemble (à peu près 25 milliards en 2017). La CET est composée de deux contributions : la contribution foncière des entreprises (CFE) assise sur la valeur locative des immeubles et des terrains imposables et la contribution sur la valeur ajoutée des entreprises (CVAE) indexée sur la richesse produite par l'entreprise à un taux national et progressif selon le chiffre d'affaires.

Les bases de ces recettes fiscales reposent sur la valeur locative des propriétés mais elles ne sont pas révisées régulièrement, ce qui constitue un manque à percevoir important pour les collectivités, notamment pour la taxe d'habitation.

Il existe aussi d'autres impôts, comme la taxe sur les logements vacants, la taxe sur la publicité, le versement transport, la taxe de séjour, la taxe d'enlèvement des ordures ménagères, la taxe sur les surfaces commerciales (TASCOM), les droits de mutation à titre onéreux, les taxes d'urbanisme, l'imposition forfaitaire des entreprises de réseaux (IFER) et la taxe de gestion des milieux aquatiques et prévention des inondations (GEMAPI), à destination du bloc communal.

Le régime des impôts locaux échappe à la spécialisation fiscale, même si de plus en plus, sous l'effet de réformes successives, certains impôts directs locaux sont réservés à des catégories de collectivités territoriales. La taxe d'habitation et les deux taxes foncières, par exemple, sont principalement et essentiellement réservées au bloc communal et intercommunal.

B. Les concours financiers de l'État

426. Les transferts financiers de l'État vers les collectivités territoriales représentent près de 111 milliards d'euros en 2019. Ceux-ci ne cessent de diminuer, en raison des difficultés financières de l'État. Gelées depuis 2011, les dotations de l'État ont baissé de 1,5 milliard en 2014 et de 3 milliards en 2015. La loi n° 2018-32 du 22 janvier 2018 de programmation des finances publiques 2018-2022, qui vise à réduire la dépense publique locale, fixe des objectifs nationaux d'évolution des dépenses réelles de fonctionnement et du besoin de financement des collectivités territoriales et de leurs groupements à fiscalité propre. Elle prévoit en outre un nouveau mécanisme de contractualisation entre l'État et certaines collectivités (régions, départements, et lorsque leurs dépenses réelles de fonctionnement ont excédé 60 millions d'euros en 2016, les communes et les EPCI). Ce dispositif a été jugé conforme à la Constitution par la décision du Conseil constitutionnel n° 2017-260 DC du 18 janvier 2018, Loi de programmation des finances publiques pour les années 2018 à 2022, dans la mesure où le législateur n'a pas porté à la libre administration des collectivités territoriales une atteinte d'une gravité telle que seraient méconnus les articles 72 et 72-2 de la Constitution.

Les transferts financiers de l'État comprennent, d'une part, les dotations (27,5 milliards d'euros en 2019), qui recouvrent principalement la dotation globale de fonctionnement (26,95 milliards en 2019), la dotation globale d'équipement, la dotation générale de décentralisation, la dotation spéciale instituteurs, la dotation élu local, et d'autre part, les compensations. Parmi ces dernières, il faut mentionner notamment la taxe intérieure sur les produits pétroliers instituée par la loi de finances pour 2004 et devenue depuis la taxe intérieure de consommation sur les produits énergétiques (TICPE), et le fonds de compensation de la TVA correspondant à la restitution des frais de TVA supportés par les collectivités territoriales sur leurs dépenses d'investissements.

La complexité et le manque de lisibilité des conditions d'attribution des dotations, pourtant globalisées à partir de 1982, sont souvent soulignés. La volonté, affirmée à partir de 1982, de globalisation des subventions de l'État, et donc de clarté et de liberté de gestion pour les collectivités locales qui peuvent utiliser ces enveloppes sans solliciter des aides ponctuelles, a été, petit à petit, combattue par le retour des dotations spécifiques et des financements de l'État nés dans le cadre de relations contractuelles et correspondant à des politiques particulières.

C. Les emprunts

427. En 2020, l'emprunt des collectivités territoriales et de leurs groupements à fiscalité propre a représenté 18,5 milliards d'euros (Mds €). Les emprunts, qui ne peuvent être utilisés que pour les dépenses d'investissement, se sont libéralisés depuis 1986, les collectivités pouvant emprunter sur les marchés financiers dans les conditions du droit commun. D'ailleurs, les contrats d'emprunt constituent des contrats de droit privé relevant de la compétence du juge judiciaire (CE, 6 décembre 1989, *Caisse fédérale de crédit mutuel d'Île-de-France c/Commune de Torcy*, Lebon, p. 520). Cette liberté d'emprunt était présentée comme une conséquence de la libre administration des collectivités territoriales (art. L. 2337-3, L. 3336-1 et L. 4333-1).

Mais l'émergence de la crise financière a provoqué une augmentation du recours à l'emprunt. La Cour des comptes a constaté en 2011 que l'encours de la dette publique locale avait augmenté de 40 % environ sur la période 2004-2010 (Rapport public thématique, *La gestion de la dette publique locale*, La Documentation française, 2011, p. 15). Avec la crise du COVID 19, les collectivités territoriales ont également davantage emprunté en 2020. Surtout, l'ampleur des risques financiers encourus par les collectivités territoriales liés à la souscription d'emprunts toxiques ou structurés, a rendu nécessaire l'encadrement du recours à l'emprunt.

Tel a été l'objet de la loi n° 2013-672 du 26 juillet 2013 de séparation et de régulation des activités bancaires qui a interdit la souscription d'emprunts structurés ou instruments financiers à risques, sauf dans l'hypothèse où la souscription d'un emprunt a pour effet de réduire le risque associé à un emprunt ou un contrat financier non conforme à l'article L. 1611-3-1 et qui a été souscrit avant la promulgation de la loi (art. L. 1611-3-1). Cette même loi prévoit également la création d'un nouvel instrument de financement des collectivités territoriales, l'Agence de financement des collectivités territoriales, qui a été officialisée le 22 octobre 2013 sous le nom d'Agence France Locale (art L. 1611-3-2). Les collectivités territoriales et les établissements publics de coopération intercommunale à fiscalité propre ont ainsi créé une société publique revêtant la forme de société anonyme régie par le Livre II du Code de commerce dont ils détiennent la totalité du capital et dont l'objet est de contribuer, par l'intermédiaire d'une filiale, à leur financement. Cette société publique locale et sa filiale exercent leur activité exclusivement pour le compte des collectivités territoriales et des établissements publics de coopération intercommunale à fiscalité propre, qui sont actionnaires. Une nouvelle banque spécialisée a été en outre créée en avril 2013. La « Banque Postale Collectivités Locales » est détenue à 65 % par la Banque Postale et à 35 %

par la Caisse des Dépôts. Ses prêts sont refinancés par la Société de financement local (Sfil), la Banque Postale (5 %) et la Caisse des dépôts (20 %), l'État détenant le solde (75 %).

Parallèlement, pour résoudre les difficultés financières des collectivités territoriales ayant souscrit des contrats de prêts ou financiers structurés à risque, la loi de finances pour 2014 n° 2013-1278 du 29 décembre 2013, a créé un fonds de soutien. Ce fonds, financé principalement par les banques, est géré par l'État. Mais, en contrepartie, la loi n° 2014-844 du 29 juillet 2014 de sécurisation des contrats de prêts structurés souscrits par les personnes morales de droit public procède à une validation des stipulations d'intérêts figurant dans les contrats de prêts dit « structurés » souscrits par des personnes morales de droit public, en tant que ces stipulations étaient contestées pour le motif d'absence ou de caractère erroné du taux effectif global (TEG), du taux de période ou de la durée de période. Cette loi de validation cherche ainsi à limiter les conséquences financières importantes pour l'État résultant de jugements du tribunal de grande instance de Nanterre du 8 février 2013 et du 7 mars 2014 ayant constaté la nullité de ces clauses. Cette loi de validation, plus précise et plus limitée qu'une précédente loi déclarée contraire à la Constitution (décision du Conseil constitutionnel n° 2013-685 DC du 29 décembre 2013, Loi de finances pour 2014, cons. 76 à 79), n'a pas été jugée contraire à l'article 16 de la Déclaration de 1789. Le Conseil constitutionnel a en effet considéré dans la décision n° 2014-695 du 24 juillet 2014 que cette dernière loi avait une portée limitée et qu'« eu égard à l'ampleur des conséquences financières qui résultent du risque de la généralisation des solutions retenues par les jugements, l'atteinte aux droits des personnes morales de droit public emprunteuses est justifiée par un motif impérieux d'intérêt général ». La liberté d'emprunter est donc devenue aujourd'hui pour les collectivités territoriales une liberté conditionnée.

D. Les autres ressources

428. Il faut ajouter enfin, parmi les ressources des collectivités territoriales, les revenus du domaine (vente de bois, redevances d'occupation privative du domaine public, revenus des immeubles du domaine privé, redevances de stationnement des véhicules sur voirie qui ont été dépénalisées depuis la loi n° 2014-58 du 27 janvier 2014 de modernisation de l'action publique territoriale et d'affirmation des métropoles, redevances perçues pour l'usage d'ouvrages d'art routier...) et les redevances pour services rendus (redevance d'enlèvement des ordures ménagères, droits de port, redevances d'assainissement, prix du repas dans les écoles, droits d'entrée pour les équipements de la collectivité comme les piscines ou les patinoires).

Relèvent encore des ressources des collectivités locales les dons et les legs, les produits financiers (par exemple, les intérêts provenant des participations financières dans les sociétés d'économie mixte, les produits provenant de placements) et enfin les aides européennes sous la forme de fonds structurels. Les programmes de financement européens sont fixés pour des périodes de sept années, dans un cadre financier pluriannuel couvrant, pour la période en cours, de 2014 à 2020. Ces fonds devaient représenter environ 28 milliards d'euros. Trois fonds concernent plus particulièrement la France : le Fonds européen de développement régional, le FEDER (8,4 milliards d'euros pour la France), le Fonds social européen, le FSE (5,5 milliards d'euros pour la France) et le Fonds de cohésion. Le FEDER se consacre à trois domaines prioritaires : l'innovation et l'économie de la connaissance, l'environnement et la prévention des risques, l'accès aux services de transport et de télécommunication d'intérêt économique général. Le FSE soutient les politiques des États membres dans les domaines de l'emploi, de la formation professionnelle, de la lutte contre l'exclusion et de la réduction des inégalités territoriales. Depuis la loi du 27 janvier 2014, les régions deviennent les autorités de gestion des fonds européens et des programmes européens mais elles doivent en contrepartie assumer les conséquences pécuniaires en cas de corrections et sanctions financières (article L. 1511-1-2, voir *supra*, « Les sources du droit des collectivités territoriales »).

§4. L'autonomie financière des collectivités territoriales en question

429. L'autonomie financière est un élément de la libre administration et le Conseil constitutionnel considérait que le degré de libre administration se mesurait à la liberté de dépenser, quelle que soit l'origine des crédits disponibles, qu'ils proviennent d'une fiscalité propre ou de dotations de l'État. L'entrave à la libre administration n'était avérée, selon le Conseil constitutionnel, qu'à partir du moment où les collectivités locales ne disposaient plus de crédits suffisants pour engager librement les dépenses. C'est pour contourner certains aspects de cette jurisprudence, jugés négatifs pour l'autonomie des collectivités territoriales, que l'article 72-2 a été introduit par la loi constitutionnelle du 28 mars 2003, complété par la loi organique n° 2004-758 du 29 juillet 2004 relative à l'autonomie financière des collectivités territoriales. Cet article pose un certain nombre de principes qui peuvent s'avérer contradictoires. En outre, l'interprétation de ces principes par le Conseil constitutionnel aboutit en définitive à retenir une conception très restrictive de l'autonomie financière excluant toute idée de maîtrise par les collectivités territoriales du volume et de l'affectation de leurs ressources.

A. Le principe de libre disposition des ressources

430. Le pouvoir des collectivités territoriales de disposer librement des ressources dont elles bénéficient est proclamé à l'alinéa 1er de l'article 72-2, mais cette liberté doit s'exercer « dans les conditions définies par la loi ». Aussi le législateur peut-il imposer aux collectivités territoriales la charge de dépenses obligatoires. Certes, le législateur doit, dans ce cas, respecter un certain nombre de conditions posées par le Conseil constitutionnel (par ex. déc. n° 2000-436 DC du 7 décembre 2000, Loi sur la solidarité et le renouvellement urbain). Ces dépenses doivent être définies avec précision ; elles doivent répondre à des exigences constitutionnelles ou à des fins d'intérêt général et elles ne doivent pas méconnaître la compétence propre des collectivités territoriales. Mais la libre disposition par les collectivités territoriales de leurs ressources reste toutefois limitée en raison du nombre important des dépenses obligatoires à la charge des collectivités territoriales et des domaines dans lesquels l'État décide de la conduite des politiques publiques laissant aux collectivités territoriales le soin de gérer simplement des « dispositifs » (action sociale, logement, enseignement).

B. L'absence de pouvoir fiscal propre

431. L'alinéa 2 de l'article 72-2 de la Constitution prévoit que c'est une loi ordinaire qui autorise les collectivités à fixer l'assiette et le taux des impositions de toutes natures dans des limites qu'elle détermine. Si la fixation des taux, dans les limites déterminées par la loi (articles 1636 B *sexies*, 1636 B *sexies* A et 1636 B *septies* du Code général des impôts), relève des collectivités locales depuis 1980, la détermination de l'assiette des impôts locaux est jusqu'à présent une prérogative du législateur. Dans le même sens, les collectivités territoriales ne disposent pas du droit de créer, de modifier ou de supprimer des impositions, compétences relevant de la loi en vertu de l'article 34 de la Constitution. Ainsi, il est envisagé de supprimer la taxe d'habitation en 2023. Confirmant le rôle majeur joué par le législateur, et opérant ainsi une distinction entre l'autonomie de gestion financière et l'autonomie fiscale, le Conseil constitutionnel a d'ailleurs précisé que ni l'article 72-2 de la Constitution, ni aucune autre disposition constitutionnelle ne prévoit que les collectivités territoriales bénéficient d'un principe d'autonomie fiscale (déc. n° 2009-599 DC du 29 décembre 2009, Loi de finances pour 2010, cons. 64, à propos de la suppression de la taxe professionnelle).

C. Le maintien d'un niveau déterminant de ressources propres

432. La fin des années 1990 et le début des années 2000 ont été caractérisés par la disparition d'un certain nombre de ressources fiscales locales, due à la multiplication des allègements fiscaux, qui était compensée par l'accroissement des dotations de l'État versées aux collectivités territoriales. Le Conseil constitutionnel avait interdit au législateur de restreindre les ressources fiscales des collectivités territoriales au point d'entraver leur libre administration mais sans jamais censurer une seule de ces lois (par exemple, décision n° 2000-441 DC du 28 décembre 2000, Loi de finances pour 2001 à propos de la suppression de la vignette automobile). Pour contrer ce mouvement de « centralisation des ressources locales », que la jurisprudence du Conseil constitutionnel ne parvenait pas à enrayer, l'article 72-2, alinéa 3 a été introduit en 2003 dans la Constitution, pour disposer que « les recettes fiscales et les autres ressources propres des collectivités territoriales représentent, pour chaque catégorie de collectivités, une part déterminante de l'ensemble de leurs ressources ». Les précisions apportées par la loi organique n° 2004-758 du 29 juillet 2004, qui a été jugée constitutionnelle par la décision n° 2004-500 DC du 29 juillet 2004, sur les notions de « ressources propres », de « catégories de collectivités » et de « part déterminante » ont toutefois réduit considérablement la portée de ce principe dont les garanties sont par ailleurs limitées.

En premier lieu, la loi organique retient une conception large de la notion de ressources propres, et par voie de conséquence, une conception restrictive de l'autonomie financière des collectivités locales : la notion de ressources propres recouvre non seulement les ressources locales non fiscales, les impositions de toute nature dont la loi autorise les collectivités à fixer le taux, l'assiette, mais aussi, et ce qui n'était pas évident, les impositions de toute nature dont la loi « détermine par collectivité le taux ou la part locale d'assiette » (art. LO 1114-2). Sont ainsi visés les impôts nationaux partagés dont l'assiette et le barème sont uniformes et le produit réparti entre différents niveaux de collectivités locales, tels que la taxe intérieure de consommation sur les produits énergétiques (TICPE) ou encore la taxe spéciale sur les conventions d'assurance. L'autonomie financière est conçue dans ces conditions comme un pouvoir de gestion et non de décision. La loi organique précise également que la part déterminante « ne peut être inférieure au niveau constaté au titre de l'année 2003 » et fige ainsi la situation financière des collectivités territoriales, pourtant jugée problématique (art. LO 1114-3). Le ratio d'autonomie financière est de 60,8 % pour les communes et les EPCI, de 58,6 % pour les départements et de 41,7 % pour les régions. Ce ratio est apprécié pour chaque catégorie de collectivités territoriales, ce qui peut avoir pour conséquence une réduction de l'autonomie financière d'une ou plusieurs collectivités d'une même catégorie sans que pour autant l'autonomie de la catégorie soit affectée (art. LO 1114-1).

En cas de non-respect du ratio, les mécanismes de sanction du législateur restent limités. La loi organique de 2004 prévoit, dans ce cas, l'augmentation de la part des ressources propres décidée par une loi de finances adoptée au plus tard la deuxième année suivant ce constat (art. LO 1114-4). Les mesures correctrices susceptibles d'être adoptées par le législateur restent néanmoins restreintes. Prises par l'État, elles ne peuvent en effet prendre la forme d'une augmentation des ressources fiscales ou non fiscales des collectivités territoriales. Elles ne peuvent donc consister que dans l'affectation d'une part du produit d'impôts nationaux. En outre, le Conseil constitutionnel semble n'exercer en la matière qu'un contrôle de l'erreur manifeste d'appréciation. Il a en effet jugé dans la décision n° 2005-530 DC du 29 décembre 2005, Loi de finances pour 2006, qu'il ne censurera une disposition législative que « si les dispositions de cette loi particulière emportent, de leur seul fait, des conséquences d'une ampleur telle que le degré d'autonomie financière d'une catégorie de collectivités territoriales se dégradera dans une proportion incompatible avec la règle fixée par l'article LO 1114-3 » (cons. 96). Enfin, le Conseil constitutionnel ne dispose pas de moyens de nature à contraindre le législateur à prendre des dispositions nécessaires visant à corriger l'atteinte à l'autonomie financière.

D. Le principe de compensation financière des transferts de compétences

433. Le principe de la libre administration des collectivités territoriales implique également que les transferts de compétences opérés par l'État vers les collectivités territoriales s'accompagnent d'une compensation intégrale des charges financières qu'ils provoquent. Ce principe doit, de toute évidence, être concilié avec le principe précédent, qui impose le maintien d'une part déterminante, au sein des ressources des collectivités locales, des ressources propres. Il est à ce titre prévu que la compensation financière prenne principalement la forme de transferts d'impôts d'État et soit complétée par le versement d'une dotation de l'État, la dotation générale de décentralisation, dont le montant doit évoluer afin de tenir compte de l'augmentation des charges liées aux compétences transférées (art. L. 1614-1). Une commission consultative sur l'évaluation des charges a été instituée afin d'évaluer le montant des dépenses faites par l'État au jour du transfert. Elle émet un avis transmis au ministre de l'Intérieur et au ministre du Budget, qui prennent seuls la décision d'évaluation par arrêté conjoint (art. R. 1211-19 à R. 1211-26). Le retard dans l'adoption de ces mesures réglementaires déterminant les conditions de financement des charges imposées par la loi est susceptible d'engager la responsabilité de l'État (CE, 30 décembre 2009, n° 325824, *Département de Seine-Saint-Denis*).

Ce principe de compensation, posé d'abord par la loi du 2 mars 1982, a été ensuite inscrit à l'article 72-2, alinéa 4 de la Constitution, lequel dispose que « tout transfert de compétence entre l'État et les collectivités territoriales s'accompagne de l'attribution de ressources équivalentes à celles qui étaient consacrées à leur exercice. Toute création ou extension de compétence ayant pour conséquence d'augmenter les dépenses des collectivités territoriales est accompagnée de ressources déterminées par la loi ». Cet article distingue donc deux hypothèses : les transferts de compétences au sens strict, et les créations ou extensions de compétences.

La compensation financière des transferts de compétences de l'État vers les collectivités territoriales, qui s'élevait au total de 2005 à 2016 à 6 787 312 809 milliards d'euros (Rapport d'activité 2005-2015 de la commission consultative d'évaluation des charges), présente des enjeux d'autant plus importants que le contexte socio-économique et financier pèse sur les budgets des collectivités territoriales, et notamment sur les départements qui se sont vu transférer les principales compétences en matière d'aide sociale. Dans ce contexte, les relations entre l'État et les collectivités territoriales se sont tendues et ont abouti à la saisine des juges constitutionnel et administratif. Ces derniers ont cependant rendu un certain nombre de décisions qui ont fortement restreint la portée de ce principe, en limitant son champ d'application.

Le Conseil constitutionnel tire, tout d'abord, toutes les conséquences de la distinction entre les transferts de compétences, soumis à l'exigence de compensation intégrale, et la création ou l'extension de compétences, soumise, quant à elle, à l'exigence d'un accompagnement de ressources sans obligation de compensation intégrale et sanctionnée seulement en cas de dénaturation du principe de libre administration des collectivités territoriales (déc. n° 2004-509 DC du 13 janvier 2005, Loi de programmation pour la cohésion sociale). Il retient également une définition très restrictive du champ d'application des transferts, des créations ou extensions de compétences susceptibles de donner lieu à une compensation ou à un accompagnement de ressources. Seules sont concernées les compétences exercées au nom de la collectivité locale et non celles exercées au nom de l'État : ainsi le transfert d'une compétence exercée au nom de l'État ne peut-il donner lieu à compensation nonobstant le fait que le transfert entraîne un accroissement de charges pour les collectivités territoriales (décision précitée n° 2010-29/37 QPC du 22 septembre 2010, *Commune de Besançon*, à propos de la délivrance des passeports et des cartes d'identité). De même, les transferts, créations ou extensions de compétences facultatives n'ont pas non plus à être compensés financièrement (déc. n° 2003-480 DC du 31 juillet 2003, Loi relative à l'archéologie préventive, cons. 17, à propos de l'établissement par les services archéologiques des collectivités territoriales des diagnostics d'archéologie préventive). Dans le même sens, l'aménagement des conditions d'exercice d'une compétence ne constitue ni un transfert de compétences, ni une création ou extension de compétences susceptible de donner lieu à compensation financière (déc. n° 2010-56 QPC du 18 octobre 2010, *Département du Val-de-Marne*, à propos du dispositif d'accompagnement social individualisé).

Le juge administratif a, lui aussi, limité la portée de l'obligation de compensation financière due en cas de transfert de compétences. Dans l'arrêt du 29 octobre 2010, *Département de Haute-Garonne* (n° 342072), le Conseil d'État a en effet jugé, à propos du transfert des routes nationales aux départements, que « les dépenses dont l'État doit assurer la compensation financière en cas de transfert de compétence sont celles qu'il consacrait lui-même à l'exercice de cette compétence ». Le législateur n'a pas à prendre en compte, dans les dépenses retenues pour le calcul de la compensation, les crédits nécessaires au développement et à la modernisation du réseau routier transféré. Le montant de la compensation est donc figé au moment du transfert et ne tient pas compte de l'évolution des dépenses. Or, les charges liées au transfert de certaines compétences obligatoires, notamment dans le domaine de l'aide sociale gérée par les départements (avec les dépenses liées au revenu de solidarité active, de la prestation compensation du handicap ou encore l'allocation personnalisée d'autonomie), se sont accrues en raison de facteurs économiques et sociaux sur lesquels les collectivités territoriales n'ont aucune emprise. Le principe de la compensation financière n'a en définitive pas pour effet, dans ces cas, de compenser intégralement les dépenses mises à la charge des collectivités territoriales et liées à l'exercice des compétences transférées.

E. Le principe de péréquation financière

434. L'article 72-2, alinéa 5 permet au législateur de prévoir des dispositifs de péréquation visant à favoriser l'égalité entre les collectivités territoriales. Ce principe, qui ne constitue pas un droit susceptible d'être invoqué dans le cadre d'une QPC (décision précitée n° 2010-29 à 37 QPC du 22 septembre 2010, Commune de Besançon), a été mis en œuvre ponctuellement par diverses lois, dont l'adoption est laissée à la libre appréciation du législateur. L'article 72-2, alinéa 5 n'impose pas en effet que chaque type de ressources locales fasse l'objet d'une péréquation (déc. n° 2003-474 DC du 17 juillet 2003, Loi de programme pour l'outre-mer).

La péréquation peut être horizontale entre collectivités appartenant à une même catégorie. Tel est le cas, par exemple, de l'institution du fonds de péréquation des ressources communales et intercommunales en 2012, du fonds national de péréquation des recettes de cotisation sur la valeur ajoutée des entreprises perçues par les départements (art. L. 3335-1) et du fonds de péréquation des ressources perçues par les régions et la collectivité territoriale de Corse (art. L. 4332-9). La péréquation verticale est opérée à partir des concours financiers de l'État. Elle est aujourd'hui intégrée pour l'essentiel dans la dotation globale de fonctionnement.

Section 3
Les biens des collectivités territoriales

435. Les collectivités territoriales disposent, comme l'État, d'un véritable droit de propriété sur leur patrimoine, ce qui conduit à une pluralité des domaines publics et privés locaux, et à « l'éclatement du domaine » entre l'État et les collectivités territoriales. Les biens des collectivités territoriales sont soumis à un régime différent, selon qu'ils appartiennent au domaine public ou au domaine privé.

§1. Le domaine public des collectivités territoriales

436. Le domaine public des collectivités territoriales, distinct de celui de l'État, est soumis à des règles de droit public spécifiques.

A. La consistance du domaine public local

437. Les lois de décentralisation récentes ont étendu le champ de la domanialité publique locale, qui est resté pendant longtemps peu développé, et ont modifié l'importance respective des domaines publics communal, départemental et régional.

Le domaine public communal est présenté traditionnellement comme le domaine public local le plus ancien. Il comprend notamment les voies communales (articles L. 141-1 et s. du Code de la voirie routière), les églises, les cimetières (CE, sect., 28 juin 1935 *Marecar*, Lebon, p. 734), les halles et les marchés (CE, sect., 22 avril 1977, *Michaud*, Lebon, p. 185), les divers édifices, les équipements sportifs et scolaires, les bibliothèques municipales (article L. 1421-4). Le domaine public communal comprend enfin tous les biens affectés à l'usage direct du public ou à un service public et, dans ce dernier cas, faisant l'objet d'un aménagement indispensable.

Le domaine public départemental, beaucoup plus réduit à l'origine que le domaine public communal, a été étendu sous l'effet des lois récentes. Le domaine public routier, constitué traditionnellement des routes départementales et des routes expresses (art. L. 131-1 du Code de la voirie routière), comprend les routes classées dans le domaine public routier de l'État, leurs accessoires et dépendances, ainsi que les terrains acquis en vue de l'aménagement de ces routes, dont le transfert de propriété a été prévu par la loi n° 2004-809 du 13 août 2004 relative aux libertés et responsabilités locales (art. L. 121-1 du Code de la voirie routière). Ce transfert de propriété a été contesté sans succès par les départements devant le juge administratif (CE, 23 mai 2007, n° 288378, *Département des Landes*). Le projet de loi 4D prévoit de poursuivre ce transfert de propriété au profit des départements, des métropoles et de la Métropole de Lyon mais, cette fois-ci, à la demande des collectivités territoriales. À défaut d'un tel transfert, le projet de loi prévoit la possibilité de mettre à la disposition des régions qui le demandent, à titre expérimental, pendant cinq ans, des voies qui se situent sur leur territoire. Par ailleurs, le projet de loi prévoit des transferts de gestion réciproques entre régions et départements. Le domaine public ferroviaire connaît la même évolution, puisque, depuis la loi du 13 août 2004, les départements sont compétents pour créer ou exploiter des infrastructures de transports non urbains de personnes, ferrées ou guidées d'intérêt local. Ces nouvelles voies ferrées, situées en dehors des agglomérations, relèvent du domaine public départemental, à l'exception des voies appartenant à SNCF Réseau. Depuis la loi du 13 août 2004, les départements sont également propriétaires de certains ports non autonomes. Plus généralement, le domaine public départemental comprend tous les biens affectés à l'usage direct du public ou affectés à un service public et faisant, dans ce dernier cas, l'objet d'un aménagement indispensable. Tel est le cas, par exemple, de l'hôtel du département, des musées départementaux (art. L. 1421-6), des bibliothèques départementales de prêt (art. L. 1421-5), des monuments naturels ou sites présentant un intérêt général en raison de leurs caractéristiques artistiques, historiques, scientifiques, légendaires ou pittoresques (art. L. 630-1 du Code du patrimoine). De même, les départements sont propriétaires des locaux affectés aux collèges, dont ils ont assuré la construction ou la reconstruction (art. L. 213-3 du Code de l'éducation).

Le domaine public régional est présenté traditionnellement comme le domaine public local le plus limité, dès lors que la loi a rarement précisé quels étaient les biens qui devaient y être intégrés. Parmi ces qualifications législatives, on peut mentionner les locaux des établissements publics scolaires, dont les régions ont assuré la construction et la reconstruction (art. L. 214-7 du Code de l'éducation). Or, les lois récentes ont étendu de manière significative la consistance du domaine public régional. La loi du 13 août 2004 a étendu le domaine public fluvial local, en prévoyant des transferts de propriété, opérés en priorité au profit de la région ou des groupements de régions, et subsidiairement au profit des départements ou des communes, qui en font la demande (art. L. 3113-1 et s. du Code général de la propriété des personnes publiques ou CGPPP). Parallèlement, la loi du 13 août 2004 consacre l'existence d'un domaine public maritime régional, jusqu'alors inexistant et organise le transfert de propriété d'un certain nombre d'aérodromes civils de l'État aux collectivités territoriales (article 28 de la loi). Les régions peuvent également être propriétaires de dépendances du domaine public, si celles-ci sont affectées à un usage direct du public ou à un service public et, dans ce dernier cas, à condition qu'elles fassent l'objet d'un aménagement indispensable (tel est le cas, par exemple, de l'hôtel de région).

B. L'entrée et la sortie du domaine public local

438. Les règles relatives à l'entrée et à la sortie des biens du domaine public des collectivités territoriales sont calquées sur celles relatives aux biens du domaine public de l'État. Ainsi, l'incorporation d'un bien au domaine public local (artificiel) peut résulter d'une décision de classement par la personne publique propriétaire, qui affecte ce bien à une mission d'utilité publique. En l'absence d'une telle affectation formelle, un bien peut au demeurant appartenir au domaine public, dès lors qu'il fait l'objet d'une affectation réelle à l'usage du public ou d'un service public et, dans ce dernier cas, à condition qu'il fasse l'objet d'un aménagement indispensable. Au contraire, la sortie d'un bien du domaine public local nécessite en principe à la fois une désaffectation de fait et un acte formel de déclassement. Les collectivités territoriales ont donc la faculté, en tant que propriétaires, de disposer des dépendances relevant de leur domaine public, c'est-à-dire de décider de les affecter ou de les désaffecter. Toutefois, dans certains cas spécifiques, de telles décisions donnent lieu à l'intervention directe ou indirecte de l'État. Il en va ainsi des édifices du culte, dont l'affectation au public, et par conséquent, leur intégration dans le domaine public, sont décidées directement par l'État (décret en Conseil d'État en vertu de la loi du 9 décembre 1905 concernant la séparation des Églises et de l'État). L'État intervient également, mais cette fois-ci de manière indirecte, dans le cadre des décisions de désaffectation des biens utilisés par les établissements publics scolaires, au titre du service public national de l'enseignement. Ainsi, s'agissant des établissements d'enseignement du second degré, la décision de désaffectation ne peut intervenir qu'au terme d'une procédure permettant de recueillir l'accord du représentant de l'État et des organes compétents de la collectivité territoriale, dont relèvent les biens (CE, ass., 2 décembre 1994, *Département de la Seine-Saint-Denis*, Lebon, p. 533). Les communes doivent quant à elles recueillir l'avis du préfet avant de désaffecter les locaux des écoles (CE, ass., 2 décembre 1994, *Commune de Pulversheim*, Lebon, p. 531).

Par ailleurs, les collectivités territoriales peuvent à tout moment modifier, pour des motifs d'intérêt général, l'affectation de leurs dépendances domaniales. Mais la force du principe de l'État unitaire a conduit le Conseil d'État à admettre que l'État puisse changer unilatéralement, sans leur accord, l'affectation des dépendances domaniales appartenant aux collectivités territoriales sans qu'il y ait transfert de propriété (CE, 16 juillet 1909, *Ville de Paris c/Chemins de fer d'Orléans*, Lebon, p. 707 confirmé par CE, 23 juin 2004, n° 253419, *Commune de Proville*, Lebon). Le CG3P confirme cette théorie des mutations domaniales. L'article L. 2123-4 de ce code prévoit que : « Lorsqu'un motif d'intérêt général justifie de modifier l'affectation de dépendances du domaine public appartenant à une collectivité territoriale, un groupement de collectivités territoriales ou un établissement public, l'État peut pour la durée correspondant à la nouvelle affectation, procéder à cette modification en l'absence d'accord de cette personne publique ». Ce transfert de gestion donne lieu à une indemnisation à raison des dépenses ou de la privation de revenus qui peuvent en résulter pour la collectivité territoriale dessaisie (art. L. 2123-6 du CG3P). L'article L. 2123-5 du même code ajoute que « sans préjudice des dispositions de l'article L. 2123-4, le domaine public d'une personne publique autre que l'État peut faire l'objet d'un transfert de gestion au profit du bénéficiaire de l'acte déclaratif d'utilité publique » dans les conditions définies à l'article L. 11-8 du Code de l'expropriation. Dans ce cas, l'indemnisation, fixée en cas de désaccord par le juge de l'expropriation, couvre la réparation du préjudice subi par la collectivité locale propriétaire (art. L. 2123-5 du CG3P).

C. La protection du domaine public local

439. Le domaine public des collectivités territoriales, comme celui de l'État, bénéfice d'une protection renforcée. Mais les règles qui en déterminent le régime ne sont pas identiques en tous points à celles qui régissent les biens de l'État. Le principe de l'imprescriptibilité s'applique aux collectivités territoriales de la même manière que pour l'État. Il en résulte qu'aucune possession utile ne peut être exercée sur une parcelle du domaine public. Le principe d'inaliénabilité rend impossible toute aliénation d'un bien du domaine public sans désaffectation préalable. En conséquence, toute aliénation volontaire ou forcée de biens appartenant au domaine public est nulle. Ce principe, qui n'a pas valeur constitutionnelle, emporte aussi l'exclusion de principe des droits réels sur le domaine public (CE, 6 mai 1985, *Association Eurolat*, Lebon, p. 141).

Toutefois, la loi autorise un certain nombre de dérogations à ce principe. D'abord, la loi du 5 janvier 1988 autorise les collectivités locales et leurs établissements à consentir sur leur domaine public des baux emphytéotiques administratifs au sens de l'article L. 451-1 du Code rural, c'est-à-dire des baux de dix-huit ans au moins, conférant des droits réels au preneur. Le législateur a ainsi entendu donner aux collectivités territoriales la possibilité de valoriser leur domaine, en y attirant les investisseurs privés (art. L. 1311-2). Il a cependant subordonné la faculté de consentir de tels baux au respect de conditions strictes. La collectivité territoriale ne peut en principe consentir de bail qu'en vue de la réalisation d'une opération d'intérêt général relevant de sa compétence ou en vue de l'affectation à une association cultuelle d'un édifice du culte ouvert au public. Elle doit donner son accord en cas de cession du bail et de constitution d'hypothèques. Enfin, les voies publiques et leurs dépendances sont exclues du champ d'application de la loi. Depuis l'ordonnance n° 2006-460 du 21 avril 2006 relative à la partie législative du CG3P, les collectivités territoriales peuvent également délivrer sur leur domaine public (à l'exception du domaine public naturel) des autorisations d'occupation temporaire constitutives de droits réels, en vue de la réalisation d'une opération d'intérêt général relevant de leur compétence. Le titulaire de ce titre possède un droit réel sur les ouvrages, constructions et installations de caractère immobilier qu'il réalise pour l'exercice de cette activité (art. L. 1311-5 et s.). Ce droit réel confère à son titulaire, pour la durée de l'autorisation et dans les conditions et les limites précisées par la loi, les prérogatives et obligations du propriétaire.

La répression pénale des atteintes portées à certaines dépendances du domaine public donne lieu à l'exercice de poursuites pour contraventions de grande voirie devant le juge administratif ou pour contraventions de petite voirie devant le juge pénal. L'expulsion des occupants sans titre relève, quant à elle, de la compétence du juge administratif saisi par la voie d'un référé mesures utiles (art. L. 521-3 du Code de justice administrative).

D. L'utilisation du domaine public local

440. Les collectivités territoriales peuvent réglementer, tant dans l'intérêt du domaine public et de son affectation que dans l'intérêt général, l'utilisation collective de leurs dépendances, dont l'exemple le plus représentatif est la circulation ou le stationnement des piétons et des véhicules. Toutefois, la liberté de gestion du domaine public local n'est pas sans limite. Les collectivités territoriales sont tenues de respecter le principe d'égalité des usagers du domaine public (CE, sect., 2 novembre 1956, *Biberon*, Lebon, p. 403), les libertés fondamentales, telles que la liberté d'aller et venir (déc. n° 79-107 DC du 12 juillet 1979, Ponts à péage), la liberté du commerce et de l'industrie et les règles de concurrence (CE, sect., 22 novembre 2000 précité, *Sté L et P Publicité*, Lebon, p. 526).

Les occupations privatives du domaine public, dont l'objet doit être au moins compatible avec l'affectation de la dépendance, sont soumises à une autorisation unilatérale ou conventionnelle, qui se caractérise par sa précarité. Les autorisations peuvent en effet ne pas être renouvelées voire être retirées avant leur terme, soit à titre de sanction, soit pour des motifs d'intérêt général mais sous le contrôle du juge administratif. L'octroi de ces autorisations est soumis à des règles de publicité et de procédure de sélection préalables précisées aux articles L. 2122-1 et s. du CG3P tels que modifiés par l'ordonnance n° 2017-562 du 19 avril 2017. Les autorisations d'occupation du domaine public donnent lieu en principe au paiement d'une redevance.

§2. Le domaine privé des collectivités territoriales

441. Les biens composant le domaine privé local sont régis, comme les biens appartenant au domaine privé de l'État, à titre principal, par des règles de droit privé et, en partie, par des règles de droit public. Si le régime juridique de ces biens obéit largement aux mêmes règles que celles qui régissent les biens de l'État, il connaît quelques particularismes notables.

A. La consistance du domaine privé local

442. Le domaine privé local est constitué par les biens qui ne relèvent pas du domaine public. Sont ainsi visés principalement les biens qui ne sont pas affectés à un service public, ni à l'usage de tous ou les biens affectés à un service public, mais n'ayant pas reçu un aménagement indispensable. Contrairement au domaine public, la délimitation du domaine privé est opérée selon la procédure civiliste du bornage (art. 646 du Code civil). Le domaine privé communal, qui constitue l'essentiel du domaine privé local, comprend en outre deux catégories de biens qui sont soumis à un régime particulier. Il s'agit, tout d'abord, des chemins ruraux, qui font partie du domaine privé, par détermination de la loi, bien qu'ils soient affectés à l'usage du public (art. L. 2212-1 du CG3P). Ces chemins ruraux, qui appartiennent à la commune, se définissent comme des voies affectées à l'usage du public, qui ne sont pas classées dans la voirie communale, et qui se situent en dehors de l'agglomération. Relèvent également du domaine privé communal les forêts soumises au régime forestier (art. L. 2212-1 du CG3P) et les biens communaux qui sont des biens « à la propriété ou au produit desquels les habitants d'une ou plusieurs communes ont un droit acquis » (art. 542 du Code civil et art. L. 2421-1 et s.). En pratique, il s'agit de biens traditionnellement affectés à la jouissance de certains habitants de la commune, tels que les pâturages, les landes, les marais.

B. L'entrée et la sortie du domaine privé local

443. Les collectivités territoriales peuvent en principe acquérir des biens par tout moyen relevant du droit privé : achat (art. L. 2241-1 et 3, L. 3213-1), legs (art. L. 2242-1, L. 3213-6 et L. 3332-3-9), usucapion par le jeu de la prescription trentenaire ou échange (art. L. 3213-1). En outre, les collectivités territoriales peuvent, pour acquérir certains biens, user de procédés de puissance publique, tels que le droit de préemption ou l'expropriation.

Les biens du domaine privé des collectivités territoriales ne sont pas soumis au principe d'inaliénabilité. En conséquence, ils peuvent être aliénés selon les règles de droit commun. Cependant, à la différence de l'État qui ne peut aliéner les éléments de son patrimoine que par voie d'adjudication ou par vente aux enchères, les collectivités territoriales ne sont soumises à aucune forme particulière d'aliénation. Les biens relevant du domaine privé peuvent aussi faire l'objet d'une expropriation à l'instar des propriétés privées. Ils peuvent être également usucapés par le biais de la prescription trentenaire.

Toutefois, ici encore, ces cessions doivent respecter certaines règles de procédure spécifiques, visant notamment à informer et faire intervenir les assemblées locales et le service des domaines (articles L. 2241-1, et L. 2241-2). En outre, les collectivités territoriales, dès lors qu'elles sont des personnes publiques, sont tenues de respecter certains principes de droit public, lorsqu'elles procèdent à l'aliénation de leurs biens relevant du domaine privé. Ainsi, ces biens sont insaisissables et ne peuvent faire l'objet de voies d'exécution de droit commun. Pour les mêmes raisons, une collectivité territoriale ne peut, sauf disposition législative l'y autorisant, céder un élément de son patrimoine à un prix inférieur à sa valeur, sauf si la cession est justifiée par des motifs d'intérêt général et comporte des contreparties suffisantes (CE, sect., 3 novembre 1997, *Commune de Fougerolles*, Lebon, p. 391 ; CE, 25 novembre 2009, n° 310208, *Commune de Mer* ; CE, 14 octobre 2015, n° 375577, *Commune de Châtillon-sur-Seine*).

C. L'utilisation et la protection du domaine privé local

444. Les règles d'occupation et celles relatives à la protection du domaine privé diffèrent de celles du domaine public puisque ces règles relèvent avant tout du droit privé.

Les utilisations du domaine privé sont soumises au droit privé, qu'elles résultent d'un acte unilatéral ou d'une convention. Elles peuvent prendre la forme d'un contrat de location ou de bail (bail commercial, professionnel, ou encore bail rural). Les biens du domaine privé peuvent être grevés de servitudes de droit administratif ou de droit privé. Ces biens ne sont pas soumis au principe de l'imprescriptibilité applicable uniquement aux biens du domaine public et sont donc susceptibles de faire l'objet de droits réels. À ce titre, le recours à des contrats, tels que le bail emphytéotique de droit commun, le bail à construction est autorisé. Les collectivités territoriales ont par ailleurs une obligation d'entretien de leur domaine privé équivalente à celle de tout propriétaire privé. Seules quelques dépenses (dont celles relatives, par exemple, aux logements de fonction) sont obligatoires.

SEPTIÈME PARTIE

LA COOPÉRATION ENTRE COLLECTIVITÉS TERRITORIALES

445. La forme de coopération entre collectivités territoriales la plus aboutie est la coopération intercommunale qui, comme son nom l'indique, consiste dans le regroupement de communes. Mais elle n'est pas la seule. Les autres collectivités territoriales (départements, régions) et les EPCI peuvent également coopérer entre eux, en ayant recours soit à la technique contractuelle (coopération contractuelle), soit à la création de structures dotées de la personnalité morale (coopération institutionnelle). La coopération s'étend également, au-delà des frontières, à des collectivités territoriales étrangères ou même des États étrangers dans le cadre de la coopération décentralisée.

En dehors des relations qu'elles entretiennent avec des partenaires locaux, personnes publiques (établissements publics locaux ou GIP) ou personnes privées (entreprises privées ou associations), les collectivités territoriales peuvent coopérer entre elles. Les relations avec les partenaires des collectivités territoriales ayant déjà été étudiées, les développements qui suivent sont consacrés aux seules formes de partenariat public-public.

CHAPITRE 1

Les coopérations intercommunales

446. La coopération entre les communes, qui prend la forme d'établissements publics de coopération intercommunale (EPCI), a commencé dès la fin du XIXe siècle avec la loi du 22 mars 1890 sur les syndicats de communes ajoutant un titre 8 à la loi du 5 avril 1884 relative à l'organisation municipale et elle s'est développée au début de la Ve République. L'ordonnance n° 59-29 du 5 janvier 1959 a créé les syndicats de communes à vocation multiple. L'ordonnance n° 59-30 du 5 janvier 1959 tendait à instituer des districts urbains dans les grandes agglomérations. La loi n° 70-1297 du 31 décembre 1970 sur la gestion municipale et les libertés communales a supprimé le caractère urbain de districts, permettant la création de ceux-ci dans des zones plus rurales ou péri-urbaines. Elle a également associé la création de district à l'attribution de compétences obligatoires, notamment la gestion des services d'incendie et de secours et elle a instauré un début de fiscalité propre au profit des districts. La loi d'orientation relative à l'administration territoriale de la République n° 92-125 du 6 février 1992 a constitué, en matière de coopération intercommunale, une étape importante, car elle a contribué à reposer la question de l'intercommunalité, qui était en sommeil depuis de nombreuses années, et elle a créé deux nouvelles formes de groupements intercommunaux, les communautés de communes et les communautés de villes qui s'ajoutaient aux communautés urbaines créées par la loi n° 66-1069 du 31 décembre 1966 relative aux communautés urbaines.

Cette complexité de la législation française a rendu nécessaire une réforme d'ensemble des solutions proposées aux communes pour résoudre leurs difficultés de coopération.

La loi n° 99-586 du 12 juillet 1999 relative au renforcement et à la simplification de la coopération intercommunale, dite loi « Chevènement » du nom du ministre de l'Intérieur de l'époque, a créé les communautés d'agglomération et a supprimé les districts ainsi que les communautés de villes, les premiers parce qu'ils avaient épuisé leurs effets positifs, les secondes parce qu'elles n'ont pas connu le résultat escompté.

Ne subsistent depuis cette dernière loi que trois catégories de communautés : les communautés de communes, les communautés d'agglomération et les communautés urbaines.

La loi n° 2004-809 du 13 août 2004 relative aux libertés et responsabilités locales a cherché à renforcer l'intercommunalité, principalement à fiscalité propre, en permettant plus facilement la transformation de syndicats de communes en communautés de communes ou en communautés d'agglomération, avec transfert direct des biens et des personnels au nouvel EPCI. Une meilleure couverture du territoire par des EPCI à fiscalité propre a été facilitée par une procédure de fusion permettant de regrouper plusieurs EPCI en un seul. La loi crée ainsi un mécanisme de substitution automatique du nouvel EPCI dans l'ensemble des droits et obligations des EPCI qui lui préexistaient et une dévolution directe de leur patrimoine au nouvel EPCI.

Par ailleurs, cette loi a simplifié les procédures d'extension et de réduction de périmètres, en prévoyant que les conditions de majorité sont celles requises pour la création des EPCI, c'est-à-dire celles de la majorité qualifiée des deux tiers/moitié, à savoir soit la moitié au moins des conseils municipaux des communes représentant les deux tiers de la population, soit les deux tiers au moins des conseils municipaux des communes représentant plus de la moitié de la population totale de celles-ci.

Enfin, cette loi a facilité le fonctionnement des EPCI, tant dans la modification du nombre et de la répartition des sièges au sein de l'organe délibérant que pour la mise à disposition, par voie de convention, des services des communes au profit d'un EPCI pour la gestion d'une compétence transférée. Cet assouplissement était destiné à faciliter le transfert de nouvelles compétences de la part de communes réticentes à l'idée de perdre leurs services.

La loi du 16 décembre 2010 de réforme des collectivités territoriales a créé les métropoles, une nouvelle forme d'EPCI à fiscalité propre, dotée de compétences étendues. Elle a reconnu également, dans un souci de rationalisation de la carte de l'intercommunalité, des pouvoirs plus étendus au préfet. Cette loi avait prévu, en outre, à partir de 2014, que les métropoles, les communautés urbaines, les communautés d'agglomération et les communautés de communes seraient administrées par un organe délibérant composé de délégués des communes membres élus dans le cadre de l'élection municipale au suffrage universel direct pour toutes les communes dont le conseil municipal est élu au scrutin de liste. C'est la loi n° 2013-403 du 17 mai 2013 relative à l'élection des conseillers départementaux, des conseillers municipaux et des conseillers communautaires, qui a organisé les modalités précises de cette élection.

La loi du 27 janvier 2014 de modernisation de l'action publique territoriale et d'affirmation des métropoles a modifié les conditions de création et le fonctionnement des métropoles : elle imposait la création de métropoles et elle redéfinissait leurs compétences : « Au 1er janvier 2015, sont transformés par décret en une métropole les établissements publics de coopération intercommunale à fiscalité propre qui forment, à la date de la création de la métropole, un ensemble de plus de 400 000 habitants dans une aire urbaine, au sens de l'Institut national de la statistique et des études économiques, de plus de 650 000 habitants » (art. 43 de la loi). Sur ce fondement démographique, neuf métropoles devaient être créées. Cette rédaction directive de l'article L. 5217-1 se distinguait de celle, plus ouverte, issue de la loi n° 2010-1563 du 16 décembre 2010 selon laquelle « Peuvent obtenir le statut de métropole les établissements publics de coopération intercommunale qui forment, à la date de sa création, un ensemble de plus de 500 000 habitants et les communautés urbaines instituées par l'article 3 de la loi n° 66-1069 du 31 décembre 1966 relative aux communautés urbaines ». Le rapport du Comité Balladur (« Il est temps de décider » 2009), dont s'est inspirée la loi de 2010, prévoyait que devaient être créées sous la forme de métropoles les communautés urbaines de Lyon, Marseille, Toulouse, Nantes, Nice, Bordeaux, Lille, Strasbourg existant à cette date et les communautés d'agglomération de Rouen, Toulon et Rennes, soit onze métropoles.

Elle créait par ailleurs deux nouvelles métropoles, EPCI dotés d'une fiscalité propre, soumises chacune à un statut spécifique et géographiquement identifiées : la métropole du Grand Paris et la métropole Aix-Marseille-Provence. Quant à la métropole de Lyon, la loi du 27 janvier 2014 l'a créée sous la qualité de collectivité territoriale « à statut particulier, au sens de l'article 72 de la Constitution, dénommée "métropole de Lyon", en lieu et place de la communauté urbaine de Lyon et, dans les limites territoriales précédemment reconnues à celle-ci, du département du Rhône » (art. 26 de la loi).

Enfin, et sans que cela change leur statut, la même loi précisait que « Lors de sa création, la métropole de Strasbourg, siège des institutions européennes, est dénommée : "eurométropole de Strasbourg" et, la métropole de Lille est dénommée : "métropole européenne de Lille" ». C'était déjà indiquer que ces deux agglomérations devaient entrer dans la catégorie des futures métropoles.

La loi du 7 août 2015 NOTRe a prévu également de donner des attributions supplémentaires aux EPCI au détriment des départements ou des communes ; mais aussi, dans la suite de la loi du 16 décembre 2010, de continuer de rationaliser la carte des intercommunalités en organisant des regroupements communaux. La loi a relevé, par exemple, le seuil démographique de constitution des EPCI à fiscalité propre (au moins 15 000 habitants sauf exceptions définies dans la loi). La loi n° 2017-257 du 28 février 2017 relative au statut de Paris et à l'aménagement métropolitain a abaissé, sous la pression de certains élus locaux, le seuil de constitution des métropoles en prévoyant que pouvaient être transformés en métropoles « Les établissements publics de coopération intercommunale à fiscalité propre de plus de 250 000 habitants ou comprenant dans leur périmètre, au 31 décembre 2015, le chef-lieu de région, centres d'une zone d'emplois de plus de 500 000 habitants, au sens de l'Institut national de la statistique et des études économiques. » (art. 70 de la loi modifiant l'article L. 5217-1).

À peine entrée en vigueur, la loi NOTRe a été critiquée comme donnant trop de place et de compétences aux intercommunalités en général et le législateur a voulu corriger ce qui s'était appelé de manière imagée les « irritants de la loi NOTRe ». Tel a été l'objet de la loi n° 2019-1461 du 27 décembre 2019 relative à l'engagement dans la vie locale et à la proximité de l'action publique qui a souhaité renforcer ou rééquilibrer le rôle des communes et des maires dans les intercommunalités. Le texte crée notamment un pacte de gouvernance pour régler les relations entre les intercommunalités et les maires.

La poursuite de la couverture générale du territoire national par des EPCI s'est accompagnée de mouvements de regroupements significatifs. La direction générale des collectivités locales a rendu public un bilan de l'intercommunalité au 1er janvier 2021 (Collectivités locales.gouv. fr) qui confirme la poursuite de la couverture du territoire par l'intercommunalité à fiscalité propre. Au 1er janvier 2021, on recense 1 253 établissements publics de coopération intercommunale (EPCI) à fiscalité propre sur le territoire français (contre 1 258 au 1er janvier 2019). Parmi ceux-ci on dénombre 21 métropoles, 14 communautés urbaines, 223 communautés d'agglomération et 995 communautés de communes.

Au 1er janvier 2020, les chiffres n'étaient guère différents (21 métropoles, 14 communautés urbaines, 222 communautés d'agglomération et 997 communautés de communes).

Le nombre de communes isolées continue de s'élever à 4 sur le territoire national. Elles étaient encore 27 au 1er janvier 2016.

À ces chiffres, il faut ajouter 9 465 syndicats, qui sont en recul de 5 % entre 2019 et 2020, dont 55 % de syndicats à vocation unique (soit 4 872 au 1er janvier 2021), 30 % de syndicats mixtes et le reste étant composé de syndicats à vocation multiple (SIVOM) et des autres établissements publics territoriaux comme les pôles d'équilibre territoriaux et ruraux et pôles métropolitains.

Il est en effet nécessaire, pour aborder les différentes formes d'intercommunalité, de faire une distinction entre les EPCI à fiscalité propre (ci-après EPCI) et les autres. Si le critère de différenciation repose bien sur l'origine des ressources de ces entités, de très nombreuses différences opposent ces deux catégories sur presque tous les plans (règles de création, modalités de fonctionnement et compétences exercées).

Sur le terrain constitutionnel, les « groupements de collectivités territoriales », au premier rang desquels sont envisagées les différentes modalités d'intercommunalité, sont mentionnés à deux reprises, à propos de l'expérimentation et de la notion de « chef de file » (art. 72, al. 4 et 5, voir *supra*, « Les compétences des collectivités territoriales »). La Constitution révisée en 2003 entérine implicitement dans ces deux dispositions la distinction entre les collectivités territoriales et leurs groupements dont il est possible de penser qu'ils sont constitués sous une autre qualité (« les collectivités ou leurs groupements »). Malgré cette différence de statut, le premier échelon d'administration locale décentralisée est fréquemment désignée sous l'expression de « bloc communal » regroupant les niveaux communal et intercommunal, illustrant les liens entre eux et une intégration renforcée mais aussi le maintien d'un double niveau d'administration.

Les différentes lois récentes ont contribué à renforcer la distinction entre les établissements publics à fiscalité propre et les autres, mais aussi à développer un véritable droit commun de l'intercommunalité.

Section 1
Le droit commun de l'intercommunalité

447. Quelle que soit la modalité de coopération adoptée par le législateur, celui-ci a toujours choisi la forme de l'établissement public venant se superposer aux communes existantes, ce qui ne constitue pas une simplification de l'administration car l'existence de ces établissements publics ajoute un étage au mille-feuilles territorial souvent dénoncé. L'établissement public ne se substitue pas aux communes dont il est en quelque sorte issu, il s'ajoute à elles, dans la logique d'un mouvement ascendant qui n'est pas sans rappeler celle des États fédéraux. L'article L. 5111-1 alinéa 1er prévoit ainsi que « Les collectivités territoriales peuvent s'associer pour l'exercice de leurs compétences en créant des organismes publics de coopération dans les formes et conditions prévues par la législation en vigueur ».

L'établissement public, personne juridique nouvelle coiffant les communes membres, est ainsi organisé sur le modèle communal, avec une assemblée délibérante et un organe exécutif, ce dernier étant élu au second degré, mais ses compétences sont étroitement limitées à celles pour lesquelles il a été institué, que cette institution résulte du libre accord des communes ou de la loi, en vertu du principe de spécialité des établissements publics, à la différence des communes qui bénéficient d'une compétence générale (voir *supra*, « Les compétences des collectivités territoriales »). Les établissements publics ne peuvent exercer que les compétences qui leur sont transférées. Ces transferts aboutissent à un dessaisissement de la personne publique qui les exerçait initialement. C'est le sens de la jurisprudence administrative fixée depuis de nombreuses années qui précise que, dès lors que la compétence est transférée à un EPCI, la commune ne peut plus l'exercer (CE, ass., 16 octobre 1970, *Commune de Saint-Vallier*, Lebon, p. 583 sanctionnant la commune de Montceau-les-Mines pour avoir empiété sur les compétences confiées précédemment au syndicat pour créer et aménager les zones industrielles sur le territoire des communes membres).

Toute la réflexion doctrinale sur la distinction entre collectivités territoriales et établissements publics trouve ici à s'appliquer, que ce soit à propos de l'élection au suffrage universel direct des membres des organes délibérants de ces EPCI, et donc d'une légitimité démocratique accrue ou comparable à celle des communes, de l'extension de leurs compétences et de leurs pouvoirs, ou à l'inverse de l'intervention obligatoire de l'État pour créer tout nouvel EPCI.

La loi organise un véritable droit commun à tous les types d'établissements publics de coopération intercommunale (art. L. 5210-1 à L. 5211-62). Les dispositions communes concernent les règles de création, la vie des EPCI, les règles relatives aux organes, aux compétences des EPCI, au contrôle de leurs actes et à la commission départementale de la coopération intercommunale.

La structuration du Code général est, sur ce plan, très significative, au sein du Livre deuxième de la Cinquième partie, intitulé « La coopération intercommunale ». Ce Livre est divisé en deux Titres dont le Premier est consacré aux « Établissements de coopération intercommunale » tandis que le Second, beaucoup plus limité, est relatif aux « Autres formes de coopération intercommunale ». Le premier Titre comprend six chapitres, ainsi répartis : Dispositions communes (I), Syndicat de communes (II), District (III, abrogé), Communauté de communes (IV), Communauté urbaine (V), Communauté d'agglomération (VI), Métropole (VII), Métropole d'Aix-Marseille-Provence (VIII) et Métropole du Grand Paris (IX), dans un ordre qui doit autant à l'histoire des modalités de coopération qu'à une logique parfaite.

§1. La création d'un établissement public de coopération intercommunale

448. Seul l'État a la compétence pour créer des personnes publiques et l'EPCI n'est pas le fruit d'un contrat passé entre des communes, quand bien même la volonté des communes serait unanime. Ce n'est que lorsque le préfet a signé l'arrêté de création de la nouvelle structure que l'EPCI a une existence juridique. L'État a parfois créé unilatéralement des EPCI pour montrer la voie et forcer la main des communes. Cela a été le cas d'abord des quatre premières communautés urbaines (Lyon, Bordeaux, Lille et Strasbourg), puis, avec la loi du 27 janvier 2014, des métropoles de droit commun, de la métropole du Grand Paris et de la métropole de Marseille-Aix-Provence.

Le dispositif de création des trois catégories de communautés est commun quelle que soit leur forme, à la différence de celui des syndicats des communes et des métropoles. Les règles relatives aux syndicats et aux métropoles seront présentées *infra*.

Pour les communautés, l'initiative appartient à une ou plusieurs communes, sans avis de la commission départementale de coopération intercommunale, ou au représentant de l'État après avis de la commission départementale de la coopération intercommunale (art. L. 5211-5). Cette initiative du préfet pourrait apparaître comme une atteinte au principe de libre administration mais elle est compensée par la saisine de la commission départementale de la coopération intercommunale intéressée, composée d'élus locaux (voir *infra*). Le représentant de l'État doit en toute hypothèse tenir compte de l'exigence de continuité territoriale qui implique qu'un EPCI doit être d'un seul tenant et sans enclave, comme le prévoient les dispositions propres à chaque type de communautés (art. L. 5214-1 pour les communautés de communes, art. L. 5216-1 pour les communautés d'agglomération et L. 5215-1 pour les communautés urbaines).

Malgré le rôle obligatoire de l'État, la création d'un EPCI doit être approuvée par les communes. Cet accord des communes se constate de façon classique depuis 1959, date à laquelle cessa de s'appliquer la règle de l'unanimité qui était requise pour la création d'un syndicat de communes. Il se manifeste par la réunion de la majorité qualifiée des deux tiers au moins des conseils municipaux des communes intéressées représentant plus de la moitié de la population totale de celles-ci, ou de la moitié au moins des conseils municipaux des communes représentant les deux tiers de la population (art. L. 5211-5-II). Cette règle générale est complétée, pour les syndicats de communes, par la précision selon laquelle cette majorité doit nécessairement comprendre « les conseils municipaux des communes dont la population est supérieure au quart de la population totale concernée » (art. L. 5211-5, II, 1°). Il s'agit d'éviter que l'association de petites communes ne force une grande commune à adhérer à un syndicat de communes. De même, les grandes communes ou les communes situées au centre d'une agglomération urbaine sont ainsi protégées contre l'alliance des communes périphériques décidées à les faire adhérer contre leur gré. Pour les EPCI à fiscalité propre, la condition est formulée dans une rédaction différente, car cette majorité doit comprendre le conseil municipal de la commune dont la population est la plus nombreuse, lorsque celle-ci est supérieure au quart de la population totale concernée (art. L. 5211-5-II, 2°).

La création de l'EPCI est prononcée par arrêté préfectoral. Lorsque les communes ont manifesté leur accord, le préfet dispose d'un pouvoir discrétionnaire ; il n'est pas tenu de créer un EPCI dont le périmètre ne lui paraîtrait pas conforme à l'esprit de la loi ou à l'intérêt général, le juge n'exerçant en la matière qu'un contrôle de l'erreur manifeste d'appréciation (CE, 2 octobre 1996, *Commune de Civaux*, Lebon, p. 764). Le préfet est en revanche lié par l'avis négatif exprimé par la majorité qualifiée des communes et ne peut dans ce cas prononcer la création de l'EPCI. Si le juge du référé liberté peut être saisi, il vérifie seulement « le caractère manifestement illégal » de la décision de création de l'EPCI (CE, ord., 24 novembre 2002, *Commune de Beaulieu-sur-Mer*, Lebon, p. 873).

§2. Les transformations, après sa création, de l'établissement public de coopération intercommunale

449. L'EPCI peut subir des transformations qui affectent ses compétences ou son périmètre et le législateur a facilité ces transformations en vue de rationaliser, de simplifier et de renforcer l'intercommunalité.

A. Les modifications affectant les compétences

450. Les modifications peuvent porter, tout d'abord, sur les compétences de l'EPCI. Les communes membres d'un établissement public de coopération intercommunale peuvent à tout moment transférer en tout ou partie à ce dernier, certaines de leurs compétences, dont le transfert n'est pas prévu par la loi ou par la décision institutive, ainsi que leurs biens, équipements et services publics nécessaires à leur exercice (art. L. 5211-17, al. 1er). Ces transferts sont décidés par délibérations concordantes de l'organe délibérant et des conseils municipaux se prononçant dans les conditions de majorité requise pour la création de l'établissement public de coopération intercommunale (cf. ci-dessus). Les conseils municipaux disposent d'un délai de trois mois à compter de la notification aux maires de la délibération de l'organe délibérant de l'établissement pour se prononcer sur les transferts proposés. À défaut de délibération dans ce délai, les décisions des conseils municipaux sont réputées favorables (art. L. 5211-17, al. 2). Le transfert de compétences est prononcé par un arrêté du ou des représentants de l'État dans le, ou les départements intéressés dans le cas où des communes contigües appartiendraient à plusieurs départements. Cet acte constitue un acte réglementaire (art. L. 5211-17, al. 4).

À l'inverse, et marquant ainsi un retour en arrière au bénéfice des communes, la loi du 27 décembre 2019 Engagement et proximité a également introduit la possibilité pour un EPCI de restituer certaines de leurs compétences facultatives à chacune de ses communes membres (art. L. 5211-17-1 créé par cette loi).

B. Les modifications affectant le périmètre

451. Les transformations peuvent ensuite concerner le périmètre de l'EPCI qui peut grandir ou diminuer.

1. L'adhésion de nouvelles communes

452. D'autres communes que celles qui constituent l'établissement public de coopération peuvent, tout d'abord, être admises à en faire partie, dans les conditions fixées à l'article L. 5211-18 et qui sont celles communes à toutes les modalités de coopération intercommunale. Cet article traite des « modifications relatives aux périmètres et à l'organisation ». Le périmètre peut être étendu par arrêté du préfet ou des préfets concernés, lorsque les communes appartiennent à plusieurs départements, par adjonction de nouvelles communes.

Cet arrêté intervient soit à la demande des conseils municipaux des communes entrantes, soit à l'initiative de l'organe délibérant de l'EPCI, soit à l'initiative du préfet. Dans le premier cas, l'acceptation de l'EPCI est subordonnée à l'accord de l'organe délibérant de l'établissement. Il faut que celui-ci donne son consentement et non pas seulement son avis. Dans le deuxième cas, l'acceptation est subordonnée à l'accord du conseil ou des conseils municipaux des communes dont l'admission est envisagée. Dans un cas comme dans l'autre, il faut que l'EPCI qui est « sollicité » manifeste son accord, ce qui est assez logique. Dans le troisième cas, à l'initiative du préfet, l'acceptation est subordonnée à l'accord de l'organe délibérant de l'établissement et des conseils municipaux dont l'admission est envisagée, cette double acceptation étant logique puisque l'origine de l'extension du périmètre provient d'un « tiers » qui est le préfet.

Dans chacun de ces cas, à compter de la notification de la délibération de l'organe délibérant de l'EPCI aux maires de toutes les communes membres, le conseil municipal de chacune d'entre elles dispose d'un délai de trois mois pour se prononcer sur l'admission de la nouvelle commune, afin de manifester un éventuel désaccord, dans les conditions de majorité qualifiée requises pour la création de l'établissement (art. L. 5211-18, al. 5). Dans ce cas, les communes ne font que donner un avis. La loi considère sans doute que ces communes ont déjà manifesté une forme de consentement par l'intermédiaire de l'organe délibérant. À défaut de délibération dans ce délai de trois mois, la décision est réputée favorable. Les mêmes règles s'appliquent pour les conseils municipaux des communes qui souhaitent entrer dans l'EPCI (art. L. 5211-18, al. 5). L'organe délibérant de l'EPCI dispose aussi d'un délai de trois mois pour donner suite aux demandes qui lui sont faites (*ibid.*).

Comme pour la création, la décision d'admission est prise par le préfet intéressé, ou les préfets, dans le cas où plusieurs départements sont concernés. L'extension d'un EPCI ne peut pas plus échapper à l'intervention de l'État que la création d'un établissement public.

2. Le retrait des communes

453. Le retrait des communes des EPCI est régi par l'article L. 5211-19, applicable à l'ensemble des établissements de coopération. Cependant, de nombreuses règles dérogatoires ou exceptions existent. L'article L. 5212-29, qui traite du retrait des communes pour les syndicats de communes, précise bien que c'est par « dérogation aux dispositions de l'article L. 5211-19 » que certaines règles spécifiques sont prévues (voir *infra*). Des règles spécifiques sont également prévues pour les communautés de communes (art. L. 5214-26) et pour les communautés d'agglomération (art. L. 5216-11) en cas de retrait-adhésion puisque dans ce cas il n'est pas nécessaire de recueillir l'accord des conseils municipaux des communes membres de la communauté.

L'article L. 5211-19 prévoit qu'une commune peut se retirer d'un EPCI, à l'exception expressément inscrite dans cet article, des communautés urbaines et des métropoles, dans les conditions prévues à l'article L. 5211-25-1 qui intéressent la restitution des biens meubles et immeubles aux communes ainsi que l'exécution des contrats déjà conclus. Les communautés d'agglomération et les communautés urbaines sont en effet conçues comme des EPCI très intégrés dont il n'est pas prévu de pouvoir se retirer.

Le retrait, lorsqu'il est autorisé, ne peut se faire qu'avec le consentement de l'organe délibérant de l'EPCI et il est subordonné à l'accord des conseils municipaux, qui est exprimé dans les conditions de majorité requises pour la création de l'établissement. Le silence d'une commune après trois mois vaut décision de rejet contrairement au droit commun de l'intercommunalité favorable à l'acceptation implicite (cf. *supra*).

La décision est prise par le ou les préfets concernés. La compétence du représentant de l'État est discrétionnaire quant aux conditions de la répartition des biens en cas de refus et liée en cas d'accord entre l'EPCI et le conseil municipal de la (ou des) communes concernée(s) par le retrait.

3. La transformation d'un EPCI

454. La loi simplifie la procédure de transformation d'un EPCI à fiscalité propre en un autre EPCI à fiscalité propre. La décision est prise par le préfet après les délibérations concordantes de l'organe délibérant de l'EPCI qui statue dans les conditions de droit commun, et des communes membres qui statuent à la majorité qualifiée requise pour la création du nouvel établissement. La loi prévoit dans ce cas que le nouvel EPCI se substitue de plein droit au précédent dans toutes ses délibérations et dans tous les actes sans qu'une dissolution de l'EPCI pour la création du nouveau soit nécessaire. La continuité entre les deux EPCI est ainsi complète. De même, l'ensemble des personnels de l'établissement transformé est réputé relever du nouvel établissement dans les conditions de statut et d'emploi qui sont les siennes (art. L. 5211-41).

Une autre procédure, créée par la loi du 27 décembre 2019, Engagement et proximité, autorise la scission de communautés existantes (communautés de communes et communautés d'agglomération), c'est-à-dire la création de nouvelles communautés par partage d'une communauté existante. Il s'agit ici d'une nouvelle procédure de création d'un EPCI par partition (L. 5211-5-1). Ce partage, qui implique le respect de la majorité qualifiée (deux tiers/ moitié), donne ainsi la possibilité à des communes membres d'une communauté de décider de leur regroupement, au risque de fragiliser les intercommunalités actuelles et d'aller à l'encontre de la rationalisation de l'intercommunalité.

4. La fusion des EPCI

455. Depuis la loi du 13 août 2004, un ou plusieurs EPCI, dont au moins l'un d'entre eux est à fiscalité propre, peuvent décider de fusionner sans procéder à une dissolution préalable (art. L. 5211-41-3). La fusion peut résulter de l'initiative d'un ou de plusieurs conseils municipaux des communes membres, de l'organe délibérant du ou des établissements publics dont la fusion est envisagée, du ou des représentants de l'État, ou enfin de la ou des commissions départementales de la coopération intercommunale concernée(s). La fusion peut être décidée par arrêté du préfet après accord des conseils municipaux inclus dans le projet de périmètre. Cet accord doit être exprimé par deux tiers au moins des conseils municipaux de toutes les communes incluses dans le projet de périmètre représentant plus de la moitié de la population totale de celles-ci ou par la moitié au moins des conseils municipaux des communes représentant les deux tiers de la population. Le projet de périmètre est également soumis pour avis par le préfet aux établissements publics de coopération intercommunale dont la fusion est envisagée. À défaut de délibération dans un délai de trois mois à compter de la transmission du projet d'arrêté, leur avis est réputé favorable. L'établissement public issu de la fusion relève de la catégorie de celui des établissements publics à fiscalité propre inclus dans le projet auquel la loi a confié le plus grand nombre de compétences ou disposant de compétences obligatoires en nombre supérieur, sous réserve bien sûr qu'il remplisse les conditions de création de l'établissement public prévues pour celle-ci (art. L. 5211-41-3, III). La fusion se fait toujours dans le sens de l'intégration renforcée des communes au sein de l'EPCI.

5. Les régimes de transition

456. La loi n° 2010-1563 du 16 décembre 2010 de réforme des collectivités territoriales avait prévu, dans son article 60, plusieurs régimes temporaires destinés à entrer en vigueur dès la publication de la loi.

Afin d'accélérer la réorganisation des structures intercommunales et de favoriser la création d'EPCI de plus grande taille, la loi du 16 décembre 2010 avait renforcé les pouvoirs du préfet. Jusqu'au 1er juin 2013, le préfet pouvait décider la création, la dissolution d'un EPCI, la fusion de plusieurs EPCI, la modification du périmètre d'un EPCI, en passant outre l'avis des communes. Ses décisions ne pouvaient être mises en échec qu'en cas de refus de la commission départementale de coopération intercommunale, à la majorité des deux tiers de ses membres et comportant un projet alternatif. Dans deux décisions du 26 avril 2013, le Conseil constitutionnel, saisi de QPC, a admis la constitutionnalité de ces procédures temporaires (déc. n° 2013-303 QPC du 26 avril 2013, Commune de Puyravault, Intégration d'une commune dans un EPCI à fiscalité propre ; déc. n° 2013-315 QPC du 26 avril 2013, Commune de Couvrot, Fusion d'un EPCI en un EPCI à fiscalité propre). Après avoir rappelé que « les règles relatives à l'intégration des communes dans un établissement public de coopération intercommunale affectent la libre administration de celles-ci », il a toutefois jugé « qu'en imposant à des communes de faire partie d'un établissement public de coopération intercommunale, notamment lorsqu'elles souhaitent appartenir à un autre établissement public de coopération intercommunale, le législateur a entendu favoriser "l'achèvement et la rationalisation de la carte de l'intercommunalité" ». Cet objectif est considéré, dans la jurisprudence du Conseil constitutionnel comme une manifestation de l'intérêt général car « le législateur a pu, dans les buts d'intérêt général de renforcement et "de rationalisation de la carte de l'intercommunalité", apporter ces limitations à la libre administration des communes » (déc. n° 2013-315 QPC préc., cons. 10).

À compter du 1er juin 2013, le préfet disposait en outre, en application de la loi du 16 décembre 2010, d'une procédure de rattachement d'office d'une commune à un établissement public de coopération intercommunale à fiscalité propre dans le cas où cette commune n'appartenait à aucun établissement de cette nature ou créait, au sein du périmètre d'un tel établissement existant, une enclave ou une discontinuité territoriale (art. L. 5210-1-2 ancien). Cette procédure devait s'appliquer au cours de l'année suivant la révision du schéma départemental de coopération intercommunale, laquelle devait intervenir tous les six ans. Le projet envisagé par le préfet était soumis pour accord à l'organe délibérant de l'établissement d'accueil et pour avis à la commission départementale de coopération intercommunale qui disposait d'un délai de trois mois pour se prononcer. Dans tous les cas, le silence de ces organes valait acceptation.

Il n'était fait échec au projet du préfet qu'en cas, d'une part, d'avis défavorable de l'organe délibérant de l'établissement d'accueil, et d'autre part, de projet alternatif de rattachement voté, dans un délai de trois mois, à la majorité des deux tiers des membres de la commission départementale de coopération intercommunale. Dans cette hypothèse, le préfet procédait au rattachement voté par la commission (art. L. 5210-1-2 issu de L. n° 2010-1563, art. 38).

Dans une décision du 25 avril 2014, le Conseil constitutionnel a jugé que ce dispositif portait au principe de libre administration des collectivités territoriales une atteinte manifestement disproportionnée (déc. n° 2014-391 QPC du 25 avril 2014, Commune de Thonon-les-Bains et autres, Rattachement d'office d'une commune à un EPCI à fiscalité propre, cons. 8). L'article L. 5210-1-2 a été abrogé dans cette rédaction à compter du jour de la décision. Le Conseil a néanmoins reconnu qu'en imposant aux communes d'être rattachées à un établissement public de coopération intercommunale à fiscalité propre, même si elles souhaitent appartenir à un autre établissement public de coopération intercommunale à fiscalité propre, le législateur a entendu favoriser « l'achèvement et la rationalisation de la carte de l'intercommunalité » (cons. 6) faisant ainsi référence à « l'objectif d'intérêt général poursuivi par le législateur ». Cependant, il s'est fondé sur plusieurs différences opposant l'article L. 5210-1-2 et les dispositifs institués par l'article 60 de la loi du 16 décembre 2010 et précédemment présentés (cons. 8). Il a rappelé tout d'abord que les dispositions contestées « ne prévoient aucune prise en compte du schéma départemental de coopération intercommunale préalablement établi pour décider du rattachement d'une commune à un établissement public de coopération intercommunale ». Il a relevé également « que si la décision de rattachement est soumise à l'avis de l'organe délibérant de l'établissement public auquel le rattachement est envisagé ainsi qu'à celui de la commission départementale de coopération intercommunale, qui est composée d'élus locaux représentant notamment les communes et les établissements publics de coopération intercommunale, seul un avis négatif de l'organe délibérant de l'établissement public impose de suivre la proposition émise à la majorité qualifiée par la commission départementale de coopération intercommunale ». Enfin, il a constaté que « les dispositions contestées ne prévoient aucune consultation des conseils municipaux des communes intéressées par ce rattachement et, en particulier, du conseil municipal de la commune dont le rattachement est envisagé ». Déclaré inconstitutionnel, l'article L. 5210-1-2 du Code général des collectivités territoriales a donc été abrogé à compter de la date de la décision du Conseil constitutionnel.

Ces dispositifs conférant des pouvoirs de contrainte temporaires au préfet ont été réintroduits par la loi NOTRe du 7 août 2015 (art. 35 et 40), mais respectent les exigences procédurales imposées par le Conseil constitutionnel.

§3. Les organes des établissements publics de coopération intercommunale

457. Les EPCI sont administrés par des institutions similaires à celles d'une commune, ce qui accroît encore la ressemblance entre ces deux types de structures locales. On peut aussi parler, à ce propos, de modèle municipal. La loi a unifié les règles en matière d'organes et de fonctionnement de ceux-ci. Sans passer en revue l'ensemble des règles concernées, celles-ci sont désormais communes aux différents EPCI à fiscalité propre. Certaines de ces règles améliorent la démocratie locale au sein des EPCI.

A. L'organe délibérant

458. Il est élu et il connaît des règles de fonctionnement qui le rapprochent du conseil municipal.

1. L'élection et la composition de l'organe délibérant

459. Jusqu'à la loi du 16 décembre 2010 de réforme des collectivités territoriales et aux deux lois, organique et ordinaire, n° 2013-402 et 403 du 17 mai 2013 notamment relative à l'élection des conseillers communautaires, les organes délibérants des EPCI n'étaient pas élus au suffrage universel direct mais au suffrage universel indirect (art. L. 5211-6). L'organe délibérant était composé de membres désignés par et parmi les conseils municipaux des communes membres.

a. Le mode de désignation des conseillers communautaires

460. L'article L. 5211-6 du Code général des collectivités territoriales, modifié par la loi du 16 décembre 2010, distingue désormais deux types d'établissements publics de coopération intercommunale, selon qu'ils sont dotés ou non d'une fiscalité propre.

D'une part, les métropoles, les communautés urbaines, les communautés d'agglomération et les communautés de communes sont administrées par un organe délibérant composé de conseillers communautaires élus dans le cadre de l'élection municipale au suffrage universel direct pour toutes les communes de 1 000 habitants et plus. Les conseillers communautaires sont élus en même temps que les conseillers municipaux (art. L. 273-6 du Code électoral, cette codification au sein de ce code illustrant l'élection au suffrage universel direct de ces conseillers). La liste des candidats aux sièges de conseillers communautaires figure de manière distincte sur le même bulletin, à côté de la liste des candidats au conseil municipal dont elle est issue. Les candidats communautaires figurent dans le même ordre descendant de présentation que celui dans lequel ils figurent sur la liste municipale. La liste des candidats aux sièges de conseillers communautaires est composée alternativement de candidats de chaque sexe. Tous les candidats présentés dans le premier quart de la liste des candidats aux sièges de conseillers communautaires doivent également figurer, dans un ordre identique, en tête de la liste des candidats au conseil municipal, mais ce ne sont pas nécessairement tous les candidats. En outre, tous les candidats aux sièges de conseiller communautaire doivent figurer au sein des trois premiers cinquièmes de la liste des candidats au conseil municipal (art. L. 273-9, I du Code électoral). La loi a voulu ainsi éviter que puissent être élus conseillers communautaires des candidats qui ne seraient pas, en même temps, des conseillers municipaux, afin de bien manifester le lien entre les deux catégories de fonctions.

En revanche, dans les communes de moins de 1 000 habitants, les conseillers communautaires représentant les communes au sein des organes délibérants des EPCI à fiscalité propre sont « les membres du conseil municipal désignés dans l'ordre du tableau » (C. élect., art. L. 273-11). Cet ordre du tableau est celui défini à l'article L. 2121-1, II CGCT qui énumère le maire, les adjoints selon l'ordre de leur élection ou l'ordre de présentation sur la liste, puis les conseillers municipaux déterminés selon aussi l'ordre de présentation sur la liste ou en fonction du nombre de suffrages obtenus. Mais compte tenu du nombre de délégués auquel peuvent prétendre ces communes de moins de 1 000 habitants dans la composition de l'organe délibérant, ce sont au mieux le maire et le premier adjoint qui peuvent espérer siéger au sein de l'organe délibérant de la plupart des EPCI.

D'autre part, les EPCI non dotés de fiscalité propre restent administrés par un organe délibérant composé de délégués élus par les conseils municipaux des communes membres dans les conditions fixées à l'article L. 2122-7 (art. L. 5211-7 qui procède à ce renvoi). Celles-ci sont celles prévues pour l'élection du maire et pour les adjoints dans les communes de moins de 1 000 habitants (art. L. 2122-7-1). Ces délégués sont alors élus à la majorité absolue, lors des deux premiers tours de scrutin et à la majorité relative lors d'un éventuel troisième tour. En cas d'égalité des suffrages, le candidat le plus âgé est élu. L'originalité majeure vient de ce que les conditions d'éligibilité et les incompatibilités applicables aux délégués des communes sont celles prévues pour les élections au conseil municipal par le Code électoral. Peuvent donc être élus au comité syndical des citoyens non membres du conseil municipal d'une des communes membres.

Les lois de 2010 et de 2013 constituent un véritable progrès en termes de démocratie locale compte tenu de l'ampleur des compétences transférées aux EPCI et de la reconnaissance à leur profit d'un pouvoir fiscal et de police. Pour autant, ces lois n'instituent pas une véritable élection au suffrage universel direct. Les électeurs ne choisissent pas réellement leurs élus communautaires ou métropolitains ; ils votent avant tout pour une liste de candidats aux élections municipales, dont ils savent que certains accéderont au mandat de conseillers communautaires ou métropolitains en raison de leur place sur la liste. Le mandat de conseiller communautaire est d'ailleurs étroitement lié à celui de conseiller municipal de la commune dont il est issu (art. L. 5211-8). Ce dernier dispose que le mandat des délégués est lié à celui du conseil municipal de la commune dont ils sont issus. Aussi ce nouveau mode d'élection a-t-il été présenté davantage comme un procédé d'information permettant aux électeurs de connaître l'identité des futurs délégués des communes au sein des organes délibérants des EPCI, que comme une véritable élection directe de conseillers communautaires. Si la loi NOTRe du 7 août 2015 ne modifie pas cette situation, et ne pose pas, comme cela était prévu initialement, le principe de l'élection au suffrage universel direct des conseillers communautaires (art. 87 de la loi), la loi du 28 février 2017 relative au statut de Paris et à l'aménagement métropolitain (art. 79) fixait en revanche à 2019 la date à laquelle la loi devait fixer les règles d'élection au suffrage universel des conseils métropolitains. Pour l'instant une telle loi n'a pas été adoptée.

b. La répartition des sièges entre les communes membres

461. La répartition des sièges affectés à chaque commune membre est déterminée par la loi sur une base exclusivement démographique, à la représentation proportionnelle à la plus forte moyenne. Deux principes doivent toutefois être respectés, qui obéissent à des préoccupations partiellement opposées : chaque commune doit disposer d'au moins un siège et aucune ne peut en détenir plus de la moitié. Si le premier est destiné à respecter une forme d'égalité théorique entre les communes au sein de l'EPCI, le second vise à tenir compte de la démographie et de l'importance relative de chacune de ces communes au sein de l'EPCI. Des accords locaux portant sur la répartition des sièges de conseiller communautaire peuvent toutefois être adoptés à certaines conditions précisées par la loi. Dans la décision n° 2014-405 QPC du 20 juin 2014, Commune de Salbris, relative à la répartition des sièges de conseillers communautaires entre les communes membres d'une communauté de communes ou d'une communauté d'agglomération, le Conseil constitutionnel a tout d'abord rappelé que « dès lors que des établissements publics de coopération entre les collectivités territoriales exercent en lieu et place de ces dernières des compétences qui leur auraient été sinon dévolues, leurs organes délibérants doivent être élus sur des bases essentiellement démographiques » (cons. 4). Cette condition démographique, qui est aussi démocratique, impose que la répartition des sièges doit respecter un principe général de proportionnalité par rapport à la population de chaque collectivité territoriale participante, mais qu'il peut être toutefois tenu compte, dans une mesure limitée, d'autres considérations d'intérêt général et notamment de la possibilité qui serait laissée à chacune de ces collectivités de disposer d'au moins un représentant au sein de cet organe délibérant (*ibidem*). L'accord prévu par la loi applicable à cette époque imposait seulement que, pour la répartition des sièges des conseillers communautaires, il soit tenu compte de la population et dérogeait ainsi

« au principe général de proportionnalité par rapport à la population de chaque commune membre de l'établissement public de coopération intercommunale dans une mesure qui est manifestement disproportionnée » (cons. 6). Cette décision a ainsi déclaré contraire au principe d'égalité devant le suffrage l'article L. 5211-6-1, I issu de la loi du 16 décembre 2010, prévoyant de tels accords. Il a fallu, pour corriger l'abrogation de la disposition, l'intervention de la loi n° 2015-264 du 9 mars 2015 autorisant l'accord local de répartition des sièges de conseiller communautaire qui a été jugée conforme à la Constitution par le Conseil constitutionnel dans sa décision n° 2015-711 DC du 5 mars 2015, quand bien même la rédaction des nouvelles dispositions de l'article L. 5211-6-1 est d'une particulière complexité.

2. Le fonctionnement de l'organe délibérant

462. En matière de fonctionnement des organes délibérants, les règles relatives aux convocations, à l'ordre du jour, à la tenue des séances sont celles qui s'appliquent aux conseils municipaux, ce qui accentue encore le parallélisme qui peut être fait entre les communes et les EPCI. Cela résulte désormais d'une disposition claire du Code général des collectivités territoriales et destinée à régir toutes les formes de coopération intercommunale. Elle assimile le fonctionnement de l'organe délibérant des établissements publics de coopération intercommunale à celui d'un conseil municipal, sauf dispositions contraires (art. L. 5211-1). Les différences d'organisation entre les communes de moins de 3 500 habitants, et les autres, lorsqu'elles existent, se retrouvent entre les EPCI comprenant ou non une commune de plus de 3 500 habitants (art. L. 5211-1, al. 2). Ce seuil démographique a été maintenu malgré l'abaissement à 1 000 habitants du seuil d'application du scrutin de liste dans les communes et qui a une incidence sur la désignation, directe ou non, des conseillers communautaires (art. L. 260 et s. issus de la loi n° 2013-403 du 17 mai 2013 relative à l'élection des conseillers départementaux, des conseillers municipaux et des conseillers communautaires et à la modification du calendrier électoral).

B. L'organe exécutif

463. Les dispositions applicables aux maires et aux adjoints s'appliquent, en vertu du même parallélisme que celui que l'on trouve à propos de l'organe délibérant, aux organes exécutifs des EPCI. L'organe exécutif porte le nom de « président », il prépare et exécute les délibérations de l'organe délibérant (art. L. 5211-9). Il est l'ordonnateur des dépenses et il prescrit l'exécution des recettes. Il est seul chargé de l'administration et est, à ce titre, chef des services de l'établissement public, mais il peut déléguer l'exercice d'une partie de ses fonctions aux vice-présidents ou même à certains agents de l'EPCI. Le président dispose d'un pouvoir de police dans certains domaines (voir *infra*). Les organes exécutifs des EPCI (présidents et vice-présidents) sont soumis aux mêmes règles que les maires et les adjoints quant à l'interdiction du cumul entre les mandats exécutifs locaux et les mandats parlementaires (art. LO 141-1 du Code électoral, issu de la loi organique n° 2014-125 du 14 février 2014 interdisant le cumul de fonctions exécutives locales avec le mandat de député ou de sénateur). La même interdiction vise les représentants au Parlement européen (loi n° 2014-126 du 14 février 2014 interdisant le cumul de fonctions exécutives locales avec le mandat de représentant au Parlement européen).

Le bureau d'un EPCI n'est cependant pas identique à la « municipalité » au sein des communes, qui n'est pas consacrée dans la législation mais qui regroupe, selon les choix faits dans chaque commune et de manière politique, soit tous les adjoints, soit même tous les élus majoritaires au sein du conseil municipal. Elle est plutôt comparable avec la commission permanente qui existe dans les départements et les régions. Le caractère collégial de l'organe est ainsi renforcé par rapport à celui des communes. Il est composé d'un président, de vice-présidents dont le nombre ne peut excéder 15 ni excéder 20 % de l'effectif de l'organe délibérant, et, éventuellement, d'un ou de plusieurs membres (art. L. 5211-10). S'agissant de la commission permanente des départements et des régions, le maximum est de 30 % ou du tiers de l'effectif du conseil (respectivement art. L. 3122-4 et L. 41333-4, cf. 5e partie). Le bureau peut recevoir, par délégation du conseil, des compétences qu'il exerce collégialement, sauf en matière budgétaire, en matière de délégation de la gestion d'un service public ou pour les décisions relatives aux conditions initiales de composition, de fonctionnement et de durée de l'établissement public, ou de l'adhésion de l'établissement à un établissement public (art. L. 5211-10).

§4. Les compétences des EPCI

464. Il faut distinguer selon que l'EPCI est doté ou non d'une fiscalité propre. Les syndicats de communes exercent, en effet, les compétences que leurs membres souhaitent leur confier (cf. *infra*). En revanche, s'agissant des EPCI dotés d'une fiscalité propre, et plus précisément des communautés et des métropoles, la loi fixe un cadre obligatoire.

A. Les compétences des communautés

465. Les communautés (art. L. 5214-16, pour les communautés de communes; art. L. 5215-20, pour les communautés urbaines; art. L. 5216-5, pour les communautés d'agglomération) exercent des compétences précisées par la loi.

Il s'agit, tout d'abord, des compétences transférées par les communes. Certaines de ces compétences sont obligatoires ou exercées de plein droit au lieu et place des communes, en ce sens qu'elles doivent être exercées, dans leur ensemble, par les communautés. Tel est le cas par exemple des actions de développement économique, de la collecte et du traitement des déchets des ménages (art. L. 5214-16-I pour les communautés de communes). Les communautés de communes et d'agglomération disposaient également de compétences optionnelles : les communes devaient choisir dans ce cas un certain nombre de compétences parmi une liste de compétences établie par la loi pour chaque catégorie de communautés. Mais la loi Engagement et proximité du 27 décembre 2019 a supprimé ces compétences optionnelles, celles-ci devenant des « compétences transférées à titre supplémentaire », librement choisies par les communes (art. L. 5214-16 et L. 5216-5).

Les communes ne peuvent transférer aux communautés que des compétences qu'elles détiennent. Ainsi, un EPCI ne peut accorder des aides que les collectivités locales ne peuvent pas octroyer ni les accorder dans des conditions qui seraient plus souples.

Les communautés ne peuvent exercer certaines des compétences qui leur sont transférées par les communes que si celles-ci répondent à un intérêt communautaire. La définition législative de l'intérêt communautaire n'est pas matérielle ; elle est avant tout procédurale. De manière commune à toutes les communautés, depuis la loi du 7 août 2015 (art. 81), l'intérêt communautaire est celui qui est défini par les conseils respectifs des communautés à la majorité des deux tiers des suffrages exprimés (art. L. 5214-16, art. L. 5216-5 et art. L. 5215-20). Un délai de deux ans après l'entrée en vigueur de l'arrêté prononçant le transfert de compétences a été fixé par la loi du 13 août 2004 pour déterminer, dans les trois types de communautés, cet intérêt communautaire, faute de quoi la communauté exerce l'intégralité de la compétence transférée.

Outre les compétences transférées par les communes, les communautés peuvent, en vertu de l'article L. 5210-4, si leurs statuts les y autorisent, exercer des compétences de la région ou du département au nom et pour le compte de ces collectivités. Cette procédure de délégation de compétences n'est pas un transfert de compétences avec dessaisissement corrélatif des départements et des régions, mais une délégation consentie qui implique la signature d'une convention définissant notamment son étendue, sa durée ainsi que ses conditions financières. Cette nouvelle possibilité offerte aux EPCI à fiscalité propre contribue à renforcer leur implantation. Le mouvement se fait alors du haut vers le bas d'un point de vue territorial, contrairement à toute l'histoire des EPCI qui est conçue, comme cela a été mentionné, comme un mouvement ascendant.

Les communautés peuvent enfin bénéficier de transferts de compétences provenant de l'État (par ex., en matière de ports, art. L. 601-1-III du Code des ports maritimes).

Dans le souci de redonner des compétences aux communes membres et selon un curieux mouvement descendant, la loi du 27 décembre 2019 dite Engagement et proximité a toutefois prévu que les communautés de communes et les communautés d'agglomération peuvent déléguer par convention tout ou partie des compétences mentionnées dans le même article en matière d'eau et d'assainissement et en matière de gestion des eaux pluviales urbaines (GEPU) et de gestion des milieux aquatiques et prévention des inondations (GEMAPI).

B. Les compétences des métropoles

466. On dénombrait, au 1er janvier 2021, vingt et une métropoles, dont dix-neuf dites de droit commun, qui sont dans le désordre, Dijon Métropole, Grenoble-Alpes Métropole, Bordeaux Métropole, Brest Métropole, Métropole européenne de Lille, Metz Métropole, Montpellier Méditerranée Métropole, Nantes Métropole, Métropole du Grand Nancy, Métropole Nice Côte d'Azur, Orléans Métropole, Rennes Métropole, Métropole Rouen Normandie, Saint-Étienne Métropole, Strasbourg Eurométropole, Métropole Toulon-Provence-Méditerranée, Toulouse Métropole, Tours Métropole Val de Loire et Clermont Auvergne Métropole, auxquelles il faut ajouter la métropole du Grand Paris et la métropole d'Aix-Marseille-Provence qui disposent, chacune, d'un statut spécifique.

467. Comme pour les communautés, les métropoles exercent de plein droit, en lieu et place des communes membres les compétences énumérées à l'article L. 5217-2. Les compétences des métropoles ne peuvent pas être classées en compétences obligatoires et facultatives. Elles ont des compétences qui leur sont transférées de plein droit par les communes (art. L. 5217-2, I). Cependant et de la même manière que pour les communautés, les métropoles ne peuvent exercer certaines de leurs compétences, transférées par les communes, que si celles-ci sont d'intérêt métropolitain. Tel est le cas, par exemple, des compétences en matière de construction, d'aménagement, d'entretien et de fonctionnement d'équipements culturels, socioculturels, socio-éducatifs et sportifs. Cet intérêt métropolitain est défini à la majorité des deux tiers des suffrages exprimés par le conseil de la métropole, défini au plus tard deux ans après l'entrée en vigueur du décret prononçant la création de la métropole (*ibidem*).

Par convention passée avec le département ou la région, à la demande de celui-ci ou de celle-ci ou de la métropole, la métropole peut également exercer à l'intérieur de son périmètre, en lieu et place du département ou de la région, tout ou partie des compétences énumérées par la loi (art. L. 5217-2-IV et V). Pour les départements, il s'agit des compétences en matière sociale, de la gestion des collèges et de celle des routes classées dans domaine public départemental. Pour les régions, ce sont toutes les compétences régionales définies à l'article L. 4221-1-1, soit la gestion des lycées et les compétences exercées par la région en matière de développement économique.

Les métropoles sont associées de plein droit à l'élaboration, à la révision et à la modification des schémas et des documents de planification en matière d'aménagement, de développement économique et d'innovation, de transports et d'environnement, d'enseignement supérieur et de recherche, dont la liste est fixée par décret en Conseil d'État et qui relèvent de la compétence de l'État, d'une collectivité territoriale ou de leurs établissements publics, lorsque ces schémas et documents ont une incidence ou un impact sur le territoire de la métropole (art. L. 5217-2-VI). Elles sont aussi associées de plein droit à l'élaboration du contrat de plan conclu avec l'État, en application de la loi du 29 juillet 1982 portant réforme de la planification, qui comporte un volet spécifique à leur territoire.

Enfin, l'État peut déléguer, par convention, aux métropoles qui en font la demande, dès lors qu'elles disposent d'un programme local de l'habitat exécutoire, certaines compétences énumérées par la loi. Cette délégation est régie par une convention conclue pour une durée de six ans, renouvelable. Elle peut être dénoncée par le représentant de l'État dans le département au terme d'un délai de trois ans lorsque les résultats de son exécution sont insuffisants au regard des objectifs définis par la convention. Elle peut également être dénoncée par la métropole dans les mêmes délais en cas de non-respect des engagements de l'État (art. L. 5217-2, II et III).

§5. Le contrôle des actes des établissements publics de coopération intercommunale

468. La loi du 2 mars 1982 avait prévu que le régime du contrôle sur les actes, ou contrôle de légalité, qu'elle instituait était applicable aux collectivités territoriales mais également aux établissements publics intercommunaux. Ce principe d'assimilation entre les collectivités territoriales et ces établissements, en matière de contrôle de légalité, est repris, sous forme de principe général, à l'article L. 5211-3 du Code général qui précise que les « dispositions relatives au contrôle de légalité et au caractère exécutoire des actes des communes sont applicables aux établissements publics de coopération intercommunale ». Cet article ne distingue pas entre les EPCI à fiscalité propre et les autres. Seule la transmission par voie électronique est obligatoire pour les EPCI-FP depuis la loi NOTRe du 7 août 2015. Les actes des organes des EPCI doivent être transmis au représentant de l'État pour être exécutoires dans les mêmes conditions que les actes des communes. Sont également concernées les conventions relatives aux marchés et emprunts ainsi que les conventions de concession ou d'affermage des services publics locaux. Dès réception de ces actes, le préfet doit déférer au tribunal administratif ceux qu'il estime illégaux. L'assimilation entre les communes et les regroupements de communes est sur ce point totale (cf. quatrième partie 4).

§6. La commission départementale de la coopération intercommunale

469. La loi d'orientation du 6 février 1992 a apporté une innovation importante en créant une institution nouvelle, chargée de la planification de la coopération, la commission départementale de la coopération intercommunale (CDCI). Le but du législateur était d'inciter à la création de nouveaux regroupements intercommunaux, que ce soit sous la forme des structures existant avant 1992 ou, de façon encore plus satisfaisante, en utilisant les structures mises en place par la loi du 6 février 1992. Cette commission départementale de la coopération intercommunale joue aujourd'hui un rôle essentiel. Les dispositions relatives aux CDCI sont, à l'heure actuelle, codifiées aux articles L. 5211-42 et suivants du Code général et font donc partie des dispositions communes précitées. La composition des CDCI a connu plusieurs évolutions législatives illustrant les rapports entre les communes et les EPCI (lois du 16 décembre 2019 et du 27 décembre 2019 précitées).

A. La composition de la commission départementale de la coopération intercommunale

470. Comme son nom l'indique, elle est instituée dans chaque département, échelon choisi pour sa taille moyenne : la commission est ainsi suffisamment proche des réalités locales mais assez vaste pour avoir du recul sur les besoins de l'intercommunalité sur un territoire donné. Elle est présidée par le préfet mais elle comprend exclusivement des élus représentant les différentes collectivités territoriales et les établissements publics de coopération intercommunale (art. L. 5211-42 et 43). De manière significative, la loi du 27 décembre 2019 a renforcé la place des délégués des communes au sein des CDCI et diminué corrélativement celle des représentants de EPCI à fiscalité propre. Elle est désormais composée de 50 % d'élus représentant les communes, maires, adjoints ou conseillers municipaux (au lieu de 40 % jusque là), de 30 % de représentants des EPCI ayant leur siège dans le département (au lieu de 40 % dans le régime antérieur), de 10 % de représentants du conseil départemental, de 5 % de représentants du conseil régional, élus dans la circonscription départementale et de 5 % de représentants des syndicats mixtes et des syndicats de communes.

Si la commission est présidée par le préfet, ce dernier est assisté d'un rapporteur général désigné en son sein, ainsi que de deux assesseurs, élus obligatoirement parmi les maires membres de la CDCI. Le fait d'accorder la présidence au préfet a suscité de vives oppositions. Certains auraient préféré que cette fonction soit confiée à un élu, ce qui, au nom du principe, inscrit dans la loi n° 83-8 du 7 janvier 1983 relative à la répartition des compétences entre les communes, les départements, les régions et l'État, de l'interdiction de la tutelle d'une collectivité sur une autre, paraissait interdit. Cette interdiction prend encore plus de poids avec l'alinéa 5 de l'article 72, inséré par la loi constitutionnelle du 28 mars 2003, posant le principe selon lequel « aucune collectivité territoriale ne peut exercer une tutelle sur une autre ».

B. Les attributions de la commission départementale de la coopération intercommunale

471. Organe permanent, la commission départementale de la coopération intercommunale établit et tient à jour, tout d'abord, un état de la coopération intercommunale dans le département. Elle entend, à leur demande, des représentants des collectivités territoriales concernées. Elle peut formuler toutes propositions tendant à renforcer la coopération intercommunale (art. L. 5211-45).

Elle est également consultée obligatoirement sur tout projet de création d'établissement public de coopération intercommunale ou d'association de communes en vue de l'élaboration d'une charte intercommunale de développement et d'aménagement. Elle est aussi consultée sur tout projet de modification du périmètre d'un établissement public de coopération intercommunale ou de fusion de tels établissements qui diffère des propositions du schéma départemental de la coopération intercommunale. Le respect de cette procédure présente un caractère substantiel. En conséquence, est annulé l'arrêté portant création d'une communauté de communes alors que le préfet n'avait pas réuni la commission et s'était borné à informer individuellement les membres du projet envisagé (CE, 29 mars 2000, n° 203975, *Min. Intérieur c/ Maillet et autres*).

Depuis la loi du 16 décembre 2010 de réforme des collectivités, la CDCI joue un rôle important dans l'élaboration du schéma départemental de la coopération intercommunale. Ce schéma prévoit une couverture intégrale du territoire par des établissements publics de coopération intercommunale à fiscalité propre et la suppression des enclaves et discontinuités territoriales. Il prévoit également les modalités de rationalisation des périmètres des EPCI et des syndicats mixtes existants. Il peut proposer la création, la transformation ou la fusion d'EPCI à fiscalité propre ainsi que la modification de leur périmètre. Il peut également proposer la suppression, la transformation ainsi que la fusion de syndicats de communes ou de syndicats mixtes (art. L. 5210-1).

Le projet de schéma est élaboré par le préfet, qui préside la CDCI, et il est ensuite adressé pour avis aux conseils municipaux des communes et aux organes délibérants des établissements publics de coopération intercommunale et des syndicats mixtes concernés par les propositions de modification de la situation existante en matière de coopération intercommunale. Ces organes se prononcent dans un délai de trois mois à compter de la notification du projet. À défaut de délibération dans ce délai, celle-ci est réputée favorable. Le projet de schéma, ainsi que l'ensemble de ces avis, sont ensuite transmis pour avis à la commission départementale de la coopération intercommunale qui, à compter de cette transmission, dispose d'un délai de quatre mois pour se prononcer. À défaut de délibération dans ce délai, celle-ci est réputée favorable. Sur sa proposition, le préfet officialise par arrêté le schéma qui ne possède aucune valeur juridique et il peut s'en écarter si des cas particuliers lui semblent l'exiger. Reste que ces schémas peuvent être contestés par voie d'exception à l'occasion de recours formés contre les décisions préfectorales (CE, 21 septembre 2012, n° 361632, *Commune de Couvrot* et n° 360984, *Commune de Poligny*).

Ces schémas, qui devaient être révisés tous les six ans, sont, depuis la loi du 27 décembre 2019, révisables sans contrainte de délai soit à l'initiative du préfet, soit à la demande de la CDCI (art. L. 5210-1-1). La rationalisation de la carte intercommunale, aujourd'hui achevée, puisque toutes les communes sont aujourd'hui membres d'un EPCI à fiscalité propre, rend inutile la révision régulière obligatoire de ces schémas.

Des règles particulières sont prévues par la loi du 27 janvier 2014 pour les départements de l'Essonne, de Seine-et-Marne, du Val-d'Oise et des Yvelines. La loi prévoit en effet que les EPCI à fiscalité propre dont le siège se situe dans l'unité urbaine de Paris doivent regrouper plusieurs communes d'un seul tenant et sans enclave formant un ensemble d'au moins 200 000 habitants sous réserve de certaines dérogations (art. L. 5210-1-1). Selon la délimitation effectuée par l'Insee en 2010, l'unité urbaine de Paris est composée de 412 communes, pour une superficie de 2 845 km^2, rassemblant 10 706 072 habitants au recensement de 2015. Elle comprend toutes les communes de la petite couronne et une partie de celles de la grande couronne.

Un schéma régional de coopération intercommunale soumis pour avis à une commission régionale de la coopération intercommunale a ainsi été adopté le 4 mars 2015.

§7. Les relations entre les établissements publics de coopération intercommunale et les communes membres

472. Ces relations, visant à revaloriser la place des communes au sein des intercommunalités, ont été institutionnalisées par la loi du 27 décembre 2019, Engagement et proximité.

Ainsi, la loi a rendu obligatoire pour toutes les communautés et non pas seulement les métropoles, la conférence des maires, présidée par le président de l'EPCI et comprenant les maires des communes membres sauf lorsque le bureau comprend déjà l'ensemble des maires des communes membres (art. L. 5211-11-3). Cette assemblée ne devrait pas avoir de pouvoir décisionnel mais un pouvoir consultatif ; elle devrait constituer un lieu de discussion entre exécutifs communaux. Son rôle, n'étant pas défini par la loi, devrait être précisé par le règlement intérieur du conseil communautaire.

Parallèlement, la loi de 2019 impose également au président d'EPCI, après chaque renouvellement général des conseils municipaux ou tout événement affectant le périmètre de l'EPCI, d'inscrire à l'ordre du jour du conseil communautaire « un débat et une délibération sur l'élaboration d'un pacte de gouvernance entre les communes et l'établissement » (art. L. 5211-11-2). L'adoption de ce pacte, qui n'est pas obligatoire, peut prévoir, par exemple, la réunion de la conférence des maires pour avis sur des sujets d'intérêt communautaire, la création de commissions spécialisées associant les maires ou encore la création de conférences territoriales des maires (art. L. 5211-11-2). L'information en faveur des conseillers municipaux, même non-membres du conseil communautaire, est elle aussi renforcée (art. L. 5211-40 et L. 5211-40-1).

Section 2
La diversité des statuts des établissements publics de coopération intercommunale

473. À côté du droit commun de l'intercommunalité, le législateur a maintenu une diversité des EPCI, qui peuvent être classés selon qu'ils sont dotés ou non d'une fiscalité propre. Les EPCI dotés d'une fiscalité propre, qui regroupent les communautés et les métropoles, sont financés par l'impôt. Les EPCI non dotés de la fiscalité propre correspondent aux syndicats de communes, sont, eux, financés par des contributions versées par les communes membres. Il faut donc consacrer des développements particuliers aux métropoles car celles-ci recouvrent des réalités juridiques et institutionnelles très diverses et présenter séparément les différentes communautés et les syndicats.

§1. Les métropoles

474. À la suite du Rapport de la Commission présidée par E. Balladur, la loi du 16 décembre 2010 de réforme des collectivités territoriales, complétée par la loi du 27 janvier 2014 de modernisation de l'action publique territoriale et d'affirmation des métropoles, a introduit une nouvelle catégorie d'EPCI à fiscalité propre, les métropoles. Celles-ci sont de trois types. Elles comprennent des métropoles de droit commun et deux métropoles à statut particulier que sont la métropole du Grand Paris et la métropole Aix-Marseille-Provence.

A. Les métropoles de droit commun

475. La création, l'organisation et le fonctionnement ainsi que les compétences des métropoles relèvent de règles communes.

1. La création des métropoles de droit commun

476. En vertu de la loi du 16 décembre 2010, les EPCI pouvant obtenir le statut de métropole devaient former, dès leur création, un ensemble de plus de 500 000 habitants. Les communautés urbaines pouvaient également obtenir ce statut par un processus de transformation même si elles n'atteignaient pas ce seuil. La formule des métropoles n'a cependant pas eu le succès escompté puisqu'une seule métropole avait été créée depuis la loi de 2010 : le décret du 17 octobre 2011 avait créé la métropole dénommée « Métropole Nice Côte d'Azur » qui était auparavant une communauté urbaine qui s'était substituée elle-même à la communauté d'agglomération de Nice-Côte d'Azur le 29 décembre 2008. Pour remédier à cet échec, la loi du 27 janvier 2014 impose l'automaticité de la création des métropoles dès lors que les conditions énoncées à l'article L. 5217-1 sont réunies. La loi a créé ainsi, de manière unilatérale, à compter du 1er janvier 2015, onze métropoles à Bordeaux, Brest, Grenoble, Lille, Montpellier, Nantes, Nancy, Rennes, Rouen, Strasbourg et Toulouse.

La loi du 28 février 2017 relative au statut de Paris et à l'aménagement métropolitain a élargi la possibilité de transformation en métropole à tous les EPCI de plus de 400 000 habitants, à ceux qui sont centres d'une zone d'emplois de plus de 400 000 habitants et ceux de plus de 250 000 habitants ou comprenant dans leur périmètre, au 31 décembre 2015, le chef-lieu de région, et qui sont centres d'une zone d'emplois de plus de 500 000 habitants. Ont été ainsi ajoutées au 1er janvier 2018 et du fait de la dernière loi, sept nouvelles métropoles : Metz, Orléans, Tours-Val-de-Loire, Dijon, Clermont-Auvergne, Saint-Étienne et Toulon-Provence-Méditerranée. On décompte donc bien aujourd'hui 19 métropoles de droit commun.

2. L'organisation et le fonctionnement des métropoles de droit commun

477. Le conseil de la métropole est composé de conseillers métropolitains (art. L. 5217-6). Le principe de l'élection d'une partie des membres du conseil des métropoles dans une ou plusieurs circonscriptions métropolitaine avait été fixé par la loi MAPTAM du 27 janvier 2014 et ses modalités auraient dû être fixées par la loi avant le 1er janvier 2017. La loi du 28 février 2017 relative au statut de Paris et à l'aménagement métropolitain a repoussé ce délai au 1er janvier 2019, mais sans plus de succès jusqu'à présent. À l'heure actuelle, aucun projet de loi n'a été déposé en ce sens et l'élection au suffrage universel direct sans fléchage des conseillers métropolitains a été abandonnée. Dans un cas comme dans l'autre, ces élections métropolitaines auraient été ainsi détachées des élections municipales.

Le conseil de la métropole est présidé par le président du conseil de la métropole.

Un organe consultatif avait été par ailleurs institué par la loi du 27 janvier 2014. Cette conférence métropolitaine était une instance de coordination entre la métropole et les communes membres, au sein de laquelle il pouvait être débattu de tous sujets d'intérêt métropolitain ou relatifs à l'harmonisation de l'action de ces collectivités. Cette instance était présidée de droit par le président du conseil de la métropole et comprenait les maires des communes membres (art. L. 5217-8). Cette instance, qui n'était à l'origine obligatoire que dans les métropoles, a également été instituée par la loi du 27 décembre 2019, Engagement et proximité pour les communautés (art. L. 5211-11-3).

3. Les compétences des métropoles de droit commun

478. Les métropoles exercent de plein droit, en lieu et place des communes membres, les compétences dans six domaines : le développement et l'aménagement économique, social et culturel, l'aménagement de l'espace métropolitain, la politique locale de l'habitat, la politique de la ville, la gestion des services d'intérêt collectif et la protection et la mise en valeur de l'environnement et de politique du cadre de vie (art L. 5217-2).

Les métropoles peuvent exercer également des compétences facultatives. D'abord, elles peuvent exercer au nom et pour le compte de l'État, par délégation conventionnelle, certaines des compétences de ce dernier en matière de logement (art. L. 5217-2-II). Concernant les compétences départementales, la liste de celles qui pouvaient être transférées aux métropoles a été modifiée, par la loi NOTRe, dans un sens plus contraignant, puisque la métropole devait recevoir au 1er janvier de la deuxième année qui suit la création de la métropole, par délégation ou transfert, au moins trois types de compétences départementales parmi une liste indiquée par la loi (art. L. 5217-2-IV : notamment, l'attribution des aides au titre du fonds de solidarité pour le logement, les missions confiées au service public départemental d'action sociale, les aides aux jeunes en difficulté, les actions de prévention spécialisée auprès des jeunes et des familles en difficulté ou en rupture avec leur milieu, le tourisme, la construction, la reconstruction, l'aménagement, l'entretien et le fonctionnement des collèges). À défaut, l'ensemble des compétences est transféré de plein droit à la métropole, exception faite de celle liée aux collèges. La compétence relative à la gestion des routes départementales doit nécessairement faire l'objet d'une convention qui organise le transfert à la métropole ou indique les modalités d'exercice par le département, en cohérence avec les politiques métropolitaines. Sans cette convention, la compétence est transférée de plein droit à la métropole à compter du 1er janvier de la deuxième année qui suit la création de la métropole.

Les régions peuvent de la même manière, par voie conventionnelle, transférer certaines de leurs compétences en matière de développement économique, de construction et d'entretien des lycées (art. L. 5217-2-V, cf. *supra*).

B. La métropole du Grand Paris

479. À côté des nombreux projets visant à réorganiser les relations entre Paris et les départements de la petite couronne, notamment en supprimant ces derniers, et à la suite de préconisations du Rapport Balladur un Secrétaire d'État chargé du Développement de la région capitale avait été nommé le 18 mars 2008. Il était chargé du projet de loi sur le « Grand Paris », prévoyant notamment un réseau de métro automatique autour de Paris. La loi n° 2010-597 du 3 juin 2010 relative au Grand Paris ne s'inscrivait pas dans une logique institutionnelle et définissait le Grand Paris comme « un projet urbain, social et économique d'intérêt national » qui vise à promouvoir « le développement économique durable, solidaire et créateur d'emplois de la région capitale » afin de renforcer l'attractivité de la région Capitale et de soutenir la concurrence des autres capitales européennes ou mondiales.

De manière différente mais sans remettre en cause la loi de 2010, la loi du 27 janvier 2014 a créé, à compter du 1er janvier 2016, la métropole du Grand Paris (MGP), dont le statut est celui d'un établissement public de coopération intercommunale à fiscalité propre à statut particulier (art. L. 5219-1). Ce statut particulier se caractérise par des règles de création, d'organisation et de fonctionnement et des compétences spécifiques.

1. La création de la métropole du Grand Paris

480. Cet EPCI regroupe Paris, l'ensemble des communes des départements des Hauts-de-Seine, de la Seine-Saint-Denis et du Val-de-Marne qui forment la petite couronne, ainsi que les communes des autres départements de la région d'Île-de-France qui forment la grande couronne, appartenant au 31 décembre 2014 à un établissement public de coopération intercommunale comprenant au moins une commune des départements des Hauts-de-Seine, de la Seine-Saint-Denis et du Val-de-Marne et dont le conseil municipal devait délibérer favorablement avant le 30 septembre 2014. Quatre communes étaient concernées mais Vélizy-Villacoublay, Wissous, Verrières-le-Buisson ont refusé d'intégrer la MGP et Varennes-Jarcy n'a pas délibéré, et n'intègre donc pas non plus la MGP.

Le périmètre de la métropole pouvait également être élargi aux communes limitrophes demandant leur rattachement à la condition que les deux tiers des communes de l'établissement public de coopération intercommunale à fiscalité propre auquel elles appartiennent, représentant au moins la moitié de la population ou la moitié des communes représentant les deux tiers de la population de l'établissement public de coopération intercommunale à fiscalité propre, ne s'y soient pas opposées par délibération avant le 31 décembre 2014. Quarante-deux communes étaient concernées : Argenteuil et Paray-Ville-Poste ont délibéré dans les temps en faveur de la MGP. Athis-Mons, Chelles et Vigneux-sur-Seine ont délibéré favorablement mais hors délai. La loi du 7 août 2015 a rouvert le délai d'adhésion pour permettre aux communes situées sur le territoire de l'aéroport d'Orly de se prononcer.

La métropole regroupe donc Paris, 123 communes des départements de la petite couronne (dont 41 n'appartenaient jusque-là à aucune intercommunalité) et 7 communes de la grande couronne, regroupant ainsi près de 7,5 millions d'habitants.

Conformément à sa jurisprudence, le Conseil constitutionnel a jugé que l'obligation faite aux communes de la petite couronne d'être regroupées dans ce nouvel établissement constituait une limitation apportée à leur libre administration, mais qu'elle était justifiée par un but d'intérêt général tiré de recherche de « la continuité territoriale » et de « la cohérence du périmètre du nouvel établissement public constitué en vue de la définition et de la mise en œuvre d'actions » (déc. n° 2013-687 DC du 23 janvier 2014, Loi de modernisation de l'action publique territoriale et d'affirmation des métropoles, cons. 25). La création de ce nouvel établissement public de coopération intercommunale, qui fait disparaître les 19 EPCI à fiscalité propre existant sur le territoire de la petite couronne, implique donc d'importants transferts financiers, de personnels et de moyens (art. L. 5219-11) et la mise en place de nouvelles institutions.

2. Les compétences de la métropole du Grand Paris

481. La loi du 27 janvier 2014 avait conféré des compétences étendues à la métropole du Grand Paris, qui justifiaient en partie le statut spécifique de la métropole. Sur ce point, la loi du 7 août 2015 marque un retour en arrière. Réduisant les compétences de la métropole du Grand Paris, elle accroît d'autant les compétences des établissements publics territoriaux.

La métropole exerce d'abord, de plein droit, quatre compétences en lieu et place des communes : à compter du 1er janvier 2017, les compétences en matière d'aménagement de l'espace métropolitain et de politique locale de l'habitat, et à compter de sa création, les compétences en matière de développement et d'aménagement économique, social et culturel, de protection et de mise en valeur de l'environnement, de la politique du cadre de vie (art. L. 5219-1-II). À ce titre, il était prévu initialement que la métropole élabore le plan local d'urbanisme (PLU) et un plan métropolitain de l'habitat et de l'hébergement tenant lieu de programme local de l'habitat. La loi du 7 août 2015 prévoit toutefois de confier aux établissements publics territoriaux le pouvoir d'élaborer le PLUI (plan local d'urbanisme intercommunal) couvrant l'intégralité de leur territoire. La métropole doit donner seulement un avis conforme au projet, afin d'assurer la cohérence de l'ensemble des PLUI du territoire. Sous réserve de quelques différences, la quasi-totalité de ces compétences sont identiques à celles des métropoles de droit commun, énoncées à l'article L. 5217-2. Ainsi, la métropole du Grand Paris exerce de plein droit des compétences supplémentaires pour l'aménagement, l'entretien et la gestion des aires d'accueil des gens du voyage et des terrains familiaux locatifs pour la participation à la préparation des candidatures aux grands événements internationaux culturels artistiques et sportifs, accueillis sur son territoire ou pour la constitution de réserves foncières d'intérêt métropolitain. En revanche, elle n'exerce pas certaines des compétences des métropoles de droit commun, notamment la gestion des services d'intérêt collectif ou la collecte, l'élimination et la valorisation des déchets ménagers. Aussi le caractère très proche des compétences exercées par les métropoles de droit commun et celles exercées par la métropole du Grand Paris explique-t-il sûrement la conformité à la Constitution de ces dispositions législatives. Reprenant le raisonnement qu'il avait tenu dans sa décision n° 2010-618 DC du 9 décembre 2010, le Conseil constitutionnel a en effet jugé que la loi ne privait pas les communes d'attributions effectives au point de porter atteinte à leur libre administration (cons. 32 de la déc. n° 2013-687 DC du 23 janvier 2014, Loi MAPTAM).

La métropole du Grand Paris, comme toute métropole de droit commun, peut se voir appliquer le principe général posé par l'article L. 5211-17 et relatif au transfert de nouvelles compétences des communes au profit de l'EPCI. Les communes membres peuvent lui transférer certaines de leurs compétences (article L. 5219-III).

La métropole exerce encore certaines des compétences de l'État, au nom et pour le compte de celui-ci, en matière de logement dès lors qu'elle dispose d'un programme local de l'habitat exécutoire (art. L. 5219-1-VI et VII). Mais là encore cette faculté existe aussi pour les métropoles de droit commun (art. L. 5217-2-II).

Parallèlement, la loi NOTRe a renforcé les compétences des établissements publics territoriaux (sur ces derniers, cf. *infra*). Ceux-ci exercent, depuis le 1er janvier 2016, de plein droit des compétences, en lieu et place des communes, en matière de politique de la ville (élaboration du diagnostic du territoire et définition des orientations du contrat de ville, par exemple), de construction, d'aménagement, d'entretien et de fonctionnement d'équipements culturels, socioculturels, socio-éducatifs et sportifs d'intérêt territorial, d'assainissement et d'eau, de gestion des déchets ménagers et assimilés et d'action sociale d'intérêt territorial. Ils ont exercé aussi jusqu'au 1er janvier 2017 les compétences en matière d'aménagement de l'espace et de politique locale de l'habitat. Après cette date et en l'absence de définition de l'intérêt métropolitain, ces compétences restent entre leurs mains. Ils exercent également, sur l'ensemble de leur périmètre, les compétences qui étaient, au 31 décembre 2015, transférées par les communes membres aux établissements publics de coopération intercommunale à fiscalité propre existants.

Plus généralement, la loi pose la question de la concurrence et du poids de la métropole du Grand Paris par rapport à la région. Dans la petite couronne, la métropole possède l'essentiel des compétences de la région Île-de-France en matière de développement économique. En outre, la compétence logement est confiée à la métropole alors que la région conserve l'essentiel de la compétence en matière de transports. La loi prévoit seulement la nécessité d'articuler, d'une part, les plans locaux élaborés par la métropole, et d'autre part, le schéma régional de l'habitat et de l'hébergement de l'Île-de-France ou encore le schéma directeur de la région Île-de-France. Elle précise en outre que les actions de développement économique de la métropole doivent prendre en compte les orientations définies par le conseil régional. Il est également difficile de concevoir comment la métropole du Grand Paris peut cohabiter avec la ville de Paris, désormais collectivité à statut particulier (voir *supra*). Au-delà même du périmètre du Grand Paris, dans quatre départements de la grande couronne, la loi du 27 janvier 2014 a imposé que les EPCI situés dans l'unité urbaine de ces départements, forment un ensemble d'au moins 200 000 habitants, sachant que seuls deux EPCI atteignaient déjà ce seuil (Cergy et Versailles Grand Paris). Une commission régionale de coopération intercommunale (CRCI), présidée par le préfet de région, a été installée et a élaboré un schéma régional de coopération intercommunale. Présenté le 28 août 2014, il a fait l'objet de consultations et de modifications, pour finalement être adopté par la CRCI et arrêté par le préfet de région le 4 mars 2015. Conformément à ce schéma, 17 nouveaux EPCI à fiscalité propre ont vu le jour au 1er janvier 2016 en grande couronne.

3. L'organisation et le fonctionnement de la métropole du Grand Paris

482. Ce qui fait surtout de la métropole du Grand Paris un EPCI à statut particulier, c'est son organisation. Elle est dotée d'un président et d'un conseil métropolitain composé de conseillers métropolitains élus, par dérogation à l'article L. 5211-6-1-I qui fixe la répartition des sièges au conseil des EPCI dans les conditions prévues au titre V du Livre Ier du Code électoral consacré à l'élection des conseillers communautaires (art. L. 273-1 et suivants), c'est-à-dire au suffrage universel direct, à raison d'un conseiller métropolitain par commune, d'un conseiller métropolitain supplémentaire pour chaque commune pour chaque tranche complète de 25 000 habitants. Dans sa décision n° 2015-717 DC du 6 août 2015 relative à la loi NOTRe, le Conseil constitutionnel a censuré une disposition spécifique pour Paris, qui prévoyait des règles particulières du fait de sa division en arrondissements. Le Conseil a jugé que le rapport du nombre des conseillers métropolitains à la population de l'arrondissement s'écartait de la moyenne constatée à Paris dans une mesure qui est manifestement disproportionnée. Sauf disposition législative ultérieure, Paris reste soumise au droit commun prévu par l'article L. 5211-6-1 précité.

L'organisation de la métropole était par ailleurs fondée, dans la loi de 2014, sur 12 territoires d'un seul tenant et sans enclave d'au moins 300 000 habitants (ancien art. L. 5219-2), la commune de Paris constituant à elle seule un territoire. Ces territoires, échelons intermédiaires entre les communes et la métropole, devaient correspondre de manière générale au ressort territorial des différents EPCI à fiscalité propre qui disparaissaient avec la création de la métropole (décrets du 11 décembre 2015 relatifs à ces territoires). Mais la loi du 7 août 2015 NOTRe remplace ces territoires par des établissements publics territoriaux, EPCI sans fiscalité propre, soumis aux dispositions applicables aux syndicats de communes. Ils disposent de la personnalité morale et, à ce titre, peuvent être vus comme le retour des anciens EPCI. La loi organise également une nouvelle répartition des compétences entre les conseils de territoire et le conseil de la métropole. La création de ces établissements publics territoriaux pose avec plus d'acuité la question du maintien des départements de la petite couronne.

L'organisation de la métropole du Grand Paris, reposant sur ces mécanismes complexes de prise de décision, laisse par ailleurs peu de place aux communes. La loi prévoit seulement la création d'une assemblée des maires (art. L. 5219-7) réunissant au moins une fois par an l'ensemble des maires pour débattre du programme d'actions de la métropole et du rapport d'activité. Parallèlement, les communes devraient pouvoir exercer un contrôle comparable à celui qu'elles peuvent exercer sur tout EPCI, nonobstant le silence de la loi sur ce point.

C. La métropole d'Aix-Marseille-Provence

483. La loi du 27 janvier 2014 procède à la création d'une autre métropole à statut particulier : la métropole Aix-Marseille-Provence. Celle-ci, créée au 1er janvier 2016, se trouve soumise à ce titre aux règles applicables à la catégorie des établissements publics de coopération intercommunale (art. L. 5218-1-II). Par dérogation au statut de droit commun des métropoles, le législateur prévoit cependant un certain nombre des dispositions spécifiques qui lui sont applicables.

1. La création de la métropole d'AMP

484. Ces dispositions particulières portent tout d'abord sur le périmètre de la métropole, puisque ce dernier est déterminé par la loi, celle-ci n'ayant pas confiance dans la volonté des communes de coopérer. Il est vrai que, à la différence de la métropole du Grand Paris, les concurrences et les oppositions sont nombreuses sur le territoire de cette métropole qui couvre une grande partie du département des Bouches-du-Rhône. Elle regroupe 92 communes, dont une du Vaucluse (Pertuis), une du Var (Saint-Zacharie) et 90 des Bouches-du-Rhône sur un territoire de 3 148 km^2. Elle est ainsi la plus vaste de France et est égale à quatre fois le Grand Paris et six fois le territoire de la Métropole de Lyon. La métropole regroupe les communes membres de la communauté urbaine de Marseille Provence Métropole, de la communauté d'agglomération Salon-Étang-de-Berre-Durance, de la communauté d'agglomération du Pays d'Aubagne et de l'Étoile, du syndicat d'agglomération nouvelle Ouest-Provence et de la communauté d'agglomération du Pays de Martigues (art. L. 5218-1-I). Le périmètre de cette métropole n'est pas, à la différence de celui de la métropole du Grand Paris, susceptible d'évoluer.

2. Les compétences de la métropole d'AMP

485. Les compétences de la métropole d'Aix-Marseille-Provence en font ensuite une métropole à statut particulier. Outre les compétences qu'exercent les métropoles de droit commun, la métropole d'Aix-Marseille-Provence exerce les compétences que les communes membres avaient transférées aux établissements publics de coopération intercommunale fusionnés en son sein (art. L. 5218-2). À la différence de ce qui est prévu pour la métropole du Grand Paris, ces compétences ne peuvent pas être restituées aux communes.

3. L'organisation de la métropole d'AMP

486. Enfin, la troisième particularité de la métropole d'Aix-Marseille-Provence réside dans son organisation, puisqu'elle est fondée sur des territoires (art. L. 5218-3). Représentés par un conseil de territoire composé des conseillers de la métropole d'Aix-Marseille-Provence, délégués des communes (art. L. 5218-4) et par un président élu en son sein (art. L. 5218-5), ces territoires, qui n'ont pas de personnalité morale, disposent néanmoins de compétences. Ils peuvent être saisis pour avis des rapports de présentation et des projets de délibération dans un certain nombre de cas (art. L. 5218-7-I). Ils disposent également d'un droit d'initiative et d'un pouvoir d'émettre des vœux sur tous les objets intéressant le territoire (art. L. 5218-7-I). Le Conseil de la métropole peut enfin déléguer à un conseil de territoire, avec l'accord de celui-ci, tout ou partie de l'exercice des compétences qui lui ont été transférées par ses communes membres à l'exception d'un certain nombre de compétences identifiées par la loi (art. L. 5218-7-II). À ces organes intermédiaires délégataires de compétences, il faut ajouter des organes de coordination. Une conférence métropolitaine des maires peut être consultée pour avis lors de l'élaboration et de la mise en œuvre de politiques de la métropole (art. L. 5218-9). La création d'un conseil de développement réunissant les représentants des milieux économiques, sociaux, culturels et associatifs avec des pouvoirs consultatifs, n'est pas sans rappeler les conseils économiques, sociaux et environnementaux régionaux (art. L. 5218-10).

§2. Les communautés

487. À côté des règles régissant l'ensemble des EPCI, les communautés sont soumises à des règles communes et à des règles spécifiques, propres à chacune des trois catégories qui les constituent.

A. Les règles communes aux différentes communautés

488. Les différentes communautés, que sont les communautés de communes, les communautés d'agglomération et les communautés urbaines, sont définies, quant à leur objet, de la même manière : les communes membres sont regroupées « au sein d'un espace de solidarité, en vue d'élaborer et de conclure un projet commun de développement urbain et d'aménagement de leur territoire » (art. L. 5214-1 pour les communautés de communes, L. 5215-1-1 pour les communautés urbaines et L. 5216-1 pour les communautés d'agglomération). Le territoire de ces communautés doit être d'un seul tenant et sans enclave. Dans ces trois définitions identiques, l'adjectif « urbain » est le seul mot qui sépare les communautés de communes, qui ne sont pas concernées, des deux autres catégories, ce qui signifie que les communautés de communes peuvent être créées ou sont réservées dans cette logique pour les zones rurales ou semi-urbaines. Cette identité d'objet a une incidence sur la définition des compétences. Parmi les compétences obligatoires de ces communautés, se trouvent en première ligne le développement économique et l'aménagement de l'espace communautaire (art. L. 5214-23-1 et 5214-16, L. 5215-20-1, L. 5216-5-1). La loi NOTRe du 7 août 2015 (art. 64) y avait ajouté à partir de 2020 les compétences en matière d'eau et d'assainissement. La loi n° 2018-702 du 3 août 2018 relative à la mise en œuvre du transfert des compétences eau et assainissement aux communautés de communes a cependant prévu un report du transfert de ces compétences au 1er janvier 2026, dans l'hypothèse où, avant le 1er juillet 2019, au moins 25 % des communes membres de la communauté de communes représentant au moins 20 % de la population s'opposent au transfert immédiat.

Cette nouvelle conception de la coopération, exprimée pour les différentes communautés depuis la loi du 12 juillet 1999, qui passe d'une coopération de service, existant encore avec les syndicats de communes, à une coopération de projet ou d'intégration, conduit à favoriser l'intégration par une fiscalité commune. Les communautés peuvent ainsi opter, soit pour une fiscalité additionnelle leur permettant de percevoir une part, additionnelle à celle perçue par les communes, de chacune des quatre taxes directes locales, soit pour la perception de la contribution économique unique sur l'ensemble de leur territoire ou sur la seule zone d'activité économique existant sur le territoire de la communauté.

Afin de renforcer l'intégration des communes au sein de ces EPCI, la loi n° 2004-809 du 13 août 2004 relative aux libertés et responsabilités locales, puis d'autres lois postérieures, ont autorisé le transfert de pouvoirs de police des maires aux présidents d'EPCI à fiscalité propre. Ce transfert est facultatif en matière de manifestations culturelles et sportives et de défense extérieure contre l'incendie et de police des déchets. La loi du 16 décembre 2010 a introduit par ailleurs le transfert de plein droit des pouvoirs de police au profit du président d'un EPCI à fiscalité propre dans les domaines de l'assainissement, de la réalisation d'aires d'accueil des gens du voyage (art. L. 5211-9-2, I, A, al. 1er et 3). D'autres lois postérieures ont complété ce dispositif en ajoutant, dans le domaine de la voirie, le transfert de plein droit des prérogatives en matière de police de la circulation et du stationnement et en matière de délivrance des autorisations de stationnement sur la voie publique aux exploitants de taxi et le transfert de plein droit des pouvoirs de police en matière de collecte des déchets ménagers (art. L. 5211-9-2, I, A, al. 2) et en matière d'habitat (art. L. 5211-9-2, I, A, al. 6).

B. Les règles spécifiques pour chaque catégorie de communautés

489. Les trois types de communautés que prévoit la loi n° 99-586 du 12 juillet 1999 relative au renforcement et à la simplification de la coopération intercommunale sont en principe destinés à des niveaux différents de coopération intercommunale. Les communautés d'agglomération ont vocation à regrouper les communes intermédiaires, comprises entre les communes des petites agglomérations ou des zones rurales, visées par les communautés de communes, et les très grandes agglomérations qui doivent être régies par les communautés urbaines. La création des métropoles par les lois du 16 décembre 2010 et du 27 janvier 2014 et la transformation de certaines communautés urbaines en métropoles ont contribué à marginaliser la place des communautés urbaines au sein du millefeuilles de l'intercommunalité. Le législateur adopte comme seul critère le nombre d'habitants qui, s'il est objectif, n'est pas le seul qui aurait pu être retenu.

1. Les communautés de communes

490. Les communautés de communes étaient les seules structures à ne pas être soumises à un seuil minimal de population pour pouvoir être constituées. Mais elles ne connaissaient pas non plus de seuil maximal et pouvaient donc être créées pour n'importe quelle agglomération, dans la limite des avantages financiers réservés aux communautés d'agglomération et aux communautés urbaines. La loi du 7 août 2015 institue un seuil de 15 0000 habitants. Ce seuil est toutefois adapté, sans pouvoir être inférieur à 5 000 habitants, pour les intercommunalités situées dans une zone de montagne et dans les territoires insulaires ou lorsqu'elles atteignent 50 communes, si le préfet le souhaite. La taille des intercommunalités pourra également être pondérée selon la densité démographique de l'EPCI, celle du département ou celle du territoire national. Les EPCI de plus de 12 000 habitants et issus d'une fusion intervenue après le 1er janvier 2012 échappent également à ce seuil minimal de population. On dénombre 995 communautés de communes en 2021 contre 1 001 en 2019.

Les communautés de communes sont soumises à l'obligation générale de continuité territoriale, « sans enclave et d'un seul tenant » (art. L. 5214-1).

À la différence des deux autres catégories de communautés, la communauté de communes peut être instituée pour une durée déterminée dans la décision de création, elle l'est dans le cas contraire sans fixation de terme (art. L. 5214-4). La plus grande souplesse des compétences s'accompagne d'une plus grande latitude dans la gestion du temps.

En effet, la communauté de communes est une structure relativement souple dont les règles institutionnelles sont moins contraignantes que celles applicables aux deux autres catégories de communautés. De même, les transferts de compétences sont surtout déterminés par les communes. L'énumération des compétences que les communautés de communes doivent exercer a beaucoup évolué au gré des nombreuses lois intervenues depuis 2010. Elles exercent, dans l'état actuel du droit, les compétences relevant de chacun des sept groupes suivants : aménagement de l'espace et actions de développement économique, gestion des milieux aquatiques (c'est-à-dire aménagement et entretien des cours d'eau dans une logique de bon état écologique) et prévention des inondations et la gestion d'ouvrages de protection (systèmes d'endiguement, barrages...), aménagement, entretien et gestion des aires d'accueil des gens du voyage, collecte et traitement des déchets des ménages, assainissement des eaux usées et eau. S'agissant de ce dernier groupe de compétences, la loi n° 2018-702 du 3 août 2018 relative à la mise en œuvre du transfert des compétences eau et assainissement aux communautés de communes a prévu un report du transfert de ces compétences au 1er janvier 2026 si une minorité de blocage s'est manifestée avant le 1er janvier 2020 comme mentionné *supra* (art. L. 5214-16-I).

La communauté de communes peut par ailleurs exercer des compétences, pour la conduite d'actions d'intérêt communautaire relevant des huit groupes suivants : protection et mise en valeur de l'environnement, politique du logement et du cadre de vie, création, aménagement et entretien de la voirie, construction, entretien et fonctionnement d'équipements culturels et sportifs et d'équipements de l'enseignement préélémentaire et élémentaire, action sociale d'intérêt communautaire, assainissement et eau dans les conditions prévues par la loi du 3 août 2018, création et gestion des maisons de services au public et définition des obligations de service au public y afférentes (art. L. 5214-16-II).

La définition des compétences transférées et celle de l'intérêt communautaire exigé sont déterminées dans les conditions de majorité qualifiée requise pour la création de la communauté de communes.

2. Les communautés d'agglomération

491. Les communautés d'agglomération peuvent regrouper plusieurs communes formant, à la date de leur création, un ensemble de plus de 50 000 habitants d'un seul tenant et sans enclave autour d'une ou de plusieurs communes centres de plus de 15 000 habitants (art. L. 5216-1). Le seuil démographique de 15 000 habitants ne s'applique d'ailleurs pas lorsque la communauté d'agglomération comprend le chef-lieu de département ou pour la « commune la plus importante du département », lorsqu'elle n'est pas le chef-lieu. En 2021, la France compte 223 communautés d'agglomération.

La référence au développement urbain de leur territoire apporte la preuve, s'il en était besoin, que les communautés d'agglomération sont bien destinées au monde des villes et de leur périphérie.

Les communautés d'agglomération sont constituées sans limitation de durée à la différence des communautés de communes (art. L. 5216-2).

Les compétences spécifiques des communautés d'agglomération sont fixées par l'article L. 5216-5 et elles comprennent les compétences transférées de plein droit en matière de développement économique, d'aménagement de l'espace communautaire, d'équilibre social de l'habitat sur le territoire de la communauté, de politique de la ville, de gestion des milieux aquatiques et prévention des inondations, d'accueil des gens du voyage, de collecte et traitement des déchets ménagers, d'assainissement des eaux usées et eau et gestion des eaux pluviales urbaines.

Les communautés d'agglomération peuvent, en outre, exercer les compétences relevant de cinq groupes, ce qui laisse une relative liberté de choix aux communes : la création et l'aménagement de voirie d'intérêt communautaire ou des parcs de stationnement d'intérêt communautaire, la protection et la mise en valeur de l'environnement et du cadre de vie, la construction, l'aménagement, l'entretien ou la gestion d'équipements culturels et sportifs d'intérêt communautaire, l'action sociale d'intérêt communautaire ainsi que la création et la gestion de maisons de services au public et la définition des obligations de service au public y afférentes. Le choix de ces compétences est arrêté par décision des conseils municipaux des communes intéressées à la majorité qualifiée requise pour la création (art. L. 5216-5-II).

3. Les communautés urbaines

492. Par comparaison avec les communautés de communes et les communautés d'agglomération réorganisées par la loi du 12 juillet 1999, les communautés urbaines ne devaient intéresser que les agglomérations de très grande taille et en principe urbaines, compte tenu de la qualification de ces communautés. Néanmoins, certaines de celles créées par les communes après la loi du 31 décembre 1966 ne répondaient pas vraiment au qualificatif d'urbain comme celle du Creusot-Montceau (Saône-et-Loire) créée en 1970 et qui rassemble aujourd'hui trente-quatre communes autour de ses deux villes centres. Le Creusot et Montceau-les-Mines pour une population de moins de 100 000 habitants. Cette particularité en fait un cas unique au sein des communautés urbaines de France. Les communautés urbaines, créées par la loi du 31 décembre 1966, avaient été placées par la loi nº 99-586 du 12 juillet 1999 au niveau le plus intégré de l'intercommunalité (art. L. 5215-1). À l'origine, quatre communautés urbaines ont été créées par la loi de 1966 : Bordeaux, Lille, Lyon et Strasbourg. Huit autres communautés ont ensuite été créées par décision volontaire et selon les procédures définies par la loi : Brest, Cherbourg, Dunkerque, Le Creusot, Le Mans, ont été créées au cours de la décennie 1970 et Nancy, Alençon et Arras l'ont été au cours des années 1990 par la transformation des districts en communautés urbaines. Trois autres communautés urbaines ont été créées après la loi du 12 juillet 1999 : Nantes, Marseille et Toulouse. Depuis la loi du 27 janvier 2014, certaines de ces communautés (Bordeaux, Lille, Lyon, Strasbourg, Toulouse, Nantes et Brest) ont intégré la catégorie des métropoles de droit commun. C'est le cas aussi de Lyon qui a disparu au profit de la métropole de Lyon, nouvelle collectivité territoriale au sens de l'article 72 de la Constitution et de Marseille qui est devenue une métropole dérogatoire (cf. *supra*). On dénombre aujourd'hui 14 communautés urbaines, soit Grand Paris Seine et Oise, Angers Loire Métropole, Grand Reims, Le Havre Seine Métropole, Perpignan Méditerranée Métropole, Caen la Mer, Limoges Métropole, Le Mans Métropole, Grand Dunkerque Métropole, Grand Poitiers, Grand Besançon Métropole, Arras, Le Creusot-Montceau-les Mines et Alençon, ces communautés pouvant regrouper 17 communes (Dunkerque) ou 143 communes (Reims). La plus peuplée est celle de Grand Paris Seine et Oise, située dans les Yvelines qui compte plus de 415 000 habitants mais se trouve être la seule à ne pas avoir de ville-centre. Au total, ces communautés urbaines regroupent 658 communes pour 3 128 000 habitants. Leur nom est parfois trompeur, le terme de « métropole » ayant ici une connotation volontairement « attractive » mais ne désignant pas un type particulier d'EPCI.

La création d'une communauté urbaine est subordonnée, comme la création d'une communauté d'agglomération, à trois conditions qui sont respectivement d'ordre démographique, géographique et économique (art. L. 5215-1). Tout d'abord, la communauté urbaine doit recouvrir un ensemble de plus de 250 000 habitants. Cet article précise bien que ces conditions ne sont pas exigées pour les communautés urbaines existant à la date de publication de la loi n° 99-586 du 12 juillet 1999 (*ibidem*, al. 2). Ensuite, cet ensemble doit être situé sur un territoire « d'un seul tenant et sans enclave ». Enfin, la communauté a pour finalité de créer un espace de solidarité pour élaborer et conduire un projet commun de développement urbain et d'aménagement de leur territoire.

Les compétences spécifiques des communautés urbaines sont organisées autour de blocs de compétences obligatoires, chacun d'entre eux comprenant une liste de compétences plus précises (art. L. 5215-20) : développement et aménagement économique, social et culturel, aménagement de l'espace communautaire, équilibre social de l'habitat, politique de la ville, gestion des services d'intérêt collectif, protection et mise en valeur de l'environnement et de politique du cadre de vie, aménagement, entretien et gestion des aires d'accueil des gens du voyage et des terrains familiaux locatifs, assainissement des eaux usées, gestion des eaux pluviales et gestion des milieux aquatiques et prévention des inondations. Les communautés urbaines ont aussi la possibilité de se voir confier toutes autres compétences facultatives.

§3. Les EPCI sans fiscalité propre

493. Ils constituent la formule de regroupement la plus ancienne, la plus souple, du moins dans leur version actuelle, qui s'inscrit dans le cadre d'une intercommunalité de gestion et non une intercommunalité de projet, à la différence des diverses communautés. Ils sont définis à l'article L. 5212-1 comme un « établissement public de coopération intercommunale associant des communes en vue d'œuvres ou de services d'intérêt intercommunal ».

Les syndicats de communes, créés par la loi du 22 mars 1890 sur les syndicats de communes précitée, étaient conçus au départ comme devant être un complément à la loi municipale du 5 avril 1884. La loi de 1890 n'autorisait les communes à créer des syndicats en vue de la gestion que d'un seul service public, par exemple à l'époque l'adduction d'eau ou l'électrification. En outre, toutes les communes devaient donner leur accord pour créer un tel syndicat et l'unanimité était également requise pour le fonctionnement.

Ces syndicats se caractérisaient ainsi, dans la formule de la loi de 1890, par une très grande rigidité. Malgré ces handicaps apparents, la formule du syndicat a connu un très grand succès : tout en permettant de réaliser des infrastructures publiques, le syndicat sauvegardait l'autonomie communale et la liberté de gestion des communes membres. Le 1er janvier 2021, on dénombrait 9 465 syndicats contre 9 967 en 2019 regroupant les syndicats de communes à vocation unique au nombre (SIVU), c'est-à-dire compétents pour gérer une seule activité de service public, au nombre de 4 872, les syndicats à vocation multiple au nombre de 1 223 (SIVOM) et les syndicats mixtes (sur ces derniers, cf. chapitre 2 suivant). Si les SIVU restent majoritaires (55 %), leur nombre a connu une forte diminution (7 961 en 2016). Parmi les syndicats intercommunaux (SIVU et SIVOM), en 2020, la majorité (58 %) ont moins de cinq communes membres. Près d'un quart (23 %) a entre 5 et 9 communes membres, 12 % en ont 10 à 19,3 % en ont entre 20 et 29 et 3 % ont au moins 30 communes membres.

L'étape principale dans l'évolution des syndicats fut réalisée par l'ordonnance n° 59-29 du 5 janvier 1959 relative aux syndicats de communes, susceptibles d'être créés pour « associer les communes en vue d'œuvres ou des services d'intérêt intercommunal ». Le pluriel des œuvres ou des services permettait désormais de créer des syndicats à vocation multiple (ou SIVOM). Les compétences gérées sont, en priorité, la voirie, les ordures ménagères, l'assainissement, les activités scolaires et périscolaires, le tourisme et l'eau. Ils correspondent, bien qu'ils n'aient pas d'autonomie fiscale, à des besoins réels des communes, ce qui explique leur succès. Ils peuvent aussi constituer une étape vers une intégration poussée des communes. La plupart des structures intercommunales existantes à l'heure actuelle ont été, à un moment donné, des syndicats de communes. La loi du 7 août 2015 prévoit la suppression obligatoire des syndicats intercommunaux intervenant sur le périmètre d'une intercommunalité (5 500 structures environ sont concernées) par la voie de la dissolution (art. 40).

L'administration du syndicat de communes relève, pour l'essentiel, des règles applicables à l'ensemble des établissements publics de coopération intercommunale (art. L. 5212-6 à L. 5212-17). Il faut néanmoins rappeler que les membres du comité syndical ne sont pas obligatoirement des membres des conseils municipaux mais peuvent être des personnes éligibles au conseil municipal des communes membres et élus par chaque conseil dans les conditions prévues à l'article L. 2122-7 relatif à l'élection du maire par le conseil municipal (art. L. 5211-7). Cette règle est bien présentée par le Code général comme une dérogation aux règles prévues pour la désignation des organes délibérants des EPCI à fiscalité propre. En outre, le comité syndical est composé de deux délégués par commune, quel que soit le nombre d'habitants, dans une logique qui n'est pas sans rappeler la composition des chambres des États fédérés dans un État fédéral (art. L. 5212-7). Ce même texte précise que les fonctions de délégué sont exercées à titre bénévole.

Les règles relatives à la création, aux modifications, au retrait des communes, aux compétences et aux finances constituent en revanche des spécificités propres au syndicat de communes.

A. La création et les modifications des syndicats de communes

494. La création des syndicats de communes est régie à l'heure actuelle par les articles L. 5212-1 à L. 5212-5 : les dispositions sont en réalité assez sommaires et peu développées car, pour l'essentiel, sont applicables celles qui sont codifiées aux articles L. 5211-5 et suivants et qui sont communes à tous les établissements publics de coopération intercommunale. La création des syndicats de communes se caractérise par une grande liberté, dans la création, l'élaboration des statuts, la possibilité d'adhésion ou de retrait. Cette liberté se concilie avec le rôle du représentant de l'État dans le département, c'est-à-dire le préfet. Ni la loi du 2 mars 1982, relative aux droits et libertés des collectivités territoriales, ni les lois suivantes n'ont supprimé la place éminente tenue par l'État dans la constitution des syndicats, tant il est vrai que seul l'État a la possibilité de créer ou de reconnaître d'autres personnes morales de droit public que lui-même.

1. Les conditions de création d'un syndicat de communes

495. Les communes doivent manifester leur accord en faveur du principe même de la création d'un syndicat. En réalité, cette volonté est assez fréquemment « soufflée » par les autorités préfectorales ou les services déconcentrés de l'État pour des raisons d'efficacité.

L'article L. 5212-2 distingue deux cas de figure : ou bien toutes les communes sont d'accord pour coopérer et le manifestent par des délibérations concordantes, et le préfet se borne alors à entériner cette proposition et à fixer, sur la proposition des communes, le siège du syndicat (art. L. 5212-4) ; ou bien il peut apparaître utile d'élargir le champ territorial du futur syndicat à des communes qui n'ont pas manifesté leur désir d'adhérer à ce syndicat. C'est là où le mécanisme prévu en 1959 et instituant la majorité qualifiée prend toute sa valeur. Sur l'initiative d'une ou de plusieurs communes, par l'intermédiaire de leurs conseils municipaux, le préfet fixe alors la liste des communes concernées, en traçant le périmètre du futur syndicat. Dans ce cadre ainsi fixé, la consultation des conseils municipaux doit aboutir à une majorité qualifiée des deux tiers/moitié. La procédure est relativement simple : il suffit qu'au moins une commune le demande pour que le préfet puisse être conduit à organiser une consultation de plusieurs conseils municipaux dans un périmètre donné. Une seule formalité subsiste : le préfet ou les préfets, si les communes sont situées dans plusieurs départements, doit (ou doivent) communiquer pour information au conseil départemental (ou aux conseils départementaux) du (ou des) départements dans lequel (lesquels) se situent ces communes (art. L. 5212-2).

Au vu du résultat de la consultation des conseils municipaux et si une majorité adéquate se dégage, le préfet décide de la création du syndicat de communes par un arrêté d'autorisation qui, outre le siège du syndicat, fixe les conditions de la participation des communes qui ont refusé leur adhésion au syndicat. Des communes qui n'ont pas souhaité adhérer peuvent en effet se retrouver englobées dans le périmètre d'un syndicat de communes. Le volontarisme et la liberté qui caractérisaient le régime de la loi de 1890 ont, d'une certaine façon, disparu, la majorité qualifiée ayant remplacé l'unanimité.

2. Les conditions de retrait et de dissolution du syndicat

496. Les syndicats de communes ne sont pas obligatoirement destinés à être éternels et les communes peuvent ne pas être définitivement liées à un syndicat de communes. Le retrait et la dissolution sont organisés de manière assez détaillée (art. L. 5212-29, L. 5212-29-1 et L. 5212-30). Ces dispositions, qui sont parmi les rares à être détaillées au sein du chapitre consacré aux syndicats de communes, illustrent la volonté du législateur de maintenir une spécificité de cette forme de coopération, en conservant une certaine souplesse. Trois possibilités de retrait sont offertes.

L'article L. 5212-29 prévoit, tout d'abord, qu'une commune peut quitter un syndicat si sa participation devient sans objet, à la suite d'une modification législative ou réglementaire ou de la situation de la commune au regard de cette réglementation. Le retrait est autorisé par le représentant de l'État dans le département après avis de la commission départementale de la coopération intercommunale. Cet avis est réputé négatif s'il n'a pas été rendu à l'issue d'un délai de deux mois.

Le retrait est également possible pour permettre à une commune d'adhérer à une communauté de communes, après autorisation du préfet et après avis de la commission départementale de la coopération intercommunale (art. L. 5212-29-1).

Enfin, une commune, membre du syndicat, peut estimer que les dispositions statutaires, en matière d'organisation, de compétences ou de ressources, sont « de nature à compromettre de manière essentielle son intérêt à participer à l'objet syndical » (art. L. 5212-30). La procédure est, dans ce cas, analogue, mais plus complexe.

Les causes de dissolution d'un syndicat sont nombreuses et elles sont prévues à l'article L. 5212-33 du Code général. Il existe, tout d'abord, des cas de dissolution de plein droit (al. 2). Cette disposition distingue plusieurs hypothèses. Elle prévoit ainsi le cas du syndicat formé pour une durée déterminée par la décision institutive, différent de celui où le syndicat est créé sans fixation de terme. La première cause de dissolution réside donc dans l'arrivée du terme prévu : il s'agit d'une dissolution de plein droit, qui se produit aussi à l'achèvement de l'opération que le syndicat avait pour mission de conduire ou à la date du transfert des services publics au profit d'une des autres structures intercommunales qui sont proposées aux communes. La dissolution de plein droit est aussi prévue lorsque le syndicat ne compte plus qu'une seule commune membre. Cette dissolution automatique résulte d'événements objectifs. Elle peut aussi être le fruit d'une décision volontaire des communes qui doivent alors exprimer un consentement unanime.

Il peut aussi être dissous (al. 4 et s.), et il s'agit alors de possibilités et non de dissolution de plein droit, sur la demande motivée de la majorité des conseils municipaux et le syndicat est dissous par arrêté du ou des représentants de l'État. Il peut aussi être dissous d'office par décret rendu après avis conforme du Conseil d'État. Cette dernière dissolution d'office doit intervenir, comme pour la dissolution des conseils municipaux, pour des motifs graves de nature à rendre impossible le maintien de toute coopération entre les communes. La jurisprudence fait apparaître des cas de dissolution, d'office ou non, qui ne sont donc pas des hypothèses d'école.

La loi n° 88-13 du 5 janvier 1988 d'amélioration de la décentralisation a introduit un nouveau cas de dissolution, codifié à l'article L. 5212-34, pour les syndicats qui n'exercent aucune activité depuis deux ans. Ils peuvent être dissous par arrêté du représentant de l'État après avis des conseils municipaux des communes membres. La procédure est relativement simple et elle est destinée à mettre fin aux syndicats fantômes, qui sont, semble-t-il, assez nombreux et qui constituent un alourdissement inutile, du moins sur le papier, de l'administration locale.

B. Les compétences des syndicats de communes

497. Le principe cardinal, qui n'a pas varié depuis la loi de 1890, est que les communes membres fixent elles-mêmes les compétences du syndicat. C'est ce qui distingue fondamentalement le syndicat de communes des autres formules de coopération, qui sont plus contraignantes. Ces compétences sont donc énumérées dans l'arrêté préfectoral de création, et elles peuvent intéresser un ou plusieurs objets. Ceux-ci peuvent être modifiés ultérieurement mais l'extension est soumise à l'avis des conseils municipaux des communes membres. Elle est acquise si le tiers des conseils municipaux ne s'y oppose pas. En revanche, la réduction des attributions syndicales nécessite une délibération concordante de tous les conseils municipaux : il est donc plus facile d'élargir les compétences d'un syndicat que de les restreindre, ce qui illustre la volonté du législateur d'encourager la coopération intercommunale.

En tout état de cause, il n'y a pas d'extension des compétences sans une décision formelle, qui se ferait par un phénomène de croissance naturelle : un syndicat de communes ne peut pas gérer spontanément une compétence nouvelle qui serait un complément d'une compétence ancienne, comme, par exemple, la création et la gestion d'une usine d'incinération en complément du ramassage des ordures ménagères. En revanche, lorsqu'une compétence est transférée à un syndicat, les communes en sont dépossédées et ne peuvent plus prendre de décisions dans ces domaines.

C. Les finances des syndicats de communes

498. Le syndicat, établissement public, dispose de l'autonomie financière : de ce fait, il possède un budget propre. Comme pour les communes, il est préparé par le président du syndicat et voté par le comité syndical. Il est soumis aux mêmes règles que les budgets communaux et doit donc être adopté avant le 31 mars de l'année de l'exercice auquel il s'applique.

Les ressources sont relativement variées : de façon classique, le syndicat bénéficie des revenus des biens du syndicat, des redevances correspondant aux services rendus, des dons et des legs.

En revanche, les syndicats de communes ne sont pas dotés d'une fiscalité propre, d'où la distinction entre les deux catégories d'EPCI qui est constante dans le Code général. Le syndicat est en effet alimenté par des participations des communes membres, qui constituent pour elles des dépenses obligatoires et qui peuvent revêtir deux formes différentes, soit des contributions budgétaires, soit des contributions fiscalisées. Dans le premier cas, ces contributions passent ainsi du budget des communes au budget du syndicat, selon une clef de répartition qui est fixée par les statuts. Dans le second cas, bien qu'il n'y ait pas de fiscalité syndicale autonome, l'ordonnance du 5 janvier 1959 a prévu que le comité du syndicat peut décider que cette contribution est remplacée par des « centimes additionnels » selon une terminologie un peu ancienne (c'est-à-dire par une part du produit des quatre taxes directes que sont la contribution économique territoriale, la taxe d'habitation ou les taxes foncières).

Le syndicat peut ainsi percevoir des impôts directs, sauf si une commune s'oppose à une telle perception sur son territoire : dans ce cas, le conseil municipal de cette commune doit affecter d'autres ressources d'un montant égal au paiement de sa quote-part. Il est fréquent qu'un syndicat intercommunal fonctionne selon un financement mixte, une partie des communes finançant leur quote-part par des contributions fiscalisées, les autres communes le faisant par des contributions budgétaires. La répartition de la contribution de chaque commune est effectuée par les services fiscaux de l'État sur la base de critères qui sont fixés dans les statuts.

CHAPITRE 2

Les autres formes de coopération entre collectivités territoriales

499. Les collectivités territoriales peuvent coopérer entre elles en ayant recours à d'autres formes de coopération que la coopération intercommunale. Elles peuvent décider de constituer des structures dotées de la personnalité morale ou avoir recours au contrat. Loin d'être exclusives l'une de l'autre, ces deux formes de coopération, institutionnelle ou contractuelle, peuvent être complémentaires et se combiner.

Section 1
La coopération institutionnelle

500. Les collectivités territoriales ont par ailleurs à leur disposition plusieurs instruments juridiques leur permettant d'instituer des partenariats institutionnels public/public (voir *supra*, pour les partenariats institutionnels public/privé, « Les partenaires des collectivités territoriales »). Outre la création de sociétés privées comme les sociétés publiques locales, les sociétés publiques locales d'aménagement, les collectivités territoriales peuvent coopérer entre elles, mutualiser leurs moyens en se regroupant, indépendamment de la coopération intercommunale, au sein d'institutions auxquelles elles transfèrent ou délèguent des compétences ou des missions. Ces institutions de coopération sont nombreuses ; elles sont soumises à des régimes juridiques qui ne sont pas homogènes. Elles sont pour certaines très proches et se superposent les unes aux autres, sans que leur intérêt respectif apparaisse de manière évidente, ce qui rend le paysage institutionnel assez complexe. Deux types de coopération peuvent être toutefois distingués : d'une part, la coopération verticale mettant en présence des collectivités territoriales de niveaux différents et qui prend principalement la forme de syndicats mixtes, et d'autre part, la coopération horizontale impliquant des collectivités territoriales de même niveau, telle que les ententes qui intéressent surtout les collectivités territoriales autres que les communes.

§1. La coopération verticale

501. Elle prend des formes diverses, dont certaines ont été renouvelées depuis la loi du 16 décembre 2010 de réforme des collectivités territoriales. Elle intéresse nécessairement des collectivités ou des regroupements qui se situent à des niveaux territoriaux différents.

A. Les syndicats mixtes

502. Les syndicats mixtes, créés par un décret n° 55-606 du 20 mai 1955, modifié par la loi n° 70-1297 du 31 décembre 1970, constituent des regroupements de plusieurs personnes publiques afin de mettre en commun des moyens et d'exercer ensemble une ou plusieurs activités d'intérêt général. En 2020, la France comptait 2 803 syndicats mixtes. Deux types de syndicats mixtes doivent être distingués.

Les syndicats mixtes fermés, tout d'abord, regroupent exclusivement des communes et des EPCI (art. L. 5711-1 et s.). Ils sont soumis aux règles applicables aux syndicats de communes même si le Conseil d'État leur a dénié la qualité d'établissement public de coopération intercommunale (CE, 5 janvier 2005, *Syndicat des eaux du Nord*, Lebon, p. 6). Les syndicats mixtes fermés sont administrés par un comité composé de représentants de leurs membres : les communes peuvent désigner tout citoyen réunissant les conditions requises pour faire partie du conseil municipal. On les trouve surtout dans les secteurs de l'eau, des déchets et de l'assainissement et de l'énergie.

Les syndicats mixtes ouverts, ensuite, constituent des établissements publics locaux qui regroupent des collectivités de différents niveaux, à savoir des communes, des départements, des régions, leurs regroupements et d'autres personnes morales de droit public comme les chambres consulaires que sont les chambres des métiers ou les chambres du commerce et d'industrie (art. L. 5721-1 et s.). Ils doivent comprendre au moins une collectivité territoriale ou un groupement de ces collectivités (art. L. 5721-2). Ils sont administrés par un comité qui est composé soit d'élus, soit de citoyens (CE, 27 juillet 2005, n° 274315, *Commune d'Herry*). Ils sont constitués pour assurer la gestion de services ou la mise en œuvre d'actions pour lesquelles les membres du syndicat ont un intérêt commun. Ils peuvent être dissous, à la différence des autres établissements publics, une fois l'opération programmée achevée.

B. L'agence départementale

503. Le cas particulier de l'agence départementale doit aussi être évoqué. L'article L. 5511-1 du CGCT, introduit par la loi n° 96-142 du

21 février 1996, prévoit qu'un département, des communes et des établissements publics intercommunaux peuvent créer entre eux un établissement public dénommé agence départementale. Cette agence est chargée d'apporter aux collectivités territoriales et aux établissements publics intercommunaux du département qui le demandent, une assistance d'ordre technique, juridique ou financier.

C. Les pôles métropolitains

504. Les pôles métropolitains, créés par la loi du 16 décembre 2010, constituent un type de syndicat mixte fermé. Ce sont des établissements publics constitués par accord entre des établissements publics de coopération intercommunale à fiscalité propre (art. L. 5731-1 et s.). Depuis la loi MAPTAM du 27 janvier 2014, ils peuvent associer les régions et les départements. Dans ce cas, ils sont soumis au régime des syndicats mixtes ouverts. Ils agissent « en vue d'actions d'intérêt métropolitain afin de promouvoir un modèle d'aménagement, de développement durable et de solidarité territoriale ». Ils doivent regrouper, depuis la loi du 27 janvier 2014 précitée, 300 000 habitants dont 100 000 issus d'un même EPCI et regrouper des agglomérations qui ne sont pas sur un territoire continu et sans enclave. Ils constituent dans ce cas un réseau d'agglomérations discontinues. En 2020, il y avait vingt-cinq pôles métropolitains, dont celui de Loire-Bretagne, du Pays du Béarn et celui de Bourgogne-Sud Champagne-Portes de Paris.

D. Les pôles d'équilibre territorial et rural

505. Créés par la loi du 27 janvier 2014, les pôles d'équilibre territorial et rural constituent des structures de coopération mises à la disposition des territoires situés hors des métropoles, ruraux ou non ruraux. Ils constituent des établissements publics composés par accord entre plusieurs EPCI à fiscalité propre, et seulement eux, au sein d'un périmètre d'un seul tenant et sans enclave correspondant à un bassin de vie ou de population (art. L. 5741-1 et s.). Un EPCI à fiscalité propre ne peut appartenir à plus d'un pôle d'équilibre territorial et rural. Sauf mention contraire, et dès lors qu'ils ne sont composés que d'EPCI, ils sont soumis aux règles applicables aux syndicats mixtes. Ils ont principalement vocation à remplacer les pays créés par la loi du 4 février 1995 et dont le fondement juridique a été abrogé par la loi du 16 décembre 2010. À défaut de simplifier, la loi a remplacé une forme de coopération par une autre.

Les pôles élaborent un projet de territoire pour le compte et en partenariat avec les EPCI qui le composent. Il s'agit d'un projet d'aménagement et de développement économique, écologique, culturel et social du territoire.

Pour la mise en œuvre de ce projet de territoire, le pôle d'équilibre territorial et rural peut conclure avec les EPCI dotés de la fiscalité propre qui le composent et les conseils départementaux et régionaux étant associés à son élaboration, une convention territoriale. Celle-ci fixe les missions déléguées aux pôles par les EPCI et par les conseils départementaux et régionaux. Ces pôles peuvent créer des services unifiés.

§2. La coopération horizontale

506. Les conseils départementaux peuvent créer des établissements publics interdépartementaux (art. L. 5411-2) ou encore des ententes interdépartementales pour gérer des objets d'utilité départementale compris dans leurs attributions (art. L. 5411-1).

Les régions peuvent également s'associer au sein des ententes interrégionales créées par décret en Conseil d'État, sur délibérations concordantes des conseils régionaux après avis des conseils économiques et sociaux régionaux (art. L. 5621-1). Les compétences de l'entente sont variables : elles peuvent aller jusqu'à conclure avec l'État des contrats de plan aux lieu et place des régions qui les composent. Malgré ces pouvoirs importants, ces différentes ententes ont eu peu de succès. La création de grandes régions par la loi du 16 janvier 2015 a rendu moins nécessaire, pour certains territoires régionaux fusionnés, la création de telles ententes.

Section 2
La coopération contractuelle

507. Le recours des collectivités territoriales au contrat n'est pas nouveau, mais il est de plus en plus important (Conseil d'État, *Le contrat, mode d'action publique et de production de normes*, Rapport public 2008, La Documentation française). La multiplication de ces conventions, qui répondent à des finalités différentes, n'en soulève pas moins des questions nouvelles. Cette contractualisation soulève aussi des questions constitutionnelles, dans la mesure où la conclusion de ces conventions entre collectivités territoriales doit être conciliée avec les deux principes d'interdiction de toute tutelle d'une collectivité sur une autre et de libre administration de chaque collectivité (voir *supra*, « Les compétences des collectivités territoriales »). Mais d'autres questions ont dû être réglées par les juges français et européens, s'agissant plus précisément des conditions de conclusion de ces contrats conclus entre personnes publiques au regard des exigences de mise en concurrence.

§1. La typologie des conventions

508. Certaines conventions sont, tout d'abord, relatives à l'exercice des compétences des collectivités territoriales (voir *supra*, « Les compétences des collectivités territoriales »).

Par ces conventions, les collectivités territoriales délèguent à d'autres ou à des établissements publics de coopération intercommunale ou aux métropoles l'exercice de tout ou partie des compétences qui leur ont été transférées par la loi. Ces délégations conventionnelles ont été rendues possibles par la loi du 16 décembre 2010 entre collectivités territoriales (art. L. 1111-8 pour les délégations de compétences) ou entre l'État et les collectivités territoriales (art. L. 1111-8-1 pour les délégations de compétences). Elles illustrent avant tout la souplesse du mécanisme contractuel.

D'autres conventions constituent des instruments de coordination entre collectivités territoriales ayant des compétences distinctes mais pouvant être exercées sur un même territoire. Elles visent, à la différence des premières, à répondre à l'enchevêtrement des compétences et à la complexité croissante des services publics. Le législateur a ainsi prévu la conclusion de conventions territoriales d'exercice concerté de la compétence, élaborées dans les domaines de compétences partagées par les collectivités chefs de file, dans le cadre de la conférence territoriale de l'action publique (art. L. 1111-9-1, issu de la loi du 27 janvier 2014). Ces conventions territoriales d'exercice concerté de la compétence doivent fixer les objectifs de rationalisation et les modalités de l'action commune.

D'autres conventions encore ont pour objet la mutualisation de services ou d'équipements en cas d'exercice en commun d'une compétence. L'article L. 5111-1-1-I vise, par exemple, les conventions qui ont pour objet d'assurer l'exercice en commun d'une compétence appartenant aux collectivités concernées (départements, régions, établissements publics, groupements, EPCI ou communes membres d'un même EPCI) soit « par la mise à disposition du service et des équipements d'un des cocontractants », soit par « le regroupement des services et équipements existants de chaque cocontractant à la convention au sein d'un service unifié relevant d'un seul de ces cocontractants ». Ces conventions répondent principalement au souci, dans un contexte économique difficile, de maîtrise et de réduction des dépenses, mais elles contribuent aussi à améliorer et à diversifier les services proposés.

Les conventions conclues entre les collectivités territoriales peuvent ensuite constituer le support de politiques publiques. Les contrats de pays à partir de 1975, les contrats d'agglomération, ou plus récemment les contrats de ville prévus par la loi n° 2014-366 du 24 mars 2014, Loi pour l'accès au logement et pour un urbanisme rénové, illustrent l'importance du contrat en matière d'aménagement du territoire et de politique de la ville. Plusieurs conventions sont propres à certaines collectivités territoriales. En région Île-de-France, par exemple, depuis la loi n° 2010-597 du 3 juin 2010 relative au Grand Paris, des contrats de développement territorial sont signés entre l'État et les collectivités territoriales, afin de programmer et de décliner des projets de territoire en matière d'urbanisme, de logement, de transports, de développement économique, sportif, culturel. La contractualisation s'étend à d'autres politiques publiques. Les contrats locaux de sécurité conclus entre l'État et les collectivités locales constituent, par exemple, des instruments incontournables de la politique de sécurité et de lutte contre la délinquance. Tous ces contrats mettent en œuvre au niveau local une politique publique nationale.

Les contrats de plan conclus entre l'État et les régions, les départements, les métropoles et les EPCI, prévus par la loi du 29 juillet 1982, participent de la même logique. Ils constituent un outil de la politique publique d'égalité des territoires. À travers leur dimension territoriale, ils ont pour objectif de mettre en œuvre des projets communs. Le Conseil d'État a néanmoins jugé que, dans la mesure où ces contrats de plan « ne fixe[nt] qu'un objectif et prévoi [en]t [leur] concrétisation par des conventions ultérieures, [ils] constitue[nt] une simple déclaration commune d'intention sans portée juridique » (CE, 21 déc. 2007, *Région du Limousin*, Lebon, p. 534).

§2. Les exceptions aux règles de la commande publique

509. Les contrats conclus entre personnes publiques locales relèvent en principe des règles de la commande publique (art. L. 5111-1 du CGCT). Tel est le cas lorsqu'une personne publique cocontractante fournit comme n'importe quel opérateur économique une prestation répondant aux besoins définis préalablement par une autre personne publique (voir *supra*, « Les partenaires des collectivités territoriales »).

Les conventions de coopération entre personnes publiques locales échappent toutefois à ce principe. Cette exception a été posée dans le cadre du droit de l'Union européenne, par la Cour de justice de l'Union européenne dans un arrêt du 6 juin 2009, *Commission c/Allemagne* (aff. C-480/06). Les règles de mise en concurrence sont écartées lorsque les collectivités territoriales concluent entre elles un contrat « ayant pour objet d'assurer la mise en œuvre d'une mission de service public qui est commune » dans un but d'intérêt général et sans que le contrat ne « donne lieu, entre ces entités à d'autres mouvements financiers que ceux correspondant au remboursement de la part des charges ». Transposant la directive du 26 février 2014 Marchés (art. 12 § 4) et la directive Concessions de la même date (art. 17, al. 4), le Code de la commande publique (art. L. 3211-1 à L. 3211-5 pour les contrats de concessions et art. L. 2511-1 à L. 2511-5 pour les marchés publics) consacre d'ailleurs cette exception jurisprudentielle en écartant l'application des règles de la commande publique lorsque « les pouvoirs adjudicateurs, y compris lorsqu'ils agissent en qualité d'entité adjudicatrice, établissent ou mettent en œuvre une coopération dans le but de garantir que les services publics dont ils ont la responsabilité sont réalisés en vue d'atteindre les objectifs qu'ils ont en commun, lorsque les conditions suivantes sont réunies : 1° La mise en œuvre de cette coopération n'obéit qu'à des considérations d'intérêt général ; 2° Les pouvoirs adjudicateurs concernés réalisent sur le marché concurrentiel moins de 20 % des activités concernées par cette coopération ».

Cette coopération contractuelle entre personnes publiques locales doit donc être bien distinguée d'un marché public par lequel une personne publique fournit au profit d'une autre une prestation contre le paiement d'un prix (par exemple, CJUE, 19 décembre 2012, *Azienda sanitaria ocale di Lecce Università del Salento*, aff. C-159/11, à propos d'un contrat de consultance et d'étude sur les risques de vulnérabilité sismique des structures). De même, la CJUE distingue clairement un transfert de compétences d'un marché public, dès lors que les compétences sont exercées de manière autonome et sous la responsabilité de la personne publique qui bénéficie du transfert (CJUE, 21 décembre 2016, n° C-51-15).

Le législateur français a inséré dans le CGCT des dispositions relatives à la coopération contractuelle entre collectivités. La mutualisation, sous réserve du respect de certaines conditions, échappe à la mise en concurrence. L'article L. 5111-1-1-I vise, comme cela a été mentionné, les conventions qui ont pour objet d'assurer l'exercice en commun d'une compétence appartenant aux collectivités concernées (départements, régions, établissements publics, groupements et syndicats mixtes) soit « par la mise à disposition du service et des équipements d'un des cocontractants », soit par « le regroupement des services et équipements existants de chaque cocontractant à la convention au sein d'un service unifié relevant d'un seul de ces cocontractants ». La convention doit fixer les conditions de remboursement par le bénéficiaire de la mise à disposition du service, des frais de fonctionnement lui incombant ou dans un cas de création d'un service unifié les modalités de remboursement des dépenses engagées par ce service pour le compte des cocontractants de la convention. Le Code général prévoit toutefois une forme ancienne de coopération entre collectivités territoriales, les ententes intercommunales, qui prennent la forme de conventions conclues entre des communes, des EPCI et leurs syndicats mixtes respectifs sur tout objet d'intérêt communal ou intercommunal d'intérêt commun, notamment pour « entreprendre ou conserver à frais communs des ouvrages ou des institutions d'utilité commune » (art. L. 5221-1). La conclusion de ces conventions, qui permettent la coopération entre communes ou entre une commune et un EPCI dont elle n'est pas membre, échappe aux règles de la commande publique (CE, 3 février 2012, n° 353737, *Commune de Veyrier-du-Lac*). Des conventions identiques sont également prévues pour les régions (art. L. 5611-1) et les départements (art. L. 5411-1).

CHAPITRE 3

L'action extérieure

510. Les collectivités territoriales ont depuis longtemps établi des relations avec des autorités locales étrangères, notamment lorsqu'elles sont situées à proximité des frontières nationales. Ce sont les régions qui ont principalement développé ces relations ; elles ont mis sur pied parfois de nouvelles structures de coopération regroupant des régions de différents pays, dans lesquelles s'élaborent de plus en plus des programmes confortés par les politiques européennes.

Cependant, l'État français considère avec une certaine réserve ces initiatives prises par les collectivités territoriales dans le domaine des relations internationales. Il est vrai qu'en principe ces relations ne peuvent exister qu'au niveau des États et que l'État unitaire détient le monopole en matière de relations extérieures. Ce monopole s'appuie plus précisément sur les principes d'indivisibilité de la République et de la souveraineté inscrits aux articles 1er et 3 de la Constitution. Il se traduit par la compétence exclusive du président de la République dans la négociation et la ratification des traités (art. 52 de la Constitution) et interdit toute action des collectivités territoriales en la matière selon la jurisprudence du Conseil constitutionnel (déc. n° 83-160 DC du 9 juillet 1983, Convention fiscale avec la Nouvelle-Calédonie). Cette méfiance explique que, pendant longtemps, l'action extérieure des collectivités territoriales n'ait été régie par aucun texte.

Cette conception absolue du principe d'indivisibilité de la souveraineté a fait toutefois l'objet de critiques. Certains auteurs ont tenté de démontrer que ce principe interdisait seulement aux collectivités territoriales de mener des relations avec les États et non avec d'autres autorités locales étrangères. Parallèlement, pour répondre aux demandes des collectivités territoriales, la loi du 2 mars 1982, et les autres lois qui ont suivi ont donné une base légale aux actions de coopération que ces dernières avaient souvent déjà engagées sur le terrain. Ce cadre général a été complété par des dispositifs institutionnels particuliers qui trouvent leur origine dans le droit de l'Union européenne et dans le droit du Conseil de l'Europe. L'État a développé par ailleurs son soutien aux collectivités territoriales à travers la création de certains organismes, comme la Délégation pour l'action extérieure des collectivités territoriales (DAECT) ou la Commission nationale de la coopération décentralisée

(CNCD). La coopération décentralisée, sous l'effet de l'évolution du droit positif, s'est ainsi développée. En 2019, plus de 13 000 actions avaient été menées par près de 5 000 collectivités territoriales françaises dans 147 pays. L'action extérieure des collectivités territoriales, qu'elle soit menée dans un cadre général ou au sein de dispositifs institutionnels particuliers, reste toutefois très encadrée afin de tenir compte des contraintes d'ordre constitutionnel.

Section 1
Le cadre général

511. Il importe de distinguer les collectivités de métropole et les collectivités situées outre-mer, ces dernières étant plus enclines que les premières à vouloir conduire des relations avec leurs voisins géographiquement immédiats, collectivités ou États souverains, du fait de leur éloignement par rapport à la métropole.

§1. Les collectivités situées en métropole

512. La loi n° 92-125 d'orientation du 6 février 1992 relative à l'administration territoriale de la République a clarifié le droit positif en consacrant un titre entier, mais bref, à l'action extérieure des collectivités territoriales. L'article L. 1115-1 du CGCT, issu de cette loi et depuis modifié, disposait que « Les collectivités territoriales et leurs groupements peuvent conclure des conventions avec des collectivités étrangères dans les limites de leurs compétences et dans le respect des engagements internationaux de la France ». L'apport principal de cette loi était double : elle reconnaissait pour la première fois explicitement une compétence internationale des collectivités territoriales. Elle a créé, par ailleurs, au profit des collectivités territoriales des instruments juridiques leur permettant de mener des actions extérieures, qui prennent la forme de conventions. Le caractère général de ce texte a donc laissé une grande latitude aux collectivités territoriales, ce qui peut expliquer la variété des coopérations qui ont pu être menées sur son fondement.

Mais la loi de 1992 encadre strictement la compétence internationale des collectivités territoriales pour respecter celle de l'État. Les limites posées par le législateur sont au nombre de trois. Tout d'abord, les conventions doivent respecter « les engagements internationaux de la France ». Ensuite, la loi exige que ces conventions ne soient conclues qu'avec des collectivités territoriales étrangères et leurs groupements et non pas avec des États. La loi n° 95-115 du 4 février 1995 d'orientation pour l'aménagement et le développement du territoire est à l'origine de l'article L. 1115-5 qui dispose qu'« aucune convention, de quelque nature que ce soit, ne peut être passée entre une collectivité territoriale ou un groupement et un État étranger ». Cette interdiction de conclure des conventions avec un État étranger constitue, pour le

Conseil constitutionnel, une garantie du respect des conditions essentielles de l'exercice de la souveraineté (déc. n° 94-358 DC du 26 janvier 1995, cons. 52). Il convient toutefois de noter que des dérogations à ce principe, dont la constitutionnalité n'a pas été confirmée, ont été introduites par le législateur pour adapter le droit français au droit du Conseil de l'Europe et à celui de l'Union européenne (voir *infra*). Enfin, ces conventions sont soumises à un contrôle de légalité du préfet. Elles précisent l'objet des actions envisagées et le montant prévisionnel des engagements financiers. Actes administratifs de droit interne, elles n'entrent en vigueur qu'à partir de leur transmission au représentant de l'État (CE, avis, 25 octobre 1994, n° 356281).

La mise en œuvre de la loi du 6 février 1992 s'est heurtée, en outre, du fait de son caractère général, à des difficultés d'interprétation. Ainsi, certaines actions extérieures, menées en dehors de toute convention, ont été jugées illégales. De plus, le juge administratif, appliquant strictement le texte de la loi, a exigé que les collectivités territoriales ne concluent des conventions de coopération décentralisée que « dans les limites de leurs compétences ». Il a à ce titre apprécié la légalité des actions extérieures des collectivités territoriales en se référant à l'intérêt public local, ce qui le conduisait à interdire le plus souvent l'octroi de certaines aides humanitaires ou de certaines actions de développement, celles-ci ne répondant que très rarement aux besoins de la population locale (CE, 23 octobre 1989, *Commune de Pierrefitte-sur-Seine*, Lebon, p. 209, déclarant illégale une subvention accordée à la révolution sandiniste au Nicaragua).

Cette interprétation stricte explique que le cadre juridique ait été assoupli, d'abord, par la loi n° 2007-147 du 2 février 2007 relative à l'action extérieure des collectivités territoriales et de leurs groupements. L'article L. 1115-1, dans la version issue de cette loi, disposait que « les collectivités territoriales et leurs groupements peuvent, dans le respect des engagements internationaux de la France, conclure des conventions avec des autorités locales étrangères pour mener des actions de coopération ou d'aide au développement ». La loi du 2 février 2007 a supprimé ainsi la réserve liée au respect des compétences des collectivités territoriales. Elle donne un fondement légal et autonome à l'action extérieure des collectivités territoriales, même si celle-ci ne répond pas nécessairement aux besoins de la population locale. Il est possible de penser que l'intérêt public local est, depuis cette loi, présumé en matière d'action extérieure ; il ne devrait donc plus être une condition de la légalité des actions de coopération menées dans le cadre de l'article L. 1115-1 du Code. La même loi du 2 février 2007 ajoutait qu'« en outre, si l'urgence le justifie, les collectivités territoriales et leurs groupements peuvent mettre en œuvre ou financer des actions à caractère humanitaire », sans conclure préalablement une convention (art. L. 1115-1, al. 2).

La loi n° 2014-773 du 7 juillet 2014 d'orientation et de programmation relative à la politique de développement et de solidarité internationale a modifié une nouvelle fois l'article L. 1115-1, en précisant que « Dans le respect des engagements internationaux de la France, les collectivités territoriales et leurs groupements peuvent mettre en œuvre ou soutenir toute action internationale annuelle ou pluriannuelle de coopération, d'aide au développement ou à caractère humanitaire. À cette fin, les collectivités territoriales et leurs groupements peuvent, le cas échéant, conclure des conventions avec des autorités locales étrangères. Ces conventions précisent l'objet des actions envisagées et le montant prévisionnel des engagements financiers. Elles entrent en vigueur dès leur transmission au représentant de l'État dans les conditions fixées ». Deux innovations ont ainsi été introduites par le législateur. D'une part, l'urgence n'est plus une condition de la mise en œuvre des actions de coopération, d'aide au développement ou à caractère humanitaire. D'autre part, la coopération extérieure ne se concrétise plus nécessairement par la conclusion de conventions.

D'autres lois sont intervenues pour permettre des coopérations plus ponctuelles ou techniques. C'est ainsi que la loi n° 05-95 du 9 février 2005 relative à la coopération internationale des collectivités territoriales et des agences de l'eau dans les domaines de l'alimentation en eau et de l'assainissement, modifiée par la loi n° 06-1537 du 7 décembre 2006 relative au secteur de l'énergie, introduit un nouvel article L. 1115-1-1 qui prévoit la possibilité pour les collectivités territoriales de mener des actions de coopération, d'aide au développement ou à caractère humanitaire en matière de distribution d'eau potable et d'assainissement ou du service public de distribution d'électricité et de gaz dans la limite de 1 % des ressources qui sont affectées aux budgets de ces services. La même possibilité de coopération a été reconnue par la loi précitée du 7 juillet 2014 en matière de collecte et de traitement des déchets des ménages dans les mêmes conditions financières (art. L. 1115-2).

§2. Les collectivités situées outre-mer

513. Les collectivités situées outre-mer sont soumises à des règles particulières qui leur confèrent des pouvoirs bien plus importants en matière de relations internationales. Ceux-ci s'expliquent par la proximité géographique de ces collectivités avec des États qui sont éloignés de la France métropolitaine et par la nécessité de conclure avec eux des accords. Les possibilités qui leur sont reconnues varient selon le statut des différentes collectivités ultra-marines.

A. La Nouvelle-Calédonie

514. En Nouvelle-Calédonie (art. 29 à 32 de la loi organique n° 99-209 du 19 mars 1999 relative à la Nouvelle-Calédonie), plusieurs possibilités d'intervention existent. D'une part, les autorités de l'État peuvent confier, dans les domaines de compétences de l'État, au président du gouvernement de Nouvelle-Calédonie le pouvoir de négocier et de signer les accords internationaux conclus avec les États ou les organismes de la zone Pacifique. Il agit dans ce cas au nom de l'État, dans une logique qui est plus proche de la déconcentration du pouvoir de négociation que de la décentralisation. À défaut, il peut être associé, à sa demande, à cette négociation. D'autre part, dans les domaines relevant de la compétence de la Nouvelle-Calédonie, le président du gouvernement est compétent pour négocier des accords internationaux, les autorités de l'État devant en être informées. À l'issue de la négociation, et sous réserve du respect des engagements internationaux de la République, les autorités de l'État confient au président du gouvernement les pouvoirs lui permettant de signer ces accords. Ces accords sont soumis à la délibération du Congrès de Nouvelle-Calédonie. En cas d'acceptation par le Congrès, ils sont, s'il y a lieu, soumis à ratification ou à approbation par les autorités étatiques dans les conditions prévues aux articles 52 et 53 de la Constitution. Enfin, la Nouvelle-Calédonie peut, avec l'accord des autorités de la République, être membre ou membre associé d'organisations internationales ou observateur auprès de celles-ci.

B. La Polynésie française

515. La Polynésie française peut, de la même manière, dans ses domaines de compétence, négocier des accords internationaux régionaux, dès lors que l'État ne s'y oppose pas (art. 39 de la loi organique nº 04-192 du 27 février 2004 portant statut d'autonomie de la Polynésie française). Dans les domaines de compétence de l'État, les autorités de la République peuvent confier au président de la Polynésie française les pouvoirs lui permettant de négocier et signer des accords avec un ou plusieurs États, territoires ou organismes régionaux du Pacifique et avec les organismes régionaux dépendant des institutions spécialisées des Nations unies. À défaut, le président de la Polynésie française ou son représentant peut être associé ou participer au sein de la délégation française aux négociations et à la signature de ces accords. Ces accords sont soumis à ratification ou à approbation dans les conditions prévues aux articles 52 et 53 de la Constitution (art. 38). La Polynésie française peut, avec l'accord des autorités de la République, être membre ou membre associé d'organisations internationales du Pacifique ou observateur auprès de celles-ci (art. 42 de la loi organique du 27 février 2004). Les attributions susceptibles d'être exercées par les autorités de Polynésie française sont identiques à celles des autorités néo-calédoniennes.

Dans sa décision nº 96-373 DC du 9 avril 1996, Loi organique portant statut d'autonomie de la Polynésie française, le Conseil constitutionnel a déclaré les compétences du président du gouvernement conformes à la Constitution. Il a tout d'abord jugé que le législateur avait pu, sans porter atteinte ni à l'exercice de la souveraineté nationale ni aux prérogatives réservées à l'État par l'article 72, alinéa 3 de la Constitution (devenu l'alinéa 6 de ce même article), autoriser le président du gouvernement de la Polynésie française à négocier et signer des accords dans les domaines de compétence de l'État ou du territoire, « dès lors que pour ce faire le président du gouvernement doit avoir expressément reçu des autorités de la République les pouvoirs appropriés, et que ces accords demeurent soumis aux procédures prévues par les articles 52 et 53 de la Constitution » (cons. 11).

Il a ensuite admis la constitutionnalité des articles donnant compétence au président du gouvernement de ce qui était, à l'époque, un TOM pour négocier et signer des actes qualifiés d'« arrangements administratifs », dans le respect des accords internationaux, avec les administrations des États du Pacifique ou des organismes régionaux du Pacifique, dans les domaines de compétence du territoire, dans la mesure où sont ainsi visés des accords de portée limitée ou de nature technique rendus nécessaires par la mise en œuvre d'autres accords internationaux (cons. 12). Enfin, les dispositions de la loi précisant les conditions dans lesquelles le président du gouvernement peut, dans les matières ressortissant à la compétence territoriale, négocier et signer au nom de la Polynésie française, dans le respect des engagements internationaux de la République, des conventions de coopération décentralisée avec des collectivités locales françaises ou étrangères, leurs groupements ou établissements publics ne sont pas contraires à la Constitution, dès lors qu'en subordonnant « l'entrée en vigueur de [ces conventions] à leur transmission au représentant de l'État, elles [assuraient] à ce dernier la possibilité de mettre en œuvre sans délai les attributions qu'il doit exercer en vertu de l'article 72 de la Constitution ».

C. Les régions et les départements d'outre-mer

516. La loi d'orientation pour l'outre-mer n° 2000-1207 du 13 décembre 2000 a accordé aux conseils départementaux et aux conseils régionaux des départements et régions d'outre-mer certaines compétences en matière internationale. Les conseils départementaux et régionaux peuvent adresser au Gouvernement des propositions en vue de la conclusion d'engagements internationaux concernant la coopération régionale entre la République française et, selon le cas, les États de la Caraïbe, les États voisins de la Guyane et les États de l'océan indien, ou d'accords avec des organismes régionaux des aires correspondantes, y compris des organismes régionaux dépendant des institutions spécialisées des Nations unies (art. L. 3441-2 et L. 4433-4-1).

Les conseils régionaux de Guadeloupe et de La Réunion, et le conseil général de Mayotte et peuvent également être saisis pour avis de tous projets d'accords concernant la coopération régionale en matière économique, sociale, technique, scientifique, culturelle, de sécurité civile ou d'environnement entre la République française et, selon les cas, les États de la mer Caraïbe ou de l'océan indien (art. L. 4433-4). Des dispositions identiques sont prévues en faveur des collectivités territoriales uniques de Guyane et de Martinique dans leur environnement géographique respectif (aux articles L. 7153-1 et L. 7253-1 issus de la loi n° 2011-884 du 27 juillet 2011 relative aux collectivités territoriales de Guyane et de Martinique).

Dans les domaines de compétence de l'État, les autorités de la République peuvent délivrer pouvoir au président du conseil départemental ou régional, ou à celui du Département de Mayotte, ou à celui de l'assemblée de Guyane ou au président du conseil exécutif de Martinique pour négocier et signer des accords avec un ou plusieurs États ou territoires situés, selon le cas, dans la Caraïbe, au voisinage de la Guyane ou dans la zone de l'océan Indien, ou avec des organismes régionaux des aires correspondantes, y compris des organismes régionaux dépendant des institutions spécialisées des Nations unies (respectivement aux art. L. 3441-3, L. 4433-4-2 et L. 7153-3 pour la Guyane, L. 7253-3 pour la Martinique). À défaut, le président ou son représentant peut être associé ou participer, au sein de la délégation française, aux négociations d'accords de même nature.

Dans les domaines de compétence de la région ou du département ou des collectivités uniques de Guyane et de Martinique, les conseils départementaux et régionaux peuvent, par délibération, demander aux autorités de la République d'autoriser leur président à négocier, dans le respect des engagements internationaux de la République, des accords avec un ou plusieurs États, territoires ou organismes régionaux. Lorsque cette autorisation est accordée, les autorités de la République sont, à leur demande, représentées à la négociation. À l'issue de la négociation, le projet d'accord est soumis à la délibération du conseil régional ou général pour acceptation. Les autorités de la République peuvent ensuite donner, sous réserve du respect des engagements internationaux de celle-ci, pouvoir au président du conseil régional ou général aux fins de signature de l'accord (art. L. 3441-4, L. 4433-4-3, L. 7153-4 et L. 7253-4).

Le Conseil constitutionnel a jugé que les dispositions de la loi du 13 décembre 2000 n'étaient pas contraires au principe constitutionnel de l'exclusivité des compétences de l'État en matière internationale pour plusieurs motifs : les exécutifs locaux concernés agissent, dans les deux cas, comme représentants de l'État au nom de la République française ; ils doivent, dans l'exécution de leur mandat, mettre en œuvre les instructions qui leur sont données par les autorités de la République compétentes ; ces mêmes autorités restent libres de délivrer pouvoir à d'autres plénipotentiaires ou de ne délivrer pouvoir aux présidents des conseils départementaux ou régionaux que pour l'une seulement des phases de négociation et de signature ; elles peuvent retirer à tout moment les pouvoirs ainsi confiés (déc. n° 2000-435 DC du 7 décembre 2000, Loi d'orientation pour l'outre-mer, cons. 17 et 18).

Les régions d'outre-mer, Mayotte et les collectivités uniques, peuvent, enfin, être membres associés d'organismes régionaux dans leur zone ou observateurs auprès de ceux-ci, avec l'accord des autorités de la République (art. L. 4433-4-5, art. L. 7153-6 et L. 7253-6). Même outre-mer, l'action extérieure des collectivités territoriales reste donc très encadrée.

Section 2
L'influence du droit du Conseil de l'Europe sur la coopération transfrontalière et interterritoriale

517. Le cadre général du droit de la coopération décentralisée a été complété par la mise en place de dispositifs institutionnels sous l'influence déterminante du droit du Conseil de l'Europe. La conclusion de la convention-cadre de Madrid et de protocoles additionnels, ainsi que la conclusion de conventions bilatérales ou multilatérales conclues par les États ont en effet conduit l'État français à développer la coopération transfrontalière et interterritoriale.

§1. La convention-cadre de Madrid et les protocoles additionnels

518. Dans un premier temps, la convention-cadre européenne de Madrid sur la coopération transfrontalière des collectivités ou autorités territoriales du 21 mai 1980, a été ratifiée par la France le 14 février 1984 après l'autorisation donnée par la loi n° 83-1131 du 23 décembre 1983 (JO du 27 décembre 1983) et elle a contribué au développement de la coopération transfrontalière. Si la convention-cadre ne proclame pas un droit pour les collectivités territoriales à la coopération transfrontalière, elle incite les États à développer cette coopération par renvoi à des accords entre États ou entre collectivités territoriales. Ensuite, la convention promeut la coopération transfrontalière entre collectivités limitrophes.

La Charte européenne de l'autonomie locale du 15 octobre 1985, qui a été approuvée par la France en 2006 (loi n° 2006-823 du 10 juillet 2006, autorisant l'approbation de la Charte européenne de l'autonomie locale) établit de son côté un lien entre l'autonomie locale et la coopération dans son article 10, § 3 lequel prévoit que « Les collectivités locales peuvent, dans des conditions éventuellement prévues par la loi, coopérer avec les collectivités d'autres États ».

Le protocole additionnel à la convention-cadre européenne sur la coopération transfrontalière des collectivités ou autorités territoriales du 9 novembre 1995, approuvé par la France en 1999 (loi n° 99-384 du 19 mai 1999), renforce la coopération transfrontalière. Il reconnaît un droit pour les collectivités territoriales de développer des relations de coopération transfrontalière, comme l'affirme l'article 1er, § 1 : « Chaque Partie contractante reconnaît et respecte le droit des collectivités ou autorités territoriales soumises à sa juridiction [...] de conclure, dans les domaines communs de compétence, des accords de coopération transfrontalière avec les collectivités ou autorités territoriales d'autres

États, selon les procédures prévues par leurs statuts, conformément à la législation nationale et dans le respect des engagements internationaux pris par la Partie en question ». Mais ce protocole pose aussi des limites : il n'est applicable qu'à la coopération entre États contigus et il opère de larges renvois aux droits nationaux pour préciser le contenu des conventions de coopération et pour réglementer les différentes structures qu'il prévoit.

Le protocole n° 2 à la convention-cadre européenne sur la coopération transfrontalière des collectivités ou autorités territoriales du 5 mai 1998, approuvé par la France en 2007 (loi n° 2007-298 du 5 mars 2007), a innové en élargissant le champ d'application du système européen de la coopération au-delà des relations de voisinage. Il introduit la notion de coopération interterritoriale qu'il définit comme « toute concertation visant à établir des rapports entre collectivités ou autorités territoriales de deux ou plusieurs parties contractantes, autres que les rapports de coopération transfrontalière des collectivités voisines, y inclus la conclusion d'accords avec les collectivités ou autorités territoriales d'autres États » (art. 1er).

Un troisième protocole additionnel, qui vise à dégager des règles communes à la coopération transfrontalière et interrégionale, notamment en introduisant une structure unique, le groupement eurorégional de coopération (GEC), a été signé par la France le 16 novembre 2009. Après autorisation donnée par le Parlement par la loi n° 2012-1471 du 28 décembre 2012, le protocole n° 3 a été ratifié le 29 janvier 2013 et est entré en vigueur depuis le 1er mai 2013.

Le GEC est un organisme de coopération transfrontalière ou interterritoriale, ce qui signifie que les collectivités qui le constituent n'ont pas nécessairement à être contiguës. L'article 2 du protocole confère au GEC la personnalité juridique et stipule qu'il est régi par le droit de l'État dans lequel il a son siège. Ces GEC peuvent être créés par et pour les collectivités ou autorités territoriales des États. Un État membre peut également être membre d'un GEC si l'une au moins de ses collectivités ou autorités territoriales en est aussi membre.

Certes, l'article L. 1115-4 du CGCT permet déjà à une collectivité territoriale française ou à un de ses groupements de participer à un GEC de droit étranger, puisqu'il dispose qu'elles peuvent « adhérer à un organisme public de droit étranger auquel participe au moins une collectivité territoriale ou un groupement de collectivités territoriales [...] d'un État membre de l'Union européenne ou du Conseil de l'Europe ». Depuis la loi n° 95-115 du 4 février 1995 d'orientation pour l'aménagement et le développement du territoire, en effet, les collectivités territoriales et leurs groupements peuvent adhérer, dans le cadre de la coopération transfrontalière, à des structures de droit étranger ou participer au capital d'une personne morale de droit étranger dans les limites de leurs compétences et dans le respect des engagements internationaux de la France. Cette adhésion ou participation fait l'objet d'une convention avec l'ensemble des membres adhérant à l'organisme public en cause ou participant au capital de la personne morale en cause. Le Conseil constitutionnel avait jugé que de telles adhésions n'étaient pas de nature à porter atteinte aux conditions essentielles de l'exercice de la souveraineté compte tenu des conditions édictées par la loi de 1995 : respect des engagements internationaux de la France, autorisation par décret, contenu de la convention précisé par la loi, participation des collectivités territoriales françaises au capital de la personne juridique étrangère devant être inférieure à 50 % ou encore contrôle de légalité du préfet (déc. n° 94-358 DC du 26 janvier 1995, cons. 52). La loi n° 99-533 du 25 juin 1999 d'orientation pour l'aménagement du territoire et la loi n° 2004-809 du 13 août 2004 relative aux responsabilités et libertés locales ont élargi les conditions de cette adhésion ou de cette participation en supprimant deux conditions restrictives prévues par la loi de 1995 : d'une part, l'organisme de droit étranger n'a pas à exploiter seulement un service public ou à réaliser un équipement local ; d'autre part, l'autorisation de participation ou d'adhésion n'est plus accordée par décret en Conseil d'État mais par arrêté du préfet de région.

En revanche, l'article L. 1115-5 interdisait, jusqu'à la loi MAPTAM n° 2014-58 du 27 janvier 2014, aux collectivités territoriales et à leurs groupements de signer des conventions avec un État étranger sauf si celles-ci avaient « vocation à permettre [seulement] la création d'un groupement européen de coopération territoriale » (voir *infra*). La ratification du protocole n° 3 nécessitait donc une adaptation du droit national, ce que fit la loi du 27 janvier 2014 qui a ajouté à la liste des dérogations au principe de l'interdiction de contracter avec un État étranger posée à l'article L. 1115-5, celle du GEC. L'article L. 1115-5 dispose désormais qu'« une collectivité territoriale ou un groupement de collectivités territoriales ne peut conclure une convention avec un État étranger, sauf dans les cas prévus par la loi ou lorsqu'il s'agit d'un accord destiné à permettre la création d'un groupement européen de coopération territoriale, d'un groupement eurorégional de coopération ou d'un groupement local de coopération transfrontalière. Dans ce dernier cas, la signature de l'accord est préalablement autorisée par le représentant de l'État dans la région ». La question de la constitutionnalité de ce nouveau dispositif législatif n'est pas toutefois réglée, ainsi que l'avait relevé le Conseil d'État dans une étude de 2006 consacrée au cadre juridique de l'action extérieure des collectivités locales (La Documentation française, p. 60). En effet, en l'absence de jurisprudence, notamment constitutionnelle, portant sur cette question, et au vu de la décision du Conseil constitutionnel n° 94-358 DC du 26 janvier 1995 (voir *supra*), la faculté pour les collectivités territoriales de conclure des accords avec des États souverains pourrait être regardée comme portant atteinte aux conditions essentielles d'exercice de la souveraineté nationale, et plus précisément au monopole diplomatique qui s'y attache. Dans le sens inverse, il est possible de considérer que ces conventions, circonscrites sur le plan géographique et dans leur objet, ne peuvent être regardées comme des engagements internationaux au sens de l'article 52 de la Constitution. En outre, il n'est pas certain que le fait qu'un État étranger soit membre de ces conventions modifie la nature de ces dernières.

La décision n° 2014-687 DC du 23 janvier 2014 n'a pas statué expressément sur la constitutionnalité de l'article 9 de la loi du 27 janvier 2014 modifiant l'article L. 1115-5, le Conseil constitutionnel n'ayant pas été saisi de cette question et ne s'étant pas saisi d'office. L'utilisation du mécanisme de la question prioritaire de constitutionnalité permettrait de trancher cette question. Encore faudrait-il que soit en cause un droit ou une liberté que la Constitution garantit.

§2. Les accords bilatéraux ou multilatéraux

519. Parallèlement, les États ont développé la coopération transfrontalière en concluant des accords bilatéraux ou multilatéraux. La France a ainsi conclu, le 26 novembre 1993, un accord franco-italien concernant la coopération transfrontalière, un traité franco-espagnol relatif à la coopération transfrontalière entre collectivités territoriales, le 10 mars 1995, un accord sur la coopération transfrontalière entre les collectivités territoriales et organismes publics locaux conclu à Karlsruhe le 23 janvier 1996 avec l'Allemagne, le Luxembourg et la Suisse, et enfin un accord franco-belge sur la coopération transfrontalière entre les collectivités territoriales et organismes publics locaux, signé à Bruxelles le 16 septembre 2002.

Ces traités particuliers prévoient que les conventions de coopération transfrontalière peuvent créer des structures, notamment sous la forme de groupements locaux de coopération transfrontalière (GLCT). Ces GLCT peuvent être soumis au droit interne et relèvent, dans ce cas, des règles applicables aux établissements publics de coopération intercommunale de la Partie où ils ont leur siège. La loi nº 2004-809 du 13 août 2004 relative aux libertés et responsabilités locales a prévu que ce groupement prend la forme du district européen, auquel sont applicables les règles particulièrement souples du syndicat mixte ouvert (art. L. 1115-4-1). L'objet du district européen est d'exercer les missions qui présentent un intérêt pour chacune des personnes publiques participantes et de créer et gérer des services publics et les équipements afférents. Lorsque le GLCT a son siège en France, il ne peut être créé que par arrêté du préfet de département.

Section 3
L'influence du droit de l'Union européenne

520. Dès l'adoption du règlement du Conseil européen nº 2137-85 du 27 juillet 1985 relatif à l'institution d'un groupement européen d'intérêt économique (GEIE), les collectivités territoriales ont pu adhérer à un tel groupement, société de droit privé regroupant des sociétés commerciales et permettant une coopération dans le domaine économique. D'importantes structures transfrontalières ont été ainsi constituées sous la forme de GEIE, comme, par exemple, l'Agence transfrontalière pour le développement de l'Eurocité basque Bayonne – San Sebastián, créée en 1997 – ou le GEIE Eurorégion, créé en 1999, réunissant le Nord-Pas-de-Calais, le Kent, la Wallonie, la Flandre et Bruxelles autour de projets d'infrastructures.

Face à la multiplication des accords conclus entre les États membres de l'Union européenne et le foisonnement des institutions susceptibles de mettre en œuvre ces actions, la Commission européenne a décidé de mettre en place un cadre européen pour faciliter les initiatives de coopération décentralisée transfrontalière. Celles-ci sont en outre soutenues par le biais des financements du FEDER et d'un programme spécifique (le programme Interreg mis en œuvre à partir de 1990) des fonds structurels.

Ce cadre issu du droit de l'Union européenne s'est traduit principalement par la mise en place d'institutions spécifiques, que sont les groupements européens de coopération territoriale (règlement européen n° 1082/2006 du 5 juillet 2006 relatif au GECT), qui ont été introduits dans le CGCT par la loi n° 2008-352 du 16 avril 2008 visant à renforcer la coopération transfrontalière, transnationale et interrégionale. Ces GECT peuvent se voir confier, soit la mise en œuvre des programmes cofinancés par l'Union, soit toute autre action de coopération transfrontalière avec ou sans intervention financière de l'Union européenne. Ces GECT, dotés de la personnalité morale et de l'autonomie financière, sont créés par les collectivités territoriales françaises avec les collectivités territoriales, les groupements de collectivités territoriales, les organismes de droit public des États membres de l'Union européenne, ainsi qu'avec les États membres de l'Union européenne ou les États frontaliers membres du Conseil de l'Europe (art. L. 1115-4-2). La loi permet ainsi la création d'un GECT auquel peuvent adhérer des États membres de l'Union européenne ou des États transfrontaliers, ce qui pose à nouveau la question de la constitutionnalité de ce dispositif, permettant à des collectivités territoriales françaises de conclure des conventions avec des États étrangers (voir *supra* à propos des GEC).

La création d'un GECT est autorisée par arrêté du représentant de l'État dans la région où le groupement européen de coopération territoriale a son siège (art. L. 1115-4-2). La personnalité morale de droit public lui est reconnue à partir de la date d'entrée en vigueur de la décision de création. Les règles relatives aux syndicats mixtes ouverts lui sont applicables. Un groupement européen de coopération territoriale de droit français peut être dissous par décret motivé pris en Conseil des ministres et publié au *Journal officiel*.

Dans son étude précitée, le Conseil d'État donne deux exemples de GECT : le consorcio Bidasoa-Txingudi constitué en 1999 entre les communes d'Hendaye, de Fontarabie et d'Irun pour mener des actions dans le domaine du développement économique, de la culture, de l'environnement et de l'éducation et le consorcio entre Bourg-Madame et Puigcerdá (Catalogne) constitué en 2005 dans le domaine de l'aménagement urbain, de l'action culturelle et du tourisme (Conseil d'État, *Le cadre juridique de l'action extérieure des collectivités locales*, La Documentation française, 2006, p. 22).

Les collectivités territoriales, leurs groupements peuvent également, dans les limites de leurs compétences et dans le respect des engagements internationaux de la France, et sous réserve de l'autorisation préalable du représentant de l'État dans la région, adhérer à un groupement européen de coopération territoriale de droit étranger (art. L. 1115-4-2, dernier al. issu de la loi du

16 avril 2008). Là encore, la participation des collectivités territoriales françaises à cet organisme de droit étranger est très encadrée, afin de respecter les exigences constitutionnelles posées par le Conseil constitutionnel dans sa décision précitée du 26 janvier 1995.

Bibliographie générale

Manuels

J.-B. Auby, J.-F. Auby et R. Noguellou, *Droit des collectivités locales*, PUF, coll. Themis, 2015, 6e édition.

J. Baguenard, *La décentralisation*, coll. Que sais-je ?, PUF, 2013, 8e édition.

J. Bourdon, J.-M. Pontier et J.-C. Ricci, *Droit des collectivités territoriales*, PUF, coll. Themis, 1998, 2e édition.

X. Cabannes et B. Poujade, *Les collectivités territoriales*, Foucher, 2019, 6e édition.

V. Donier, *Droit des collectivités territoriales*, Dalloz, coll. Mémentos, 2019, 3e édition.

B. Faure, *Droit des collectivités territoriales*, Dalloz, Précis, 2021, 6e édition.

J. Ferstenbert, F. Prier et P. Quilichini, *Droit des collectivités territoriales*, Dalloz, coll. Hypercours, 2016, 2e édition.

O. Gohin, M. Degoffe, A. Maitrot de la Motte et C.-A. Dubreuil, *Droit des collectivités territoriales*, Cujas, 2015, 2e édition.

O. Gohin et J.-G. Sorbara, *Institutions administratives*, LGDJ, 2019, 8e édition.

A. Gruber, *La décentralisation et les institutions administratives*, Armand Colin, 1996, 2e édition.

C. Guettier, *Institutions administratives*, Dalloz, coll. Cours, 2019, 7e édition.

N. Kada et H. Oberdorff, *Institutions administratives*, Sirey, 2019, 9e édition.

F. et Y. Luchaire, *Droit de la décentralisation*, PUF, coll. Themis, 1989, 1re édition.

D. Maillard Desgréés du Lou, *Institutions administratives*, PUF, coll. Themis, 2015, 2e édition.

J. Montain-Domenach et C. Bremond, *Droit des collectivités territoriales*, PUG, 2007, 3e édition.

J. Moreau, *Administration régionale, départementale et municipale*, Dalloz, coll. Mémentos, 2004, 14e édition.

A. Roux, *La décentralisation. Droit des collectivités territoriales*, LGDJ, coll. Systèmes, 2016.

P. Serrand, *Institutions administratives*, PUF, coll. Droit fondamental, 2015, 5e édition.

M. Verpeaux, *Les collectivités territoriales en France*, Dalloz, coll. Connaissance du droit, 2020, 6e édition.

M. Verpeaux, C. Rimbault et F. Waserman, *Les collectivités territoriales et la décentralisation*, coll. Découverte de la vie publique, La Documentation française, 2018, 11e édition.

E. Vital-Durand, *Les collectivités territoriales en France*, Hachette, coll. Les fondamentaux, 2017, 10e édition.

Index

(Les chiffres renvoient aux numéros de paragraphes)

A

B

C

D

O

P

Q

R

S

T

U

V

W

Table des matières

QUATRIÈME PARTIE – LES COLLECTIVITÉS TERRITORIALES DANS LA RÉPUBLIQUE

CINQUIÈME PARTIE – LES ACTEURS DES COLLECTIVITÉS TERRITORIALES

MANUELS

Collection dirigée par Bernard AUDIT et Yves GAUDEMET

D. AMSON : *Histoire constitutionnelle française, De la prise de la Bastille à Waterloo*, t. 1, 2010.
D. AMSON : *Histoire constitutionnelle française, De la bataille de Waterloo à la mort de Louis XVIII*, t. 2, 2014.
D. AMSON : *Histoire constitutionnelle française, De la mort de Louis XVIII à l'installation du nouveau régime (1824-1830)*, t. 3, 2016.
J.-J. ANSAULT : *Procédures civiles d'exécution*, 2019.
Ph. ARDANT et B. MATHIEU : *Droit constitutionnel et institutions politiques*, 33e éd., 2021.
B. BASDEVANT-GAUDEMET et J. GAUDEMET : *Introduction historique au droit, XIIIe-XXe siècle*, 4e éd., 2016.
A. BATTEUR, L. MAUGER-VIELPEAU : *Droit des personnes, des familles et des majeurs protégés*, 11e éd., 2021.
H. BELRHALI : *Droit de la responsabilité administrative*, 2e éd., 2020.
N. BINCTIN : *Droit de la propriété intellectuelle*, 6e éd., 2020.
J.-R. BINET, *Droit de la bioéthique*, 2020.
J.-B. BLAISE et R. DESGORCES : *Droit des affaires*, 11e éd., 2021.
R. BONHOMME et M. ROUSSILLE : *Instruments de crédit et de paiement*, 13e éd., 2019.
C. BOUSSARD et C. LE BERRE : *Droit administratif des biens*, 2e éd., 2019.
C. BOUTAYEB : *Droit institutionnel de l'Union européenne. Les institutions, l'ordre juridique, les contentieux*, 6e éd., 2020.
C. BOUTAYEB : *Droit matériel de l'Union européenne*, 5e éd., 2019.
M. BOUVIER, M.-Ch. ESCLASSAN et J.-P. LASSALE : *Finances publiques*, 20e éd., 2021.
B. BRACHET : *Le système fiscal français*, 7e éd., 1997.
Ph. BRAUD : *Sociologie politique*, 14e éd., 2020.
C. BROYELLE : *Contentieux administratif*, 9e éd., 2021.
F. BUY, J.-M. MARMAYOU, D. PORACCHIA et F. RIZZO : *Droit du sport*, 6e éd., 2020.
F. BUY, M. LAMOUREUX et J.-C. RODA : *Droit de la distribution*, 2e éd., 2019.
O. CACHARD : *Droit du commerce international*, 3e éd., 2018.
D. CARREAU et P. JUILLARD : *Droit international économique*, 4e éd., 1998.
M. CHAGNY et L. PERDRIX : *Droit des assurances*, 4e éd., 2018.
J.-Ph. COLSON et P. IDOUX : *Droit public économique*, 9e éd., 2018.
G. CUNIBERTI : *Grands systèmes de droit contemporains*, 4e éd., 2019.
I. DAURIAC : *Droit des régimes matrimoniaux et du PACS*, 5e éd., 2017.
A. DECOCQ et G. DECOCQ : *Droit de la concurrence, Droit interne et droit de l'Union européenne*, 8e éd., 2018.
A. DECOCQ et G. DECOCQ : *Droit européen des affaires*, 2e éd., 2010.
B. DÉLAUNAY : *Droit public de la concurrence*, 2e éd., 2018.
E. DERIEUX : *Droit des médias (Droit français, européen et international)*, 8e éd., 2018.
P. DEUMIER : *Introduction générale au droit*, 6e éd., 2021.
E. DREYER : *Droit pénal spécial*, 2020.
J.-Y. FABERON et J. ZILLER : *Droit des collectivités d'Outre-Mer*, 3e éd., 2007.

B. Fages : *Droit des obligations*, 11e éd., 2021.
F. Favennec-Héry et P.-Y. Verkindt : *Droit du travail*, 7e éd., 2020.
N. Fricero et P. Julien : *Procédure civile*, 5e éd., 2014.
M. Fromont et H. Maurer : *Droit administratif allemand*, 1995.
A. Gaillet, Th. Hochmann, N. Marsch, Y. Vilain, M. Wendel : *Droits constitutionnels français et allemand, Une perspective comparée*, 2019.
Y. Gaudemet : *Droit administratif*, 23e éd., 2020.
O. Gohin et J.-G. Sorbara : *Institutions administratives*, 8e éd., 2019.
G. Goubeaux et P. Voirin : *Droit civil*, 2 vol., t. 1, 41e éd., 2021, t. 2, 31e éd., 2020.
C. Grimaldi : *Droit des biens*, 3e éd., 2021.
F. Hamon et M. Troper : *Droit constitutionnel*, 42e éd., 2021.
J. Huet et E. Dreyer : *Droit de la communication numérique*, 2011.
J.-J. Israel : *Droit des libertés fondamentales*, 1998.
J.-C. Javillier, M. Moreau et J.-M. Olivier : *Droit du travail*, 7e éd., 1999.
L. Janicot et M. Verpeaux : *Droit des collectivités territoriales*, 2e éd., 2021.
J.-Y. Kerbourc'h, C. Willmann et J.-P. Chauchard : *Droit de la sécurité sociale*, 9e éd., 2020.
P. Kinder-Gest : *Droit Anglais*, vol. 1 : *Institutions politiques et judiciaires*, 3e éd., 1997.
J. Laroche : *Politique internationale*, 2e éd., 2000.
F. Leclerc : *Le droit des contrats spéciaux*, 2e éd., 2012.
D. Legeais : *Droit des sûretés et garanties du crédit*, 14e éd., 2021.
J. Leroy : *Droit pénal général*, 8e éd., 2020.
J. Leroy : *Procédure pénale*, 7e éd., 2021.
C. de la Mardière, *Droit fiscal de l'entreprise*, 2e éd., 2019.
B. Mathieu et M. Verpeaux : *Contentieux constitutionnel des droits fondamentaux*, 2002.
J. Mestre, M.-È. Pancrazi, I. Arnaud-Grossi, L. Merland et N. Tagliarino-Vignal : *Droit commercial*, 31e éd., t. 1, *Activité commerciale, Structures d'entreprise (commerçants, sociétés et autres groupements)*, 2021, t. 2, *Contrats, sûretés et moyens de paiement, Fonds de commerce et droits intellectuels, Commerce international, Prévention et traitement des difficultés*, 2021.
M.-L. Moquet-Anger : *Droit hospitalier*, 6e éd., 2021.
M.-L. Niboyet et G. de Geouffre de la Pradelle : *Droit international privé*, 7e éd., 2020.
H. Oberdorff : *Droits de l'homme et libertés fondamentales*, 8e éd., 2021.
F. Pérochon : *Entreprises en difficulté*, 10e éd., 2014.
J.-F. Renucci : *Droit européen des droits de l'homme*, 9e éd., 2021.
L. Richer et F. Lichère : *Droit des contrats administratifs*, 12e éd., 2021.
J. Rideau : *Droit institutionnel de l'Union européenne*, 6e éd., 2010.
J.-J. Roche : *Relations internationales*, 9e éd., 2021.
C. Santulli : *Introduction au droit européen*, 2020.
J.-C. Soyer : *Droit pénal et procédure pénale*, 21e éd., 2012.
F. Stasiak : *Droit pénal des affaires*, 2e éd., 2009.
L. Trotabas et P. Isoart : *Droit public (droit constitutionnel, droit administratif, finances publiques, droit administratif spécial)*, 24e éd., 1998.
D. Vidal : *Droit des sociétés*, 7e éd., 2010.

PEFC™
10-31-1316
PEFC recyclé
Ce produit est issu de sources recyclées et contrôlées.
www.pefc-france.org

IMPRIM'VERT®

Imprimé en France sur des papiers provenant
exclusivement de l'Union européenne
et issus de forêts gérées durablement
par Jouve-Print, 733 rue Saint-Léonard,
53100 Mayenne

Papier intérieur 100% fibres recyclées

Ce livre est imprimé sur un site sous management
environnemental certifié AFAQ ISO 14001

Achevé d'imprimer en août 2021
Numéro d'impression : 2966160C
Dépôt légal : août 2021

100 %
PAPIER INTÉRIEUR
100 % RECYCLÉ